P

EUGEN DREWERMANN

Tröstet, tröstet mein Volk

*Die Botschaft der Propheten
Elija und Jesaja*

Herausgegeben von Bernd Marz

Pendo
Zürich München

INHALT

VORWORT

Keine andere Aufgabe stellt sich der Bibelauslegung in Form von
»Predigt« und »Verkündigung« so dringlich und gleichzeitig so
schwierig wie die Deutung der Bücher, die wir als »Prophetentexte« bezeichnen.

Wer etwa war *Elija* wirklich? Was hat er getan, was hat er gesagt?
Was vielleicht wurde nur in seinem Munde getan und gesagt? Und
wie verhalten sich die Legenden über den Mann, der den Namen
Elija trägt, zu der Person, die sich in ihnen verdichtet? Was ist es mit
jenem schrecklichen Gottesgericht auf dem Karmel (1 Kg 18), und
welch ein Gottesbild malt sich in den Zügen eines derartig blutrün-
stigen Fanatismus und Ausrottungschauvinismus am Altare Jahwes,
des Gottes der Bibel?

Es ist keine Frage: so weitreichend bestimmte Gestalten und Personen in ihrer Wirkungsgeschichte in der Bibel erscheinen, so reich
auch fällt die Übermalung aus, in der man über Jahrhunderte hin in
immer neuen Deutungsversuchen nach ihrem Vorbild oder doch zumindest nach ihrer Anregung das eigene Schicksal, die eigene Zeit
religiös zu interpretieren versuchte. Historisch betrachtet, entstand
auf diese Weise eine Form von Überlieferung, die der Baugeschichte
einer Kathedrale ähnelt: Es gab einmal eine Anlage, die unter einem
bestimmten salischen oder staufischen Kaiser begonnen wurde,
doch dann, im Verlauf der Jahrhunderte, wurde diese Anlage immer wieder erweitert, ergänzt, entsprechend dem Zeitgeschmack
modifiziert, aufgrund der Umstände mit den jeweils zu Gebote stehenden Mitteln renoviert, und es waren zweifellos all diese bau-
lichen Maßnahmen, die, fernab jeden Interesses an der Konservie-
rung des historischen Grundrisses, in stets neuen Einfügungen und
Veränderungen allererst die Möglichkeit schufen, über rund 1000
Jahre hinweg den Gläubigen einen Ort des Gebets zu eröffnen und
zu erhalten. Natürlich, man kann ein solches Bauwerk betrachten
auch mit dem Blick eines Architekten und Kunstgeschichtlers, doch
wird dabei nie etwas anderes herauskommen als eine gelehrte
Führung durch ein ehrwürdiges Denkmal europäischer Geistesge-
schichte, als die Erläuterung der Fortschritte in der Fertigungstech-

nik von Säule und Gewölbe, sowie die Analyse der jeweils herrschenden Repräsentationszwänge im Konkurrenzkampf von Kaiser
und Papst, von Herzog und Bischof, von weltlicher und »geistlicher« Macht. Man betritt, so angewiesen, nicht eigentlich eine
Kathedrale der Frömmigkeit, sondern, je besser man begreift, am
Ende fast angewidert nur mehr ein Museum menschlicher Macht
und der immer gleichen unmenschlichen Eitelkeit. In keinem Falle
erreicht man den Grund, aus dem heraus all die Zeit über eine Kathedrale zu leben vermochte.

Der Prophet *Jesaja* zum Beispiel. Niemand hat so sehr wie er in
den Augenblicken von Krieg und Gewalt, angesichts des ewigen
Kreislaufs von Angst und Aggression die scheinbare Zwangsgesetz-
lichkeit des politischen Pragmatismus zu überwinden versucht
durch eine Beruhigung des menschlichen Herzens in Gott: Sicherheit nicht durch militärische Hochrüstung oder durch militärische
Bündnisstrategie, sondern Sicherung in der Geborgenheit eines unbedingten Vertrauens! Verloren ist nur, wer sich selber verliert,
doch was ein Mensch ist, zeigt sich einzig an dem, wozu er sich wesentlich und endgültig verhält. »Ist Gott euch nicht Halt, so gibt es
kein Halten« (Jes 7,9), und der Sturm der Angst weht die Menschen
wie Bodenlose, wie gänzlich Entleerte, wie Spreu auf dem Acker
dahin.

So seine Botschaft.

Niemals zuvor in der Königsgeschichte der Bibel wurde das politische Prinzip so sehr in seiner Einseitigkeit als gefährlich entlarvt
wie durch die religiösen Visionen und Optionen dieses persönlich
uns fast unbekannten Propheten des 8. vorchristlichen Jahrhunderts. Er mußte erleben, wie sein Wort ungehört blieb und daß wie
unvermeidbar all die Katastrophen eintraten, denen man mit aller
Macht, doch ohne Vertrauen zu entrinnen versucht hatte. Es war
sein Wort, das im 6. Jahrhundert dann, nach der Zerstörung Jerusalems, in der Zeit des Exils und in der Phase des beginnenden Wiederaufbaus, gleich zwei Propheten zur verbindlichen Inspiration
ihrer eigenen Deutung von Zeitgeschichte und Weltgeschichte
wurde: Der Gott des Elija vom Horeb (1 Kg 19,12), die Stimme jenes »verschwebenden Schweigens«, redete noch einmal »tröstlich
zum Herzen Jerusalems« (Jes 40,1.2), in der Gestalt des *Zweiten Jesaja* (Jes 40–55), und sie redete völkerweit einladend, angstfrei und
offen in der Person des *Dritten Jesaja* (Jes 56–66). Wir nennen diese

beiden Propheten bei diesen rein literarkritischen Namen, weil sie nicht als eigene Personen, sondern einzig als Echo jener fernen Stimme aus der Tiefe der Jahrhunderte zu uns reden. Doch gerade so sollten und wollen wir ihnen in dieser vorliegenden Predigtsammlung denn auch zuhören: Es geht nicht um sie selbst, als historische Figuren, es geht um ihr Wort, das über die Zeiten hin eben als göttliches Gültigkeit zu tragen beansprucht bis in unsere Tage.

Die kirchlich gebundene Auslegung dieser Texte hat es, weiß Gott, nicht leicht, und sie macht es sich eben deshalb ganz offensichtlich *zu* leicht. In ihren Augen ist gerade *Elija*, sind die Texte gerade des *Jesaja* bloße Vorausfiguren und Voraushinweise auf die Person Jesu; die ist der wiedergekehrte Elija, die ist das Kind, das die »Jungfrau« (?) gebiert (Jes 7,14) und auf dessen Schultern die »Weltherrschaft« liegt (Jes 9,5–6), die ist selbst im Scheitern die ganze »Erfüllung« der »Gottesknechtslieder« des *Zweiten Jesaja* (42,1–4.5–9; 49,1–6.7–13; 50,4–9.10ff.; 52,13–53,12). Die Bibel zu lesen auf »Christus« hin – mehr sollen die »Christen« anscheinend nach wie vor dem »Worte Gottes« durchaus nicht entnehmen; die gesamte Leseordnung der »gottesdienstlichen Perikopen« ist diesem dogmatischen Anliegen angepaßt; eine Weise zu lesen ist dies, die selbst den Gang durchs Museum gewissermaßen noch einmal ersetzt durch den Anblick von liturgisch und literarisch sattsam Bekanntem in einem rein virtuellen Cyber-Raum der Geschichte. Man nimmt auf diese Weise nicht nur den Texten selbst ihren eigenständigen Aussagewert, man »verchristlicht« nicht nur mit allen üblen Folgen die jüdische Bibel zugunsten der eigenen dogmatischen Setzungen und Satzungen, man vermeidet es auf diese Weise vor allem, sich den Auseinandersetzungen, Anfeindungen und Anfechtungen wirklich zu stellen, die sie alle: Elija, Jesaja und seine zwei großen »Schüler« im 6. Jahrhundert, bis zum äußersten trieben, und man verliert dabei die Möglichkeit, mit zu erleben und mit zu durchleiden, aus welchem Grunde sich das Auftreten Jesu als »christliche« Verwesentlichung des einmal Gewesenen gerade so und nicht anders vollziehen mußte und immer wieder vollziehen muß.

Die Gleichheit der Gestalten wie der Gestaltungen in der Geschichte läßt sich nur entdecken in der Gleichzeitigkeit eines existentiellen Verstehens, die den heutigen Hörer dorthin stellt, wo der damals Redende in zeitübergreifender Gegenwart zu ihm spricht, sprechen will. Nicht ein einziges Problem der Geschichte hat sich in Jesaja oder in Jesus erledigt; es steht, ganz im Gegenteil, da als Auftrag zum Austrag, jetzt oder nie.

Die Gemeinde, vor der diese anderthalbjährige Reihe von Predigten in samstäglichen Wortgottesdiensten gehalten wurde, darf in gewisser Weise als modellhaft gelten: »Normale« kirchliche Meßfeiern sind ihr seit 1991 durch Bischofsdekret untersagt; es gibt für sie keinen Tempel mehr, keine Priester mehr, keine heiligen Handlungen, Zeichen und Riten mehr, ihr bleibt nur das Wort in den Texten der Bibel. Doch spricht nicht gerade Elija, spricht nicht gerade Jesaja von einem Vertrauen, das wächst, wenn alles ringsum zerbricht? Selbst was »Gemeinde« ist, formt sich dem Dritten Jesaja nicht länger mehr nach dem Vorbild des »Volks«, sondern entstammt der Not und dem Ringen des einzelnen in seiner Geworfenheit und seiner Verantwortung.

Alle Fragen, die sich den Propheten selbst bereits stellten, erheben sich, spätestens seit dem 19. Jahrhundert, als kritische Einwände gegen den Glauben erneut.

Woher weiß eigentlich ein Prophet, daß Gott mit ihm redete, und wie kann er, ein bloßer Mensch, anderen glaubhaft machen, er, gerade er, sei der Bote einer göttlichen Botschaft? – die *Religionsphilosophie* der Aufklärungszeit wird vor allem diese Fragestellung zurückmelden.

Ein Prophet deutet die Geschichte als eine Kette von »Eingriffen«, »Fügungen«, »Strafen« und »Heilserfüllungen« Gottes, doch ein Gott, der innergeschichtlich und innerweltlich zu handeln scheint, ist ein mythischer Gott; der Mythos aber – ist er nicht die bloße Projektion allzu menschlicher Ängste und allzu menschlicher Hoffnungen? Und welch eine Gefahr nationalegoistischer Ideologie liegt in jeder mythischen Geschichtsbetrachtung mit ihren absoluten Maßstäben des »*Gott ist mit uns*« und des »*Gott hat gesagt*« und des »*So will es Gott*«? Die Geschichte des »christlichen« Abendlandes hat zu der (un)heiligen Rechtfertigung selbst und gerade ihrer schlimmsten Taten sich immer von neuem der prophetischen Texte der Bibel bedient; sie hat sich damit blind gestellt gegenüber der *religionspsychologischen* Fragwürdigkeit ihres Tuns.

Und dann: welch ein Gottesbild rachsüchtiger Engstirnigkeit und intransigenter Kleingeistigkeit mußte entstehen unter dem Dog-

menzwang, mit dem jede Religion und Konfession die Sprache von
Heil und Unheil, Gehorsam und Ungehorsam in den Texten der
Propheten gegenüber ihrem Gott (Jahwe) mit der Observanz ihrer
eigenen Sonderlehren und Sonderüberlieferungen zu identifizieren
pflegt? Wie können unter solchen Bedingungen Humanität und
Frömmigkeit je zueinander finden?
Die Texte gerade so großer Gottesmänner wie Elija und Jesaja
können uns lehren, Glauben zu finden in der gelebten Existenz
anderer vertrauender Menschen angesichts des offenbaren Zu-
sammenbruchs all der projektiv verfälschten, der dogmatisch ver-
festigten, der ideologisch verformten, der liturgisch und kultisch
entleerten Formen und Formeln der Frömmigkeit; und vor allem
ihre Auseinandersetzungen mit Königtum, Priestertum, Hochfi-
nanz und Volk sind wie ein gerad noch verbleibender Weg, unter
buchstäblich allen Umständen sich selbst unter den Augen Gottes
als Mensch zurückzugewinnen.

DER PROPHET UND HELFER
DER MÜTTER

In den Mittelpunkt unserer Schriftlektüre stellen wir heute die Gestalt des größten, in gewissem Sinne ersten der Propheten in Israel, den Mann Elija aus Tischbe. Im ersten Buch der Könige wird von ihm berichtet, teils historisch, teils legendär, verwoben zwischen Wirklichkeit, Forderung, Traum und Wunsch. Eine Idealgestalt taucht auf, gemalt im Verlauf vieler Jahrhunderte, verdichtet in den Bedürfnissen ganz verschiedener Zeiten, herausragend aber als eine Person im Widerstand zu ihrer Zeit: zur Regierungsform und Herrschaftsausübung des Königs Ahab im Nordreich in Israel im engen, strengen Sinne. Was die Person dieses Mannes uns heute zu sagen hat, werden Sie bei den Geschichten, die wir lesen wollen, gleich merken. Es sind zwei Legenden über die Vermehrung von Brot und die Rettung vom Tod.

In den Tagen des Propheten Jeremia, dessen Texte wir gelesen und gehört haben, entsteht das sogenannte deuteronomistische Geschichtswerk – ein sperriges Wort aus der Feder der historisch-kritischen Exegese. Beginnend mit dem fünften Buch Mose, dem sogenannten Deuteronomium, zieht sich eine Geschichtskonstruktion aus der Zeit nach dem Untergang Jerusalems, nach dem Jahr 587 v. Chr., bis in die Endredaktion der Königsbücher hinüber. Sie ist einer einzigen, existenzbedrohenden Frage gewidmet: Warum mußte all das Furchtbare bis zur äußersten Demütigung geschehen? Die Antwort, die das sogenannte deuteronomistische Geschichtswerk gibt, lautet: Es liegt am Versagen der politischen Klasse. Die Könige, die Priester, sie alle haben das Volk in die Irre geführt. Gedanken sind dies, die dem Propheten Jeremia außerordentlich nahestehen. Die Überlieferung vom Propheten Elija im 17. Kapitel des ersten Buchs der Könige läßt sich grob einteilen nach Geschichten, die *vor dem deuteronomistischen* Geschichtswerk liegen, und solchen, die *deuteronomistisch sind*, und natürlich solchen, die *nachdeuteronomistisch* sind. Das alles scheint sehr schwierig zu sein, aber es hilft der Orientierung; denn die Erzählung, die ich lesen möchte, begibt sich in der Zeit der Dürre und beginnt in der vordeuteronomistischen Legende mit dem Vers 5 wie folgt:

Text: 1 Kön 17, 5–24

Und er tat nach dem Worte des Herrn; er ging hin und blieb am Bache Kerit, der östlich vom Jordan fließt. Und die Raben brachten ihm Brot am Morgen und Fleisch am Abend, und aus dem Bache trank er.

Es begab sich aber nach einiger Zeit, daß der Bach austrocknete; denn es fiel kein Regen im Lande. Da erging an ihn das Wort des Herrn: Mache dich auf und gehe nach Sarepta, das zu Sidon gehört, und bleibe daselbst; siehe, ich habe dort einer Witwe geboten, daß sie dich speise. Und er machte sich auf und ging nach Sarepta. Als er an das Stadttor kam, siehe, da war dort gerade eine Witwe am Holzlesen. Er rief sie an und sprach: Hole mir ein wenig Wasser im Kruge, daß ich trinke! Wie sie nun hinging, es zu holen, rief er ihr nach: Bringe mir doch auch einen Bissen Brot mit! Aber sie sprach: So wahr der Herr, dein Gott, lebt, ich habe nichts Gebackenes, sondern nur noch eine Handvoll Mehl im Topfe und ein wenig Öl im Kruge. Nun lese ich da ein paar Stücke Holz zusammen; dann gehe ich heim und bereite es für mich und meinen Sohn zu, und wenn wir es aufgegessen haben, müssen wir halt sterben. Elija sprach zu ihr: Sei ohne Sorge! Geh heim und tue, wie du gesagt hast; doch mache mir davon zuerst ein Brötchen und bring es mir heraus; für dich und deinen Sohn magst du hernach etwas machen. Denn so spricht der Herr, der Gott Israels:

Das Mehl im Topfe
soll nicht ausgehn,
und das Öl im Kruge
soll nicht versiegen,
bis zu dem Tage, da der Herr
dem Lande Regen spendet.

Da ging sie hin und tat, wie Elija gesagt hatte; und sie hatten zu essen, sie und er und der Knabe, Tag für Tag. Das Mehl im Topfe ging nicht aus, und das Öl im Krug versiegte nicht, nach dem Worte, das der Herr durch Elija geredet hatte.

Darnach begab es sich, daß der Sohn der Frau, der das Haus gehörte, krank ward, und seine Krankheit wurde so heftig, daß kein Lebensodem mehr in ihm blieb. Da sprach sie zu Elija: Was habe ich mit dir zu schaffen, du Mann Gottes? Du bist ja nur zu mir gekommen, daß meiner Schuld gedacht werde und mein Sohn sterbe. Er antwortete ihr: Gib mir deinen Sohn. Und er nahm ihn aus ihren

Armen, trug ihn hinauf in das Obergemach, wo er wohnte, und legte ihn auf sein Bett. Dann rief er den Herrn an und sprach: O Herr, mein Gott, solltest du wirklich auch über die Witwe, bei der ich zu Gaste bin, Unheil beschlossen haben, daß du ihren Sohn sterben lässest? Und er streckte sich dreimal über den Knaben hin und rief den Herrn an und sprach: O Herr, mein Gott, laß doch die Seele dieses Knaben wieder in ihn zurückkehren! Und der Herr erhörte das Gebet Elijas: die Seele des Knaben kehrte in ihn zurück, und er wurde wieder lebendig. Nun nahm Elija das Kind, trug es vom Obergemach in das Haus hinab und gab es seiner Mutter. Und Elija sprach: Sieh da, dein Sohn lebt. Da sprach die Frau: Jetzt weiß ich, daß du ein Gottesmann bist und daß das Wort des Herrn in deinem Munde Wahrheit ist.

Keine Prophetengestalt ist der hebräischen Frömmigkeit derart eingeprägt wie die Person des Propheten Elija. Er ist der Schutzpatron aller Einsamen und Leidenden, er ist der Hoffnungsträger der Zukunft für die Zerbrochenen. Ein altes jiddisches Kinderlied besingt die Erwartungen, in aller Not werde er, Elija, der Prophet, der Mann aus Tischbe, bald schon wiederkommen.

Elija, der Prophet, Elija, der Mann aus Tischbe, bald möge er kommen und uns beistehen!

Elija, der Prophet!

So stark ist diese Hoffnung bis heute im Judentum, daß keine Passahfeier im Verband der Familie abgehalten wird, ohne einen Stuhl freizuhalten. Vielleicht bald, vielleicht jetzt, dieses Mal schon wird er kommen, und das Reich des Messias wird anbrechen.

In den Tagen Jesu waren die Aussichtslosigkeit durch die politische Erniedrigung und umgekehrt die hochgespannte religiöse Hoffnung derart groß, daß immer wieder die Erwartung ging, dieser oder jener sei bereits der Elija. Jesus selbst, wär's möglich, er trüge die Hoffnung der Endzeit endgültig in die Gegenwart heute? Im Kreise seiner Jünger offenbar hielten das manche für möglich. Jesus selber, nach dem 9. Kapitel des Markus-Evangeliums, soll gesagt haben: Elija ist doch gekommen, und er spielt damit in dunklen Worten auf Johannes den Täufer, seinen eigenen Lehrmeister, der ermordet wurde von Herodes, an. Die Stelle zuvor noch, die Vision seiner Verklärung, läßt ihn im Gespräch sein mit Mose und Elija. Sie verkörpern das Gesetz und die Prophetie, die Herausführung aus dem Land Ägypten in äußerer Knechtschaft und die Herausführung aus der inneren Gefangenschaft eines abergläubig gewordenen Glaubens an die Götzen statt an Gott. Freiheit nach draußen wie nach drinnen, das wäre Jesus nach dem Vorbild des Elija. Was Wunder, daß man von dem Mann aus Nazaret Wunder berichtet gleich denen, die Elija tat.

Wer eigentlich ist dieser Mann historisch gewesen, was wissen wir von ihm? Wie üblich sehr wenig. Fest steht, daß er auftrat in den Tagen des Königs Ahab, eines der Herrscher aus der Dynastie Omri im Nordreich in Israel. Sieben Jahre zuvor war Samaria als eigener Staat gegründet worden. Ahab herrscht von 871 bis 852 v. Chr., und er wird zugrunde gehen, er und seine Frau, unter den Flüchen des Elija wie schließlich das ganze Haus Omri.

Wenn wir die Texte, die von Elija handeln, durchsehen, müssen wir sie gewissermaßen in ihren Brechungen und Unterschieden in den Tiefenschärfen, in den Schattierungen der Ablagerungen aus Jahrhunderten deutlich markieren. Das deuteronomistische Geschichtswerk, das die alten Traditionen zusammenfaßt und ergänzt durch neuere Texte, korrigiert durch theologisch absichtsvolle Überleitungen, entsteht im 6. Jahrhundert v. Chr., fast 300 Jahre später, so weit getrennt vom Auftreten des Elija wie wir Heutigen von der Zeit etwa des Dreißigjährigen Krieges – eine gigantische Zeitspanne. Natürlich deswegen, daß sich die Berichte des Elija immer wieder nach der neuen Seh- und Interpretationsweise entlang den moderneren, aktualisierteren Bedürfnissen formen. Diese Texte zu lesen ist in gewissem Sinne ähnlich dem Bemühen mancher Kunsthistoriker. Im norwegischen Oslo, im Nationalmuseum, zum Beispiel zeigt man die Bilder des großen Malers Edvard Munch, aber nicht nur; man zeigt parallel dazu Aufnahmen der Röntgenphotographie, das Bild vom »Sterbenden Mädchen« zum Beispiel. Edvard Munch hat immer wieder daran gemalt, er hat die eigene Vorlage übermalt. Sein Wille, etwas Endgültiges zu formen, hat in das Bild einen ganz eigenen Bearbeitungsvorgang des Verworfenen, des neu Dahingesetzten gebracht. Wie war das Bild ursprünglich gemeint? Auf den Röntgenaufnahmen sieht man zum Beispiel an der Seite der Frau, die jetzt an dem Bett des sterbenden Mädchens sitzt, daß ein Arzt hereintritt, mit Hut, Chapeau claque, als käme er, noch etwas zu retten, das aber die Kraft zum Leben nicht länger in sich trägt. Edvard Munch hat dies später als Ablenkung empfunden. Weg mit dem Arzt! Nur die Szene von Trauer und Untröstlichkeit. Sie war das Wesentliche. Eine einfache Flasche und ein Vorhang, das Dekor des Raums, nichts weiter enthält dieser Ort als Stätte des Todes. Menschen, die ganz am Rande sind, entwerfen rückwärts Bilder, Gespenster der Angst, Figuren der Hoffnung, sie treten zur Seite des geschichtlich Gewesenen, treten von der Bühne des Erinnerten ab, sie spielen hinein in die Überlagerung verschiedener Formen. – Die Bibel hat das Alte nie einfach übermalt, sondern danebengestellt, sichtbar. Wir aber müssen es buchstäblich lesen mit Röntgenaugen, um es in seinem eigenen Werdegang noch zu erfassen.

Die Erzählung von Elija, dem Propheten am Bache Kerit, ist älteren Datums, eine Legende, eine fromme Geschichte, die historisch nicht ist, wohl aber dazu aufruft, die geschichtliche Erfahrung in bestimmter Weise zu deuten. Die Frage ist gleich: Wie glaubwürdig sind historisch unglaubwürdige Erzählungen, worin eigentlich setzen wir ihre Wahrheit, wenn sie in Wahrheit etwas berichten, das so gar nicht war. Der Prophet am Bach in einer Zeit der Dürre und der Hungersnot wird in dieser Erzählung zu einem Symbol.

Elija, so wie die alte Erzählung ihn schildert, wandert nicht erst aus, wie die deuteronomistische Interpretation es später auslegt, um nach Weisung Gottes dort, wo eigentlich die Stätte des Hungers wäre, sich buchstäblich aus den Händen Gottes, vermittelt durch die Vögel, ernähren zu lassen. Berichtet wird, daß Elija ursprünglich ein Mann der Einsamkeit war, fernab den Menschen, so etwas wie ein russischer Starez, wie ein Mönchseinsamer der ägyptischen Klosterzeit im 3., 4. Jahrhundert, so wie manche buddhistischen Mönche oder hinduistischen Heiligen, die die Ferne lieben, um die Nähe zu sich selbst zu finden und darinnen die Nähe zu Gott. Sie kehren dann aber zurück in die Menschenwelt, um Weisheit und Menschlichkeit zu begründen aus der Kraft dessen, was sie selbst gefunden haben.

Fragt man: »Wo fließt der Kerit?«, so findet man ihn auf der Karte geographisch präzise. Im Sinn der Legende aber spielen Raum und Zeit die Rolle eines Sinnbildes. Der Prophet selber findet den Ort seiner Ruhe, seiner Beheimatung ganz im Raum der Natur; er lebt ursprünglich. In ihm selbst, müßten wir denken, fließt das Quellwasser des Lebens unverdorben, unverfälscht, ganz und gar ursprünglich. Er ist ein Verwandter der Kreaturen, der Tiere, der

Vögel, die ihm dienstbar sind. Auch die Vögel, die Raben, treten hier auf als Symbolgestalten der Seele, als frei fliegende Geister. Sie bringen die Nahrung den Gottsuchenden. Allein schon dies ist eine Szene, die im Neuen Testament zur Deutung der Person Jesu rückentworfen wird. Wußtet ihr nicht, wird Jesus im Johannes-Evangelium zu seinen Jüngern sagen, daß ich eine Speise esse, die aus dem Munde Gottes hervorgeht und aus seiner Hand, aber nicht gemacht wird von Menschen? (Joh 4,34) Der Mensch, das hat Jesus selber historisch wohl gesagt im 4. Kapitel des Matthäus, in der Versuchungsgeschichte gegenüber dem Satan, lebt nicht vom Brot allein; man müßte hebräisch den Satz jetzt fortführen: Er lebt ausschließlich von dem Sinn her, den das Wort Gottes ihm schenkt. So Elija mit den Raben am Bach Kerit. Von Jesus selber erzählt das 1. Kapitel des Markus, noch vor seinem öffentlichen Auftreten, unmittelbar nach der Taufe am Jordan, der Geist habe ihn getrieben hinein in die Wüste, um dort auf die Probe gestellt zu werden, um in eine Krisis hineinzukommen, konzentriert auf die Frage: Wer bin ich selbst? Was ist meine Mission? Was ist der Auftrag, der Zielpunkt der ganzen Existenz? Darum ringend am Ende, hätten Jesus Engel bedient, und er sei gewesen mit den Tieren. Was im Neuen Testament die Engel, sind in der Gestalt des Elija die Raben, die Vögel, Himmelswesen zwischen Oben und Unten, leichtflügelig, die Gottesspeise dem Propheten bringend. Das alles, möchte man denken, ist sehr phantasievoll erzählt, sehr symbolreich, aber es zeigt bereits in den Bildern der Legende, was wir uns unter einem Propheten vorzustellen haben. Er ist jemand, der aus seinem eigenen Gefühlsstrom, aus seinem eigenen Inneren heraus zu leben imstande ist. Er läßt zu, was aus der Tiefe hervorquillt, er riegelt's nicht ab, er sperrt's nicht ein, er fürchtet sich nicht, er läßt es zu – das ist das Element einer Wahrheit, die in ihm selber sprudelt. Und umgekehrt. Er ist stark genug, mit dem Untersten, mit dem, was aus der Quelle emporsteigt, auch das Obere zu verschmelzen, den Reichtum der Gedanken. Seine Gefühle und seine Rationalität sind beide gleichermaßen ausgeprägt. Und diese Einheit: zu denken, was gefühlt wird, und zu fühlen, was gedacht wird, diese Ganzheit seiner Person macht später die Entschlossenheit, in gewissem Sinn die Stärke und Konzentriertheit des Kampfs gegen eine Welt der Entfremdung und Zerspaltenheit aus. Der Prophet gründet sich in diesen Bildern, indem er sich begründet ganz allein aus Gott. Er ist der Hintergrund der Integration aller menschlichen Kräfte. Jesus wird später als das Hauptgebot ausgeben, gefragt, worauf es ankommt, es sei entscheidend, Gott zu dienen mit allen Kräften des Denkens, des Fühlens, mit ganzer Seele und ganzem Gemüt. Da ist die Frage, wie eine Frömmigkeit sein könnte, die den Menschen vollkommen integriert und nicht etwa nur mit dem Über-Ich verehrt, aufgezwungen, aufgenötigt, wie ein Idealgott. Unter dem würde alles ersterben. Der Prophet selber ist derjenige, der imstande ist, Himmel und Erde in seiner Person miteinander zu verschmelzen. Dann aber, wenn wir den Text weiterlesen, versiegt der Bach Kerit. Würden wir in der psychologischen Deutung bleiben, wäre eine Existenzkrise beschrieben, in welcher nur noch die Vögel Speise bringen, nur noch die Gedanken zu ernähren scheinen, das Gefühl aber versickert und versandet. Kann es sein, daß ein Mann so lebt, aus klaren Überzeugungen, Prinzipien, die er sich einmal gegeben hat? Aber sie werden ihm selber leer, nicht mehr getragen durch eigene Erfahrung, nicht mehr befruchtet von der Tiefe des eigenen Empfindens und Fühlens?

Da macht der Prophet sich in den Tagen der Dürre unter einem verschlossenen, glühenden Himmel hinüber in eine Stadt im Gebiet des heutigen Libanon, im Süden von Sidon. Er findet dort, dürstend und hungernd, eine Witwe, die dabei ist, Holz zu sammeln, um ein letztes Mal Brot zu backen. An dieser Stelle beginnt eine Wundergeschichte, die menschheitlich verbreitet ist. Ein Mann kommt und bedarf, um seinen eigenen Hunger zu stillen, einer Speise, die er demjenigen wegnimmt, von dem er sie sich ausbedingt, und dieser andere, der sie ihm geben soll, kann selber nicht leben, wenn er aufs äußerste Verzicht übt. Wir im Deutschen kennen die Kindergeschichte von Meister Eckhard, der kommt und fragt genauso. Das Neue Testament erzählt davon, daß Jesus, zweimal gar, im 6. und im 8. Kapitel des Markus, seine Jünger gefragt habe angesichts der hungernden Tausenden seiner Zuhörer. Wie ist es möglich, Menschen etwas zu geben, wenn wir es selber benötigen, um zu existieren? Die spätere Redaktion dieses Textes hat alles so dargestellt, wie wenn Gott diesen Propheten gerade zu dieser Witwe geführt habe, damit sie ihm helfen solle. Alles geschieht unter göttlicher Vorsehung, denn Gott, der Allmächtige, weiß um die Not der Menschen und kennt im voraus den Weg ihrer Lösung.

Die ursprüngliche Geschichte aber ist anders, in ihr hilft Elija der Witwe. Nur, wie er es tut, ist das Eigentümliche. Hören wir in diese Erzählung noch einmal genau hinein. Die Witwe, als sie den Fremden kommen sieht und hört, wie er sie um Wasser und Brot bittet, erklärt freimütig, daß sie nichts mehr besitzt als das Letzte. Einen Fladen Brot noch wird sie backen, so wie's noch heute geschieht, ein pfannekuchenartiges Gemengsel aus Mehl und Wasser, an den Seitenwänden des Ofens festgeklebt und dann möglichst frisch gegessen, ehe es in der Sonne hart wird. Gerade für dies wenige noch hat sie ein wenig Mehl, ein wenig Öl, das allerletzte für sich und, wie sie betont, für ihre Kinder, ihre Söhne. Sie, die Mutter, hat jeden berechtigten Grund, den Fremden abzuweisen, als Mutter förmlich hat sie die Pflicht, zuerst für ihre Familie, für ihre Kinder zu sorgen, und ein anderer wird für sie nimmer sorgen, sie ist eine Witwe. Sie kann die Verantwortung in keinem Punkt delegieren. Es ist die heiligste Ordnung, die ihr gebieten müßte, bis zum letzten zu teilen mit ihren Kindern. Und ganz dramatisch schon schildert sie die Aussichtslosigkeit ihrer Lage: Danach werden wir sterben! Es wird eine gemeinsame Todesmahlzeit sein. Ist es da nicht, möchte man denken, krasser Egoismus, wenn der Prophet, wenn Elija, herangeht und sagt: Tu das nur, aber bring ein klein wenig zuvörderst mir. Geschieht's nur aus Hunger, weiß er nicht, wie's im Innern dieser Frau aussieht? Kann er sich nicht vorstellen, wie ihre Kinder auf die Mutter warten, so wie das Vögelchen im Nest mit gesperrtem Schnabel auf das Einfliegen der Eltern? Ist er so hartherzig, sich mit seiner Forderung zum Lebenserhalt an die Stelle sogar der Kinder dieser Frau zu setzen? So dürften wir nicht denken im Sinn der Legende. Wir müßten vielmehr glauben, der Sinn dieser Forderung sei wieder ein Sinnbild, hier werde etwas nicht eingefordert, sondern geschenkt, indem ein neuer Freiraum zum Handeln eröffnet werde. Die Frau geht, ohne zu wissen, daß der Mann, der da vor ihr steht, Elija, der Gottesmann, der große Prophet des alten Israels ist, hinüber ins Haus und tut, wie ihr gesagt wurde. Ein wenig nur, aber eben doch ein bißchen bringt sie hinaus zu ihm, und da geschieht das Wunder. Die spätere Bearbeitung wird den Text zitieren als ein Gotteswort. Ursprünglich aber lautete er wie ein Volksvers menschheitlicher Erfahrung: Fortan wird im Hause dieser Frau das Mehl im Topf nie ausgehen, das Öl im Krug nie fehlen. Nicht Gottes Wort, sondern ursprüngliche Menschheitserfahrung formt sich in diesen Zeilen. Das schon ist die ganze Legende, die Begegnung eines Menschen mit einem Gottesmann. Erstaunt stellt es diese Witwe fest. Was ist geschehen? Eine Entdeckung ist hier gemacht worden: Wenn ich dem gebe, der in Not ist, und weise ihn nicht ab, werden alle genug haben, und es gibt keinen Mangel mehr. Eine unglaubliche Feststellung, eine Erfahrung gegen jede Wirklichkeit, muß man denken, möchte man denken, ein reines Wunschdenken, soviel steht fest, eine Halluzination, eine Fata Morgana der Hoffnungslosen. Schön wär's. Alles spricht dagegen, möchte man glauben. Eine Frau, die in Not ist und verantwortlich für ihre Kinder, hat nicht die Möglichkeit, zu sorgen für einen Fremden. Der Fremde soll gehen, gleich wohin, und wenn er verhungert, liegt's außerhalb der eigenen Verantwortung. Nicht einmal das Recht der Gastfreundschaft kann in Geltung sein bei so viel Not. Wo nichts ist, läßt sich nichts holen, so einfach sind die Gesetze des Zwei-mal-zwei-ist-Vier. Die Realität hat ihre eigene Verantwortungsethik, und die besagt: Elija, scher dich zum Teufel; ich bin eine Mutter, und ich habe zwei Kinder, und ich habe für uns drei nicht genug zu essen. Läßt sich's nicht begreifen? Begreift man umgekehrt nicht, worin die Legende eigentlich das Wunder sieht? Nicht darin, daß der Krug voll bleibt, das Mehl nie versiegt. Das Wunder eigentlich liegt darin, daß ein Mensch in diesem Augenblick nicht so denkt, wie er sollte, wie er müßte, inmitten seiner Not sich nicht trennen läßt von dem anderen, dem zusätzlich Not Leidenden, sondern im Gegenteil die eigene Not, das eigene Leid ergänzt durch Mitleid.

In der Bergpredigt wird Jesus später sagen: Glücklich sind die Armen! Und wenige Sätze später wird er's im Parallelismus begründen, denn: nur sie können Erbarmen haben für andere, aus eigenem Leid das Mitleid lernen. Das ist die ganze Verwandlung an dieser Stelle. Alle Psychologie wird uns beweisen, daß das Leid egozentrisch macht. Sie brauchen nur irgendeine Stelle in Ihrem Körper als schmerzhaft zu empfinden, und alle Ihre Gedanken kreisen um diesen Punkt. Aller seelische Schmerz blockiert die Aufmerksamkeit für den anderen; scheinbar ist keine psychische Energie mehr vorhanden, auch jene andere Not noch mit ins eigene Leben zu nehmen, wo man so schwer trägt an der Hypothek des persönlichen Daseins. Aber hier, in dieser Geschichte, erweitert sich merkwürdigerweise ein Herz, statt sich zu verengen. Das ist das Wunder der Begegnung mit einem Gottesmann.

In welchem Sinne ist eine Legende wahr, kann man sie überhaupt glauben? Ist es nicht eine Sonntagsphantasterei? Gesinnungsethik,

würde Max Weber gesagt haben, nichts, was am Montag früh um
sechs Uhr, wenn die Werkstore sich öffnen, tauglich sein könnte.
Schöne Poesie, religiöse Romantik, Schwärmerei gewiß, so wäre die
Welt, so könnten die Menschen sein, aber jeder weiß doch: sie sind
ganz anders. Tatsächlich bedeutet die Legende mit allem Nachdruck, daß wir eine menschliche Erfahrung rein empirisch so auch
nicht erzählen könnten. Die Menschen, wie sie sind, werden sich
schwertun zu teilen, es für unmöglich erklären. In wirklicher Not,
da ist jeder sich selbst der Nächste, da sitzt einem das Hemd näher
als der Mantel, da sind die Spatzen in der Hand besser als die Tauben auf dem Dach, da ist der *sacro egoismo* die Selbstverständlichkeit des Handelns, und nur der Stärkste überlebt. Die Legende hat
darin, daß wir sie glauben, eine mögliche Wahrheit, die es zu be-
wahrheiten gilt. Sie bedeutet aus einer anderen Perspektive: Eben
aus der Dimension des Göttlichen gelangten wir zu einer neuen
menschlichen Möglichkeit, die uns überhaupt erst zu Menschen
machen würde; bis dahin seien wir nichts weiter als kreischende
Möwen, die sich zanken um jedes Stück eines Seesterns oder eines
längst leergewaschenen Stücks Muschel, bis dahin seien wir nichts
anderes als Hyänen, die einander noch um die Beute befeinden, die
sie gemeinsam erlegt haben, Freßkonkurrenten, nicht mehr und
nicht weniger, aber eben keine Menschen. Die Legende behauptet,
es lasse sich die menschliche Erfahrung ändern durch eine neue
Dimension, die des Göttlichen, und dann verändere sich alles.
Wär's möglich auf dieser Welt, jeder würde denken: An der Stelle,
wo ich bin in meiner Not, kann ich nicht anders als zusammen-
zuraffen, was ich habe, zum Teilen langt es nicht mehr; und doch:
wenn alle zu teilen begönnen, wär' es genug für die ganze Welt, und
es wäre Überfluß sogar am Ende für einen jeden einzelnen.

Übertragen Sie's auf unser Bild von Geschichte heute. Zwei Drittel der Menschheit verhungern angesichts riesiger vernichteter
Überschußproduktionen für das eine Drittel auf der Nordhalbku-
gel, dem wir selber zugehören. Teilen – das geht nicht; Verbrennen
des Zuviel – allemal. Es sind die Gesetze der Wirtschaft, die uns so
handeln lassen, und immer, wenn Sie fragen: was tun wir denn gegen das Leid der Welt, der über 50 Millionen Verhungernden, dann
wird die Antwort der Verantwortlichen, der Politiker, der Kirchen-
fürsten lauten, daß wir eben noch nicht genug haben, ihnen zu helfen. Am Luxusrand des Überflusses, da vielleicht werden wir dies

und das abgeben. Aber wie kommen wir zum Luxusrand des Überflusses außer durch die Ausbeutung derer, die schon leiden? Wir geben nicht einmal ein Winziges von dem zurück, was wir ihnen unter der Hand gestohlen haben durch die Schulden, die wir ihnen auferlegen; durch die Zinszahlungen, zu denen wir sie zwingen; durch das Verhökern der Rohstoffe, die billig sind; durch die Globalisierung von Arbeitskräften, mit denen wir sie in Konkurrenz setzen, um das Lohndumping weltweit besser zu gestalten. Wir sind am Ende die Sieger; vermeintlich haben wir's geschafft.

Aber wir sind immer weiter entfernt von dem Bild eines möglichen Menschseins, das diese Erzählung hier formt. Kann man ihm überhaupt folgen, diesem Gedanken eines universellen Teilens? Ein fast kommunistischer Gedanke: Die Entrechteten, die Proletarier aller Länder, die Habenichtse der Welt würden sich verbünden. Sie hätten nichts mehr zu verlieren, aber sie wüßten dies: daß, weil alle nichts haben, allen alles gemeinsam ist. Als politisches Konzept wurde dieser Gedanke brutal durchgesetzt, diktatorisch verwaltet, kämpferisch formuliert, ein ideologischer Irrwahn im 20. Jahrhundert! Aber welch eine menschliche Option steht dahinter! Vielleicht ist es schlimm, daß der Kommunismus Gott selber für ein Lügengespenst erklärte, indem er die Religion reduzierte auf die Beweiskraft der menschlichen Geschichte. Da war keine Freiheit mehr, keine Evidenz persönlicher Entscheidung.

Aber was bedeutet uns denn die Wahrheit der Legende, ein Mensch würde menschlich im Gegenüber Gottes, anders aber gar nicht? Glauben wir's überhaupt, glaubt man es wenigstens in der Kirche? Machen wir eine kurze Momentaufnahme. Als der Patriarch von Venedig, Luciani, unter dem Namen Johannes Paul I. zum Papst gewählt wurde, hatte er ein ganz verständliches Programm: Die Kirche sei keine Kirche der Macht und des Deal und des Big Business, sondern der Seelsorge. Luciani war ein Mann, der Gedichte schrieb, Briefe schrieb, seelsorglich dachte und handeln wollte. Er durfte Papst einunddreißig Tage lang sein, dann wurde durchgesetzt durch den Druck des Opus Dei die Wahl des Karol Wojtyła, genannt Johannes Paul II. Was er wollte, war von Anfang an das genaue Kontrastprogramm zu dem seines Vorgängers, das absolute Gegenteil in allen Punkten. Jener Johannes Paul I. konnte 1965 noch warnen gegen die Lehre, wonach Empfängnisverhütung nicht sein dürfe, künstliche Empfängnisverhütung schwere Sünde sei; er wollte das nicht, er suchte nach Auswegen. Karol Wojtyła aber hatte in Pius' VI. »Humanae vitae« die letzten entscheidenden Sätze eigenhändig niedergeschrieben. Sie wurden zu den eisernen Leitprinzipien seines Pontifikats. Keine Empfängnisverhütung, keine Warnung vor Überbevölkerung, Kinder muß man austragen – das erleben wir bis heute. Und die Gedanken des Opus Dei, von Anfang an: Macht, Durchwanderung der Wirtschaftszentren, Einfluß aufs Militär. 1972 war der CIA gerade dabei, in München der Verbindung der Cosa Nostra mit dem Vatikan zum Waschen etwa einer Milliarde Dollar aus dem Drogenhandel in den USA auf die Spur zu kommen. Nachfassen ließ sich nicht, weil der Vatikanstaat rechtsexempt ist. 1982 brach der Banco Ambrosiano zusammen. Sein Vorsitzender, Roberto Calvi, wurde unter einer Brücke in London ermordet aufgefunden; sein Koffer, mit dem er tagelang durch Europa gereist war, blieb zunächst verschwunden, aber später für phantastische Gelder wurde er vom Vatikan zurückgekauft. Es blieben Briefe erhalten, in denen er schreibt, was er getan hat und was er sagen würde, wenn seine Bank bankrott ginge. Für den Vatikan habe er in Südamerika alles mögliche getan, Panzerkreuzer gekauft, Regime in Argentinien, in Chile, in Costa Rica gestützt, das alles würde offenkundig werden, mit Lügenkrediten, mit Schwindelscheinen für den Vatikan. Nach Calvis Ermordung wurden die Aktionäre des Banco Ambrosiano, welche Rückzahlungen vom Vatikan forderten, abschlägig beschieden, es gebe keine Finanzverflechtungen zwischen Mailand und Rom. Die Witwe Calvis klagte in Mailand, die Herren aus dem Vatikan waren nicht in den Zeugenstand zu ziehen. Dann aber wurde es zu heiß; man zahlte plötzlich 340 Millionen Dollar vom Vatikan an die Aktionäre des Banco Ambrosiano zurück. Woher die Summe so plötzlich nehmen, wenn man im Vatikan pleite war? Niemand weiß bisher, woher das Geld auftauchte, alles spricht dafür, daß es das Opus Dei zahlte. Und wenn es so war, müssen wir denken, daß das Opus Dei seit dem Jahre 1982 die Vatikanbank hält und natürlich seinen Chef, den Papst, wirtschaftlich abhängig macht. Sein Handlungsspielraum ist genauso groß wie das Zirkusrondell, in dem man ihn als Clown tanzen läßt, sofern er nicht statt des Strohmanns selber der Steuermann des Opus Dei wäre.

Was will man in der Kirche, woran glaubt man in der Kirche? Doch nicht an den Propheten Elija, an die Bescheidenheit der

Witwe von Sarepta, sondern wie Kardinal Marcinkus sagte: Die Kirche wird nicht geleitet durch das Beten von Ave-Marias. Das muß man besser machen: mit Geld und Macht und nach der Rechnung Zwei-mal-zwei-ist-Vier.

Wär's möglich, daß eine Legende uns helfen könnte, klar zu sehen, eine phantastische Legende von Gott? Zu glauben ganz im Sinne Jesu, dieses zweiten Elija im Neuen Testament, das bedeutete, einzig aus dem Munde Gottes zu leben, sein Wort diente als Nahrung, und es gäbe eine Güte, die teilt mitten in der Not. Es war die Hoffnung des Existentialisten Albert Camus 1952, Menschen würden nicht einmal durch Todesangst sich trennen und zu Kampfgegnern werden im Ringen um den Erhalt ihres Daseins, sondern sie würden gegen den gemeinsamen Feind zusammentreten, gegen die kreatürliche Daseinsnot, inklusive von Hunger, Krankheit und dem sicheren Sterben, eine Weltverbrüderung der Menschen, die als Notleidende universelles Mitleid lernen und spüren, wie sehr sie alle auf einander angewiesen sind. Das ist die alte, vordeuteronomistische Legende über den Mann aus Tischbe, den Propheten Elija.

Eine ganz andere deuteronomistische Legende schließt sich an und tut fast so, als wäre jene Witwe in Sarepta zugleich die Mutter eines Knaben, der ihr auf dem eigenen Schoß stirbt. Dabei kann es sich nicht so verhalten. Diese Frau, von der die Rede geht, ist auch eine Witwe, aber sie wohnt offenbar in guten Verhältnissen. Sie besitzt ein mehrstöckiges Haus, oben ein eigenes Gemach, sie kann nicht wie jene erste als mittellos gedacht werden. Elija ist zu Gast bei ihr, in Miete gewissermaßen; die Geschichte spielt woanders, bei anderen Personen, in neuen Zusammenhängen. Gleichviel, aus der Not des Hungers des Körpers wird in dieser Parallelgeschichte nun im Abstand von vielleicht mehr als dreihundert Jahren ein Sinnbild der seelischen Entbehrung. Ein Junge stirbt in den Armen, auf dem Schoße seiner Mutter, und es ist der Mann Gottes, der ihn heilt. Eine ähnliche Geschichte wird im Neuen Testament aufgegriffen, bei Lukas (Lk 7,11–17). Dort, am Dorfausgang von Naim, trifft Jesus auf einen Trauerzug, der den Sohn einer Witwe zu Grabe trägt. Jesus hält die Träger der Bahre an und weckt den Verstorbenen zum Leben auf und gibt ihn seiner Mutter zurück. Bis in die Handlungsabfolge hinein folgt die Geschichte dem älteren Beispiel des Elija. Was aber geschieht da? Noch einmal später wird von Elischa, dem Prophetenschüler, ein ähnliches berichtet und dann im

Detail sogar geschildert, was der Prophet tut, den Toten zu retten: Er legt sich ganz auf ihn, beatmet ihn, drückt mit der Last seines Körpers auf den seinen, berührt seine Finger. Sein ganzes Dasein ergreift Besitz von dem Toten, damit Leben von ihm in den anderen übergehe. Die Erzählung von Elija gestaltet sich frommer. Kaum etwas derlei tut der Prophet, außer daß er zu Gott betet. Wenn wir auch diese Erzählung weniger als einen historischen Wunderbericht denn als eine Legende symbolischen Inhalts lesen, müßten wir den Tod des Jungen weit mehr als ein seelisches denn als ein physisches Geschehen interpretieren. Wie ist es möglich, daß eine Frau, eine Witwe, ein Kind über alles liebt, so daß mit seinem Sterben förmlich ihr eigenes Leben dahingeht, und es ist doch, wie wenn sie den Gottesmann verfluchte, daß das Sterben des Kindes etwas sei wie ihre eigene Schuld, die durch seine Anwesenheit nur erst bewußt werde. Daß eine Religion das Leiden der Menschen interpretiert als eine wohlverdiente Strafe, ist empörend für diese Witwe. Sie will mit dem Gottesmann nichts zu schaffen haben; wenn ihr Schmerz als gewissermaßen von Gott gesandtes Strafgericht gedeutet wird, dann ist dies nicht die Religion, an die sie glauben möchte, und in ihrem Protest, in ihrem abweisenden Spruch gegen Elija, verdichtet sich so viel an Menschennot und -leid, das religiös geschürt wurde mit einer aberwitzigen und abergläubischen Scheinerklärung: Alles Leid auf Erden ist die Strafe, die Gott verhängt hat über dich. So eben ist es nicht, sagt diese Frau. Was hier passiert, hab' ich nicht verdient, weg mit dir, Elija, wenn du kommst, so ein Gefühl auch nur zu erzeugen – zu dem seelischen Leiden außerdem noch ein Schuldgefühl, als sei es die Mutter selbst, die an dem Unglück ihres Kindes die Ursache trüge. Das eben nicht. Man kann dieser Frau nur zustimmen. Man kann jene Religion, die strafewütig Gott und Mensch miteinander immer wieder wie Richter und Delinquenten in Verbindung setzt, nur abstreifen. Dann aber könnte es doch sein, daß diese Frau etwas spürt, das Elija selber gar nicht gesagt hat, aber das er abtragen muß, nämlich daß es tief im Unbewußten die Beziehung dieser Frau zu ihrem Kind wäre, die das Geliebte um das eigene Leben bringt oder betrügt. Allein: so zu sprechen ist ungeheuerlich. Immer wenn wir versuchen, mit Hilfe der Psychoanalyse derlei Zusammenhänge aufzudecken, ist der Protest da, hier werde etwas unterstellt, hier werde etwas noch schwieriger gemacht. Dabei geht es nur darum, den Raum des Verstehens zu erweitern und gerade keine Vorwürfe dort zu erheben, wo Menschen tragisch miteinander verbunden sind. Der Versuch ist, einzig durch Verstehen, durch tieferes Erkennen, durch eine größere Erlaubnis die Verflochtenheit aufzulösen statt darin gefangenzusetzen, zu öffnen statt zu schließen, hinauszuführen statt anzuklagen. Wahr aber ist, daß Menschen in tieferem Verstand die Ursache für vieles legen, das sie im Bewußtsein niemals wünschen können. Denken wir uns zur Verdeutlichung solcher Todesgeschichten aus unglückseligen Beziehungen nur die Ausgangssituation möglichst konkret: eine Witwe – setzen wir sie für all die Frauen, die sich buchstäblich alleinerziehend mitten in einer scheinbar intakten Ehe befinden, es muß ja gar nicht sein, daß der Mann erst stirbt; wie viele Frauen fühlen sich verwitwet, weil ihr Mann ihrem Kind überhaupt kein Vater ist. Kann's dann aber nicht sein, daß eine Mutter alles tut, um ein Kind lebendig zu halten, und, schon auf Grund der eigenen Überforderung, auch ihr Kind überfordert mit eigenen Ängsten, mit eigenen Schuldgefühlen, und alles, was sie selber im Leben erstickt, geht gegen ihren Willen weiter und verhindert und erstickt auch das Leben des Kindes? Eine Frau erzählte mir vor Jahren, monatelang klagend, weinend, verzweifelt immer wieder den Vorwurf, den ihr ihre eigene Familie, ihre eigenen Verwandten gemacht haben: Es ist deine Schuld jetzt, daß deine Tochter in die Irrenanstalt gekommen ist; das haben wir schon, kurz nachdem sie auf die Welt kam, gewußt. Immer hatte man dieser Frau vorgeworfen, daß sie die Kinder falsch erziehe. Sie strickte Kleider für die Kinder; das war eben, daß sie die Kinder *umstrickte* und nicht wirklich freiließ. Sie vermied, daß die Kinder Schokolade aßen, denn sie hatte herausgefunden, daß sie dann vor Schmerz die ganze Nacht nicht schlafen konnten. Aber ihre Verwandten steckten den Kindern Schokolade zu, denn eine gute Mutter muß natürlich irgendeinen Rappel haben, wenn sie den Kindern, den eigenen, Milchspeisen und Schokolade verweigert. Jetzt endlich, achtzehn Jahre nach dem Debakel, hatte sie zum erstenmal, nach einem Staffellauf zu Dutzenden von Ärzten, einen gefunden, der ihr bescheinigte, daß Kinder an Galaktoseunverträglichkeit leiden können, eine seltene Krankheit, aber ihre Kinder hatten sie. Kämpfen Sie einmal achtzehn Jahre lang gegen das Dareinreden: »Du bist eine schlechte Mutter, du tust nicht, was eine normale Mutter täte, du bist eine Spinnerin als Mutter!«, und versuchen Sie sich zu rechtfertigen und zu rechtfertigen und erleben am Ende noch, daß tatsächlich Ihre eigene Tochter ein klares Denken nicht mehr zustande bringt in all dem Wirrwarr. Dann fühlt eine Frau sich schuldig in dem, was sie nie wollte, und ist verzweifelt dagegen. Sie möchte nicht schuldig sein, sie möchte irgendwann einmal hören, daß es richtig ist, was sie getan hat, daß sie eine gute Mutter war und daß das außer Zweifel steht. Wie kann man die Tochter einer solchen Mutter bei der Hand nehmen und hineinführen in ein eigenes Leben?

Eine Frau erzählt mir, wie sie's erlebt hat bei ihrer Mutter, die wirklich sehr bald Witwe war. Ihr Mann war schon gestorben, im Zweiten Weltkrieg, als sie geboren wurde, und ihre Mutter lebte ständig in Angst. Nach draußen zu gehen kann bedeuten, daß die Russen kommen und sie vergewaltigen, wie alle Frauen, das weiß man. Wie soll man's schaffen als Vertriebener, von der Hand in den Mund? Natürlich wär's möglich, Geld zu verdienen, aber dann müßte man sich darbieten. Und ein Mann würde schon bezahlen, aber es wäre eine Schande. Also biß sie die Zähne zusammen, zeigte ihren Stolz, verdingte sich als Wäscherin, als Putzfrau, für jeden niedrigen Dienst um ihres Stolzes willen – ein fast dostojewskisches Schicksal. Aber diese Tochter war ihr zuviel, ein gutes Mädchen, aber abends, wenn dieser Frau die Nerven durchgingen, trommelte sie auf das Kind ein, irgend etwas hatte es falsch gemacht, es stand ihr im Wege, es hinderte sie am Leben. Können Sie sich vorstellen, wie eine Frau geformt wird im Grunde zum Nichtleben im Schatten einer Mutter, die selber kaum zu leben weiß? Sie meint es gut, diese Mutter, sie tut alles für ihr Kind, ohne jeden Zweifel, aber sie bindet es in endlose Schuldgefühle ein. Sie möchte nur, daß es der Tochter gutgeht, aber das darf sie ja gar nicht. Ginge es der Tochter gut, würde es der Mutter zur Last sein. Wie kann man leben so leise wie der Wind, so sacht wie eine Wolke, die die Erde gar nicht berührt? Wie lernt man es, allen anderen alle Wünsche zu erfüllen, nur um einen eigenen nie zu sagen? Wie überspielt man alle Ängste, so daß es niemand bemerkt? Wie ist man fröhlich, wenn man weinen möchte, stark, wenn man schwach ist? Wie hält man alles aus bis dahin, daß man ganz leise rückwärts aus dem Leben gehen möchte?

Wie ist es möglich, ein solches Kind, ein sterbendes, einer immerhin erwachsenen Frau fortzunehmen ins Obergemach und so zu beten, daß man's am Ende hinunterführt und es seiner Mutter

wiedergibt, dieser schrecklichen Mutter, dieser dunklen Todesmut-
ter? Was Elija hier tut, ist ein ganz großes Kunstwerk: daß er am
Ende das Kind mit der Mutter wieder zusammenführt auf ihrem
Schoß. Er überwindet die Angst, die das Kind haben muß vor der
Mutter. Alles, was meine Mutter sagt, klingt wie Vorwurf, konnte
jene Frau noch berichten. Sie muß nur den Mund öffnen, und schon
sieht sie alles negativ, nur Tod, nur Untergang. Wenn sie die Zeitung
liest, grundsätzlich nur das Unglückliche; wenn sie die Nachrichten
hört, grundsätzlich nur die Katastrophen. Ich kann reden, was ich
will, ich bin schuldig an allem. Kann man begreifen, wie eine Psychotherapie gegen solchen Tod zum Leben erwecken könnte? Man
müßte tatsächlich, wie der Prophet Elija es hier tut, das Kind der
Mutter fortnehmen. Es wäre als erstes ein Ort aufzusuchen, wo sie
nicht ist, nicht hineinreicht und nicht hineinregiert, wo ein Kind
langsam lernt, selbst zu sein. Dieses Kind muß nichts machen, es
liegt wie tot da; sagen wir positiv: es darf sich ausruhen. Es gibt eine
Schutzzone jenseits aller Forderungen und Entfremdungen, ein einfaches Dasein, hingestreckt, ruhig, ausgespannt und entspannt. Der
Prophet dieser Erzählung tut nicht, was Elischa tut, er legt sein Gewicht nicht auf dieses Kind, gewissermaßen um die Prägungen
durch das Lastgewicht seiner Mutter abzutragen. Zweimal nur betet er zu Gott. Was kann das bewirken, möchte man denken, außer
daß hier statt der üblichen Magie Gebetsfrömmigkeit gesetzt wird?
Der Horizont scheint dadurch nicht sehr erweitert zu werden. Gott
eben wirkt Wunder, und der Fromme, der sich an ihn wendet, gewinnt die Kraft von Gott her, so zu handeln. Mir scheint wieder,
daß die Legende von dem Wunder der Rettung des Sohns dieser
Witwe wahr ist in der religiösen Komponente, die sie besitzt. Wollte
man mit einem Psychotherapeuten sprechen, was er eigentlich tut –
Psychotherapeuten haben in aller Regel gelernt, die Vorstellung von
Gott als eine Folge kindlicher Komplexbildungen abzuanalysie-
ren –, dann werden sie darauf verweisen, daß sie ähnlich handeln
wie Elija: Sie nehmen den Patienten der Mutter oder dem Vater, den
Elterngestalten fort, tragen ihn in das eigene Behandlungszimmer
und lassen ihn dort leben entlang den allmählich reifenden eigenen
Triebregungen, Gedanken, Gefühlen, Erinnerungen. Das alles erst
einmal darf sein und ordnet sich neu in der Gegenwart dessen, der
die Mutter vertritt, den Vater ersetzt. An ihm rankt sich auf, was
neues Leben werden könnte – so die analytische Theorie. Die Dy-

namik der Übertragung von den Eltern auf den Therapeuten wird genutzt zum Wohl des Patienten. Alles schön und gut, aber wer eigentlich gibt dem Therapeuten das Vertrauen, daß in seinem Patienten wirklich etwas leben könnte, dürfte, möchte – neben so viel Widerspruch? Alles, was er hören wird als Therapeut, setzt sich zusammen aus dem Vertrauen, das langsam wächst. Das Paradox beginnt mit dem ersten Satz des Gesprächs. Kein Therapeut weiß, wen er wirklich vor sich hat, ja, er muß sogar unterstellen, daß die Patientin, daß der Patient es selbst nicht weiß. Es gilt, dies im Verlauf von Jahren gemeinsam herauszufinden. Aber was dann zum Vorschein kommt, weiß niemand im voraus, und es kann so überaus tödlich sein, daß die Befürchtung besteht, man werde dem nicht gewachsen sein.

Wie soll das, was sich hier in einer einzelnen Szene begibt, sich aber im wirklichen Leben oft genug über Jahre hinstreckt, getragen werden durch ein einfaches menschliches Vertrauen, es werde schon gutgehen – Vertrauen, obwohl es keine Garantie gibt und alles falsch werden kann! So wie ein Arzt irgendwo im Operationssaal den Körper öffnet, um zu schauen, wie der Krebs in den Metastasenbildungen wirklich gewuchert ist, und mit Entsetzen feststellen muß, daß dieser Akt, der helfen sollte, endgültig den Tod des Patienten bedeutet! Wär's nicht möglich, Elija träte auch nur als letzte Erfüllungsgestalt dieser Todespraxis wider Willen im Schatten der Mutter ein? Gerade wenn er sie übernimmt, diese ihre Art, kann es da nicht passieren, daß er die Kraft gar nicht aufbringt, das Tödliche noch einmal umzukehren in die wirkliche Absicht zum Leben hin?

Was Psychotherapeuten heute tun, ob sie formell an Gott im Sinne der verfaßten Religion glauben oder nicht, ist im Grunde das Geschenk eines Vertrauens. Und es ist immer wie ein verstummendes, leise verschwiegenes Gebet an eine Macht, an die sie glauben müssen, ohne sie benennen zu können: Sie möge wirksam sein in diesem anderen, den sie langsam erst kennenlernen gegen alle Widerstände und den sie um so mehr lieben werden, je mehr sie begreifen, wie er wurde. Oft werden sie beinahe verzweifeln, gerade indem sie immer besser verstehen, wie unglückselig alles war, was er durchleiden mußte. Mitleid ist viel, Verstehen viel, aber wie kommt's zu dem Entscheidenden? Beratung ist ein Wort, das gerade in diesen Tagen viel diskutiert wurde, als nach der Vorstellung des Vatikans zum Paragraphen 218 »Beratung« als klare An-

weisung verstanden wird: Man kennt das Ergebnis in Konfliktsitua-
tionen. Beratung, das heißt: wir stellen die Mittel bereit, das bereits
bekannte Ziel auf alle Fälle zu erreichen, und wer es eben nicht erreichen will, der ist ein Mörder. Er gehört aus der Kirche ausgeschlossen, versündigt sich schwer.

Wirkliche Beratung weiß überhaupt nicht, wie es weitergeht. Sie
kann sich nur vertrauensvoll gemeinsam auf einen Weg begeben, an
dessen Ende hoffentlich wie ein sich erfüllendes Gebet das Leben
steht; zu garantieren ist gar nichts. Ein Elija, der hier mit dem Versprechen zu der Witwe kommen könnte, ich nehme deinen Sohn,
mach dir keinen Kummer, wir schaffen das, denn ich bin der Elija,
er wäre ein Possenstück auf sich selber. Die Größe des Elija ist, daß
auch er das Ende nicht kennt. Sein Gebet zu Gott ist sein menschlich nicht zu rechtfertigendes Vertrauen, da sei eine Macht, die das
Leben schenkt, wo sonst nur der Tod wäre. Ein Therapeut, der
diese Dimension von Hoffnung nicht in einen Menschen setzt, wird
gar nicht heilen können, sondern wird förmlich verschlungen von
der Düsternis dessen, was er zu sehen bekommt. Die Heilung des
Elija – da wächst eine Menschlichkeit in Sarepta, und da wächst sogar Leben über den Tod. Und so ist er ein Mann Gottes: Er glaubt
und verändert dadurch die Welt. Er überwindet die Angst, welche
Menschen von Menschen und am Ende das eigene Dasein von den
Grundkräften trennt, die es ernähren.

Möglich, daß man bei der Aufzeichnung dieser späteren Legende
bei dem toten Sohn der Witwe an das dahinsiechende Israel dachte,
das Kind der Mutter Zion, der Jungfrau Jerusalem. Sie trug's auf
dem Schoß und gebar's für den Tod. Wäre es aber möglich, Gott
schickte noch einmal Elija und erweckte auf in seiner Kammer all
das Gestorbene? Da möge Elija kommen, schnell, daß er uns bei-
stehe.

31. Januar 1998

MITTLER ZWISCHEN DER ERDE
UND DEN WOLKEN

In den Mittelpunkt stellen wir hier Texte aus den Königsbüchern, eine in sich geschlossene Episode aus der Tradition des Propheten Elija. Dieser Mann gilt als Repräsentant des Prophetischen im Alten Testament überhaupt. Er ist eine der wichtigen Symbolgestalten, nach denen Teile auch der Überlieferung im Neuen Testament von der Bedeutung und der Art des Auftretens Jesu gestaltet werden. Um so wichtiger, daß wir uns mit der Vorstellung von der Wiederkehr des Elija beschäftigen. In welcher Weise ist es möglich, darum zu beten, darauf zu hoffen, dieser Mann stehe in gewissem Sinne über der gesamten Geschichte als ihr Motor und als die Richtschnur ihrer inneren Bestimmung?

Text: 1 Kön 18, 21–46
Nun trat Elija vor alles Volk hin und sprach: Wie lange wollt ihr auf beiden Seiten hinken? Ist der Herr [der wahre] Gott, so haltet euch zu ihm; ist's aber Baal, so haltet euch zu ihm. Aber das Volk gab keine Antwort. Da sprach Elija zum Volke: Ich bin allein noch übrig als Prophet des Herrn, der Propheten Baals aber sind 450. Man gebe uns nun zwei Stiere; davon mögen sie sich den einen auswählen, ihn zerstücken und auf den Holzstoß tun, aber kein Feuer daranlegen; ich will den andern Stier zurichten und auf den Holzstoß tun und auch kein Feuer daranlegen. Dann rufet ihr den Namen eures Gottes an, und ich will den Namen des Herrn anrufen. Und der Gott, der mit Feuer antwortet, ist [der wahre] Gott. Da antwortete das ganze Volk: So sei es! Nun sprach Elija zu den Baalspropheten: Wählt euch den einen Stier aus und richtet ihn zuerst zu – denn ihr seid in der Mehrzahl – und ruft den Namen eures Gottes an; doch Feuer dürft ihr nicht anlegen. Da nahmen sie den Stier, richteten ihn zu und riefen den Namen Baals an vom Morgen bis zum Mittag, indem sie flehten: »Baal, erhöre uns!« Aber – kein Laut, keine Antwort. Und sie hinkten um den Altar, den sie gemacht hatten. Als es Mittag war, spottete Elija ihrer und sprach: Ruft doch lauter! Er ist ja ein Gott; er ist wohl in Gedanken oder abseits gegangen oder auf Reisen; vielleicht schläft er auch und wird dann erwachen. Und sie riefen laut und machten sich nach

ihrem Brauch Einschnitte mit Schwertern und Spießen, bis das Blut an ihnen herabrann. Als der Mittag vorbei war, gerieten sie ins Rasen, bis um die Zeit, wo man das Speisopfer darzubringen pflegt. Aber kein Laut, keine Antwort, keine Erhörung. Da sprach Elija zu allem Volke: Kommet her zu mir! Und alles Volk trat zu ihm heran, und er stellte den Altar des Herrn, der niedergerissen war, wieder her. Und Elija nahm zwölf Steine, nach der Zahl der Stämme der Söhne Jakobs, an den das Wort des Herrn ergangen war: Du sollst Israel heißen. Und er baute von den Steinen einen Altar im Namen des Herrn und zog rings um den Altar einen Graben im Umfang von zwei Scheffel Aussaat, schichtete das Holz auf, zerstückte den Stier und legte ihn auf den Holzstoß. Dann sprach er: Füllet vier Krüge mit Wasser und gießt es auf das Brandopfer und auf das Holz. Und sie taten es. Er sprach: Tut es noch einmal, und sie taten es noch einmal. Er sprach: Tut es zum drittenmal, und sie taten es zum drittenmal. Und das Wasser lief rings um den Altar, und auch den Graben füllte er mit Wasser. Um die Zeit aber, wo man das Speisopfer darzubringen pflegt, trat der Prophet Elija herzu und sprach: O Herr, Gott Abrahams, Isaaks und Israels, laß heute kundwerden, daß du Gott bist in Israel und ich dein Knecht und daß ich auf dein Geheiß dies alles getan habe. Erhöre mich, o Herr, erhöre mich! damit dieses Volk erkenne, daß du, o Herr [der wahre] Gott bist und daß du ihr Herz herumgewendet hast. Da fiel das Feuer des Herrn herab und verzehrte das Brandopfer und den Holzstoß, die Steine und den Erdboden, auch das Wasser im Graben leckte es auf. Als das Volk dies sah, fielen sie alle auf ihr Angesicht und riefen: Der Herr ist Gott! Der Herr ist Gott! Elija aber sprach zu ihnen: Greift die Baalspropheten! Keiner von ihnen soll entrinnen! Man ergriff sie, und Elija führte sie hinab an den Bach Kison und schlachtete sie daselbst.

Dann sprach Elija zu Ahab: Geh hinauf, iß und trink; schon höre ich das Rauschen des Regens. Während nun Ahab hinaufging, um zu essen und zu trinken, stieg Elija auf die Höhe des Karmel, beugte sich zur Erde nieder und barg das Angesicht zwischen den Knien. Dann rief er seinem Diener zu: Geh doch hinauf und schaue aus nach dem Meere hin. Der ging hinauf, schaute aus und berichtete: Es ist nichts da. Er aber sprach: Geh wieder hin! Und der Diener ging hin siebenmal. Beim siebenten Male aber sprach er: Siehe, es steigt eine kleine Wolke aus dem Meere auf, nur [so groß] wie eines

*Mannes Hand. Da gebot er: Geh hinauf zu Ahab und sage ihm:
Spanne an und fahre hinab, daß dich der Regen nicht zurückhalte.
Und ehe man sich's versah, war der Himmel schwarz von Wolken
und Sturm, und es kam ein gewaltiger Regen. Da stieg Ahab auf
und fuhr nach Jesreel. Die Hand des Herrn aber kam über Elija, so
daß er seine Lenden gürtete und vor Ahab her lief bis nach Jesreel.*

Mit Blick auf die Bibel meinte George Bernard Shaw, man müsse,
um zu trinken, das Wasser nehmen, das man habe. Wer aber reines
Wasser besitze, der solle es nicht verpanschen mit Schmutzwas-
ser. Mit einem Wort: die Bibel selbst erschien dem Dichter wie ein
riesiger Strom, der Wasser aller Art enthält; sie müßte aber gewissermaßen unter gesundheitspolizeiliche Aufsicht gestellt werden,
damit sie, geklärt und gefiltert, den Menschen zum Trinkwasser
werde, sonst sei sie ein Giftbach. Der irische Spötter und Katholik
hätte an diesem Text vermutlich den klarsten Beweis für seine Meinung gefunden. Geht das wirklich so zu, wie es in amerikanischen
Filmen und in deutschen Talkshows immer wieder behauptet wird:
Ich, bekennt da jemand feierlich, war bis dahin ein Gottesleugner,
ein Frevler und Sünder, aber dann las ich die Bibel, das Wort
Gottes, und wandelte mich im ganzen; seitdem ergriff mich Gott
und leitete mein Leben?

Das ist zu schön, um wahr zu sein. Es gibt Leute, die nehmen die
Bibel ganz wörtlich. In jeder Psychiatrie trifft man sie, Apokalyptiker, Gottesberufene, die sich fühlen als besondere Kinder Gottes
oder als Gottesverfluchte, Bedauernswerte, deren Seele man langsam aus den Fängen des Wahns befreien muß. Die Geschichte vom
Propheten Elija, erzählt im 18. Kapitel des ersten Buchs der Könige,
ist blutrünstig, barbarisch und roh. Warum überhaupt sich mit ihr
beschäftigen? Sollte man nicht rundum sagen: Wenn irgend die
Hoffnung geht im Alten oder Neuen Testament, in der alten oder
gegenwärtigen Religion, Elija möge wiederkommen, dann ganz sicher nicht als Menschenschlächter gegenüber der Nachbarreligion,
nicht als Spötter und Würger jeder fremden Anschauung, als das
Prinzip des Gottesfanatismus, des Rigorismus, der Intoleranz, kurz-
um: genau als Gegenteil dessen, was im Namen Gottes sein sollte.
Was ist der Gott des Elija: ein Menschenschlächter und Blutsäufer?
Ihm in dieser Form zu Diensten zu sein kann nur den entschiedenen
Widerspruch jeder Menschlichkeit auf den Plan rufen. Wenn Elija

wiederkommt, dann nicht so, sondern selber gereinigt. Es hilft im ersten Anlauf nicht einmal, zu sagen: wir haben es vermutlich mit einer Sage zu tun, einer Legende, die wir symbolisch deuten müssen, weil sie historisch so nicht war. Als erstes müssen wir sagen: Wir haben hier das Zeugnis eines Alptraums des Religiösen vor uns. Wenn uns etwas veranlassen kann, diese alten Geschichten immer wieder aufzugreifen, dann nicht einfach nur deshalb, weil sie in der Bibel stehen – die meisten lesen die Bibel ohnedies nicht mehr –, aber weil sich in diesen Geschichten etwas verdichtet, so gesprächswürdig, so unvermeidlich, so gefährlich wie ein Kinderalptraum, wie alles Verstörende und Verheerende, das in der Biographie eines Menschen auftritt, als er noch jung war, und das, wenn es nicht durchgearbeitet würde, jederzeit über die Macht verfügte, sich neu aufzuführen. Was sich in der Gestalt des Elija in dieser Darstellung verbirgt, verdient die Bezeichnung einer archetypischen Sehnsucht, irgendwann möchten die Wahrheit und die Wirklichkeit miteinander übereinstimmen. Irgendwann möchten die Herrschaft Gottes und die Herrschaft des Menschen ein und dasselbe sein. Irgendwann möchte der Prophet mit dem Schwert erscheinen, und es möchten Gerechtigkeit und Gewalt sich vereinen zu ein und demselben Handeln.

Wie mächtig diese Sehnsuchtsgestalt ist, läßt sich heutigentags religiös gebunden wohl am deutlichsten im islamischen Kulturraum beobachten. Der persische Ajatollah Khomeini war ein solcher Mann. Eine Reform der gesamten Gesellschaft im Interesse der armen Bewohner des Landes, Kampf der Verwestlichung, der Überfremdung, der Verstädterung, Anknüpfen an dem einfachen Gotteswort, Gleichheit und Gerechtigkeit, aber um jeden Preis, mit aller Entschiedenheit, ein unbedingtes Entweder-Oder – Gewalt ist da der Weg, der die Gottesmacht bahnt. Verlockend ist es, in dieser Einfachheit religiös sein zu wollen, archaisch oder mittelalterlich, gleich wie man's nimmt. Säkularisiert haben wir dieselbe Vorstellung. Dann nennen wir's Gerechtigkeit, berufen uns womöglich auf die Menschenrechte, machen die Vereinten Nationen zur Legitimation oder zum Popanz – in jedem Falle haben wir die Begründung, geradezu die Pflicht, Bomben über Menschen abzuwerfen, unkalkulierbar, wie viele Tote. Um so großartiger wird derjenige dastehen, der den Befehl dazu gibt, und sich siegreich, gemessen an der Vielzahl seiner Opfer, zum Triumph seiner Glorie erheben. Es ist diese alte Idee: Geist und Gewalt könnten auf äußere Weise miteinander verknüpft werden, die gewußte absolute Wahrheit würde mit allen Mitteln durchgesetzt und endgültig betrieben. Eine schlimmere Verführung als der Schlachtruf der Kreuzritter im Mittelalter »Gott will es« oder der islamischen Gegenpartei »Wenn Gott es so will« läßt sich schwer denken. Alles an der Gestalt des Elija muß sich korrigieren, wenn wir's in religiöser und menschlicher Absicht bereinigen und zum Trinkwasser filtern wollen.

Es hilft wenig, wenn uns die Literaturkritiker versichern, daß Texte dieser Art nicht eigentlich zu den ursprünglichen zählen. Wie immer haben wir's in der Bibel mit verschiedenen Überlieferungsschichten zu tun. Als die älteste darf hier wohl die Überlieferung von Elija dem Regenmacher gelten, der auftritt in den Tagen der Dürre, um dem Land und sogar seinem König einen Dienst zu erweisen. Vermutlich stammen Überlieferungen dieser Art aus Kreisen, die nach dem Untergang Samarias, also nach 700 v. Chr., in den Süden ausgewandert sind. Man spricht von dem *deuteronomistischen Überlieferungsstrang* und setzt ihn einer *prophetischen* Sonderüberlieferung gleich. In die Überlieferung von Elija als dem Wasserbringer ist diese Szene vom Opferentscheid eingetragen worden, zunächst losgelöst, ohne daß man wüßte, an welchem Ort sie spielt, aber dann in dem Text, der Elija zeigt im Gegenüber des Volkes. Bemüht, eine Entscheidung zwischen Jahwe und dem kanaanäischen Baal herbeizuführen, hat man später in der deuteronomistischen Ausgestaltung den Elija gestellt, der seinen Altar aufbaut, der als ein einzelner gegen die 450 Baalspropheten steht, der seinen Altar, den er entsprechend den zwölf Stämmen Israels zusammenfügt, mit einem heiligen Bezirk gleich der Stiftshütte umgibt, wie sie in kultischer Überlieferung unter den Priesterhänden sich in späterer Vorstellung malt, aber dann bis zum äußersten: Elija ist es, der die Religion des Baal verhöhnt, der ihren Kult, das Hüpfen, das Zittern, die Ritzung in den eigenen Körper, beschreibt, um im Kontrast seine eigene Souveränität zu beweisen. Am schlimmsten: er überliefert als der Sieger, der das Feuer vom Himmel ruft, seine Gegner, die Baalspriester, zum Abschlachten am Bach. Das alles mag man erklären als eine späte, ressentiment- und revanchebedingte Rachephantasie aus einem Volk, das unter den Leiden des babylonischen Exils seine Identität wiederherstellen will. Psychologisch mag man entschuldigend sagen: So wird es je-

dem gehen, der sich ungerecht mißhandelt fühlt, in seinem Selbstwertgefühl zutiefst gebrochen und zerbrochen ist und der alle Aggression nach außen richtet, um sein eigenes Ich einigermaßen wiederherzustellen. Aber ist das eine Entschuldigung für einen Text
wie diesen in der Bibel, der uns glauben macht, dies sei nun das
Gotteswort? Geradezu absurd ist die kirchliche Erklärung. Sie lautet, daß man glauben muß, die ganze Bibel sei von Gott eingegeben
und inspiriert. Aber wann wurde sie das? Zu welchem Stadium
ihrer eigenen Überlieferung hat der Geist Gottes sie gestaltet? Da
nun lautet die Antwort: Gerade der letzte ihrer Redakteure, derjenige, der alles Gestaltete zusammenfügte und überblickte, er war
vom Geist geleitet! So muß man glauben, so ist es das Dogma. Doch
genau die Kreise, denen wir diese Texte in ihrer endgültigen Gestalt
verdanken, erweisen sich als die wüstesten und leidenschaftlichsten
Hasser, als die am meisten aus Qual Intoleranten, als diejenigen, die
über alles den Gedanken von Strafe, von Gottes Zorn, von Gegner-
vernichtung hegen. Wenn irgend in der Bibel etwas von Gott ist,
dann gerade umgekehrt: vielleicht in den alten sagenhaften, legen-
dären Überlieferungen. Das Spätere ist hier, ganz anders als uns
sonst der historische Entwicklungsgedanke eingeben möchte, keineswegs das am meisten Humane und Fortgeschrittene. Es greift
vielmehr auf das vermeintlich längst Überwundene zurück, es ist
ein Rückfall um Jahrhunderte in das archaische Denken, am unver-
söhnlichsten, am festesten gebunden an den kämpferischen Egoismus eines Volkes in seiner Bedrohung um seinen Selbsterhalt, den
es in die Gottheit wirft. Historisch mag man Texte wie diese erklären; psychologisch mag man sich bemühen, sie zu verstehen.
Aber um so deutlicher wird, daß sie religiös inakzeptabel sind und
wir Gott verstehen müssen im Widerspruch zu ihnen.

Versuchen wir die Texte durchzugehen, bleibt die erste, relativ
früheste Schicht, die von Elija berichtet als dem Regenmacher. In
der Art, wie er auftritt, gleicht er beinahe einem Schamanen der
Stammesreligionen. Nicht als hätte Israel eine solche Institution
besessen; aber was bei den sogenannten Stammeskulturen, bei den
Jägervölkern, unter dem Titel eines Schamanen auftritt, hat in Israel in alten Überlieferungssträngen sich mit der Wirkungsweise
eines Propheten verdichtet. Er ist es, der zwischen Himmel und
Erde, zwischen den Wolken droben und der Dürre drunten zu vermitteln vermag. Noch ist Elija hier nicht die Gegengestalt zu dem

König der Dynastie Omri, zu Ahab, noch ist Ahab selbst hier nicht gezeichnet als derjenige, der von Jahwe, der Gottheit, abfällt. Es ist vielmehr, daß der Prophet im Dienst des Königs selber sein Wunder tut, sein Zeichen setzt. Die Art, wie er es tut, ist in sich selber sprechend. Viele mythische Überlieferungen haben den Regen im Zeichen einer heiligen Hochzeit begründet und symbolisiert: Die Mutter Erde wird durchfeuchtet in der Begattung durch den himmlischen Vater, und ihre Verschmelzung ist es, welche die Fruchtbarkeit der Welt hervorbringt. *Diese* Überlieferung sieht nicht ein Naturgeschehen als Grund der Fruchtbarkeit an, sondern denkt sich die Vermittlung, die das Leben erweckt, als die Leistung einer Person. Elija hockt dort, den Kopf zwischen den Beinen. Manche haben gemeint, er symbolisierte selbst das Bild einer Wolke am Himmel, er werde in seiner Person das, was er beschwören möchte. Andere sehen in dem Hineinhocken in sich selbst ein Bild der Trauer, und es stünde dann für die dürstende Erde. Wieder andere sehen darin ein Zeichen der Konzentration im Gebet.

Vermutlich ist das alles ein und dasselbe. Da ist jemand, der leidet mit den Menschen und richtet sein mitleidiges Klagegebet an den Himmel, hoffend, daß es erhört werde. Daß der Diener des Elija siebenmal vom Berge kam, hinaus auf das Mittelmeer Ausschau hielt, ob dort, an dem glühenden Glast des Firmaments, eine Wolke sich zeige, hat in sich selbst wieder rituelle Bedeutung. Erst beim siebenten Mal erscheint faustgroß ein kleines Wölkchen über den Wassern. Aber da weiß Elija, daß er erhört wird. Es wird Gewitterregen kommen, so gewaltig, daß König Ahab jetzt schon soll anspannen lassen, um vor dem Niederschlag hinüberzugehen in seinen Königspalast in Jesreel. Er, Elija, aber, ein Gottesekstatiker, wird schneller laufen als die Rosse vor dem Wagen des Königs.

Ein einziges Mal in der Überlieferung tauchen solche Elemente des Schamanismus, verwoben mit der Gestalt eines Propheten, auf. Wie mächtig also, sollten wir denken, sind Propheten, sind Schamanen, sind religiöse Menschen, Naturwunder zu vollbringen, den Kräften ihre eigenen Wunschgesetze vorzuschreiben? Beglaubigt sich die Gottheit nicht darin, daß sie dem menschlichen Gebet gefügig wird? Freilich, in alten Kulturen und Religionen glaubte man so. Dem König oblag es als erstem, Regen zu bringen. Manche glauben, daß das Königsamt überhaupt herausgewachsen ist aus der Gestalt des schamanistischen Regenmachers im Orient. So sehr war der König verpflichtet, dem Volk Fruchtbarkeit zu schenken, daß, wenn seine Kraft versiegte, er selber sich zum Tode bestimmte. Er verdiente, beseitigt zu werden, wenn er dürr und matt geworden war wie die entkräftete Erde selbst. Dann rief's nach einem Nachfolger des Fürsten.

Wir müßten glauben, daß in alten Zeiten Texte wie diese ganz wörtlich gedacht wurden. Aber können wir das tatsächlich?

Vor etwa 300 Jahren lebte in Persien unter den Schiiten ein Derwisch; der Islam kennt so wenig wie das Judentum Schamanen, aber die Derwische sind kulturell eine der Übersetzungsformen dieser alten Elementargestalten des Religiösen. Sie sind Gottesbegeisterte, Kobolde aber auch, Clowns, Narren sehr häufig, Personen, die durch die paradoxe Art ihres Auftretens die Menschen irritieren. Mullah Nasruddin vor 300 Jahren war ein solcher Mann, der mit Scherzen und Possen die Dummheit der Gläubigkeit seines Volkes durch Konterkarieren zur Weisheit erheben wollte. Eines Tages, als Persien in der Dürre lag, bat man Mullah Nasruddin, er solle Regen machen. Und er begann unverzüglich. Er hatte im Zuber noch ein wenig Wasser stehen, ursprünglich dazu bestimmt, der Familie als Wasservorrat zu dienen. Nun er aber als Regenmacher befohlen wurde, nahm er alle schmutzige Wäsche, warf sie in den Rest seines Wassers, schrubbte und putzte. Die Leute, erschrocken und verworren, fragten, was das solle, die Vergeudung des letzten Wassers, das er noch habe. Aber unverzüglich war Nasruddin schon dabei, die Wäsche an die Leine zu hängen, und meinte sarkastisch: »Nun ja, weiß man nicht, daß, wenn man die Wäsche aufhängt, es augenblicklich zu regnen anfängt?« Er wollte damit sagen: Wenn ihr so unsinnig seid, zu glauben, daß Allah euch Regen gibt, bloß weil ihr's braucht, und ihr hättet die Leute, die es mit Zaubermitteln besorgen, dann zeig' ich euch, woran ihr eigentlich glaubt. Die eine Art von Aberglauben überführt den vermeintlichen Glauben und zeigt, daß er nicht besser ist als eben Aberglaube. Es ist kein Regen zu machen, und die Frömmigkeit bestünde gerade darin, wollte Nasruddin lehren, womöglich auf das letzte Wasser zu verzichten, um Gott absichtslos zu begegnen. Wär's möglich, *so* begönne die Fruchtbarkeit des Religiösen zu wirken?

Wir sind darauf vorbereitet, daß wir die Überlieferung vom Regenmacher ins Symbolische heben müssen, um sie überhaupt zu begreifen. Da soll auf Erden oder im Menschen eine heilige Hochzeit zwischen Droben und Drunten stattfinden, zwischen Bewußtsein und Unbewußtem, zwischen Geist und Gefühl, und beides soll eins werden, damit es aufblüht und Leben zeugt. Das aber geschieht in keines Menschen Dasein, einfach weil er's beschließt, weil er's so braucht oder so will oder es beklagt oder einklagt; es kann einzig geschehen durch die Gegenwart eines anderen Menschen, der mit ihm fühlt, mit ihm leidet, mit ihm seinen Kopf zwischen den Knien birgt und sich mit ihm erhebt, um auszuspähen, woher nun Hoffnung sei.

Dieser Elija, der empathetisch alles begleitet, der sympathetisch sich ganz einfühlt in die Not der Menschen seiner Tage, wird der Mittler zwischen der Erde und dem Regen. Uralte mythische Bilder sind dies, wie die Wolken über das Land ziehen und sich mit dem Schoß des Saatlandes vermählen. So soll es sein, wenn ein Mensch ganz wird, wenn die Gestalt eines göttlichen Kindes, ob des Buddha oder des Jesus, zur Welt kommt. Da nimmt etwas in uns selber Gestalt an, das ist wie ein Neuanfang nach all der Brache, ein ungeahnter Wiederbeginn nach einem Leben, das buchstäblich in Durst und Dunst sich vertat. Da ist Kraft, die von innen wächst, und sie hat doch scheinbar nur eine Voraussetzung in dem, was von außen über sie kommt und was beides miteinander verschmilzt. Wir dürfen denken, was wir fühlen, und fühlen, was wir denken, wir dürfen endlich leben im Gegenüber einer Stimme, die uns sagt, wir seien berechtigt und zugelassen zum Dasein. Das ist's, was in diesem Bild einer Ganzwerdung, einer heiligen Hochzeit, einer Versöhntheit in allem sich meldet. Ein siebenfältiges Schauen, ein Reifen in Stadien, ein langsames, geduldiges, allmähliches Kommen. Es weht herein über das Meer und wirft sich ans Festland – auch dies ein uraltes Bild der Verschmelzung zwischen Meer und Erde, zwischen Abgrund und Grund. Alles soll da zusammenkommen, Oben und Unten, Hiersein und Jenseitssein.

Elija in dieser Form wäre als Prophet, als Schamane die Gestalt, die den Menschen ganz umfängt und ihn sein läßt und gelten läßt, ja, er ist sogar derjenige, der den König in gewisser Weise anweist und leitet. Das bewußte Ich, der planende Wille, er hängt ab von dieser ganz anderen, meditativen und mediativen Gestalt. Noch heute kann man sagen: Ein Schamane handelt nicht durch sein Wollen, sondern viel eher durch sein Hören, ein gehorsames Tun ist das, dem er selber sich verdankt. Nicht Macht zu haben über die Welt, sondern sich in sie einzufügen ist seine Kraft. Der Schamane *macht* in dem Sinne nicht Wasser, sondern er weiß nur, wann's kommt, hört von weitem im Wehen des Winds schon das Rauschen der Fluten. Daß er die Zeit kennt, wann es zusammen sich fügt, macht ihn »so mächtig«.

Das ist die eine Gestalt des Elija, des Mannes, der die Gesetze der Schwerkraft am Ende behende aus ihrer Geltung bringt, für den Raum und Zeit sich auflösen zum Ort einer gewissermaßen leicht beweglichen Gegenwart; er ist der Mann, der da ist, wenn man ihn braucht, Retter in Not und Tod. Das ist eine alte Überlieferung des Propheten Elija. Eine ganz andere ist jene der Opferentscheidung. Mit ihr beginnt jener Elija, wie er in der Bibel wirksam wird, ein kämpferischer, prophetischer Mann, der seinem Volk und seiner Zeit unabdingbar ein Entweder-Oder zur Entscheidung vorlegt. Die ursprüngliche Geschichte ist einfach: Es gibt Elija, und es gibt das Volk. Die Baalspriester spielen ursprünglich noch keine Rolle, ihre Aufführungen, das Herumhüpfen, das Sich-in-die-Haut-Ritzen, auch ihre spätere Vernichtung, sind spätere Zusätze. Nehmen wir also auch da erst einmal die ursprüngliche Form einer Grundentscheidung, dann ist bereits sie, rückwärts blickend, rigoros, gottesfanatisch, intolerant. Jahwe oder Baal – so denkt nicht das Volk. Es gibt keine Antwort auf die Frage des Elija, einfach weil es keine Anwort geben *kann*. Es versteht nicht einmal die Frage: warum soll hier gewählt werden, wenn doch beides nützlich ist, Jahwe zu verehren *und* Baal? Stets ist das »einfache« Volk kompromißbereit, versöhnlich, möchte miteinander verschmelzen, um miteinander zu leben, aber will nicht das Unbedingte. Es ist der Prophet, der sein Volk an dieser Stelle herausfordert. Ihr, spricht er, könnt nicht länger hüpfen auf zwei Zweigen. Ein Vogel nähert sich einer Astgabel, und was macht er nun? In Neudeutsch: er versucht den Spagat. Er weiß, daß es eigentlich so nicht weitergeht, aber gelenkig, wie er ist, streckt er seine Beine immer weiter auseinander. Ein Bischof zum Beispiel, zwischen Papst und Bevölkerung, übt in Würzburg den Spagat, oder zwischen Staat und Kirche gestellt, übt er die Gelenkigkeit, wie weit die Beine auseinandergehen. Ein Politiker, der zwischen Parteiräson und Sachvernunft auseinandergerissen wird, übt dieses Schreiten auf zwei Zweigen. Es ist Elija, der erklärt, es geht so nicht weiter. Die Zeit ist abgelaufen, da man noch denken könnte, herumzuhüpfen in die Zukunft, wo es immer unversöhnlicher auseinanderdrängt. Im Deutschen würden wir sagen: Man kann nicht gleichzeitig auf zwei Hochzeiten tanzen. Aber wie kommt es, daß dieses Entweder-Oder sich so erhält? Im Sinn des deuteronomistischen Geschichtswerks ist die Wahl religionsgeschichtlich eindeutig begründet; es geht um Jahwe, es geht um die Religion des eigenen Stammes, und es soll mit dieser Legende erklärt werden, daß in der Tat nur Jahwe Gott ist. Man kann es daran erkennen, daß nur er antwortet, nur er wirkt. Wenn nur Jahwe wirkt, ist er der einzig wirkliche Gott. Ein unwirklicher Gott aber ist gar kein Gott. Das ist die Lektion dieser Geschichte: Es lohnt sich nicht, an Baal zu glauben, er ist kein Gott; Jahwe ist die einzige Realität hinter den Dingen und in den Dingen, und bewiesen wird's: Er sendet nicht nur wie soeben noch Regen, er ist's vor allem, der Feuer auf die Erde fallen läßt, ein Wort, das Jesus im Neuen Testament einmal aufgreift: Ich wollte Feuer auf die Erde werfen, und was wünschte ich anders, als daß es brennt (Lk 12,49).

Aber wie anders ist die Konstellation hier, und worum eigentlich geht es? Wir stehen heute nicht in dem Abwehrkampf zwischen Israels Gott und den Göttern der Völker. Wir fragen uns, ob es überhaupt möglich ist, in dieser Form durch Entscheidungen und Entschiedenheit Religion zu begründen. Aber wollten wir in unseren Tagen verstehen, warum inhaltlich und innerlich hier überhaupt ein Entweder-Oder vorgelegt werden kann, müßten wir die ganze Szene übersetzen. Man verbindet mit dem Baal der Kanaanäer, ob zu Recht oder zu Unrecht, die Gestalt des Fruchtbarkeitsgottes. Noch einmal: es ist Baal, der im kanaanäischen Glauben der Erde die Kraft schenkt, Leben hervorzubringen. Daß das beansprucht wird als eine Fähigkeit von Baal, geht zurück schon in die Tage des Hosea; aber warum sollen da zwei Götter miteinander ringen, wenn doch feststeht, daß überhaupt nur ein einziger wirksam und wirklich sein soll?

Das Problem der Fruchtbarkeit ist in dieser Form längst schon nicht mehr das unsere. Wollten wir es aktualisieren, müßten wir es in unsere Tage hineinbringen: Ersetzt wurde die Fruchtbarkeit des Landes längst durch die Ersatzlogik, die unsere Zivilisation über die Natur gelegt hat. Es geht nicht um Feldfrüchte, es geht im Grunde um Geldfrüchte, wenn man so will. Es geht um die Anlage von Geld zur Vermehrung von Geld über den Zins. Sollten wir denken, daß die Aktualität dieser Geschichte, wenn sie uns sinnreich erscheinen soll, eben darin liegt, eine solche Wahl zwischen Gott und dem Geld vorzuschlagen, dann freilich als ein unbedingtes Entweder-Oder? Wir müßten den Kanaanäern religionshistorisch Unrecht tun: Sie hatten eine solche Wahl, wie wir sie jetzt formulieren, nicht im Sinn; sie taugen nicht als Zeugnis dafür. Aber im Erbe der Bibel gibt es eine solche Wahl, und sie wird von Jesus eindeutig im 6. Kapitel des Matthäus-Evangeliums formuliert: Ihr könnt nicht Gott dienen und – man muß in Klammern setzen – *dem Gegengott* Mammon, dem Geld. Da ist's dieselbe Entscheidung. Es kommt uns vielleicht merkwürdig vor, daß das Wirtschaftsleben in die Nähe einer Religion gerückt wird, und wahrscheinlich wäre den Zeitgenossen des Elija in dieser Legende ebenfalls phantastisch erschienen, was der Prophet sagt: Man sät und man erntet, man hat bestimmte Bräuche und Rituale dabei, aber soll man wirklich sprechen von einer Religion, die alles umgreift, die Sinn und Wert festlegt mit absoluten Determinanten und Kategorien?

Genau das muß man, meint Elija. Es geht um ein Gesamtverständnis von dem, was die letzte Wirklichkeit ist. Fragen wir in unseren Tagen, was wir für das Entscheidende halten, werden wir immer wieder auf das Geld stoßen. Freilich, wir haben noch eine Religion, sogar in vielen Schattierungen. Die offizielle, tradierte Religiosität des Christentums im Abendland ist erkennbar im Auflösen begriffen. Viele neue Spielarten drängen unter der Decke hervor wie Pilze im feuchtwarmen Boden des Waldes, breiten sich aus, vervielfältigen sich. Sie alle aber haben zur Bedingung, daß sie sich durchsetzen auf dem Markt der Angebote. Erkannt hat das die offizielle Religion selbst. Würden wir noch einen Mann wie Johannes Paul I. fragen, wie er sich Religion vorstellt, den ehemaligen Patriarchen von Venedig, Luciani, so würde er sagen: Religion, das ist Seelsorge, Frömmigkeit, das ist innere Glaubwürdigkeit. Nicht so beim Papst, den wir jetzt haben, Johannes Paul II., nicht mit dem Opus Dei im Hintergrund; da ist Religion eine Frage der richtigen Propaganda, des Marketing, der Bankverwaltung, der Durchsetzung mit Macht und Geld. Religion selber ist da eine Veranstaltung, die nur stattfinden kann, wenn Geld zur Verfügung steht. Sie muß angeboten werden. Schon das setzt einen enormen Aufwand an Propaganda voraus. Sie muß von außen in das Bewußtsein der Leute hineingepumpt werden. Das setzt den Zugang zu den Bildungseinrichtungen voraus, am besten das Bildungsmonopol, am besten die

Verfügung über die Kindergärten in allen Kulturen, am besten über die Kompetenz der ideologischen Festlegung der Bürger in den Kulturen. Erst wenn das gewährleistet ist, indem man in die Gesetzgebungsmaschinerie genügend hineinspielt, kann eine solche Religionsform sich rekrutieren, reorganisieren, reproduzieren. Aber dafür kann man sorgen, sofern man nur genügend Geld hat und man die entscheidenden Kreise für sich arbeiten läßt. Die großen Religionen haben es dabei besser als die neuen kleinen Religionen, sie haben immer noch den Anspruch des Monopols: Von Gott darf man nur sprechen im Raum und im Namen der Kirche. Alle Journalisten in Deutschland werden als erstes fragen: Sprichst du *gegen* die Kirche oder *für* die Kirche? Dann ist man ein Theologe oder ein Kirchenkritiker; daß man jemand sein könnte, der als religiöser Mensch etwas sagen möchte, das ist völlig ungewöhnlich, ganz undenkbar. Das alte Monopol verteidigt sich am liebsten mit staatlicher Macht, indem es über den Staat den Zugriff auf die Gelder beansprucht. Sie sind das Wichtigste. Woran man glaubt unter dem Namen Gottes, enthüllt sich, 150 Jahre nach Feuerbach und Marx, in der Tat als eine ideologische Umkleidung für die Frage nach dem Geld. Man müßte sogar in der Logik dieses Sachverhaltes fortfahren, man müßte sagen: Es gibt für diese neue Definition des Baalskultes des Religiösen eigentlich nur diese letzte Konsequenz, daß wir mit der Religion so umgehen, daß sie marktgerecht interpretierbar bleibt. Versuchen wir das einmal.

Auf dem Markt gibt es eine einzige Selbstkontrolle, das ist der Gebraucher-, der Verbraucherschutz; es muß der Produzent eine Art von Haftpflicht für sein Produkt gewährleisten. Wenn er nicht das herstellt, was er versprochen hat, kann man ihn zur Rechenschaft ziehen. Das wäre nicht wenig. Wenn wir eine Religion haben, die wie die christliche in kirchlicher Verwaltung verspricht, den Menschen frei zu machen, müßten wir prüfen dürfen als Verbraucher, als Konsumenten dieser Religion, ob denn das zutrifft: ob der Einfluß der Kirchenreligion die Freiheit menschlicher Individuen befördert. Wenn wir hören, daß die Kirchenreligion ausgelegt ist zur Vergebung, müßten wir fragen, wieviel an Entlastung von Schuldgefühl, an Offenheit, an Leichtigkeit des Daseins sich im Raum dieser Religion verbreitet. Wenn wir sehen, daß das nicht der Fall ist, müßten wir sie mit Geld, mit Repressalien zur Rechenschaft ziehen dafür, daß sie zu Unrecht unser Geld benützt, um ihre »Produkte« herzustellen. Das wäre eine Art marktgerechter Selbstkontrolle, die Widerlegung der Baalsreligion durch sich selbst.

Aber sollten wir denken, die Macht des Geldes gehe viel tiefer als das Possenstück des Religiösen? Wir reden ja nicht von Gott, wir glauben's den Gottesrednern schon lange nicht mehr; wir glauben im Grunde ganz unabhängig von allen religiösen Erklärungen, eingebunden zu sein in die Notwendigkeit des Geldbesitzes und des Gelderwerbs. Das ist es, was Jesus vor sich sah. Da stimmen die Einzelheiten dieses Textes bis ins Detail. Die Propheten haben der Baalsreligion der Phönizier, der Kanaanäer immer wieder vorgeworfen, daß hier Eltern ihre eigenen Kinder durchs Feuer gehen ließen. Stimmt das nicht? Wie viele Eltern zwingt man, kaum daß ein Kind ausgesetzt wurde in diese Welt, wieder in die Tretmühle des Du-mußt-Geld-Verdienen, Du-mußt-deine-Arbeitsstelle-Halten hineinzusteigen, und sie können nicht dasein für das Glück der Kinder, die sie lieben. Sie dürfen nicht dasein als Personen, damit sie für den Lebenserhalt ihrer Kinder wenigstens äußerlich da sind. Entfremdet hat man sie selber, und Fremde bleiben sie dem Allereigensten. Man macht ihnen weis, daß gerade die ersten zwei, drei Jahre im Leben der Kinder nicht sehr viel zählen – sie seien ja noch gar nicht wirklich bewußt, man könne noch gar nicht eigentlich mit ihnen reden. Es sind die Psychoanalytiker, die sagen: Kinder brauchen ihre Eltern gerade in den ersten Jahren. Was dort versäumt wird, ist am schwersten wiedergutzumachen. Aber wer denkt so bei der Festsetzung von Arbeitsverträgen? Da werden Kinder, kaum geboren, schon geopfert für den Götzen Geld. Mit einem offenen Maul steht er da, glühend im Feuer, zu verschlingen, was man ihm gibt.

Auch die Priester des Baal sind endlos Betroffene. Mit ihrem Blut müssen sie ständig flehen darum, daß die Gottheit sie erhört. Uralte Riten mögen das sein, daß im Fließen des Bluts über den Körper der peitschende Regen über dem Land vorweggenommen wird. Aber gilt es nicht gerade so als Beschreibung einer unmenschlichen Religionsform, die Fruchtbarkeit darin zu setzen, daß man sich immer weiter zurücknimmt, immer weiter weh tut? Du kommst zu dem Entscheidenden nur, wenn du opferst, wenn du dich selber kasteist, wenn du auf alles verzichtest. Dann wirst du produktiv, nützlich, fruchtbar, nur im Selbstverzicht. Nur um den Preis masochistischer Selbstzerstörung vermehrst du das Wohl aller. Ist dies nicht der Inbegriff dessen, was wir als *kapitalistisches Wirtschaftssystem* bezeichnen? Das Kapital, wußte Karl Marx, ist ebendas Geld, das derjenige, der es hat, nicht zum Konsum, sondern zur Reinvestierung in die Produktion verwendet. Das Kapital ist dadurch definiert, daß es Geld ist, das man veranlagt oder verauslagt, um mehr Geld zu gewinnen. Dann aber darf man's nicht sinnlos für die eigenen Bedürfnisse verbrauchen. Dann muß der Produzent verzichten auf alles Eigene, so ist er fruchtbar im Geldbetrieb. Es ist eine Religion, die endlos Opfer fordert im Versprechen, daß am Ende Leben daraus werde. Aber wird es das? Am Ende betrügt diese Art von Einstellung zur Wirklichkeit die Menschen um das, was sie verspricht. Niemand kommt dazu, ein entfaltetes, glückliches Leben zu führen. Man hat am Ende alles, aber persönlich ist man nichts.

Vermutlich ist das der Punkt, den Jesus im Neuen Testament vor sich sah, wenn er dazu aufrief, zwischen Gott und dem Geld zu wählen. Er sah, der Mann aus Nazaret, keine Geldtheorie vor sich, sondern menschliche Evidenzen. Er spürte heraus, warum Menschen verführbar werden, ans Geld zu glauben. Es ist im Grunde das latente Empfinden für die eigene Minderwertigkeit. Wenn jemand sich haßt, dann denkt er, eventuell durch das, was er hat, aufsteigen zu können. Ich selbst bin zwar nichts, wird er zu sich sprechen, ich selbst bin häßlich oder dumm oder minderwertig, aber wenn ich Geld genug besitze, wird jeder mich finden für schön oder für klug oder erfolgreich. Jeder wird mich loben und anerkennen, wenn ich nur erst Geld besitze.

Daß man das *Haben* setzt an die Stelle des *Seins*, ist die Perversion der ganzen Existenz. Das Geld verspricht die Sicherheit auszugleichen, die die persönliche Unsicherheit so sehr vermissen läßt. Und es ist noch betrügerischer: Indem es sich am besten und leichtesten in die Edelmetallformen von Gold und Silber hüllt, verspricht es, eine ganze Ewigkeit mit garantierter Sicherheit auszugestalten. Unser schwacher Körper ist ständig bedroht durch den Tod, menschliche Verträge können jederzeit gebrochen werden, aber das Geld, das du in den Händen hast, das verspricht dir Unvergänglichkeit, Unzerstörbarkeit. Eben dadurch wird es zum vollkommenen Ersatz des Göttlichen. Du brauchst an gar nichts mehr zu glauben, du mußt nur wissen, was du in der Hand hast. Das ist dein Gott. So läßt man uns leben. Das Geld, das du dir heute verdienst, wirst du im Rentenalter gewinnen. Jetzt bist du erst fünfunddreißig, aber

wenn du dreißig Jahre noch arbeitest und bist fünfundsechzig, dann
wirst du deines Lebens genießen. Die Wahrheit wird sein: Du hast
nie kennengelernt, was es bedeutet, glücklich zu werden, was es
heißt, ein Mensch zu sein, was es ist, wirklich zu leben. Du hast im
Besorgen des Morgen das Heute nie kennengelernt. Du schaust
zurück auf ein vertanes Leben und stehst ratlos vor einer Zukunft,
mit der du nichts anfangen kannst. Und stimmt's im übrigen: die
Renten sind sicher? Ja, ganz bestimmt, in dreißig Jahren werden
sie sicher sein! Es muß nur so weitergehen, wie es ist, und jeder
sieht, was für einen Unsinn sie uns versprechen, aber wir sollen
ihnen glauben. Würden wir ihnen glauben, müßten wir flugs zur
Börse gehen oder das letzte, was wir hätten, in Rohdiamanten irgendwo im Garten vergraben, das wär' vielleicht eine sichere Anlage, währungsbeständig, konvertibel in jede kommende Währung
der D-Mark wie des Euro – oder der Pleitewährung, die danach
kommt. Sollen wir wirklich unser Leben so veräußern?

Es war die Meinung Jesu, und sie findet ihre Stütze wirklich in
der Botschaft des Elija in dieser unbedingten Wahl: Man kann nur
aus einem von beiden leben, aus der Materialisierung aller Werte
in Gestalt des Geldes oder aus einer Menschlichkeit, die wir heute
leben.

Es kommt hinzu, daß im Raum der Baals-Geldreligion mit ihren
Opfern ein ständiges Schuldgefühl zelebriert wird. Immer muß
man die Gottheit erst versöhnen, damit sie überhaupt erhört. Geld
schlechterdings ist etwas, das den einen als Besitzenden in den
Stand setzt, von dem anderen als dem Nichtbesitzenden Schulden
einfordern und eintreiben zu können. Es wäre eine völlig unmög-
liche Spiritualisierung, wollten wir eines der kostbarsten Worte aus
dem Munde Jesu im Vaterunser rein innerlich verstehen: »Lieber
Vater, vergib uns alle Schulden, wie auch wir hiermit vergeben
allen, die uns schulden.« Natürlich ist das menschlich gemeint, geht
das ganz und gar ins Innere und Persönliche; aber keinen Augenblick zögert Jesus, das auch in die Geldgeschäfte hineinzutragen.
Man muß sich nur die Menschen vorstellen, die heute von ihren
ehemaligen Kreditgebern gewürgt werden. Dieser Tage konnte man
im Fernsehen so einen armen Deibel sehen. Er hatte irgendwo am
Ostseestrand eine Art Pension eröffnet. Ich hab' Herrn Kohl geglaubt, sagte er, ich sollte investieren, ich sollte Arbeitsplätze schaffen. Hab' ich gemacht. Eine halbe Million hatte der Mann aufge-

nommen bei der Bank, und sie war großzügig beim Aufbau Ost. Nun aber kommen die Gäste nicht wie gewünscht zum Ostseestrand, das heißt, es hat sich gezeigt, daß gleich in der Nähe ein viel größeres Restaurant und eine viel größere Hotelkette entsteht. Er war im Grunde schon pleite, ehe er zu investieren anfing. Gegen die Großen kam er nicht an.

Nun erklären Sie einem Menschen, wie er 500 000 D-Mark zurückzahlen soll, wo er arbeitslos ist. Und das ist seine Zukunft. Er ist noch nicht einmal vierzig Jahre alt, er war, genau wie Herr Herzog und Herr Kohl sich die Deutschen wünschen: mutig, risikobereit, offen für die Zukunft, dynamisch als Unternehmer. Nur was nun? Können Sie sich denken, da wäre eine Bank, die sagt: Junge, du hast dich verspekuliert; die 500 000 Mark, die du nicht hast, die setzen wir schon mal außerhalb von Zins und Zinseszins, und wir geben dir womöglich eine neue Chance? Wir haben auch nichts davon, wenn du dich ruinierst; davon bekommen wir nicht eine müde Mark mehr, es ist zu unser aller Vorteil, wenn wir ein zweites Mal großzügig sind – ja, ist die Bank denn wie der liebe Gott? Darf sie für ihre eigenen Anleger – ich frage Sie –, für die eigenen Kapitalhalter im Hintergrund so unverantwortlich sein? Das darf sie nicht! Sie hat die Pflicht, verantwortlich zurückzufordern bis zum letzten Pfennig, selbst da, wo nichts mehr ist.

Geld ist nichts anderes als die Umschreibung von Schuldforderungen des einen an den anderen. Das ist das Ungeheuerliche, daß sie immer wieder Menschen dahin bringt, nicht mehr aus der Klemme zu kommen. Selbst diejenigen, die noch dastehen als Besitzende, werden schon wieder in die Hände derer übernommen, die sie aushalten und an der langen Leine eine Weile hüpfen lassen, bis es immer enger wird. Da würgt der eine den andern und findet Gott nicht, der die Vergebung wäre. Das ist, was Jesus am Geld vermißt: Es kennt keine Güte. Die Menschlichkeit kommt nicht *aus* dem Geld, sondern einzig aus der Freiheit *vom* Geld. Wenn, meint Lukas einmal im 16. Kapitel, du Geld hast, dann gibt's nur eine einzige sinnvolle Verwendung dafür: Mach dir Freunde mit dem ungerechten Mammon. Will damit sagen: Gib's den Menschen, die es am meisten brauchen, denk dich hinein in die Lage von Aussichtslosen, von Habenichtsen. Wie du mit denen umgehst, das entscheidet, ob Geld ein Ding bleibt, das in Menschenhänden menschlich Gutes tut. Andernfalls ist es dein Götze, andernfalls bist du sein Sklave.

Da mußt du wählen. Sollte man's in aller Klarheit der Kirche sagen: Es gibt kein Herumgehüpfe mehr zwischen Gott und Geld. Vielleicht wäre nur ein einziges zu befördern: wie Menschen zu Menschen finden. Und wenn das Geld uns dabei trennt, verliert es seine Bedeutung, wenn es uns dabei hilft, mag man es einsetzen, aber nur *dazu*, nicht aber um sich selbst wichtig zu machen.

Da ist ein Entweder-Oder: Man kann nicht den heiligen Franziskus einen Heiligen nennen, der lernte, daß, als Jesus zu ihm sagte: »Reformiere meine Kirche!«, der Herr nicht die Kapelle in Portiuncula meinte, sondern die Armen in Oberitalien. Man kann nicht die heilige Elisabeth auf der Wartburg in Thüringen eine Heilige nennen, die all ihr Geld als Fürstin verschleuderte für die Armen im Lande, und ihres Wunders gedenken, als das Brot sich wandelte in Rosen, als ihr eifersüchtiger Mann nachschaute, was sie hinuntertrug von der Wartburg. Wenn dies denn stimmt als heilig und richtig, das Fleisch am Tisch zu verweigern, wie Elisabeth es tat, weil die Armen im Lande es nicht essen konnten, dann muß man wählen, oder man lügt, und irgendwann läuft sich die Lüge tot. Wenn das die Entscheidung wäre, die Elija fordert, wäre sie sehr modern.

Dann ist noch zu sagen, daß er in der späten Redaktion dieser Geschichte seine Auffassung durchsetzt mit Spott und Gewalt. So inakzeptabel im Äußeren, ist es die Frage: Wie weit können beide Elemente in richtigem Gebrauch Nutzen stiften? Spott oder Ironie kann nicht für insgesamt schlecht gelten. Wir kennen das Stilmittel im Kampf gegen die Götzen auf dem Boden der Bibel bereits aus anderen Texten. Wir hörten beim Propheten Jesaja, Deutero- und Tritojesaja, Texte, die ganz aufgeklärt den Götzenglauben lächerlich machen wie in den Tagen der Aufklärung vor 200 Jahren. Ironie macht dann Sinn, wenn es darum geht, eine Geisteshaltung zu bekämpfen, die sich selber vollkommen im Recht empfindet, die mit Hochmut auftritt, um ihre eigene Unsicherheit zu kaschieren; dann ist es ein sokratisches Sprachmittel, den anderen dahin zu bringen, mit leisem Humor, mit Sarkasmus, mit immer feinerer Ironie zu merken, daß alles, was er sagt und verspricht, nicht stimmen kann und daß er seiner eigenen Gründe noch nicht geständig war. Ironie ist dabei ein Versuch, den Selbstbetrug zu offenbaren und aufzulösen, unter dem ein Mensch sich geistig gefangenhält. Ironie setzt ein Stück innerer Ruhe voraus, Gelassenheit und geistiger Überlegenheit.

In dem Text, wie wir ihn antreffen, finden wir alles das nicht, wir finden eine Zeit vor, die sich selbst aufs äußerste bedroht fühlt, die ihren Haß herausschreit, für welche die Ironie nichts weiter ist als ein Mittel, um den anderen schlechtzumachen und zu schänden. So wie der Text hier dasteht, möchte man ihn konfrontieren mit den Worten eines großen indischen Kaisers, Ashoka, um 300 v. Chr., als er in seinen Toleranzedikten einmal schrieb: Es ehrt seine eigene Religion schlecht, wer sie dazu benützt, die eines anderen herabzuwürdigen. Von dieser indischen, buddhistischen Toleranz verrät dieser Text nichts. Aber wenn wir sagen wollten, im Sinn eines Voltaire oder Immanuel Kant, im Kampf um die Wahrheit religiöser Einstellungen verdient der Aberglaube auch die Bitterkeit von Spott und Hohn, könnten wir die Texte bis dahin akzeptieren. Es ist nicht anders möglich, als daß wir eine überlebte Form von Frömmigkeit, die sich immer noch als die ganze göttliche Wahrheit propagandistisch zu vermitteln sucht, ihrer Dummheit, Rückständigkeit, Aberwitzigkeit und Abergläubigkeit überführen. Wie soll das anders gehen ohne einen gelassenen Spott oder indem man die Worte so nimmt, wie sie gesagt werden, um sie in den Konsequenzen als absurd zu erweisen? Dann bleibt am Ende sogar das Aufräumen. Es wird uns nicht erspart bleiben, die Dinge zu beseitigen, die im Wege stehen – wie man zu sagen pflegt: Wo der Handfeger nicht hinkommt, bleibt im Regal der Staub liegen. Das ist auch geistig so. Was wir nicht wegräumen, bleibt selbst als Fossil, bleibt noch als Mumie stinkig und hinderlich. Da ist ein gewisses Moment von Härte, in gewissem Sinne von Gewalt, nötig, etwas gänzlich zu beseitigen. Geistesgeschichtlich ist das so.

Was in jeder Form unerträglich ist, ist die Barbarei dieses Textes, daß man zur geistigen Überwindung der Baalspropheten – sagen wir aktualisiert: der Kultdiener des Geldes – noch deren physische Vernichtung hinzufügt. Blankzuziehen mit dem Schwert, abzuschlachten und auszurotten, das heißt nicht länger mehr Menschen zu dienen. Im ganzen muß man sich fragen: Wie eigentlich läutert man das religiöse Bewußtsein von Menschen? Sehen wir ab von allem Abständigen, nützen uns Ironie und aufräumende Gewalt nur ganz am Rande. Lassen wir sie zu als äußerste Rahmenbedingung, das letzte zu erledigen, dann haben wir bei allen Formen des Abergläubischen, der Zwangsbindung an Dinge, die Gott nicht sein können, aber für Gott erklärt werden, es immer mit Phänomenen der Angst zu tun. Es ist so, wie wenn wir ein kleines Kind in den Schlaf begleiten, das seinen Teddy umklammert und ihn ins Ohr bittet, von ihm beschützt zu werden. Natürlich wissen wir als Erwachsene, daß der Teddy gar nichts beschützt, aber wollen wir wirklich dem Kind sein Spielzeug nehmen, das in den Stunden der Angst während der Nacht gar kein Spielzeug mehr ist, sondern ein Schutzengel, ein mächtiger Geist und Abkömmling des Himmels und einziger Trost, wenn es wach wird? Wollen wir das Kind in seiner Angst zurückstoßen ohne jede Hilfe? Jeder, der es liebhat, wird denken, der Tag kommt von allein, da das Kind, erwachsener geworden, seiner selbst sicherer, vertrauensvoller zu den Eltern, die es behüten, des Teddys nicht länger mehr bedarf, sondern allenfalls wirklich und nur zum Spielen sich seiner bedient. Es benötigt die Puppe nicht länger als eine magische Versicherung der Geborgenheit, als einen Fetisch der Ruhe und Einkehr. Und so ist es mit allen Fehlformen des Religiösen. Sie lösen sich nur durch ein Wachstum, das die Angst in Vertrauen und innerer Festigkeit überwindet. Nur das zu fördern ist wirksam im Kampf gegen Dämonen, böse Geister, Götzen und Aberglauben; alles andere ist, weil viel zu zerstörerisch, nur neu wieder ängstigend, destruktiv also.

Man vergleiche noch einmal den Buddha mit dem Auftreten des Elija. 300 Jahre nach Elija war's, daß der Buddha in Indien wirkte. Auch er konnte manchmal die Frömmigkeit seiner Zeitgenossen ironisieren, aber im wesentlichen klärte er ihr Gemüt und ihren Geist, so daß sie nichts mehr vergegenständlichen mußten, um es absolut zu setzen und sich damit als Gefangene zu bestimmen. Ein freier Geist, der in sich ruht, braucht keine Götter noch Götzen mehr. Das war die Erkenntnis des Buddha. Zu ihr verhalf er. Innere Läuterung machte jeden Aberglauben buchstäblich überflüssig. Es gibt im Neuen Testament, im Lukas-Evangelium, eine Szene, die wie zur Zusammenfassung dieser ganzen Textstelle dienen kann. Es ist, daß Jesus hinübergeht nach Samaria, und die Leute dort nehmen ihn in ihre Dörfer nicht auf. Da sagen seine Jünger zu ihm: Sollen wir nicht Feuer vom Himmel herabbitten und es auf sie werfen? Die Textstelle ist sehr verderbt, in verschiedenen Varianten erhalten, aber die wahrscheinlichste Lesart setzt es so fort: Jesus habe gesagt, ihr wißt nicht, worum ihr bittet, und hätte es abgelehnt, darüber auch nur zu diskutieren. Mag sein, man sieht ihn als wiedergekehrten Elija, aber auf *diese* Art wird er nicht wiederkommen als Elija. Wenn er Feuer wirft auf die Erde, dann einzig die Glut der Liebe. Sie ist verzehrend genug, mächtig genug, die Sanftmut, mit Dostojewski gesprochen, eine ungeheure Gewalt; alles von draußen: verwüstend, verbrennend, verfluchend, bestrafend, braucht es überhaupt gar nicht. Nur die Liebe läutert, die Strafe aber bessert niemanden. Sie zwingt, aber nötigt nicht zur Einsicht, denn sie schreibt nur die Not des anderen fest. Ihr wißt nicht, wovon ihr redet – damit meint Jesus: Ihr könnt nicht zurückkehren in das Land des Elija, indem ihr um Gott wütet gegen Menschen. Das Wunder des Elija, Feuer vom Himmel zu holen, das wäre: das Herz der Menschen so zu erfüllen mit Wärme und Sehnsucht und Glut und Leidenschaft der Liebe, daß es auflodert, ohne zu verzehren, und keines Opfers mehr bedarf, sondern ein Glück spendet ganz und gar von innen. Und trennt nicht länger mehr Juden und Samaritaner, sondern ladet ein zu einem Menschheitsbündnis – so weit wie der ganze Himmel und die ganze Erde (Lk 9,51–56).

7. Februar 1998

EINE FACKEL DER
BOTSCHAFT GOTTES

Texte aus dem 19. Kapitel des ersten Buchs der Könige stehen hier im Mittelpunkt. Es geht um eine dritte Erzählung, von einer Wallfahrt zum Gottesberge, die dem Propheten Elija zugeordnet wird. Darin hinein und daran angelagert haben sich im Verlauf von Jahrhunderten eine ganze Reihe von Deutungen, die den Text für ihre Zeit aktualisieren wollten. Sie geben uns damit den Leitfaden, uns selber zu fragen, wie denn die Bilder, Überlieferungen und geschichtlichen Erinnerungen auf uns wirken und wie sie mit uns selber ins Gespräch kommen.

Text: 1 Kön 19, 1–18
Und Ahab erzählte der Isebel alles, was Elija getan und wie er alle Propheten mit dem Schwert getötet hatte. Da sandte Isebel einen Boten an Elija und ließ ihm sagen: Bist du Elija, so bin ich Isebel! Die Götter sollen mir dies und das antun, wenn ich nicht morgen um diese Zeit dir tue, wie du ihnen getan hast! Da fürchtete er sich, machte sich auf und ging fort, sein Leben zu retten. Als er nach Beerseba in Juda kam, ließ er seinen Diener dort; er selbst aber ging in die Wüste, eine Tagereise weit, und als er hingekommen, setzte er sich unter einen Ginsterstrauch. Da wünschte er sich den Tod und sprach: Es ist genug! So nimm nun, Herr, mein Leben hin, denn ich bin nicht besser als meine Väter. Dann legte er sich unter dem Ginsterstrauche schlafen. Auf einmal aber berührte ihn ein Engel und sprach zu ihm: Steh auf und iß! Als er sich umschaute, siehe, da fand sich zu seinen Häupten ein geröstetes Brot nebst einem Krug mit Wasser. Da aß er und trank und legte sich wieder schlafen. Und der Engel des Herrn kam zum zweitenmal, berührte ihn und sprach: Steh auf und iß! sonst ist der Weg für dich zu weit. Da stand er auf, aß und trank und wanderte dann kraft dieser Speise vierzig Tage und vierzig Nächte bis an den Gottesberg Horeb.
Dort ging er in eine Höhle hinein und blieb darin über Nacht. Und siehe, da erging an ihn das Wort des Herrn: Was tust du hier, Elija? Er antwortete: Geeifert habe ich für den Herrn, den Gott der Heerscharen! Denn Israel hat dich verlassen; deine Altäre haben sie

niedergerissen und deine Propheten mit dem Schwert getötet. Ich allein bin übriggeblieben, und sie trachten darnach, mir das Leben zu nehmen. Er aber sprach: Geh hinaus und tritt auf den Berg vor den Herrn! Siehe, da ging der Herr vorüber: ein großer, gewaltiger Sturm, der Berge zerriß und Felsen zerbrach, kam vor dem Herrn her; aber der Herr war nicht im Sturm. Nach dem Sturm ein Erdbeben; aber der Herr war nicht im Erdbeben. Nach dem Erdbeben ein Feuer; aber der Herr war nicht im Feuer. Nach dem Feuer das Flüstern eines leisen Wehens. Als Elija dieses hörte, verhüllte er sein Angesicht mit dem Mantel, ging hinaus und trat an den Eingang der Höhle. Siehe, da sprach eine Stimme zu ihm: Was tust du hier, Elija? Er antwortete: Geeifert habe ich für den Herrn, den Gott der Heerscharen! Denn Israel hat dich verlassen; deine Altäre haben sie niedergerissen und deine Propheten mit dem Schwert getötet. Ich allein bin übriggeblieben, und sie trachten darnach, mir das Leben zu nehmen. Aber der Herr sprach zu ihm: Auf, ziehe wieder deines Weges aus der Wüste nach Damaskus, geh hinein und salbe Hasael zum König über Syrien. Jehu aber, den Sohn Nimsis, sollst du zum König über Israel salben, und Elischa, den Sohn Saphats, von Abel-Mehola, sollst du zum Propheten salben an deiner Statt. Und so wird es kommen: wer dem Schwerte Hasaels entrinnt, den wird Jehu töten, und wer dem Schwerte Jehus entrinnt, den wird Elischa töten. Doch siebentausend will ich in Israel übriglassen: alle, deren Knie sich vor Baal nicht gebeugt und deren Mund ihn nicht geküßt hat.

Beim Lesen der Bibel ergeht es uns Heutigen ein wenig wie beim Betrachten der Sterne. Wenn Sie nachher hinausgehen ins Freie, wird der abendliche Himmel Ihnen die Fülle des offenen Schimmers von Hunderten der Lichter aus den Fernen des Kosmos vor Augen stellen. Sie waren noch bis vor zweihundert Jahren ein Zeichen für die Unveränderlichkeit der Gesetze der Natur, für die Zuverlässigkeit ihrer Weisheit, Größe und Unantastbarkeit, ganz so, wie Johann Sebastian Bach seine Musik schreiben konnte, klar, jenseits der Zweifel, die Menschen in die Tiefen der Welt und in die Höhen des Himmels treiben mögen, beruhigend, sammelnd, andachtserfüllt, wenn klagend, dann zugleich tröstend, wenn niedergebeugt, dann doch umfangend und schließlich erhoben und erhaben. Die Astronomen des vergangenen Jahrhunderts, spätestens des 20. Jahrhunderts, haben uns gezeigt, daß selbst die Sterne ihre Geschichte haben. Wir sind imstande, die Botschaft ihrer Farbe zu verstehen und den Abstand von uns, die Geschichte, aus welcher sie selber gekommen sind und ihr Licht zu uns senden, nach und nach immer vollkommener zu enträtseln. Die biblischen Texte galten noch bis in die Mitte dieses Jahrhunderts hinein selbst vielen Theologen als das Zeugnis einer himmlischen Botschaft selber, mit dem Griffel der Ewigkeit in die Zeit geschrieben, unfehlbar deswegen, von Gott selber inspiriert: das unantastbare, zweifelenthobene Gotteswort. Wir sehen heute beim Lesen dieser Texte die Brechungen, die Widersprüche, und sie sind uns das nicht Zufällige, sondern das Wichtige, um in die Tiefe der Zeit hinein zu verstehen, aus was für ganz unterschiedlichen Anlässen sie selber stammen, wie der eine Satz sich hineinschiebt Jahrhunderte später zur Deutung eines viel früheren Textes ...

Schon beim ersten Hören soeben werden Sie gemerkt haben, daß die Frage Gottes an seinen Propheten sich zweimal stellt, eine reine Dublette: »Was führt dich zu mir?«, und daß die Antwort stereotyp sich wiederholt: »Das ganze Volk ist abgefallen von dir, Gott. Die Propheten sind ermordet worden, ich allein bin übriggeblieben.« So aber paßt es nicht zur Einleitung. Da flieht Elija nicht vor ganz Israel, sondern einzig vor der Königin des Nordreichs, vor Isebel. Dann wird Elija gesagt, er solle hineingehen in die Höhle und dann davortreten auf den Berg hinaus. Und man sollte denken, genau das hätte er getan. Plötzlich aber folgt eine Gottesoffenbarung, und erst hernach tritt der Prophet vor die Höhle. An all diesen Stellen können wir sehen, daß wir keine glatt laufende Erzählung aus einer Feder, aus einer Zeit, von einem Autor, für *ein* Publikum vor uns haben. Wir müssen vielmehr denken, daß der ursprüngliche Text einmal von der Wallfahrt des Elija zum Gottesberg erzählt hat, Horeb wird er nicht geheißen haben; eher gemeint gewesen sein dürfte der Sinai, und so wird die Ortsangabe stimmen: über Beerscheba im Süden hinaus auf der Wallfahrtsstraße, jener Straßenkreuzung, die von Gaza kommt, dann hinunter zur Sinai-Halbinsel. Daß Elija geflohen sei, verbindet die Geschichte mit der Ermordung der Baalspropheten auf dem Berge Karmel. Das dürfte eine Notiz sein der deuteronomistischen Geschichtsschreibung, der *prophetischen deuteronomistischen* Geschichtsschreibung. Dann aber kommt eine andere Stimme zu Wort im 6. Jahrhundert v. Chr., der *nomistische Deuteronomist* – so die Bezeichnung der Literar-kritik. Nach dieser Darstellung hat der Prophet die Aufgabe, das ganze Volk auf die Botschaft Jahwes zu verpflichten und seine Un-treue abzumahnen. Der Prophet als einzelner und die Menge ist die Wahrnehmung dieser Schicht von Theologie, und sie weiß, wovon sie redet. Sie glaubt, daß eben der Ungehorsam dem Propheten ge-genüber im Namen der Könige, im Namen der Priester und des von ihnen verführten Volkes die Ursache an der Zerstörung von allem sei. Ganz so ähnlich wird später die frühe Gruppe derer denken, die sich der Botschaft des Mannes von Nazaret anschließt. Immer wie-der wird sie das Nein der Menge als verführt von ihren Führern zur Grundlage des Sprechens von Christus machen im sogenannten Neuen Testament. In vielem gleicht das, was uns bekannt ist als Christen aus der Botschaft des Neuen Testamentes, diesem Denken aus dem sechsten vorchristlichen Jahrhundert, aus der *nomisti-schen deuteronomistischen* Geschichtsschreibung. In all das hinein hat man schließlich eine Korrektur gestellt, die wir geschichtlich nur schwer einordnen können. Sie ist mystischer Natur; sie spricht von der Art, wie Gott erscheint, und sie ist so schwebend, so zeit-enthoben, so weisheitlich gültig über allem, daß, sofern es ein Wort gibt, das der Ewige spricht in die Zeit, es dies am ehesten sein könnte. Kein Mensch weiß, wann wer dies geschrieben hat, aber daß er's geschrieben hat, muß uns mit staunender Dankbarkeit erfüllen. Es unterscheidet sich sehr von dem gequälten Anhang am Schluß, in dem da drei Rächer beschworen werden, über das Königshaus Israel herzugehen: Elija bestellt schon seinen Nachfol-ger, und der wird schließlich wie der Würgeengel über das Haus der Dynastie Omri sein.

Beginnen wir mit dem ersten, mit dem eigentlich wunderbaren Bild einer Wallfahrt, die ein Prophet unternimmt, hinüber zum Gottesberg. Die Bibel kann furchtbar sein, wenn sie zu Felde zieht mit theologischer Intoleranz gegen die heidnischen Quellen der ka-naanäischen Religiosität oder sogar der eigenen Überlieferung. Aber manchmal ist sie großartig, indem sie der eigenen Frömmig-keit und ihrer Geschichte eine Verbindung zu den alten Quellen zu-traut, und sieht das Gewächs der eigenen Religionsgeschichte ver-bunden mit den Wurzeln, in welche es sich letztlich hineinsenkt und senken muß, um leben zu können. Die Idee allein, es sei der größte Prophet des sogenannten Alten Bundes hinübergegangen zum Gottesberg, ist eine erstaunliche Synthese von zwei ganz verschiedenen Vorstellungsweisen. Die eine Vorstellung lautet, daß Gott in der Person des Menschen lebt und gegenwärtig wird, der für ihn Zeugnis gibt und der in seiner flammenden Existenz zur Fackel seiner Botschaft wird. Das ist ein sehr moderner Gedanke, fast existentialistisch, radikal personal gedacht. Aber dieses ganz andere, alte Weltbild hat eine symbolisch tiefe Gültigkeit, und die Größe dieser Erzählung scheint darin zu liegen, beide Ebenen in eine wie selbstverständliche Einheit zu setzen. Da soll der Gott Israels, da soll Jahwe selber wohnen auf einem Berg. Da ist er genau diese Berggottheit, die sonst mit prophetischem Radikalanspruch ausgerottet werden soll. Von Elija geht das bis Jeremia, daß man die Götter, die Gottheit verehrt auf den Bergkuppen – das ist das Frevelhafte, das Anmaßende, das zu Vernichtende. Daß man Gott ansiedelt in einem Felsenheiligtum, in einer Höhle, als wäre er ein Gnom oder ein Geist, das ist absurd, dagegen muß gekämpft werden, das ist dem Volke zu verbieten, so ist der allgemeine Tenor. Aber plötzlich entdecken wir, daß es möglich ist, eine Wallfahrt einzurichten zu dem Berg, an dem Gott selber wohnt, und der Ort, an dem er zu Hause ist, ist eine solche Höhle. Da ist es nicht beliebig, an welchem Ort der Welt man sich befindet, sondern Gott ist einmal näher, einmal ferner. Das ist der Grundgedanke der Wallfahrt. Er ist fast allen Völkern gemeinsam. Er ist schon deshalb einer wirklich theologischen, gereinigten Gottesauffassung unwürdig, weil jeder aufgeklärte Kopf denken muß, daß Gott sich eben dadurch auszeichnet, daß er überall ist und daß Abstände räumlich keine Rolle spielen. Das alte Denken aber ist davon überzeugt: die Welt ist nicht einfach kugelrund wie eine gut geschliffene Billardkugel, sondern sie ist ungefähr, wie es die Aborigines im heutigen Australien noch glauben, Träger einer geheimen Landkarte, auf welcher Kraftpunkte verzeichnet sind. Die Welt ist nicht gleichgültig, sondern bedeutungsvoll in ihren Strukturen. Es ist auch religiös, auch für die Selbsterfahrung eines Menschen nicht gleichgültig, ob er an einem Fluß sitzt oder auf einem Berg, unter einem schattigen Baum oder in einer Wüste, ob er auf einem Asphaltweg geht, auf einer Autostraße fährt oder einen gewundenen Bergpfad hinaufsteigt. All das hat ihm was zu sagen und ist für seine Seele etwas Sprechendes. Und wie er sich nun dort einfindet, welchen Standort er symbolisch zum eigenen erklärt, sagt über ihn sehr viel aus, ebenso über die ganze Art, wie er die Welt interpretiert. Ganz sicher wird man Sie bei der Planung Ihres nächsten Urlaubs fragen, wohin es Sie zieht, ins Gebirge oder ans Meer, in die Einsamkeit oder an die Großstadt, in die Wälder Ostpreußens oder Schlesiens oder in die sturmumtoste Küste der Bretagne. Je nachdem, was Sie gerade brauchen, um sich zu regenerieren, um sich selber zu ergänzen, ist die Wahl des Ortes eine nicht unwesentliche Botschaft für die Art, wie Sie leben. Wallfahrten sind solche Spurensuche nach dem Ergänzenden, dem uns Fehlenden, schon deswegen heilend Heiligen. Warum aber sind es in der Religionsgeschichte immer wieder Berge, die dazu einladen, das Gefühl in sich aufzunehmen, hier nun sei Gott besonders nahe? Weil die Berge aufragen zum Himmel, weil der Himmel der Ort des Göttlichen selber ist? Wohl wahr, aber es ist nicht ganz so einfach. Offensichtlich ist für uns die Perspektive des Göttlichen wie angeborenermaßen nach oben gerichtet; nach unten wird es uns unheimlich, schwindelig, schrecklich, hinabziehend, fallend gefährlich, aber aufstrebend rettend, bergend. Das hat, sagen viele Anthropologen und Psychologen, damit zu tun, daß unsere eigenen Vorfahren vor vielen Zehnmillionen Jahren auf Bäumen Halt und Geborgenheit gesucht haben. Die Berge sind räumlich gewissermaßen ein Ersatz für die Haltsuche an den Baumstämmen, die es erlaubten, Angreifern auf der Erde zu entkommen, in den Baumwipfeln ein sicheres Nest sich zu bereiten, das selbst für Greifvögel und Schlangen nur schwer erreichbar ist. Da ist ein Ort der Sicherheit zwischen Himmel und Erde, und diese Schutzzone suchen wir auf, um zu schlafen, um zu spüren, wie Angst sich aufhebt. Vieles spricht dafür, daß jedes Kind, das zur Welt kommt, noch einmal am Körper seiner Mutter Erfahrungen wie diese macht, welche die ganze Art durchlaufen hat auf dem Wege der Menschwerdung: Kletternd am Körper der Mutter findet jeder Säugling noch einmal Nahrung, Schutz, Halt und Geborgenheit. Das ist es, was sich hier mit der Idee des Göttlichen verbindet, mit dem, wonach der Prophet Elija auf die Suche geht. Die Erde kann oft so fremd sein, so durchsetzt mit Zonen der Angst, kann so zweideutig sein in der Art, wie sie sich darstellt. Aber die Wallfahrt zu dem Berg, an dem Gott selber wohnt, das wäre eine innere wie äußere Bewegung zu der Stätte, wo ein Mensch zu Hause ist, wo es eindeutig wird, wo Gott so spricht, daß es gelten darf, weil es alle Angst aus dem menschlichen Herzen hinweghebt. Und der Ort einer

Höhle verstärkt noch diesen Eindruck. Sie ist das Bild für die ältesten Heiligtümer, die die Menschheit kennt. Man geht hinein in den Schoß der Mutter Erde; es ist die Stätte, wo Tod und Wiedergeburt sich in dem unglaublichen Gedächtnis der Menschheit immer wieder aufführten. Es ist die Stelle, wo Elija schläft, noch bevor er die Gottheit am Tage zu sehen bekommt, eine Erfahrung, die noch in der Religion der griechischen Antike lebendig war; schlafend und träumend, ganz und gar ruhend bereitet ein Mensch sich vor auf den Schauempfang, der ihm wird, nicht einfach, weil die Sonne aufgeht als Lichtgestirn des Morgens pünktlich nach der Uhrzeit, sondern weil's in ihm selber licht wird und hell nach den Stunden des Dunkels. Ein Akt der Bewußtwerdung ist hier, der das Unbewußte verbindet mit der Klarheit der Erkenntnis. In dieser Zusammenfügung wieder tritt das Göttliche an den Menschen. Da ist das moderne geschichtliche Denken der Bibel verbunden mit durch und durch heidnisch erscheinenden naturhaften Bildern, und es ist die Person eines einzelnen Menschen, sein Ich, zugleich verschmolzen mit der großen Schicht bildernder, gefühlsgesättigter Anschauungen des Unbewußten. Und ebendiese Synthese soll die Stelle markieren, an welcher Offenbarung dem Menschen zuteil wird. Man begreift, daß sich vorzubereiten auf eine solche Gottesbegegnung einen langen Weg voraussetzt. Was ist eine Wallfahrt? Fragen wir die Tourismusunternehmen, fragen wir das Generalvikariat: Ist eine Wallfahrt etwas, das man abmacht z. B. für den 15. August, am Tage der Himmelfahrt Mariens, zu einem bestimmten Marienwallfahrtsort? Das läßt sich festsetzen, programmatisch gestalten, dazu läßt sich einladen und im vorab bezahlen, und es ist eine fröhliche Geschichte; man fährt morgens los und ist abends ganz sicher wieder zu Hause. Eine Wallfahrt dieser Art ist das Possenstück auf das, was sie einmal war. Dieser Text, gerade weil er so dicht symbolisch ist, weiß im Grunde, daß unser ganzes Leben eine solche Wallfahrt ist und daß niemand, der beginnt mit der Gottsuche am Berg, da die Gottheit wohnt, je wissen kann, ob er dort ankommt. Mag ihm das Ziel geläufig sein. Ob seine Beine ihn bis dahin tragen und seine Kraft dafür genügt, das weiß er nicht, und dafür gibt es keine Garantie. Man kann das so einfach sagen als eine Allerweltsweisheit. Aber was sagt sie dann über den Menschen? Daß die besten, sogar Elija, hier der Inbegriff eines Gottsuchers und jemandes, der, nachdem er Gott fand, ihn den Menschen wiederbrachte, scheitern kann, unterwegs liegenbleiben kann, nicht weiterwissen kann, das ist nicht nur eine menschliche *Möglichkeit*; sie ist außerordentlich naheliegend. Wie gehen wir dann um mit uns selbst, mit den Menschen an unserer Seite? Im Kopf haben wir das fertige christliche Dogma: Wir sind erlöst, wir sind getauft, wir sind im Grunde schon am Ziel, es hat uns eingeholt, wir drehen uns im Kreise mehr oder minder; und daß wir ankommen, indem wir das tun, was uns die Kirche sagt, ist ohnedies eine ganz und gar ausgemachte Sache. Scheitern, Tragödien, das alles sind da Fremdworte, eben weil wir so gefestigt sind; wir sind im Grunde immer schon am Gottesberg, welcher ja ist der Fels Petri, welcher da steht in Rom auf einem der sieben Hügel, zu schauen dort für jeden, der's will. So einfach kann man sich das Leben machen. Aber wenn *dieser* Text recht hat, und es wäre gar nicht so einfach? Selbst wenn man wüßte, wo Gott wohnt, wüßte man dann schon, wie er redet im Moment, da man zu ihm tritt, welch eine Frage er richtet an unser Leben? Und weiß man die Wegstrecke, die uns ihm entgegenträgt?

Wie viele Menschen liegen am Boden und wissen nicht weiter. Es ist so einfach zu sagen: Sie sind es in Schuld, sie hätten dies und das richtiger machen müssen, ein bißchen mehr Proviant zum Beispiel. Man hätte sich ja informieren können, es hätten genügt ein paar richtige Lehrsätze mehr, ein paar Dogmen hier, ein besseres Zuhören schon in der Schule und die richtigen Ratgeber am Wegesrand, das alles hätte doch den Weg einigermaßen klar und zielgerade angegeben. Und doch: so geht es nicht!

Welcher Respekt liegt in dieser kleinen Geschichte von der zweiten Möglichkeit, daß ein Mensch einfach liegen bleibt und nicht mehr weiter *kann*! Es ist nicht einmal ein Problem seines Wissens, sondern ein Problem seiner Energie ist es; er ist zu müde, um noch weiter voranzukommen. Die besten Ratschläge, daß der Berg, wo Gott wohnt, hundert Meilen oder fünfzehn Meilen nur entfernt wäre, würden an diesem Zustand nichts ändern. Da ist ein Mensch erschöpft, am Ende, längst bevor es zu Ende sein dürfte. Das ist diese Möglichkeit, und gegen sie gibt's kein Argumentieren, kein Aushelfen, keine Beratung, die immer schon weiß, wie's jetzt weitergeht. Man mag ja wissen, wie's weitergehen müßte, aber es gibt niemanden, der weitergehen *könnte*. Das ist das Problem des Elija. Allein der Respekt, der sich menschlich einstellt bei dieser Szene, ist kostbar, weil uns Elija die ganze Zeit bis dahin entgegentrat mit einer schrecklichen Gewißheit, was Menschen tun müssen, wie sie zu handeln haben, wo es langgeht. Fast möchte man denken, Elija verdient es, einmal am eigenen Leibe zu erleben, daß es so nicht geht. Nach all den Texten vorher müßte man's ihm förmlich gönnen, damit er lernt, sich in Menschen, wie sie wirklich sind, hineinzudenken und nicht immer von einem Gott zu reden, den er schon kennt und den er nur noch mit Feuer vom Himmel und mit Schwert auf der Erde zu verbreiten hätte. Das ist der schreckliche, wüste Gott der immer schon Wissenden, der immer schon am Ende Stehenden. Hier endlich haben wir einen Elija, der unterwegs ist.

Auch das ist eine ganz famose Formel: Das *Volk Gottes* ist unterwegs – das ist die ganze Kirche, natürlich. Sie hat zwar die Wahrheit, sie kennt auch das Ziel, sie bewegt sich im ganzen richtig, und sie ist unterwegs, weil sie das Volk Gottes ist. Aber wie, wenn die Formel gar nicht stimmte? Elija hat sogar seinen eigenen Knecht zurückgelassen. Da ist eine Wanderschaft, die macht jeder *allein*. Es ist kein Spaziergang, zu dem man ein ganzes Volk durch die Wüste schickt nach der probaten Rezeptur: Die Karawane zieht weiter, egal, wer da liegenbleibt, aber wir als Volk werden mit Sicherheit ankommen, als Partei werden wir uns durchsetzen. Es ist ein Wanderweg, den man so scharf, wie er hier beschrieben wird, nicht anders denn als Individuation bezeichnen kann. Da gibt es nichts mitzunehmen, es ist ein Dahingehen auf einem Pfad, den jeder für sich selber finden muß; er steht als einzelner vor Gott. Es ist eine einfache Erfahrung, daß man die Welt anders sieht, schon ob man mit zwei Personen gemeinsam einen Strand entlanggeht, in ein Museum geht, zum Mittagessen geht, oder ob man es alleine tut. Gänzlich anders schaut uns die Welt an, mit zwei Augen betrachtet oder auch nur mit vieren, geschweige denn mit zehn oder zwanzig oder vielen tausend.

Die Begegnung am Gottesberg geschieht einzig zwischen Ich und Du, ist eine Möglichkeit, die nicht im Haufen zu erreichen ist. Elija als die Person, die unvertauschbar, unersetzbar, nicht substituierbar durch die Verantwortung irgendeines anderen, nicht geschützt durch die Ableitung einer fremden Weisung, sondern in aller Hilflosigkeit, Gebrochenheit, Ausgesetztheit und Angst sich auf den Weg macht – das ist diese Wallfahrt zum Gottesberg.

Erst wenn wir das so sehen, mit einer solchen Erschütterung, einer solchen Weite des Verstehens und einem solchen Respekt vor der Möglichkeit des Liegenbleibens, wenn überhaupt eine solche

Erlaubnis des Scheiterns im menschlichen Leben zugegeben wird, erst dann begreift man, daß dieser Text nur als Legende weitergehen kann. Würde er sich vermessen, als Geschichtserzählung sie weiterzuerzählen, brauchten wir jetzt irgendeinen, der von außen käme und fände Elija – ein vorbeireisender Nomade, ein Karawanenhändler wie in der Geschichte von Josef im Brunnen. Da wären's Menschen, die etwas tun könnten, und es wäre wirklich hilfreich. Aber wenn wir denken, diese Not hier ist vollkommen innerlich, dann ließe sie sich von außen her mit keiner noch so gut gemeinten Maßnahme lösen und beantworten. Da gibt es Probleme im Inneren des Menschen, im Feld von Erschöpfung, in Einsamkeit, in dem Empfinden, am Ende zu sein, die sind von einer Art, daß buchstäblich nur eine innere Stimme, ein Engel Gottes, Wegzehr und Führung anbieten kann.

Im Neuen Testament wird so etwas legendär erzählt; vor allem im Evangelium des Lukas. Da ist's die Stunde, als Jesus am Berge, den wir den Ölberg nennen, dort im Tal des Kidron, nicht mehr ein noch aus gewußt habe. Er selber, auf den das ganze Christentum sich meint berufen zu können, sei da, so wird erzählt, in einer Stunde gewesen, da ihn nur noch die Angst und die Aussichtslosigkeit bestimmt hätten. Keiner seiner Jünger habe ihn in diesem Augenblick zu begleiten vermocht. Im Gegenteil: sie seien gewesen wie Schlafende, als es darauf ankam, wie Fliehende, als sich's entschied; nur ein Engel habe ihm beistehen können (Lk 22,43).

An dieser Stelle ist es eine wunderbare Staffelung in all den Legenden des Elija. Sie entsinnen sich: Es begann am Anfang, daß Elija am Berge Kerit saß als ein Verhungernder, und Raben kamen, ihn zu stärken. Dann war's in Sarepta, während der Hungersnot, der Dürre: eine Witwe, die ihr Letztes ihm schenkte. Jetzt muß es sein ein Engel. Die Natur, die Menschen und Gott, wieder welche Staffelung! Wenn die Einheit mit der Natur und die Einheit mit den Menschen in einem Feld der Güte zusammenwüchsen, dann käme zum dritten, wie ein Resultat aus all dem, ein Engel zu uns. Wir werden dieses Motiv noch einmal finden, aber es ist erstaunlich hier: Immer wieder durchzieht die Legende des Propheten Elija das Motiv des Hungers, der inneren Leere und des Nicht-weiter-Wissens. Und es gibt nur diese paradoxen Antworten: Die Natur ernährt, indem die Tiere ihre Nahrung teilen; die hungernden Menschen teilen, was sie selber nicht haben. Und hier sagt ein Engel einem

Menschen, was er von sich selber her gar nicht mehr sich zutrauen kann: daß es doch weitergeht. Das ist eine sehr späte Eintragung, eben ein ganz anderes Leuchten aus einem anderen Hintergrund des Denkens und der Welterfahrung, wenn der Engel gesagt haben soll: der Weg ist noch weit, du mußt tüchtig essen. Im ursprünglichen Text steht diese Information nicht; man weiß nicht, wie weit es ist. Es kommt aber darauf an, immer wieder, einmal, zweimal Nahrung zu sich zu nehmen, Wegzehr. Für uns im Christentum ist dies ein Bild geworden für die Eucharistie, für das Brot der Engel, das Gott uns gegeben hat, indem er uns verbindet mit dem Leben und Dasein des Jesus von Nazaret. Sollten wir darin nicht wieder nur ritualisierte Magie sehen oder sakramental verdichtete Formel, müßten wir denken, so wäre es wirklich: Die Person des Mannes aus Nazaret würde uns selber gerade in Getsemani durch ihr Beispiel zum inneren Begleiter und würde uns sagen: Es wird Stunden geben, wo du nicht weißt, wie's weitergeht, ob's überhaupt weitergeht. Aber im Augenblick zu tun, was buchstäblich dir geboten ist, dir angeboten ist, das bißchen Brot und Wasser und ein Ginsterstrauch, das nimm – und dann sieh zu, wie weit es wieder gehen wird. Viel mehr braucht ein Mensch nicht zu wissen. Kardinal Newman pflegte zu sagen: One step only – ein einziger Schritt nur, das genügt; den zu gehen und dann den nächsten und den nächsten, das ist der Weg, der Wanderweg zum Gottesberg.

Der Text hier ist kommentiert worden, einmal durch das Motiv, die Angst des Propheten sei gar nicht so sehr *in ihm* gelegen, erwachsen durch seine ganze Existenz, sondern von *außen her* gekommen; die Königin Isebel habe ihn verfolgt nach der Art eines Gottesrechts, eines *ius talionis*: Er hat ermordet die Baalspropheten, und nun steht darauf die Todesstrafe. Die Art, wie Isebel handelt, ist Gottesrecht auf ihre Art und völlig korrekt. Demjenigen, der hingerichtet werden soll, wird eine Zeitansage gestellt, von wann an die Verfolgung beginnt. Er hat gewissermaßen noch einen fairen Fluchtvorsprung; den mag er nutzen, wenn es ihm nützlich zu sein scheint. Derjenige, der die Pflicht hat zu strafen, ist der Meinung, daß er als Verfolger in jedem Betracht schneller sein wird. Da hätte Elija, wenn das stimmt, Angst vor der Herausforderung der Autorität. Er hätte Angst vor den Folgen seines eigenen Handelns, und es ist nicht einmal auszuschließen: er müßte sich fragen, was für ein Recht er hatte, im Namen Gottes die Diener eines fremden

Gottes zu Hunderten abzuschlachten. Wieso eigentlich? Da würde der Gedanke des eigenen Tuns auf dem Berg, auf welchem Gott wohnt, dem Propheten selber zum inneren Verfolger. Könnte man, was hier geschichtliche Konstruktion ist und Überleitung zu anderen Erzählungen, nicht auch als einen inneren Vorgang nehmen? Dann wäre die mörderische Königin nicht die Hexe und Hure Isebel, zu der man sie später machen wird, sondern ein Moment in der Seele des Elija, die Ahnung wenigstens eines schlechten Gewissens, das sich gehört für diese Radikalkur am Berge Karmel. Wir leben in Tagen, in denen man mit gutem Gewissen wieder dabei ist, Menschen abzuschlachten, und man wird dabei bei einigen Hunderten vermutlich nicht stehenbleiben. Auch ein paar tausend werden da keine Rolle spielen, denn man hat das Recht und also auch die Pflicht, so zu verfahren.

Es ist eine säkulare Art von Frömmigkeit und Gottesdienst, die wir da exekutieren. Aber wenn es wenigstens ein paar Skrupel gäbe, ein paar schlaflose Nächte, die Idee wenigstens bei denen, die es tun, sie machten da womöglich einen Fehler, weil es doch Menschen sind, dann hätte Elija recht, am Ende zu sagen: Ich bin doch nicht besser als sie alle, nicht besser als meine Vorgänger. Was für eine Selbsterkenntnis! Was für ein Recht dann, daß ein Mensch dasteht und zieht das Schwert blank und richtet den anderen hin im Namen seiner Idee von Frömmigkeit, Wahrheit, Gerechtigkeit und Menschlichkeit! Werden nicht all diese Begriffe korrumpiert, wenn man sie zur Ideologie des Tötens einsetzt? Was ist da Menschlichkeit? Am Ende ist man völlig schuldlos; die Schuld liegt ganz und gar beim andern. Er hätte es wissen müssen, hätte frühzeitig zu Kreuze kriechen müssen. Aber wenn der andere auf seine Art ein Gläubiger war, kann man das so einfach wissen? Hatte nicht Erasmus von Rotterdam recht, als er sagte: Wenn es Krieg gibt, wird es niemals eine Seite geben, die nicht glaubt, im Recht zu sein. Und was nun auch, wenn Leute lieber Bomben auf sich herabregnen lassen, als ihren Stolz zu beugen? Elija hat so viele Formen in der Bibel, und immer meint man sich auf ihn berufen zu können. Warum haben sich das christliche Abendland und die daraus säkularisierte Politik immer wieder auf den Elija am Berge Karmel berufen? Das Gottesurteil, das paßt uns, das ist den Mächtigen genehm. Da sind die Menschen scharf wie mit einer Rasierklinge voneinander zu trennen, und ihr Kopf vom Rumpf. Dieser Elija aber, der nachdenklich Gewordene, der sich von der eigenen Geschichte verfolgt Fühlende, wäre unglaublich viel moderner, zeitgemäßer auch, erschütternd menschlicher. Und sein Geständnis: Ich bin nicht besser als sie alle – welcher Menschheitswahn wäre zu vermeiden, käm's bis dahin durch Gebrochenheit, durch Verzweiflung möglicherweise! Plötzlich würden Menschen wieder Menschen.

Dann geht die Frage an Elija aus dem Munde Gottes, warum er denn gekommen sei, wie um ein Orakel zu erbitten. Worin die Gotteserscheinung eigentlich bestand, ist weggebrochen worden, vielleicht, darf man denken, erschien sie späteren Lesern zu simpel, zu primitiv, zu heidnisch mit einem Wort. Man hat die Erklärung hineingestellt, die der *nomistische Deuteronomist* so liebt, nicht Isebel, sondern das ganze Volk hätte Elija alleingelassen. Auch das ist ein bedenkenswerter Gedanke: der Prophet, der einzelne im Widerspruch zu allen anderen. Wäre es da möglich, diese ganze Wallfahrt wäre nicht so sehr die *Folge*, sondern die *Bedingung* der Prophetenexistenz? Sie führt notwendig dahin, ein ganzes Volk, das nichts weiter will, als in Ruhe und in Frieden ein paar Jahrzehnte hier auf Erden zu leben, mit allen Aufregungen und Schrecknissen des Göttlichen zu überziehen. Nichts ist da mehr einfach so, wie es zu sein schien. Der ganze bürgerliche Normalverstand stellt sich da in Frage. Das Denken in den fertigen Begriffen, die in der Tradition schon vorliegen, hat keine Geltung mehr. Die Ausflucht, daß es alle so machen und daß es ja die Lenker selber so beschlossen haben, daß es im Parlament mit Mehrheit verabschiedet wurde, gilt überhaupt nicht, wenn ein solcher Mann in die Arena tritt. Er ist eine einzige Unruhe. Ein Prophet, ein Mann wie Elija, ist ein springender Fisch, der das ruhig daliegende Wasser des Sees zumindest für einen Augenblick durchzieht mit Wellen, auf die er nicht vorbereitet war. Da passiert etwas, auf das man nicht gewartet hat, das die ganze Umgebung erschüttert. Je größer so ein Prophet, desto länger wird es dauern, desto unvergeßlicher wird es sein. Freilich, daß dann auch die Schutzmechanismen um so sicherer greifen werden – wir kommen sofort darauf.

Die Erklärung des Elija, er sei allein gewesen, widerspricht dem, was später erzählt wird: es gebe immerhin 7000 Getreue in Israel. Doch um Zahlenspiele geht es nicht. Wichtig ist und besonders kostbar der Einschub aus einer Zeit, von der wir nicht wissen, wann sie war. Vermuten dürfen wir das 4., 3. Jahrhundert, als Israel

seine religiöse Aufklärung erlebte, weit jedenfalls nach Deutero-
und Tritojesaja, nach den Spottliedern, die wir früher schon einmal
hörten. Hier wird nicht einmal mehr gekämpft, polemisiert, nur
noch dargestellt. Man hat immer wieder gemeint, daß Gott nicht
erscheint hier im Sturm, nicht erscheint im Erdbeben, nicht erscheint im Feuer – das richte sich direkt gegen die Götter Kanaans.
Und man hat gemeint, drum sei der Text besonders alt. Aber so ist
es nicht; er ist ganz und gar schwebend. Freilich, in den Psalmen der
Kanaanäer, die zum Teil auch im Gebetbuch Israels aufgegriffen
wurden, sind Naturerscheinungen immer wieder die Begleitform,
in welcher Gott sich mitteilt. Wem erginge es nicht so, wenn er ein
ordentliches Gewitter miterlebt, daß ihm, wie in den Tagen der
Griechen, der Gott auf dem Olymp zu donnern und Blitze zu
zucken scheinen? Wem, wenn die Erde bebt, scheint dies nicht wie
ein göttliches Orakel? Dieser Text möchte über all das hinweggehen. Und nehmen wir die Naturerscheinungen, eben weil dieser
Text so schwebend darüber bleibt, viel eher als seelische Erschütterungen denn als äußere naturhafte Zufügungen, dann würden wir
diese Gotteserscheinung auf keine andere Weise interpretieren können denn als eine durch und durch meditative, fast buddhistische,
völlig rein geläuterte, jenseits aller Gottesbilder. Setzen wir für das
Sturmerleben, in welchem Gott sein soll, das, was wir atmos-
phärisch atmen, was uns von oben her fast zu bedrohen scheint in
seiner Gewalt, und setzen wir psychisch dafür die gesamte Sphäre
des ÜberIchs. Wir könnten eine ganze Religion so wiedergeben, wie
sie in der Antike einmal war; da sind die Götter Sturmgötter, und
wir hätten die Beschreibung purer Über-Ich-Religion: Du dienst
Gott, wenn du aufschaust zu den meteorologischen Gesetzen gewissermaßen, die vorverfügt sind, die machen das Klima, in sie bist
du hilflos hineingewoben; jeder Atemzug verbindet dich damit, und
anders kannst du gar nicht, völlig unselbständig. Es gibt kein Ich, es
gibt keine Person, es gibt eigentlich nur klimatische Umstände. Das
ist Über-Ich; alles wird gewußt, alles ist bekannt, längst geregelt,
der Mensch darunter aber ohnmächtig dem Schicksal ausgeliefert.
Es gibt keine eigene Entscheidung, nur eine Anpassung an die
Gesetze, die schon sind. Das wäre Sturmesmacht, die den einzelnen
erschüttert.

Wie viel an der Religion, die wir heute noch kennen, ist von dieser Art geprägt! Man schaut auf zu den Autoritäten, die auf dem

Olymp sitzen, sie schleudern Blitz und Donner, das Volk beugt sich in Angst und in Schrecken, und es kennt bereits den Willen des Göttlichen. So furchtbar sich das anhört, so simpel ist es auch und so erleichternd. – Das andere mag auch geschehen, daß es unter den Füßen brodelt und ist wie ein Vulkanausbruch. Nennen wir das eine *Religion des Es*. Wie einfach wäre es zu denken, die Religion verschmilzt mit der Triebdynamik, sie ist nichts weiter als die Summe aller archaischen Sehnsüchte. Wir *projizieren* das Göttliche je nach unseren Bedürfnissen, immer freilich in Gefahr, daß es uns verschlingt, daß es völlig irrational ist, daß es uns bis zum Unverstand drohender psychotischer Ausbrüche treibt. Auch da kennen wir uns nicht aus, haben wir kaum eine Chance, wir selber zu sein, sind wir fügsam, aber lebend im Unfug.

Das dritte wären das Feuer und die Glut, die wir in uns trügen. Nennen wir sie eine reine Religion des Ichs. Sie ist viel wert, sie ist unglaublich höher stehend als eine Religion der Menge und der Masse. Um es so zu staffeln: Groß werden wir alle mit der Idee; es genügte zu tun als Kinder, was man in der Familie uns vorschreibt. Wir haben so etwas wie ein Clangewissen. Es erweitert sich eines Tages, und man bringt uns bei, daß die Familie nur der Agent war für die Gruppe, auf die es ankommt. Das ist religiös die Kirche, in welcher Couleur auch immer, das ist die entsprechende Partei und Berufsgruppe; in ihr finden wir den sozialen Standort und über ihn hinaus den Staat. Ihn müssen wir verteidigen, für ihn müssen wir notfalls das Töten lernen, auf ihn müssen wir Treueeide schwören, mindestens wenn wir Beamte werden wollen. Auf ihn sind wir verpflichtet, wie wenn in ihm hegelianisch der göttliche Geist selber weben und leben würde. Alles das ist erkennbar primitiv, unsinnig und falsch, aber eingebunden sind wir bis heute fast unentrinnbar in diese Dunstglocke.

Sich da *herauszulösen* ist in weiten Strecken der Sinn der Religion. Sie nimmt den einzelnen bei der Hand und schickt ihn auf diese Wallfahrt hinüber zum Gottesberg. Aber auch das kann noch falsch sein, kann die Form eines Ichs bilden, die glühend dasteht und verzehrend ist. Wie beruhigt sie sich? Wie kommt das Ich am Ende dazu, frei zu werden von sich selbst, sich noch einmal zu relativieren und sich loszulassen, sich eins zu fühlen mit der Welt, die es gibt, und mit allen Menschen und Tieren, die auf ihr leben? Das wär' doch, guter Elija, was du bis dahin erlebt hast, wie die Tiere kommen, dich zu ernähren, wie eine Witwe kommt und gibt das Letzte, und wie es Engel gibt, die kommen und dir helfen heimzufinden. *Alles* würde sich versammeln, und es wäre ein schwebendes Schweigen, ein Ausdruck aus dem kultischen Bereich, wie wir aus den Qumran-Texten wissen. Aber wir müßten nicht länger denken, daß man diese Art von Schweigen verordnet, indem man beispielsweise nach dem Kommunionempfang die Orgel schweigen läßt und setzt einfach drei Minuten Pause oder zur Vorbereitung der Fürbitten andächtiges Nachdenken. *Dieses* Schweigen ereignet sich von innen, wo nichts mehr zu sagen ist, wo alle Worte, die dem Ich zugehören würden, sich überflüssig machen. Da sind keine Bilder mehr, keine Texte mehr, keine Zitate mehr, nur noch eine Gegenwart im Unsagbaren, Unvorstellbaren, und dieses ganz Feine ist Gott. In der Bibel gibt es keine Stelle von einer solch mystischen Essenz, von einer solchen Feinheit der Betrachtung, wie man Gott begegnet. Immer wieder hat man gemeint, hier sei lediglich eingetragen aus dem zweiten Buche Mose, Exodus Kapitel 33, wie Mose am Sinai Gott begegnet. Wahrscheinlich ist es umgekehrt. Die Geschichte von Elija war womöglich früher, und dann dachte man, Mose sei größer als Elija, und er könne darunter nicht bleiben; wenn Elija am Gottesberg war, dann Mose auch. Aber dem Mose hat Gott in Exodus 33 etwas ganz anderes gezeigt: Mose erfährt, daß, wer Gott von vorne sieht, vernichtet wird, da man ihn nur im nachhinein bestenfalls wie eine Erklärung des sonst gänzlich Unverständlichen zu sehen bekommt. Dem Elija zeigt Gott sich völlig anders. Ihm zeigt er sich als etwas, das jetzt gilt. Und nach rückwärts und vorwärts wird's wie Licht ohne Erklärung, ein reines Sein. Rilke sagte einmal: So wäre die Schöpfung eines Gedichts, ein Hauch, ein Wehen im Nichts, ein Wehen in Gott, ein Wind, kein Sturm mehr, sondern nur noch lind in der Seele eines Menschen.

Was dann kommt, ist etwas gänzlich anderes. Da tauchen wir zurück in die Zeit vermutlich nach dem Exil. Man deutet und grübelt und deutet herum, wie man Geschichte verstehen könnte, wenn sie mit dem Untergang Jerusalems, mit der Deportation nach Babylon, mit der Vernichtung allen Nationalstolzes auf den Tiefstpunkt überhaupt hinführt. Und was man da erlebt in Judäa, glaubt man schon einmal gesehen zu haben, 300 Jahre früher im Nordreich in Israel, und das verbindet man mit Elija. Wenn doch da 7000 Gerechte wären, wäre es dann nicht genug? Das ist ein Zählespiel, wie man es mehrfach in der Bibel findet. Abraham, als er Sodom und Gomorra retten will, handelt Gott herunter: Wären nur ein paar Gerechte in der Stadt, dann würde es geschont. Es ist ein erstaunlicher Gedanke, vorausgesetzt, man faßt ihn nicht quantitativ, sondern von sich selber und den Menschen, denen man begegnet, innerlich. Wer kann verlangen, daß das ganze Menschenwesen vor Gott dasteht in Ordnung, geläutert, fromm und richtig? Steht nicht jeder vor Gott da wie jemand, der zu leben für sich kaum in Anspruch zu nehmen vermag? Aber er kann vielleicht ein bißchen geltend machen, das nicht ganz falsch ist, daß es ihn gibt. Sieben ist eine heilige Zahl, sagen wir auch eine krumme Zahl, teilbar durch gar nichts, sozusagen wirklich ein heiliger Rest. Wenn man sagen könnte: aber das, lieber Gott, das, wenn du richtig willst, war doch nicht ganz falsch. Es wär' kein Anspruchsrecht, aber doch so etwas wie ein mögliches Flehen um Verstehen, um Vergebung, und die Bibel meint, immer ginge Gott darauf ein, irgend etwas fände er immer, das er übrig ließe und mit dem's weitergehe. Freilich, man kann die Geschichte auch ganz anders drehen. Man nimmt sie weg aus allem Bildhaften, allem Existentiellen, man nimmt sie praktisch, institutionalisiert sie. Wenn man sich umschaut, hat man einen Typ von Seelsorge in unseren Tagen, der offiziell wohl so laufen soll. Europa, weiß man im Vatikan, ist liberalistisch, sexistisch, hedonistisch, im Grunde verloren. 2000 Jahre nach Christus ist es schlimmer als in den Tagen des heiligen Bonifaz in deutschen Landen, es kommt auf die Entscheidung jetzt an. Die Volkskirche ist am Ende, was wir brauchen, sind entschiedene Charaktere, 7000 richtig Fromme, das wär's. Wenn die nur entschlossen wären und wenn wir die institutionalisieren könnten, dann wäre die Rettung! So das Opus-Dei-Programm; es läßt sich äußerlich absolut korrekt mit einer solchen Stelle vereinbaren. Was braucht Gott mehr? Es kann das ganze Volk zugrunde gehen, wenn's nur den heiligen Rest gibt, wie unser Erzbischof zu Paderborn vor Jahr und Tag schon sprach, geradezu qumranisch: Und wenn nur ein paar Gerechte wären, ja, was brauchen wir dann noch Gemeinden, was brauchen wir gefüllte Kirchen, das alles ist belanglos. Was haben wir Not mit Priestern, die es zuwenig gibt? Wenn die Leute nicht glauben wollen – wir haben alles getan, wir haben Gottes Willen erfüllt; doch wenn sich nun zeigt, daß sie kein Interesse haben, daß sie lieber Fernsehen gucken als gregorianische Choräle sonntagsmorgens im Dom zu

hören; ja, dann können wir's nicht ändern, dann haben sie sich entschieden; wir aber brauchen die wirklich religiös Entschiedenen.

7000 ist eine ganz korrekte Zahl. Jeder, der die Kirche sich als
Kader vorstellt, der eigentlich mehr bei Lenin als bei Jesus gelernt
hat, wie man Parteien gründet, die als Elite Durchschlagskraft haben, muß auf solche Stellen wie zum Zeugnis seiner Selbstbegrün-
dung blicken. Aber hat er wirklich etwas verstanden vom Propheten
Elija, wie er hier geschildert wird, von dem Mann, der einsam
durch die Wüste geht und den Moment erlebt, da alles sich in Frage
stellt, um sich zu beseligen in dem Moment, von dem er nicht sagen
kann, was er erlebt hat? Weiß Elija hinterher, wer Gott ist? Er kann
nur sagen wie der Anfang eines sehr weisen chinesischen Buches
um 500 v. Chr.: Wer von Gott spricht, der kennt ihn nicht. – Da ist
ein verschwebendes Schweigen, das einlädt zum Ruhen nach einem
langen Suchen, und das uns lehrt, Menschen nie verloren zu geben,
und, was immer sie tun, das Siebtel oder Siebentausendstel zu suchen, das standhält.

14. Februar 1998

Die Sage vom Syrerkrieg und die Legende von Naboths Weinberg

Zwei sehr verschiedenen Erzählungen aus der Zeit des Königs Ahab und des Propheten Elija wollen wir uns widmen. Das eine ist eine Sage, die im Grunde falsch datiert ist, das andere eine Legende. Die erste Geschichte handelt von der Gewalt nach außen, vom Krieg, die zweite von der Gewalt nach innen, von Willkür und Mord. Über beiden steht der Glaube, Gott sei der Herr der menschlichen Geschichte. Aber wie das nun vermittelt wird und welche Konsequenzen es hat, ist, obwohl aus derselben Zeit stammend, grundverschieden in den Konsequenzen. Wie liest man die Bibel so, daß sie als Wort Gottes erkennbar und verstehbar ist? Diese Frage ist besonders notvoll und besonders dringlich, sie ist so bleibend aktuell wie die Frage danach, ob in unserer Zeit eine religiöse Deutung von Geschichte möglich ist. Wenn das der Fall sein sollte, zu welch einer Art von Engagement nötigt sie uns dann?

Text: 1 Kön 20, 1–21; 21, 1–22. 27–29
Benhadad aber, der König von Syrien, versammelte seine ganze Streitmacht – 32 Könige waren mit ihm samt Rossen und Streitwagen –, und er zog heran und belagerte und bestürmte Samaria. Und er sandte Boten in die Stadt an Ahab, den König von Israel, und ließ ihm sagen: So spricht Benhadad: »*Dein Silber und dein Gold ist mein: deine Weiber und Kinder aber magst du behalten.*« *Der König von Israel antwortete: Wie du befiehlst, mein Herr und König; dein bin ich mit allem, was ich habe. Aber die Boten kamen wieder und sprachen: So spricht Benhadad: Ich habe doch zu dir gesandt und dir sagen lassen:* »*Du sollst mir dein Silber und dein Gold, deine Weiber und deine Kinder geben!*« *Wenn ich nun morgen um diese Zeit meine Leute zu dir schicke, so werden sie dein Haus und die Häuser deiner Diener durchsuchen, und alles, was ihnen begehrenswert erscheint, werden sie zuhanden nehmen und forttragen. Da berief der König von Israel alle Ältesten und sprach: Da erkennt ihr nun und seht, daß dieser Böses vorhat! Denn nun sendet er zu mir um meine Weiber und um meine Kinder; mein Silber und mein Gold hatte ich ihm nicht verweigert. Da sprachen die Ältesten und alles Volk zu ihm: Höre nicht darauf und willige nicht ein! Und er*

antwortete den Boten Benhadads: Saget meinem Herrn, dem Kö-
nig: »Alles, was du deinem Knecht zuerst entboten hast, will ich
tun, aber das kann ich nicht tun.« Die Boten gingen hin und über-
brachten den Bescheid. Da sandte Benhadad zu ihm und ließ ihm
sagen: Die Götter sollen mir dies und das tun, wenn der Schutt von
Samaria hinreicht, um einem jeden unter dem Kriegsvolk, das ich
anführe, die Hand zu füllen. Aber der König von Israel antwortete:
Sagt ihm: »Wer das Schwert umgürtet, rühme sich nicht wie einer,
der es ablegt!« Als Benhadad diese Antwort hörte – er zechte ge-
rade mit den Königen in den Laubhütten –, sprach er zu seinen Leu-
ten: Greift an! Und sie griffen die Stadt an.

Da trat auf einmal ein Prophet zu Ahab, dem König von Israel,
und sprach: So spricht der Herr: Hast du diese ganze gewaltige
Menge gesehen? Wohlan, ich gebe sie heute in deine Hand, damit
du erkennst, daß ich der Herr bin. Ahab fragte: Durch wen? Er ant-
wortete: »Durch die Leute der Landvögte«, spricht der Herr. Er
fragte: Wer soll den Kampf beginnen? Er antwortete: Du. Da mu-
sterte Ahab die Leute der Landvögte, und es waren ihrer 232; und
nach ihnen musterte er das ganze Kriegsvolk, alle Israeliten, sieben-
tausend Mann. Um Mittag zogen sie aus, während Benhadad mit
den 32 Königen, die ihm zu Hilfe gekommen waren, in den Laub-
hütten zechte und sich betrank. Die Leute der Landvögte rückten
zuerst aus. Da schickte man zu Benhadad und ließ ihm sagen: Es
sind Männer aus Samaria ausgerückt. Er aber sprach: Greift sie le-
bendig, ob sie in friedlicher oder feindlicher Absicht ausgezogen
seien. Als aber jene aus der Stadt ausgerückt waren, die Leute der
Landvögte und das Heer, das ihnen folgte, schlug ein jeglicher sei-
nen Mann, so daß die Syrer flohen; und Israel jagte ihnen nach.
Benhadad aber, der König von Syrien, entrann auf einem Pferde
und etliche Reiter mit ihm. Und der König von Israel zog aus, er-
beutete Rosse und Wagen und brachte den Syrern eine schwere Nie-
derlage bei.

Nach diesen Ereignissen begab sich folgendes: Naboth von Jes-
reel hatte einen Weinberg in Jesreel neben dem Palaste Ahabs, des
Königs von Samaria. Und Ahab redete mit Naboth und sprach: Gib
mir deinen Weinberg, ich will mir einen Gemüsegarten daraus
machen, weil er so nah bei meinem Palaste liegt. Ich gebe dir einen
bessern Weinberg dafür, oder wenn es dir gefällt, will ich dir den
Kaufpreis in Geld bezahlen. Naboth aber sprach zu Ahab: Davor

bewahre mich der Herr, daß ich dir das Erbe meiner Väter geben sollte! Da ging Ahab heim, mißmutig und voll Zorn über die Antwort, die Naboth von Jesreel ihm gegeben hatte, als er sprach: »Ich gebe dir das Erbe meiner Väter nicht.« Und er legte sich auf sein Bette, wandte sein Angesicht gegen die Wand und aß nichts. Da kam sein Weib Isebel zu ihm herein und fragte ihn: Warum bist du denn so mißmutig und issest nichts? Er antwortete ihr: Ich habe mit Naboth von Jesreel geredet und zu ihm gesagt: »Gib mir deinen Weinberg um bares Geld, oder wenn es dir lieber ist, will ich dir einen andern dafür geben.« Er aber sagte: »Ich gebe dir meinen Weinberg nicht.« Da sprach sein Weib Isebel zu ihm: Führst eigentlich du noch das Regiment in Israel? Steh auf und iß und sei guten Mutes! Ich verschaffe dir den Weinberg Naboths von Jesreel. Und sie schrieb Briefe im Namen Ahabs, versiegelte sie mit seinem Siegel und sandte sie an die Ältesten und an die Vornehmen, die mit Naboth zusammen in der Stadt wohnten. In den Briefen schrieb sie: Ruft ein Fasten aus und laßt Naboth unter den Leuten obenan sitzen! Und setzt zwei nichtswürdige Menschen ihm gegenüber; die sollen wider ihn zeugen und sagen: »Du hast Gott und dem König geflucht.« Dann führt ihn hinaus und steinigt ihn zu Tode. Und die Ältesten und die Vornehmen, seine Mitbürger, die in seiner Stadt wohnten, taten, wie ihnen Isebel entboten hatte, wie in den Briefen geschrieben war, die sie ihnen gesandt: sie riefen ein Fasten aus und ließen Naboth unter den Leuten obenan sitzen. Da kamen die zwei nichtswürdigen Menschen, setzten sich ihm gegenüber und legten vor den Leuten wider Naboth Zeugnis ab, indem sie sprachen: Naboth hat Gott und dem König geflucht. Da führten sie ihn vor die Stadt hinaus und steinigten ihn zu Tode. Dann sandten sie an Isebel und ließen ihr sagen: Naboth ist gesteinigt worden und ist tot. Als Isebel hörte, daß Naboth zu Tode gesteinigt worden sei, sprach sie zu Ahab: Steh auf und nimm den Weinberg, den Naboth von Jesreel dir um Geld nicht geben wollte, in Besitz. Naboth lebt nicht mehr; er ist tot. Als Ahab hörte, daß Naboth tot sei, stand er auf, um nach dem Weinberg Naboths von Jesreel hinabzugehen und ihn in Besitz zu nehmen.

An Elija von Thisbe aber erging das Wort des Herrn: Mache dich auf, geh hinab und tritt vor Ahab, den König von Israel, der in Samaria wohnt – er ist eben in den Weinberg Naboths hinabgegangen, ihn in Besitz zu nehmen –, und sage zu ihm: So spricht der

Herr: Hast du nach deiner Mordtat auch schon das Erbe angetreten? Und dann sage zu ihm: So spricht der Herr: An der Stätte, wo die Hunde das Blut Naboths geleckt haben, sollen die Hunde auch dein Blut lecken! Ahab sprach zu Elija: Hast du mich gefunden, mein Feind? Er antwortete: Ja, ich habe dich gefunden, weil du dich dazu hergegeben hast, zu tun, was dem Herrn mißfällt. Siehe, ich will Unglück über dich bringen und dich wegfegen und will ausrotten von Ahabs Geschlecht alles, was männlich ist, Unmündige wie Mündige in Israel; ich will's mit deinem Hause machen wie mit dem Haus Jerobeams, des Sohnes Nebats, und wie mit dem Haus Baesas, des Sohnes Ahias, darum daß du [mich] zum Zorn gereizt und Israel zur Sünde verführt hast.

Wir hörten gerade das Lied vom Mühlrad von Conradin Kreutzer, und es scheint die beste Berufungsgeschichte, die sich denken läßt. Es genügt für einen Menschen, enttäuscht zu sein über eine Geliebte, die »die Treu' gebrochen«, die sie versprochen, und es entsteht der Wunsch, ein Spielmann zu werden. Und es beginnt die Sehnsucht beim Betrachten der menschlichen Geschichte, die sich wälzt und sich sinnlos im Kreise dreht, dem allen ein Ende zu setzen. Wenn da noch Leben sein soll, dann allenfalls, sich dem Kreislauf und dem Strom der Zeit entgegenzustellen. Das jedenfalls ist der Entschluß der Leute, die wir in der Bibel für Propheten halten. Sie vertragen nicht den Gang der Dinge, wie er so selbstverständlich dahinschreitet, sie wollen eine andere Geschichte. Aber kann sie ihnen je gelingen? Ist es einem einzelnen vergönnt, so einzugreifen in den Ablauf der Ereignisse, wie der religiöse Glaube Israels es von dem Gott im Himmel stets erwartet?

Wenn wir die Texte der Bibel lesen, sind wir in einer Lage vergleichbar der beim Betrachten eines modernen Dokumentarfilms. Glücklich die Zeiten, möchte man denken, wo Photographie noch deutlich zu unterscheiden war von Photomontage. Es war die Technik noch nicht so weit entwickelt, als daß man nicht die Brechungen der Beleuchtung, der Konturen als deutliches Indiz für das Zusammenkleben von Bildern aus verschiedenen Zeiten und Ereignissen deutlich hätte erkennen können. Beim heutigen Stand der Technik ist es so gut wie ausgeschlossen, Original und Fälschung, Dokumentation und Fiktion gegeneinander abzuheben. Allein der Inhalt mag uns mißtrauisch machen, wenn wir da etwas hören, das als zu glatt erzählt sich zu verraten beginnt, oder umgekehrt, das in seinen Brüchen, vor allem im Kontrast der Erzählung, selber unterschiedlichen Stil verrät. Ganz so hier. Wir haben eine Geschichte vor uns, die von einem großartigen, heldenmütigen Kampf des Königs von Israel gegen den schlimmen Barbaren aus dem Norden, gegen den Aramäerkönig von Damaskus, Ben-Hadad, berichtet. Die Geschichte soll in den Tagen des Königs Ahab spielen, und das kann sie mitnichten. Im Jahre 853 noch sehen wir König Ahab an der Seite des Königs von Damaskus bei Karkar im Kampf gegen die Assyrer unter Salmanassar III. stehen, ein Bündnis also zwischen den bedrohten semitischen Völkern im Westen gegenüber der Herausforderung, die vom Osten immer wieder zum Mittelmeer hinübergreift; ein Kampf zwischen dem starken König Ahab und dem Reich von Damaskus ist nicht in diese Zeit zu verlegen. Ben-Hadad, wissen wir historisch, hat ab 801 v. Chr. regiert. Das ist ein Jahr später, nachdem Joasch im Nordreich an die Macht gekommen war. Er allerdings ist ein schwacher König; er verliert ein großes Territorium an die Aramäer. In diese Zeit hinein dürfte die Auseinandersetzung spielen. Alles, was von König Ahab hier eingetragen ist, verrät also spätere Redaktion.

Wovon aber geht die Rede überhaupt? Wir haben einen furchtbaren Parallelbericht aus dem zweiten Buch der Könige im 6. Kapitel. Auch dort haben wir es mit einer Sage zu tun, nicht mit einer klaren historischen Information. Aber die ganze Geschichte dort ist weit dramatischer. Erzählt wird, wie der Aramäerkönig Samaria belagert, und das bedeutet, wie noch in unseren Tagen: eine Soldateska wird bestellt, die ein Wohngebiet einkesselt. Samaria ist eine derart befestigte Stadt, daß sogar die Assyrer später drei Jahre brauchen werden, um sie einzunehmen; für die Aramäer eine militärische Unmöglichkeit. Aber statt sich die Köpfe blutig zu schlagen, kann man eine Stadt aushungern, vorausgesetzt, sie ist angewiesen auf den Anbau von Nahrungsmitteln außerhalb des Stadtgebietes. Und das ist Samaria. Berichtet wird im zweiten Buch der Könige im 6. Kapitel, daß die Hungersnot die Bevölkerung derartig heimsuchte, daß man nach dem Abschlachten aller Tiere ein Vermögen um einen bloßen Eselskopf gegeben hätte. Eine kleine typische Episode wird berichtet, die immer wieder in antiken Texten über Belagerungen erzählt wird: daß Frauen beginnen, ihre Kinder zu schlachten, daß Menschen, getrieben von der Lebensnot, auf das Niveau von Kannibalen herabsinken. Als der König von Samaria die Befestigungswälle inspiziert, ruft ihn eine Frau an, eine Rechtssache zu klären. Aber was sie für Recht erklärt, verschlägt einem den Atem. Sie und ihre Freundin haben sich darauf geeinigt, daß jede ihren Sohn töte, um gemeinsam noch Nahrung zu haben. Sie, die Frau, hat's getan, ihre Freundin aber verweigert ihr Versprechen. Das soll nun der König entscheiden.

Die Belagerung Samarias soll aufgelöst worden sein, erzählt uns das zweite Königsbuch, indem Gott selbst den Belagerern vorgespiegelt habe, ein Expeditionskorps der Assyrer sei im Anmarsch; da hätten sie ihr Lager geräumt. Aussätzige hätten's gefunden und freudig in der Stadt vermeldet. Die Not brach plötzlich ab. – Nehmen wir das Vorspiegeln Gottes vom Eingreifen der Assyrer für eine leicht fingierte, übermalte Darstellung; so wäre historisch an der Sache wahr: die Aramäer hätten Samaria in den Tagen des Joasch furchtbar heimgesucht, und der Zufall, wie er so war, hätte aus der Bedrohung des einen die Bedrohung des anderen gemacht, ein Katz-und-Maus-Spiel in wechselseitiger Herausforderung, immer auf des Messers Schneide. Man hat Glück gehabt, nichts weiter eigentlich. Aber die Geschichte, die wir eben gehört haben im ersten Königsbuch Kapitel 20, erzählt sich völlig anders. Da geht's um die Wehrhaftigkeit, mit der die Mannen in Samaria erfolgreich die Herausforderung angenommen haben, und vermochten sogar, ihr zu widerstehen. Was allerdings blieb ihnen anderes übrig? Wenn wir uns fragen, wie Kriege eingeleitet werden und wie sie verlaufen, haben wir hier im Grunde ein Exempel zur historischen Belehrung. Alles beginnt mit dem Diktat dessen, der sich waffentechnisch, militärisch im Potential der auszuübenden Gewalt für überlegen hält. Er diktiert dem mutmaßlichen Gegner im voraus die Bedingungen der Kapitulation. Es kann dahin kommen, daß der vermeintliche Gegner in Erkenntnis seiner Schwäche ein äußerstes tut, den Forderungen entgegenzukommen. Was sind hier die Forderungen? Die Frauen für den Harem und die Prinzen als Geiseln.

Warum führen Männer Kriege? Warum geht es in Kriegen stereotyp und barbarisch im Fall eines Sieges immer wieder darum, daß Männer herfallen über Frauen? Der Grund wird sein, daß alle Kriege geführt werden zur Ausdehnung bestimmter Territorien. Das älteste Gesetz der Lebewesen im Verlauf der Evolution: Wer leben will, braucht ein bestimmtes Terrain, das ihm selber zur

Sicherheit dienen muß und das es ihm erlaubt, in einigermaßen ge-
sicherten Grenzen Nachwuchs großzuziehen. In diesem Territorium muß Nahrung aufzutreiben sein, und die Grenzen müssen
einigermaßen zu beschützen sein. Im Kriegsfall aber geht es darum,
eben diese Grenzen auszudehnen. Die Frauen, die auf dem Terrain
des Gegners wohnen, müssen daran gehindert werden, daß sie ihre
eigenen Gene, die ihrer Männer, mithin die Biologie des Feindes,
weitertragen. Das scheint der ursprüngliche Sinn all der Schreck-
nisse, die Männer im Fall des Krieges, wenn sie denn siegreich sind,
den Frauen ihrer Gegner zufügen. All die Vergewaltigungen, all die
Erniedrigungen und Schändungen haben einzig den Zweck, zu demonstrieren, wer in der biologischen Fortsetzung rein selektiv stärker ist, um sich durchzusetzen. Krieg bis in seine tiefsten Motive ist
nichts als ein Rückfall in die archaischsten Handlungsmotive, die
dem Gang des Lebens innezuwohnen scheinen; ein Hinwegspren-
gen der Kultur und ein Rückfall um Jahrmillionen in die Natur.
Was Menschen dann tun, ist aber nicht »natürlich«, denn es wird
mit Verstand geplant, mit System ausgeführt; es wirkt ungleich viel
roher, als was Tiere jemals tun würden. Es ist diese Vermischung archaischer Antriebe mit den Planungen eines Verstands, der sich kul-
turelle Werkzeuge gesetzt hat, die das Entsetzliche schafft.

Man darf nicht denken, daß der Kampf gegen Samaria von dem
Augenblick an eröffnet wird, da die Stadt eingekesselt ist, im Gegenteil. Die Kriegsdrohung aus der Sicht des Aggressors wird für
weitere Verhandlungen genutzt. Wir müßten nicht die Zeitungen in
den letzten vierzehn Tagen gelesen haben, um zu wissen, wie gleich
sich Geschichte bleiben kann. Der Aufmarsch am Golf dient dem
Zweck, Verhandlungen zu führen. Eine Diplomatie ohne Schwert
ist eine Diplomatie ohne Wert, schreiben gleichzeitig deutsche Zeitungen, um es zu kommentieren. Nur in der Position der Stärke
lohnen sich die Verhandlungen, und der Schwächere hat zu begreifen, daß er keine Chance hat, das ist der Sinn all der »Verhandlungen«. Man muß es ihm beibringen. Zynisch genug hat Clausewitz
vor 200 Jahren für das preußische Militär schon erkannt: Der Aggressor ist immer friedfertig; das einzige, was er wünscht, ist die
Kapitulation des Gegners, ohne zum Schwert zu greifen. Dann steht
ihm alles zur Verfügung. Aber dieses »alles« ist nicht einmal die
Unterwerfung, sondern die Plünderung, das Nachforschen in den
Palästen, ganz wörtlich, das Hernehmen und Kontrollieren total,

die Machtergreifung komplett – anders kann der Sieg nicht vollständig sein. Alles andere wäre ein Eingeständnis der Schwäche auf der Seite des Mächtigeren. Auch das hat Clausewitz gewußt. Ein Krieg, wenn er ausbricht, hat in sich die Tendenz, bis zum äußersten zu schreiten, es sei denn, es gäbe Hemmnisse, die von außen auf ihn einwirken würden. Aber wie sollte das der Fall sein? Die ganze Mechanik des Krieges, die Art der Verhandlungen im Vorfeld, der Zynismus der Macht, der glaubt, sich den Krieg leisten zu können, und am Ende die Verzweiflung der Not, sich nicht zu beugen, das ist der Grund, weswegen man Kriege führt. Am Ende kann es dahin kommen, daß jemand so an die Wand gedrückt wird wie eine Maus, die der Katze nicht ins Maul, sondern auf die Nase springt und auf paradoxe Art sich noch zu wehren sucht. Zum Krieg gehört irgendwie auch, daß er unberechenbar ist; der Unterlegene rechnet noch mit dem *lucky punch*; irgendwie, selbst am Rande, wo man groggy geschlagen wird, erwischt man den Gegner in der zwölften Runde vielleicht doch noch. Glück muß man haben, kann man aber auch haben, und da es nie auszuschließen ist, daß man irgendwie doch noch eine Chance behält, wird der Krieg zum Glücksspiel. Wäre er mathematisch berechenbar, brauchte man ihn nicht zu führen, als reines Computerprogramm wäre für rein rational denkende Menschen kein Krieg mehr nötig. Die gesamte Geschichte könnte sich im Grunde als mathematisches Kabinett aufführen. Aber es ist eine Rechnerei buchstäblich ohne die Menschen. Ihre Motive sind so gründlich irrational, daß die Frage ist: Wie gewinnt man einen Standpunkt, der aus all dem Wahn hinausführt?

Vielleicht am schlimmsten ist die Umformung von Not und Leid in *Heldengeschichten*. Alle Literaturformen haben ihre Wahrheit, aber auch ihre Gefahren. Die *Sage* ist groß darin, Charakterstärke, Mut, Entschlossenheit, Durchstehvermögen, Hinnahme von Leid und ein Wandern durch die Schattentäler bis zum Licht für groß zu rühmen. Symbolisch gesprochen haben die Sagen soviel Wahrheit wie die Märchen; aber nimmt man sie beim Wort, setzt man sie als gültige Deutung und Beschreibung menschlicher Geschichte, werden sie gefährlich, ist das Blutrünstige an ihnen nicht mehr der Zufall, sondern die Verführung. Daß man aus der Qual von Menschen ein Ruhmesblatt der menschlichen Geschichte zu schreiben beginnt, verfälscht den Preis, der zum Sieg nötig war. Bertolt Brecht hat das warnend immer wieder vorgehalten: Sobald die Geschichte nach Helden ruft, wird sie gefährlich und unmenschlich, und es besteht Grund, mißtrauisch zu werden und scharfsinnig zu sein. Die Sage als Propaganda der Herrschenden oder als Tröstung der Schwachen: von beiden Perspektiven aus ist sie als Literaturform instrumentalisierbar. Man muß denken, daß diese Geschichte hier sich als Sage erzählt, um aus einer beinahe möglichen Niederlage am Ende doch ein kalkuliertes Risiko im Aufruf an Tatkraft und Stärke auf seiten der Männer zu exemplifizieren. Man feiert den Sieg, das ist der Sinn der ältesten Schicht dieser Überlieferung. Und man hegt kein Bedenken mehr, es als groß zu erzählen, wie da die Elitetruppen Samarias vorangingen und der Heerbann zu 7000 ihnen folgte und wie sie auf jeden, der ihnen in den Weg kam, einschlugen, bis daß er tot war. König Ben-Hadad freilich, zechend in seinem Lager, wird mit dem Ausbruch der im Grunde schon Erledigten kaum gerechnet haben. Nach der Logik dieser Sage hat man alles richtig gemacht. Ausbruchsversuche sollte man morgens im Dämmern oder bei Nacht in die Wege leiten, aber mitten am Tage, das erwartet niemand. Ben-Hadad nimmt die ganze Aktion so wenig ernst, daß er erklärt: Sie können kommen, zu was sie wollen, friedlich oder kriegerisch, wir setzen sie einfach gefangen, machen nicht einmal Tote. Man höre: wenn im Kriege es sich Gegner leisten, zu Gefangenen menschlich zu sein, dann einzig in der Position der Stärke. Die Kriegsverbrechen werden als erstes in der Position der Schwäche von denen begangen, die zu unterliegen drohen; sie leiten es ein.

Das schrecklich Moderne an diesen Geschichten ist, daß der Sieg am Ende für eine reine Sache erklärt wird, ohne Skrupel und Bedenken. Wie viele Tote es auf seiten der Aramäer gibt, davon wird nicht einmal beim *body counting* Notiz genommen; es ist egal. Daß man gesiegt hat, genügt, die Kosten auf der anderen Seite sind buchstäblich egal.

Wieviel an Menschlichkeit müßte man solchen Sagen entgegensetzen, die die Bibel ohne Reflexion, wie selbstverständlich, übernimmt! Es gibt Geschichten z. B. der chinesischen Weisheit: Laotse fordert dazu auf, Siege zu feiern als Versammlungen der Trauer und der Buße. Im 5. Jahrhundert v. Chr. gibt es im alten China einen großen Menschenfreund und nachdenklichen Weisen, der begreift, daß Kriege unvereinbar sind mit dem Standpunkt der Humanität, mit dem deutlichen Gefühl der Einheit aller Menschen. Erst wenn

man einen Sieg in einer Trauerfeier begeht, hat man das Rezept gefunden, den Krieg abzuschaffen. 2500 Jahre danach im sogenannten christlichen Abendland sind wir wohl immer noch biblisch genug erzogen, um Siege mit Truppenparaden, gesponsert von der
Waffenindustrie, zu begehen, länger als die Kriege waren, und alles,
was geschehen ist, ist wie unsichtbar; die Opfer sind verschwunden, glorreich bleiben die eigenen Truppen.

Das alles ist das Bedenkliche schon an der Sage, aber was die Bibel nun allen Ernstes daraus macht, ist inakzeptabel, schlichtweg
skandalös. Es sind ganze zwei Verse, die aus späterer Zeit hier montiert werden und noch einmal die profane Geschichte von einem an-
geblichen Sieg gegen die Aramäer theologisch aufladen. Man darf
denken, der Redaktor, der das gemacht hat, stammt aus dem Umfeld des deuteronomistischen Geschichtswerks; das wäre etwa im
6. Jahrhundert anzusetzen, vielleicht in den Tagen des Jeremia, in
der Zeit nach dem Untergang Jerusalems, in einer Zeit der nationalen Entwürdigung und der nationalen Not. Und in dieser Zeit, in
dieser Stimmung ist wohl die »Endredaktion« des Textes erfolgt als
eine ständige Aufforderung zur Intoleranz, zum Kriegführen, zum
Kämpfen mit der Entschlossenheit eines auserwählten Volkes gegen
alle anderen. So an dieser Stelle hier. Aus einer Aktion, die innerhalb der Sage als eine Antwort auf Bedrohung dasteht, wird Jahrhunderte danach ein göttlicher Auftrag gemacht: Ein Prophet – wir
müßten im Kontext denken, der mit Elija identifiziert wird – hat
den Krieg in Auftrag gegeben. Er ist es, den der König selber befragt, sogar bis in die Einzelheiten der Taktik hinein. Wer soll die
Schlacht eröffnen? – Du. – Jetzt. – Da ist der Prophet, der Abgeord-
nete Gottes, der bessere Kriegsmann, man darf auch sagen: der
Kriegshetzer. Und jetzt haben wir das ganz gewöhnliche Bild, das
allzu vertraute und abscheuliche Bild. Wir haben als erstes die Phra-
sendrescherei von dem Gott Jahwe, der eingreift, der beleidigt ist
und dessen Recht wiederhergestellt werden muß. Das kennen wir
aus den Kriegshymnen der Pfaffen immer, wenn es losgeht: 1914 –
wie der Deutsche Kaiser kein Recht hat, auf irgend etwas zu verzichten; auf französischer Seite – wie die Grande Nation, der Staat,
in dem Gott selber wohnt, ein Recht hat, sich zu verteidigen für El-
saß-Lothringen. Schlimmer als die Militärs sind die Gottesdiener,
weil sie nicht nur zum Krieg blasen, sondern zum *heiligen Krieg*,
weil das Abschlachten von Menschen für sie ein gottgewolltes Op-

fer wird. Aus einer Situation von Angst, Not, meinetwegen auch von Mannhaftigkeit und Tapferkeit wird plötzlich ein Himmelsdienst gezaubert, ein heiliger Krieg, den man führt, immer mit dem Spruch auf dem Koppel, der den Bauch ziert: Gott ist mit uns. Das machen Priester und Propheten aus der Sage: eine Legende, eine völlig neue Literaturform. Und sie machen zum zweiten aus Gott einen Götzen des eigenen Nationalegoismus. Nach wie vor bekennen sie, daß Gott der Schöpfer aller Welt und aller Menschen ist. Aber nun ist er eben nicht mehr nur der Schöpfer aller Menschen, jetzt ist er der Sachwalter eines ganz bestimmten Volkes, das zudem moralisch absolut im Recht ist; denn wie könnte Gott auf der Seite just unserer Kompanien und Regimenter stehen, wenn wir nicht im Recht wären? Gott, der das Recht hütet, hat sogar selber die Pflicht, entsprechend den Gesetzen, die er erlassen hat, für uns Partei zu ergreifen. Es malt die Welt sich exakt in Schwarz und Weiß, in Gut und Böse; der Feind drüben ist der Gottesgegner, ist die verkörperte Unmoral; ihn abzuschlachten ist die Pflicht, um Gottes Ordnung wiederherzustellen. Das alles kann in zwei Sätzen, eingestreut in einer Sage, aus menschlicher Geschichte werden.

Es hilft nichts: wir müssen die Bibel oft genug profanisieren, um ein Stück Menschlichkeit wiederherzustellen. Wir müssen den ganzen Plunder von der Offenbarung Gottes und wie er durch die Propheten redet und die Könige bei der Hand nimmt und sie zum Sieg geleitet, für reinen Humbug erklären, für eine Lüge, die auch damit sich nicht entschuldigt, daß sie sich Jahrhunderte später, rückwärts projiziert, in die Überlieferungen einschiebt. Und wenig Grund zu Dankbarkeit haben wir, wenn die Bibelausleger uns erklären, wir hätten ohne diese Fiktion der zwei Zeilen, die man da montiert hat, die kostbare Sage aus dem Nordreich gar nicht erst überliefert bekommen. Wir sehen, wie es möglich ist, theologisch Geschichte zu klittern, indem das ganze Überlieferungsmaterial für heilige Zwecke unheilig mißbraucht wird. Es gibt keine Friedensbotschaft mehr, wenn die Dinge so stehen, sondern die Gewalt wird zur Tugend, das Abschlachten von Menschen zum Gottesbefehl. Die Dinge sind außerordentlich modern. 1952, als man diskutierte in der Bundesrepublik, im Westen Deutschlands also, über die mögliche Wiederbewaffnung – noch waren Hunderttausende von Kriegsgefangenen in russischer Hand –, erklärte im Bundestag Thomas Dehler, FDP-Abgeordneter, Justizminister damals, wie sich die Dinge verhalten. Ein Mann, der nicht das Vaterland verteidigte, sei kein Mann! Und Kardinal Frings in Köln erklärte, daß die Kirche, das Christentum noch niemals pazifistisch gelehrt habe, noch niemals die absolute Gewaltlosigkeit verkündet habe, in einer gebrochenen Welt könne die Rechtsordnung notfalls nur durch Einsatz militärischer Mittel bewahrt werden. Es waren ein paar Protestanten dagegen; z. B. Niemöller, der erklären konnte, daß Gott zu schade dafür sei, Waffen zu segnen. Von ihm könne man Besseres lernen als Angst, Ideologie, Rechthaberei und Massenmord, wagte er zu sagen. Wie unterschiedlich können Menschen die Bibel lesen, wenn sie sich so präsentiert, wie wir sie vorfinden, Theologen hier, Theologen dort. Innerhalb der Theologie scheint es offensichtlich kein Kriterium zu geben, die biblische Erkenntnis keine Hilfe zu bieten. Einzig die Sprache der Menschlichkeit könnte uns hilfreich werden. Gotthold Ephraim Lessing hatte völlig recht: Gehen wir nicht aus vom Menschen, werden wir ihn in der Bibel bei allen göttlichen Texten auch nicht finden; die Menschlichkeit, die wir voraussetzen, wird sich bestätigt finden in der Bibel, wenn wir sie suchen, aber auch nicht anders.

Die nächste Geschichte, die wir hören im Kapitel 21, verrät ein solches Suchen nach Menschlichkeit. Es ist, wenn man so will, keine Sage, sondern der Literaturform nach eine Novelle, die uns hier überliefert wird. Wir müssen das Auftreten des Propheten Elija klar als eine spätere Hinzufügung erkennen; denn was uns erzählt wird, ist eine dramatische Geschichte mit einem klaren Anfang und einem klaren Ende, in sich stehend. Es geht um den Weinberg Naboths, des Jesreeliten. Den will er nicht dem König abtreten, darum wird er ermordet, und der Weinberg wird vom König in Besitz genommen. So ist der Anfang und so ist das Ende. Aber wer, wenn er's erzählt, könnte, ohne daß das Herz ihm bricht, diese Geschichte mit anhören? Man muß sie sich nur noch einmal korrekt erzählen, wieder um ihre Aktualität, ja Modernität zu begreifen.

Der Ausgangspunkt ist, daß König Ahab in der Nähe seines Palastes seine Gartenanlagen erweitern, das Gebiet arrondieren möchte. Was ihn daran hindert, ist der Erbbesitz eines der Bürger in der fruchtbaren Ebene Jesreel. Naboth ist Besitzer eines Weinbergs. Manche Bibelerklärer haben gemeint, hinter der Weigerung dieses uns sonst völlig unbekannten Mannes, seinen Erbbesitz dem König zu übereignen, stehe eine ältere Anschauung über die Besitz- und

Eigentumsverhältnisse hebräischen Bodens. Numeri 25 klingt danach, daß als einziger Grundeigner aller Böden im Gelobten Land Gott selber zu betrachten ist. Boden zu veräußern hat deswegen niemand das Recht; allenfalls kann ein Mensch als Pächter von Boden sich betrachten. Aber dahin, Boden als Eigentum zur Verfügung zu haben und veräußern zu dürfen, kann er's nicht bringen. Tatsächlich ist von diesem Ansatz, der an viel ältere, vor allem bei Jägervölkern übliche Vorstellungen erinnert, im israelitischen Denken so gut wie kaum Gebrauch gemacht worden. Daß Ahab sich über ein solches Recht, wenn es denn existierte, würde hinweggesetzt haben, ist vollends unwahrscheinlich. Worum der Konflikt in Wirklichkeit sich dreht, ist etwas völlig anderes.

Was ist ein König? Nach altisraelitischem Recht sollte es einen König überhaupt nicht geben. Das war einmal eine prophetisch klare Aussage. Sobald wir einen König haben, soll noch der Legende nach Samuel gewarnt haben, wird er sich aufplustern wie im ganzen alten Orient, er wird auf seinem Thron nicht nur sitzen, sondern der Thron wird immer höher, bis er zu den Wolken reicht; am Ende hat man keinen König mehr, sondern einen Gott, er hört auf, ein Mensch zu sein; und die Untertanen, je länger sie sich an den Gehorsam als Pflicht gewöhnen, hören auf, Menschen zu sein, und werden Kerb- und Kriechtiere vor seiner Majestät. Das ist die Folge, wenn wir Könige haben. Die ganze Staatsideologie wird sich am Ende als Mythologie mit göttlichen Attributen, mit priesterlichem Segen zelebrieren. Geahnt haben das die Propheten, aber hier nun haben wir eine Probe dessen, was ein König darf und was er nicht darf. Ein König hat Wünsche, ein König hat einen Willen, das geht in Ordnung, das haben alle Menschen. Aber wenn alle *Menschen* sind, hat auch der Wille eines Bürgers ein Recht gegenüber seinem König, sonst wird der Königswille zur Willkür. Und genau das ist der Fall. Naboth, als Bürger im Staat Israel, hat ein Recht, kundzutun, was er aus seinem Besitz veräußern möchte oder was er nicht veräußern möchte. Und an seinem Willen hat der Anspruch eines Königs eine Grenze zu finden. Findet aber der Wille des Königs eine Grenze am Willen irgendeines seiner Bürger, ist er kein absoluter Herrscher, ist er abhängig und gebunden an des Volkes Meinung, jedes einzelnen seiner Untertanen. Was ist da Recht, wenn es nicht vom König gesetzt wird? Es wäre dann ja das Recht etwas Übergeordnetes, das der König zu wahren hätte und dem er selber untersteht. An dieser Frage ringt und rankt sich diese Geschichte auf.

Alles beginnt damit, daß Naboth nicht so denkt, wie ein vernünftiger Mensch denken sollte. Was macht's, ob der Weinberg hier liegt oder dort, wenn sich zeigen sollte, daß ein anderer Weinberg viel üppigere Erträge zu bringen vermag? Und das sollte er, weil er hervorgeht aus Königs Hand. Es wird ein guter Weinberg sein. Es geht um die Lage, es geht überhaupt nicht um die Qualität von Grund und Boden. Und außerdem, er könnte ein reicher Mann werden, der gute Naboth. Ein bißchen wirtschaftlicher Verstand reichte vollkommen aus, ein bißchen Egoismus unter verständiger Kontrolle; es wäre ein faires Angebot, das ihm gemacht wird aus der Hand des *Königs*, nicht von irgendeinem Hergelaufenen. Der König würde sich nicht lumpen lassen, er stünde in der Pflicht. Wäre es so schwer, wenigstens seinen Vorteil zu nutzen? Aber Naboth ist ein Sturkopf. Jenseits der wirtschaftlichen Gründe hat er einen unvernünftigen, emotionalen Grund, der ihm für ausschlaggebend gilt: mein Vätereigentum. Das ist das Bornierteste für einen aufgeklärten, progressiv denkenden König, wie Ahab einer ist. Da verbeißt sich jemand in der Vergangenheit, verwurzelt sich in Grund und Boden mit lauter dumpfen Gefühlen. Heimaterde will er haben und drauf festkleben auch noch, wo in Wirklichkeit die gesamte Wirtschaft angelegt ist auf Dynamik, auf Progression in die Zukunft. Da hinein wird investiert. Da kommt es nicht drauf an, wo jemand *sitzt*, sondern was er daraus *macht*. Da ist Kapital, das Grund und Boden darstellt, so anzulegen, daß es in die Dynamik der Wirtschaft hineingerät. Wenn Naboth das nicht tut, setzt er sich damit selber ins Unrecht durch die Dummheit, mit der er auftritt. Mein Vätereigentum – als wäre da irgend etwas Mystisches! Die Dinge muß man rational betrachten. Ahab ist wütend, so sehr, daß er vergißt zu essen, es verschlägt ihm den Appetit. Er wird depressiv, der gute König, er legt sich ins Bett, will überhaupt nichts mehr sehen. Es hat keinen Zweck, König zu sein, wenn man nicht einmal vor der eigenen Haustür an einen Weinberg kommt. Macht's noch Spaß zu regieren, wenn einem die Bürger auf der Nase herumtanzen? Sagen Sie selber, wofür wird man überhaupt König, wenn es so zugeht? Es lohnt nicht mehr.

Aber er hat eine Frau, Isebel, eine phönizische Prinzessin war sie einmal. In ihr verkörpert sich eine ganz andere Vorstellung vom Königtum. Sie ist altorientalisch, tief über Jahrtausende verankert: Ein König ist ein absoluter Souverän, über ihm steht nicht das Göttliche, er *ist* das Göttliche; ein Denken, das wir in Europa unter christlichem Vorzeichen, verbunden mit Jesus als dem Messias, geliefert bekommen haben bis zu Ludwig XIV., und, genau gesprochen, ganz aufgehört hat's bis heute noch nicht. Wer die Macht hat, setzt das Recht, so sieht es aus. Der Staat ist das Recht, eben weil er das Gewaltmonopol besitzt; und dann ist die Frage, was er für Recht befindet; eben darin hat er das Recht auf die Legislative und die Exekutive. Beide mögen getrennt sein, aber beide gehören sie zu den Staatsinteressen, und die wollen beachtet sein.

Was Isebel vorschlägt, ist ein Bravourstück der Diplomatie, wenn man so will, also ein verbrecherisches Gaunerstück. Naboth will nicht gehorchen, das ist identisch mit seinem Tod. Die Frage ist nur, wie man das arrangieren kann. Isebel, der Novelle nach, fällt etwas ein. Sie schreibt im Namen, d. h. mit der Vollmacht ihres Mannes, einen Brief an die Ältesten und Mitbürger Naboths. An dieser Stelle schon wird der Leser mißtrauisch. So kann es nicht gewesen sein. Eine Königin schreibt nicht schwarz auf weiß einen Brief, wie man jemanden ermorden soll. Vielleicht das letzte Mal war Nixon so dumm, daß er Dinge diktierte, die man später auf den Tonbändern abhören konnte; aber eine Isebel? Texte werden doch viel zu leicht abgeschrieben und veröffentlicht, irgendwelche Schnüffler kommen da ran; Mordbefehle kann man nur mündlich geben. Das ist eine sichere Regel, und Isebel wird sie auch beachtet haben. Aber der Erzähler ist angewiesen auf eine bestimmte Logik, um die Sache zu vereinfachen. Also: Isebel hat geschrieben an bestimmte Leute, wie sie's machen sollen. Aber wie man's macht, verdient mehr als listig genannt zu werden. Es geht um Mord, aber die Einleitung eines Mordes beginnt mit einem Gottesdienst. Alle Bürger am Ort, da Naboth lebt, sollen zusammenkommen zu einem Bußgottesdienst. Es liegt Unglück und Schuld über dem Volk, müssen wir als erstes begreifen. Es wird heimgesucht von Gottes Gerechtigkeit und Strafgewalt; das ist, was sie fühlen müssen. Andachtsvoll, hoheitsvoll, begleitet mit Sicherheit wieder mit den religiösen Sprüchen der Sprüchemacher, tritt man zusammen zur feierlichen Stunde. Mehr noch: Naboth wird aufgefordert, Platz zu nehmen ganz zuoberst; ihm wird die Ehre zuteil, an der Spitze der Bußgemeinschaft zu stehen. Man muß schon denken: Wenn sie das mit dir machen: du wirst geehrt und weißt eigentlich gar nicht warum, dann werde vorsichtig und wappne dich gut. Frag dich stets: Was steht dahinter, was haben sie mit dir vor? Wenn sie plötzlich so freundlich werden, wenn sie dich ganz nach oben heben, ist das nicht im Grunde schon das Schafott, auf dem sie dich hinrichten? Du siehst das nur noch nicht klar. Naboth, der Narr, denkt, er hätte verdient, daß man ihn ehrt, ein treuer Schluffen, ein ehrlicher, anständiger Kerl. So einen *sollte* man ehren, denkt er; *könnte* man auch denken, wären nicht mitten im Gottesdienst zwei Leute, die auf Bestellung gegen ihn aussagen. Das vielleicht Unglaublichste an dieser Geschichte ist die Bereitwilligkeit der Subalternen, mitzumachen. Es muß nur erst einmal feststehen, was die da oben wollen, und man wird augenblicklich Leute finden, die es begründen, erklären, gut finden und die anderen anstiften, sich so zu verhalten, wie es gewünscht wird. Wie war das noch vor zehn Tagen? Alle Presse konnte schreiben, daß am Golf eigentlich nur ein Krieg noch helfen kann. Saddam Hussein muß gejagt werden, schrieb eine deutsche Boulevardzeitung auf die Titelseite: Jagd auf Saddam. Es war absolut nötig. Hätten die Amerikaner zugeschlagen, es wäre richtig, verantwortlich, gezielt, genau begrenzt und in jedem Fall gerecht gewesen. Nun ist es aber nicht so gekommen, und so ist es *auch* in Ordnung. Wir sind froh, einen Krieg verhindert zu haben. Wird es in drei Wochen wieder anders aussehen, werden sie alle wieder in ihren Leitartikeln umgekehrt schreiben, und wir werden lauter Leute haben, die es genau so ausführen, wie es oben gewünscht wird.

Was sind die Menschen anderes als Marionetten, wenn es so zugeht? Wie laufen eigentlich die Fäden über die Seelen von Menschen, daß sie als Gliederpuppen gefügig zur Verfügung stehen? Wo kommen die zwei unbekannten Leute her, die den Meineid auf sich nehmen, um jemanden zu töten? Wie kommen die ganzen Claqueure dazu, am Ende diesem Urteil hier, das infam ist, zu glauben? Die Mechanik, die eingeleitet wird, ist deutlich. Das Volk selber leidet. Das hat es bisher so nicht gespürt; aber Unglück gibt es immer, und davor muß man sich irgendwie schützen. Es gibt für jedes Unglück auch Schuldige, die muß man finden. Und tatsächlich, es ist sehr wahrscheinlich, daß die Leute an der Spitze die Schuldigen sind. Dahin hat man Naboth gerade befördert, im selben Gottesdienst. Die Aussage soll schlicht und einfach lauten: Naboth hat Gott und König geflucht. Ich weiß nicht, wie gut Isebel die biblischen Gesetze gekannt hat, aber wir finden für alles, was jetzt abläuft, die richtigen Paragraphen. Exodus 22: Wer auf Gott und König flucht, gehört gesteinigt. Es ist jemand, der ein Verbrechen erkennt, verpflichtet, es anzuzeigen, Numeri 5, oder er macht sich gleich durch Hehlerei schuldig am Wohl des Ganzen. Nun kann ein Zeuge sich leicht irren, korrumpierbar sein, falsch aussagen, drum, Levitikus 35, braucht man zwei Zeugen. Gegen zwei Zeugen ist nichts mehr auszurichten. Wenn sie unabhängig voneinander eine Aussage treffen, braucht man nicht einmal mehr nachzuprüfen, ist jeder Prozeß überflüssig, folgt aus der Anklage gleich die Strafe. So ist zu verfahren, so möchte es Isebel, und genau so geschieht's. Die Erzählung würdigt mit keinem Wort das Verhalten Naboths, ob er widersprochen hat, ob er eine Chance zur Gegenrede hatte, es ist vollkommen egal. Er ist ein toter Mann; er hat nichts mehr zu sagen. Der völlige Ausfall irgendeiner Notiz über Naboth ist das wirklich Erschreckende. Der Mann ist tot, kaum daß die Falschzeugen gegen ihn gesprochen haben. Er ist erledigt. Da genügt ein kleiner Fingerzeig des Königs oder der Königin, und Menschen sind nicht mehr.

Wir müßten aber die Anklage hier ganz wörtlich nehmen: Er hat geflucht gegen Gott *und den König*. Das ist die Kostbarkeit des Gesetzes, auf welches Isebel sich berufen kann. Gott *und* der König, wie wenn sie beide eins wären! Das ist das Problem der ganzen Geschichte hier: Sind sie wirklich eins, Gott und der König? Oder womöglich grundverschieden? Kann's mitunter sein, daß man für Gott sich entscheiden muß *gegen* den König? Der Staat sollte das Recht hüten, gewiß, aber wenn er selber die Quelle des Unrechts wird, was dann? Was machen wir mit Kirchenkonkordaten auf der Seite eines Mannes wie Adolf Hitler? Was ist uns der ganze Gottesdienst wert, wenn wir miterleben, wie Gesetze geschaffen werden, um Menschen eindeutig ins Unrecht zu bringen; wenn die Gesetze unmenschlich sind?

Daß es möglich ist, den König herauszufordern im Namen Gottes, das ist die prophetische Entdeckung; das ist mehr, als alle bürgerliche Ordnung je vertragen wird. Der Normalzustand des Staatsbürgers wird dahin lauten, daß man tun muß, was Gesetz und Pflicht gebieten. Aber daß ein Gesetz ungesetzlich sein kann, daß geschriebenes Recht Unrecht sein kann, daß das Legale das Illegitime sei, das ist so ungeheuerlich, daß es schwerfällt, so zu denken. Diese Geschichte möchte dazu auffordern, jederzeit für möglich zu halten, daß die Mehrheitsmeinung nichts weiter als Kadavergehorsam sein kann, der am Ende Kadaver schafft; daß Urteile, die gefällt werden, nichts weiter als eine Zweckjustiz in den Händen der Macht sein können. Es wäre ja möglich, und alleine diese Möglichkeit ist so unerhört beunruhigend, daß eine einzige Geschichte wie diese alles auf den Kopf stellt. Man kann bis dahin denken: Ahab hat sich ja in dem Sinne gar nicht schuldig gemacht; er liegt immer noch im Bett, er leidet immer noch unter Magenschmerzen über die Rebellion dieses unverständigen Naboth. Spätestens schuldig wird er, als Isebel kommt und ihn auffordert, fröhlich zu sein. Der Weinberg, den er haben möchte, fällt ihm nicht nur zu, der Erbbesitz des Naboth wird der Erbbesitz des Königs. Jemand, der wegen Fluch auf Gott und den König hingerichtet wird, dessen Habseligkeiten fallen ohnedies an die Krone. Das ist nun ein Rechtsakt, hinzugehen und den Weinberg zu übereignen. Und das Triumphlied Isebels wird lauten: Denn es ist kein Naboth mehr. Ein König, der am Ende regiert über Menschen, die es nicht mehr gibt, übt eine absolute Gewalt in einem Gespensterkabinett von Untoten.

Die Geschichte endet an dieser Stelle in ihrer ursprünglichen Form als Novelle. Es gab eine Zeit, in der mehr als diese Erzählung nicht überliefert wurde. Ist es denkbar, wir vertrügen eine Geschichte, in der solche Geschichten sich immer wieder begeben? Ist da nicht die Frage: Wo bleibt Gott? Gibt's ihn überhaupt? Wie kann man leben mit Menschen, wenn Menschen so sind? Welch einen Ausgangspunkt hat man, sich festzumachen in einer solchen Welt? Die Novelle kann nur diese Frage aufwerfen. Sie entdeckt ein Problem, das wie der Schrei aller Wehrlosen und Entrechteten durch die Jahrtausende geht. Es ist ein Bild, wie sich's gemalt hat im Heuwagen-Triptychon des niederländischen Malers Hieronymus Bosch: Die ganze Welt ist da, nach einem Wort des Propheten Jesaja, wie Stroh, aber die Menschen gieren und greifen danach, und jeder möchte davon seine Beute schnappen. Viele kommen bereits buchstäblich unter die Räder des Heuwagens, sie reißen aneinander, bringen einander um; und hinter dem Heuwagen her geht die heilig-unheilige Prozession kirchlicher Würdenträger, das alles zu Ende zu begleiten bis in den Untergang. Gott aber hält sich irgendwo auf, droben über den Wolken, sieht sich das an, muß sich das anschauen mit hilflos erhobenen Händen. Dieses bittere Bild entspricht ungefähr der Vision dieser Erzählung. Die biblischen Autoren, spätestens wieder in der Zeit des deuteronomistischen Geschichtswerkes, fanden, daß es dabei nicht enden kann, nicht enden darf. Wenn irgend religiöse Kraft aus diesem Text hervorgehen soll, dann liegt sie in der Rebellion, im prophetischen Widerstand, und dazu braucht es die Größe eines Elija. Also phantasiert man eine ganz andere Geschichte.

Kaum ging Ahab hinunter in die Ebene von Jesreel zum Weinberg Naboths, da trat ihm entgegen auf Weisung Gottes selbst der Prophet. Hast du gemordet und bist schon dabei, dein Erbe anzutreten? Was nun gesprochen wird, ist auch formelhaft, verrät schon deswegen das deuteronomistische Denken. Es bleibt nicht bei diesem Fluch über den Verfluchten, sondern driftet ab ins Kultische, greift auf ganz andere Vorgänge über. Es hat damit zu tun, daß Ahab angeblich sein Volk verführt habe zum Götzendienst – lauter Dinge, die da nicht hingehören. Selbst der Fluch, daß man alles Männliche, hier ganz wörtlich umschrieben: alles, was an die Wand pißt, ausrotten wird, ist als Formelkram in dieser Härte nicht die Rede des Elija. Aber was bleibt, ist zumindest das Gefühl, so etwas dürfe nicht gutgehen; wenn es einen Gott im Himmel gäbe, dürfte er's nicht durchgehen lassen. Wie aber soll Gott »eingreifen«, außer wir lernten, das Gefühl der Menschlichkeit selber für einen göttlichen Auftrag zu nehmen? Solang wir immer noch erwarten, daß Gott durch irgendein Megaphon uns in den Ohren liegt, wird sich in der Geschichte nie etwas ändern. Aber wer nicht beim Lesen dieser Geschichte so ein bißchen Rest von Mißtrauen gegen die Obrigkeit, von Widerstand gegen die Unmenschlichkeit erlassener Gesetze und der Manipulation sogar heiliger Worte in die Waagschale wirft und setzt sich dem entgegen, was er für unmenschlich hält, dem wird auch ein Elija nicht helfen. Die Mystifikation, Gott redete mit Elija und dadurch wurde er groß, setzt uns in eine falsche Distanz. Wenn Gott mit Menschen redet und bestimmt sie zum Prophetischen, ist das nichts weiter als das bißchen Mut zur Menschlichkeit – die einzige Gottesrede, die gilt. Wer sie überhört, hört keinen Gott, worauf immer er sonst hört, auf Könige, Ankläger, Falschpropheten, Propagandisten, Gottesschwätzer, auf wen auch immer. Zur Verfügung stehen sie in großer Palette.

Daß Gott *nicht* eingreift, weiß im übrigen die spätere Zeit; es gibt *noch* eine Hinzufügung: Ausgerottet soll werden Ahab, furchtbar soll er bestraft werden. Aber Ahab starb 852 in Ruhe und Frieden, und das hatte er eigentlich verdient, er war im Hause Omri kein ganz schlechter König. Die gesamte Darstellung ist in einer späteren Zeit, ihn verfälschend, in die Bibel gekommen. Historisch gerecht muß man sagen: er war einer der Tüchtigsten seiner Art. Selbst Naboths Weinberg zeugt davon, daß er das Königtum großgemacht hat in altorientalischem Sinne. Wenn man an ihm etwas aussetzen will, dann sind's die Gründe, mit denen wir all die Großen messen müßten. Unter ihnen ist Ahab nicht einer der Geringen. Was immer wir gegen ihn haben, müßten wir beziehen auf alle, die ihm gleichen. Wir müßten überhaupt das Reden von Groß und Klein gründlich revidieren, sehr im Sinne Jesu. Noch nennt man die Kapazität groß, möglichst viele Menschen töten zu können; der gigantische Rüstungsaufwand, er gilt uns als Demonstration, wie weit wir's gebracht haben. Für drei Milliarden D-Mark Panzer, 135 Stück, zu verkaufen an Spanien, dies ist groß, gerade in der letzten Woche noch. Kann eigentlich jemand sagen, warum man in Spanien eine ganze Panzerbrigade, ein ganzes Regiment braucht außer im Kampf gegen die Basken, denen man die Unabhängigkeit nicht geben will? Gegen Portugal und Frankreich wird man wohl nicht Krieg führen müssen, und gegen wen sonst noch, außer vielleicht eines Tages gemeinsam gegen den nordafrikanischen Islam? Das könnte in zwanzig Jahren vielleicht aktuell werden, aber dann brauchen wir schon wieder die nächsten, verbesserten Panzergenerationen. Seit wann ist es eigentlich Größe, zu finden, daß man wie 1991 bei der größten Panzerschlacht im 20. Jahrhundert auf der Höhe von Basra über 2000 irakische Panzer abschießen kann, ohne daß sie auf Grund der Distanz einen einzigen Gegentreffer anzubringen vermochten – ein reines Tontaubenschießen, aber großartig, glorreich der Sieg dann gegen im Grunde völlig Wehrlose?

Ist das immer noch die Größe, an die wir glauben? Oder sollten wir denken, die Frage Jesu geht in Ordnung: Wenn du was groß nennst, dann schau, wem es von den Kleinen wirklich nützt. Sie sind der Maßstab. Solange du Größe willst, trittst du ihnen auf dem Kopf herum. Wirklich groß kannst du nur werden, indem du lernst zu fragen, was einem Menschen nützt und ihm wirklich hilft. Herrschaft, Macht, das kann nie Frieden bringen, das bringt am Ende immer Tod. Eine Art von Wirtschaft, die nur den Zweck hat, sich auszudehnen, ist im Vorlauf der Ruin (Mk 10,45–45).

Getroffen haben soll der Fluch den Sohn Ahabs, Ahasja; der allerdings regierte nur zwei Jahre lang, ein kurzes Dasein, erneut günstig für religiöse Legenden und frommes Wunschdenken. Die Wahrheit ist: Die Mächtigen sterben nicht anders als wir – z. B. an Schwäche des Herzens, des Magens oder am Zusammenbruch des Kreislaufs, woran auch immer, sie sind nur Menschen. Nicht einmal ihr Tod ist ein Gottesurteil. Das einzige, was von Gott bleibt, ist nicht, daß er eingreift, ein Spektakel wirkt, Krankheiten schickt, die Pest ins Lager der Feinde jagt, sondern daß er Menschen erweckt, die den Mut haben, Menschen zu sein und zu werden. Das ist alles: ein Stück Romantik vom zerbrechenden Herzen angesichts der Treulosigkeit von Menschen und die Kehrseite daraus: der Wille, mit Menschen menschlich umzugehen.

28. Februar 1998

WIE EINE BERÜHRUNG
DER ZÄRTLICHKEIT DES EWIGEN

Hier geht es um drei abschließende, überlieferungsgeschichtlich recht späte Erzählungen vom Leben und Sterben des Propheten Elija. In einer Endform der Überlieferung dieses großen Propheten Israels ist die Gestalt seines Schülers Elischa aus ganz anders gearteten Erzählungen mit ihm verschmolzen und ein Übergang zwischen beiden hergestellt worden wie zwischen Lehrer und Schüler. Es geht mittelbar um die Frage, wie man zu einem Propheten wird und was das Leben eines Propheten im ganzen bedeutet. Merkwürdige Versuche sind das, auf diese Grundfrage nach dem Verständnis unseres eigenen Lebens eine Antwort zu finden.

Text: 1 Kön 19, 19–21; 2 Kön 1, 2–17; 2, 1–18
Als er von dannen ging, traf er Elischa, den Sohn Saphats, der gerade pflügte, zwölf Joch Rinder vor sich her; er selbst war beim zwölften. Während nun Elija an ihm vorüberschritt, warf er seinen Mantel auf ihn. Da verließ er die Rinder, lief Elija nach und sprach: Laß mich nur noch Vater und Mutter küssen, dann will ich dir nachfolgen. Er sprach zu ihm: Gehe hin und komme wieder, denn was habe ich dir getan! Da wandte er sich von ihm, nahm das Joch Rinder und schlachtete sie. Mit dem Geschirr der Rinder kochte er das Fleisch und gab es den Leuten zu essen. Dann machte er sich auf, folgte Elija nach und diente ihm.

Nach dem Tode Ahabs fielen die Moabiter von Israel ab. Einst stürzte Ahasja durch das Gitter in seinem Obergemache zu Samaria und verunglückte. Da sandte er Boten und befahl ihnen: Geht hin und befragt den Baal-Sebub, den Gott von Ekron, ob ich von diesem Leiden genesen werde. Der Engel des Herrn aber hatte zu Elija von Tischbe gesprochen: Auf, gehe den Boten des Königs von Samaria entgegen und sage ihnen: »Ist denn kein Gott in Israel, daß ihr hingeht, den Baal-Sebub, den Gott von Ekron, zu befragen? Darum spricht der Herr also: Von dem Lager, auf das du dich gelegt hast, wirst du nicht mehr aufstehen, sondern du mußt sterben.« Und Elija ging hinweg. Als die Boten zum König zurück-

94

kamen, fragte er sie: Warum kommt ihr denn wieder? Sie antworteten ihm: Ein Mann trat uns entgegen und sprach zu uns: Geht, kehrt zurück zum Könige, der euch gesandt hat, und sagt ihm: So spricht der Herr: »Ist denn kein Gott in Israel, daß du hinsendest, den Baal-Sebub, den Gott von Ekron, zu befragen? Darum wirst du von dem Lager, auf das du dich gelegt hast, nicht mehr aufstehen, sondern du mußt sterben.« Da fragte er sie: Wie war die Art des Mannes, der euch entgegentrat und so zu euch redete? Sie antworteten ihm: Es war ein Mann, der ein zottiges Fell trug und einen ledernen Gürtel um die Lenden. Da sprach er: Das war Elija von Tischbe.

Dann sandte er einen Hauptmann mit fünfzig Mann nach ihm aus. Als der zu ihm hinaufkam – er saß gerade oben auf dem Berge –, sprach er zu ihm: Mann Gottes, der König befiehlt, du sollest herunterkommen. Elija antwortete dem Hauptmann: Nun, wenn ich ein Gottesmann bin, so falle Feuer vom Himmel und verzehre dich und deine Fünfzig! Da fiel Feuer vom Himmel und verzehrte ihn und seine fünfzig Leute. Abermals sandte er einen andern Hauptmann mit fünfzig Mann nach ihm aus. Der stieg hinauf und sprach zu ihm: Mann Gottes, so befiehlt der König: Komm sofort herunter! Elija antwortete ihm: Wenn ich ein Gottesmann bin, so falle Feuer vom Himmel und verzehre dich und deine Fünfzig! Da fiel Gottesfeuer vom Himmel und verzehrte ihn und seine fünfzig Leute. Abermals sandte er einen dritten Hauptmann mit fünfzig Mann. Als nun der dritte Hauptmann hinaufkam, beugte er die Knie vor Elija, flehte ihn an und sprach zu ihm: Mann Gottes, schone doch mein Leben und das Leben deiner Knechte, dieser Fünfzig! Siehe, Feuer ist vom Himmel gefallen und hat die beiden ersten Hauptleute mit ihren fünfzig Mann verzehrt. Nun aber schone mein Leben! Da sprach der Engel des Herrn zu Elija: Geh mit ihm hinab und fürchte dich nicht vor ihm. Und er machte sich auf, ging mit ihm hinab zum König und sprach zu ihm: So spricht der Herr: Weil du Boten gesandt hast, den Baal-Sebub, den Gott von Ekron, zu befragen – ist denn kein Gott in Israel, den man befragen könnte? – darum wirst du von dem Lager, auf das du dich gelegt hast, nicht mehr aufstehen, sondern du mußt sterben.

Also starb er nach dem Worte des Herrn, das Elija geredet hatte, und sein Bruder Joram wurde König an seiner Statt im zweiten Jahre Jorams, des Sohnes Josaphats, des Königs von Juda; denn er hatte keinen Sohn.

Um die Zeit aber, da der Herr den Elija im Wetter gen Himmel fahren ließ, begab es sich, daß Elija und Elischa von Gilgal weggingen. Und Elija sprach zu Elischa: Bleibe doch hier; denn der Herr hat mich nach Bethel gesandt. Elischa aber erwiderte: So wahr der Herr lebt und so wahr du selber lebst, ich lasse dich nicht! So gingen sie hinab nach Bethel. Da kamen die Prophetenjünger, die in Bethel waren, zu Elischa heraus und sprachen zu ihm: Weißt du, daß der Herr heute deinen Meister über dein Haupt empor entrücken wird? Er antwortete: Ich weiß es auch; schweigt nur stille! Wieder sprach Elija zu ihm: Elischa, bleibe doch hier; denn der Herr hat mich nach Jericho gesandt. Er aber erwiderte: So wahr der Herr lebt und so wahr du selber lebst, ich lasse dich nicht! So kamen sie nach Jericho: Da traten die Prophetenjünger, die in Jericho waren, zu Elischa und sprachen zu ihm: Weißt du, daß der Herr heute deinen Meister über dein Haupt empor entrücken wird? Er antwortete: Ich weiß es auch; schweigt nur stille! Wieder sprach Elija zu ihm: Bleibe doch hier; denn der Herr hat mich an den Jordan gesandt. Er aber erwiderte: So wahr der Herr lebt und so wahr du selber lebst, ich lasse dich nicht! So gingen die beiden miteinander. Auch fünfzig von den Prophetenjüngern gingen mit, blieben aber abseits in einiger Entfernung stehen, während die beiden an den Jordan traten. Da nahm Elija seinen Mantel, wickelte ihn zusammen und schlug damit auf das Wasser; das teilte sich nach beiden Seiten, so daß die Zwei im Trockenen hindurchgehen konnten. Als sie hinüberkamen, sagte Elija zu Elischa: Erbitte dir, was ich für dich tun soll, ehe ich von dir genommen werde. Elischa sprach: So möge mir denn ein doppelter Anteil an deinem Geiste zufallen! Er antwortete: Du hast Schweres erbeten. Wenn du siehst, wie ich von dir entrückt werde, so wird es dir zuteil werden; wo nicht, so wird es dir nicht zuteil werden. Während sie so im Gespräche immer weitergingen, da kam auf einmal ein feuriger Wagen mit feurigen Rossen und trennte die beiden. So fuhr Elija im Wetter gen Himmel, während Elischa es mitansah und schrie: Mein Vater, mein Vater! Wagen Israels und seine Reiter! Dann sah er ihn nicht mehr. Da faßte er seine Kleider und zerriß sie in zwei Stücke. Darnach hob er den Mantel auf, der Elija entfallen war, kehrte um und trat an das Gestade des Jordan. Und er nahm den Mantel, der Elija entfallen war, schlug damit auf das Wasser und sprach: Wo ist denn nun der Herr, der Gott des Elija? Wie Elischa so auf das Wasser schlug, teilte es sich nach beiden Seiten, so daß er hindurchgehen konnte.

Als die Prophetenjünger aus Jericho das von drüben sahen, sprachen sie: Der Geist Elijas ruht auf Elischa! Und sie kamen ihm entgegen, verneigten sich vor ihm zur Erde und sprachen zu ihm: Sieh, da sind unter deinen Knechten fünfzig rüstige Männer; laß sie doch gehen und deinen Meister suchen. Vielleicht hat ihn der Geist des Herrn entführt und auf irgendeinen Berg oder in irgendein Tal verschlagen. Er erwiderte: Schickt sie nicht! Da sie aber bis zum Überdrusse in ihn drangen, sagte er: So schickt sie! Und sie schickten fünfzig Männer; die suchten drei Tage lang, fanden ihn aber nicht. Als sie zu ihm zurückkamen, während er noch in Jericho weilte, sprach er zu ihnen: Habe ich euch nicht gesagt, ihr solltet nicht gehen?

In gewissem Sinne ist es unser Vorteil, daß wir außerhalb der Kirche die Bibel einmal in größerem Zusammenhang hören und gemeinsam durchgehen können. Die Erzählungen vom Propheten Elija insbesondere sind wichtig für uns, die wir im Neuen Testament mehr erzogen und heimisch geworden sind als im Alten. Denn ganze Schichten der Jesus-Überlieferung sind geformt in bewußter Parallele, manchmal auch in absichtsvoller Korrektur der Gestalt dieses Mannes, auf dessen Wiederkunft man wartete, damit in den Tagen der Endzeit endgültig Gott sich seinem Volk und der Menschheit ein zweites Mal in Macht und Größe und einzigartiger Klarheit mitteilen möge.

Wie liest und versteht man Geschichten dieser Art?

Vor einer Weile sagte eine Frau, fast resigniert über ihre Versuche, in der Bibel den ihr zerbrochenen Halt wiederzufinden: Wo immer ich die Texte aufschlage, führen sie mich in Verwirrung. Insbesondere war ihr eine Textstelle im 8. Kapitel des Matthäus-Evangeliums sehr nahe gegangen. Erzählt wird, daß eines Tages ein Schriftgelehrter zu Jesus kam mit der Bitte, sein Schüler zu werden. Jesus aber habe ihm fast barsch geantwortet: Die Füchse haben ihre Höhlen, die Vögel ihre Nester, der Menschensohn aber hat nichts, wohin er sein Haupt legen kann. Da kam jemand zu ihm und sagte: Ich möchte zuvor noch meinen Vater begraben. Aber er sagte: Komm, laß die Toten die Toten begraben (Mt 8,18–22).

Kann ein Mensch, darf überhaupt ein Mensch so mit einem an-

deren Menschen reden, fragte diese Frau. Ist das nicht die Zerstörung aller Gefühle der Pietät, der menschlichen Zuneigung und
Verbundenheit? Es ist so barbarisch auch im Neuen Testament.
Es fiel nicht leicht, im Gespräch sich mit dieser Frau darauf zu verständigen, daß es ein gewisser Fortschritt sei, wollten die Theologen zumindest mit der Bibel so verfahren, wie sie, eine Ärztin, in
aller Regel mit vielen Gaben im Haushalt und Garten der Natur
verfahre: Sie werde sich Mühe geben, eine bestimmte Frucht für
ein Gift zu erklären, das es gelte in richtiger Dosierung für einen
bestimmten angezeigten Krankheitsfall zu geben –; so die Bibel, gewissermaßen als eine Apotheke, die sachkundig ausgegeben werden will und in der man nicht sich erlauben kann, alles durchzu-
probieren, wie es schmeckt. Ja, aber so hat man's nie gehört, sagte
die Frau, und das freilich ist ihr zuzugeben.

Gerade diese Stelle im 8. Kapitel des Matthäus-Evangeliums, im
deutlichen Rückgriff auf die Berufung des Elischa, ist vor allem in
mancher Form der Theologie als dramatisches Beispiel dafür verwandt worden, wie hoch die Forderungen sind, die Gott an den
Menschen richtet. Allein da schon liege der deutliche Unterschied
zwischen Theologie und Psychologie, so wird uns versichert, eben
daß, wenn Gott redet, es sich aus den Gefühlen der Menschen niemals herleiten lasse; die wahre Gottesrede sei eben daran zu erkennen, daß sie etwas befehle, das niemand wünschen *kann*, daß sie
wie ein Blitz aus dem Gewitterhimmel niederfahre. Die Psychologen versuchten immer, die Religion von unten zu erklären, zu
vermitteln, zu vermenschlichen, aber Gott sei nicht ein Teil der
menschlichen Psyche, gehe nicht daraus hervor, sei der ganz andere.
Drum seien seine Worte so verschieden, wirkten und klängen sie oft
so unmenschlich. Wer auch sonst, wenn nicht Jesus, weil er von
Gott war, könnte sich ein Recht nehmen, so mit Menschen zu reden? Steht es im Dunstkreis dieser Theologie fest, so bleibt keine
andere Folgerung: Es ist das Unmenschliche die Beglaubigung des
Göttlichen.

Tatsächlich aber sollten wir gerade die Frage, wie man zu einem
Prophetenschüler, zu einem Jesus-Jünger wird, an uns selber richten und aus dem, was das Neue wie das Alte Testament erzählt, ein
Gleichnis schaffen im Umgang mit uns selber. Die Exegese hat seit
langem schon bemerkt, daß der Spruch Jesu von den Füchsen, die
ihre Höhlen haben, und den Vögeln, die sich Nester bauen, vermut-

lich so von Jesus gar nicht stammt, sondern aus der orientalischen Weisheit entlehnt ist. Das muß nicht bedeuten, daß Jesus ihn nicht gekannt und in einem ähnlichen Zusammenhang nicht verwandt hätte. Aber was will es dann besagen? Da sucht ein Theologe bei Jesus in die Schule zu gehen, und was wird er anderes denken, als daß die Kunst, die er bisher gelernt hat, noch ein Stück sich verfeinern läßt, eine Nuance der Schriftauslegung noch ein wenig detaillierter appliziert wird auf das Leben der Menschen; vielleicht bei dem Rabbi aus Nazaret ließe sich's lernen, wie noch genauer sich die Vorschrift des Moses urgieren lasse auf eine noch nicht gelöste Kasche, auf ein Problem, das das Leben stellt, aber aus der rabbinischen Tradition in der ganzen Fülle der Erklärungsweisheit noch nicht dargelegt wurde? In welche feinen Gespräche über das Wort Gottes angesichts der Unwissenheit der Menschen ließe sich in langen Betrachtungen Stelle für Stelle Auslegung und Aufklärung finden!

Nehmen wir einmal an, es sei die Krankheit eines Theologen zu heilen gewesen mit einem einzigen kleinen Medikament, einem winzigen Fläschchen, richtig dosiert; dann möchte man den Satz Jesu begreifen: Du suchst bei mir nichts als die Sicherheit, die du schon kennst. Du suchst sie auch in Gott. Er ist für dich vertraut, bekannt, erklärt, tradiert, verwaltet; es gibt im Grunde nichts Neues, es gibt nur das Alte noch zu verbessern, neu zu putzen, zu polieren, zu pflegen, aber es gibt keine Erschütterung. Aber weißt du, Gott ist nicht dafür da, eine Sicherheit zu bilden, die Bekanntheitsgrade mit ihm noch zu vermehren. Es ist niemandem vergönnt, wenn er ein Mensch werden will, zu leben so instinktsicher wie die Tiere und gewissermaßen Gott zu halten für den höchsten seiner Instinkte, für die Verewigung der Vergangenheit. Die Füchse tun das, sie graben sich ihre Höhlen unter die Erde, und die Vögel setzen ihre Heimat in die Bäume, aber siehst du, wir Menschen sind solche Wesen, die gehen über die Erde; ihnen bietet, was unter ihren Füßen ist, keine Sicherheit, und was über ihren Köpfen ist, ebenfalls keine Sicherheit. Menschlich zu leben, das heißt, das Ungeborgensein zu wagen, eine unglaubliche Freiheit. Es gibt keinen Schutz in einem fertigen Lehramt, es läßt sich die Religion nicht umbiegen in eine Ideologie, die man nur noch weiter propagandistisch in die Welt zu tragen brauchte. Es ist Gott immer wieder neu zu entdecken, unabgegolten, offen, nie festgelegt. Und wenn du das nicht wagst, soll-

test du mit mir nicht gehen. Wäre das eine Antwort im Sinne Jesu
an einen Theologen?

Oft hat Jesus so gesprochen: Wer sich auf das Himmelreich einläßt, auf die Wirklichkeit Gottes mit einem Wort, der muß wissen,
daß er alles riskiert. Jesus gebraucht mitunter Beispiele, die Gefahren geradezu ins Phantastische malen. Er behauptet allen Ernstes,
es sei soviel, wie wenn ein König in den Krieg geht und führt Kampf
gegen einen überlegenen Gegner, der anrückt mit doppelter Streitmacht, und er muß überlegen, ob er diesen Kampf wirklich führen
will, sonst sollte er kapitulieren und vorweg schon Frieden schließen. Gott als Abenteuer, das ist die Meinung Jesu. Das menschliche
Leben gewissermaßen als eine ständige Herausforderung, eine
Donquichotterie, nichts ist da beruhigend, einfach so wohl versorgt, daß die alten Antworten für jede neue Frage tauglich wären.

Natürlich ist es pietätlos, einem Mann, der gerade Abschied von
seinem Vater, der verstorben ist, nehmen will, zu sagen: Laß die
Toten die Toten begraben – ein ungeheuerliches Wort, respektlos
beinahe, ein Frevel gegenüber der Heiligkeit, mit der doch Menschen zumindest ihren Eltern entsprechend dem vierten Gebot
begegnen sollten mit Hochachtung im Leben wie im Tode. Wie
aber, wenn wir den einen Satz Jesu wieder nehmen sollten als Heil-
mittel gegen eine Krankheit, und die Pathologie dieses Mannes, der
hier bei Jesus Anschluß sucht, bestünde eben darin, gar nicht
einfach an einem bestimmten Tag einen Begräbnisritus für seinen
Vater einzurichten, sondern wir müßten denken, es wäre der Ausdruck seines ganzen Lebens? Kennen wir das nicht so in dieser
Weise: Menschen leben dahin, und alles, was sie tun, ist im Grunde
ein rückwärts gewandter Totenkult? Immer hängen sie an der Gestalt ihres Vaters oder der Gestalt ihrer Mutter, möchten sie förmlich beerdigen, endlich unter die Erde bringen, um auf der Erde
selber zu leben, aber es will und will nicht gelingen. In der Psychotherapie ist es oft in gewissem Sinne schon ein Fortschritt, wenn
Menschen anfangen, davon zu träumen, ihre Mutter, ihr Vater
würde *beerdigt*. Nach einem Gespräch von zwei, drei Jahren ist dies
oft der Anfang einer wirklichen Hoffnung, endlich nähme die Gestalt, die das ganze Leben bis dahin besetzt hat, in gewisser Weise
Abschied. Aber schon so etwas zu wünschen oder zu denken oder
zumindest im Schlaf auch nur sich vorzustellen, macht unmittelbar
beim Aufwachen Schuldgefühle; darf man so etwas denn überhaupt

im Sinne tragen? Ist es nicht als Mordimpuls ungeheuerlich? Aber wie soll man Abschied nehmen von Eltern, die man erlebt hat wie den Tod, außer man stellt sich einmal ein Leben ohne sie vor. Kein Kind, wenn es von Tod hört, meint damit das physische Sterben, die Ausschaltung des Lebens eines anderen durch eine Tat, die einem Mord gleichkäme; es wünscht sich nur vom andern frei, wünscht den andern wie magisch weg. Das ist der Sinn, wenn es totwünscht. Aber nun zu denken, daß Menschen miteinander verflochten sind und nicht voneinander loskommen, die Eltern nicht von den Kindern, die Kinder nicht von den Eltern, und selbst das Sterben ändert an dem psychischen Zustand nicht das geringste, wäre es dann nicht außerordentlich wichtig, daß jemand sich fragt: Was ist Leben und Unleben, Vergangenheit und Zukunft? Und wo dazwischen eigentlich stehe ich heute? Es ist dieselbe Frage wie danach zu forschen, wer ein Mensch selber für sich ist. Bis dahin konnte die Frage sich damit beantworten, im Grunde identifiziert zu sein mit der Vorbildgestalt des Vaters, der Mutter; was die wollten, hatte man selber zu wollen. Wie sie es taten, hatte man es nachzumachen. Und selbst der krasseste Protest dagegen bedeutete immer noch im Spiegelbild die Gebundenheit an den Befehl der Eltern. Selbst der verweigerte Gehorsam war immer noch identisch mit einem Festgeschriebensein auf das alte Vorbild.

Wieviel Angst gehört dazu, auch nur einen Moment lang einmal sich zu überlegen, was mit dem eigenen Leben wirklich gemeint sein könnte, wer man als Person selber wirklich ist! Wenn Jesus einen Menschen nur beruft oder akzeptiert, falls er sich ihm anschließe, ist dies offenbar für ihn die Grundbedingung: Ein Mensch möge beginnen damit, selber zu leben; wie sonst sollte er Gott verstehen als die Macht, die wollte, daß es ihn gibt in seiner Individualität und Einzigartigkeit? Dies zu verweigern, indem man nichts weiter sein möchte als das Exemplar des Allgemeinen, das Abziehbild des Vorgegebenen, hieße im Grunde, Gott verleugnen. Der eigene Vater wäre dann Gott, der Totenkult für den verstorbenen Vater die Art, mit Gott zu verkehren – im Grunde ein Gespensterglaube, im Grunde ein verweigertes Leben aus Angst, im Grunde ein ständiges Starren nach dem Unwiederbringlichen und eine nie endende Trauerarbeit. In einem solchen Leben ist jeder Schritt nach vorn belastet mit den Sklavenfesseln der Schuld, mit nicht endenden Vorwürfen. Jedes bißchen Glück, das da erobert werden will, wird wieder weggenommen wie von blutgierigen vampirähnlichen Gespenstern, die aus der Vergangenheit hineingreifen in das Heute. Und alles geschieht wie in einem nicht endenden Diebstahl. Bei aller Treue, bei allem guten Willen, bei allem Bemühen, es den Eltern recht zu machen und in alle Ewigkeit recht gemacht zu haben, führt ein solches Leben im Grunde doch nur selbst ins Grab zurück und verhockt sich davor, ohne jemals aufzustehen.

An anderer Stelle kann Jesus einmal sehr entschieden sagen: Gott aber ist nicht ein Gott der Toten, sondern der Lebenden. Trauer um die eigenen Eltern, das kann man und muß man verstehen; aber welch eine Freude ließe sich den lebenden oder verstorbenen Eltern besser machen, als man meldete ihnen zurück, daß, was sie gewünscht haben, nämlich Leben auszusäen ins Weite, das sei ihnen gelungen. Und wär's nicht am Ende ein Mißverständnis sogar des Vaters und der Mutter, zu denken, sie hätten Eigenständigkeit, Selbständigkeit, Persönlichkeit gar nie gewollt, sondern nur das Spiegelbild ihrer selbst, in dem sie, was sie gezeugt haben, wiedererblicken, und darüber hinaus dürfte kein Wurf gewagt werden, kein Schritt getan, kein Wunsch erhoben werden? Im Grunde müßte man den Eltern wünschen, daß sie's verstünden. Und zumindest der Tod wird zeigen, wo die Grenze ihres Anspruchs liegt. Bei allen Schuldgefühlen, bei allen Rückwärtsbindungen: irgendwann beginnt das Leben wie eine Woge von neuem dich zu tragen an ein eigenes Ufer.

Laß doch die Toten die Toten begraben! Wenn man das einmal nicht liest wie eine Forderung, nicht wieder wie eine moralische, rein göttlich an den Menschen herantretende Unmenschlichkeit, sondern als einen sehr warmherzigen Vorschlag: »Lebe doch endlich!«, dann hätte es Platz an der Seite Jesu, dann ginge man durchs Leben und bräuchte den Tod nicht einmal mehr zu scheuen, und es wäre ganz und gar das gleiche, wie wenn Jesus an anderer Stelle im Matthäus-Evangelium, im 23. Kapitel, sagt: Laßt ihr euch überhaupt nicht mehr Vater nennen, haltet einen einzigen für euren Vater, der im Himmel ist; und desgleichen für eure Mutter, müßte man hinzufügen. Da ist erwachsen zu werden im Vertrauen auf Gott und sich loszulösen von jeder, auch elternbedingten, Fremdherrschaft die Grundforderung dieser neuen Art von Religiosität. Es mag sein, daß ein Psychoanalytiker sich viele Jahre quält, dahin zu kommen, daß ein Mensch nun endlich seinen Ödipuskomplex, seine Bindung an Vater und Mutter, überwindet. Für Jesus ist diese Einladung die Basis geradezu eines recht gelebten Verhältnisses zu Gott, eine Funktion der Frömmigkeit, eines Vertrauens, das sich nicht mehr ewig an den Boden duckt, um auf lebenslänglich ein unmündiges Kind bleiben zu wollen oder zu sollen. Da gehen Menschen über die Erde, aber ihre Stirn streift die Sterne, so groß wären sie, so voller Wert und Würde sieht sie der Gott, der sie schuf.

Die Geschichte von der Berufung des Elischa hat nicht diese äußerste Zuspitzung, und doch ist sie das Vorbild der Doppelszene im Matthäus-Evangelium. Es soll Elija wie im Vorübergang, ganz wie im Neuen Testament Jesus am See Gennesaret seine ersten Jünger beruft, wie en passant, seinen Mantel genommen und über den Mann geworfen haben, der gerade bei der Feldarbeit ist. Zwölf Gespanne gehören seiner Familie, ein wohlhabender Großbauer also im Gebiet von Mehola; sein Vater trägt den Namen Schafat, und man wird ergänzen müssen Eli-Schafat – »Gott ist's, der's richtet«. Elischa selber aber bedeutet soviel wie »Gott hilft«. Der Mantel des Propheten, er wird später in der Legende noch die größte Rolle spielen. Es geht nicht um den Fetisch, den ein Kleidungsstück verkörpern kann, es geht um denjenigen, der in ihm wohnt. Es ist so ähnlich wie später im Neuen Testament, daß Kranke, auf der Suche nach ihrer Heilung, sich danach ausstrecken, mindestens den Saum des Gewandes Jesu berühren zu dürfen, weil sie vermuten, eine Kraft gehe davon aus. So der Mantel des Propheten. Wirft Elija ihn über seinen möglichen Schüler Elischa, ist's, wie wenn alle Macht seiner eigenen Persönlichkeit sich übertrüge auf den anderen. Aber kann das wirklich sein? Darf das in dieser Form überhaupt sein, und was ist die Konsequenz, wenn es geschieht? Elischa bittet, sich von Vater und Mutter zumindest verabschieden zu dürfen mit einem Kuß. Die Legende, die uns das erzählt, hat die größte Ähnlichkeit mit manchen Märchen, die noch heute in deutschen Landen ganz unabhängig davon erzählt werden, z. B. mit der Geschichte vom *Trommler* bei den Brüdern Grimm: Seine Geliebte hat ihn gewarnt, er solle um Himmels willen nicht noch Abschied nehmen von seinen Eltern, indem er sie auf die Wange küßt; aber genau das hat er getan, und die Folge war, daß er augenblicks der Geliebten vergaß – so gefährlich kann es ein, Abschied zu nehmen von den Eltern. Und die Liebe, die noch einmal gefühlt wird, zieht nicht nach vorn, erlaubt nicht die Freiheit, sondern droht im Grunde alles zu verspielen. Man weiß im Grunde nicht, wie dieser kurze Antwort-satz des Elija hier zu verstehen ist: Geh, was hab ich dir getan? Das kann man *so* lesen: Alle Voraussetzungen habe ich geboten, aber wenn du gehen willst, mach, was du willst, draus; es war halt um-sonst. Vielleicht aber ist es auch eine Einladung: Du kannst ruhig gehen; was ich dir getan habe, ist stärker als alles, und du wirst schon wissen, was dein Lebensweg sein wird. Dann wäre es eine wunderbare Harmonie: ein Mensch könnte bei dem bleiben, was er gelernt hat bei Vater und Mutter, und im Abschied von ihnen läge ihm sein Leben zu Füßen wie ein großer weiter Weg bis hinüber zum Horizont.

Es ist die Frage an jeden einzelnen, wie er groß geworden ist. Friedrich Nietzsche hat das am deutlichsten gespürt, daß es die treuesten Gefühle sind, die es den besten unter den Menschen am schwersten machen, von einer Kindheit zu lassen, die das Leben versperrte. Für sie ist die Freiheit eine Revolution, ein Umsturz von allem, was sie lernen mußten, ein Umschreiben von all dem, was ihnen heilig war. Dann ist »Abschied« einen Moment lang wie zy-nisch. – Es kann aber auch sein, wie es hier von Elischa der Mög-lichkeit nach zumindest angedeutet wird: Er geht hin in Überein-stimmung mit seinen Eltern; er bleibt nicht bei ihnen, und doch tritt er nicht in den Widerspruch, wenn er sich von ihnen entfernt, ja, wir müssen denken, sie begleiten ihn auch, und es ist ihr Segen, der sich senkt über Elischa, wenn er wird zum Schüler des Elija. Frei-lich, es ist das Ende von dem, was man Heimat nennt. Es ist das Ende der Bestimmung, ein Mensch sei identisch mit seiner eigenen Familie. Alles, was wir über Menschen sonst lernen, ist die Summe der Genausstattung in der Biologie, der Prägung durch die Kultur-agenten in der Familie im Raum der Psychologie und dann schließ-lich die Formung durch das Milieu in der Soziologie.

Wann aber ist ein Mensch wirklich frei? Wann beginnt er, er sel-ber zu werden? Wann tritt er heraus aus all den vorgegebenen Defi-nitionen? Das ist die Frage hier: Wann streift ihn der Mantel des Propheten? Wann erwacht er zu sich selber? Wie gelangt er zu einer Bindung an einen anderen Menschen und zu einer größeren Beru-fung? Da geht es weiter, ein Aufbruch in etwas noch nie entdecktes Neues. Für Elischa bedeutet's, daß er alle Arbeitsmittel, nicht nur wie die Fischer am See von Gennesaret ihre Boote, zurückläßt, son-dern er schlachtet die Ochsen und verbrennt die Joche und macht aus dem einen das Feuer, um das Fleisch zu braten für den Abschied, ein Mahl noch einmal mit allen, so daß Freude und Wehmut ineinandergehen. Protestanten werden hier vielleicht an die Begebenheit denken, wie Martin Luther unmittelbar beim Eintritt ins Augustinerkloster von Erfurt noch einmal mit all den Kommilitonen der Juraabteilung an der Universität eine Art Zechgelage in Fröhlichkeit feierte, um dann hinüberzugehen in dieses ganz andere Leben im Eremiten-Kloster. Da ist es, daß die bürgerliche Existenz im ganzen sich aufs Spiel setzt; alles, wovon man bisher leben konnte, gilt nicht mehr. Es gilt auch die Ausrede nicht mehr, die so beliebt ist: Man muß ja aber seine Pflicht tun, man hat ja beruflich sonst keine Alternative; man konnte eben nichts anderes machen, als bei dem zu bleiben, was man gelernt hat, ein Bauer war man, ein Bauer wurde man, und das war nun das ganze Leben. Das ist unter Umständen möglich: Wenn Menschen zu sich selber erwachen, kann es dem Zufall nach identisch sein mit dem, was sie schon immer taten, aber in aller Regel ist es zumindest der Versuch, das Alte noch einmal völlig neu zu schreiben. So beginnt Elischa, ein Prophetenschüler zu werden.

Von dem Propheten Elischa hören wir lange Zeit nichts mehr. Statt dessen wird uns eine unglaubliche Geschichte zugemutet, die nun freilich, man muß sagen, sich recht spät an die Elija-Tradition angeschlossen hat. Auf der Basis der deuteronomistischen Theologie, die die Überlieferungen des Elija malte und reinigte, gab es eine Geschichte von einem König in Israel, dessen Namen wir nicht wissen, der fiel so unglücklich, daß er bettlägerig wurde und auf den Tod hin lag. Er schickte, wie man's ihm nicht übelnehmen kann, in seiner Frömmigkeit Boten aus, den Beelzebul von Ekron zu befragen, was nun aus seinem Leben werde. Beelzebul ist ein Fliegengott, in welcher Form auch immer, er mag gut gewesen sein, z. B. ansteckende Seuchen zu bekämpfen, vielleicht aber auch, daß das Fliegengesumme als ein Orakelverfahren galt. Was soll ein Mensch, der Angst hat vor dem Tod, anderes tun, als daß er sich erkundigt bei den Leuten, die sagen, sie seien Experten in diesen Problemen, sie kennten sich aus, sie wüßten Hilfe? Die Geschichte aber, die wir hier hören, denkt rücksichtslos jahwezentristisch. Jahwe ist der einzige Gott, und wer sich vermißt, unter irgendeinem Namen einen anderen Gott zu finden, ist ein Gottesleugner, ist abtrünnig und verdient den Tod. Es geht nicht darum, daß er durchs Dach gefallen ist, es geht darum, daß er von Gott abgefallen ist, und das verknüpft sich nun mit Elija, der schon den Namen trägt »Mein Gott ist Jahwe« oder »Gott (einzig und allein) ist nur Jahwe«; beide Übersetzungen sind möglich, und in diesem Sinne deutet das ganze deuteronomistische Geschichtswerk die Gestalt des Propheten Elija. Später ist der Gottesengel eingeschoben worden, der empört vom Himmel kommt und Elija erklärt, er müsse etwas tun. Wenn ein König, die Vorbildgestalt des ganzen Volkes, zum Beelzebul in Ekron Boten schickt, ist das Volksverführung, dann gilt es, ihm den Weg zu verstellen. Und tatsächlich, Elija macht sich auf. Freilich macht er sich gar nicht auf, er sitzt irgendwo auf dem Berg. Man darf denken, wenn das Bild selber Sinn macht, er schwebt über den Menschen, er nimmt einen Standpunkt sehr viel höher als das gemeine Volk in den Niederungen ein. Da hockt er nun zwischen Himmel und Erde und flucht über den König. Ganz sicher wird er krepieren, das steht fest, und so wird's auch kommen, wir haben keinen Zweifel, selbst wenn wir die Geschichte noch gar nicht bis zu Ende gelesen haben.

Aber zwischendrein passiert nun allerhand. Die Boten, die Elija gesehen haben, kommen überraschend schnell wieder zurück; der Weg nach Ekron ist zu lang, als daß sie in solcher Windeseile umgekehrt sein könnten, und der König fragt mit Recht, was sie denn so geschwinde zurückkehren läßt. Und da berichten sie von diesem sonderbaren Mann. Kaum hört er, wie er gekleidet ist, da kann er sich's denken: eine Vorbildgestalt Johannes' des Täufers, ein wüster Bursche, dieser Elija, in härenem Gewand, antizivilisatorisch also, eine ständige Mahnung auch im Gebaren – alles, was ein vernünftiger König in Israel wünschen kann: Wohlstand und Fortschritt, sind ihm fremd, Kultur, Zivilisation unbekannt, aber sein Jahwe, sein Wüstengott, an den muß er glauben. Man versteht, daß der König Grund hat, eine Fünfzigschaft auszuschicken und sogar einen Fünfzigschaft-Führer, eine Kompanie mit einem Kompaniechef, um diesen Propheten hinter Schloß und Riegel zu bringen, ein militärischer Auftrag in höchster Mission.

Aber nun zeigt sich die wirkliche Größe des Propheten, müssen wir dieser Legende glauben. Daß mit Elija sich anzulegen feuergefährlich ist, hörten wir schon früher auf dem Karmel, da kam's übel an die Baalspropheten. Vom Himmel regnete Elija Feuer. Mit dieser Macht auch begabt, sehen wir ihn zum zweiten Male. Es ist schon, daß wir die Legende psychologisch sehr kritisch lesen müssen. Wir sehen: Wenn Elija wütend wird, dann speit er Feuer, und wer ihm zu nahe kommt, dem wird sein, wie wenn er ins Feuer faßt. Er ist ungenießbar, dieser Prophet. Daß er gleich physisch hinwegrafft, einmal, zweimal, wie wenn's da gar nicht darauf ankäme, ob es fünfzig oder hundert sind – beim drittenmal droht's genauso –, das spricht nicht für die Menschenfreundlichkeit dieses Propheten. Die dritte Fünfzigschaft mit ihrem Kompaniechef überlebt im übrigen nur, weil der Führer, inzwischen belehrt, auf dem Boden winselnd um sein Leben zu dem Propheten kommt. Zweimal wurden andere hinweggerafft, aber Ansehen und Wert möge er haben in den Augen des Propheten. Er will überhaupt nicht mehr tun, was sein König sagt, er desertiert einfach zu dem Mächtigeren, der als einzelner mehr ist als ein ganzes militärisches Aufgebot. Solche Geschichten könnten wir wieder in jedem Grimmschen Märchen als die üblichen Wunder und Heldentaten der Leute von Kraft lesen.

Wir müssen aber sagen: in der Bibel sind Geschichten dieser Art alles andere als ungefährlich. Sie bestimmen das Gefühl einer ganzen Kultur, einer ganzen Religion; je länger die Phantasterei dauert, desto wilder werden die Spekulationen, und es formen sich Vorbilder. Ursprünglich kannten wir Elija als einen armen Tropf, der am Bache Kerit saß und der froh sein mußte, daß Raben ihm etwas zu essen brachten. Dann hörten wir, daß er angewiesen sein konnte auf eine Witwe, die nett genug war, auf das letzte Verzehr von Öl und Brot zu verzichten, nur damit der Prophet etwas zu essen bekomme. Wir haben nicht gehört, daß er sich selber etwas zu zaubern wußte; aber jetzt spielt er mit Feuer, jetzt ist er beinahe allmächtig; jetzt ist er kein Mensch mehr, sondern ein Gottesmann, und dieser Typ breitet sich aus, im Alten Testament schon, und nach diesem Modell, sollten wir erwarten, werde auch Jesus gezeichnet. Alles, was Jesus tut als Gottesmann, tritt tatsächlich in Konkurrenz zur Gestalt des Elija. Also womit sollten wir im Neuen Testament nun rechnen? Es gibt eine Geschichte im 9. Kapitel des Lukas, die es probiert. Jesus geht hinüber nach Samaria, und als die Leute sehen, er ist ein Jude, weigern sie sich sogar, gastfreundlich zu sein. Das ist für Orientalen ein starkes Stück, aber die Jünger Jesu denken: Das wußten wir; so sind sie in Samaria; nicht einmal gastfreundlich sind sie. Daß sie an den richtigen Gott nicht richtig glauben, daß sie den Tempel in Jerusalem leugnen, daß sie abgefallen sind von der

ganzen Weiterentwicklung über Mose hinaus und all die Schriftge-
lehrsamkeit nicht teilen, ist schon schlimm genug, aber nicht einmal
gastfreundlich! Das haben wir geahnt, aber nun ist es der Beweis.
Und Jesus soll Feuer über die Städte in Samaria schicken. Das wäre
eine Tat, des Elija würdig. Wir müßten denken, Jesus hätte das getan, die Phantasie ginge dahin, und es wäre die großartige Versuchung sogar seiner Jünger, ihn dahin zu bestellen. Gott und Feuer,
das reimt sich, das ist sogar im Hebräischen ein Wortspiel: Bin ich
ein Isch-Elohim, dann Esch-Elohim, ein Mann Gottes ist ein Feuer-
mann, so müßte Jesus sich beglaubigen. Es ist unglaublich, was im
9. Kapitel des Lukas erzählt wird kurz und knapp: *Und Jesus ver-
wies es ihnen.* Es ist ein sehr später Eintrag, in den Handschriften
nicht mehr zu beglaubigen, aber doch mindestens sinngemäß ergänzt: Jesus hätte gesagt: Ihr wißt überhaupt nicht, wovon ihr redet. Der Menschensohn ist nicht gekommen, Leben zu vernichten,
sondern Leben zu bringen. Das hat man aus anderen Zusammenhängen eingetragen, aber es schließt sich wenigstens dem an, was
Jesus wollte. Und sollten wir nun einmal denken, es erfolge im
Neuen Testament eine unglaubliche Reinigung dieser alten Legenden und Sagen, sie nähmen alles Gewalttätige weg und glühten das
Feuer des Hasses und der Vernichtung um in ein Feuer der Liebe?
Da wird's gesagt auch von Jesus, und das scheint ein echtes Wort zu
sein: Ich wollte Feuer auf die Erde werfen, und was möchte ich anders, als daß es endlich brennt (Lk 12,49).

Alle Ausleger denken, gemeint sei das Feuer des Gerichtes, wieder furchtbar, schrecklich und unmenschlich, aber wie wär's, das
einzige Feuer, das Jesus bringen wollte, wäre die Wärme der Güte?
Dann hätte Dostojewski recht, wenn er seinen Fürsten Myschkin
im »Idioten« sagen läßt: Es ist aber die Sanftmut eine furchtbare
Macht. So sah das Jesus. Ein bißchen Güte in dieser Welt, und es
bricht alles aus den Fugen, die ganze Religion, wie man sie kennt. –
Gott und die Herrschaft! Wie sagte doch Kardinal Meisner dieser
Tage: In der Kirche gibt es nicht Macht, sondern Vollmacht. Da
fragte schon der »Spiegel« ironisch vor vielen Monaten: Wieso
eigentlich Vollmacht, warum genügt nicht Macht? Nun ja eben,
weil der Mächtige sie ja gar nicht selber ausübt, sondern immer in
Diensten ist, drum daß auch der Papst nicht einfach mehr Vater der
Väter, sondern der Diener aller Diener heißt. Alles, was eine solche
Kirche kundtut, bleibt Hochmut und Wahnsinn. Aber wie, wenn's

wäre: selbst Menschen gegenüber, die sich weigern, Fremde aufzunehmen, hielten wir Herz und Türe offen, indem wir statt mit dem Feuer des Zorns mit einem Verstehen antworteten, das aus ihrer Geschichte ihr Verhalten begreift? Was hat man von Judäa aus den Samaritern zugefügt! Sie ausgeschlossen, die eigenen Glaubensbrüder, für nicht orthodox erklärt, ein Heiligtum gebildet, das sie nicht betreten und benutzen durften, und da sollen sie jetzt sagen: wir stehen zur Verfügung, freuen uns über jeden Gottesmann, der zu uns kommt? Was erwartet man! Jesus wird später Geschichten von Samaritern erzählen, die er als Vorbild schildert, besser als die Priester am Tempel in Jerusalem: Lukas 10, eine unglaubliche Geschichte, wie ein Priester und Levit vorbeigehen an einem Menschen in Not, aber ein Samariter kommt, denkt nicht an den Tempel, aber folgt seinem Herzen. Könnte es nicht sein, gute Menschen gäbe es überall, wenn nur die Vorurteile aufhören würden? Das wäre nun Elija in ganz neuem Gewand.

Wenn die Bibel Nachträge bringt, ist es immer die Frage: Wie ist das zu verstehen? Liest man es rein historisch, sind es oft unsinnige Hinzufügungen, geradezu primitive Schnörkel. Da wird z. B. gesagt, daß Elija keine Angst zu haben brauchte, zum König zu kommen. Ja, wie soll er, wenn er zweimal fünfzig Leute dahinrafft mit Feuer? Aber wenn man denken sollte, diese ganz ungereimte späte Ergänzung würde doch Sinn machen: der so stolz auf dem Berg sitzende feuergewaltige Elija hätte sich womöglich nur so groß aufgespielt, ein Feuerspuk aus Angst, und er könnte zum König gehen ganz einfach als Mensch zu einem Menschen, wenn er keine Angst hätte, dann wär's ein wunderschöner hinzugefügter redaktioneller Einschub.

Was Elija dann treibt, kann unsere Billigung nicht finden, in keiner Weise. Du wirst sterben, sagt er, und so kommt's, und der Nachfolger ist sogar gleich bei der Hand, weil der König nicht einmal ein Kind hat; sein Haus wird ausgerottet, Schluß, Punkt. Und er, der Prophet, hat's gesagt und eigentlich durch sein Wort auch bewirkt, denn wie soll ein König überleben, wenn ein Prophet ihm sagt: Du kommst von dem Lager nicht mehr runter? Da spricht Gott selbst, er wird es glauben, die Prophezeiung erfüllt sich selbst. Auch mit Worten kann man morden. – Und wieder muß man denken: Wie anders ist das im Neuen Testament, wenn Menschen sich erheben vom Lager und Jesus richtet sie auf, und es wäre die

Kraft des Elija, zu segnen statt zu fluchen, und *nur* so käme »Elija« wieder.

Dann bleibt es überhaupt die Frage, was das ist, ein Prophet, und sie stellt sich in der Abschiedsgeschichte des Elija. Wieder ist sie überlieferungsgeschichtlich sehr verwickelt. Die erste Fassung ist noch recht einfach. Es ist bestimmt, daß Elija dem Elischa weggenommen wird. Das einzig ist bekannt, und sie beide gehen gemeinsam zum Jordan, um, wie wir in saloppem Deutsch bibelbelehrt sagen, hinüberzugehen über den Jordan, womit wir meinen: in den Tod zu gehen. Das ist der Grundzug. Da gehören zwei Menschen in Treue zusammen, und es legt sich Trauer über ihr Leben, weil der Tod sie trennen wird. Schon das, die Verbindung einer Freundschaft, die sich Schritt für Schritt bestätigt, um anzulieben gegen den Tod in Unverbrüchlichkeit, im Wissen doch, daß der Tod alle menschlichen Vorsätze dahinrafft – was für ein Motiv! Und da hinein nun die Frage: Wie wird man, was man gelernt hat? Wie wird man der, der gerade dabei ist, einen selber zu verlassen? Noch bevor die Geschichte sich wirklich erzählt, hat ein späterer Einschub die Dinge verworren gemacht. Es gehen Elija und Elischa nicht einfach an den Jordan, sondern zunächst nach Gilgal. Dort vermutlich ist der Ort des Elischa gewesen, aber dann auch nach Bet-El und auch nach Jericho. Schaut man sich das auf der Karte an, ist es ein wüstes Zickzack. Rechnet man's aus in der Entfernung, kommt man ungefähr auf 65 Kilometer, und das will begangen sein an einem Tag. Ich behaupte, nicht einmal die deutsche Bundeswehr wird diese Marschleistung vollbringen, das ist mehr als möglich. Außerdem besteht gar kein Grund, so schnell an den Jordan zu kommen, wenn man sowieso weiß, daß man da sterben wird. Die historische Erklärung zu der Stelle lautet: Nun, es gab eben Kreise, Prophetengruppen in Gilgal, in Jericho, in Bet-El, die hatten allen Grund, sich wichtig zu machen; sie waren minder geachtet im Volk, und es tat ihnen einfach gut, zu denken, sie gehörten irgendwie doch auch zu diesem Mann, der Feuer regnen läßt, der Tote aussortiert im voraus schon, der Macht hat über die Elemente. Wir sind die, in deren Mitte solch einer möglich war. Wir hätten lediglich die komplizierten Spuren von menschlichem Ehrgeiz und Reaktionsbildungen unterdrückter religiöser Minderheiten im alten Israel vor uns.

Wie aber, wenn wir die Sache einmal bildhaft nähmen? Natürlich weiß jeder, daß der Tod auf ihn wartet, und jeder, der sich in der

Liebe einläßt auf einen anderen Menschen, weiß, daß dieser andere, geliebte, eines Tages von ihm gehen wird – auch so ein Euphemismus im Deutschen, ein Bild: »von uns gehen«. Der biblische Ausdruck ist viel härter: »Er wird uns weggenommen«, und der Tod ist wie ein Raub, eine Zufügung, fast wie ein Verbrechen, ein Diebstahl am Leben. Der Sache nach wissen wir, daß das Leben uns dahin führt; irgendwann kommen wir am Jordan an, natürlich. Aber dann kann man sich verrechnen, alles dauert viel länger, als man glaubt, es ist überhaupt kein geradliniger Weg, sondern er führt von Station zu Station, hin und her, und ist viel länger, als man denkt, und dann doch wieder kürzer, als man es selber hat sehen können. An jeder Stelle, sagt diese eingeschobene, redigierte Stelle, kommen die Prophetenjünger in gemessenem Abstand und sagen zu Elischa: Aber weißt du denn nicht, weißt du denn nicht? Heute noch wird Gott Elija über deinem Haupt hinwegnehmen. Das ist eine Andeutung von dem, was Sterben heißen kann; es verdirbt in gewissem Sinn bereits die Pointe, aber alleine, daß von außen wahrgenommen wird, wie hier ein Mensch in den Tod geht und Elischa förmlich von seinen eigenen Freunden beschworen wird, Elija allein ziehen zu lassen, legt die Vermutung nahe, daß, wenn ein Mensch weiß, wie nahe der Tod dem anderen ist, Zusammenhalt unter Menschen sich länger nicht erhoffen läßt. Am schlimmsten womöglich hat das der Arzt und Dichter Arthur Schnitzler im Wien der Jahrhundertwende geschildert. Eine kleine, bittere, ehrliche Szene, so wie er sie kennengelernt hat beruflich wie privat – »Sterben« heißt die Geschichte und beginnt mit dem Treueschwur zwischen einem Mann und einer Frau. Tuberkulose ist die sichere Gewißheit, wie nahe der Tod sein wird. Aber wir werden voneinander nicht lassen, wir werden einander pflegen und gut sein, und die Liebe ist stärker – so glauben sie am Anfang beide. Und dann beginnt der Tod seine Vorboten zu schicken, die Krankheit wird immer enger, das Bluthusten, das Spucken, das Sichwinden, das Fluchen; am Ende wird der eine, nur weil er gesund ist, zum Feind dessen, der krank ist; er ist wie ein Vorwurf. Am Ende ist diese Rede der Prophetenjünger: »Weißt du denn nicht?« wie eine Erklärung, man könnte nur treu sein in Unkenntnis des Ernstes der Lage, wie sie sich darstellt.

Es ist unglaublich, wenn Elischa immer wieder sagt: Schweigt, haltet den Mund, das weiß ich längst. Es ist sogar, daß Elija darum bittet, sterben zu dürfen in gewisser Weise ganz allein, wie ein Tier es tun würde, unbemerkt und still. Ich muß doch hinüber zum Jordan, sagt er und will sagen: Bleib zurück und laß mich alleine gehen; der Tod vereinzelt, man kann ihn nicht teilen. Warum also soll man teilnehmen an ihm? Es ist Elischa wieder, der spricht: So wahr Gott lebt und so wahr du lebst, ich bleibe bei dir. Das sind gleich zwei Argumente. Das eine ist die einfache menschliche Evidenz der Freundschaft und Zusammengehörigkeit: so wahr du lebst. Und man müßte ergänzen: Solange du der Atem bist in meinem Leben und die Liebe zu dir meiner Seele Flügel schenkt, so lange werd ich bei dir bleiben. Aber es ist nicht allein Elija, es ist, so wahr Gott lebt, das, was Elija selbst lebendig macht und setzt, daß es dem ganzen Leben angesichts des Todes Größe und Würde gibt. So gehören sie zusammen, und es wird Elija nicht gelingen, Elischa abzuschütteln. Die Begleitung über all die Umwege bis hin zum Jordan – ist dies nicht das ganze Leben, das wir miteinander führen?

Man könnte denken bis dahin: Nun ja, schicksalhaft, ein trauriges Leben, ein im Grunde von vornherein tragisches. Noch ehe der Bühnenvorhang sich für das Dasein eines Menschen hebt, kann im Grunde schon der Trauerzug der Klageweiber im ersten Akt, als Vorwort gewissermaßen, hervortreten und mit Weh und Ach alles, was noch passieren wird, vorbereiten, kommentieren, vorwegnehmen. Das Ende ist gewiß; wie es dahin kommt, mag noch ein Rätsel sein, aber schon kennt man ja den Ausgang. Auch bei Propheten wird das nicht anders sein. Es ist das Unglaubliche, daß Elija durch seinen Tod ein Angebot macht. Es werde eine Bitte erfüllt, wenn Elischa sie nur äußere, als müßte ein Mensch mitunter sich entfernen, damit das Leben derer, die ihm am nächsten standen, noch einmal sich bereichert, und es würde eine Gabe werden, wie sie unter den Lebenden gar nie auszutauschen war. Elischa scheint das richtig zu spüren, er möchte zwei Drittel vom Geist des Elija.

Da ist etwas Wunderbares, wenn wir denken, das Sterben habe unter anderem den Sinn, daß wir alles, was wir vom andern lernen konnten, in uns aufnähmen in unser eigenes Denken, wir hörten nicht mehr äußerlich auf seine Stimme, wir hörten aber das Echo der fremden Stimme im eigenen Herzen. Und dort lebte es, es wäre nicht eine tote Erinnerung an das, was einmal gesagt wurde, sondern es kommentierte sich fort, es begleitete uns weiter. Es mag immer noch weit unterhalb dessen sein, was wir kennengelernt oder mindestens geahnt haben – zwei Drittel davon, das wäre viel. Elija findet diese Bitte schwer, denn im Grunde kann er sie nicht erfüllen. Wieviel ein Mensch vom anderen aufnimmt, kann der Lehrer nicht bestimmen für seinen Schüler, es ist nur der Zeitpunkt, daß der Lehrer aus dem Leben des Schülers weggeht, und was er dann aus sich macht, was es mit ihm macht, ist nicht zu organisieren, nicht zu manipulieren; es muß sich ereignen, und man wird sehen, ob es geht. Ein Kriterium aber kennt Elija, und es ist aus den Mythen und Sagen der Völker genommen, ein einziges Mal hier in der Bibel so aufgegriffen, eine Vorstellung, die sich verknüpft seit alters her mit der Sonne: Sie, z. B. bei den Griechen, fährt mit einem goldenen Wagen am Himmel, feurig und glühend sind die Radachsen, so führe Gott über den Himmel, es wäre sein Sturmwagen, der über die Wolken zieht. Und nun sollte man denken, die alten Ägypter hätten es geahnt: Ein Mensch, wenn er königlich seiner selbst bewußt wird, erkennt sich selber als ein Stück der Sonne auf der Erde, und das Schicksal des Himmelswagens wird sein eigenes. Er ist sonnenklar in seinem Bewußtsein und sonnenähnlich in seinem Schicksal, das Wesen des Menschen selber ist sonnenhaft; so dachten die alten Ägypter. Was ist das Wesen, das morgens läuft auf vier Beinen, am Mittag auf zwei Beinen, am Abend auf drei Beinen? In der griechischen Fabel von Theben antwortete Ödipus völlig korrekt: Das ist der Mensch als Säugling, Erwachsener und Greis. Es waren die alten Ägypter, die tiefer dachten und meinten: Der Mensch, der auf vier Beinen krabbelt, am Morgen das Licht erblickt, das ist die Sonne als »Käfer«, als werdende, dann ist sie Re in ihrer strahlenden Macht am Firmament des Mittags, und als Gott Atum, auf den Stock gestützt, wandert sie hinüber ins Totenland. Es ist die Sonne selber, die menschlich ist, damit die Menschen selber sonnenhaft, göttlich werden. Der Sinn dieses mythischen Zaubers besteht in der Beschwörung, daß Tod nicht sei, denn so wie die Sonne versinkt im Westmeer oder eingesogen wird durch den Kuß der Göttin Nut in den Stunden der Nacht, so wird sie wiedergeboren, indem das Leben noch einmal zurückläuft die gleiche Bahn und verjüngt zum Vorschein kommt am andern Morgen.

Die hebräische Mythe von Elija greift von diesem Zyklus nur ein einziges Moment auf, den Aufstieg zum Himmel. Elija selber, der Gottesmann, wird hier erklärt als jemand, dessen ganzes Leben bei Gott steht und der nicht hinabsinkt ins dunkle Schattenreich der Verstorbenen, sondern auffährt zum Himmel und entrückt wird.

Wenn Elischa *das* sieht, dann ist er ein Prophet, sagt ihm Elija. Es gibt im ganzen Alten Testament, in der ganzen Bibel bis auf das erste Kapitel der Apostelgeschichte zwischen den Jüngern und der Person Jesu keine andere Geschichte, die das Wesen eines Gotteskünders, eines Propheten in die Fähigkeit der Vision einer inneren Wahrnehmung angesichts des ganz natürlichen Sterbedaseins eines Menschen setzt. Diese Geschichte tut es: Du wirst von Gott nur wahrhaft sprechen, Elischa, wenn du den Tod nicht siehst, wie er sonst erscheint: da sinkt ein Mensch hin und wird zum Raub der Auflösung: nichts wird von ihm bleiben außer Erinnerung, ein wenig Pietät und die langsame Vergeßlichkeit im Verwesen. Doch was siehst du?

Es ist das alte Thema: Wie beerdigt man einen Toten? Beide Geschichten schließen sich wie ein Ring hier ineinander. Die Antwort der Elija-Legende lautet: Es ist möglich, den Tod mit dem Auge der Seele anders zu erschauen, als er den Sinnen erscheint. Wie denn, ein Mensch, der sein ganzes Leben in die Hände Gottes gestellt hat, der sollte hinweggerafft werden von einer Macht, die Gottes nicht wäre? Wenn aber Sterben bedeutet, sich hineinzugeben in die Hand Gottes, wär's dann möglich, im Tod herauszufallen aus dieser Hand? Wird man denn sterben können nach unten statt nach oben? Wird Sterben nicht die Verschmelzung mit Gott selber sein? Und hat der Tod nicht einzig darin seinen Sinn, die endlichen Hüllen abzulegen und die Unterschiede aufzuheben? Es war eine wunderschöne rabbinische Legende, die sich formte um den Tod des Moses im 34. Kapitel des Buches Deuteronomium. Da heißt es, Mose sei gestorben als ein Prophet, wie niemand wieder aufstand in Israel, mit so hellklaren Augen und all den Wundern, die er bewirkt hatte in Ägypten und unter dem Volk. Aber er starb – wie ist zu übersetzen nun: *nach dem Munde Jahwes*, heißt es, und die ökumenische Einheitsübersetzung, katholisch wie evangelisch – wenn sie sich schon einigen, tun sie's meist auf dem geringsten Mittelwert –, übersetzt deswegen: *wie Gott gesagt hat*. Die Rabbinen dachten, dann müßte es doch eben auch so ausgedrückt sein: Er starb, wie Gott gesagt hat, können wir auch hebräisch formulieren; warum steht aber da: Er starb *nach dem Munde Jahwes*, außer wenn es wirklich so war. Dann ist vielleicht aber »nach dem Munde Jahwes« gar nicht zeitlich gemeint, sondern räumlich womöglich oder metaphysisch jedenfalls. Er starb, übersetzten die Rabbinen, *hinauf* zum

Mund Jahwes. Daraus wurde ein Gedanke, der im Alten Testament kaum vorbereitet ist, der aber den Tod zu deuten vermag. Es gibt für die Hebräer keine unsterbliche Seele, keine platonische Metaphysik, es gibt all das nicht, was die abendländische Theologie uns glauben gemacht hat mit mehr oder minder guten oder schlechten Gründen; aber es gibt ein Vertrauen, eine Hoffnung in Israel, zu sterben würde bedeuten, daß Gott das Leben, die Seele, das letzte Schnaufen – ganz wörtlich – von den Lippen eines Menschen *hinwegküßt*. Der Tod, der ist wie eine Berührung der Zärtlichkeit des Ewigen hier auf der Welt. Das wäre der Tod des Elija.

Hineingemengt sind wieder ganz andere Dinge. Es kommt ein Wagen, ein Bild auch, das wir kennen. Es ist nicht der Abtransport der Leiche, es ist eine märchenhafte Begegnung. Der König, wenn es gilt, eine Hochzeit zu bestellen, richtet natürlich ein Viergespann mit Schimmeln aus, das kommt, den Bräutigam zu holen – so ist der Himmelswagen vielleicht an dieser Stelle möglicherweise zu verstehen. Der harte Hintergrund freilich ist ein ganz anderer. Zweites Buch Könige, Kapitel 14, wird Elischa so angeredet: Wagen Israels und sein Lenker, und was das bedeutet, weiß man nun aus den Sagen des Elischa. Das hat wirklich nun zwei Drittel und noch mehr vom Format seines Meisters, wie wir ihn eben kennenlernten. Elischa, wenn schon Krieg geführt wird gegen die Aramäer, taugt allemal mehr als eine ganze Kompanie; er ist der Kriegswagen Israels und lenkt ihn auch; er ist sozusagen der Panzerwagen des auserwählten Volkes, und da mischt er sich siegreich in die Heerscharen der Feinde hinein, so wie man den Pharao hineinsprengen sieht in die feindlichen Schlachtreihen. Da soll, was dem Elischa später zur Heldenehre wurde, hier der erschütterte Ausdruck des Schülers für den Meister gewesen sein: Wagen Israels und sein Lenker. Hier in diesem Moment dürfen wir glauben, es wäre ein ganz anderes gemeint: Ein Mensch ist so stark, wie er sein Leben hinstellt in die Hände Gottes. Und dann ist's wie ein zusätzliches Wunder. Der Mantel noch einmal schlägt auf das Wasser, und es entsteht eine Furt quer durch den Jordan zum andern Ufer. Es ist ein Bild wie in den Mythen üblich: Am anderen Ufer liegt's wie das Paradies, umflossen vom Strom des Lebens, ein Garten drüben, zu dem wir schon hinüberschauen. Und natürlich wie beim Auszug aus Ägypten, trockenen Fußes, gehen Elija und Elischa hinüber in das Jenseitsland. Das hieße es zu sterben. Für Elischa, den Propheten, aber ist das eine Bewegung mitten im Leben. Er gewinnt von drüben her einen Standort in dieser Jenseitswelt am andern Ufer des Stroms. Und nun muß er ein gleiches noch einmal tun. Den zurückgelassenen Mantel des Elija, seines Lehrers, nehmend, schlägt er aufs Wasser, und es teilt sich noch einmal hierhin und dorthin. Vielleicht das größte Kunststück für einen Propheten ist's, zurückzufinden mit der Vision des Göttlichen in diese Welt hinein. Sören Kierkegaard hat das so beschrieben: der Glaube sei diese Doppelbewegung, das ganze Endliche zu überschreiten in die Sphäre des Göttlichen, aber dann nicht romantisch drüben im Traum zu bleiben, sondern sich zurückzuwagen in diese Welt.

Was dann noch übrig zu erzählen ist, hat mehr humoristischen Charakter. Es ist, daß der Prophet verschwunden bleibt. Ist er entrückt worden, ist er nicht auf Erden, wo ist er geblieben, wenn doch kein Leichnam war? Wie beglaubigt man das den Ungläubigen? Das ist ein Problem, wie es die frühen Christen schon hatten: Was war nun am Ostermorgen? Ist Jesus entrückt worden zu Gott? Muß man das sehen, als man ihn kreuzigte? Ist Himmelfahrt und Karfreitag nicht im Grunde ein und dasselbe und diese Einheit der Ostermorgen? – Eine solche Sicht genügte bald nicht mehr, sondern man schwärmte aus, Beweise zu sammeln. Wo ist Elija? Wo ist er geblieben? Die Schüler möchten ihn suchen. Wenn er entrückt wurde, ist es erklärbar durch einen Wind. Gott hat geblasen, hat ihn genommen und einfach versetzt, der Wind Gottes kann Berge versetzen, also ist er entweder auf dem Berg, oder, als der Wind aufhörte, ist er einfach heruntergefallen in ein Tal. Aber man muß ihn suchen. Elischa weiß, daß das Unsinn ist, was sie vorhaben, aber weil sie es partout wollen, läßt er sie es auch machen. Auch so können Propheten manchmal sein. Wenn Leute unbedingt etwas tun wollen, sollen sie es machen, auch wenn man schon weiß, daß nichts dabei herauskommt. Aber hier ist es nun der Vorteil, daß, weil überhaupt nichts dabei herauskommen kann, sich beweist, daß Elija auf Erden wirklich nicht mehr ist. Muß man es sich so kompliziert machen, um zu verstehen, was sterben bedeutet? Jemand ist nicht mehr auf dieser Erde, aber er wird auch nicht zu Erde. Es ist die Liebe, die uns anleitet zu hoffen, daß es drüben am Jordan und droben im Himmel eine Heimat gebe, die wir auf Erden nie hätten; wohl, die Füchse und die Vögel haben Höhlen und Nester, doch wir Menschen – Gott! Und es ist möglich, daß dieser Glaube umgekehrt uns hilft, einander zu lieben gegen den Tod an und den langen Weg gemeinsam zu gehen nach Gilgal, nach Bet-El, nach Jericho, zum Jordan, das ganze Leben.

7. März 1998

NICHTS ALS
GELEBTE MENSCHLICHKEIT

Texte aus dem Propheten Jesaja, aus dem 1. Kapitel, sollen uns hier zu Überlegungen veranlassen, Texte, die überraschend, ja, erschreckend gewesen sein müssen für diejenigen, die sie zum ersten Male hörten; und doch waren es für den Propheten selber die Worte, die zu sprechen nötig schienen, um so etwas wieder wie Hoffnung zu ermöglichen. Wie auf uns Heutige, im Abstand von 2710 Jahren, Texte dieser Art wirken, wie wir sie übersetzen, damit sie für unser Leben etwas sagen können, darum geht es hier.

Text: Jes 1, 2–9. 10–20. 21–28. 29–31
Höret, ihr Himmel, horche auf, o Erde! Denn der Herr redet: Kinder habe ich großgezogen und emporgebracht, und sie – sind von mir abgefallen. Der Ochse kennt seinen Meister und der Esel die Krippe seines Herrn; Israel hat keine Einsicht, mein Volk hat keinen Verstand. O wehe der sündigen Nation, dem schuldbeladenen Volke, der Brut von Bösewichten, den mißratenen Kindern! Verlassen haben sie den Herrn, verworfen den Heiligen Israels, haben den Rücken gewandt. Worauf wollt ihr noch geschlagen werden, da ihr im Abfall verharrt? Das ganze Haupt ist krank, das ganze Herz ist siech. Von der Fußsohle bis zum Haupte ist nichts Gesundes an ihm: Beule und Strieme und frische Wunde, nicht ausgedrückt noch verbunden, und nicht mit Öl gelindert. Euer Land liegt wüste, eure Städte sind verbrannt; [die Frucht] des Ackers vor euren Augen verzehren Fremde. Eine Wüste ist es wie das zerstörte Sodom. Und die Tochter Zion ist übriggeblieben wie ein Häuslein im Weinberg, wie eine Nachthütte im Gurkenfeld, wie ein Turm zur Wacht. Wenn nicht der Herr der Heerscharen von uns einen Rest gelassen, fast wären wir wie Sodom geworden und gleich wie Gomorra.

Höret das Wort des Herrn, ihr Fürsten von Sodom! Horch auf die Weisung unseres Gottes, du Volk von Gomorra! Was soll mir die Menge eurer Schlachtopfer? spricht der Herr. Satt habe ich die Brandopfer von Widdern und das Fett der Mastkälber, und das Blut der Stiere und Lämmer und Böcke mag ich nicht. Wenn ihr kommt, mein Angesicht zu schauen, wer hat das von euch verlangt, daß ihr meine Vorhöfe zertretet? Bringet nicht mehr unnütze Gaben – ein

Greuelopfer ist es mir. Neumond und Sabbat, Versammlung berufen – ich mag nicht Frevel und Feiertag. Eure Neumonde und eure Feste haßt meine Seele; sie sind mir zur Last geworden, ich bin's müde, sie zu ertragen. Und wenn ihr eure Hände ausbreitet, verhülle ich meine Augen vor euch; auch wenn ihr noch so viel betet, ich höre es nicht. Eure Hände sind voll Blut; waschet, reiniget euch! Tut hinweg eure bösen Taten, mir aus den Augen! Höret auf, Böses zu tun, lernet Gutes tun! Trachtet nach Recht, weiset in Schranken den Gewalttätigen; helfet der Waise zum Rechte, führet die Sache der Witwe!

Nun wohlan, wir wollen miteinander rechten, spricht der Herr. Wenn eure Sünden sind wie Scharlach, können sie dann weiß werden wie Schnee? Wenn sie rot sind wie Purpur, können sie dann werden wie Wolle? Wenn ihr willig seid und gehorsam, so sollt ihr das Beste des Landes kosten. Doch wenn ihr euch weigert und widerstrebt, so sollt ihr das Schwert kosten. Denn der Mund des Herrn hat es geredet.

Wie ist zur Dirne geworden die treue Stadt, die voll war des Rechts! Gerechtigkeit wohnte in ihr, jetzt aber Mörder! Dein Silber ist zu Schlacken geworden, dein Wein mit Wasser verfälscht. Deine Führer sind Aufrührer und Gesellen der Diebe. Sie alle lieben Bestechung und jagen Geschenken nach. Der Waise helfen sie nicht zum Recht, und die Sache der Witwe kommt nicht vor sie.

Darum spricht der Herr, der Gott der Heerscharen, der Starke Israels: Ha! ich will mich letzen an meinen Widersachern und mich rächen an meinen Feinden! Und ich will meine Hand wider dich wenden und deine Schlacken läutern im Schmelzofen und wegschaffen alle deine Bleistücke. Ich will dir wieder Richter geben wie vor alters und Ratsherren wie vorzeiten. Alsdann wird man dich nennen Rechtsburg, treue Stadt. Zion wird durch Recht erlöst, und seine Bekehrten durch Gerechtigkeit. Aber Verderben über die Abtrünnigen und Sünder zumal! Und die den Herrn verlassen, kommen um.

Denn ihr werdet euch schämen ob der Terebinthen, an denen ihr eure Lust habt, und erröten ob der Gärten, die euch gefallen. Denn ihr werdet sein wie eine Terebinthe, deren Blätter welken, und wie ein Garten, der kein Wasser hat. Und der Starke wird zum Werg und sein Werk zum Funken werden, und brennen werden beide zumal, ohne daß jemand löscht.

Beim Blick in die Bibel geht es mitunter so, wie wenn wir unsere Augen zum Himmel erheben. Es ist beim Betrachten der Sterne nicht leicht zu entscheiden, wie weit entfernt sie von uns stehen. Nur mühsam gelingt es, aus dem Spektrum ihres Lichtes die Information zu gewinnen, in welch einer Weite des Raums sie sich von uns entfernt aufhalten.

Die Texte des Jesaja, die am Anfang dieses biblischen Buches stehen, sind in Wirklichkeit relativ spät entstanden. Der Prophet Jesaja wurde in seiner Berufung unter König Usija aufgerufen, so zu reden, daß es das Volk verhärtet, ihm die Ohren verstopft, das Herz verfettet, die Augen verklebt. Alles, was der Prophet sagte, ist überhört worden. Die Zeit des Assyrerkönigs Tiglat-Pileser III. ist, als diese Texte entstanden sein müssen, schon vorüber, das Nordreich vernichtet, auf dem Thron Assurs hat der Herrscher gewechselt, Sennaherib hält die Zügel der Macht in den Händen. Archäologen haben in Ninive die riesige Keilschriftbibliothek des nicht nur kriegerischen, sondern in gewissem Sinne kunstliebenden Regenten Assurbanipal ausgegraben. Tausende von Texten sind übersetzt worden. So wissen wir aus der Hand der Täter, was sich ereignet haben muß um 702 v. Chr., als auch das Südreich, Judäa, vernichtet wurde von den Assyrern. Wie man Hunden vor der Tür Reste der Mahlzeit zuwirft, so hat politisch nicht ungeschickt Sennaherib Teile Judäas ausgeliefert an den alten Haß- und Erbfeind des alten Israel, an die indogermanischen Philister. Übriggeblieben ist von Judäa eigentlich nur noch die Hauptstadt – Berlin 1945 gewissermaßen. Das Volk fühlt sich wie zerschlagen. Alle seine Hoffnungen, die es einmal im Namen Gottes aus dem Munde der Propheten auf David gesetzt hat, auf Salomo, auf eine große verheißene Zukunft eines auserwählten Volks, mit welchem Gott selbst einen Bund geschlossen hat und dem er versprach, es zur Weltbedeutung zu führen, all diese Erwartungen scheinen auf brutale Weise widerlegt, vernichtet, ja verhöhnt zu werden.

Wie redet man zu Menschen, die so fühlen? Der erste dieser drei Texte hier ist vermutlich während eines Klagegottesdiensts gesprochen worden. Sie müssen sich vorstellen, Juni/Mai 1945 in einer katholischen Kirche, wenn Menschen zusammenkommen und bitten zu Gott um Erhörung, und es ist der Gottesdienst selber ein Ort, den Schmerzen, den Enttäuschungen, den Verbitterungen eine Form des Ausdrucks zu schenken, daß Gott dies wenigstens höre: die

stummen und die ausgesprochenen Klagerufe, Fragen und Schreie
seines bedrängten Volkes. Welch eine Hoffnung soll denn noch sein
in einem Land, von dem, wie Jesaja hier sagt, nichts mehr geblieben
ist als eine Hütte im Weinberg, als ein Nachtasyl im Gurkenfeld, bestenfalls noch ein gewisses Obdach, aber nichts, worin man wirklich leben könnte? Jeder Mensch in Not, möchte man meinen, hat
ein Recht auf Verständnis, auf Einfühlung, auf Begleitung. Jesaja,
der Prophet, redet *dagegen* mitten in der Stunde des Gottesdienstes.
Immer wieder wird später nach dem Vorbild dieses Mannes der
zweite und der dritte Jesaja reden. Das Volk klagt, es klagt Gott an,
er habe seinen Bund gebrochen, er habe seine Versprechen nicht
gehalten; er sei treulos geworden und aus dem Verhältnis ausgebrochen. Das ist es, was einen Menschen wie Jesaja zum Äußersten
treibt, so daß er die Klage der Geschlagenen aufgreift und tritt hier
selber als Sprachrohr an die Stelle Gottes und redet so, wie er
glaubt, daß Gott mit seinem Volk zu seiner eigenen Rechtfertigung
reden würde, reden müßte. Allein schon dies wird den Betroffenen
ungeheuerlich erschienen sein: Wie kann denn ein Mensch glauben, in seiner Person rede Gott, in seinem Ich trage er die Stimme
Gottes? Muß nicht die erste Antwort der so Beschimpften hier
sofort lauten: was ihm einfällt, wieso er weiß, was Gott zu sagen
hat, ausgerechnet er? Nicht die Priester, nicht die Führer des Volkes,
nicht die Ausleger der Gesetze, sondern er, ein Jesaja, er wird's wissen! Was er zu sagen hat, ist Gift und Galle, härtester Vorwurf, so
daß es den schon Geschlagenen nur noch mehr weh tun *soll*,
wie wenn man in die Wunden nicht Öl, sondern Essig gießt. Was
gibt dem Propheten das Recht dazu, was macht ihn überhaupt zum
Propheten? Sogleich liegt es nahe, zu erläutern: Er ist ein selbst-
ernannter Prophet, er identifiziert sich mit Gott, sein ganzes Ich ist
aufgeblasen bis zur Maßlosigkeit. Da kündet jemand im Status offenbar des absoluten Wissens – was oder wer gibt ihm das Recht
dazu? Alle Propheten Israels reden so, daß Gott durch sie hin-
durchreden soll; dies ist ihr Glaube. Man mag ihnen vorwerfen, es
sei ein Irrglaube, dies sei Vermessenheit und Anmaßung, dies sei
Lügenprophetie – sie werden antworten: wenn sich's denn erfüllt,
spätestens dann werdet ihr sehen. Und das freilich stimmt. Sämt-
liches Unheil, das Jesaja kommen sah, hat sich so ereignet; das Heil,
das er prophezeit hat, freilich hat sich nicht ereignet.
Es gibt für Jesaja an dem Zerbruch, an dem Untergang des Nor-

dens wie des Südens, nicht die übliche historische Erklärung: Das Nordreich reizte durch seinen Reichtum die Begehrlichkeit der Assyrer; es wurde, reif geworden, die erste Frucht am Baum seiner Eroberungen auf dem Gebiet der hebräischen Stämme. Aber auch der Süden mußte irgendwann, einfach um sein Gebiet zu arrondieren, der assyrischen Macht mit einverleibt werden. Sie expandierte bis zum dritten Nilkatarakt Ägyptens hinauf; sie war dabei, die Leiter zu besteigen, an deren Spitze die Weltmacht steht, und der kleine Staat der Hebräer ist darin nichts weiter als eine Speise, die der Löwe auf dem Weg braucht, sich zu ernähren, ein Übergang, kein Ziel an sich selbst. Historisch verständlich ist das alles, Geschichte, wie wir sie kennen, nichts daran ist in gewissem Sinne überraschend. Wer sieht, wie Assur aufrüstet, seine Politik konzipiert, seine Garnisonen verstärkt, zum ersten Male in der Geschichte der Menschheit kasernierte Soldateska übt und übt und drillt zum Töten, zum Überfall in den Marschordnungen, in der Strategie, der kann vorhersehen, was aus den Randstaaten wird. Bis dahin ist die Kunst des Propheten nicht groß, an fünf Fingern könnte man sich's ausrechnen. Selbst seine Beschwörung, gar nichts zu tun, sondern besser sich zu ducken an den Boden wie das Gras unterm Sturm, wie die Mäuse, wenn die Elefanten kämpfen, versteht sich fast wie von selbst. Widerstand gegen diesen Aufmarsch in seiner zerstörerischen Kraft ist einfach sinnlos.

Aber diese Gedanken sind nicht diejenigen, auf welche Jesaja Wert legt; er rechnet ab und wirft seinem Volk, das Gott verklagt, nicht geholfen zu haben, mit den härtesten Worten vor, was selbst verschuldet zu haben; und zwar nicht durch eine falsche Politik, sondern einfach dadurch, daß man nicht gelebt hat, wie der Gott, der sich in den Vätern offenbarte, Jahwe, es will. Jesaja geht dabei ins Unglaubliche. Jahwe hat Israel großgezogen wie ein Vater seine Kinder. Das sind seltene Worte, daß die Bibel redet von Gott als dem Vater. Man scheut sich förmlich davor. Die altorientalischen Religionen sprechen immer wieder von Gott als dem Zeuger seiner Geschöpfe und rücken's in den Umkreis der Fruchtbarkeitsreligion. Davon trennt sich die Bibel, ebendies will sie mit Gott gar nicht verbunden sein lassen. Es ist erst sehr spät freigesetzt aus all solchen verwirrenden Zusammenhängen, daß Jesus im Neuen Testament von Gott nur noch als dem Vater redet, dem lieben Vater, und meint nichts weiter als das Verhältnis des Vertrauens von Menschen zu ihrem Gott. Hier aber ist umgekehrt die Rede, hier redet Gott im Munde des Propheten in das Volk hinein oder soll es wenigstens. Da erscheint Gott selbst als der Ursprung, der Anfang, der Grund dafür, daß es Israel überhaupt gibt. Schon das ist enorm. Es heißt soviel wie, daß Israel, daß das gesamte Volk überhaupt kein Recht hat, sich hinzustellen und Gott zu verklagen. Die erste Antwort des Propheten heißt hier: daß es euch überhaupt nicht gäbe, hätte Gott euch nicht gewollt.

Wer hat da recht gegen wen? Wie verteilt sich eigentlich die Perspektive von Führung und Abhängigkeit? Überall im alten Orient hat der Vater eine absolute Macht über Leben und Tod, über nicht mehr und nicht weniger in bezug auf seine Kinder. Patriarchalismus hat diese Dimension, und Jesaja zögert keinen Augenblick, sich seinen Gott so vorzustellen in bezug zu seinem Volk: Er ist der Vater, von dem alles stammt und der deshalb jegliches Recht hat; er hat's gezeugt und drum in seiner Hand – so ist hier die Vorstellung. Aber natürlich lebt darin auch der Gedanke, daß der Vater sich gekümmert hat um seine Söhne, sie groß gemacht hat, und *sie* sind's, die mit ihm gebrochen haben. Es kommt in dem Bild die Rede eigentlich noch krasser. Jesaja vergleicht Israel mit den Tieren, dem Ochsen und dem Esel. Es gäbe auch sie nicht, wäre nicht ein Bauer, wäre nicht ein Müller, der sie gebrauchen würde. Er hält sie zu seinem Nutzen, aber die Tiere sind wenigstens dafür dankbar, versorgt zu werden. Jeden Abend wie von selbst wird der Ochse in den Stall kommen, wird der Esel sich zur Krippe finden, instinktiv. Israel aber, will Jesaja sagen, ist dämlicher als jeder Ochse, dümmer als jeder Esel. Nicht einmal der primitivste Eigennutz, nicht einmal der Instinkt wenigstens für recht verstandenen Egoismus verbleibt diesem absurden Volk. Recht verstandener Egoismus, das hieße hier, Gott zu erkennen, und das ist weitab jeder Mystik. Gott zu erkennen hieße, zu begreifen, was Gott will, und sich entsprechend zu verhalten, und es wäre identisch damit, zu überleben. Denn tut man so nicht, das ist des Jesaja Rechnung, gibt es kein Leben. Fernab vom eigenen Ursprung ist nichts als Entwurzelung und Tod, und das ist schon die ganze Bilanz. Alles, was sich ereignet hat in den Tagen der Assyrer, ist nur die Folge dessen, daß Israel sich selber ausgerissen hat aus dem Boden, in dem es wuchs. Jesaja hat angesichts seiner eigenen Deutung der Geschichte einen solchen Zorn auf diesen Unverstand, daß er nichts als Schimpfworte über das Volk erläßt, über ein leidendes, wehleidiges Volk bis zum Spott, bis zum Hohn die Kanonade der Vorwürfe: ein Sünderhaufen, eine Brut von Verbrechern, eine Frevelbande, selbst Sodom und Gomorra liegen Jesaja nicht fern. Deren Untergang hätte Israel verdient.

Wer es bis dahin steigert, muß zur Kenntnis nehmen, daß es Israel noch gibt. Gott hat *nicht* gehandelt wie an Sodom und Gomorra, und das ist das erste und einzige, was Jesaja seinem Volk an Hoffnung läßt. Gott hat die äußerste Konsequenz noch nicht gezogen. Daß es überhaupt ein Volk noch gibt, einen Reststaat Jerusalem gibt, ist ein Zeichen, daß er den Garaus nicht will. Verdient wär's allemal in den Augen des Propheten. Aber bei all dem Schlimmen scheint Gott einen Rest an Erbarmen zu besitzen, und selbst wenn er schlägt, tut er's eigentlich nur, um das Volk in die richtige Richtung zu peitschen. Aber es scheint, als wäre Gott selber am Ende mit seiner Weisheit. Es gibt keine Stelle mehr am Körper Israels, die nicht geschunden ist, die nicht weh tut, die nicht eine offene Wunde ist. Wohin noch, wie jetzt noch weiter? Alles, was an Strafen möglich war bis zum endgültigen Ende, ist durchgeprobt, ohne jede Wirkung. Es ist, als wenn der Zustand des Elends selber, des Leids seines Volkes Gott zu Mitleid nötigen würde. Da steht's in der Schwebe, wie es jetzt weitergeht. Zu hoffen wagt der Prophet, daß wenigstens diese Worte des Scheltens so etwas bewirken könnten wie Umkehr, stünde nicht über allem, was er redet, dieses Wort: Sprich, damit das Herz des Volkes sich verstocke! (Jes 7,10)

Die ganze Art des Umgangs des Volkes mit seinem Propheten und des Propheten mit seinem Volk ist eine Kette endloser Kontraste, Konfrontationen. »Ist da noch Hoffnung?« fragt man sich. Die Antwort wird paradoxerweise gleich im nächsten Text gegeben; eine andere Szene, aber offensichtlich aus der gleichen Situation stammend. Es geht um die Frage, was es denn heißt, Gott zu verehren, wo denn der Fehler wirklich liegt, den Israel begangen haben soll. Man muß sich vorstellen, daß die Texte vermutlich im Herbstgottesdienst entstanden sind. Mit diesen Riten und gottesdienstlichen Vorstellungen ist der Gedanke verbunden, daß Gott selber in eine Art Rechtsverhältnis sich noch einmal mit seinem Volk einbindet. Geben und Nehmen, das ist Gerechtigkeit, und so steht's nun zur Prüfung, wie beides sich verhält. Denken müssen wir, daß die letzten Worte, gerade von Sodom und Gomorra, die Führer des Volkes selbst, seine politischen Lenker, Gruppierungen aus dem

Adel, Angehörige der Priester im Tempel, dahin bestimmt haben, Jesaja entgegenzutreten und ihm zu erklären, daß er kein Recht hat, mit dem Volk so zu verfahren, mit niemandem ein Recht hat, so zu verfahren, und man zählt ihm auf, was man getan hat für Gott: nämlich alles, was man konnte! Man hat Opfer dargebracht. Schlachtopfer: Die rechte Brustseite und die rechte Keule bekommt der Priester, den Rest das Volk. Ganzopfer: Man hat die Tiere vollständig verbrannt und im Rauch zum Himmel steigen lassen. Man hat dargebracht Speiseopfer: Nahrung, in Notzeiten wohlgemerkt, und sie Gott zu Füßen gelegt. Man hat Weihrauch gebracht, damit die Nase Gottes selber sich erfreuen möge. Man hat Gebete rituell verrichtet, man hat Fastentage pünktlich eingehalten. Man hat an Feiertagen nicht gearbeitet, den Sabbat korrekt gehalten, man hat alles, das ganze Ritual, den ganzen Kultdienst, das gesamte Gesetz, wie es geschrieben ist, pünktlich, koscher und eindeutig korrekt durchgeführt und eingehalten – was also noch?

Man muß denken, daß dieser Affront wirklich stimmt. In Zeiten der Not sind die Menschen fromm, sind die Kirchen voll, sind sie bemüht, nur nicht zusätzlich noch die Gottheit zu reizen, sondern eben durch Sturmandachten, durch Wallfahrten, durch Prozessionen, durch Umzüge aller Art, durch Bittgesänge und Klagen Gott in den Ohren zu liegen, daß er das Richtige tue. An Gebeten wird es keinen Mangel haben. Je stärker die Not, desto frömmer die Menschen, das wird stimmen.

Was hat Jesaja dagegen zu sagen? Es ist unglaublich an dieser Stelle, daß der Prophet das alles wegwischt, ja, geradewegs verhöhnt mitten im Gottesdienst. Sie müssen sich vorstellen, daß hier ein Volk im Tempel, der noch existiert, zusammenkommt; es will zu Gott beten, wie das üblich ist, rituell vollkommen korrekt, die ganze Aufführung, wie sie vorgeschrieben ist, und dann kommt dieser Mann daher und erklärt im Namen seines Gottes, als dessen Ich er selber redet: Mich interessiert das alles nicht. Mich quält das, mir ist das lästig, mir ist das über, mir ist es satt, mit einem Wort: zum Kotzen inzwischen. Ich kann's nicht hören, kann's nicht sehen, will's nicht haben – Schluß! Das ist das Ende, muß man denken, der gesamten verfaßten Religion, wie man sie kennt, wenn Worte wie diese möglich sind. Das ist eine Querschnittlähmung durch den ganzen religiösen Betrieb, nicht nur am Tempel, sondern überhaupt in der ganzen Religionsgeschichte der Menschen; was hier im Widerspruch beginnt, ist ein vollkommen neues Verständnis dessen, was Gottesdienst bedeutet. Vollkommen neu ist es vielleicht nicht, denn gewußt, worauf der Prophet Wert legt, hat man wohl auch. Aber daß Gottesdienst alles, was es bis dahin bedeutet hat, nicht mehr sein soll, sondern nur das, was wir heute, getrennt von der Religion, als Ethik oder Moral bezeichnen oder einfach Menschlichkeit nennen, das ist unerhört! Daß es gar nicht um Frömmigkeit geht, sondern daß hier anstelle der Frömmigkeit als Ausdruck eines wirklichen Gottesverhältnisses nichts bleiben soll als *gelebte Menschlichkeit*; das ist nicht nur hart, das ist zerstörerisch, und es gibt dafür nur eine einzige Rechtfertigung: daß hier alles zum Einsturz kommen *soll* zugunsten eines Neuanfangs, der klein sein mag, ein winziger Rest, der aber wenigstens stimmt, hofft Jesaja. Was danach kommt, so unscheinbar der Anfang wieder sein mag, das ist richtig, und das ganze Abräumen *muß* offenbar sein, um endlich klar zu sehen.

Natürlich gibt es Exegeten, die darauf verweisen, daß es sich nicht um eine Totalkritik des Kults handele; sie weisen darauf hin, daß Jesaja das Beten nicht einfach schlechterdings verboten haben könne. Daran ist natürlich etwas Richtiges. Der Prophet spricht in einer bestimmten Situation, er redet von den Praktiken des Kultes, den er im Tempel kennt zu seiner Zeit; aber ist nicht deutlich hörbar, daß er alles in Frage stellt, selbst das Beten in der Art: wir haben bestimmte vorgegebene Formeln, und die sagen wir nun her, und darauf liegt das Versprechen der Erhörung – wie wir's noch heute etwa in der römischen Kirche kennen? Da ist eine bestimmte Formel, da ist eine bestimmte Tat zu verrichten, zum Beispiel eine Beichte und ein Kommunionempfang und ein Kirchenbesuch und dann just eben ein bestimmtes Gebetsformular, das der Papst an irgendeinem Tage gegeben hat; und dann ruht darauf ein Ablaß, für wieviel Jahre auch immer, sieben Jahre, tausend Jahre – er, der Papst, kennt sich aus in den Maßen Gottes und verfügt es auf das Gebet hin.

Vor 2700 Jahren steht da ein Prophet und erklärt, daß diese ganze Rechnerei mit Gott ihn, Gott selber, wütend macht und ihn sich zum Gegner macht, weil er alles das überhaupt *nicht will*, nicht die toten Tiere, nicht das Blut, das man im Tempel versprengt, nicht das Gelalle der Psalmen. Ja, aber was dann? Es ist wie im Psalm 50, ganz genau so: Was Gott sehen möchte, sind einfache Werke, die den Hilflosen helfen. Das ist uraltes Erbe, weit mehr über tausend Jahre vor der Zeit des Jesaja. Bei den alten Ägyptern um 1800 wird der Windgott Amun gerühmt als ein Vater der Witwen und der Waisen, derer, die sozial völlig unterversorgt sind. Wenn einer Frau der Mann stirbt – und immer sterben die Männer den Frauen zuvor –, haben sie, wo nicht Gespartes im Hause ist, nichts in den Händen; verurteilt zum Betteln sind sie von dann an. Und Waisenkinder schon gar, Kinder ohne Eltern, wer sorgt für die? Ein soziales Netz existiert nicht, ein Jugendamt ist unbekannt, und eine staatliche Vorsorge – sie ist rechtlich nicht geregelt. Um so wichtiger ist es, daß Jesaja genau darauf den Finger legt: Wer den Hilflosen aufhilft, der tut, was Gott will! Alles andere mag man tun oder lassen, es ist bestenfalls neutral, schlimmstenfalls eine Verführung in Sachen Gottes, genau das Gegenteil von dem, was Gott wirklich möchte.

Wollten wir einmal die Probe auf die Aktualität dieser Texte in unseren Tagen machen, wie wir doch nach 1945, nach dem großen Desaster, in der Bundesrepublik fünfzig Jahre später uns verhalten. In einer Erklärung der katholischen Bischöfe, über ein halbes Jahrhundert zurückblickend in die Zeiten der Barbarei des braunen Reichs, erklärt der Bischof von Paderborn, daß es in jenen Tagen doch gelungen sei, die Regelmäßigkeit des Gottesdienstes aufrechtzuerhalten; man könne doch nicht erwarten von der Kirche, daß sie in den Widerstand hätte gehen sollen. Einzelne mögen das tun, einzelne müssen das tun, aber die Kirche als Organisation kann das nicht tun. Und der Gewinn für ihr Zurückweichen war die Regelmäßigkeit des Gottesdienstes, die selbst im Faschismus aufrechtzuerhalten doch gelungen ist.

Messen Sie das an diesen Texten des Jesaja! Das Abschlachten von Wehrlosen zu Millionen – kein Widerstand! Aber die Gottesdienste wurden eingerichtet, durchgeführt, erhielten sich in Frieden. Nehmen Sie dabei, daß selbst die Kriege im 20. Jahrhundert immer noch geführt werden wie Gottesdienste: Abflug des Bomberpulks auf Hiroschima, begleitet vom amerikanischen Militärpfarrer; Ausbruch des Golfkriegs 1991, begleitet vom Segen der amerikanischen Geistlichen, die George Bush gewinnen konnte für das Abschlachten von ein paar hunderttausend Arabern. Gottesdienst und Machtausübung immer Hand in Hand, und Jesaja nennt es Verführung im Sinne Gottes, Dummheit im Sinne der Politik;

und er greift die Führer als allererste an. Er wagt es, sie hier zu nennen *Sodomsführer*, das soll heißen: Leute, die durch ihre eigene Bosheit, Unfähigkeit und Schlechtigkeit das ganze Volk in den Untergang bringen können, so daß Gott am Ende gar nicht strafen muß, sondern daß es genügt, wenn die Dinge so laufen, wie sie laufen – es wird das Ende sein. Das Volk aber ist wie ein *Gomorra-Volk*. Es wird selbst über die Leute herfallen, die davor warnen, wie es in jenen Tagen Lots war, als Engel vom Himmel sogar geschändet wurden von den Sodomiten (Gen 19,1–14). – Wenn der Maßstab dessen, was Gott will, einzig die Menschlichkeit ist, daß man dem Bedrückten hilft, den Waisen Recht schafft und für die Witwen eintritt, was hätte man dann für eine Religion! Die ganze Religionsgeschichte stellt sich hier auf den Kopf, verinnerlicht sich, setzt sich um von einer Ideologie in ein einfaches, richtiges Handeln. So bedingt diese Texte sein mögen, so unerhört sind ihre Stoßkraft und ihr Mut. Was sie in jenen Tagen bewirkt haben mögen, steht dahin; was sie bewirken könnten über die Jahrhunderte und Jahrtausende, steht fest. Dabei rechnet der Prophet ab, aber er richtet nicht zugrunde. Es ist, wie wenn er ein letztes Mal dem Volk mitsamt seinen Führern die Wahl zwischen Leben und Tod zur Entscheidung vorlegen wollte: Wenn ihr wollt und hört, könnt ihr den Ertrag des Lands genießen; wenn ihr euch weigert, wird alles das Schwert fressen. Sollte es sein, daß das Volk hingeht und hören will, würde Jahwe kommen und alle Sünden, rot wie Scharlach, abwaschen so weiß wie die Wolle von Schafen.

Da soll keine Schuld mehr Bestand haben – auch das gehört zur Rede des Jesaja –, sondern es ist allein der Ansatz, neu zu werden, wie wenn Gott selbst, froh, endlich das Richtige zu sehen, alles fortnimmt, was verkehrt war. Es ist noch festzuhalten, daß der Prophet denkt, es gehe an, durch eigenes Wollen, durch eigenes Hörenwollen, sich auf den rechten Weg zu bringen. Es ist die Meinung des Neuen Testaments, es ist in gewissem Sinn die Einsicht Jesu, daß nicht einmal *das* uns vergönnt ist: zu *wollen*, hören zu wollen. Aber das ist die Frage dann insgesamt: Wie verstehen wir Jesaja heute?

Es gibt einen Text, der aus anderem Zusammenhang stammt und noch einmal Israel verurteilt. Es war, daß Sion selber in den Händen Gottes, in seinem Glutofen zu Silber geschmolzen wurde. Aber dieser ganze Prozeß der Veredelung wurde durch Korruption, durch

Falschheit wieder rückgängig gemacht. Aus dem Silber wurde wieder Bleiglanz. Man hat aus Wasser und Hopfen edles Bier gezogen, aber daraus gemacht hat man eine verpanschte, ungenießbare Brühe. Das ist die Schuld der Fürsten, der Herrscher, der Politiker, meint Jesaja. Sie sind Rebellen – gegen das, was Gott will, muß man ergänzen; und sie sind Diebsgenossen – an den Menschen, muß man ergänzen. Die Mächtigen haben kein anderes Interesse, als die Macht auszuüben, als in ihre eigene Tasche zu wirtschaften. Sie sind korrupt, sie laufen jedem hinterdrein, der ihnen am meisten gibt, aber die Sache der Notleidenden haben sie nicht im Sinn; die Sache der Witwe, steht hier, kommt nicht zu ihnen, der Waise verhelfen sie nicht zum Recht. – Nehmen Sie allein die Praktiken, die wir heute vor uns sehen. Ein ganz normaler Scheidungsprozeß, wie lange wird er dauern, unter fünf Jahren selten, acht Jahren – inzwischen verdienen die Rechtsanwälte. Allein die Vorstellung des Rechtswesens, daß die Wahrnehmung von Egoismen, das Drehen von Paragraphen je nach den Interessen des Mandanten am Ende im Konflikt als Resultate Wahrheit und Gerechtigkeit ergäbe – was für ein Hohn auf dem ganzen Weg, Wahrheit und Gerechtigkeit zu finden! Der blanke Egoismus und die Gelenkigkeit im Dickicht der Bestimmungen sollen am Ende das Recht herausfinden! Wer sich den besseren, d. h. den windigeren und findigeren Anwalt nimmt, wer genügend Geld hat, ihn zu bezahlen, der kann am Ende vor Gericht womöglich noch mehr zu bekommen hoffen. Recht für Witwen und Waisen – wo eigentlich? Um Titel geht es, um Zuschanzen von Titeln, von Ansprüchen auf alles mögliche. Recht und Gerechtigkeit? Selbst Jesus wird 700 Jahre später sagen: Wenn's vor Gericht geht, löst die Sache lieber privat, du kommst sowieso nicht durch (Mt 5,25). Das war damals die Meinung der einfachen Leute: Die da oben machen, was sie wollen. Allein sich in deren Sprache begreifbar zu machen ist vollkommen unmöglich. Man muß nur irgendein Papier aus den Händen der Justiz lesen, und man glaubt nicht, daß die Sprache Goethes, der selber von Justiz etwas verstand, in diese Formulierungen gekleidet werden könnte. – Wie schiebt man jemanden ab, der nach Meinung unseres Innenministers ein Recht auf deutsche Staatsbürgerschaft nicht hat, ja auch nicht auf Aufenthalt in Deutschland? Mit welchen verschrobenen und verschraubten Formulierungen bekommt man die Begründung dafür hin? Selbst Rechtsanwälte, die sich für Asylsuchende einset-

zen, stehen eigentlich hilflos davor, können nur noch auf Ausreden
sinnen, an den Gesetzen selber aber nichts ändern.

Jeder liebt Bestechung. Das steht hier wirklich. Ab und an wird
sie aufgedeckt, die Zeitungen gehen drüber her; und schon indem
sie's aufgedeckt haben, wollen sie uns glauben machen, sie zeigten
just in dieser Amigo-Affäre eine Ausnahme; alle andern, die davongekommen sind, sind natürlich viel bessere Menschen. Später
dann, in fünfzig Jahren, wird man nachgucken, was vielleicht damals los war, aber dann sind die Leute tot, und dann ist es auch
nicht mehr so interessant, es ändert nur ein Detail in der Geschichtsschreibung. Jesaja meint, es sei die ganze Machart; was wir
Macht nennen, sei diese Art von Betrug. Da herrscht nicht Gott; da
berufen sich Leute auf Gott, die das Volk an der Nase herumführen,
ein Gomorra-Volk, Herrscher von Sodom. Stärker draufschlagen
mit Worten kann man wohl nicht, um einen Zustand der Politik zu
bezeichnen. Jesaja tut's, wohlgemerkt, mit diesen Worten in einer
Zeit, in der Jerusalem noch funktioniert, in der es noch nicht am
Boden liegt wie in den ersten beiden Texten. Wir sind noch lange
nicht im Jahre 701, als das gesagt wird; es ist nur, wie wenn in
schwül-warmem Klima amboßartig die Wolken am Himmel sich
auftürmen und jeder Wetterkundige weiß: das Gewitter wird heftig, Hagel ist möglich mitten im Sommer, und eine ganze Ernte vermag zu verderben.

Aber wieder, wenn es dahin kommt, wird Gott den Bleiglanz im
Schmelzofen läutern und ganz von vorn Blei daraus gewinnen und
Richter einsetzen, die dann hoffentlich gelernt haben aus dem, was
passiert ist, hoffentlich; und man wird Jerusalem nennen Stadt der
Gerechtigkeit, und dann – ist das Zukunft oder irreal, Verheißung
oder Wunsch? – wird Gottes Segen auf ihr ruhen.

Eine letzte Abrechnung noch mit der Religion. Wenn wir eben
hörten von Opferkult, der gepflegt wird, wie man Tiere schlachtet,
wie man Gebete einrichtet, wie man überhaupt einen Tempel baut,
da sind die Religionsgeschichtler sich sicher: das alles ist Einfluß
aus Kanaan, das ist nicht die originäre Religion Israels aus den Tagen der Väter, das ist in sich schon Vermischung, spätestens seit den
Tagen Salomos. Schon von daher könnte der Prophet eine Menge
aufführen, um all die kultischen Formeln aus dem Tempel zu ver-
bannen; aber sie sind in Israel akzeptiert, und es ist historisch die
Frage, wie weit er selber in Protest gegangen sein mag. An einem

Punkt ist er scharf wie alle Propheten, wie 200 Jahre später noch Jeremia: Das sind die Naturverehrungen. Das ist Kanaan pur in Israel, Menschen, die ihre Gebetsstätten unter den Bäumen suchen, heilige Bäume, die auf Kuppen stehen, sonderbar gewachsene, hochragende, schattenspendende allzumeist. Unter denen zu beten, unter denen die Gottheit im Rauschen der Blätter zu hören, ist eine uralte Form der Religion, und, wenn man so will, ist die Verehrung der Gärten gleich hinterm Hause ein Stück Paradiesnachbild; in den Gärten wohnen die Gottheiten, Osiris, Adonis, aus Ägypten, aus Syrien, Gottheiten, die so verehrt wurden, daß sie ganz nah waren; sie schenkten, glaubte man spüren zu können, die Fruchtbarkeit des Feldes, der Bäume; in ihnen feierte die heilige Hochzeit zwischen Himmel und Erde selber ihre Frucht – eine menschheitlich sehr verbreitete Vorstellung, poetisch zu nennen, fast romantisch. Gegen sie geht der Prophet schneidend vor. Wer so tut, erklärt er, wird selber werden wie der Kreislauf der Natur, er wird hervorgebracht und geht zugrunde wie die Bäume, wie die Pflanzen. Wer mehr in Gott nicht sieht als Natur, definiert sich selbst als Teil der Natur, ein Auf und ein Ab, und mehr werde nicht gewollt – so der Prophet.

Wenn er mit seinem Volk spricht, bindet er seine Geschichte in ein Schema von Belohnung und Strafe, Rechtverhalten und Schuld, Übereinstimmung mit dem Gotteswillen und Zerbruch des Bundes. Das ganze Deutungsmuster ist uns heute so fremd, so fragwürdig, das ganze Reden von Gott her auf Menschen hin bewegt sich am Rande einer Sicherheit, die wir kaum mehr glauben mögen; vorsichtiger, leiser, schonender, verständnisvoller möchten wir, daß von Gott die Rede ist, nicht aber mehr in Zusammenhängen des Volkes, ganze Zeitabläufe deutend, als wäre das denkbar, ohne gleich der Ideologie als einem Wissen anheimzufallen, das durch nichts gedeckt ist, aber sich als absolut verkündet.

Fragen wir uns, was, *bildhaft* gelesen, Texte wie diese sagen können. Zu einem Mann gerufen, der auf dem Sterbebett lag, zuerst mit chronischer Hepatitis, schließlich mit Leberzirrhose, hörte ich als erstes ein endloses Klagen: Ich habe das so, wie es kommt, nicht verdient. Immer wieder sprach er so. Den Alkoholkonsum, die falsche Ernährung, gewiß, das mag diätetisch, physiologisch falsch gewesen sein, aber nach seiner Meinung war auch das nichts als der Ausfluß von Not; er hätte nicht getrunken, ohne nicht gequält worden zu sein als Kind, ohne nicht gelitten zu haben in seiner Ehe, in der sich alles wiederholte. Das ganze Leben hatte er nicht verdient nach seiner Meinung, und nun lag er da, der Bauch aufgequollen, riesig, ein Kandidat des Todes, geschlagen von Kopf bis Fuß durch sein ganzes Leben. Und wie sollte jetzt ein Mensch reden von Gott? Sollte ich ihm sagen mit Jesajas Worten: So hast du es verdient, es sind deine Fehler, Gott mußte dich prügeln, und er weiß inzwischen gar nicht mehr, wohin? Ist es überhaupt möglich, daß man Menschen versteht, außer man läßt sie aussprechen all das, wo sie sich vom Schicksal, von Gott, von wem auch immer ungerecht behandelt fühlen? Sie hätten's so nicht verdient – kann das nicht stimmen? Erst wenn man akzeptiert, daß es ein subjektives Recht gibt, die Dinge so zu sehen, wird man ein Stück vorankommen. Dann freilich könnte es so sein. Da ist in einem Gespräch, das tiefer geht, Anklage zu führen sozusagen gegen die innere Führung: Es gab im ganzen Leben, läßt sich erkennen, eine Instanz, die das Leben lenkte, und sie war *falsch*. Fast immer kommt man darauf, wenn Menschen mit ihrem Leben nicht mehr zurechtkommen, wenn sie vor einem Fiasko stehen und wissen sich nicht mehr herauszuwinden. Man wird bemerken, daß sie all die Fehler begangen haben gegen ihren eigenen Willen, in aller Regel sogar gegen ihr eigenes Urteil, wie Getriebene, aber immer mit viel gutem Willen. Da gab es in ihnen etwas, das ihnen sagte: Du mußt es so tun! Wir nennen es heute das Über-Ich, ein Echo noch aus Kindertagen, wie der eigene Vater, die eigene Mutter dastanden und kommandierten und dirigierten und lenkten das ganze Leben in eine mechanisch vorgegebene Bahn, und in der lief es nun immer weiter, ohne Erlaubnis, es zu korrigieren. Es war immer schon so, es war Teil der Tradition, es *mußte* so sein, es lagen darauf heiligste Verpflichtungen.

Läßt sich so übersetzen, was Jesaja hier den Götzendienst nennt? Da haben Menschen am Ende alle Opfer gebracht, die sie konnten, sie haben sich so korrekt verhalten, wie es nur möglich war, sie haben versucht, in jedem Detail so zu leben, wie man's erwartete, sie haben sich an alles gehalten, was äußerlich vorgeschrieben war, und jetzt müßte man zu der Erkenntnis kommen: eben deshalb war alles falsch, hat nichts gestimmt. Man müßte jetzt nicht sagen nur: du hast verfehlt die Menschlichkeit, dich um die Hilflosen, die Witwen und die Waisen zuwenig gekümmert – auch das sind ja Bilder aus der Sprache des alten Orients, wie wir eben sahen. Man müßte sagen: es gibt einen kardinalen Fehler in allem: du warst selbst, als Mensch, gar nie gegenwärtig. Das, was du selbst zunächst schon hättest pflegen müssen, das Waisenkind in dir, hast du nie gesehen. Die Verlassenheit deiner Seele hat nie eine Rolle gespielt. Du mußtest dauernd Dinge tun, die an dir selbst vorbeigingen, im Wahn, so gefiele es deinem Gott. Aber dich selber hat es erdrückt und fertiggemacht, und das vielleicht Furchtbare, aber auch Rettende ist: Gott hat's nie gewollt. Was in dir wäre, ist kostbar wie Silber, lag da ausgeschmolzen aus so vielen Adern des Gesteins, nur es ist verpanscht worden, vermischt worden mit Umliegendem. Aus einem Getränk der Wonne wurde etwas Fauliges und Ungenießbares. Das hast du mit dir machen lassen, den eigenen Wert korrumpieren lassen durch viel zu viele faule Kompromisse. Das, was du wirklich warst, deine eigentlichen Energien, wurde stets von außen verfälscht durch Zuleitungen, durch Beimischungen. Der ganze Fehler ist: du hast dich selbst viel zuwenig bewahrt.

Das ist ein Gedanke, den Jesaja für sein Volk Israel immer wieder denkt: wenn's möglich wäre, die eigene Identität zu bewahren, das, was das Volk gegenüber Gott ist, zu schützen! Übersetzen wir diesen Gedanken in die Psychologie, müßten wir sagen: Das einzige, was wirklich falsch zu machen ist und schließlich den einzigen Vorwurf bildet, wenn irgend man dies einem Menschen mit so viel gutem Willen zum Vorwurf machen kann, besteht darin, bei allem Richtigen nie selber existiert zu haben. Da gab's ein Volk, dümmer als eine Hammelherde, und eine befehlgebende Instanz, die auf alles Äußere peinlichsten Wert legte, aber Leben war hier nicht und Leben war dort nicht. Es ging um Erfolg, es ging um Anerkennung, es ging um Prestige, es ging um Sicherheit, es ging um Koalitionen, es ging um Korruptionen, aber es ging nie um Wahrheit, um persönliches Leben, um das eigene Ich. Es kann eine Chance sein, selbst noch am Ende, wenigstens das zu sehen. Da beginnt, zumindest am Rande, noch einmal ein Reis zu blühen aus einem gefällten Baumstumpf, und selbst die Bilder von den Bäumen und den Gärten ließen sich noch einmal übersetzen. Sie sind so lange verführerisch, als Menschen denken, sie seien selber wie Blätter am Baum, nichts weiter als Blumen auf dem Feld, vergängliche Wesen im Kreislauf der Natur. Aber wenn einmal deutlich ist, ein wie Kostbares jedes Menschenleben sein kann, wär' es dann nicht möglich, Gott auch zu finden im Schatten der Bäume, in der freundlichen

Architektur eines so mühsam eingerichteten Gartens, und Gott spräche auch daraus, und unser Leben wäre, nachdem die falsche Wörtlichnahme des Mythos verschwunden ist, eingehüllt in solche Symbole? Da wäre Gott selbst wie ein Baum des Lebens, und es würde diese unsere Erde zu einem Stück wiedergewonnenen Paradieses. War nicht das die Verheißung des Jesaja noch selbst in Kapitel 9, Kapitel 10: es sollte Frieden sein zwischen den Tieren, keine Angst mehr zwischen Mensch und Kreatur? Und sollten wir's nicht übertragen dürfen auf den Umgang mit uns selbst und den Zustand des eigenen Herzens? Da würden Kuh und Bär beieinander sein, Raubtier und Opfertier beieinander, und alle Kräfte unserer Psyche wären miteinander verwoben, sich nicht mehr ausschließend, sondern verbündet. Wir hätten einen Gottesdienst, der damit begönne, Gott zu loben mit *allen* Kräften unserer Seele.

Dann bliebe, daß wir nicht durch eigenes Wollen dahin kommen, sondern daß Jesus, der sich so gern auf Jesaja beruft, an dieser Stelle ihn erweitert: Vergebung von Schuld, die rot ist wie Scharlach und weiß wird wie Wolle, kann nicht abhängen davon, daß Menschen sich aufrappeln. Umgekehrt. Erst Menschen, die begreifen, sie sind akzeptiert, mit all ihrer Schuld, gewinnen die Kraft, noch einmal zu gehen in ihr Leben und es neu anzufangen. Am Ende all der Katastrophen blüht dieser Neuanfang. Jesaja wird nicht müde werden, das zu glauben. Er wird in allen Zeitmaßen, wann das kommt, in allen Beschreibungen, wie das sein wird, bezogen auf die wirkliche Geschichte, sich irren; aber in den Symbolen, die er vor sich sieht, in den Bildern, die er entwirft, nach innen gezogen in den Erfahrungsraum von Menschen, möchte man fast beten und bitten: Möge er recht behalten für jeden von uns!

24. Mai 1997

IHR LAND IST VOLL ROSSE
UND IHRER WAGEN IST KEIN ENDE

Heute sprechen wir über einen Text aus dem 2. und 5. Kapitel des Propheten Jesaja. Wenn man die Vorstellungswelt dieses Propheten im letzten Drittel des 8. vorchristlichen Jahrhunderts in bestimmten Brennpunkten zusammenfassen will, wäre dieses 2. Kapitel ohne Zweifel am geeignetsten, enthält es doch uralte Bilder zur Deutung der Geschichte Israels wie der gesamten Menschheit. Entworfen wird, zwischen Hoffnung und Gericht, Zuversicht und Abrechnung, ein Gesamtschema, das zeigt, wie Gott zum Menschen steht und wie die Menschen stehen sollten in Gott zueinander.

Text: Jes 2, 2–5. 6–22; 5,15–16; Ps 48
Und es wird geschehen in den letzten Tagen, da wird der Berg mit dem Hause des Herrn festgegründet stehen an der Spitze der Berge und die Hügel überragen; und alle Völker werden zu ihm hinströmen, und viele Nationen werden sich aufmachen und sprechen: »Kommt, lasset uns hinaufziehen zum Berge des Herrn, zu dem Hause des Gottes Jakobs, daß er uns seine Wege lehre und wir wandeln auf seinen Pfaden; denn von Zion wird die Weisung ausgehen, und das Wort des Herrn von Jerusalem.« Und er wird Recht sprechen zwischen den Völkern und Weisung geben vielen Nationen; und sie werden ihre Schwerter zu Pflugscharen schmieden und ihre Spieße zu Rebmessern. Kein Volk wird wider das andre das Schwert erheben, und sie werden den Krieg nicht mehr lernen. Haus Jakobs, auf, lasset uns wandeln im Lichte des Herrn!
Verstoßen hast du dein Volk, das Haus Jakobs; denn sie sind voll von Wahrsagerei des Morgenlandes und von Zeichendeutern wie die Philister, und mit Fremden tauschen sie Handschlag. Und ihr Land ward voll Silber und Gold, und ihrer Schätze kein Ende, und ihr Land ward voll von Rossen, und ihrer Wagen kein Ende, und ihr Land ward voll von Götzen; das Werk ihrer Hände beten sie an, das, was ihre Finger gemacht haben. Da ward gebeugt der Mensch und gedemütigt der Mann, und erhaben ist der Herr allein an jenem Tage. Gehe hinein in den Felsen und verbirg dich im Staube vor dem Schrecken des Herrn und vor seiner hehren Majestät! Die Hoffart

der Menschen wird gebeugt und der Stolz der Männer gedemütigt, und erhaben ist der Herr allein an jenem Tage. Denn ein Tag des Herrn der Heerscharen kommt über alles Stolze und Erhabene und über alles Ragende und Hohe, über alle Zedern des Libanon und über alle Eichen Basans, über alle Berge, die hohen, und über alle Hügel, die ragenden, über jeden hohen Turm und über jede feste Mauer, über alle Tharsisschiffe und über alle köstlichen Schaustücke. Da wird erniedrigt die Hoffart der Menschen und der Stolz der Männer gedemütigt, und erhaben ist der Herr allein an jenem Tage. Und die Götzen – das fährt alles dahin! Gehet hinein in Felsenhöhlen und in Erdlöcher vor dem Schrecken des Herrn und vor seiner hehren Majestät, wenn er sich erhebt, die Erde zu schrecken! An jenem Tage wird der Mensch seine silbernen und goldenen Götzen, die er sich gemacht, sie anzubeten, den Ratten und Fledermäusen hinwerfen, hinein in die Felsspalten und in die Steinklüfte, vor dem Schrecken des Herrn und vor seiner hehren Majestät, wenn er sich erhebt, die Erde zu schrecken. Lasset doch fahren den Menschen, in dessen Nase nur ein Hauch ist! Denn wofür ist er zu achten?

Da wird gebeugt der Mensch und erniedrigt der Mann und die Augen der Hochmütigen werden gedemütigt. Aber der Herr der Heerscharen wird erhaben durch das Gericht, und der heilige Gott erweist sich heilig durch Gerechtigkeit.

Ein Lied (Psalm 48).
Ein Psalm der Korahiten.
Groß ist und hoch zu preisen
die Stadt unsres Gottes!
Sein heiliger Berg, schön ragend,
ist die Wonne der Welt,
der Berg Zion hoch im Norden
ist eines großen Königs Stadt.
Gott hat in ihren Palästen
als Hort sich kundgetan.
Denn siehe, Könige
taten sich zusammen,
zogen heran insgesamt.
Sie sahen es und starrten, erschraken,
flohen davon.
Zittern ergriff sie daselbst,

Wehen wie eine Gebärende.
Durch den Oststurm
zerschmetterst du Tharsisschiffe.
Wie wir es gehört,
so haben wir es gesehen
in der Stadt des Herrn
der Heerscharen,
in der Stadt unsres Gottes:
Gott läßt sie bestehen
auf immer und ewig.
Wir bedenken, o Gott, deine Gnade
inmitten deines Tempels.
Wie dein Name, o Gott, so geht dein
Ruhm bis ans Ende der Erde.
Deine Rechte ist voller Gerechtigkeit,
des freut sich der Zion;
es frohlocken die Töchter Judas
ob deines Gerichts.
Umkreiset den Zion, umwandelt ihn
und zählt seine Türme:
beachtet sein Bollwerk,
durchwandert seine Paläste,
auf daß ihr erzählet
dem künftigen Geschlecht:
Dies ist der Herr,
unser Gott auf immer und ewig;
er wird uns leiten.

Wenn man in die Bibel schaut, legt sich immer wieder ein Vergleich nahe: Hier gehe es ähnlich zu, wie wenn Astronomen in die Tiefe des Weltalls schauen. Sie hatten vor etwa zwanzig Jahren eine sonderbare Entdeckung gemacht. Einstein hatte recht: Riesige Sonnen können unter der eigenen Schwerkraft kollabieren, fallen immer weiter, werden nicht einmal Neutronensterne, sondern ziehen sich zusammen auf einen einzigen Punkt, eine Singularität; sie werden ein Schwarzes Loch. Ganze Milchstraßensysteme können so zusammengedrückt werden. Licht kann aus ihnen nicht hervorgehen, sie sind unsichtbar im Kosmos, aber sie wirken in der ungeheuren Stärke ihres Schwerkraftfeldes wie Sammellinsen der Optik. Ihre

Wirkung kann man bemerken, indem sie uns Lichtquellen naherücken, die uns sonst unsichtbar wären, ja, sie scheinen uns wirklich so nahe, als betrachteten wir sie durch eine Lupe. Die eine Lichtquelle kann dann aufgespalten sein in zwei oder vier einzelne Lichtpunkte – das Einstein-Kreuz, so nennt man es.

Der Text, den wir hier vor uns haben, ist soviel wie *ein* Lichtpunkt von einer Lichtquelle, die in der Geschichte Israels weit entfernt von uns liegt. Das Schwerkraftfeld, das sie in der Bibel selbst naherückt, ist ohne Zweifel die dunkelste und bitterste Zeit des Alten Testaments, der Zusammenbruch beider Reiche, des Nordens wie des Südens, eine Katastrophe in allem; das Babylonische Exil nennen wir's, 587 v. Chr. Als Israel wieder sich sammelt am Ende des 6. Jahrhunderts, sucht es in den Trümmern der eigenen Überlieferung nach Anknüpfungspunkten. Es ist eine Zeit der politischen Ohnmacht und deshalb kein Zufall, daß man bei einem Propheten, der die Politik, wie man sie nennt, mit religiösem Anspruch verurteilt, der Stärkung und Halt sucht, um eine Zeit zu bestehen, in der jeder Großmachttraum Israels ausgeträumt sein muß. Wenn es jetzt mit der Geschichte der Menschen, das heißt für die Bibel: mit der Geschichte Gottes mit seinem Volk, weitergehen soll, dann scheint der wichtigste, ja, einzige Anknüpfungspunkt in der Botschaft eines Vertrauens zu liegen, das so unbedingt und absolut niemand verkündet hat wie Jesaja, mehr als 200 Jahre vorher. So ist es, daß wir den zweiten und den dritten Jesaja aus der Zeit um 550, 520 v. Chr. eingebettet sehen in das Buch des Jesaja selber; wir haben im 2. Kapitel des Jesaja einen Text vor uns, von dem man denken darf, er wird sehr viel später, nach dem Exil vermutlich, in das prophetische Buch eingeschoben worden sein. Die Herkunft der Vorstellung selber aber von der Zionswallfahrt ist sehr viel älter, greift offenbar mythische Überlieferungen der Stadt Jerusalem aus der Zeit der Jebusiter auf, hat zu tun damit, daß David selber Jerusalem zu seiner Stadt und den Zionsberg als Heiligtumsort Gottes bestimmte.

Die Vorstellung dieses Textes selber wird zurückgehen, wie vieles beim Propheten Jesaja, auf das Herbstfest in Israel. Da feiert man den Gott wie einen König, der tut, was im alten Orient ein König zu tun hat: Er bringt eine neue Zeit herauf, er besiegt das Chaos, das in der Vergangenheit sich angesammelt hat und aus der Zukunft heranbrandet. Er steht an einer Zeitenwende, so wie wir am Neujahrstag. Gott hält Gericht und säubert und reinigt die Welt, die er heraufholt zu Heil und Frieden. Das alles sind kultische Vorstellungen, es sind feierliche Rituale. Welch eine Wirkung geht von ihnen aus? Das ist die Frage.

Der Text, der so vielleicht gar nicht von Jesaja stammt, hat fast wortgleich seine Parallele im 4. Kapitel des Propheten Micha. Das sind die beiden Lichtpunkte aus der einen, viel älteren, geschichtlich rückwärtigen Quelle. Der Text bei Micha endet anders als hier, wärmer, wenn man so will, ruhiger. Aber der Strom der Hoffnung, der bei Jesaja wie beim Propheten Micha sich meldet, ist ein und der gleiche: Es wird geschehen. Das ist, wie wenn Hoffnung nicht mehr nur Versprechen wäre, sondern Sicherheit dessen, was in Zukunft kommt: In der Folge der Tage soll es sein! Merkwürdig, daß der Israelit die Folge der Tage sieht, indem er auf die Vergangenheit blickt. Wollte man ganz richtig übersetzen »in der Folge der Tage«, so dürfte man nicht auf ein Ende hinschauen, sondern man müßte sagen »im Rücken all dessen, was je geschehen ist«. Die Deutung der Zukunft ergibt sich für den Hebräer, indem er lernt, was in der Vergangenheit war. Er schaut zurück auf den Weg, den er gegangen ist, und dann, fast wie blind, wirft er's hinter sich und sagt: das wird die Zukunft, noch einmal, wie wenn ein Strahlengang durch eine Linse ginge und entwürfe ein Bild hinter der Linse. Da wird das, was bisher war, in der eigenen Geschichte Gottes mit seinem Volk zum Vermächtnis, wie es jetzt kommen wird, und es soll sein, daß der Berg des Hauses Jahwes, der Berg Zion also mit dem Tempel, zum Haupt der Berge über alle Hügel erhaben sein wird. Geglaubt wird – ins Wörtliche –, daß der im Vergleich der Geologie winzig anmutende Zionsberg am Ende der Tage neu geschaffen, herausgeformt wird aus der Landschaft, um riesig zu ragen, um alles zu überragen.

Da beginnt Gott gewissermaßen seine Schöpfung noch einmal, und dann wird es sein, daß die Völker zum Zionsberg strömen so wie einst Israel selber zum Sinai. Es ist, wie wenn die ganze Menschheit sich aus ihrer eigenen Fronarbeit und Knechtschaft aufmachen würde, hinüberzugehen, nun aber nicht in Flucht, sondern wie in einer Prozession, wie in einer heiligen Wallfahrt zu dem Ort ihrer Freiheit und ihrer wirklichen Bestimmung. Niemand muß es ihnen sagen; sie sehen diesen Berg als das Zentrum der Welt, und sie werden wie magisch davon angezogen. Das kleine Volk Israel,

der fast unbedeutende Zionsberg sollen sein der Mittelpunkt der
Erde, Stätte eines wiedergefundenen Paradieses. Alle Völker werden erfaßt von dieser Vision, zusammenzukommen an *einem*
Punkt. Sie alle kennen die Geschichte der Bibel vom Turmbau zu
Babel, als die Menschheit aus Angst vor ihrer eigenen Zersplitte-
rung ein Zentrum schaffen wollte, einen künstlichen Berg, der bis
zum Himmel reichte. Und es geriet ihnen dahin, daß niemand mehr
den anderen verstand und ihre Sprache sich verwirrte. Der beste
Versuch der Menschen, Einheit zu bewahren, zersplitterte sich selber. Das ist die Menschengeschichte, wie wir sie kennen. Dagegen,
gegen Babylons Bild aus Genesis 11, setzt hier der Prophet das Umgekehrte. Gott wird den Punkt der Einheit aller Menschen schaffen
im Herzen des Volks, das er sich erwählt hat.

Immer wieder hat man den Erwählungsglauben Israels verstehen
wollen, verstehen können als einen Exklusivitätsanspruch fast
des Hochmuts, fast eines frivolen Stolzes, fast einer ideologischen
Anmaßung. Hier aber wird gesagt, Israel sei dazu bestellt, der
ganzen Menschheit etwas zu sagen, das sie von innen her anrührt
und ihr zur Weisung wird, zu einem Frieden, wie sie ihn nie kannte.
Am Sinai war es Gott selbst, der seine Gesetze erließ an sein Volk;
jetzt soll es sein Volk sein, von dem die Weisung dieses Gottes ausgeht auf alle Menschheit hin. Alles, was in Israel gedacht, gelebt,
kommentiert, geglaubt und gehofft wurde über die Weisung Gottes
am Sinai, soll jetzt wie vom Weltenberg herab die Pfade aller Völker
lenken: das Wort Gottes durch das Wort von Menschen. Ist es denkbar, mag man Jesaja fragen, daß die Völker ihre Sonderegoismen,
ihre Partikularinteressen, ihre Widersprüche gegeneinander, mit
Rechtstiteln durchgeführt, aufgeben sollten unter einer solchen
Weisung? Der Prophet meint in der Tat, das würde sein, Gott selber
würde richten zwischen den Völkern. An dieser Stelle wird es nicht
länger die Bedeutung haben, daß Gott *strafend* eingreift, richtend,
indem er schuldig spricht, sondern indem er's richtet und fügt's in
Harmonie zueinander. Er selber gleicht die konträren Interessen
aus, so daß sie sich gegeneinander ertragen. Das hier ist das Bild
göttlichen Gerichts, wie es selten zu nennen ist in der Bibel. Für gewöhnlich ist es, daß Gott endlich aufsteht, greift ein, schlägt drein,
schafft gegen den Widerspruch Ordnung, indem er seine Macht
durchsetzt. Ganz anders hier. Mit welcher Sehnsucht hat die Friedensbewegung vor Jahren sich berufen auf diesen Text: Er wird

dafür sorgen, daß die Menschen ihre Schwerter zu Pflugscharen umschmieden und ihre Speere zu Winzermessern. – Es ist, soweit ich sehe, die einzige Stelle im Alten Testament, wo der Friede nicht hervorgeht durch Machtdemonstration und Machtdurchsetzung eines einzelnen gegen alle, sondern wo Friede wird durch eine Überzeugung aller in einem gemeinsamen Punkt, räumlich hier gefunden am Berg Zion, aber miteinander verschmolzen durch eine Entdeckung, die Vision eines Gleichklangs in allem.

Und niemals mehr wird ein Volk gegen das andere kämpfen müssen. Sie hören nicht auf, Völker zu sein, aber sie sollen und werden einander finden, gemeinsam, und niemand mehr wird den Kriegsruf hören. – An dieser Stelle setzt der Prophet Micha im 4. Kapitel: Und sie werden sitzen unter den Weinreben und unter den Feigenbäumen und in Ruhe genießen den Ertrag ihrer Früchte. – Ein ganz und gar irdischer Friede, keine weltjenseitige Hoffnung, nicht der Himmel nach dem Zusammenbruch der Welt, sondern hier auf Erden Menschen, die in Frieden leben könnten – das wäre in gewissem Sinne alles, aber es wäre unglaublich viel, denn es wäre die Veränderung von allem.

Wenn wir uns Christen nennen, müßten wir im Grunde sagen, wir seien nach unserer eigenen Selbstvorstellung die Erfüllung dieser Prophetie: das Christentum als ein Judentum für die Völker. Nichts anderes sollte und wollte Jesus auf die Welt bringen, als daß die Botschaft seines Volkes endlich beispielhaft und einmal so gelebt würde, daß sie allen einleuchtet und sie gehen könnten im Licht Gottes. Historisch hat Jesus sich nur auf sein Volk konzentriert; es sollte so leben, daß in seiner Mitte niemand mehr ausgeschlossen wäre, kein Zöllner, kein Samaritaner, kein Römer, kein Sünder, keine Hure, kein Bettler; endlich und ein für allemal sollte programmatisch gelebt werden die Einheit eines ganzen Volkes, das gelernt hat, auf Gott zu schauen. Würde das ein einziges Mal sichtbar, so war Jesu Meinung, würde die Völkerwallfahrt zum Zion wie von alleine kommen. Es würde eine solche – sagen wir's mit dem lateinischen Fremdwort – Evidenz, ein solches Leuchten von Licht in Klarheit deutlich machen, daß doch lebbar wäre, wonach im Grunde alle Menschen sich sehnen, nur daß es ihnen immer wieder für unmöglich erklärt wird: für zu früh, in der heutigen Zeit noch nicht möglich. Jesaja stellt's hin: Im Rücken einer leidvollen Geschichte *ist* das die Hoffnung, und sie *wird* sein. Jesus wollte nicht länger sagen: Sie wird sein. Er sagte: Hier, jetzt ist sie – Punkt. Aber ohne Aufschub. Darauf sich berufend, haben wir das, was wir Christentum nennen. Es gibt für die Religion, die so heißt, eine einzige Rechtfertigung: daß sie Texte wie diesen hier wirklich lebt.

Dann freilich ist eine solche Vision von unglaublicher Aktualität, da ist sie der Maßstab, die verpflichtende Urkunde, und wir müßten sie einfach einmal durchgehen.

Daß sich der Zionsberg aufschichtet, ist nichts als ein Bild, aber denken dürften wir, es gäbe für alle Menschen ein inneres Zentrum ihres Daseins. Setzen wir diese Hoffnung nur einmal geschichtlich an, so müßten wir glauben, es gäbe etwas, in dem alle Völker auf Erden gemeinsam sich finden könnten. »Was wäre das?« müßte man überlegen. Wir versuchen am Ende des 20. Jahrhunderts mit viel Mühe, so etwas wie eine Magna Charta der Menschenrechte für alle verbindlich zu machen. Wir sind dabei, für die UNO als eine Art Weltengericht auszuarbeiten, nach welchen Grundlagen jedes Volk sich verhalten muß. Da soll in einer bestimmten künstlichen Verfassung der Menschheit Ordnung und Weisung werden. Und es bleibt dann die Frage, wer die Einhaltung dieser Ordnung durchsetzt, in wessen Händen die Macht liegt, dafür zu sorgen, daß eine bestimmte Rechtsgrundlage anerkannt und exekutiert wird.

Es ist das Erstaunliche, daß Jesaja in dieser Form überhaupt nicht denkt. Für ihn ist seine Hoffnung nicht die Verlängerung dessen, was immer schon Geschichte war; worauf er wartet, ist *etwas* in der Geschichte, ohne Zweifel, aber es ist geredet wie von einem anderen Stern, so daß sich die Theologen bis heute streiten, wie sie das nennen sollen. Ist das Apokalyptik? Dann müßte man denken, alles wird eingeschmolzen, was bisher war; es geht nur durch ein totales Desaster ins Neue. – Oder ist das eschatologisch? Kommt es so, daß das Ende der Geschichte als Vollendung beschrieben wird? Immer sind die Theologen in Wortspielen meisterlich.

Die Wahrheit ist hier sehr einfach. Damit Geschichte Bestand hat, müßte sie in den gesamten Grundlagen, so wie sie bisher war, sich dramatisch verändern. Vielleicht sind wir in unseren Tagen dicht dabei, zu verstehen, was gemeint ist. Gerade wenn die Religion des Jesaja, wenn die Frömmigkeit des Propheten nicht sich politisch motiviert, wenn sich sein Glaube an Gott unterscheidet von all dem, was Machthaber planen und in die Wege leiten können, begibt sich dann nicht schon aus dieser Negativität der Beziehung etwas außerordentlich Positives? Bis heute hieß Politik, hieß Gestaltung von Geschichte im wesentlichen die Vertretung der Eigeninteressen des jeweiligen Volkes. Die Machthaber auf den Thronen glaubten sich verpflichtet, dem eigenen Volk zu dienen, dem sie vorstanden, und damit sich selber. So war Geschichte bisher immer, und notfalls waren die Grenzen des eigenen Landes die Grenzen auch von Recht und Menschlichkeit. Das war Politik, so ist Politik. Wir aber spüren vielleicht heute erstmals, wie antiquiert und überholt die ganze Vorstellung ist. Paradoxerweise zeigen uns das aber nicht die Theologen, das zeigt uns nicht ein Mann wie Jesaja, sondern es sind die Vorsitzenden der Banken und die Wirtschaftler und die Unternehmer und dann in ihrem Schlepptau wieder die Politiker. Die wissen, daß wir heute nur noch durch Globalisierung überleben können, und darunter verstehen sie die Globalisierung der Märkte, die Globalisierung der Arbeitsplätze, die Globalisierung der Absatzplätze für die Produkte, den Zugangsweg zu den Ressourcen. Die gesamte Welt verteilt sich global, ist untereinander vernetzt, und wie eine Spinne im Netz sitzt das Interesse des Kapitals.

Was ginge hervor aus der Vision des Jesaja für unsere Tage? Globalisierung der Arbeitskräfte, der Arbeitsmärkte bedeutet heute, daß die Unternehmer, die Großindustrie, die Geldmagnaten auf die Suche gehen nach den Menschen, die sie als die ärmsten am meisten ausbeuten können. Sie sitzen morgens früh dabei, eine Tasse Tee zu trinken, und Sie sollten sich erinnern daran, daß die Frauen, die den Tee in Ceylon gepflückt haben, vierzehn Stunden mit der Kiepe auf dem Rücken arbeiteten für etwa 70 Pfennige. Da kann man anknüpfen. Wer viel Geld verdienen will: hier hat er seine Arbeitskraft. Kein Deutscher würde arbeiten für diesen Preis, aber wenn es in Ceylon geht, warum versetzen wir nicht die Teefabrik nach Ceylon? Und so in allen Belangen. – Vor einer Weile hatte ich einen Vortrag zu halten vor Kumpels im Ruhrgebiet, denen sicher war, daß ihre Arbeitsplätze zu den 5000 gehören werden, die man reduzieren wird, durch Entlassung in die Frührente zum Beispiel. Ein Mann mit 45 Jahren hat keine Zukunft mehr als Arbeiter – eine schöne »Freisetzung« ist das. Und woran liegt das? Just an der Globalisierung der Arbeitsplätze. Ein Kumpel in China, ein Kumpel in Südafrika wird dieselbe Arbeit sehr viel billiger machen. Und wie auch nicht? Er hat den Maschinenpark nicht zur Verfügung, er braucht die Strecke nicht zu sichern und so weit auszubauen, er muß nicht mit der Wetterführung hinterdreinkommen; irgendwann gibt es dann Unfälle mit 200 Toten, 400 Toten – das ist der Preis für die Billigkohle. Sie ist so billig, daß sie, selbst über den Atlantik verschifft, immer noch 200 Mark billiger ist als deutsche Steinkohle. In dieser Konkurrenz können wir einen deutschen Bergmann unter Tage nicht arbeiten lassen, nicht zu den Betriebsbedingungen eines Bergwerks in Südafrika oder in China. Globalisierung der Arbeitsmärkte folgt dem Weg der Menschen, die man am besten ausbeuten kann, und das ist das Programm der Zukunft.

Genauso das der Absatzmärkte und der Ausbeutung der Ressourcen. Welches Land läßt sich am schnellsten verwüsten? Wer gibt seinen Urwald für den billigsten Preis her, wer seine Bauxitlager, wer seine Rohstoffe, die jetzt noch zu verhandeln sind? Erdöl zum Beispiel: Es wird auslaufen in den nächsten 30 Jahren, aber wer verhökert's auf dem Weltmarkt heute zu Preisen, die so niedrig sind, daß wir mit dem Auto fahren können und alles weitere tun? Das nennen wir Globalisierung: die Universalisierung der Zerstörung. Setzen wir nur mal dagegen, es würde im Bundestag ein Mann wie Jesaja auftreten und sagen: Globalisierung – Leute, ihr habt vollkommen recht –, das hieße, zu sehen, daß überall Menschen sind. Wenn wir irgend etwas zu lernen haben, dann ist es, daß jeder Mensch weiß, was Hunger bedeutet, was Schwitzen bedeutet, was Todesangst bedeutet. Das ist allen gemeinsam, das müssen wir nur zusammenfassen. Wo immer wir hinkommen auf diesem Globus, werden wir Menschen begegnen. Dann hätte man fast ein kommunistisches Programm. Menschen, die arbeiten, sollten sich von den Interessen der Arbeitgeber nicht in Konkurrenten verwandeln lassen. Es gäbe eine Internationale der Arbeiterschaft, so hieß das um 1920; Menschen ließen sich nicht trennen, weil sie wissen, daß die Arbeit überall die gleiche ist, und die Interessen der Ausgebeuteten würden die Menschheit vereinigen. Das wäre Kampf zwischen Unten und Oben – ein erster Schritt.

Jesaja sieht das umfassender. Es gibt für ihn auch nicht den Gegensatz zwischen Arbeitgebern und Arbeitnehmern. Für ihn müßte jede Form von Ausbeutung zu Ende sein. Wie wäre es, wir würden Globalisierung von Arbeitsmärkten so verstehen, daß wir den sogenannten Billiglohnländern endlich erlaubten, aufzuschließen zu den Industrienationen, und es würden gerechte Löhne weltweit gezahlt? Das wäre ein Programm; aber es ist keines, daß wir Menschen einfach erübrigen, indem wir suchen, wo wir sie in Massen noch als Sklaven auftreiben können. Diese Vision hier setzt voraus, daß man den Glutofen Ägyptens, die Fremdbestimmung in Fronarbeit, endlich aufgibt, und alle Völker würden dran beteiligt sein. Das wäre zu lernen von Israel: Beugt euch nicht vor den Mächtigen! Habt keine Angst vor denen, die nichts weiter in Händen haben als ihr Geld! Habt euren eigenen Stolz! Wenn diese Idee Israels auf alle überginge, es wäre ein wunderbares Christentum, und das sollten wir lernen und lehren.

Und es hätte ein Ende damit, den Krieg zu lernen. Wir würden ein einziges Mal das Experiment des Jesaja, seine Hoffnung, wagen in diesem blutigen 20. Jahrhundert, das mit Sicherheit in drei Jahren als ein großartiges gefeiert wird mit einer noch großartigeren Zukunft und einer Vergrößerung aller alten Fehler. Hat es nur einen einzigen gegeben, der dachte, Worte wie die des Jesaja oder des Jesus aus Nazaret ließen sich in wirkliches Handeln umsetzen? Es war der Hindu Mahatma Gandhi, der sagte: keine Soldaten! Beim Empfang irgendwo, einem Staatsbesuch: keine Militärparaden, keine Gewalt! Herrschen, das hieß für Gandhi: einem jeden seine Würde geben, ihm beibringen, daß er selber etwas zu sagen hat, zu denken hat, und daß es niemanden gibt, der ihm von außen vorschreibt, wer er ist und was er zu tun hat; so wäre es möglich, eine Kolonialmacht wie Großbritannien menschlich und moralisch in die Knie zu zwingen. Sie ginge einfach weg. Nur der Hindu Gandhi hat so gehandelt. Die Ausrede, die man stets dabei hat, gilt nicht: Dies waren ja Briten, das waren ja Demokraten, mit denen konnte man reden! Die Juden in Palästina haben sich, um die Kolonialmacht Großbritannien loszuwerden, auf den Terror verlegt. Die Ägypter haben, um die Großmacht Britannien loszuwerden, sich auf den Widerstandskampf verlegt, die Mau-Mau-Bewegung in Kenia auf die grausigste Form des Terrors gegen die britische Kolonialmacht. Überall auf Erden hat die große britische Kolonialmacht, die Vorbilddemokratie der Menschheit, sich nur zurückgezogen unter explodierenden Bomben und den Qualen zerschnittener Glieder. Einzig Mahatma Gandhi glaubte der Menschheit zu dienen, indem er zeigte, daß es keine größere Macht gibt als die Freiheit von Menschen, die sich nicht ängstigen. Das ganze Militär wird überflüssig, wenn es keine Menschen mehr gibt, die sich ängstigen. Das ist zu lernen am Berge Zion. Er ist wie ein Turm, wie ein Schutz, wie eine Hand, unter der Geborgenheit ist im Herzen der Menschen. Stellen wir uns einmal vor, wir würden hier in Deutschland auch nur an eine solche Möglichkeit glauben. Wir experimentieren, solange wir die menschliche Geschichte kennen, in der Verbreitung und Perfektionierung immer verfeinerterer Methoden, Menschen in Massen umzubringen. Wir finden's fast normal, daß wir Instrumente haben, die über hunderttausend Menschen, Millionen Menschen in wenigen Sekunden töten können, und wir zögern nicht, diese Instrumente der Massenvernichtung zu produzieren, zu lagern, einsatzbereit zu halten und vor allem junge Leute zu trainieren, daß sie auf Befehl all das tun, was da vorbereitet wird. 100 000 Menschen in wenigen Sekunden über Hiroschima, 80 000 Menschen in wenigen Sekunden über Nagasaki – das waren die Paukenschläge zum Ende des sogenannten Zweiten Weltkriegs. Wir in Deutschland suchen gerade danach, wie wir aus der Staatskrise unseres zerrütteten Finanzsystems herauskommen; trotz 2000 Milliarden Schulden finden wir nichts dabei, 50 Milliarden D-Mark immer noch für Kriegsrüstung auszugeben. Aber weit und breit hat Deutschland keinen einzigen Feind, nicht die Schweiz, nicht die Holländer, nicht die Polen; das einzige, was uns zum Feind wird, ist die Verrücktheit unserer Politiker, die immer nur wissen, daß sie so weitermachen müssen, wie sie's immer schon gemacht haben. 50 Milliarden D-Mark! Das Wasser steht uns am Hals, aber wir müssen viel Blut noch hineingießen. Was wäre, wir würden 50 Milliarden D-Mark ein einziges Mal, ein Jahr lang nur, ausgeben im Kampf gegen Hunger, Elend, ungerechte Löhne, um den Abstand zwischen der ersten und der dritten Welt zu verringern; wir würden ein wirkliches Friedensprogramm starten, nicht ein Notprogramm zum Stopfen der Löcher, die unser Krisenmanagement auf diese Art immer wieder reißen wird. Stellen Sie sich vor, wir hätten ein einziges Mal die Chance, es wüchse eine Generation von Achtzehnjährigen heran, zu denen der Kanzler nicht sagen kann: das Normale ist die Wehrpflicht, d. h. jeder Junge normalerweise muß lernen, kaum daß er achtzehn ist, daß er töten muß, töten können muß, zu töten bereit sein muß, zur Todespraxis trainiert sein muß, gedrillt sein muß, die Tötungshemmung herabzufahren, um als guter Soldat dem Vaterland zu dienen und in der Frage: du oder ich? ganz klar, wie im Reflex, zu sagen: ich! Das ist seine Pflicht, er hat den Selbsterhalt im Dienste des Vaterlandes, notfalls indem er über Leichen geht, zu wahren. Das ist die Normalität. Stellen Sie sich vor, wir hätten einmal eine einzige Generation, die, wie Jesaja hier sagt, ferner das Kriegführen nicht lernen würde, sie würde aus dieser idiotischen Blutmühle, die Geschichte heißt, herausgenommen. Welch eine wunderbare Welt könnte beginnen! Das Ich-bedrohe-dich-weil-du-mich-bedrohst, dieser ganze Irrsinn von Terror und Gegenterror höbe sich plötzlich auf durch eine gemeinsame Vision.

Wenn es Geschichte geben soll, wird sie ohne Zweifel diese Richtung nehmen: Die Welt wird zusammenwachsen, die Menschen müssen sich verständigen, jeder weiß das; die Frage ist nur, unter welcher Bedingung: unter dem gemeinsamen Zwang, unter der Ausdehnung gemeinsamer Gewalt, unter der Verewigung und Verfestigung der alten Mechanismen oder durch Überwindung von Angst in einem tieferen Vertrauen und einer wachsenden Menschlichkeit. Was wir heute Globalisierung nennen, ist nichts weiter als die Totalisierung aller Mechanismen der Menschenunterdrückung, der Ausbeutung, der Ungerechtigkeit und der Zerstörung von Menschen und Natur. Das ist das Programm von Babylon. Das Gegenstück ist das Programm des Jesaja: Wir verständigen uns darauf, Menschen zu sein, und wir lassen all den Spuk weg, von dem sie uns einreden, er sei nötig, damit wir *richtige* Menschen werden, also eben nicht richtige Menschen, sondern richtige Deutsche, richtige Europäer, richtige Westler, richtige Christen – immer richtig, also ganz sicher keine Araber, keine Ostasiaten, keine Muslime, eben die *richtigen* Menschen, auch die fortschrittlichen Menschen, auch die kultivierten Menschen – wir würden einfach finden, daß überall auf der Welt genauso gelitten, geseufzt, gehofft, geliebt wird. Und das wäre das Licht, die einzige Erleuchtung, die wir nötig hätten.

Vielleicht sagen Sie sich: es ist zu früh, tatsächlich schon in der Geschichte so zu hoffen; jeder muß bei sich selbst anfangen. Dann blieb's doch dabei auch, daß alles, was hier konkret gehofft wird für die nächste Zukunft, was in der Person Jesu wirklich werden wollte, sich noch einmal umsetzt sozusagen in eine symbolische Sprache der Seele. Was wäre die Offenbarung Gottes am Berge Zion anderes, als daß unser Herz, das eines jeden einzelnen, sich sammelt in der Liebe und fände zu sich selbst? Das ist das Stück vom Paradies, vielleicht das einzige, das uns noch bleibt, daß Menschen sich so lieben können, daß sie aufhören, sich zu schämen. Aller Krieg draußen, kann man mit Recht sagen, beginnt im Krieg drinnen. Wir hassen im andern, was wir in uns selber unterdrücken, wir suchen in ihnen zu vernichten, wofür man strafweise uns selber längst vernichtet hat; wir geben den inneren Druck nur nach außen weiter. Aber wie, wenn die Liebe uns lehren würde, uns selber zu mögen und uns aufzurichten? Da würden wir einen hohen Berg besteigen, all die Logik der Niederungen, das Schwerkraftgesetz, das nach unten zieht, all die Selbsthypnose von Verzweiflung und Traurigkeit würde schrittweise überwunden, und wir bekämen das Gesicht frei zu einer wirklichen Perspektive; wir drehten uns nicht länger im Kreise, wir könnten endlich unterscheiden, was wesentlich ist und unwichtig, wofür es uns wirklich gibt mit ein paar Jahrzehnten Leben nur, und schon weil wir das wüßten, nähmen wir einander an der Hand und würden horchen im Raum auf die Angst des andern, auf das Glück und die Freude des andern; wir würden uns nicht mehr bekriegen, sondern in den Unterschieden ergänzen. Heute haben viele Menschen Schwierigkeiten, wenn von Gott die Rede geht, und das Wort Jahwe ist ihnen fremd selbst nach vielen Stunden Religion. Aber wenn wir sagen würden: diese Kunde von einer Liebe, die Menschen verbindet, das ist die Stelle, wo Gott zum Leuchten kommt, hätten wir's dann nicht aufs ganze erfaßt, so wie Jesaja es meint? Da wär' ein Stück vom Paradies. Nicht mehr unter Blitz und Donner würden da Gesetze erlassen, sondern von innen her schriebe es sich, im Inneren eines jeden, und diente dazu, miteinander zu gehen und eine Zukunft zu haben. Das Problem bleibt, wie wir Erfahrungen, die persönlich dicht und gültig sind, übersetzen können ins Große, Allgemeine, Politische. Daß wir das sollen und müssen, das freilich zeigt ein zweiter Text aus dem 2. Kapitel des Jesaja in den Versen 6 bis 22 und angehängt, Kapitel 5, 15 und 16. Es ist ein anderes, gegenläufiges Bild von dem großen Tag Jahwes.

Text: Jes 2, 6–22; 5, 15–16

So friedfertig das eine Bild einer Vision der vereinigten Menschheit ist, so grimmig und bitter dieses Kontrastbild: Die Zionswallfahrt ist wie die rechte Hand und der Gerichtstag Jahwes aus den Tagen der Richter die linke Hand, und es ist in dieser Zusammenstellung des Jesaja-Buchs wie eine Wahl zwischen Leben und Tod. Was wollen wir wirklich? Wir können das haben, so wie Jesaja das hier aufzählt: Wir können drauf setzen, daß wir von Gott gehört haben, nur um mit seinem Namen ganz andere Dinge zu kaschieren. Menschen hängten sich an Wahrsagerei, die aus Babylon kam. Für uns scheint das heute so kaum eine Gefahr, wenn wir nicht die Wörtlichnahme von Aberglauben, esoterischem Humbug, Pendeln, Kartenlegen und allem möglichen darunter verstehen. Setzen wir lieber die wirkliche, die moderne, die scheinrationale Form des Aberglaubens der Wahrsagerei, so wie sie in Babylon damals erschien, dann müßten wir sagen: Wir lesen heute unsere Börsenberichte, unsere Bulletins, unsere Wirtschaftsbudgets, die wir verabschieden, als solche Wahrsagebücher. Jeder, der Wahrsagung praktiziert, weiß, daß er lügt. Allein schon die Steuerprojektion für das laufende Jahr ist niemals identisch mit den Voraussetzungen, unter denen der neue Haushalt eingebracht wird, schon gar nicht der Nachtragshaushalt. Wir haben Orakel und Wahrsagerei gelernt, und wir handhaben's wie eine göttliche Kunst. Selbst in der Religion: wir haben aus dem Gott der Freiheit ein Staatskirchentum gemacht in protestantischen Landen und einen Kirchenstaat im katholischen Vatikan, und sie alle treiben ihre Politik; sie schachern mit Menschen, mit Mehrheiten; sie bringen es zusammen, glauben sie, und wir sind dabei, zu zaubern wie die Philister. Die Wirklichkeit ist nicht die Wirklichkeit, wir können sie ummodeln. Wir sind gerade dabei, Buchführung kreativ zu gestalten – für einen Finanzminister kein Problem. Wir werden zwei mal zwei gleich vier umändern, einfach durch das Dekret der Macht. Die Menschheit staunt, wie sie sich so betrügen läßt, aber wir werden's glauben als eine höhere Vernunft. Wir werden das Militär umlügen in einen Faktor des Friedens: es gibt gar keinen Krieg mehr, es gibt nur noch Eingreiftruppen, friedenerhaltende Maßnahmen, Verbreitungen der Menschlichkeit – so werden wir das nennen. Es gibt keinen Einmarsch mehr, keine Eroberung, es gibt nur noch humane Kultivierung. Die Sache ist nicht neu. Schon die alten Römer haben ihren Krieg gegen die Gallier, als sie 1,5 Millionen Menschen töteten, als Friedensarbeit bezeichnet, und der göttliche Cäsar, der es praktizierte, war so pleite, daß er dringend einen neuen Krieg brauchte, um nach Rom zurückzukehren als Imperator. Aber sein Tun galt der Befriedung der Menschheit, ohne Zweifel, es war ein kultureller Fortschritt. Bis heute müssen wir froh sein über diese Taten der Ausdehnung des Römischen Reiches. – Und wie nun, wenn wir eine amerikanische Ordnung hätten, eine westliche Ordnung hätten für den Rest der Welt? Dann wären wir bei der Zauberei der Philister, Fremdvölker, die Fuß fassen und denken: sie dehnen sich aus.

Und *einen Überfluß an Fremdgeborenen.* An dieser Stelle stockt mir der Atem, weil's ein rassistischer Gedanke ist. Wir müßten ihn sofort ins Symbol setzen und keinen Moment lang äußerlich ernstnehmen. So etwas ist möglich; für »fremd« müßten wir sagen, daß Menschen Dinge tun, die sie gar nicht wollen, daß sie die eigene Verfälschung als Überfremdung erleben und wissen am Ende selber nicht mehr, wer sie sind. So könnte der Satz stehen bleiben.

Und *das Land ist voll von Silber und Gold und hat kein Ende seiner Schätze.* Das ist der Zustand. Das einzige, woran wir glauben in unserer Kultur, ist, wie man Reichtum vermehren kann, das Bruttosozialprodukt vermehren muß, mindestens um 1 Prozent, am besten 1,5 oder 2 Prozent, nötig wären allerdings zum Abarbeiten der Schulden über 7 Prozent und das mindestens ein Vierteljahrhundert lang. Nur: ein solches Wachstum ist unerreichbar, im Grunde gar nicht wünschbar. Aber wir brauchen von allem noch viel mehr, das steht fest. 200 Brotsorten sind zuwenig, 300 Käsesorten zuwenig, wir brauchen noch mehr, wir müssen noch mehr Natur zerstören, Tiere quälen; wir sind um so glücklicher, je mehr wir haben. Jeder Biologe, jeder Arzt wird uns sagen, so kann es nicht stimmen: je mehr du ißt, desto gesünder wirst du – das ist eine absurde Gleichung. Es kommt vor allem darauf an, *das richtige Maß* zu finden. Immer mehr ist gleich immer besser – das ist der Krebs im eigenen Körper, das ist der Ruin jeder Gesundheit. Aber wir sind volkswirtschaftlich darauf eingestellt, genau so es wieder magisch zaubernd für die Wahrheit auszugeben: Immer mehr ist immer besser – das ständige Wachstum. Keine Bundestagsdebatte ohne das Vermehren von Schätzen. Das ist die Wirklichkeit, in der wir stecken.

Und *ward's ein Land von Rossen und kein Ende seiner Wagen.* – Wirklich, wir können es wörtlich übersetzen für die heutige Autoindustrie, es ist nicht einmal eine Ironie des Schicksals. Mobilität der Bürger, dies ist eine der Funktionen, die verbesserte Infrastruktur ein Fortschritt der Zivilisation; also müssen wir es auf die Räder bringen, und wir tun's. Es mißt sich der Wohlstand eigentlich mit den Kubikzentimetern unter der Motorhaube.

Es ist wie die Zusammenfassung des Jesaja, zu erklären: *Das ist* ein Land voll von Götzen, und was sie anbeten, ist nichts als das Gemächte ihrer Hände. Jesaja verstand darunter, daß sich hier jemand in Stein oder Holz einen Götzen schnitzt und wirft sich davor nieder und betet ihn an. Lassen wir den Götzen als Gestalt beiseite. Woran glauben wir denn anders als an das, was wir hervorbringen? Das, was ist, macht uns fast undankbar. Kaum lesen wir ein paar Buchstaben in dem unglaublichen Roman des Lebens, der Evolution, fangen wir an, wie Kinder mit Bausteinchen da herumzuspielen, sorgen dafür, daß Tiere kreiert werden, die als reine Monstren kaum auf vier Beinen stehen können, und bieten's dem Markt an, züchten Hybridprodukte für alles mögliche – kein Mensch weiß, wie das weiter geht. Aber dies eben müssen wir tun, das Produkt der eigenen Hände ist der Maßstab der Wertsetzung, der Wertschöpfung; alles andere, was wir nicht gemacht haben, hat keinen Wert – so unsere Wirtschaftslehre. Wert ist nur das, was durch menschliche Arbeit geschaffen wird. Die Natur in diesem Sinne hat überhaupt keinen Wert, es sei denn, Sie hätten ein Grundstück irgendwo in der Innenstadt. Dann ist die Frage, wie Sie das bezahlen können, wie viele Mieten Sie darauf erwirtschaften können, wie hoch Sie den Mietwucher treiben können in der Innenstadt. Was ein Geschäft an diesem Ort verdienen könnte, das muß man umrechnen. Ob da mal Bäume standen, ein Stadtpark war, das interessiert nicht, wenn's nur jemandem gehört.

Sollten wir nicht sagen: was Jesaja hier beschreibt an dieser Stelle, ist nicht eigentlich die Apokalypse, es ist der Ist-Zustand dessen, was offensichtlich über Jahrtausende immer wieder Geschichte geheißen hat, nur er will's nicht mehr. Er will's nicht einen Tag lang länger. Man muß sagen, Jesaja wünscht sich den Tag des Herrn. Man sollte nicht denken, er hoffte, daß jetzt Jahwe-Zebaoth im Himmel aufsteht und macht irgendein göttliches Spektakel nach der Art der griechischen Olympier; Jesaja denkt mehr an atmosphärische und geologische Phänomene. Da kommt's wie ein Sturm über das Land, zerbricht die Schiffe auf dem Ozean, zerschmettert die Zedern auf den Bergen und fährt über die Städte dahin, und unterirdisch wird's ein Erdbeben unter den Füßen. Beides sind Bilder, dürften wir denken. Die ganze Atmosphäre geistig, in der wir stehen, braut sich zusammen zu einem riesigen Wirbelwind, und die Erde, die uns so fest scheint, verträgt nicht mehr, unsere Last zu tragen. Eine Erschütterung nach der andern ergibt sich aus dem Zustand, in dem wir leben, anders kann's nicht sein. – Immer wieder nach Vorträgen höre ich die Frage: Welche Hoffnung haben wir? Und immer muß man antworten: Es ist die Frage nach dem *Maßstab der Zeit.* Wenn wir so weitermachen, gibt es eine Kette von Katastrophen, unvermeidbar. Und schon denken die meisten: Aber dann ist es furchtbar, dann ist ja keine Hoffnung, dann ist es ganz entsetzlich. Das Schwerbegreifbare ist, daß man mitunter nach so vielen Jahrhunderten und Jahrtausenden der Unbelehrbarkeit im Sinne des Jesaja fast nur wünschen kann, die Katastrophe käme rasch und gründlich. Erst dann gäbe es die Chance wieder eines Neuanfangs.

So denkt sich Jesaja die Zukunft: Wenn sie nicht wollen und da sie nicht wollen, müssen sie lernen durch Fühlen. Da muß kein Gott strafen. Das, was sie machen, richtet sich selber. Hoffart nennt das Jesaja, als Hochmut bezeichnet er es, aber es wird dahin führen, daß sie froh wären wie die Mäuse, in den Felslöchern sich verkriechen zu können – nur: es gibt keine Zuflucht und kein Entrinnen vor dem Alptraum, den die Menschen sich selbst schaffen.

Auch das sind Texte, die vermutlich vom Herbstfest stammen, wenn's um die Ernte und die Bilanz ging. Sollten wir, übertragen noch einmal auf jeden einzelnen und sein Leben hin, uns und dem Propheten sagen, mit der bloßen Drohung gehe es nicht? Wie man Völkern anders beikommt, als indem man an fünf Fingern abzählt, welche Konsequenzen das hat, was sie tun, weiß wohl niemand. Aber wenn es um Menschen geht, um einzelne geht, hilft die Drohung vor dem Ende überhaupt gar nicht. – Es mag sein, daß Sie mit einem Menschen, einem Suchtkranken, sprechen, einem Alkoholiker etwa, und er verspricht immer wieder, er wird sich ändern, er wird kein Glas mehr anrühren – er tut's eben deshalb. Selbst dann ist es möglich, zu wünschen beinahe, er möchte ein Maß erreichen, über das hinaus es keine Steigerung mehr gibt. Und dann würde er, auf allen vieren womöglich, in irgendeine Suchttherapie sich schleppen; aber dann finge das Leben wirklich an, und vorher wäre es gar nicht. Dieser Tage noch erzählte mir ein ehedem Alkoholkranker, genau so sei es gewesen; vorher hätte er's immer gewollt, aber erst mit dem Tod vor Augen hätte er's begriffen. Und immer noch die Angst vor dem Rückfall!

Hoffen könnten wir, die Wandlung des Menschen käme leichter nach dem ersten Teil in diesem Kapitel aus dem Propheten Jesaja.

Aber wenn wir's begleiten dürften, wenn wir's im Leben einzelner ein Stück weit bei der Hand nehmen dürften, sollten wir dann nicht darüber nachsinnen, wie Menschen darauf verzichten können, ihre Götzen anzubeten? Man hat es uns genau beigebracht: Du bist, was du tust. Das im Grunde ist die Kernformel des Atheismus, Existentialismus, Kapitalismus im 20. Jahrhundert, egal in welcher Spielart. Menschen haben die Pflicht, sich selber hervorzubringen, die Menschheit als Gattung und jeder einzelne. Und so trichtern wir's unseren Kindern ein: Du wirst anerkannt, du bekommst gute Noten, wenn du etwas leistest, und um zu leisten, mußt du arbeiten; durch Arbeit schaffst du dir die Zukunft, schaffst du dich selber. Gewiß, es gibt ein paar Erbanlagen, gar nicht so schlechte womöglich, aber daran mußt du eben feilen, trainieren, verbessern; das alles darf nicht brach liegen bleiben, du mußt dich anstrengen; das ist der Kern von allem: du mußt dich einsetzen, du mußt dich formen, die Plasmamasse deines Daseins gestalten, damit es ansehnlich wird. Am Ende haben wir keine Menschen, sondern nichts weiter als Funktionäre fremder Aufträge, nichts weiter als die Perfektionisten von Programmen, die sie nie entworfen haben, Abziehbilder des Allgemeinen, Wunschstatisten von Untoten; keine Persönlichkeiten, sondern Menschen, die wie Wortträger von nachgeredeten Formeln und Hülsen fremder Gedanken herumlaufen, kein Ich, keine Identität, keine Persönlichkeit, wirklich dann wie Magier und Zauberer. Mit Formeln müssen sie erklären, da sei etwas, wo von ihnen gar nichts ist.

Wie bekommt man Menschen dahin, daß sie ihren eigenen Wert wiederentdecken, einen Stolz auf sich selber wiedergewinnen, daß etwas vom Zionsberg herüber in ihr Herz leuchtete? Du bist ein Erwählter, das war einmal der Stolz Israels. Du bist ein Geschöpf Gottes, das Kind eines Königs, du bist etwas Unausdenkliches, das nur Gott selber einfallen konnte. Blüh auf, Menschenkind, wie eine Blume im Frühling! In der Schönheit der Sommertage reife der Flügel deiner Seele gleich einem Vogel, der zum erstenmal die Weite der Welt als das Reich seiner Entfaltung entdeckt. Wieviel können Menschen fahren lassen, finden sie nur erst einmal sich selber! – Die Machenschaften von draußen befrieden die Menschen niemals, sie sind die Quelle endlosen Unfriedens. Aber wenn es nur einmal möglich wird, zu spüren, was im eigenen Herzen vor sich geht, ein Stückchen Aufmerksamkeit zu finden für die Menschen an unserer

Seite, wieviel könnten wir dann *lassen*! Wir brauchten nicht in Wagen herumzufahren, es genügte, einen anderen Menschen zu besuchen, und wir würden merken, daß das, was wirklich zählt, nur der Einklang des Herzens ist. Reichtümer spielten ganz und gar keine Rolle. Wir würden entdecken, daß sie den Menschen lebendig begraben, statt ihm zu helfen, er selber zu werden. Da, wo wir etwas fahren lassen, entsteht das Kostbare; wenn wir fahren lassen, was uns angeboten wird an Macht, Gewinn, Aufstieg, Karriere, gewinnen wir ein Alternativprogramm. An den Stellen, wo wir freiwillig nein gesagt haben, um etwas Größeres zu bejahen, hätten wir einen wirklichen Ort von Gottesdienst. Stolz und Hoffart, von denen Jesaja hier spricht, sind nichts weiter als kaschierte Minderwertigkeitsgefühle; aber Menschen, die erst einmal wissen, wer sie sind, sind nicht länger mißbrauchbar, mit denen treibt sich's am Ende nicht um wie mit Herbstlaub im Sturm; und die schwanken und wanken nicht auf einer Erde, die bebt, als wollte sie ihr Maul öffnen, um alles zu verschlingen. Sie haben einen Standpunkt, sie stehen fest, und die Welt, die sie umgibt, ist eine Atmosphäre, drin zu leben, zu atmen, nie schwülwarm, nie gewittrig. Und es hörte das Versteckspiel auf: erst die ganz Großen und dann die Gejagten, erst setzen sie sich auf die Throne, und dann suchen sie nach Mauselöchern, um sich zu verkriechen, und immer dasselbe: Sie steigen so hoch, bis daß das Volk sie zum Teufel jagt, und dann als Schande müssen sie entlassen werden; *vorher* räumen sie die Throne nie, es sei denn, sie wären so fein, daß sie am Ende noch die Memoiren schrieben, die in die Geschichtsbücher eingehen sollten.

Wovon leben Menschen wirklich? Was ist ihre Geschichte? Das Erbe der Bibel ist, zu sagen: so viel Geschichte geschieht mit dir, wie du wirklich an Gott glaubst. Du hast es in der Hand: Du wirst das Opfer der Geschichte, oder du gestaltest dein Leben selber zwischen Freiheit und Fremdheit, Selbstbestimmung und Versklavung. Aber du mußt wissen, wieviel du wirklich brauchst, um glücklich zu sein, und du mußt den ganzen Rest, der nicht dahin gehört, fahren lassen. Er macht's nicht besser, er macht's nur beschwerlich. – Es ist bei der Reise in die Zukunft des Jesaja so ähnlich, wie wenn Sie in Ferien fahren wollten. Es ist möglich, daß Sie Ihren Koffer packen im Denken an alles, was Sie brauchen werden: Wie kann das Wetter sein, warm oder kalt? Also brauchen Sie mindestens schon viererlei Sorten Wäsche. Und es kann sein, Sie brauchen für alle

Eventualitäten natürlich die Medikamente, die Schuhe, die Bettwä-
sche, Kopfbedeckungen, Sie brauchen vom Spazierstock bis zum
Regenschirm jedes Utensil. Je länger Sie planen, werden Sie noch die
Nahrung und den Proviant – man kann nie wissen – für die nächsten Wochen auch noch einpacken, und Ihr Koffer wird unerträglich schwer, so daß Sie ihn kaum halten können. Vielleicht am Ende
mit geschädigtem Rückgrat kommen Sie am Ferienort an. Oder Sie
denken: Wenn die Situation kalt ist, werd' ich mich warm anziehen,
und ich werd' sehen, was es da gibt; wenn es warm ist, ziehe ich es
eben aus und kleide mich leichter und werde sehen, was es da gibt.
Ich bereite mich vor, wenn es soweit ist, ich hab' Vertrauen darauf,
daß ich schon klarkomme. Dann sagt man: Leute, die wissen, wie
man reist, brauchen eigentlich nur die Zahnbürste und den Schlaf-
anzug – die Behörde sagt auch noch: den Personalausweis –, aber
viel mehr eigentlich nicht. Augen zum Sehen, ein Herz, das auf Entdeckung geht nach etwas Neuem, von dieser Art sind die Zukunfts-
reisen des Jesaja.

   Es gibt einen Psalm im Gebetbuch Israels, der einmal singt von
der Stadt Gottes, den Psalm 48. Er hat die größte Ähnlichkeit mit
Jesaja 2.

Text: Psalm 48, 2–15

31. Mai 1997

155

Das Lied vom
unfruchtbaren Weinberg

Drei Abschnitten aus der Frühzeit des Auftritts des Propheten Jesaja wollen wir uns hier zuwenden. Noch scheint das gesamte Gebiet des Nordreichs wie des Südens Israels und Judas miteinander vereint zu sein und sich in einem Zustand des Friedens, sogar des Wohlergehens zu befinden. Um so dramatischer, um so krasser, ja, um so unerträglicher für die zeitgenössischen Hörer sind die Worte, die Jesaja uns in diesen drei Abschnitten zumutet. Eines dieser drei Stücke, das Kapitel 5, muß für eines der brillantesten in der Literaturgeschichte der Völker gelten, das sogenannte Weinberglied. Aber wie es sich erzählt, wie es wirkt, wie stoßgenau es berechnet ist, das mutet fast unheimlich an und bliebe uns Heutigen mehr zur Verstockung als zur Erweckung geeignet, sähen wir nicht im Hintergrund wohl zum ersten Mal in dieser Deutlichkeit, wie sich Religion und Moral in der Bibel miteinander verbinden, wie es gemeint ist, wenn gesagt wird, Gott habe seinem Volk seine Gesetze gegeben. An dieser Stelle der äußersten Konzentration ist der Prophet zeitlos gültig und wahr; kein Wunder deshalb, wenn im Neuen Testament Jesus selber eine Geschichte erzählt, wie wenn er sein Leben noch einmal gedeutet finden würde im Weinberglied des Jesaja (Mk 12,1–12).

Im 5. Kapitel des Propheten Jesaja, in den Versen 1 bis 7, findet sich das sogenannte Weinberglied.

Text: Jes 5, 1–7
Singen will ich von meinem Freunde, das Lied meines Freundes von seinem Weinberg! Mein Freund hatte einen Weinberg auf fetter Bergeshöhe. Den grub er um und säuberte ihn von Steinen und bepflanzte ihn mit edeln Reben. Er baute einen Turm in seiner Mitte, auch eine Kelter hieb er darin aus. Und er hoffte, daß er edle Trauben brächte, doch er brachte herbe Frucht. Nun, ihr Bürger Jerusalems und ihr Männer von Juda, richtet zwischen mir und meinem Weinberg! Was war noch zu tun an meinem Weinberg, und ich tat es nicht? Warum hoffte ich, daß er edle Trauben brächte, und er brachte herbe Frucht? – Nun, so will ich euch kundtun, was ich meinem Weinberg tun will: ich will seinen Zaun entfernen, daß er

abgeweidet, und seine Mauer einreißen, daß er zertreten werde. Ich will ihm den Garaus machen: nicht beschnitten soll er werden noch behackt, in Dornen und Disteln soll er aufgehen; und den Wolken will ich verbieten, auf ihn zu regnen. Denn der Weinberg des Herrn der Heerscharen ist das Haus Israel, und die Männer Judas sind seine Lieblingspflanzung. Er hoffte auf Guttat, und siehe da Bluttat, auf Rechtsspruch, und siehe da Rechtsbruch!

Ein siebenfaches Wehe! legt das Weinberglied gewissermaßen kommentierend aus in den Versen Kapitel 5, 8 bis 24 und, an entfernter Stelle zugehörig, Kapitel 10, die Verse 1 bis 4.

Text: Jes 5, 8–24; 10, 1–4
Wehe denen, die Haus an Haus reihen und Acker an Acker rücken, bis kein Platz mehr ist und ihr allein Besitzer seid mitten im Lande! Denn vernehmen ließ sich in meinen Ohren der Herr der Heerscharen: Fürwahr, viele Häuser sollen öde werden, große und schöne, daß niemand darin wohne; denn zehn Morgen Weinreb werden einen Eimer bringen, und zehn Scheffel Saat nur ein Scheffel.
Wehe denen, die früh am Morgen schon dem Rauschtrank nachjagen, die bis tief in die Nacht der Wein erhitzt! Da halten sie Gelage mit Laute und Harfe, mit Handpauke und Flöte und Wein; aber das Werk des Herrn beachten sie nicht, und das Tun seiner Hände sehen sie nicht. Darum wandert mein Volk in die Verbannung unversehens; seine Edlen sind kraftlos vor Hunger, und die Menge brennt vor Durst. Darum öffnet die Unterwelt weit ihren gierigen Schlund und sperrt auf ihren Rachen über die Massen, und es fährt hinunter Jerusalems Pracht, sein Gelärm und Getümmel und wer darin frohlockt. Da wird gebeugt der Mensch und erniedrigt der Mann und die Augen der Hochmütigen werden gedemütigt. Aber der Herr der Heerscharen wird erhaben durch das Gericht, und der heilige Gott erweist sich heilig durch Gerechtigkeit. Und Lämmer weiden [daselbst] wie auf ihrer Trift, und auf den Trümmern äsen Böcklein.
Wehe denen, die die Schuld mit Stricken des Frevels und die Sünde wie mit Wagenseilen herbeiziehen! die da sagen: Er beeile doch, beschleunige sein Werk, daß wir es sehen; der Ratschluß des Heiligen Israels nahe und treffe ein, daß wir ihn erfahren!
Wehe denen, die das Böse gut und das Gute böse nennen, die Fin-

sternis zu Licht und Licht zu Finsternis machen, die bitter zu süß und süß zu bitter machen!

Wehe denen, die in ihren eignen Augen weise sind und sich selbst verständig dünken!

Wehe denen, die Helden sind im Weintrinken und Kraftmenschen im Mischen des Rauschtranks! die dem Schuldigen Recht geben um Bestechung und dem Unschuldigen sein Recht absprechen! Darum, wie die Zunge des Feuers Stoppeln verzehrt und dürres Gras in der Flamme zusammensinkt, wird ihre Wurzel sein wie Moder und ihre Blüte wie Staub auffliegen; denn sie haben die Weisung des Herrn der Heerscharen verschmäht und verworfen das Wort des Heiligen Israels.

Wehe denen, die ungerechte Satzungen aufsetzen, und den Schreibern, die immerfort Qual schreiben, die Armen vom Gerichte zu verdrängen und den Elenden meines Volkes das Recht zu rauben, daß die Witwen ihre Beute werden und sie die Waisen plündern. Was wollt ihr tun auf den Tag der Ahndung und auf das Unwetter, das von ferne kommt? Zu wem wollt ihr fliehen um Hilfe, und wohin wollt ihr euren Reichtum flüchten? Beugt sich einer nicht unter den Gefangenen, so wird er unter den Erschlagenen fallen. Bei alledem hat sich sein Zorn nicht gewandt, und noch ist seine Hand ausgereckt.

Wie eine Apokalypse über den Zusammenbruch des gesamten Staates, über den Ausbruch der Anarchie, äußert sich vorgreifend Jesaja im Kapitel 3, die Verse 1 bis 9 sowie zwei angehängte Sprüche.

Text: Jes 3, 1–10
Denn siehe, der Herr, der Gott der Heerscharen, wird hinwegnehmen aus Jerusalem und Juda Stütze und Stab, jede Stütze an Brot und jede Stütze an Wasser, den Helden und den Kriegsmann, den Richter und den Propheten, den Wahrsager und den Ältesten, den Hauptmann, den Angesehenen und den Ratsherrn, den Zauberkünstler und den Beschwörer. Und ich will ihnen Knaben zu Fürsten geben, und Buben sollen über sie herrschen. Und im ganzen Volke wird einer den andern bedrängen, der Freund den Freund; losfahren wird der Junge wider den Alten und der Verachtete wider den Geehrten. Wenn dann einer den andern, in dessen väterlichem Hause ein Mantel ist, anfaßt [und sagt]: »Auf, unser Führer sollst

du sein, und dieser Trümmerhaufe sei dir untertan«, so wird der an jenem Tage sprechen: »Ich mag nicht Wundarzt sein, ist doch in meinem Hause weder Brot noch Mantel; machet mich nicht zum Führer des Volkes.« Denn Jerusalem stürzt und Juda fällt, weil ihre Zunge und ihre Taten wider den Herrn sind, den Augen seiner Majestät zu trotzen. Die Frechheit ihrer Gesichter zeugt wider sie, und ihre Sünde künden sie aus wie die Leute von Sodom und verbergen sie nicht. Wehe ihnen! Denn sie tun sich selber Böses an. Heil dem Gerechten! Es geht ihm wohl; denn die Frucht seiner Taten wird er genießen.

Wenn man die Texte der Propheten in der Bibel liest, ist man in gewissem Sinne erleichtert, die literarischen Würdigungen fallen lassen zu können. Es geht nicht um Literatur, obwohl es an so vielen Stellen große und großartige Literatur, ein Geschenk an die Menschheit, ist, was dort überliefert wird. Was macht einen Dichter aus? Die Feingeistigkeit seiner Rede, die artifizielle Fertigkeit, Worte zu drechseln? Für die Propheten ist es klar, daß sie nur einen einzigen Grund haben, ihren Mund zu öffnen, das ist, daß Gott ihnen die Augen geöffnet hat und das Herz, und so müssen sie reden, ob sie wollen oder nicht. Entgegen dem, was allen anderen normal und selbstverständlich scheint, müssen sie anreden immer wieder, denn sie sehen's mitten in der Freude und der Pracht bestimmt zum Untergang und können's doch nicht aufhalten. Jesaja *soll* reden, um das Herz derer, die ihn hören, zu verstocken, und wie er das tut – das vielleicht trefflichste und schlimmste Beispiel dafür ist dieses Weinberglied. Hier hat ein Mann etwas zu sagen, für das er virtuos alle Stilmittel gebraucht, die er kennt, und er erfindet neue hinzu. Man weiß nicht, in welch einer Zeit Jesaja dieses Lied gesungen hat, der Anlaß aber scheint relativ konkret gegeben: vermutlich in der Zeit des Laubhüttenfestes, wenn man Erntedank feierte. Man freute sich an den eingebrachten Erträgen des Feldes, tröstete sich an dem Ausgebliebenen bei Mißernten, man baute Zelte und Hütten auf den Dächern, auf den Plätzen der Stadt, man war fröhlich. Alle Gassen durchwehte das große erleichternde und erleichterte Gefühl: für diesmal haben wir's geschafft.

In dieser Ausgelassenheit einer fertigen Bilanz tritt Jesaja auf und beginnt zu singen, begleitet vermutlich mit dem eigenen Instrument, und er singt, so daß es jeder hören möchte. Man braucht nicht viel Freudsche Phantasie, um von der ersten Zeile an zu wissen, daß es gar nicht um einen Weinberg geht, sondern der Weinberg ein euphemistisches Bild für ein junges Mädchen ist. Jesaja ist der Freund eines Bräutigams. Ihm muß es oblegen gewesen sein, zwischen Braut und Bräutigam die Fäden zu spinnen und beide aufeinander zuzuführen, ihre Freude zu befördern durch seine Freundlichkeit; und es ist ihm gelungen. Der Bräutigam war seiner Liebe zu seiner Braut sicher und glaubte sich ihrer Treue versichert. Dem Freund des Bräutigams war es gelungen, ihm die Geliebte zuzuführen.

Wenn die Rede geht von einem Weinberg als *Allegorie für eine Frau*, wird man im alten Orient wie noch heute alle möglichen Details als witzig empfunden haben. Der Weinberg wird behackt – ja, nun; mit einer Mauer umgeben – man kann es sich denken; er wird besät – ei, freilich; Weintrauben prangen – auch dies; in jedem Detail spielt scheinbar der Witz, Fürwitz und Aberwitz, aber das alles so lose Dahergeredete, das fast bis zur Grenze des Obszönen Heruntergezogene, dieses weinselig Dahintaumelnde zum Laubhüttenfest ist nichts weiter als der *Anfang einer Tragödie*.

Rein äußerlich betrachtet, im Sinn israelitischer Landwirtschaft, hat der Weinbergbesitzer trefflich gewählt. Da ist an einem Berghang, gleich einem Horn ragend, der Weinberg gelegen, sonnenumflutet, windumspielt, regenumspült, muß man denken, und alles hat er getan zum Schutze des Weinbergs gegen Diebe und Vieh: Mauern und Hecken gezogen, einen Wachtturm bestellt, eine Hütte errichtet, in der man das Arbeitsgerät unterbringt, eine Kelterkufe in den Felsen geschlagen und, damit der Boden in der Gluthitze nicht verkarstet, das Erdreich gelockert, sogar die Steine entfernt. Auf den besten nur denkbaren Boden pflanzt er die besten nur denkbaren Reben; blaurot-violett müssen wir sie uns denken. Alles weitere ist eine Frage des Zuwartens. Der Wind, die Sonne, der Tau, das Erdreich, sie alle, nach den verläßlichen Gesetzen der Natur, werden den Ertrag überreich und schön bringen. Mehr war nicht zu tun, nur in Geduld zu warten auf die Tage der Ernte.

Kein Mensch kann nach dieser Einleitung verstehen, daß der Weinberg, statt üppiger Weinreben, kleine, saure, mickrige, ungenießbare und unbrauchbare Früchte bringt, Herlinge, ein Wort, das kein Mensch im Deutschen mehr kennt, wenn er nicht in Weinanbaugebieten großgeworden ist. Man vermutet es nicht: all diese

Mühen waren umsonst. An dieser Stelle bricht das Gleichnis ab, und Jesaja fordert die Männer von Juda auf, die Männer von Israel, die Urteilsfähigen, nicht also die Frauen, diejenigen, die das Recht haben, Recht zu sprechen, aus beiden Reichen, im Norden wie im Süden, vereinigt das ganze, das gesamte heilige Gottesvolk – zu entscheiden. Aber worüber? Über den Freund und Weinbergbesitzer und seinen Weinberg. Tut er nicht vollkommen recht, den vergifteten Boden, um den es sich offenbar handelt, ein für allemal als unbrauchbar zu markieren? Nie wieder soll dort jemand sich vertun mit all seiner Arbeit und auf einen Ertrag hoffen, der an dieser Stelle nicht sein kann. Vielleicht ist der Boden kalkig, vielleicht durch irgendeinen Gifteintrag unfruchtbar. Der Boden ist so verdorben, daß jede Frucht an ihm verderben muß. Also was länger noch warten? Das ganze Projekt der Weinbergbearbeitung ist aufzugeben und deutlich abzuschreiben. Es ist nicht so sehr die ärgerliche Rache des Weinbergbesitzers, es ist nur ein für allemal, daß an dieser Stelle, auf diesem so schön aussehenden, prangenden Weinberghorn niemand mehr pflanzen soll. Da werden die Hecken und die Mauern eingerissen, damit Vieh und Mensch darüber hinweggehen können und das Brachland offensteht jedem, der seines Wegs darüber gehen will. Es ist die logische Folge aus dem, was erlebt wurde.

Dann, ein letztes Mal, faßt Jesaja zusammen, was jeder schon ahnt, aber nun zuckt's herein wie von einem gewitterschwülen Himmel, nun donnert's in jedermanns Ohr: Aber der Weinberg des Herrn, das ist Israel. – Da springt's vom Bild in die Sache, und plötzlich sind wir nicht mehr bei einer Geschichte, sondern einer unglaublichen Geschichtsdeutung. Wann eigentlich sie einsetzt, steht dahin. Klar ist nur, wann sie endet und wie sie endet: plötzlich mit einer totalen Katastrophe. Gott hat sich sein Volk ersehen wie ein Liebender seine Geliebte, und alles, was er irgend konnte, hat er getan, sie schön zu machen und reich und fruchtbar. Es ist wider alle Natur, was Israel getan hat in all den Jahrhunderten, da Gott es umwarb und Gott sich um es mühte. Ertrag fand sich nicht. Es gibt im Neuen Testament, im Markus-Evangelium, eine Szene, in der Jesus, offenbar in einer Gleichnishandlung, Gedanken wie diese aufgegriffen hat. Er, nach Jerusalem kommend, hungrig, sieht am Weg einen Feigenbaum. Er geht darauf zu, um nach Früchten zu suchen, doch findet er sie nicht. Seine Jünger sagen ihm: Es ist gar keine

Erntezeit, Herr. Aber er, maßlos beinahe, verflucht den Feigenbaum bis in die Wurzeln, und tags drauf ist's genauso geschehen zum Schrecken der Jünger (Mk 11,12–14. 20–21).

Es ist ein Bild, in dem Jesus Gott selber im Bezug zu seinem eigenen Volk verkörpern möchte – ein endloser Hunger Gottes nach seinen Menschen. Und es ist nie Erntezeit, will Jesus sagen. Er hat nur allzu recht. Wenn Gott kommt, ist's immer zur Unzeit bei euch; viel Blätterwerk, viel leerer Schein, aber nie Inhalt und Substanz.

Jesus hat im 12. Kapitel des Markus-Evangeliums sogar wörtlich dieses Weinberglied des Jesaja noch einmal auf sich selber angewandt und schildert's bis dahin, daß man den Boten des Herrn, des Weinbergbesitzers also, totschlägt, um sich den Weinberg selber anzueignen. Jesaja spricht ganz in diese Richtung hinein. Krasser läßt sich's nicht sagen. Alle Geschichte Gottes mit seinem eigenen Volk, der ganze Stolz der priesterlichen Theologie, der biblischen Geschichtsschreibung, wie Israel erwählt ist von Gott, wie Gott seinem Volk beisteht, mit ihm durch die Geschichte geht, es auszeichnet vor den Völkern, immer wieder eingreift in die menschliche Geschichte – diese ganze Rhapsodie göttlicher Großtaten und menschlicher Großherrlichkeit führt sich hier unter dem Schlußstrich auf Null. Da wird Bilanz gezogen, und es ist nichts, absolut nichts, ein Projekt, das Gott selber verwirft in diesem Weinberglied.

Stellen Sie sich, um den Gedanken nur ein wenig zu aktualisieren, vor, daß wir in drei Jahren, unter päpstlicher Aufsicht vorbereitet mit einem Triduum Heiliger Jahre, die 2000 Jahre einer Kirche feiern, die Gott sich erwählte in seinem Sohn, die er begleitete in seinem Heiligen Geist, die er irrtumsfrei setzte im Lehramt des Papstes und der Bischöfe, in deren Hände er alle Gnadenmittel legte, in denen er die Wohltaten unüberbietbar für alle Menschheit und alle Zeiten festsetzte, indem er ein Beispiel gab für alle vergangene und künftige Geschichte, die unüberbietbare Heilszusage Gottes an Menschheit und Welt in seinem menschgewordenen Sohn Jesus Christus – wir werden's nicht müde werden zu hören – und könnte es sein, daß 2000 Jahre solcher Heilsgeschichte ein einziger Selbstbetrug wären, eine einzige gigantische Lüge? Martin Luther hielt das für möglich: 1500 Jahre Kirchengeschichte Roms – könnte ja sein – wären in allen wichtigen Punkten ein systematischer Abfall von dem, was Jesus gewollt hätte: vom Reich Gottes weit und breit nichts zu sehen, aber statt dessen Pracht-, Machtentfaltung und

Selbstherrlichkeit, immer mit Berufung auf Gott, sogar mit Berufung auf den Mann aus Nazaret. Eine solche Sicht ist prophetisch. Die Geschichte beruhigt nicht, sie ist aufgrund ihrer Ertraglosigkeit, ihres mangelnden Fortschritts an geistiger und geistlicher Tiefe ihr eigenes Ende; die Bilanz ist der Untergang. Das ist möglich gewesen um 730 v. Chr. zu denken, und man muß verstehen den ungeheuren Abstand und die Einsamkeit, die hier einen Propheten von seinem Volk trennt, für das er gesandt ist, mit dem er leidet, an dem er leidet. – Es ist aber anders noch als an vielen Stellen sonst der prophetischen Rede. Da ist der Grund, warum Gott seinem Volk grollt, gelegen in bestimmten kultischen Verfehlungen. Noch Jeremia wird später darüber Gott zürnen lassen, daß man sich an die Götter der Kanaanäer verläuft und verkauft und Gott die Treue bricht in seinem Bund. Was Jesaja dem Volk vorwirft und seinen Führern, ist, auf den Punkt gebracht, der Maßstab für alles. Er besteht in der Erwartung, daß da sei – in einem Wortspiel – ein gutes Regiment, und ist geworden ein blutiges Regiment. Die Erwartung war, daß *Rechtsspruch* geschehe, und geworden ist's ein einziger *Rechtsbruch*.

Das ist der Punkt, an dem sich's bei Jesaja wesentlich entzündet. Es geht nicht um Gottesverehrung im Kultischen, es geht nicht darum, liturgisch und traditionsgebunden korrekt sich vor Gott hinzustellen, all die Feierlichkeiten, die Zeremonien, die Opferriten möglichst genau zu befolgen; was Jesaja in seiner Person wesentlich verkörpert, ist, daß das Verhältnis zu Gott, das, was wir Religion nennen, unauflöslich sich verbindet mit dem, was bei uns Moral heißt. In den Tagen des Jesaja sind göttliche Macht und irdische Macht, sind Kirche und Staat, Thron und Altar ganz und gar eine Einheit; aber auf die Idee, daß es ganz im Innern ein und dasselbe sei, vor Gott zu stehen und zu den Menschen zu stehen, das hätte man so nicht gedacht, denn eine solche Idee wehrt sich und steht auf gegen die Machtwillkür im Lande.

Da setzt sich das Weinberglied wie zu seiner eigenen Begründung fort in einem siebenfachen Wehe! Man muß das Buch des Propheten Jesaja aus manchen Teilen zusammenziehen; es ist wie eine geologisch um und um durch Erdbeben zerklüftete Landschaft, so daß eine bestimmte Formation plötzlich abbricht, dann wieder auftaucht; ständige Verwerfungen sind hier die Regel, man muß suchen und suchen, bis Gleiches zum Gleichen, Zeitgemäßes zu Zeitgemäßem sich fügt. Aber diejenigen unter den Auslegern werden nicht Unrecht haben, die meinen, hier werde mit einem siebenfachen »Wehe!« erklärt, was vor dem Volk gesungen wurde. Es sind Punkte, die uns anmuten beim ersten Hören wie eine Überzeichnung, wie eine Karikatur; aber achten wir nur einen Moment lang einmal darauf, welch ein modernes Problem darin steckt, dann wird's uns den Atem verschlagen. Wir müssen noch einmal vorweg sagen: Kaum jemand außer Jesaja wird in seinen Tagen so geschaut haben.

In den Tagen des Königs Usija sind eine ganze Reihe von Ländereien durch Eroberung zum jüdischen Staat hinzugewachsen. Es gilt, das eroberte Land urbar zu machen. Es gilt also zu investieren, es gilt einen Aufbau zu wagen. Das alles geschieht mit dem Gefühl des Fortschritts, der Sicherheit, der Ruhe im Lande, des Wohlstandes. Und in dieses Gemenge hinein, wo es vermeintlich allen so gut geht, bringt Jesaja zum Ausdruck, was alle der beginnende Aufschwung kostet und wie bald schon der Preis unbezahlbar werden wird, siebenfach hintereinandergehängt. Das ist etwa so, wie im Neuen Testament in Matthäus 23 Jesus sich die Führer des Volkes vornimmt, vor allem die Hohenpriester und die Schriftgelehrten, und konzentriert in ihnen, was sich im Untergang Jerusalems wenig später schon als Verheißung, Drohung und vorgreifende Gewißheit aussprechen wird. So viele Fehler ergeben das Auseinanderbrechen des gesamten lebendigen Systems.

Beginnen wir mit dem ersten: *Weh' denen, die Haus an Haus reihen und Feld mit Feld verkoppeln, so daß kein Platz mehr bleibt!* Was wir mit einem modernen Wort dazu sagen würden, ist: Grundbesitzertum, Bodenspekulation, Kapitalismus pur, Immobiliengeschäfte größten Stils, und man kann sie sich leisten. Was wir voraussetzen müssen in der Geschichte der Ökonomie zu jener Zeit, ist, daß die Geldwährung sich verselbständigt in jenen Tagen. Man ist zur Geldwirtschaft übergegangen wie alle anderen Völker auch. Man braucht eine Währung, in der man in Metallform jede Ware gegen jede Ware tauschen kann. Jeder Volkswirtschaftler wird uns erklären, daß Geld die Folge einer sich differenzierenden Gesellschaft sei. Irgendwann ist es nicht mehr möglich, daß ein Schuster mit seinen Schuhen auf den Markt geht und sie gegen Eier, Käse oder einen Türrahmen eintauscht. Viel praktischer und deshalb notwendig ist es, eine allgemeine Tauschform sich zu schaffen, eben

das Geld. Alle Volkswirtschaftler sind der Meinung, daß die Geldwährung einen großen zivilisatorischen Fortschritt mit sich gebracht habe, und alle sagen uns, von Bundestagsdebatte zu Bundestagsdebatte, daß es im Grunde nur ein einziges wichtiges Thema
gibt: wie wir es schaffen, Geld genug zu haben. Seit fast 300 Jahren
wird in Europa dem Volk diese Lektion beigebracht.

Was eigentlich hat ein Prophet dagegen, ein Mann wie Jesaja?
Wir können den Punkt fast mit der heutigen Zeitungslektüre aus
unseren Tagen kommentieren. Man hat es verstanden, daß derjenige, der Geld in der Hand hat, Geltung besitzt über Menschen. Es
ist ein ungeheurer Vorteil auf dem Markt, mit einem Stoff anzutreten, der niemals altert, am liebsten deshalb gepreßt in Edelmetall,
ein Stück Ewigkeit in den Händen von Menschen. Der Geldbesitzer
kann jeden anderen aussitzen lassen, der mit Naturalien kommt;
der muß verkaufen, heute möglichst noch, es sind schnell verderbli-
che Waren, und schon hat er ihn in der Hand. Und am allergründ-
lichsten: er kann seine Hand mit Hilfe des Geldes auf jeden Boden
legen, denn nur aus dem Boden erwachsen die Früchte, die Weiden,
die Häuser. Wer Boden in den Händen hat, hat die Menschen selber
in der Hand. So wie Adam aus der adamáh kam, der Rote aus der
roten Erde, so muß die Erde in die Hand bekommen, wer über
Menschen herrschen will. Ist es ein Wunder deshalb, wenn Sie
hören, wieviel Grundbesitz die Kirche, die römische, in deutschen
Landen hält? Sie hält ihn eisern. Eine der ganz wenigen Regeln aus
dem römischen Kirchenrecht, die mir in Erinnerung geblieben sind,
lautet, daß kein Pastor im Lande irgendein Stück Land veräußern
darf, ohne den Bischof gefragt zu haben, und er wird nein dazu sagen. Daran liegt's, daß der Kirche Landbesitz zu den besten Lagen
gehört, am liebsten in den Innenstädten. Der Wert kann nur steigen.
Je größer die Städte, desto größer der Landbedarf, desto größer der
Kapitalertrag, wenn wirklich etwas veräußert werden sollte.

Aber nun müssen Sie einen schreienden Widerspruch in allem
hören, einen, auf den wir Heutigen überhaupt nicht kommen. Wir
sind daran gewöhnt, daß Geld soviel wert ist, wie man an Mietpreis
auf ein Haus nehmen kann, und der Mietpreis richtet sich nach
dem, was man verdienen kann, wenn jemand zur Miete eingezogen
ist. Was wird ein gewisser Bereich von Paderborn kosten, sagen wir:
auf der Westernstraße, ein Haus dort als Privatwohnung? Nur ein
Millionär kann sich das leisten. Die einzige Möglichkeit, die hohen

Mieten zu finanzieren, ist, daß man ein Geschäft da hineinsetzt, und das muß sehr gut florieren. Nur die Geschäftemacher haben überhaupt ein Wohnrecht in den Innenstädten – so steht es heute längst. Und das ist ganz die Natur der Dinge, wird uns beigebracht, denn der Boden, mußt du wissen, ist ein Teil der Welt, die uns gehört und die wir verwalten. Alles gehört uns; wenn du Geld hast, kannst du kaufen. Wieso nur die Erträge der Erde, wieso nicht gleich die Erde selbst und das Wasser, das sie bewässert, ja vielleicht auch den Wind, der sie befruchtet – so weit sind wir noch nicht –, aber auch der Sonnenschein möchte ein Produktivfaktor werden. Einzig weil wir die Sonne noch nicht kaufen können, haben wir kaum Solarenergie, wohl aber Erdölindustrie, für sechs große Milliardäre auf der Welt, die bestimmen, international, wie dieser Globus sich dreht. Es gibt keinen Staat, der Shell oder Texaco und dergleichen in die Arme fiele, wenn sie die Länder und die Ozeane verseuchen. Diese sechs Großen haben's zu sagen. Leider ist die Sonne nicht verkäuflich. Wäre sie das, wir hätten längst eine entsprechende Technologie, die man verkaufen könnte. Bis dahin ist die Sache noch nicht preiswert.

Es gab in Israel eine Vorstellung, die Sie bei primitiven Völkern in aller Regel finden, heute noch bei Indianern in Nordamerika, in den Reservaten zum Beispiel, auf den Plains. Die Dakota-Sioux, selbst im Abstand von über hundert Jahren nach ihrem Untergang, erzählen immer noch, daß Mutter Erde allen gehört, so daß zu sagen: dies ist mein Land, so schlimm sei, wie die eigene Mutter zu vergewaltigen. Sigmund Freud meinte, es gebe auf Erden ein einziges wirkliches Verbrechen, das in allen Kulturen und allen Völkern als solches betrachtet werde, das sei der Bruch des Mutterinzestes. Genau das gilt für die meisten Naturvölker: die Beanspruchung von Boden als Privateigentum ist ein Verbrechen gegen die Weltordnung, und es trennt die Menschen von den Menschen. Israel hat so nicht ohne weiteres gedacht, aber doch fast verwandt. Es hat geglaubt, daß Gott selber, Jahwe, alles Land zu eigen sei. Das, was wir das Heilige Land nennen, ist in der Bibel ursprünglich Gottes Land, von Süden, vom Siebenbrunnen Beerscheba, angefangen bis zum Norden herauf, bis zum Hermon ist es Gottes Land, nicht Menschenland. Daß Menschen dort leben *dürfen*, ist sein Geschenk, seine Gnade. Wie also sollte jemand kommen und sagen: dies ist meins, und verteidigt's gegen den andern und sagt: Weil ich schon zwei

Häuser habe, bin ich reich genug, dir deines auch zu nehmen, denn du hast keine Miete aufzubringen, du gehörst nicht in mein Haus, ich hab' es nur vermietet, um an dir Geld zu verdienen, und wenn du dies nicht bringst, bist du ein Unwürdiger; ich habe das Recht, dich zu entfernen; und wenn du auf der Straße stehst mit deinen Kindern und dem Rest deines Hausrats – bleib, wo du bist, ich bin nicht verpflichtet, dir eine weitere Wohnung zu besorgen; wende dich an den Staat, vielleicht findest du Leute oder Mildtätige, die dir aushelfen. – Jesaja macht die Kapitalisten, die Haus- und Grundbesitzer, die *Groß*grundbesitzer schuldig am Ruin des Weinbergs Gottes.

Wir könnten hinzufügen: Sie sitzen in einer Tretmühle, die Haus- und Grundbesitzer. Das einzige, woran sie glauben, ist das Geld und daß ein Mensch soviel wert ist, wie er an Werten schafft eben durch Geldverdienen und Aus-Geld-noch-mehr-Geld-Machen. Aber innerhalb dieser Logik ist jeder Mensch des anderen Konkurrent auf Sein oder Nichtsein. Derjenige, der heute aufsteigt, ist derjenige, der morgen überrundet wird von einem anderen, der ihm zuvorkommt. Und was für ein Wahnsinn, von Bundestags- zu Bundestagsdebatte, von Zeitungsartikel zu Zeitungsartikel zu hören, daß wir unseres Glückes Schmied sind! Hier geht eine Firma in Konkurs, und natürlich ist es der Vorstand, der gesagt hat: Er hat nicht schnell genug innoviert und investiert. Da ist ein Bauernhof pleite gegangen; es liegt daran, daß die Gentechnologie und biogenetische Forschung tierfreundliche Methoden der Aufzucht und Haltung von Tieren ruiniert. So treibt die Zeit sich selber immer rascher voran; jeder Untergang, jeder Bankrott, jedes Fiasko wird gebucht als persönliches Versagen. Selbst der Zynismus ist nicht ausgeschlossen. Die Bankrotteure – im Deutsch der Banken – haben einfach »Pech gehabt«. Das gibt es mindestens ein bißchen realistisch wieder: Wir haben es zu tun mit Hasardeuren, mit Glücksspielern, berechenbar ist da kaum etwas; und wir haben fortgeschrittene Zeiten, das Geld hat sich verselbständigt. Es hat längst aufgehört, irgendeine Ware, irgendeinen Gegenstand, irgendeinen Wert zu repräsentieren. Es ist der Wert an sich und wird auch nicht investiert zugunsten von Arbeitsplätzen, wie uns gesagt wird. Es wird spekuliert bei der Börse, es wird Geld verschoben, damit reinweg über den Zinsfuß noch man sich weiter bereichern kann. Milliarden werden um den Globus expediert jeden Tag. Das Geld selber verwaltet sich, ohne Rücksicht auf die Menschen. Die Leute bei den Banken sitzen vor ihren Bildschirmen und haben vermutlich keine Ahnung, was hinter den Tabellen sich verbirgt: zerbrechende Familien, verwüstete Landschaften, zerbrochene Personen, ruinierte Gesundheit, eine ungemessene Qual, die wir den Tieren auferlegen. Ein schönes Land wie Mecklenburg-Vorpommern, immer rückständig seit dem Dreißigjährigen Krieg, schon von Bismarck bezeichnet als das Land, in dem man Zuflucht suchen sollte, wenn der Jüngste Tag käme, weil in Mecklenburg alles hundert Jahre später kommt – ebendort gibt es noch so etwas wie eine intakte Natur. Aber was rät man den Bauern dort? Zu investieren in industrialisierter Landwirtschaft, Massentierhaltung, Bestände von 600 000 bis 700 000 Hühnern in eigenen Stallungen. Das Großkapital kann sich das leisten, und es wird sich das leisten, und die Kleinbauern werden vor die Hunde gehen. Aber so bauen wir den Osten auf, so sind wir produktiv, so sichern wir den Standort Deutschland. Und in jedem Punkte so. Es ist die Frage des Jesaja, wann man sich endlich kümmert um die Menschen. Denn sonst ist die Verwüstung – ganz buchstäblich – groß. Dahinter bleibt nichts als Erde, die vom Wind verweht wird, unbewohnbar für Menschen und Tiere, und es gibt keinen Ertrag mehr aus den ausgelaugten Böden; man kann hinsäen, soviel man will, eine Eselslast Saatgut, es rentiert nicht mehr, nicht ein Zehntel, nicht ein Prozent mehr, was dabei herumkommt. Am Ende werden die Menschen merken, daß sich ihre Mühen nicht mehr lohnen.

Fahren wir so fort. Es gibt die schlemmenden Herren, die Landesfürsten, die es sich gutgehen lassen, auf der äußeren Ebene, Wein trinken, sich betrinken, es sich gutgehen lassen, dabei vollmundige Reden führen, mit Musik sich beduseln, einen schönen Tag sich machen und der Pflichten vergessen – man kann es sich leisten; sagen wir dazu: die komplette Verantwortungslosigkeit. Man lebt für den Tag heute, für den eigenen Bauch, ganz wörtlich; alle anderen Interessen sind erwiesenermaßen zu idealistisch, zu utopisch, zu moralistisch, zu phantastisch. Will man wirklich mit Gott kommen oder mit Menschlichkeit, mit lauter irrealen Träumereien, wo es um ganz klare Dinge geht? Sachwerte zum ersten, und was man ißt und trinkt – das sind die Werte! Materialismus pur würden wir heute sagen. Aber wo eigentlich auf Erden finden Sie etwas anderes? Wo gibt es irgendeine Ahnung, daß dies den Namen »Leben« gar nicht verdienen würde?

Dieses ganze Leben ist ein Taumel am Abgrund, eine Feier zum eigenen Totenbegängnis. Dabei muß man sich nur umschauen, in welch einem Ambiente sich das alles vollzieht. Wer ein feiner Mann sein will, wird entsprechende Kleidung brauchen, wird sich einführen müssen, wird ein distinguierter Charakter sein müssen, wird sich auskennen, wie man Hummer ißt, welchen Wein man dazu bestellt, bei welchen Temperaturen er gekühlt serviert sein will, welche Restaurants man anläuft, um eine wirkliche Party zu geben und mit den Nachbarn zu konkurrieren, die wieder ihre Party ausgerichtet haben; wie man bei den Parties all den Erwählten und Erlesenen die Hände so drückt, daß sie's auch merken, wie man die Klinken putzt, antichambriert. Auf diese Weise schmiert man sein Emporkommen von Party zu Party immer besser. Das wird den Hintergrund bilden von den Besäufnissen, von denen hier die Rede ist; sie dienen der Karriere, nicht nur der Selbstbetäubung – wenn denn die Macht zu erringen je etwas anderes war als Selbstbetäubung und Selbstverrat.

In diese Richtung blickend, müßten wir nur weitermachen. Es gibt die religiösen Spötter inzwischen, die sagen: Uns kann Gott nicht, laß sie mal reden; es gibt die blöden Pastoren, und es gibt die geifernden Propheten, und dann gibt es eine Horde von Spinnern, von Ewiggestrigen, die holen aus der Kiste der Vergangenheit irgendwelche Schraubenschlüssel und wollen an dem großen Projekt der Zukunft drehen. Das hat keine Chance. Laß' sie nur machen, sie sind nicht ernst zu nehmen. Wann eigentlich in unserer geölten Politik hätte Religion je die Kraft gehabt, sich selber ernst zu nehmen? Wann wär's erlaubt gewesen, prophetisch zu reden mit den Herren? Wo gäb's einen Bischof, der sich hinstellen wollte für die Armen und legte Zeugnis ab von dem, woran er glaubt? Niemals wird das sein, schon weil sie selber mitmischen müssen, mischen sie den Besäufnistrank, damit er noch ein Stückchen stärker wird.

Man verhöhnt, was der Prophet androht: Gott solle beschleunigen sein Werk, dann würden wir schon sehen. Im Grunde hat man hier den praktisch gelebten Atheismus, den einzigen, den die Bibel wirklich kennt. Es gibt in Israel kein Atheismusproblem weltanschaulich wie bei den Griechen als eine philosophische Frage; die Frage nach Gott ist in Israel eine Frage nach der Lebensführung. Da sieht man, ob Gott vorkommt oder nicht; und *hier* kommt er nicht vor: das Land – das Eigentum der Herren; das eigene Leben – selbstherrlich bis zum Verprassen, und Gott selber ein lächerlicher Witz auf die Geschichte. Man muß bekloppt sein, wenn man noch an ihn glaubt. Er ist eigentlich ein Hindernisfaktor auf dem Weg zum Erfolg, und wer noch so etwas wie ein Gewissen verspürt, der hat noch nicht begriffen, wie man Politik macht. Das ist etwas anderes, mit Macht umzugehen! Wer sich da ein Gewissen machen sollte, daß ein paar Menschen vor die Hunde gehen, der hat nicht begriffen, daß er für das Große und Ganze zuständig ist. Und wo gehobelt wird, fallen Späne; und wer die Hitze in der Küche nicht liebt, der darf eben nicht Koch werden; und wer sich ein Gewissen macht aus zerschlagenen Eiern, der soll halt nicht ein Rührei servieren wollen. Das sind eben die Preise. Politik – ein bißchen schmutzig muß sie sein, nur es darf nicht auffallen.

Der geheime Zynismus, die verborgene Redensart erweist die Ohnmacht Gottes ebenso wie die Skrupellosigkeit des eigenen Egoismus und der Herabwürdigung derer, die dumm genug sind, noch an irgend etwas zu glauben – ein Thema, von dem Tolstoi sein Leben lang fasziniert war. Die einfachen Bauern, die Leibeigenen auf den russischen Feldern, ihnen traute er zu, daß sie Gott wüßten, selbst wenn sie nicht lesen und schreiben könnten. Aber ihre Herren, die sie versklaven und gehen mit dem Segen der Popen aus und ein, was haben sie im Sinn mit Gott? Am Ende ist man dabei, daß alle Begriffe durcheinandergeraten; aus dem Bösen wird das Gute, und das Gute wird das Böse, und dies ist nun die ganze Kunst. Alles, was man uns serviert, hat diese Logik: Wer den Frieden will, muß den Krieg trainieren, das ist das wenigste. Es ist eine Pflicht, das Töten zu lernen, um Menschenleben zu retten. Wie kann man ernsthaft ganze Großstädte im Bombenhagel verwüsten, und wer erlaubt das irgendeinem Menschen? Aber sie bekommen hin, es seit Jahrhunderten zur Pflicht zu erklären, ganze Landstriche zu verwüsten, ganze Dörfer zu verbrennen, und wissen immer, daß es anders gar nicht geht. Sie sind am Ende die wirklich Unschuldigen, die Richtigen, und wenn sie gesiegt haben, werden sie genau das besiegelt in die Geschichtsbücher schreiben, und am Ende jedes Krieges wird man den nächsten nur noch gräßlicher vorbereiten. Das Böse ist das Gute. – Wer die Natur schützen will, muß als erstes einen Teil der Natur kaufen, denn nur gekauft hat sie den Wert, daß man sie schützen könnte. Sie kann aber nur einen Wert haben, wenn sie sich auch ausbeuten läßt. Also, wer den Wald schützen will, muß als erstes mit der Forstwirtschaft übereinkommen, daß ein bestimmtes Areal des Waldes gefällt werden kann; denn nur gefällte Bäume bringen Geld. Ein Wald, den man nicht fällt, ist ein wertloser Wald, also bedeutet, den Wald zu fällen, ihn zu schützen. Das Töten ist der Vorgang des Lebens, das Böse selber ist das Gute – auf allen Ebenen so. Die Finsternis wird da zum Licht gemacht. Man könnte auch sagen: die blanke Verzweiflung wird hier als Einsicht, Weisheit, Scharfsinn und Vernunft verhökert, der blühende Wahnsinn als Vernunft angeboten, und Licht macht man zu Finsternis, wo Menschen noch klar hätten sehen können, wo sie ein Gewissen hatten, wo sie wußten, daß zwei mal zwei vier ist. Eine solche Rechnung, weiß man, ist zu simpel, zu einfach, da ist die Welt komplizierter.

In dem Tempo könnten wir, müßten wir nun weitermachen. Die Menschen, die nur in ihren eigenen Augen weise sind, unbelehrbar eigentlich, unerreichbar – ein »Wehe!« spricht der Prophet über sie und die Helden im Rauschtrank, die den Schuldigen recht geben, die selbst bestochen sind und dem Gerechten das Recht entziehen: die besoffenen Richter. Das ist nicht mehr Tolstoi, das ist Shakespeare. Wer eigentlich sitzt da auf dem Thron? Schon wie sie daherkommen, damit man wirklich ihre Würdigkeit auch sieht! Eine besonders feierliche Kleidung, eine Robe muß daher; aufstehen muß der arme Bürger vor dem Gesetz, vertreten im Richter. Und wie wird selbst in den einfachsten Fällen Recht gesprochen! Nie wirst du Recht bekommen, es sei denn, du nimmst dir einen Rechtsanwalt, d. h. ohne 10 000–20 000 Mark ist gar keine Chance, daß irgendein Richter dir Recht geben könnte. Du brauchst einen Experten, der das Gesetz so auslegt, daß eine gewisse Aussicht besteht, Recht zu bekommen; aber am Ort wird's einen Gegenanwalt geben, einen noch gewiefteren, noch teureren; und der wird sagen: Ich bin der beste Anwalt, aber auch der teuerste in Paderborn! Was er dann tut, da bist du zu dumm, das je zu kontrollieren.

Aber alles, was er tut, wird darin bestehen, den Auftrag des Mandanten durchzuführen. Nicht Recht und Gerechtigkeit, sondern der Egoismus des Mandanten, wie der sich durchsetzen kann gegen jeden anderen Anspruch; nicht ob jemand schuldig ist oder unschuldig, sondern wie er durchkommt, das herauszufinden ist die Pflicht eines Rechtsanwalts, das ist sein Job, das muß er tun, dafür kriegt er ja sein Geld. Und er kann gar nicht genug Geld kriegen. Denn wenn das Urteil beim ersten Mal nicht richtig ausgegangen ist – von Vorteil ist es ja, wenn es ein Revisionsverfahren geben kann in zweiter, dritter Instanz, bis Karlsruhe kann man gehen, man wird die Rechtsanwälte gar nicht mehr los. Ja, woran berauschen sie sich da eigentlich, außer an ihrer Macht, ihrer Willkür und der Fähigkeit, Paragraphen, die in Blei gegossen sind, so zu erhitzen, daß sie flüssig werden und nehmen jede Gestalt und Form an, visionär, wenn man's nur biegt, wenn man's nur dreht? Und man wird's können! Alles ist eine Frage der Auslegung, der Interpretation. – Wer eigentlich lehrt Menschen, daß es so etwas gäbe wie Recht und Gerechtigkeit? Nach 1945 hat man sich gefragt, was denn die Richter gemacht haben im sogenannten Dritten Reich. Viel klarer, als diese Frage zu beantworten, läßt sich sagen, was sie *nach* 1945 gemacht haben: sich wechselseitig wieder in dieselben Ämter gehievt! Sie haben nur ihre Pflicht getan, ist ja klar, bis auf ein paar Ausnahmen, ein paar ganz schlimme Ausnahmen, die mußten sie verurteilen, schon damit *sie* gute, wahre und richtige Richter wurden und blieben.

Im Umgang mit der untergegangenen DDR ist es nicht viel anders. Nur sind wir da im Vorteil; wir haben bereits einen intakten Staat, wir können zwischen Gut und Böse so wunderbar klar unterscheiden. Es ist wahr, Freiheit und Diktatur liegen uns in der Hand, und die Kommunisten sind böse und die Kapitalisten gut, ganz klar, und die Richter im Kapitalismus nicht bestochen, aber die in der alten DDR doch abhängig von der herrschenden Macht, so müssen wir glauben. Im Namen der Gerechtigkeit inszenieren wir Außenpolitik, führen wir Kriege, werden wir aufmarschieren in Zukunft vor allem gegen fremde Religionen wie den Islam, fremde Kulturzonen wie Rotchina, immer im Namen des Rechts, des Fortschritts, der Demokratie, der Freiheit, der Menschenwürde. Wir werden famose Begriffe haben für alles. Berauschte Richter – was für ein Bild!

Und schlimmer noch als diese: die Gesetzgeber. Das hätte Friedrich Nietzsche schreiben können, daß das Gesetz, wenn es so fungiert, nichts weiter ist als die Festschreibung der derzeitigen Machtverhältnisse mit der Hoffnung, sie zu verewigen zugunsten derer, die gerade am Ruder sind. Aber kommen die nächsten ans Ruder, werden *sie* die Gesetze schreiben ganz in *ihrem* Interesse, nicht nach dem, was Recht ist, was Gott sich gedacht hätte, sondern so, wie es paßt zum Ausbeuten, zum Ausnutzen, zum Auspressen. Witwen und Waisen – man sollte denken, die Barbarei und die Kultur unterschieden sich eben dadurch, daß in einem geordneten Staat die Schwachen Schutz fänden. Aber sehen Sie, wie die Schwachen Schutz finden in Deutschland 1997? Flüchtlinge, Ausländer, Asylanten, Obdachlose, Leute, die ihre Miete nicht mehr bezahlen können und auf der Straße sitzen, jugendliche Arbeitslose, Achtzehnjährige in den Wartesälen der Bahnhöfe – finden die Schutz: Kinder von Eltern, die sich nicht verstehen, seelische Waisenkinder? Jugendgefängnisse werden wir für sie haben, wenn's soweit ist. Und die ganze Mühle der Rechtsprechung, die sie weiter kriminalisiert; aber Schutz, Hilfe? Bei wem und zu wem? Man müßte nur noch bilanzieren, wie das Ganze zu Ende geht: ein Zustand der legalisierten Anarchie.

Gott muß da gar nichts tun. Wenn er »straft«, genügt es an dieser Stelle, wenn er die Dinge einfach laufen läßt. Es ist ein Zustand wie 1945 in Deutschland, den Jesaja vorwegnimmt hier im 3. Kapitel. Es gibt nichts mehr, keine Ordnung mehr, die noch irgendwas verwalten würde, in Jerusalem und Juda gibt es weder Ritter noch Kriegsmannen, das gesamte Militär hat sich selber zerstört. Es gibt keine Richter mehr – warum auch? –, Propheten freilich auch nicht mehr – wieso denn? –, sie wurden nie gehört, selbst Wahrsager, Kaffeesatzleser und Handdeutekünstler sind unbrauchbar, und Greise, die ihre Lebensweisheit zu verkünden hätten, wird man nicht mehr finden. Statt dessen wird es junge Leute geben, die sich als Fürsten aufschwingen, sagen wir: junge Schnösel. Vielleicht ist das die beste Übersetzung für das, was hier als »Jüngling« steht: Mutwillige, Newcomer und solche, die vom Leben überhaupt keine Ahnung haben, aber die die richtigen Ellenbogen besitzen, die werden's zeigen, den Alten schon gar, denn die haben abgewirtschaftet, aber nun kommen sie. Und dann beschreibt's der Prophet: *Es wird der Jüngling aufstehen gegen den Greis.* Das Alter zu ehren ist wie aus der Mode, anbeten wird man die Fittesten im Wettbewerb, die Stärksten, Kräftigsten, Zukunftverheißendsten. Das sind diejenigen, auf die man zählt, so wie ich vor einer Weile einen jugendlichen Großunternehmer, einen Siebzehnjährigen, der das Zeug schon hatte, Millionär zu werden, als Mozart des Jahres 1996 preisen hörte. So ändern sich die Zeiten. Mozart, wie jeder weiß, war bettelarm, so daß man ihn verscharrte, man kennt in Wien nicht einmal sein Grab. Aber die Mozarts unserer Tage werden spielen, nicht auf Orgeln und nicht auf Flügeln, Geigen oder Bratschen, sondern auf den Computern, die die neuesten Börsenausdrucke ihnen servieren, und es wird ein wunderbares Spiel sein.

Man möchte nicht denken, daß das alles bei Jesaja steht vor 2700 Jahren, aber es steht da genau so. Immer wenn ein Volk sich selber zerstört, sind die Prozesse die gleichen. Irgendwann bricht einfach die Deckschicht weg, der Überbau, der sich über das Volk lagerte, und darunter wird es sehr schwer, von innen her durch chaotische Prozesse neue Strukturen zu bilden. – Man wird kommen, schreibt Jesaja hier höhnisch, in das Haus eines Mannes; der eigene Bruder wird sagen: du hast doch noch ein schönes Gewand, und das zeigt doch, daß du ein feiner Mensch bist, du bist berufen zum Herrscher. Nur wenn du irgendeine Robe auftreiben kannst, wird man dir glauben, du hättest was zu sagen, irgendeinen Titel, eine Kordel, irgendein Papier von einer Universität, ein Diplom, irgend so etwas. Aber selbst die Leute, die man derart hochgetitelt und -gelobt hat, werden sagen: Ich bin kein Wundarzt. Sie können's nicht, werden's nicht. Es gibt am Ende keine Lösung.

Hinter all dem steht, noch einmal zum Ausgang zurück, ein einziger Gedanke: Wenn man von Gott spricht, sollte man nicht länger im Sinne des Moses an einen gewitterfreudigen, donnerzornigen Gesetzgeber denken, der den Menschen einhämmert, was seine Gebote sind, nach dem Vorbild eines altorientalischen Herrschers. Wenn Gott spricht, das ist der Gedanke des Jesaja, dann vermittelt er eine einzige Erfahrung, und sie, hinter all dem Furchtbaren, das er redet, ist fast wie die Ahnung einer ewigen Hoffnung, die bleibt: Alles, was Menschen sind, ist hervorgegangen aus etwas, das sie nie verdient haben. Das Land, das sie bewohnen, ist das Land, das Gott gehört. Das Volk, in dem sie aufgewachsen sind, ist das Volk, das Gott sich selbst erwählte. Und gibt es wirklich Arme und Reiche oder nicht nur insgesamt Menschen, die alle wissen könnten, was Alter, Krankheit, Tod, Schwäche, Armseligkeit, Not in jeder Form bedeutet? Und liegt's dann nicht ganz nahe, so wie Gott sich Mühe gab um jeden Menschen, daß so der Mensch sich Mühe gäbe um jeden andern? Es geht nicht um einzelne Gebote, es geht um diesen unglaublich dichten Zusammenhang von einem Gott, der alles gibt, und Menschen, die ihr Leben hätten wie ein wunderbares Geschenk des einen für den andern.

Es gibt *einen* wirklichen Grund, das alles zu zerstören; er lautet hier: das Geld. 700 Jahre später wird Jesus nicht müde, auf diesen Punkt immer wieder zurückzukommen. Ihr müßt wählen, wird er sagen, zwischen Gott und Geld, zwischen Gott und dem Mammon (Mt 6,24). Dabei ist in seinen Tagen, weder des Jesaja noch des Jesus, das, was unsere Geldwirtschaft im Innersten bestimmt, auch nur als Denkmöglichkeit vorhanden: daß man mit der Armut des andern durch Zins- und Zinseszinsnahme immer mehr Schulden ausbeuten könnte, um reicher und reicher zu werden. Manche Wirtschaftstheoretiker glauben im Ernst, jedes Volk müsse untergehen, solange mit Geld so umgegangen wird, wie innerhalb Israels dank dem krassen Protest dieser Propheten mit Geld nie umgegangen wurde. Überall gleichen sich die Zustände. Wir jetzt erleben, nach einer Phase gewaltiger Überschuldung seit 25 Jahren – der Anstieg der Schulden wie in einem Hyperbelast seit den Tagen von Helmut Schmidt unter Helmut Kohl auf 2000 Milliarden D-Mark –, daß wir die Zinsen für die Altschulden eigentlich nur noch bezahlen können durch neue Schulden. Um die Schulden auszuweiten, bringen wir schon den Jugendlichen bei, daß sie Kredite ganz leicht bekommen können; es genügt eigentlich eine Kreditkarte, und die Bank wird ihnen großzügig Kredite geben; nur wenn sie anschließend mit 2000 Mark in der Kreide sitzen und können die Schulden nicht mehr zahlen, wird ihnen niemand sagen, wo sie das Geld herbekommen könnten dafür. Da sie nur Bafög bekommen und die Eltern vielleicht arbeitslos sind, woher soll die Kreditkarte sich finanzieren?

Das weiß niemand, aber die Bank wird es wissen. Sie wird irgend etwas auftreiben, sich schadlos zu halten. Irgendwas ist selbst den Ärmsten wegzunehmen, und das ist rechtens. So geht das zu. Wir haben den Wahn, daß der Staat infallibel ist, er kann nicht pleite gehen, anders als jeder einzelne von uns. Der Staat selber, als Hüter des Geldes, kann jederzeit neues Geld produzieren, er muß nur die Notenpresse laufen lassen oder z. B. den Goldwert höher bemessen. Dann kann er durch einen Buchungstrick plötzlich ein paar Milliarden, 30 Milliarden, wie es gewünscht wird, als reales Geld auf den Markt werfen, und natürlich stopft er damit nur die Löcher, die andere gemacht haben, nie er selber. Könnte ja aber sein, daß am Ende der Staat doch nach seinen riesigen Schulden ans Rückzahlen denken muß.

Dann kommt die Zeit, wo man sparen will, wo man zuwenig Geld hat. Aber was soll man da machen? Das Geld könnte nur kommen, wie es zugeht, durch Arbeit, aber die müßte vorhanden sein. Es gibt aber wieder keine Arbeit ohne Arbeitsplätze, die man nur finanzieren kann mit Geld, und das hat man nicht. Also muß man Kredite aufnehmen, um die Arbeitsplätze zu finanzieren. Und wer bezahlt wieder die Arbeitsplätze, die man mit Krediten vorfinanziert hat, wenn die Produkte, die hergestellt wurden, auf dem Markt sich nicht realisieren? Was machen eigentlich die Leute, die sich haben beschwatzen lassen, als Unternehmer tätig zu werden, wenn sie pleite sind nach zwei Jahren? Wer fängt sie auf, die mutigen Leute, die anderen, fünf, acht anderen auch nur, Arbeit beschafft haben? Ja, diese Frage wird dann nicht beantwortet. Aber die Wirtschaftstheoretiker meinen: So war das immer. Sie müßten nur Sueton lesen: *Das Leben der Caesaren.* Jeder Kaiser, ob das Nero war, Caligula, wen immer Sie wollen, begann ganz großartig. Es wird berichtet, daß er Straßen bauen ließ, Tempel einweihen ließ, daß er Markthallen eröffnete, daß er Zirkusspiele veranstaltete – es war großartig. Wir würden heute sagen: er war investiv und innovativ und kreativ, er tat alles, um die Volkswirtschaft anzukurbeln, wo sie doch daniederlag – aber das alles natürlich nur auf Pump. Und irgendwann platzte die Seifenblase. Da wurde der so menschenfreundliche, gefeierte Kaiser zum Blutsauger, zum Vampir, wurde ganz unberechenbar, nach Suetons Meinung ein Wahnsinniger, der das Volk auspreßte, der den Schuldnern an die Gurgel ging, der Kriege führte, völlig unsinnige, aber irgendwo mußte das Geld ja zu beschaffen sein. Ganz so, muß man sich vorstellen, sind wir heute, und so wird es weitergehen.

Das einzige, was man noch sagen muß, ist, daß Predigten dieser Art schon damals nicht geholfen haben und es weit und breit nicht zu sehen ist, wie sie helfen sollten. Das alles kann man wissen, kann geschrieben stehen, kann verkündet werden – wer will es hören und sich nicht die Ohren selbst verstopfen, wenn nicht diese Redensarten es von alleine tun? Es ist dann fast so, wie wenn man Saint-Exupérys »Kleinen Prinzen« liest, die Beschreibung all der großen, erwachsenen Männer, und weiß genau, daß weder die Karikatur noch die Peitsche der Kritik irgend etwas in Bewegung bringt. Wer erlöst die Mächtigen vom Wahn ihrer Macht? Wer sagt ihnen, was für Menschen sie sind, wenn sie von den Thronen herabsteigen? Wo gibt es Orte für sie, wo sie reden können, ohne daß die Kamera läuft und die Mikrophone eingeschaltet sind? Wo gibt es Worte, die wirklich ehrlich sind? Noch einmal: Sie hören im Bundestag die Leute reden, und Sie wissen: niemand redet mit seinem Vorredner oder mit irgendeinem andern. Es ist wie beim Billardspiel: Um die Kugel zu treffen, die auf der linken Seite steht, muß man über zwei Banden erst nach rechts, nach oben und dann um die Ecke spielen. Und das muß man genau berechnen nach mechanischen Gesetzen, so gut es irgend geht. Und wenn man die Worte so setzt, daß sie richtig laufen, ganz sicher nicht geradeaus, sondern mehrfach gebrochen um die Ecke, dann hat man das Zeug, richtig zu reden. Das muß man vorher überlegen; bevor die Debatte überhaupt beginnt, muß man wissen, wer wem was vorwirft, damit er stolpert und man zum Thema nicht kommt, sondern mit irgendwelchen Scheinthemen sich beschäftigt.

Wie ist es möglich, die Lüge der Macht zu erlösen durch ein paar Worte der Wahrheit? Ja, sie sind Besoffene, Süchtige, Verrückte; aber wenn das stimmt, guter Jesaja, wie nimmt man sie denn bei der Hand und macht ihnen klar, daß ihr Suchtmittel das Gegenteil ist von Glück? Du sagst: es ist Untergang, es ist Selbstmord, es ist Ruin, und du hast vollkommen recht; aber wann bringst du ihnen bei, was wirkliches Glück ist, und sie könnten daran glauben? Und vor allem: wie nimmst du sie aus der Trommel des Geldes, die immer schneller geschleudert wird und sich dreht, bis daß sie atmen könnten und entdeckten, daß das, was sie wert sind und an Geltung besitzen, ganz sicher nicht durch Geldwert sich erkaufen läßt? Vielleicht ist es besser in gewissem Sinne, arm zu bleiben und einen Haufen Dinge gar nicht zu tun, um ein Mensch zu bleiben. Das rettet nicht den Standort Deutschland, das vermehrt nicht das Bruttosozialprodukt, das hilft dem Bundeskanzler nicht, die Steuern aufzubringen, die nötig wären, um die selbstgemachten Schulden zu bezahlen. Aber vielleicht gibt es ganz andere Interessen, die wir haben sollten als Menschen. Vielleicht ist das am Ende auch viel billiger als die Dinge, die wir jetzt tun. Es wäre ja möglich, daß Menschlichkeit unbezahlbar ist und erspart einen Riesenhaufen Kosten: Rechtsanwaltskosten, Gerichtskosten, Aufwendungen für Polizei, Gefängnisse, Asozialenunterkünfte. Wäre es möglich, wir hätten am Ende ein Staatswesen, sagen wir besser: eine menschliche Gemeinschaft, die entdeckte wieder Dinge, die nichts kosten, aber die es einfach gibt? Und an diesen Dingen, die es einfach gibt, wäre ein Stückchen von Gott zu spüren? Dabei bekäme jeder wieder ein bißchen Boden unter seine Füße, und das wäre die ganze Religion. Man muß noch hinzufügen, daß die Dimensionen, in die Jesaja redet, weit über Israel und Judäa hinausgehen. Alle Probleme, die er hier anspricht, sind im Weltmaßstab zu sehen, eben deshalb völlig modern. Es ist kein jüdisches Problem, es ist ein menschheitliches Problem. Es geht nicht darum, den Gott Israels zu predigen, es geht darum, überhaupt Göttliches zu finden im Herzen und in den Augen eines jeden Menschen. Die Rechnung selber ist ganz einfach: die Armut nicht zuzudecken, sondern zuzulassen und zu leben aus Gottes offenen Händen.

Ich schließe mit einem kleinen Psalm, dem Psalm 73. Er ist, wenn Sie so wollen, die Zusammenfassung all dieser Jesaja-Worte: Gott ist dennoch Israels Trost für alle, die reinen Herzens sind. Sagen muß ich noch Jes 3,10 f.: Diese letzten Verse sind die übliche Theologenerklärung: Dem Guten geht es gut, dem Bösen geht es schlecht, das hätten wir lernen sollen. Nur so sinnlos einfach ist es nicht. Was Jesaja schildert, ist, wie wenn sich ein Gletscher am Hang löst, daß er alles begräbt, Schuldige wie Unschuldige, wenn es losgeht; diese Primitivgleichung, die die Theologen zur Rechtfertigung Gottes sich zugange machen, funktioniert niemals. Das ist das Problem des 73. Psalms, der beginnt mit einer Bestätigung.

Text: Psalm 73
Ein Psalm Asaphs.
Lauter Güte ist Gott
gegen den Frommen,
der Herr gegen die,
die reinen Herzens sind.
Ich aber wäre beinahe gestrauchelt;
um ein Kleines,
so wäre mein Fuß ausgeglitten.
Denn Eifer wider die Übermütigen
ergriff mich,
da ich sah, wie es den Gottlosen
so wohlging:
sie leiden keine Qualen;
gesund und wohlgenährt ist ihr Leib.

Von der Mühsal der Sterblichen
sind sie frei,
sie sind nicht geplagt
wie andre Menschen.
Darum ist Hoffart
ihr Halsgeschmeide,
Gewalttat das Gewand,
das sie umhüllt.
Aus der Verstockung
kommt ihr Unrecht,
es überwallen die Anschläge
ihres Herzens.
Sie höhnen und reden in Bosheit;
Verkehrtes reden sie von oben herab.
Sie erheben gegen den Himmel
ihr Maul
und lassen auf Erden
ihrer Zunge den Lauf.
Darum wendet sich ihnen das Volk zu
und schlürft Wasser in Fülle
und spricht: »Wie wüßte es Gott?
wie wäre Wissen beim Höchsten?«
Siehe, so treiben es die Gottlosen!
Immer im Glück,
häufen sie Reichtum.
Ganz umsonst hielt ich rein mein Herz
und wusch meine Hände in Unschuld;
war ich doch geplagt allezeit,
und meine Züchtigung
war jeden Morgen da.
Wenn ich gedacht hätte:
»Ich will auch so reden«,
siehe, so hätte ich das Geschlecht
deiner Kinder verraten.
Da sann ich nach
und suchte es zu verstehen –
es war eine Qual in meinen Augen –,
bis ich erfaßte
Gottes heiliges Walten

und achthatte auf ihr Ende.
Ja, du stellst sie
auf schlüpfrigen Grund,
du lässest sie fallen in Täuschung.
Wie werden sie zum Entsetzen im Nu,
werden hingerafft,
nehmen ein Ende mit Schrecken!
Wie man einen Traum verachtet
beim Erwachen,
wirst du, Herr,
wenn du dich aufmachst,
ihr Bild verachten.
Als mein Herz erbittert war
und es mich stach in meinen Nieren,
da war ich dumm und ohne Einsicht,
war wie ein Tier vor dir.
Nun aber bleibe ich stets bei dir,
du hältst mich
bei meiner rechten Hand.
Du leitest mich
nach deinem Ratschluß
und nimmst mich hernach
in die Herrlichkeit.
Wen hätte ich im Himmel außer dir?
Und wenn ich dich habe,
so wünsche ich nichts auf Erden.
Mag Leib und Sinn mir schwinden,
Gott ist ewiglich mein Fels
und mein Teil.
Denn siehe, die dir fernbleiben, kommen um;
du vernichtest alle,
die dir untreu werden.
Mir aber ist es köstlich,
Gott nahe zu sein;
ich setze meine Zuversicht
auf Gott, den Herrn,
und verkünde alle deine Werke.

7. Juni 1997

WAS SOLL MIR DIE MENGE
EURER OPFER?

Mit der folgenden Lektüre befinden wir uns im letzten Drittel des 8. Jahrhunderts, einer ganz anderen Zeit, scheinbar. Noch existiert Israel und Juda, ein Doppelstaat, in Spannung zueinander, aber natürlich in religiöser und ideologischer Gemeinsamkeit. Gerade dieses Doppelgebilde wird in den Tagen des Propheten Jesaja zerschlagen werden. Wer immer unmittelbar in seine Art, Gott zu sehen und die Welt zu betrachten und seine eigene Rolle zu interpretieren, eingeführt werden möchte, der liest am besten die Kapitel 6 bis 9; sie enthalten gewissermaßen die Denkschrift dieses Mannes. Mitten in der gesamten Auseinandersetzung, am Rande des überhaupt Sagbaren, des Unerhörten in den Ohren der Zeitgenossen, des Unerträglichen, hat der Prophet im Kreise seiner Anhänger seine Botschaft wie in einem Konvolut zusammengefaßt, verschnürt und versiegelt, nicht nur für die Zeitgenossen, sondern für alle Zeiten. Wenn es eintrifft, soll man es lesen, es ist gesagt worden, und zwar zur rechten Zeit, als man's nicht hören wollte, und es wird dann zu spät sein, wenn man sich drauf besinnt. Aber man soll nicht sagen dürfen, es hätte an Gott gelegen. Der Beginn dieser Denkschrift, nachgestellt zeitlich, aber vorangestellt natürlich in der rechten Ordnung der Reihenfolge der Ereignisse, ist die Berufungsszene des Jesaja im Tempel zu Jerusalem, das Kapitel 6. Diese Begebenheit einer Berufung, einer klassischen, zentralen in der ganzen Bibel, soll im Mittelpunkt stehen.

Text: Jes 6, 1–13
In dem Jahre, da der König Usija starb, sah ich den Herrn auf einem hohen und erhabenen Throne sitzen, und seine Säume füllten den Tempel. Seraphe standen über ihm; ein jeder hatte sechs Flügel: mit zweien bedeckte er sein Angesicht, mit zweien bedeckte er seine Füße, und mit zweien flog er. Und einer rief dem andern zu und sprach: Heilig, heilig, heilig ist der Herr der Heerscharen! Die ganze Erde ist seiner Herrlichkeit voll! Da erbebten die Grundlagen der Schwellen von der Stimme des Rufenden, und das Haus ward voll von Rauch. Da sprach ich: Wehe mir! ich bin verloren! denn ich bin ein Mensch mit unreinen Lippen und wohne unter

einem Volke mit unreinen Lippen – und habe den König, den Herrn der Heerscharen, mit meinen Augen gesehen. Da flog einer der Seraphe zu mir her, einen glühenden Stein in der Hand, den er mit der Zange vom Altar genommen. Und er berührte damit meinen Mund und sprach: Siehe, das hat deine Lippen berührt, und deine Schuld ist gewichen und deine Sünde gesühnt. Da hörte ich die Stimme des Herrn, der sprach: Wen soll ich senden? wer wird uns gehen? Ich sprach: Ich will's, sende mich! Und er sprach: Gehe und sprich zu diesem Volke: Höret immerfort, doch verstehet nicht, und sehet immerfort, doch erkennet nicht! Verstocke das Herz dieses Volkes, mache taub seine Ohren und blind seine Augen, daß es mit seinen Augen nicht sehe und mit seinen Ohren nicht höre, daß nicht sein Herz einsichtig werde und man es wieder heile. Da sprach ich: Wie lange, o Herr? Und er antwortete: Bis daß die Städte öde liegen ohne Bewohner und die Häuser ohne Menschen und das Fruchtland nur noch Wüste ist und der Herr die Menschen weit hinwegführt und die Verödung groß wird inmitten des Landes. Und ist noch ein Zehntel darin, so wird es wiederum vertilgt wie bei der Terebinthe und der Eiche, von denen beim Fällen noch ein Stumpf bleibt. Ein heiliger Same ist sein Stumpf.

Wenn jemand versuchen sollte zu sagen, was sein ganzes Leben ist, so ist es möglich, daß er nach bestimmten Anlässen sucht, die ihn auf den Weg geführt haben, den er schließlich gegangen ist, als wär's die Beauftragung seines eigenen Wesens, die Linie seines ganzen Lebens. Es ist möglich, daß im Rückblick bestimmte Ereignisse dadurch ein fast eigenes Gewicht, eine sozusagen mythische Prägung für die eigene Biographie erlangen. Es kann aber auch sich ganz umgekehrt verhalten, daß ein Mensch durch bestimmte äußere oder innere Erlebnisse, durch Widerfahrnisse zu etwas förmlich genötigt wird, das er so nie beabsichtigt hat. Sein Leben hätte in geordneten, gewohnten, gewöhnlichen Bahnen verlaufen können, ruhig und normal bestellt, wäre nicht dieses eine in ihn gefahren wie ein Blitz, fast zerschmetternd, alles in Brand setzend, ungewiß. Ob dies eine Katastrophe und ein Fluch oder ein Segen und ein schließlich wärmendes Feuer wird, weiß der Prophet selber zu diesem Zeitpunkt nicht, da er in seiner Denkschrift alles zusammenfassen möchte, was er – man kann schon nicht mehr sagen: noch mitteilen will, sondern – zu sagen hatte, ein bitteres Sich-Verschließen?

Seine eigene Berufung, erklärt er hier, wäre so gewesen: nichts mehr zu ändern, sondern bis zum endgültigen Scheitern zu führen. Absurder, möchte man denken, kann ein Leben gar nicht verlaufen, als daß es seinen eigenen Widerspruch bis zum äußersten aufreizt und verfestigt. Aber genau das, erklärt Jesaja, sei sein Auftrag, seine Bestimmung gewesen.

Alles ist auf den Tag genau geschichtlich eingeordnet, im Todesjahr des Königs Usija. Wir schreiben das Jahr 735, sollen wir sagen: vor Christus, dem Endpunkt israelitischer, jüdischer Hoffnung, angesichts eines Textes, der in solcher Hoffnungslosigkeit zu enden scheint? König Usija ist seit etwa zwanzig Jahren geschlagen vom Aussatz, ein regierungsohnmächtiger Mann, dem der Thron gehört, und doch verwaltet er nur noch den Tod, der in ihm wohnt und auf seiner Haut liegt. Für ihn hat Jotam regiert, bis wenige Jahre zuvor, in äußerem Frieden. Die Stadtmauern sind gefestigt, ein kleiner Krieg gegen die Ammoniter ist gewonnen worden – Politik, wie sie üblich ist, wenn man sie erfolgreich nennt. Stellvertretend hat sein Nachfolger Ahas das Regiment in die Hand genommen, und in seinen Tagen zieht es herauf, als wäre der bis dahin dauernde Frieden nichts weiter als die Vorbereitung eines lastenden Gewitters über offenem Meer. Das Reich der Assyrer wächst zu seiner größten Machtentfaltung auf, 745 tritt Tiglat-Pileser III. die Herrschaft über Assur an, und er verwaltet sie in der Konzentration, je nach der Perspektive, des Größten oder Gräßlichsten, wofür der Name Assur in der Geschichte des Mittleren und Nahen Ostens stehen wird. Assur hat einen einzigen Namen: militärische Stärke, Militarismus pur. Man verfügt über kasernierte Soldaten, man verfügt über Streitwagenabteilungen, deren Regimenter sich in wenigen Tagen an jeden Brennpunkt der Geschichte verlegen lassen, und ihre Hufe zermalmen, wie es die Propheten ausdrücken, alles unter sich, stecken das Gras der Steppe in Brand, nehmen Völker aus wie Vogelnester, und die Praxis, mit der das geschieht, hat eine bis dahin selbst im Orient nicht gekannte Brutalität. Es geht nicht mehr nur um die Unterwerfung von Staaten, es geht um ihre Vernichtung, um ihre Ausrottung. Das alles geschieht im Namen des Gottes Assur, und der hat Macht, scheinbar, grausige Macht.

Unmittelbar zuvor, ehe Jesaja diese Vision empfängt, hat im Staat Israel Menahem aus einem Akt der Vernunft vorgebeugt, indem er fast eine Art Bündnis geschlossen hat mit den Assyrern. Die Angst trieb ihn, der Vernichtung zu entgehen durch vorgreifende Kapitulation. Ähnlich handeln andere Staaten, die Phönizier an der Küste. Assur greift aus zu den Hafenstädten am Mittelmeer. Es verbindet alle Wirtschaftszentren über den fruchtbaren Halbmond. Seine imperiale Macht wächst und wächst, und man kann vorhersehen, was mit den kleinen Randstaaten geschehen wird. Sie sind nur noch wie Herbstlaub am Baum. Wenn der Gott Assur und sein Stellvertreter Tiglat-Pileser III. zum Sturm blasen werden, wird nichts mehr bleiben.

Das ist die Stunde des Jejasa. Wie deutet man Geschichte angesichts solcher Tragödien? Man ist ein Spielball der Mächtigen, das ist die übliche Entscheidung. Man kann nichts dafür, die Ungunst der Umstände zwingt zum Äußersten und zum Verzweifeltsten. Es ist nicht die Schuld des Volkes, daß ihm derart mitgespielt wird, aber wenn denn doch ein Gott im Himmel wäre, könnte er nicht eingreifen, wäre es nicht seine Stunde, müßte er nicht, Treue bewahrend, hilfreich an die Seite seines Volkes treten? – All diese Überlegungen verfliegen in nichts an diesem Tag eines Schauempfangs im Tempel. Es ist eine Zeit noch, in der mitunter Namen gegeben werden wie im Islam in unseren Tagen. Da kann jemand genannt werden Abdullah, Knecht Gottes, oder Abdrahman, Knecht des Allbarmherzigen. So hieß König Usija selbst mit einem Namen, der soviel bedeutet wie »Jahwe ist Hilfe«, oder wenn das Buch der Chronik recht hat, hieß er Asarja, Gott ist Rettung. Beides wünschte man so sehr wie nur irgend möglich. Der Name Jesaja bedeutet nichts anderes, meint aber Grundverschiedenes: Gott ist Rettung, Gott ist Hilfe. In einer Kultur, in der viele Menschen nach dem benannt werden, was Gott ist oder was man sich von ihm erwünscht, kommt es manchmal zu merkwürdigen Gleichklängen zwischen dem, wie jemand heißt, und dem, was jemand sagt. Der Name Jesaja ist wie ein Programm, die Prophetie einer Person. Alles aber, müssen wir glauben, beginnt mit dieser Szene. Wie fast immer aus jener Zeit noch haben wir über die Person, über den Träger der Botschaft kaum irgendeine Information, als wenn es Gott nicht interessieren würde, mit wem er es persönlich zu tun hat, man denkt auf eine fast harte, rücksichtslose Weise objektiv. Was geschieht, nicht aus welchen Gründen es geschieht, wie es in Erscheinung tritt, nicht was sich von innen bewegt, scheint des Aufhebens und der geschichtlichen Erinnerung wert. Dennoch wissen wir, besser: *glauben* wir von Jesaja immerhin rekonstruieren zu können, daß er sich

sehr gut ausgekannt haben muß am Tempel und im Tempel, Speku-
lationsgrund also, uns vorzustellen, er habe zum Tempelpersonal
gehört; war er ein Tempelprophet – durchaus möglich! Zwei Kapitel später wird seine eigene Frau sogar als Prophetin bezeichnet,
was wohl nicht besagen will, daß sie selber ein Prophetenamt ausgeübt hätte, aber daß sie Gattin eines Propheten war. Mag auch
sein, daß er im Nebenberuf Bauer war, der Jesaja aus Jerusalem. Für
derlei Dinge aber sollen wir uns offenbar nicht interessieren, sie haben keine Rolle zu spielen, um zu verstehen, worum es jetzt geht.
Nur: versteht er's eigentlich selber, dieser Jesaja?

Die Ausleger erklären uns, daß hier Gott rede, und das bedeute,
daß jede Art von Psychologie verfehlt sei. Eben weil hier Gott redet
und die Frage nach dem Menschen nicht sein *kann*, soll sie auch
nicht sein, auch heute nicht bei der Auslegung. Aber was heißt's
denn dann, daß Gott redet? Wissen's denn die so Auslegenden? Gebrauchen sie nicht lediglich eine 2735 Jahre alte Formel, die sie gar
nicht mehr auf sich beziehen wollen, weil sie so alt ist, und die sie
wie einen Knochen verteidigen, der zum Leben sich nicht erwecken
lassen *darf*? Was würde sein, träte jemand zu Ihnen ins Zimmer
und wollte stammelnd so sagen: Ich sah den Gott der Scharen – und
es wäre, wie wenn er sagen wollte: es ist mein Recht zu leben ver-
wirkt, aber er, der das Recht hätte, mich zu töten, nahm mich in
Dienst für eine tödliche Botschaft; ich saß in seinem Heiligtum, an
der Stätte, wo die Priester zur Beruhigung des Volkes rituell ihren
Dienst verrichten – würden wir nicht selbst heute noch sehr skeptisch
einem solchen Menschen zuhören? Würden wir nicht, je länger er
redet, mutmaßen, daß er ein Gesicht wohl gehabt habe, aber nein,
nicht *am Rande* der Schizophrenie, sondern mitten darin? Es ist ein
Fall für die Psychiater, eine solche Beunruhigung der Nerven, eine
solche zerreißende Schau, eine solche Absurdität: diese Mitteilung
für ein ganzes Volk! Die Einbildung schließlich, als einziger allen
entgegenzutreten mit einem Sonderwissen des Allerhöchsten – das
ist zuviel, auch heute noch. Wahr ist, daß wir um jeden fürchten
müßten, der bis in dieses Extrem getrieben wird. Vielleicht, daß wir
verstehen, was Jesaja erlebt, wenn wir's uns auf viel längere Zeit ge-
dehnt denken, nicht so verdichtet, komprimiert gewissermaßen in
einem Überfallsaugenblick, sondern als eine langsam reifende Erfahrung. Und wär's nicht auch möglich, daß der Prophet selber
vieles, was vorbereitet war und was er nach und nach erst bei sich

selber fand, hier verdichtet, wie wenn man zwei Enden einer strom-
führenden Leitung zusammenbringt? Dann ereignet sich der
Stromstoß, aber die Elektrizität war all die Zeit hochgespannt in
der Leitung; als es zum Durchbruch kam, als es zum Ereignis
wurde, wirkte es wie eine Explosion, wie eine Überwältigung.
Was Jesaja sieht, nennen wir in der Religionsgeschichte und Reli-
gionspsychologie eine Theophanie, eine Gotteserscheinung. Aber
erklärt dieses Wort auch nur irgend etwas? Ich sah, spricht Jesaja,
den Herrn – und will damit ausdrücken, daß von dieser Stunde an
sein ganzes Leben ein Dienst sein wird gegenüber jemandem, der
ihm befiehlt, und ihn anerkennt er nicht nur persönlich, sondern
weiß ihn, fühlt ihn als die eigentliche Macht, die im Leben von
Menschen das Sagen hat und haben sollte. Die Szene spielt im Tempel, und es ist, wie wenn die Requisiten des gewöhnlichen Anblicks:
die Bundeslade, der Thron, aufwüchsen bis zum Himmel. Die Gegenwart des Göttlichen bleibt in gewisser Weise im Umraum des
Tempelheiligtums. Und doch ist es, als wenn der Tempel versänke
unter der Übermacht des Himmlischen. Sein erhabener Thron, der
Rauch, der das Tempelinnere vom Brandopferaltar her erfüllt, erscheinen dem Seher wie die Schleppen des Gewandes Gottes. Ihn
selber behauptet er mit keiner Silbe gesehen zu haben, aber doch
den Saum des Gewandes, soviel ja.

Was sieht ein Mensch, der im Tempel das ganz Normale derart
verinnerlicht, daß alles, was Ritus und äußerliche Dienstbarkeit
in Priesterhänden war, ihm zum persönlichen Ereignis, zur Mitteilung auf Leben und Tod wird? Das Bild hebt sich auf, jenseits des
Tempelinnenraums. Seraphe, Branddrachen, müssen wir uns vorstellen, stehen dort über ihm, mit ihren Flügeln sich bedeckend und
bewegend. Ein Teil dieses Bildes scheint wie entlehnt noch aus dem
Heiligtum von Schilo. Dort thronte die Gottheit auf den Cherubim
– Bilder, die aus Mesopotamien übernommen sind, menschenge-
sichtige Flügelwesen mit den Leibern von Stieren und den Pranken
von Löwen. Weisheit also, Allgegenwart, Macht und notfalls Gewalt sind die Attribute des Göttlichen. Aber darüber, über diese sin-
nenfälligen Attribute erhaben, ist das Göttliche selber. Die Branddrachen hier könnten genommen sein aus den Gewittererlebnissen
kanaanäischer Hymnen; zuckende Blitze umgeben die Aura des
Göttlichen. Es sind aber diese Branddrachen selber offenbar men-
schengesichtig, menschenleibig, schlangenförmig. Sie selber *bedek-*

ken sich, als wären sogar noch in der Sphäre des Göttlichen Scham-
gefühl und ein nötiges Sichverbergen angezeigt. Nicht einmal sie,
diese obersten Diener des Göttlichen, dürfen die Gottheit schauen.
Es ist aber der Zuruf, den Jesaja wie einen Klang aus dem Himmel
erhört und erlauscht: heilig – dreimal – ist Jahwe Zebaoth.

Es rätseln die Exegeten, was mit dieser Formel gemeint sei. »Der
Herr der Scharen« ist die übliche Übersetzung. Sind das die Kriegs-
scharen, eine himmlische Armee, unter den Zeitumständen dringlich wünschenswert, eine Vorstellung, die auch im Neuen Testament sich beglaubigt noch? Im Joh.-Ev. (Joh 18,36) wird Jesus vor
dem römischen Landpfleger Pilatus sagen: Ich könnte eine ganze
Legion Engel bestellen, die für mich kämpfen würden; in deiner
Hand bin ich nur, weil Gott es so will. Da sind die himmlischen
Geister notfalls ein irdischer Herrbann, wenn Gott es so will. – Andere denken, gemeint sei eine Kompromißformel, die sich vor allem
im Nordreich in Israel ausgebildet habe. Gott, Jahwe, beansprucht
Herrschaft über alle anderen Götter, er erweist sich oder soll sich
erweisen als stärker denn die Gottheiten der Völker, und möglich
wäre, daß man eine Weile lang gesagt hat: wir glauben an Jahwe,
der der Herr ist aller anderen Götter. Dann ist die Heerschar am
Throne Jahwes identisch mit all den Gottmächten, die er besiegt
hat. Sie sind seine Vasallen, und so wie man's im Himmel sieht, er-
hofft und erwünscht man sich's auf Erden.

Ohne Widerspruch dazu, wenngleich mit ganz anderem Ak-
zent, könnten wir an den Gestirnkult denken. Wieviel verschmolz
da in Babylon zwischen den Sternen im Nachtdunkel und der
Sphäre des Himmlischen und Göttlichen! Natürlich muß Jahwe
auch werden der Herr des Himmels im kosmischen Sinn, und alle
Gestirne und ihr funkelnder Reigen in der Dunkelheit der Nacht
sind der Lobpreis seiner Größe und Stärke. Wie spricht man mit
einem Gott von so übergreifender Ausdehnung seiner Herrschaft
und Größe? Das Wort dafür hier ist: heilig, dreimal gesteigert.
Wenn wir es in unserer Sprache gebrauchen, meinen wir mit »heilig« eine bestimmte moralische Qualität. Der Papst in Rom kann
heiligsprechen einen bestimmten Menschen und zeichnet ihn dadurch in seiner Tugend und in seiner Übereinstimmung mit der
kirchlichen Lehre aus; er hat so gelebt, wie wir es wünschen. Davon
kann in diesem Zusammenhang überhaupt nicht die Rede sein.
Alles ist vielmehr wie verflacht, wenn wir es so sehen wollten. »Hei-

lig« in der Religionsgeschichte, das ist der Bereich buchstäblich des Tabus, des Unberührbaren, des Gefährlichen, weil aufgeladen von göttlicher Macht, ein Wort, das ohne einen Einschlag von Magie kaum zu denken ist. Wer daran rührt, an diese Sphäre, vermißt sich als Mensch, so übergewaltig erscheint das Göttliche. Jede Psychologie sei hier verfehlt, erklären die Exegeten. Aber kann man so sagen? Projiziert sich nicht hier selber ein bestimmtes Bild, das ein Mensch in sich trägt, ins Göttliche und verabsolutiert sich in einem absoluten Gegensatz? Das Göttliche ist in sich selber so geschlossen, so groß, so unantastbar, so übergewaltig, daß ein kleiner Mensch, fühlt er sich davon auch nur ein wenig berührt, dahinschmilzt wie nichts; er hält ihm nicht stand. Was anders denn als eine bestimmte psychische Erfahrung auch von sich selbst und der verschwindenden Kleinheit des eigenen Wesens ist hier gemeint? Nehmen wir, um es ein wenig zu vermitteln, nur einmal an, wie es uns selber zumute sein kann. Es gibt Augenblicke des Glücks, in denen wir uns umsehen. Winzige Sekunden können das sein, ein Blick aus dem Fenster, ein einfacher Schritt vor die Tür, das Wiedersehen mit einem Menschen, und plötzlich fällt all das Gewöhnliche von uns ab. Plötzlich spüren wir: so müßte das Leben sein, und wir fragen uns, warum wir nicht immer schon so gelebt haben, wie wir's bisher verpassen konnten; und noch mehr wundern wir uns zumeist, wie wir gleich wieder dabei sind, es zu verfehlen, als dürfte es gar keine wesentliche Ausrichtung in unserem Leben bekommen. Es ist plötzlich der Eindruck vom Mangel jeglicher Selbstverständlichkeit zu existieren. Da werden wir zu Zeugen eines Weltenschauspiels, wir, die wir so zufällig in das Leben getreten sind, die wir so wenig notwendig unsere Rolle spielen auf der Bühne des Lebens. Und doch gibt es uns. Mitunter hören wir von irgendeinem Schicksalsschlag, der, gottlob, zwar einen Menschen an unserer Seite getroffen hat, nicht aber gleich uns selber. Plötzlich ist jemand krank geworden, hat ein Unglück erlebt, etwas in seinem Leben ist völlig aus dem Gleise gesprungen. Das springt uns an und fragt uns: Wie würdest denn du darauf antworten? Und plötzlich fühlen wir, daß es gar keine Antwort gibt, außer vielleicht ein Verstehen oder ein Erbarmen, das jenseits aller Wertungen nur noch den Menschen sieht. Beinahe flehentlich spüren wir plötzlich: So etwas brauchten wir selber, brauchten wir alle, und es wäre doch nur der Anfang, das zu ahnen, was hier als heilig bezeichnet wird. Wir gehen unser

Leben durch und empfinden es als Torso, ein solch verpfuschtes Durcheinander zwischen Irren und Wirren und Suchen und Finden und Wiederverlieren und Neuaufgreifen. Wie wenig Halt und Ordnung ist darin! Bei jedem wirklichen Engagement, dessen wir endlich uns getrauen, wissen wir nie, ob es nicht wieder ein neuer Irrtum ist. Wir setzen alle Kraft darein, und wenn es schiefgeht, werden die anderen hohnlachend dastehen und haben's immer gewußt. Aber wer weiß es im voraus? Wie aus unserem Leben klug werden? Auch da wieder bedeutet's, wenn auch im Negativen, die Macht zu spüren, die hier heilig genannt wird. Sie müßte es wissen, sie wäre die Klarheit, in ihr läge alle Orientierung – nur *wir* vergehen darunter wie ein Nichts, wie Spreu vor dem Wind, hätten die Propheten gesagt.

Es geht diese Formel noch weiter: *Fülle der ganzen Erde ist seine Herrlichkeit.* – Dieses Wort durchzieht die ganze Bibel bis hinüber ins Johannes-Evangelium: die Herrlichkeit Gottes. Nun sollte man denken, nach allem bis dahin Gehörten seien Gott und Mensch wie Gegensätze, Himmel und Erde wie Widersprüche, aber plötzlich, in der Parallelzeile, völlig antithetisch, heißt es mitmal: Fülle der ganzen Erde ist seine Herrlichkeit – und das soll doch offenbar heißen: je reicher die Welt von uns Menschen auch innerlich wird, desto deutlicher wird der Abglanz der Schönheit, der Unerreichbarkeit, der Majestät Gottes, und es ist, als schlösse sich ein Ring zwischen der äußersten Entfernung und der dichtesten Annäherung. Da sind Gott und Mensch Bündnispartner, Zueinandergefügte.

Betrachten wir nur bis dahin einmal im Vergleich, was wir gerade gehört haben. Alle Katholiken unter Ihnen kennen aus jeder Meßfeier das Zitat aus dieser Stelle. Noch hat der Priester über Brot und Wein als der einzig Fähige und Bevollmächtigte die Worte der Wandlung nicht gesprochen, da, in Erwartung des Einzugs Gottes in den heiligen Gestalten, ruft die Gemeinde, singt sie im Kirchenlied ebendie Worte: heilig, heilig, heilig – wie wenn sie zeitgleich wäre und existentiell identisch mit ebendieser Erfahrung. Gibt es, genau betrachtet, einen größeren Unterschied zwischen dieser Rezitation im Kult und dieser Verdichtung eines prophetischen Erlebens? Zur Farce gerät die liturgische Aufregung in einer katholischen Kirche über die Ankunft Gottes schon dadurch, daß jeder, der die Kirche betritt, in die Ankunft Gottes eintritt. Es kommt

Gott nie, er ist immer schon gegenwärtig. Nichts ereignet sich, weil's immer schon ist, nichts Neues kommt, sondern es setzt sich lediglich rituell ein neues Mal an die Stelle des Alten, das ohnedies Bestand hat.

Das ist das Aufregungslose, das ganz sicher Langweilige, das immer im voraus Gewußte. Da verkommt das Unerhörte zum Ewig-Gehörten, zur akustischen Grille. Aber hier hat man existentiell die ganze Dichte, die unerhörte Aufregung, und plötzlich beginnt die Geschichte sich zu drehen. Sie gerät in eine unerhörte Turbulenz.

Wir haben, mutmaßend noch, soeben geglaubt, Jesaja unter das Tempelpersonal einordnen zu können, irgendwie wohl als Tempelprophet, womöglich als jemand, der seinen liturgischen Beitrag zu den Hymnen, zu den Texten, zum Ritual der üblichen Aufführungen eines Gottesdienstes berufsmäßig beizusteuern hätte. Und nun plötzlich wächst im Tempel, im Heiligtum, aus Staffagen des Ritus ein Erlebnis, das einen einzelnen schutzlos aus dem Allgemeinen hervorholt und ihn unter den Augen seines Gottes dem ganzen Volk gegenüberstellt. Das bedeutet es, ein Prophet zu sein: Das Spiel hört auf, es wird plötzlich Ernst. Wenn die Exegeten eben noch sagten, wir haben hier Menschliches psychologisch nicht beizumischen, muß man sagen: gerade das aber geschieht. Es wird das scheinbar Objektive, Allgemeine radikal existentiell, individuell, persönlich; ein größerer Gegensatz ist kaum zu denken.

Mein Freund Herbert Haag hat ein Buch geschrieben, das zur Zeit vor allem in der Schweiz debattiert wird; sein Bischof hat es schon verurteilt, die Theologen in seiner Umgebung werden zur Treibjagd ins Horn stoßen. Der Autor ist ein alter Mann, man wird ihn nicht gleich zur Strecke bringen, dafür aber zeigen, wie alt er ist und daß er mit dem Stand *heutiger* Forschung nicht mithält; so ähnlich wird es wohl laufen. Er hat nämlich geschrieben, daß der Prophet aus Nazaret, Jesus genannt, keine Priester eingesetzt hat, und das hätte er gar nicht tun *können*, eben weil er ein Prophet war. Daraus wird, daß Haag, ein Alttestamentler in vielen Jahrzehnten, ein Antijudaist sei; er hat die Spannung zwischen Jesus und dem zeitgenössischen Judentum, um die Einzigartigkeit Jesu zu betonen, auf eine Weise übertrieben, daß, man muß sagen, das christlich-jüdische Gespräch nicht gefördert, sondern beeinträchtigt werde. Man merke: wer die Kirche mißt und womöglich am Beispiel der Propheten kritisiert, der kriegt am Ende zu hören, daß er die Bibel offenbar falsch gelesen hat, daß er antijüdisch ist, und das soll heißen: antirömisch. Eine Kirche, die 2000 Jahre lang von Jesus so gesprochen hat und weiter redet, daß kein Jude die Formel, Jesus ist der Sohn Gottes, anders denn als Gotteslästerung verstehen wird, die muß erklären, daß, wer prophetischen Ernst in die Religion bringt, sich versündigt am heiligen Volk, dessen Größe in diesen Männern liegt. Es ist schwer denkbar, wie man Begriffe so durcheinanderbringen kann. Hier jetzt beginnt freilich eine Herausforderung auf Alles oder Nichts.

Da schwanken die Türzapfen in den Angelsteinen zum Tempeleingang, und es ist nicht einmal die Stimme Gottes, die dieses Erdbeben herbeiführt; es genügt der Gesang oder das Gedröhn der Branddrachen, der Seraphe. Sie sind's, die nach biblischer Vorstellung schon im 3. Kapitel der Genesis den Eingang zum Paradies versperren mit ihren Flammenschwertern in den Händen. Im Rückblick auf das, was mit den Menschen gemeint ist, steht Gott da wie verbietend, wie eine Feuersäule, durch die kein Durchkommen mehr ist, ohne den Menschen zu zerstören. Und genau das spürt hier Jesaja: Jenseits der Flammenwand der Seraphe säße der Heilige, der Erwünschte, der Rettende, aber der Mensch davor, er vergeht. Und so ist seine Antwort wie ein Lied: Weh mir – und nun mit dreifacher Begründung –, denn ich muß schweigen. Offenbar soll das meinen: Ich würde so gern mitsingen im Lobeshymnus der Heerscharen des Heiligen Israels; wie gern wäre ich dabei einer von den Dienern des Lobgesangs, aber das geht nicht, denn ich, Jesaja, bin nur ich, ein Mann mit unreinen Lippen. Selbst wenn noch ein Gedanke und Gefühl im Herzen rein wäre, so wie sich's ausspricht, wird es verformt, bleibt es zurück hinter dem zu Sagenden, ist es verbogen; es ist Menschenmund, und es ist Jesaja nicht anders als das Volk.

Später wird man erklären wie üblich: Er mache sich wichtig, er glaube vielleicht, der einzig Richtige zu sein, er stelle sich über alle anderen, er kritisiere sie maßlos, er habe keine Geduld – all die typischen Phrasen, die man aufbringen wird. Die Wahrheit ist ganz anders. Jesaja erklärt hier unzweideutig, daß er nicht den Millimeter sich erhebt über sein Volk, nicht in irgendeinem Betracht besser ist als alle andern, ganz im Gegenteil, daß er so ist wie sie alle. Das ist der Grund, warum er nicht mitsingen kann. Sollen wir's noch mal schnell gegenüberstellen, wie leicht uns das abgeht in jeder katholischen Messe: heilig, heilig, heilig – und es ist so wunderbar, wie wir doch eingeladen, berufen und erlöst sind, und dagegen hier die Erschütterung eines Mannes, der weiß, daß er das gar nicht sagen *kann*! Die Engel mögen das tun, die Seraphe im Himmel, aber doch nicht wir, die Menschen! Wie kämen wir denn dahin! – Gibt es einen größeren Unterschied als den zwischen der rituellen Dauerberuhigung und -berieselung und diesem Aufbruch?

Es gibt noch eine dritte Erfahrung, ein drittes »denn«, und das ist die Ursache von allem: *Meine Augen haben den König Jahwe Zebaoth gesehen.* – Bei allen Gotteserscheinungen sonst ist das wie ein Todesurteil, Gott gesehen zu haben. Hier ist es soviel wie der Zusammenbruch der moralischen Identität, des natürlichen Selbstbewußtseins, des Vertrauens, doch ein ordentlicher, richtiger Kerl zu sein, der es so macht wie alle, und alle zusammen, die machen's richtig, schon gar, wenn sie zum auserwählten Volk Gottes selber gehören. Wenn doch der Kult von Gott gegeben ist, das Heiligtum selber die Wohnstätte Gottes – wie kann's dann falsch sein? Wär's möglich, es stimmte überhaupt nichts? Einmal nur zu sehen und zu fühlen und zu begreifen, was gemeint ist hinter all dem, und man wüßte bestimmt überhaupt nichts, gar nichts!

Da flog einer von den Seraphen zu mir mit einer Glühkohle in seiner Hand und berührte meinen Mund. – Man muß denken, daß im Tempel von Jerusalem der Rauchopferaltar den merkwürdigen Zweck hatte, Weihrauch nicht zum Wohlduft der Gottheit durch das Tempelinnere ziehen zu lassen, wie es denn war nach der Sintflut, als Noah Brandopfer darbrachte, sondern in gewissem Sinn damit die Gottesdiener von Gott selber nicht so sehr deutlich gesehen würden und ihn so deutlich nicht zu sehen bekämen. Wolkenbildung im Tempel zum Schutz, so war es wohl. Ähnlich in einem katholischen Gottesdienst. Wir umhüllen das Allerheiligste (sogar wenn es in der *Monstranz* steht, um es zu *zeigen*, wie der Name sagt), gleich nach gotischer Sitte mit dem Velum, um es wieder einzuhüllen, und wir müßten denken, daß die Meßdiener mit dem Weihrauchfaß einen solchen Schleier, einen wolkigen Vorhang vor die Augen der Gläubigen legen möchten und auch müssen. Das alles ist wohlduftender Ritus, die ganze Aufregung buchstäblich verpufft in Zelebration. Aber hier für Jesaja wird der Weihrauch heilend. Die Glühkohle selber, die den Weihrauch zur Wolke erhebt, wird auf seinen Lippen zum Ausbrennen aller Unreinheit gebraucht. Das Göttliche, das vernichten müßte, wird hier wie ein Medikament, das die Krankheit des Menschseins auflöst. Das Fühlen der Unreinheit hier wird der Anfang einer reinen Rede, eines wahren, wirklichen Sprechens vom Wesen Gottes. *So weicht deine Schuld, wird deine Sünde bedeckt*, heißt es in einem betonten Parallelismus. – Es ist nicht, daß Jesaja denken könnte, ein besserer Mensch geworden zu sein, moralisch sich aufrichten zu können in der Zuversicht, daß Gott ihm nun doch, nachdem er sich so tief verneigt habe, auf die Schultern klopfe und ihn im Gleichschritt paradieren lasse. Was Jesaja erlebt, ist, daß Gott ihn leben läßt. Er ist's, der vergibt, obwohl er's nicht müßte. Er ist's, der die Schuld zudeckt – das ist soviel, wie wenn ein Kredit, der unbezahlbar geworden ist, einfach storniert wird vom Geldgeber; der Schuldschein wird zerrissen. Der Schuldner kann's nicht erstatten, das ist Grund genug für den Herrn zu sagen: es interessiert mich nicht mehr; ich spreche dich frei, das Nachgebuddel hinter deiner Zahlungsunfähigkeit bringt mich auch nicht vorwärts, es ist ein reiner Zeitverlust. Aber für Jesaja wird etwas Entscheidendes daraus: die ganze Erkenntnis seines Gottes.

Es gibt ganz wenige Texte, in denen das sogenannte Alte Testament das Neue Testament nicht nur berührt, sondern ganz Identisches ausspricht. Es ist die nämliche Erfahrung, die wir Jesus zutrauen müssen bei der Taufe im Jordan, seine Art von Reinigung. Gott müßte vernichten, hat Johannes der Täufer gesagt, er ist wie eine Sintflut über die Schuld des Menschen, und sie steigt höher und höher. Aber Jesus erlebt: Wer sich da hineinbegibt, weiß, daß es so ist; aber weicht er nicht länger zurück, flieht er nicht immer weiter weg von den Branddrachen, sondern bleibt er stehen am Paradieseseingang, nimmt Gott ihn auf, öffnet ihm den Himmel und redet ihn an: Du doch, mein Sohn, mein geliebter (Mk 1,11). – Die ganze Tiefe der Erfahrung des Jesaja ist diese: ein Verlorener zu sein und in diesem Wissen ein Geretteter. Die ganzen letzten 2000 Jahre in Sachen Christentum sind damit hingegangen, daß wir, wenn nicht gerade von Jesaja, dann von Jesus von Nazaret oder von Paulus her diese Erfahrung nachstottern, und bringen's nicht zur Klarheit. Martin Luther – ein römischer Häretiker!, nur weil er genau so sprach: der Mensch – ein Sünder und gerettet! Luther wußte: Gnade ist Gottes Herrlichkeit, die Offenbarmachung seiner Wesensart. Anders könnten Menschen nicht leben.

Noch wissen wir von Jesaja nicht einen einzigen Satz, den er weiter sagen wird, und trotzdem haben wir jetzt sein ganzes Programm. Ich stehe nicht an zu sagen: er wird diese persönlichste aller denkbaren, möglichen Erfahrungen einfach übertragen auf die Zeitsituation und sie dem ganzen Volke zumuten. Nichts weiter wird passieren, und er wird erleben, daß man sich auf diese Aufregung, auf das Beben der Zapfenlöcher schon der Eintrittstür zum Tempel, nicht einlassen wird noch will. Auch das geht bis in unsere Tage. Ein kleines Beispiel nur. Vor einiger Zeit erklärte mir jemand, daß er vor Jahren voller Begeisterung, aus innerer Überzeugung, mit viel Idealismus sich zum Diakon habe weihen lassen. Eine solche Weihe ist unwiderruflich. Wer sie übernimmt, wird in den untersten Kreis der Kleriker aufgenommen, er wird mit einem Siegel versehen, das nicht mehr zu löschen ist. Er ist gewissermaßen nicht ganz Priester, aber doch priesterlich, in priesterlichen Funktionen. So etwas wollte dieser Mann: der Kirche dienen, so gut er konnte. Aber nun, seit zwei Jahren, nach 28 Jahren Ehe, muß er ehrlich sagen, daß seine Frau ihn nicht versteht und er sie nicht. Tiefer sogar, er muß sich vielleicht sagen, daß all sein guter Wille hinaufgeworfen wurde unter die Wolken, und es war wie eine Not, daß wenigstens Gott verstehen möchte, was im engsten Umraum sich kaum verstehen läßt. Das alles ist schon schmerzlich genug und ein Roman für ein ganzes Leben. Aber nun kommt die römisch-katholische Kirche und erklärt: Ein Mann, der getrennt lebt von seiner Frau, darf das Evangelium nicht verlesen, das Evangelium nicht predigen, einen Toten nicht beerdigen, nicht priesterliche Dienste auf der untersten Ebene leisten. Zwar leiden wir unter Priestermangel, aber solche Diakone wünschen wir nicht, sie haben unreine Lippen; so müssen wir denken, sie sind nicht so, wie sie moralisch einwandfrei zu sein hätten, um als Vorbild der Gemeinde zu dienen. – So wütend, wie ich hier formuliere, redete der Mann gar nicht; er äußerte nur seine Erfahrung, traurig, daß, wenn er einen Gottesdienst besucht, in dem ein Diakon auftritt, er doch nicht weiß, warum er's nicht auch einmal versuchen könnte in irgendeiner anderen Pfarrei, wo ihn keiner kennt. – In Wirklichkeit war er gerade dabei, die Geschichte des Jesaja auf seine Weise zu erklären. Die Menschen *haben* unreine Lippen, o ja, und sie werden's nicht schaffen, sie anders zu formen. Aber könnte es sein, daß sie, gerade indem sie das wissen, das Entscheidende kündeten: Gott geht mit denen, die so sind, die um ihre

Verlorenheit wissen? Das stünde ganz dicht am Anfang der Bergpredigt: Glücklich sind doch die Menschen, die ihre Armut kennen und zugeben – so übersetze ich einmal: die arm sind im Geist –, die lernen Barmherzigkeit, die lernen eine unerhörte Dankbarkeit (Mt 5,3).

Da fragt Gott hier, wen er denn senden soll, und zwar von uns, aus dem Raum der Heiligen, aus der Schar seiner Engel und Brandwesen, und es ist die unglaubliche Kühnheit des Jesaja an dieser Stelle, sich zu melden. Das klingt ganz wie übliche Erwählung zur Tempelprophetie. Samuel etwa wird schlafend berufen von Gott, und sein Lehrmeister Eli sagt ihm: Du mußt sprechen: hier bin ich, und du mußt sagen: Gott, rechne mit mir, nur sag mir, was du willst. Und bei Samuel wird's ein ähnlicher Auftrag werden, dem Volk Vernichtung zu künden (1 Sam 3). – Hätten wir die ganze Aufregung nicht eben miterlebt, würden wir denken, ein Gleiches geschähe mit Jesaja, aber natürlich ist es so nicht. Sende *mich*, spricht er. Das ist anders als die meisten Prophetenberufungen sonst, wo sie sich wehren, die Menschen, so ergriffen zu sein von diesem ganz Anderen, Unheimlichen. Und fast glaubt man zu spüren, wie wenn's Jesaja leid täte. Denn was er tun soll, ist über alles vernünftige Maß ein Widerspruch im äußersten.

Geh und sage diesem Volk – nun wartet man gespannt auf irgendeinen Inhalt, aber es kommt keiner. Was gesagt wird, ist nur die vorweggenommene Wirkung von allem, was geschehen wird. Übersetzen wir's ein Stück frei: Du wirst reden, und keiner will's hören. Das ginge noch in Ordnung. Du wirst noch mehr reden, noch lauter, noch schärfer, noch schneidender, irgendwann müssen sie's kapieren; aber du wirst erleben, daß sie sich die Ohren zuhalten. Je mehr du redest, desto mehr werden sie die Ohren schließen. Dafür sende ich dich, Jesaja. Du wirst denken, du hast ihnen etwas zu zeigen, du hältst es ihnen unter die Augen, und es ist etwas Schreckliches. Sie wollen es nicht sehen, aber du sagst dir, sie müssen es unbedingt sehen, es wäre ihre Rettung, wenn sie's sehen würden, und es duldet keinen Aufschub. Du hältst sie mit der Nase drauf, und die Folge wird sein, ihnen werden die Augen laufen, triefen, bis sie sich verschleimen und sie sehen gar nichts mehr. Und sie sind glücklich drum. Nur die Augen zumachen wie die Strauße! Du wirst sie ans Herz rühren, du wirst Worte sprechen, die sind so erschütternd, daß man denken müßte, jeder würde bewegt vor Entsetzen und Schrecken, vielleicht vor Glück, aber du hast es zu tun mit Leuten, die, je mehr du redest mit ihnen, nichts als ihre Ruhe wollen, die Verfettung ihres Herzens. Sie sitzen da und werden sich, behäbig wie sie sind, nicht aus der Ruhe bringen lassen. Sie haben eben das rechte Gemüt, die wirkliche Art, das Leben anzugehen, wie es vernünftig ist, und nicht diese Maßlosigkeiten, die Überschwenglichkeiten, diese dauernden Nervositäten. Das Leben ist gemächlich, muß man wissen, das Leben hat auch Freuden. Es gibt Augenblicke, da geht man zum Gottesdienst und anschließend in die Wirtschaft.

Einer der letzten Propheten im Abendland, Sören Kierkegaard, hat so geredet wie Jesaja. Die Folge war, man hat Witze über ihn gemacht in der Kopenhagener Zeitung, im »Korsaren«; man erfand gerade die Kunst der Satire und vor allem die Karikaturzeichnung – man nahm ihn sich vor, und je mehr das geschah, desto heftiger wurden die Antworten. Es war Sören Kierkegaards Meinung schließlich, die Leute sollten nicht länger sonntags zum Gottesdienst gehen, sie hielten dort nur Gott zum Narren; besser wäre, sie gingen gleich ins Wirtshaus, dann wüßte jeder, wo er dran wäre, es wäre wenigstens nicht gelogen. – Manchmal trifft ein, was Propheten sagen. Eine der schönsten, größten Kirchen in Kopenhagen heute: ein Wirtshaus, ein bißchen großformatig, man muß es unterteilen, damit es ein nettes Ambiente bekommt, aber man kann's dahin bringen. Man muß nur weiter debattieren, wie wir die rechte Kirchenordnung haben, vielleicht noch in zwanzig Jahren ein neues Gesangbuch herausgeben, wie wir vor allem die katholische Identität befestigen gegen den Zeitgeist, wie wir die Ordnung von vorgestern für übermorgen starr und hart bekommen; und dann müssen wir so herumlügen, daß wir der Ort der Freiheit sind und immer engagiert eintreten für das Menschliche.

Jesaja wird einem ganzen Volk sagen, daß es keine Rettung gibt vor Assur, und es liegt nicht an Tiglat-Pileser, es liegt nicht an dem Machtwahn der Assyrer, denn der richtet sich selbst, wie jeder Militarismus. Irgendwann werden die Kräfte überdehnt, die aufzubringenden Gelder nicht mehr zu erstatten sein, das Heer lastet viel zu stark auf der Bevölkerung; es wird soziale Unruhen geben, irgendwann ist es reif für den Zusammenbruch. Aber wie man überlebt mit Gott, davon wollte Jesaja reden, nur war es ganz anders, als sie dachten. Die Bilanz, auf die es hinausläuft, ist Verhärtung, Verstockung, sich verfestigender Widerspruch, und das Ergebnis ist

wie eine Strafe, ein Krieg, der alles ausrotten wird. Da ist Jesaja selber; er fleht förmlich für sein Volk: bis wann denn wird das so sein?
Und er meint damit doch, irgendwann muß es dann doch auch wieder anders werden; es ist nur ein Tunnel, durch den wir gehen, aber
irgendwann kommt doch das Licht, du bist doch Gott, und wir sind
dein Volk! Keine Katastrophe kann doch endgültig sein, die aus
deiner Hand kommt! Aber die Antwort, die hier steht, ist endgültig.
Bis wann? Bis daß die Städte wüst und menschenleer sind und
selbst die Äcker zur Wüste werden. Das ist kein Tunnel mehr, das ist
das Ende, ein Zuspät für immer. Darüber hinaus hat Jesaja nicht
denken wollen.

Es kommen Worte, die da ursprünglich, schon vom Rhythmus
her, nicht hineinpassen, aber aus Jesajas Munde wohl stammen
können, jedenfalls angefügt wurden. Er malt dieselbe Sache noch
einmal aus: Jahwe wird die Menschen fortschaffen, das heißt: es
wird Krieg geben, Deportationen geben, die Verödung groß im
Lande sein, und sogar beziffert wird's summarisch: dezimiert wird
das Volk auf ein Zehntel, buchstäblich, und selbst das wird hergenommen werden, wie wenn aus Eiche und Terebinthe noch Wurzel-
stöcke treiben; darüber machen sich die Ziegen her, auch das wird
kahlgefressen. – Man muß das so deutlich sagen, weil man immer
wieder von Propheten förmlich verlangt, daß sie Hoffnung predigen,
Aussicht und Ermutigung. Manchmal tun sie das Gegenteil. Gerade
in diese Sätze hat man immer wieder christlich hineingelegt: Aber es
gibt doch den Wurzelstock, der treibt wieder neu, selbst ein gefällter
Baum – plötzlich fängt er wieder an. Was Jesaja hier wirklich sagt,
ist: Es kommt ja vor, und es mag wohl sein, daß ein Trieb wächst,
doch nur zur Abweide des Viehs wird er dann dienen.

Sehr, sehr viel später ist jemand gekommen, vermutlich nach dem
babylonischen Exil, zwei Jahrhunderte danach, daß er schrieb: Ein
heiliger Samen entsprießt ihrem Stumpf, und wollte sagen: Am Ende
sogar ist all das Unglaubliche und Unheimliche noch für etwas gut;
aber das weiß man nicht im voraus, damit kann man sich nicht beruhigen, das ist wie hinterdreingeklebt und nicht Teil der Botschaft.

Was ist ein Prophet? Rainer Maria Rilke hat es in einem Gedicht
so ausgedrückt wie eine Zusammenfassung:

> Ausgedehnt von riesigen Gesichten,
> hell vom Feuerschein aus dem Verlauf
> der Gerichte, die ihn nie vernichten, –

sind die Augen, schauend unter dichten
Brauen. Und in seinem Innern richten
sich schon wieder Worte auf,

nicht die seinen (denn das wären seine
und wie schonend wären sie vertan)
andre, harte: Eisenstücke, Steine,
die er schmelzen muß wie ein Vulkan,

um sie in dem Ausbruch seines Mundes
auszuwerfen, welcher flucht und flucht;
während seine Stirne, wie des Hundes
Stirne, *das* zu tragen sucht,

was der Herr von seiner Stirne nimmt:
Dieser, Dieser, den sie alle fänden,
folgten sie den großen Zeigehänden,
die Ihn weisen wie Er ist: ergrimmt.

Das Unheimliche und Rettende von Männern wie Jesaja oder Jeshua
aus Nazaret ist dies: daß, wer sich dem ergrimmten Gott in die
Hände wirft, ihn noch einmal ganz anders entdeckt: als eine reine
Gnade, eine umfassende Liebe. Alle Ansprüche verschwinden, aber
eine neue, ruhige Zuversicht erwächst da. Jesaja wird gerade das
seinem Volk zumuten. Er wird sagen: Ihr flüchtet und flüchtet stets
vor Gott, vor ihm habt ihr Angst, und eure Fluchträume heißen
Tempel und Gesetz, und ihr habt Angst vor den Menschen, und
eure Fluchträume heißen Bündnisse und Pakte, starke Stadtmauern
und hinhaltende Diplomatie. Aber das einzige, was euch retten
könnte, wäre: ihr fügtet euch ganz in Gott, ihr tätet gar nichts, ihr
hieltet still und hieltet stand, ihr *wäret* nur einfach. Laßt den Sturm
über euch hinweggehen, seid wie die Blumen, die wachsen, mehr
nicht. Wie's wird, weiß Gott. Wenn ihr nicht glaubt, könnt ihr nicht
sein – so ihr nicht gläubet, so ihr nicht bleibet, wird Luther das zentrale Wort des Jesaja übersetzen (Jes 7,9). Aber da müssen wir erst
hören, wie er redet, dieser Mann aus Jerusalem.

19. April 1997

So ihr Vertrauen habt, habt ihr eine Bleibe

In dieser Lektüre geht es um die Stunde des Propheten, den Auftritt Jesajas vor König Ahas. Wann irgend man begreifen will, was Prophetie in der Bibel bedeutet, so findet man hier den Beleg, den Beweis geradezu. Wenn irgend man diskutieren will, welch ein Verhältnis Religion und Politik zueinander hätten, selbst inmitten eines altorientalischen Textes, hier findet man die Zuordnung, die Aufklärung. In der Exegese wird stets betont, daß es sich um eine historische Begebenheit handelt, also etwas in Zeit und Raum Unwiederholbares, ganz und gar Einmaliges. Aber das verkennt die Typologie der Szene, ihren am Ende fast mythischen Hintergrund. Es ordnete sich sogar ein, wenn es dabei stehen bliebe, in die Weise, in der König Ahas über Gott denkt. Aber wir werden sehen.

Text: Jes 7, 1–17
Und es begab sich in den Tagen des Ahas, des Sohnes Jothams, des Sohnes Usijas, des Königs von Juda, da zogen Rezin, der König von Syrien, und Pekach, der Sohn Remaljas, der König von Israel, gegen Jerusalem heran, es zu bestürmen, aber sie konnten es nicht bestürmen. Als nun dem Hause Davids angesagt ward: »Die Syrer haben sich in Ephraim gelagert«, da bebte sein Herz und das Herz seines Volkes, wie die Bäume des Waldes beben vor dem Winde. Der Herr aber sprach zu Jesaja: Gehe doch mit deinem Sohne Schear-Jaschub [d. i. ein Rest wird umkehren] dem Ahas entgegen an das Ende der Wasserleitung des obern Teiches, auf die Walkerfeldstraße, und sprich zu ihm: Hüte dich und bleibe ruhig! Fürchte dich nicht, und dein Herz verzage nicht vor diesen zwei rauchenden Stummeln von Feuerbränden, bei der Glut des Zornes Rezins und Syriens und des Sohnes Remaljas! Weil Syrien, Ephraim und der Sohn Remaljas Böses wider dich beschlossen haben und sprechen: »Hinauf gegen Juda wollen wir ziehen, es bedrängen und für uns erobern und dort den Sohn Tabeals zum König machen« – so spricht Gott der Herr: Es soll nicht zustande kommen noch geschehen! Denn das Haupt Syriens ist Damaskus, und das Haupt von Damaskus ist Rezin. Noch 65 Jahre, und Ephraim wird zertrümmert, daß es kein Volk mehr ist. Und das Haupt Ephraims ist

Samaria, und das Haupt Samarias ist der Sohn Remaljas. Glaubt ihr nicht, so bleibt ihr nicht.

Weiter redete der Herr zu Ahas also: Fordere dir ein Zeichen von dem Herrn, deinem Gott, tief in der Unterwelt drunten oder hoch droben in der Höhe. Da sprach Ahas: Ich mag es nicht fordern, um den Herrn nicht zu versuchen. Darauf sprach er [d. h. Jesaja]: Höret doch, ihr vom Hause Davids: Ist es euch nicht genug, Menschen zu ermüden, daß ihr auch noch meinen Gott ermüdet? Darum wird euch der Herr selbst ein Zeichen geben: Siehe, das junge Weib ist schwanger und gebiert einen Sohn, und sie gibt ihm den Namen Immanuel [d. h. Gott mit uns]. Sahne und Honig wird er essen, bis er versteht, das Böse zu verwerfen und das Gute zu wählen. Denn ehe der Knabe versteht, das Böse zu verwerfen und das Gute zu wählen, wird das Land verödet sein, vor dessen beiden Königen dir graut.

Der Herr wird über dich, über dein Volk und über deines Vaters Haus Tage kommen lassen, wie sie nicht mehr gekommen sind seit der Zeit, da Ephraim von Juda abgefallen ist.

Folgt man der kirchlichen Auslegung von Texten dieser Art, gibt es zwei Voraussetzungen und eine Folgerung, sie um den Kredit zu bringen. Die erste stammt aus dem Mund von Kardinal Ratzinger: Die Bibel ist nicht politisch auszulegen, und Theologie ist nicht Politik. Der Kirchenstaat selber, mit einem Wort, macht seine Politik, aber er hat dafür nichts als seine eigene Vernunft und den eigenen göttlichen Anspruch. Niemand darf und soll ihm dabei dazwischenreden. Es soll keinen Dilettantismus geben von Pfarrern, protestantischen oder katholischen, die in das Rad z. B. der bundesrepublikanischen Gesellschaft und Geschichte einzugreifen versuchten. Das alles überzieht das Konto dessen, was Gottesrede zuläßt. Die Religion ist die Religion, gewissermaßen reserviert für den Sonntag; der Alltag hat seine eigenen Gesetze, die müssen gewahrt werden.

Die zweite Grundregel: Die Bibel ist nicht psychologisch auszulegen. Sie hat es zu tun mit Geschichte, mit Völkern, nicht mit dem einzelnen, nicht mit dem Frei-Schwebenden der Seele, sondern mit dem Konkreten des Entscheidungsaugenblicks, der aber *damals* war. Wenn also von der Bibel uns überhaupt in der Gegenwart noch etwas erreichen soll, dann ist es die Tatsache, daß Gott gewirkt hat. Das ist das Mystische, das Überhöhen aller Erfahrungswirklichkeit.

Wäre es denkbar, daß eine »Jungfrau« ein Kind gebiert? Das wäre doch nun ein Zeichen, daß Gott wirklich wäre mit uns, den Menschen. Im Sinn der Mystik ist das Einmal das Ein-für-Allemal; das Wunder, welches einst gewirkt wurde, ein dauernd gültiger Beweis. Es erreichte uns nur noch durch dieses Nadelöhr einer wunderbaren Verheißung, die sich in Jesus Christus dann erfüllt hätte, der ungeheure Auftrag des Jesaja. Schauen wir also zu, was sich historisch begibt und begeben hat in diesen beiden Szenen; sie sind dramatischer nicht zu erfinden.

Wir schreiben das Jahr 733. Unmittelbar ein Jahr zuvor hat der Assyrerkönig Tiglat-Pileser Aufstände und Unruhen syrisch-kanaanäischer Stadtstaaten zerschmettert, wie es die Art der militärischen Kriegsführung der Assyrer war, brutal, ohne Schonung, berechnet auf die Ausrottung und Einschüchterung wie nie zuvor. Dennoch sind Menschen so: Sie wollen ihre Freiheit, sie wehren sich gegen Tyrannei, sie setzen ihren Stolz in ihre eigene Identität, und wir nennen es Mut, dem Diktat der Angst sich nicht zu beugen. Von dieser Art ist das alte Damaskus, Zentrum des Aramäerstaates, und mit ihm verbünden möchte sich Israel, Efraim, das Nordreich. Beide gemeinsam möchten sie eine Koalition bilden gegen Assur – ein fast verwegener Gedanke. Nur im Zusammenschluß läge die Chance, wenigstens selbständig zu bleiben. Das ist das Kalkül. Am besten wäre es, man könnte sich des scheinbar noch mächtigen Ägyptens versichern, aber das, im 8. Jahrhundert, immer wieder werden die Propheten es sagen, ist wie ein Stock, der in die eigene Hand fährt für den, der sich darauf stützen wollte. Ägypten selber war nie geprägt von Militarismus; es ist geblieben, was es immer war, ein Fellachenstaat, friedliche Bauern leben dort. Die können keinen Krieg gebrauchen, die brauchen Ruhe zum Säen und Ruhe zum Ernten und ein bißchen Freude bei der harten Arbeit, um zu leben. Ägypten wird von den Äthiopiern, von den Kuschiten, bedrängt, die den Südteil Oberägyptens, der Thebais, kontrollieren. Es ist mit sich selbst beschäftigt; also braucht man, um eine wirkungsvolle Koalition gegen Assur zusammenzubringen, unbedingt Judäa. Dort herrscht König Ahas, nachdem er eine Weile lang als Sohn Remaljas die Geschäfte des aussatzkranken Usija verrichtet hat. Ahas hat sehr früh seine Rolle zu begreifen gelernt, was Politik bedeutet als Kunst des Möglichen: wie man sich arrangiert, wie man sich diplomatisch versichert. Aber dieses Bündnis zweier

Verzweifelter, des Königs von Damaskus und des Königs von Israel, ist ihm zu gewagt. Er schätzt die militärische Schlagkraft Assurs überaus realistisch ein. Wenn König Tiglat-Pileser will, wird jeder Widerstand wie Spreu vor dem Wind dahinfliegen. Das ist die Situation. Da beschließen Rezin von Damaskus und Pekach von Israel einen Gewaltakt.

Sie wollen Ahas vom Thron stürzen, notfalls mit Krieg, notfalls mit Besatzung, und im Süden, in Judäa, einen eigenen König einsetzen, der ihren Bündnisnotwendigkeiten entspricht. Wer dieser Sohn des Tabeal ist, werden wir nie mehr erfahren. Schon daß er nicht mit Namen genannt wird, spricht für die Verachtung der Berichterstattung. Er soll übergangen werden, sein wirklicher Name totgeschwiegen bleiben. So kleinlich kann die Bibel an jeder Stelle sein. Sie nennt den König von Damaskus nicht, wie er gewiß geheißen hat: Raazon, das Wohlgefallen, sondern sie muß ihn verachten: Rezin, das kommt vermutlich von Razzaz, der vollkommen Vernichtete. So wünscht man ihn, so bleibt der Eindruck. Da wird Name zu Magie, das Wünschbare zu Geschichtsschreibung. Tabeal vermutlich – der Name spricht dafür – war selbst aramäischer Herkunft, stand von daher vermutlich Raazon von Aram nahe. Wie auch immer, es ist deutlich, daß der Stuhl von Davids Sohn umgestürzt werden soll, um einen Lakaien der eigenen Politik zu schaffen. Ahas droht das. Der Text bei Jesaja sagt nicht, wie zugespitzt die Lage war. Wir müssen im zweiten Buch der Chronik nachschauen, um zu sehen, wieviel Erfolg bereits die Syrer und die Israeliten im Nordreich gehabt haben.

Sie müssen Ahas inzwischen militärisch sehr in die Zange genommen haben. Dringend ist eine Entscheidung nötig. Ahas weiß nicht mehr nach vorn und nach rückwärts. Entweder er fügt sich selbst in die Phalanx, die er für ohnmächtig hält, oder was kann er noch tun? Das ist die politische Frage. Wenn Sie seine Hofberater wären, wie würden Sie entschieden haben? Was bleibt ihm überhaupt zu tun? In den Wahnsinnspakt des Aufstands, des offen erklärten Kriegs gegen die Assyrer einzuwilligen, heißt das nicht, das ganze Land, die ganze Region in Flammen zu setzen? Und wofür dann? Aber wenn er es nicht tut, wird ohnedies geschehen, was die andern wollen. Ahas fühlt sich ohnmächtig gegen seine im Grunde befreundeten Koalitionspartner, die ihm jetzt zu Feinden werden. Am meisten zu befürchten hätte freilich nicht nur er, Ahas selber;

zu befürchten hätten am meisten die Großgrundbesitzer, die Höflinge, die höheren Kreise in Judäa. Käme es so, wie es zu werden verspricht, drohte ihnen allen die physische Ausrottung. Im Orient ist man nicht zimperlich gegen Besiegte. Es ist Todesangst, und man begreift die Worte Jesajas: Wie wenn die Bäume wogen im Sturm, so bebt das Herz des Königs von Juda und mit ihm – nicht gleich das ganze Volk, aber – die dem Hofe Nahestehenden, alle höheren Kreise dort.

In dieser Situation beschließt Ahas etwas Unglaubliches, aber politisch vielleicht gar nicht Verkehrtes. Das Ungeheuerliche an der Geschichte ist, daß wir ständig Entscheidungen treffen müssen, wie ins Blinde. Wir können's nicht kalkulieren, wie es ausgeht. Geht es miserabel aus, wird die Geschichtsschreibung über die Handelnden herfallen, über die Zeitgenossen schon, und sie verfluchen. Geht es gut aus, war es genial. Immer schreiben sich die Mächtigen die Klarsicht des Blickes zu, und sie tun es unter dem Druck derer, die sich einbilden, die Zukunft kennen zu können. Was soll Ahas tun? Er fürchtet Assur. Wenn er Krieg führt gegen seine ursprünglich eigenen Verbündeten und darin erliegt, wird ohnedies Krieg sein gegen Assur. Wenn er den Krieg gegen Assur vermeiden will, so denkt er, gibt es nur einen einzigen Weg: im voraus sich tief in den Staub zu drücken und zu spüren, wie der Fuß des Königs von Assur, Tiglat-Pilesers III., sich in den Nacken stemmt und ihn, den König von Juda, zum eigenen Unterworfenen macht. Clausewitz hatte völlig recht: Ein Aggressor ist immer friedfertig; er möchte nur die Unterwerfung. Und wenn Assur stark genug ist, kann er sie haben, die Unterwerfung. Es wäre eine Rettung für das Volk, für das nicht verwüstete Land. Dann eben die Assyrer. Lieber rot als tot, hätten wir gesagt in den fünfziger Jahren; wir müssen uns der Macht beugen, um zu überleben. Es ist die politische Vernunft ganz und gar auf der Seite des Ahas, möchte man denken. Wir kennen aus dem 16. Kapitel des zweiten Buches der Chronik die Depesche, die Ahas tatsächlich an Tiglat-Pileser III. gerichtet hat: Befreie du mich, deinen Sklaven, deinen Sohn, aus der Hand meiner Feinde. Er ruft die Assyrer gewissermaßen zur Rettung, wie wenn die Maus, um von den Ratten nicht gebissen zu werden, in das Maul der Katze flieht. So König Ahas, eine reine Logik der Angst, die nur noch einen einzigen verzweifelten Ausweg übrigzulassen scheint. Das ist politische Vernunft. Wüßten Sie, nochmals gefragt, als Berater am Hof etwas Besseres?

Es geht um die Frage: Was hat Religion mit Politik zu tun? Die politische Gesetzmäßigkeit legt den Schritt, sich Assur im Vorlauf zu unterwerfen und den Bruderkrieg mit den Aramäern und Israeliten zu vermeiden, förmlich ins Herz, sicher in die Hand. Welch eine Alternative sollte es geben? – Das Unglaubliche beim Auftreten des Propheten ist, daß er die Logik verläßt, in welcher Politik gemacht wird, die *Logik der Angst*. Er redet nicht politisch, er argumentiert nicht mit politischen Zweckgedanken. Was er dem Raum des Politischen gegenübersetzt, ist ein anderes Prinzip, eine andere Ableitung in der Interpretation der gegebenen Lage. Was er tut, ist so, als ob er aus den zwei Dimensionen der Ebene in die dritte entweiche und eine vollkommen neue Wirklichkeit schüfe, für alle Pragmatiker, für alle politisch Denkenden eine irrsinnige Wirklichkeit, eine Phantasterei, etwas Verrücktes; aber für den Religiösen, für den Propheten, für Jesaja ist es die einzige Chance, um wirklich zu überleben. Was hat der Prophet gegen seinen König? Rein negativ und an der Oberfläche scheinbar ein einziges: Die Unterwerfung unter die Assyrer ist identisch damit, den Gott der Assyrer anzuerkennen. Tatsächlich erfahren wir oder können doch vermuten, daß im Tempel von Jerusalem wirklich ein Altar für den Gott der Assyrer eingerichtet wurde – für einen orthodoxen, fromm-gläubigen Mann etwas Ungeheuerliches. Die Unterwerfung unter Assur erscheint ihm wie eine Gotteslästerung, wie ein Verrat an Gott. Aber das ist eigentlich nun der Kern, der zweite, der wesentliche Punkt.

Wir haben in früheren Stunden einmal gehört, daß der König von Juda, daß das Haus Davids vom Propheten Natan als Sohn Gottes bezeichnet wird. Wie im alten Orient wird der König in Israel, in Juda als Sohn Gottes selber verehrt, und darin ohne Zweifel liegt die Ausdehnung seiner Macht, die Überhöhung über alle Untertanen, seine Domäne über die gewöhnlichen Sterblichen. Am Tage der Thronbesteigung wird er adoptiert von Gott. Aber jetzt wird dieser famose, phantastische Titel vom Propheten zur Verpflichtung erhoben und ihm als ein Entweder-Oder entgegengehalten. Was soll jetzt gelten? Als Sohn Gottes solltest du Diener Gottes, Jahwes, ganz allein sein. Es ist kein Titel, sich noch länger zu brüsten. Es wird von dem Propheten eingeklagt, daß, wer sich als Gottes Sohn versteht, seinem Vater im Himmel glaubt und einzig dort seine Sicherheit sucht. Es ist das Ende allen Zweckkalküls. Die Antwort auf die menschliche Angst lautet nicht mehr: Welche Spielräume, dies und das zu machen, haben wir noch? Die Antwort auf die menschliche Angst lautet an dieser Stelle einzig: Vertrau, wenn du Gott deinen Vater nennst, eben Gott als deinem Vater. Die Alternative wäre nur, du sprächest, wie du's im Sinn trägst: Tiglat-Pileser III., nimm mich zum Sklaven, nimm mich *zum Sohn*! Höre, König von Juda, dann hast du deinen Herrn gewählt. Sohn und Diener sind ein und dasselbe im hebräischen Sprachgebrauch. Der Hoheitstitel ist identisch mit Gehorsam. Wenn du so in der Geste der Unterwerfung sprichst, ist der König von Assur dein Gott, und du bist ein Götzenanbeter, du versündigst dich am Hauptgebot Israels, du hast andere Götter neben dem einzigen (Ex 20,3). Das ist der Punkt, der den Propheten interessiert. Es geht nicht mehr darum, wieviel Bogenschützen, wieviel Reiterwagenabteilungen, wieviel Eisenschmiede in Assur leben, wie stark die Soldateska dort aus ihren Kasernen zu mobilisieren wäre, wieviel an Stärke der Stadtmauern und Mannschaft dem entgegenzusetzen wäre – es geht um eine vollkommen andere Frage, die scheinbar mit Politik nicht das mindeste zu tun hat. Das ganze Arrangement wird hier zugespitzt. Jesaja, so hören wir, hat einen Sohn, dem er einen Namen gab wie ein Programm. Die kommende Generation sozusagen lebt nur, um die Vision des Propheten zu erweisen. Und was sich erweisen wird, heißt auf hebräisch Schear-Jaschub – nur ein winziger Rest, ein Zehntel wird zurückkehren, wird bleiben. Das ist die Apokalypse der Geschichte, und der Sohn Jesajas trägt diesen Namen. Den soll Jesaja bei seiner Mission mitnehmen. Noch einmal wird Ahas hier genannt als der Enkel des Usija; verknüpft wird das Auftreten des Propheten also mit der Vision, die geschah im Todesjahr des kranken Königs. Jetzt erfüllt sie sich, jetzt wird sie Wirklichkeit. Kein Mensch weiß bis heute genau, an welchem Ort die Begegnung stattgefunden hat: *auf dem Walkerfeld am oberen Teich*. Vermuten darf man, daß das Walkerfeld im Süden von Jerusalem lag, nördlich des Zusammenlaufs von Hinnomtal und Käsemachertal. Offenbar wollte Ahas die Stelle der Wasserversorgung sichern; offenbar war er dabei, eine politisch wichtige Maßnahme in die Wege zu leiten. Im Fall der Belagerung ist nichts wichtiger für eine eingeschlossene Stadt, als über Trinkwasser zu verfügen. Das muß inspiziert werden, womöglich durch neue Bauaufträge frühzeitig gesichert werden. Dort, wo die Lebensader Jerusalems liegt, da, genau da soll der Prophet seinen König – nicht treffen, sondern – stellen zu einer letzten, äußersten Entscheidung, die vor ihm steht schon in der kommenden Generation, seinem eigenen Sohn.

Es sind manche Texte zur Erklärung hier aus späterer Zeit eingeschoben, sinngemäß richtig, damit wir's wohl verstehen; aber was der Prophet zu sagen hat, ist ein einziges: daß, wenn es gelten sollte, was Natan einmal im zweiten Buch Samuel, im 7. Kapitel, über das Haus Davids sprach: Wenn irgendein König aus dem Geschlechte Davids sich wirklich so versteht, wie das heilige Königtum in den Händen des Gottes es in Aussicht gestellt hat – dann es auch gelten wird, daß Gott es behütet und zu seinem Treueversprechen steht. Nichts weiter wird jetzt verlangt. Das geschichtliche Überlegen des Propheten spricht sich in den nächsten beiden Sätzen aus: Es wird nicht Bestand haben, weder in Damaskus noch – der Prophet nennt nicht einmal Israel, den heiligen Namen des Nordreichs, sondern nur – Efraim. Rezin und Remalja, die beiden *erscheinen* gewaltig und sind doch nichts weiter als glimmende Holzscheite. Sie machen viel Qualm und sehen dadurch eindrucksvoll aus, aber schon, daß sie so qualmen, zeugt davon, daß ihr Feuer im Verlöschen ist. Das hat keine Zukunft, das vergeht, will der Prophet glauben machen. Diese da verdienen nicht die Angst; rein äußerlich könnte man sagen: schon weil Assur selber kommen wird. Man weiß um die Aufruhrpläne, sieht vor sich die Revolte eines noch nicht eroberten Gebiets und wird's zum Anlaß nehmen, den fruchtbaren Halbmond bis zum Mittelmeer in die Hände der Assyrer zu werfen. Unvermeidbar ist das. Und es ist das, was man im Süden fürchtet: Diejenigen, die sich Assur in den Weg stellen, werden vernichtet werden.

Das glaubt Jesaja auch, aber er folgert anders: Die sich Assur in den Rachen werfen, sind schon vernichtet. Zwischen diesen beiden Möglichkeiten, von denen logisch, pragmatisch, nur eine einzige übrigbleibt, erfindet der Prophet einen Mittelweg. Der Satz müßte eigentlich weitergehen: *Aber das Haupt von Juda ist Jerusalem, und das Haupt von Jerusalem ist der König auf dem Throne Davids.* Aber so geht der Satz nicht weiter. Er läuft in die doppelte Verneinung des Nordreichs und des Staats der Aramäer hinaus, und dann faßt er sich zusammen in einem hebräischen Wortspiel: Wenn ihr nicht gläubet, so ihr nicht bleibet, hat Martin Luther versucht, das nachzuahmen. Es ist einzig das Vertrauen lebenrettend, meint der Prophet; was er fordert, ist, stillzuhalten, gar nichts zu tun, den

Atem anzuhalten, bis der Sturm vorübergeht. Es ist soviel, wie die Buddhisten in Laos in der Zeit des Vietnamkriegs sagten: Wenn sich die Elefanten streiten, müssen die Mäuse sich still verhalten. Aus diesem Grund wurde Laos sowohl von den Nordvietnamesen wie von den Amerikanern verschont, deren Rolle der Position der Assyrer in jener Zeit außerordentlich nahe schien.

Es gilt ein Vertrauen, in dem nichts mehr zu *machen* ist, nur noch zu *bleiben* – eine Zumutung, denn die Angst drängt, irgend etwas zu tun, zu fliehen nach vorwärts oder nach rückwärts. Aber was der Prophet vorschlägt, ja, als einzige Möglichkeit förmlich gebietet, ist das Allerschwierigste: stillzustehen mit einem ruhigen Herzen. Fragen wir uns bis dahin, was uns das sagen könnte politisch, psychologisch, wenn's denn uns Heutigen überhaupt etwas sagen soll, wenn's nicht nur eine feierliche Szenerie der Bibel vor über 2700 Jahren war. Könnte es dann sein, es hätten die religiösen Institutionen, wenn sie denn Sinn machen, der Gesellschaft in Stunden der Angst Vertrauen zu schenken und die Fluchtbewegungen der Angst zum Stillstand zu bringen? Nennen wir nur einmal die Entscheidungen, die zwischen 1950 und 1955 in Deutschland fielen. Sie haben die Bundesrepublik bis heute zutiefst geprägt. Noch waren deutsche Soldaten in russischer Kriegsgefangenschaft, als man unter Adenauer daranging, die Bundesrepublik wieder zu bewaffnen, weil es die Alliierten, die Amerikaner, so wollten; sie brauchten ihr Glacis im Aufmarsch des kalten Kriegs. Damals konnte die evangelische Kirche sagen: Dies kann nicht in Frage kommen, trägt nicht Gottes Willen, nicht fünf Jahre nach dem Desaster schon wieder, als hätten wir nichts gelernt! Die katholische Kirche erklärte, daß es gegen den Bolschewismus nur eine starke militärische Allianz gebe und Deutschland, der freie Westen darin eingebunden werden *müsse* – man ideologisierte theologisch Adenauers Politik bis zum Extrem. Was die wenigsten von Ihnen vielleicht noch klar erinnern: mehr als zwei Millionen Menschen gingen damals auf die Straße und sagten: nicht mehr mit uns, nicht mehr mit unseren Kindern! Aber wir hatten nicht sieben Jahre nach dem letzten Krieg, 1952, als wir soweit waren. Im Parlament wurde abgestimmt zur Wiederaufrüstung der Bundesrepublik. Daß es nicht sofort so kam, lag an Frankreich; das fürchtete den Erbfeind, die Franzosen legten ihr Veto dagegen. Doch drei Jahre danach, 1955, war es endgültig; an den Franzosen scheiterte es nicht mehr, und also kam es so. Es schien absolut nötig gegen die rote Gefahr. Lieber rot als tot, galt als Verzweiflung, so wollte man es nicht. Aber mußte man sich die Hände rot von Blut machen, um frei zu bleiben? Das war die Frage.

Wieviel Spielraum hätte Religion damals gehabt in den fünfziger Jahren, zu sagen: wir überwinden Angst durch Vertrauen, wir lassen uns nicht den Popanz einreden, wie die Militärmaschinerie, die Diktatur über uns hinwegrollen könnte. Religiös ging es nicht darum, daß selbst Stalin damals ernsthafte Angebote machte, die im Bundestag nie diskutiert wurden. Es ging religiös auch nicht um die Behauptung, daß ein neutrales Deutschland gar nicht hätte in Frage kommen können. Wieso war Österreich neutral und die skandinavischen Länder neutral, warum also konnte es das nicht geben im Herzen Europas mit uns Deutschen? Viel früher vielleicht wäre die Wiedervereinigung möglich gewesen ohne diesen irrsinnigen Preis der Aufrüstung. Und wer all das nicht bedenkt, der muß sagen, wir haben jedes Jahr fast 50 Millionen Mark für Rüstung verpulvert. Selbst wenn die Summen uns als Deutschen nicht fehlen, aber der Welt fehlen sie, dem Weltfrieden fehlen sie. Durfte die Kirche davon nie sprechen? Wär' es falsch, Jesaja so zu aktualisieren? Gewiß: Kein Prophet in Israel denkt pazifistisch. Aber es geht um die Kernfrage: Wie überwindet man Angst im Raum der Politik? Das ist die Frage der Religion. Alles andere mag man diskutieren, aber dieses Kernproblem, das muß man lösen. Statt dessen hat man uns beigebracht, daß wir selbst vor einem Atomkrieg keine Angst zu haben brauchten. Da wächst die Angst fast auf bis zum Psychiatrischen, aber wie man sie überwindet an der Basis, so daß sie wird zum Vertrauen, das wäre der Beitrag des Religiösen zum Politischen.

Und nicht minder *psychologisch.* Wie oft ist das so, daß wir uns in einer Lage befinden, wo wir von allen Seiten uns eingekeilt fühlen, wir haben nur noch Angst, wir wissen nicht mehr weiter, unser Verstand grübelt und rechnet, taktiert und kalkuliert, und es gibt keine vernünftige Lösung. Am Ende wird es sogar dahin kommen, daß wir unsere eigenen Freunde uns zu Feinden machen. Wir wollen mit ihnen nicht übereinstimmen, weil mit ihnen zu sein noch mehr Angst bedeuten würde, und schließlich handeln wir so, wie es uns ursprünglich am allerwenigsten entspricht. Wir kriechen zu Kreuze vor dem, was wir am wenigsten wollen, wir entfremden uns total aus lauter Angst, und wir haben dafür lauter gute Argumente, weil es anders scheinbar gar nicht geht. Wann immer Sie einem Menschen, der wirklich in seelischer Not ist, helfen wollen, bleibt kaum etwas anderes, als daß Sie die Frage einmal beiseite tun: Was *machen* wir jetzt? Darum kann es nicht gehen. Das Beste, was Sie tun und erreichen können, ist, den Gründen nachzugehen, die so viel Angst auslösen; es gibt deren Hunderte. Es gibt immer das Gefühl der Ohnmacht, die andern alle ringsum sind so groß. Man kann das sogar beweisen, und die Gefahr, die von ihnen ausgeht, scheint unermeßlich.

Wenn man aber die Angst tief genug durchgeht, wächst ein Spielraum, sich selber wiederzufinden und überhaupt erst so etwas wie ein Gefühl für die eigene Identität. Die biblische Formel ist wunderbar. Hätten wir den Mut, sie zu übertragen auf das Leben jedes einzelnen, dann müßten wir das Argument des Jesaja übersetzen: Du doch mit deiner Existenz bist ein Kind (ein Sohn, eine Tochter) des ewigen Königs, und dir hat er versprochen, bei dir zu bleiben, an deiner Seite. Immer wieder lautet die Frage: Sollen wir zu Gott beten, können wir zu Gott beten, und man versteht darunter immer, daß man Gott in den Ohren liegen müsse mit diesem Wunsch und jenem Wunsch, als wäre es nötig, ihm zu sagen, was er tun soll. Der ganze Inhalt aller Gebete ist, ein Vertrauen zu gewinnen, welches das Herz weit macht. Und was irgend dann geschieht, es wird das Bedrohliche nicht länger mächtig sein. Wir blieben wir selber, wie immer es kommt. Und das wäre die einzige Art, daß es sich löst.

Vielleicht haben Sie vor Jahren den japanischen Kriegsfilm »Kagemusha« gesehen; er spielt in der Tradition der Samurai. Er enthält bei allem Grauslichen, das er zeigt, ein wichtiges, weises, zenbuddhistisches Symbol: Der König, der den Krieg führt, hat zu sein wie der Berg, er darf in der Schlacht sich nicht bewegen. Denn wenn er das tut, zerbricht die ganze Front. Übersetzt auf unser Leben: Es gilt, gerade in Augenblicken fast vernichtender Konflikte, das Herz festzumachen, im Vertrauen unbeweglich und ganz ruhig zu bleiben. Alles andere wird sich ordnen um diesen Mittelpunkt. Das ist die Erfahrung des Jesaja. Habt ihr dies Vertrauen nicht, wird es kein Leben geben, was immer ihr tut, so oder so. Die Probe aufs Exempel können Sie fast immer machen. Sobald Menschen aufhören, Angst vor anderen Menschen zu haben, sobald sie sich auf sich selber besinnen, auf das, was sie sind, auf die unglaubliche Würde, etwas Königliches zu sein, souverän zu sein im eigenen Leben, hören die Probleme merkwürdigerweise auf, die, wenn sie sie sachlich diskutieren, pragmatisch hin und her überlegen, aussehen wie eine verlorene Schachpartie, aus der es keinen Ausweg gibt, nicht mehr bei dieser Stellung. Aber findet ein Mensch sich erst wieder, existieren die Schwierigkeiten nicht mehr, oder es gibt eine Lösung, die vorher gar nicht abzusehen war. Auch Jesaja sagt dem König im Grunde nicht, was er tun soll. Er sagt lediglich, daß er sich versammeln soll: sein eigenes Herz in Vertrauen und darin ein ganzes Volk. Hat so etwas überhaupt eine Chance, bei Menschen Gehör zu finden? Bei König Ahas nicht, und es ist selbst dann nicht einfach, wenn ein Prophet nur mit einem einzigen reden muß. Glücklich die Zeiten der Monarchie, müßte man denken, wo es darauf ankam, einen einzigen zu überzeugen, und alle anderen, wie an der Leine gezogen, marschierten dann mit. Heute in der Demokratie muß man ein ganzes Volk überreden, müßte man Zugang haben also zu den Medien, und die wieder liegen in den Händen der Mächtigen. Ist aber das Volk wirklich mehr als das billige Echo dessen, was die Herrschenden in die Röhren und die Schüsseln gießen und tönen? Es ist insgesamt die Frage: Wieviel Resonanz hat die Botschaft des Vertrauens? Wenn Menschen wirklich *verzweifelt* sind, verlassen sie den Standpunkt des Ahas, sie wissen, daß nichts mehr zu machen ist. Und das betrachtet ein Mann wie Jesaja als die wirkliche Chance. Ein ganzes Volk wird immer noch verlangen, daß seine Mächtigen irgend etwas tun. Vor allem im Amerikanischen heißt es gewöhnlich: nun tu endlich was! Als wenn das möglich wäre! Aber vielleicht ließe ein ganzes Volk sich dahin leiten, daß es Vertrauen setzt an die Stelle der Furcht. Es gilt, nicht ins Wahnhafte auszuweichen; das, was politisch geschieht, ist oft genug fürchterlich; aber es gilt, nicht die Furcht vor den Konsequenzen der Angst zu minimalisieren, sondern umgekehrt die Gründe der Angst auszugraben in einer solchen Haltung, die sich festmacht bei Gott.

Es gibt eine zweite Szene, die noch einmal auf die Ablehnung der Botschaft des Propheten, endgültig gesteigert nun, antwortet. Es ist einer der umstrittensten, schwierigst zu deutenden Texte des Alten Testaments, aber er leitet sich unmittelbar ein. Es ist gar nicht mehr der Prophet, der jetzt spricht, sondern wie kurzgeschlossen: *Und Jahwe redete von neuem zu Ahas.* Das, was der Prophet spricht, *ist* das Wort Gottes, soll das heißen. Es geht jetzt nicht mehr um Menschen, sondern um etwas Absolutes. Weil der König

Angst hat, möchte Jesaja, daß er in seiner Angst – fast ein vermessener Gedanke – sich einen Beweis für die Treue Gottes liefern läßt. Wenn's denn diskutierbar ist, ob Gott zuverlässig sei, stellen wir ihn auf die Probe! Bis dahin, fast bis zum Magischen, schreitet Jesaja. *Fordere ein Zeichen* – als wäre er, Jesaja, der Magier und Schamane, der es dann bringen könnte. Die ganze Wirklichkeit soll dem König vor die Füße wünschbar gelegt werden. Er kann das Zeichen aus den Wolken greifen oder aus den Abgründen, vom Himmel oder aus dem Untersten der Erde. Das Unterste der Erde, könnte man denken, wären Totenbeschwörungen; Saul, als er sehr verzweifelt war, ließ die Hexe von Endor den Geist des Samuel beschwören (1 Sam 28,3–25). Wahrscheinlich aber ist eher an ein Naturwunder gedacht. Gott, der die Erde erbeben läßt, das wäre ein Zeichen. In der Bibel wird Gott das immer wieder zugetraut. Oder warum nicht aus den Wolken ein ordentliches Donnern, ein Platzregen? Auch so etwas am Berge Tabor hat schon einmal Israel gerettet gegen den Ansturm der kanaanäischen Wagenlenker (Ri 5,4). Gott als Gott der Macht könnte sich beglaubigen in der Natur, so möchte der Prophet Ahas nötigen. Es steht jetzt dahin, ob Jesaja sich dabei vermißt, ob wirklich Glaube in der Art zu verstehen ist, wie wir ihn hier verstehen sollen. Als man Jesus aufgefordert hat im Neuen Testament, er solle ein Zeichen wirken, hat er rundum gesagt: nein; das einzige Zeichen, das *ihr* bekommt, ist das des Propheten Jona, und meinte damit: entweder ihr *tut* jetzt, was ich sage, als letzte Chance, und es geht gut aus, oder ihr erlebt, wie Ninive untergeht, und zwar ist Ninive dann ganz Israel. Das ist das Zeichen, das ihr bekommen könnt, aber ein anderes wird es nicht geben (Mt 16,4).

Jesaja versucht seinem verängstigten König entgegenzukommen, er ist viel weniger kompromißlos; aber was er vor sich hat – viel bezeichnender noch als die Art des Propheten, religiös zu überzeugen –, ist die Art des Königs zu antworten. Sie ist so geschmeidig, wie man nur als Politiker sprechen kann. In der Bibel, außer bei Herodes, der die Weisen aus dem Morgenland auffordert, sie sollten ihm doch sagen, wo der neugeborene König anzubeten wäre (Mt 2,8), gibt es kaum ein Wort, das religiös so infam ist wie dieses: weil es so fromm ist. Es spricht nämlich Ahas: *Ich will nicht darum bitten und Jahwe nicht versuchen.* Das hat biblische Tradition; Exodus 17: Da ist ein ganzes Volk auf der Wüstenwanderung dabei, zu verdursten, und man will von Gott jetzt, daß dieser Zug in die Freiheit nicht im Fiasko endet. Wenn's denn Gott gewollt hat und es ist nicht die Wahnidee des Moses, dann muß Gott jetzt etwas tun; er muß Wasser besorgen, irgendwoher. Das wäre das Zeichen, daß es überhaupt weitergeht. Aber das nimmt Jahwe seinem durstigen Volk übel; wie üblich bestraft er es. Es soll dabei bleiben: Wenn hier jemand wen versucht, dann Gott den Menschen, aber nicht umgekehrt, so wie er Abraham auf die Probe stellte (Gen 22,1). Die absolute Autorität läßt sich nicht in Frage stellen, nicht durchprobieren, sie ist, wie sie ist. Daran ist religiös nicht zu zweifeln, so stimmt es, aber es kann das Wahre stets zur Ausrede werden. Selbst die Priester am Hofe hier, selbst die Hofpropheten würden Ahas beipflichten; so ist es, so hat es sogar die Tradition für sich, so steht es in der Bibel selbst und in den heiligen Überlieferungen: Versuche nicht Gott! Derselbe Mann, der dabei ist, Gott zu verraten, beruft sich auf Gott in Respekt vor dem Höchsten. Martin Luther hat dazu gesagt: Wo sie, diese Heuchler, eigentlich nichts zu tun vorfinden, wo es nichts kostet, da sind sie superfromm, und umgekehrt: wenn's drauf ankäme, sich zu demütigen, dann sind sie der Stolz persönlich.

Genauso ist Ahas. Er ist ein Ausbund an Frömmigkeit, so wie sie tradiert ist; er wird seinem ganzen Volke sagen, was für ein frommer Mann er ist. Auch das kennen Sie, die Frömmigkeit der Mächtigen. Haben Sie's noch vor sich, im Golfkrieg 1991, wie Saddam Hussein sich verneigte vor Allah und war ein Führer der grünen Fahne des Propheten? Haben Sie's noch vor sich, wie George Bush sogar Großprediger wie Billy Graham einlud, sogar Geistliche nach Washington einlud, sich mit ihnen zu beraten, ob dies ein ordentlicher, richtiger Krieg sei gegen Saddam Hussein? Immer wissen die Mächtigen auf der Seele der Frommen zu spielen, wie sie wünschen, und immer werden sie die richtigen Phrasen dreschen. Es ist der Prophet, der dies nicht durchgehen läßt. Gottvertrauen ist Gottvertrauen. Und was er nun zur Antwort sagt, ist das Ende, ein Äußerstes an Ungeduld: »*Ist's euch zuwenig, Menschen zu ermüden?*« Das soll wohl heißen: Ihr führt jetzt Juda allzu lang mit dem Hin und Her, dem Herumtaktieren zum Narren, aber Gott hat nicht mehr die Nerven, es sich anzusehen. Der sonst so Geduldige hat die Geduld verloren. Das Volk mag weich sein wie Wachs, aber Gott schaut sich das nicht länger an, diese Ermüdung. – Wenn Politiker wirklich vernünftig regieren, dann in ihrer Langsamkeit, dann indem das Volk eigentlich nichts merkt. Es muß eingeschläfert werden, die Ermüdung der Raffinesse: Es rührt sich nichts, es gibt keine einzige substantielle Diskussion, keinen Aufschrei, keinen Protest, es schleift sich langsam ein. Alles wartet darauf, daß wir Propheten hätten; denn die sagen wie Jesaja, daß das, was die Menschen tun, ihnen selber, wenn sie denn Zeichen von Gott partout nicht brauchen wollen, zum Zeichen wird.

Und nun völlig paradox. Man hat diesen Satz jetzt, damit *Gott sei mit uns* – Immanuel –, in jeder Weise mißbraucht. Richtig ist, es ist eine Formel des heiligen Kriegs. Wenn Israels Heerbann ins Feld zog, gab es schon damals so etwas wie die Feldprediger, die den Soldaten einbleuten, daß Gottvertrauen immer gut ist, draufzuhalten, stramm zu bleiben, das Herz nicht zittern zu lassen, Mannesmut zu beweisen. Gott ist mit uns – Immanuel –, das sahen Sie noch auf den Wehrmachtskoppeln des Dritten Reichs, und es gab keine Kirche, die befand, daß dies Gotteslästerung sei, nicht in Deutschland; es gab keinen Propheten, der sagte, daß Gott diesen Mißbrauch des Religiösen nicht will, daß er Kriege, die heilig sind in dieser Art, nicht will.

Was Jesaja hier formt mit dem Begriff *Immanuel*, ist etwas Außerordentliches. Das Zeichen wird sein, daß eine junge Frau, die schwanger ist, einen Sohn gebiert. Da nun haben die Exegeten schon im Neuen Testament herumgetüftelt, was das sein könnte. Weil die griechische Übersetzung in der Septuaginta von einer Jungfrau statt von einer jungen Frau spricht, wurde daraus die Jungfrauengeburt, und vieles an Mythologie geriet in die Stelle hinein. Ein göttliches Kind sollte gemeint sein, auf dessen Schultern diese Formel, daß Gott mit uns ist, ruhen werde. War nicht so Jesus? Das Matthäus-Ev. (Mt 1,23) zitiert diese Stelle zum Beleg für die jungfräuliche Geburt, die es wörtlich nimmt. Die römische Kirche bis heute ist sich sicher, daß man so und nicht anders die Stelle verstehen müsse; aber fast die gesamte Exegese, wenn sie nicht sehr stark am Halfter der Dogmatik geführt wird, ist sich sicher, daß es so nicht verstehbar ist. Es geht nicht um eine Jungfrau, es geht um ein junges Mädchen, das aber heiratet mit zwölf Jahren und wird mit dreizehn, vierzehn Jahren schwanger in Israel. Es kann kein Zeichen sein, das 700 Jahre später in Betracht käme. Dies hier wird gewirkt augenblicklich, so daß Ahas es noch miterleben wird, anders ist die ganze Sprache hier sinnlos; nicht um ferne Zukunft, sondern

um die allernächste handelt es sich, wenn denn etwa zwanzig Jahre
nahe Zukunft sind. Allein das Zeitmaß ist eigentümlich. Man hat
gedacht, daß der Sohn, der da geboren wird am Königshof, Hiskia
z. B. sein könnte; aber der war damals schon zwanzig Jahre, er kann
nicht erst zur Welt kommen. Die Deutung fällt gleichermaßen aus.
Am allerwahrscheinlichsten ist, daß wir die Einzahl nehmen sollten
als Mehrzahl. Die Jungfrau, die junge Frau, die schwanger ist, wird
gebären – das ist so, wie wenn man kollektiv redet: Der Hirt, der
den Wolf kommen sieht, sagt Jesus einmal im Johannes-Ev. (10,12),
und meint damit natürlich nicht *einen* Wolf, der in die Herde
bricht, sondern das ganze Rudel. In Wehrmachtsdeutsch konnte
man sagen: wenn *der* Russe kommt oder *der* Ami kommt oder umgekehrt, wenn *der* Fritz kommt. Da war die Einzahl das Ganze. So
müßte man hier sagen: Wenn die Jungfrau, also: wenn die Jung-
frauen in Israel, die jetzt schon schwanger sind, gebären werden in
den nächsten Monaten, können sie ihr Kind Immanuel nennen; das
ist soviel wie, daß im Norden der Staat der Aramäer und der Staat
Israel zerbrechen werden, und Judäa wird seinen Frieden haben.
Die Gefahr, die im syrisch-efraimitischen Bruderkrieg droht, wird
einfach dahinfallen. Und dann mag man's Gott zusprechen, mag
man es preisen: *Immanuel.* Aber wenn Ahas wirklich tut, was er
sagt: er wirft sich dem Assyrerkönig in die Arme, dann wird's so
kommen, daß es weitergeht: *Verwüstet wird alles sein.* Die Kinder,
die dann geboren sein werden, können sich ernähren von Rahm,
von Milch also, und Honig. Sie mögen denken, eine schöne Speise,
aber es ist im Grunde die Wüstennahrung, es ist der Rückfall der
Zivilisation in die Barbarei. Es wird von der Stadtkultur nichts anderes übrigbleiben als das Nomadendasein, und zwar, wenn die
Kinder, die jetzt geboren werden, anfangen, mündig zu sein und
selbst zu entscheiden über Gut und Böse, also wenn sie erwachsen
sind: mit zwölf Jahren, mit zwanzig Jahren.

Allein schon, daß man politische Maßstäbe mißt auf zwanzig
Jahre, wie unglaublich wäre das in unseren Tagen! Folgen von dem,
was wir heute tun, auch nur im Jahr 2015 in Aussicht zu stellen, und
zu sagen: das ist das Zeichen für die Feigheit heute, für das Ausweichen jetzt, ist kaum denkbar, kaum durchführbar. Wir sind froh,
wenn wir uns für die nächsten zwei Jahre, die nächsten vier Jahre
irgendwie über Wasser, an der Macht, im Geschäft halten. Aber
Folgen zu bedenken für zwanzig Jahre scheint viel zuviel verlangt

zu sein. Die Folgewirkungen jedoch von dem, was wir tun, datieren mitunter auf 24 000 Jahre, bei der Atompolitik z. B., aber es scheint uns vollkommen egal zu sein. Da es von uns niemand erlebt, braucht es wohl auch niemanden von uns zu interessieren. 24 000 Jahre, das ist nicht Geschichte. Und doch ist es Geschichte, und es sind die Propheten, die sagen: was ihr tut, hat Folgen, und wir können jetzt schon sagen: es liegt in eurer Hand, zu wählen zwischen Gott und dem Tod, dem Vertrauen und der Geborgenheit oder der Angst und dem, was ihr dann tut, den Folgen eurer Verzweiflung. Gott läßt sich da nicht mißverstehen. Er muß nicht strafen; die einfachen Konsequenzen eurer angstbesetzten Dummheit sind das Zeichen; irgendwann kommt ihr dahinter, wenn's zu spät ist, möglicherweise. Das ist das Zeichen des Immanuel. Eine Weile lang mag man aufatmen, aber dann nur, damit es endgültig über das Volk kommt. Und es wird zu Ende sein sogar mit dem Haus David, ganz wird es ausgerottet. Es wird so sein wie damals beim Abfall des Nordreichs vom Süden unter Jerobeam. Alle menschliche Macht, die man erhalten wollte, wird zerbrechen, wenn man sich voller Angst an sie klammert. Eine Politik, die nichts weiter sein will als Politik, wird an sich selbst zugrunde gehen; der Machterhalt pur, das ist kein Programm. Sagen wir so: Menschen müssen unendlich mehr wissen, um die paar Jahre hier auf Erden menschlich und menschenwürdig zu leben. Das ist die Perspektive eines Propheten. Sie ändert nicht *etwas*, sie ändert alles. Sie tauscht die Grundlagen aus, auf denen wir stehen. Es wird immer die Frage sein: Was ist dann zu tun? Wie beweisen sich denn die Propheten? Die eine Antwort ist: Wenn wir sie lange überhören, immer negativ. Wir kriegen die Folgen des Unglaubens buchstäblich zu spüren. Aber wie steht es dann? Im Jahre 1997 nach Christus höre ich immer noch sagen, selbst in der Friedenspolitik: Mit der Bergpredigt läßt sich nicht Politik machen. Richtig wäre das, wollten wir fundamentalistisch einfach sagen: Weil's Jesus so gesprochen hat, müssen wir so tun. Wie aber, es würde die ganze Politik von Grund auf verändert und es träte die Haltung des Mannes aus Nazaret an die Stelle des ständigen blutigen Kreislaufs der Angst? Oder wir würden die Armen selig nennen. Wir hätten etwas von ihnen zu lernen. Wir würden die Welt aus ihren Augen betrachten. Es wäre auf der Stelle eine völlig andere Welt. Lukas (6,21) sagt sogar: Glücklich sind die Weinenden. Würden wir uns ausrichten nach den Menschen in ihrer Traurigkeit, Zerbrochenheit, Armseligkeit, wir spürten augenblicklich, daß jede Trennung über Menschen hinweg zugunsten der Mächtigen, der Bessergestellten sich gegen unser eigenes Herz richtet. Immer lernen wir das Falsche, indem wir denken, die Mächtigen diktieren den Gang der Geschichte. Es ist wahr, sie haben bis heute vermocht, ihre Sicht der Dinge den Generationen aufzunötigen. Aber es sind Zeugnisse in der Bibel doch auch, daß eine andere Welt möglich ist. An *der* Stelle vielleicht hat Matthäus recht: Nicht eine Jungfrauengeburt als biologisches, monströses Wunder ist gemeint, sondern das, was Jesaja im Sinn trug: Da wäre jemand, der macht Ernst damit, Gottes Sohn zu sein, Gottes Diener zu sein, Knecht Gottes zu sein, und lebt's einfach, gründend in einem Vertrauen, das sich nicht länger erschüttern läßt. Dann stimmt, was Matthäus schildert: Dies wäre das Ende der Könige, es wäre der Abschiedsbrief von dieser Art Machtverwaltung, es wäre die Heraufkunft buchstäblich eines Reiches Gottes, der Menschlichkeit, der Gemeinsamkeit, der Güte. Und warum ist's unmöglich, soll's unmöglich sein? George Bernard Shaw meinte in den zwanziger Jahren einmal: Ich höre immer, daß die Bergpredigt nicht funktioniert; aber gebt ihr doch einmal eine Chance, ein einziges Mal, versucht's doch mit ihr! – Mahatma Gandhi als Hindu, der es versuchte, erklärte immer wieder: Ich erlebe, daß es mit der Bergpredigt geht, nur mit der Bergpredigt geht. Wir kämpfen nicht gegen die Unterdrückung der britischen Kolonialmacht, wir zeigen nur, daß wir Menschen sind, freie Menschen, das genügt.

Die Alternative sehen Sie z. B. im blutigen Krieg in Algerien gegen die französische Kolonialmacht. Sie fordert heute noch ihre Opfer, schreckliche Opfer. Der Weg der Gewalt kann nur immer weitergehen. Wir müssen uns hüten davor, daß man uns beibringt, Machtpolitik, Geld, Militär, dies seien und blieben die Säulen der Gesellschaft. Wenn irgend etwas morsch ist, sind es diese Grundlagen. Und für uns selber, psychologisch, privat, geht daraus ebenso hervor, daß es sich nicht lohnt, den Lebensinhalten, die so definiert sind, länger zu folgen. Vielleicht gibt es in diesen Tagen keinen traurigeren privaten Kommentar als die Worte des Billigkönig-Millionärs Metzen, eines Mannes, der den Menschen billig Abfallprodukte vom Markt verkaufen wollte und dabei selber reich wurde. Eigentlich wollte er nur, daß man ihn liebt, einen einzigen Menschen wollte er, der ihn liebt. Es war nicht erreichbar. Man hat mich betrogen und belogen bis zum Ruin, dies waren, nach dem Deutschen Fernsehen, seine letzten Worte. – Wär' es nicht möglich, mindestens aus dem verzweifelten Unglück von Menschen, die sich anstrengen und anstrengen und möchten nur leben und vertun doch alles, zu lernen, wie es viel einfacher, offener, richtiger ginge?

So ihr Vertrauen habt, habt ihr das Bleiben und die Bleibe. Das ist der ganze Jesaja.

26. April 1997

Die Spanne seiner Flügel
wird die Breite deines Landes füllen

Texte aus dem 8. Kapitel des Propheten Jesaja sollen uns hier beschäftigen. 735 vor Christus findet die Berufung dieses Mannes statt; sie nötigt ihn, in Widerspruch zur Politik seines Königs zu treten und in Gegensatz zu den Erwartungen seines Volkes. Selten im Alten Testament kann man in den alten Teilen der Überlieferung so deutlich beobachten, was es bedeutet, ein Prophet zu sein. Die Urkunde, die uns erhalten ist, stammt aus der Feder des Jesaja selbst, eine Denkschrift, die er zusammengestellt hat zwischen den Kapiteln 6 und 9 und die alte Teile seiner Verkündigung enthält, lange also vor dem Zeitpunkt noch, da es eintrat. Immer glaubt man, Prophetie sei ein späteres Arrangement nach Eintritt der Ereignisse, eine Konstruktion nach rückwärts. Jesaja möchte dem zuvorkommen. Er hat alles, was man wissen mußte, beizeiten gesagt, als noch Zeit war, sich zu entscheiden. Das schwarz auf weiß der Zukunft zu übergeben ist Sinn der genannten Texte. Was sind da Schicksal und Freiheit? Wie finden Menschen heraus, wie sie richtig handeln? Wer sind sie selbst unter den Augen Gottes und unter den Augen der Menschen?

Mit der Überlieferung der Bibel verhält es sich nicht wie mit der Konstruktion eines Möbelstücks, das aus dem Holz geschnitten wird, sondern eher wie mit dem Wachsen eines Baumes, aus dem das Holz entsteht. Immer wieder schieben sich in schon vorhandene Strukturteile neue hinein, interpretieren sich weiter durch spätere Eintragungen. All die Formen, die dann entstehen, haben eine gewisse Selbst-Ähnlichkeit, bilden – wir würden heute sagen – fraktale Muster; aber es ist schwer, sie einfach hintereinander zu lesen, es ist viel mehr, wie wenn man von Ast zu Ast einen Baum emporklettert. Nicht hintereinander, sondern manchmal nebeneinander, verschränkt ineinander, nicht selten gegeneinander, wie um ein kompliziertes Gleichgewicht herzustellen, muß man diese Texte lesen.

Text: Jes 8, 1–4. 11–15. 16–18. 19–22. 5–8. 9–10
Und der Herr sprach zu mir: Nimm dir eine große Tafel und schreibe darauf mit Menschenschrift: »*Dem Raubebald – Eile-*

beute« *(Maher-Schalal Chasch-Bas), und bestelle mir glaubwür-*
dige Zeugen, Uria, den Priester, und Sacharja, den Sohn Jeberech-
jas. Darnach ging ich zu der Prophetin; die ward schwanger und
gebar einen Sohn. Da sprach der Herr zu mir: Gib ihm den Namen
»Raubebald – Eilebeute«. Denn ehe der Knabe Vater und Mutter
sagen kann, wird man den Reichtum von Damaskus und die Beute
Samarias vor dem König von Assyrien einhertragen.

Und der Herr fuhr noch fort, zu mir zu reden: Weil dieses Volk
die sanftrinnenden Wasser Siloahs verachtet, weil es verzagt vor Re-
zin und dem Sohne Remaljas, darum, siehe, läßt der Herr über sie
emporsteigen die starken und großen Wasser des [Euphrat-]Stro-
mes. Der wird steigen über alle seine Kanäle und über alle seine
Ufer treten, und wird eindringen in Juda, wird überschwemmen
und überfluten, daß er bis an den Hals reicht, und seine ausge-
spannten Flügel werden die Weite deines Landes füllen, Immanuel!

Tobet, ihr Völker, und erschrecket! Horchet auf, alle Fernen der
Erde! Rüstet euch und erschrecket, ja rüstet euch und erschrecket!
Plant einen Plan – er geht in die Brüche! Beschließt einen Beschluß
– er wird nicht bestehen! Denn mit uns ist Gott.

Denn so sprach der Herr zu mir, als die Hand mich packte und er
mich warnte, auf dem Wege dieses Volkes zu wandeln: Nennet
nicht alles Verschwörung, was dieses Volk Verschwörung nennt,
und vor dem, was es fürchtet, fürchtet euch nicht und erschrecket
nicht! Den Herrn der Heerscharen, ihn haltet heilig, er sei eure
Furcht und er euer Schrecken! Und er wird zum Heiligtum und zum
Stein des Anstoßes werden und zum Fels des Strauchelns den beiden
Häusern Israels, zur Schlinge und zum Fallstrick den Bewohnern
von Jerusalem. Und ihrer viele werden straucheln, fallen und zer-
schellen, werden sich verstricken und verfangen.

Verwahren [will ich] die Offenbarung und versiegeln die Weisung
in meinen Jüngern, und harren will ich auf den Herrn, der sein An-
gesicht vor dem Hause Jakobs verbirgt, und will auf ihn hoffen.
Siehe, ich und die Kinder, die mir der Herr gegeben hat, wir sind
Zeichen und Vorbedeutungen in Israel von dem Herrn der Heer-
scharen, der auf dem Berge Zion wohnt.

Und wenn sie zu euch sagen: »Befraget die Totengeister und
Wahrsagegeister, die da flüstern und murmeln!« So sprecht: »Soll
nicht ein Volk seinen Gott befragen, die Toten für die Lebendigen?«
– »Zur Weisung und zur Offenbarung!« Wenn sie nicht also spre-

*chen, so gibt es für sie keine Morgenröte. Sie ziehen umher, ge-
drückt und hungernd; und wenn sie Hunger leiden, so ergrimmen
sie und verfluchen ihren König und ihren Gott. Und wendet man
sich nach oben und blickt auf die Erde: siehe, da ist Angst und Finsternis, Dunkel der Drangsal, und in die Nacht [ist man] hinabgestoßen.*

Dem Propheten Jesaja muß man zuhören, wie eine Frau es einmal
von sich erzählte, daß sie der Musik Mozarts zugehört hatte. Sie
hatte drei Kinder großgezogen und ihrem Mann alles gegeben, was
sie konnte, als er sie verließ. Für sie brach eine Welt auseinander, so
sehr, daß sie buchstäblich nicht mehr wußte, wer sie war. Man
brachte sie in das, was man eine Irrenanstalt nennt. Glücklicherweise
fand sie dort einen Arzt, der im Grunde ihre Normalität vollkommen
begriff. Er verordnete nicht eigentlich Maßnahmen, Medikamente,
er sagte ihr nur, sie solle sich erholen. Um die Zeit, erklärte sie im
Rückblick, tat ich endlich, was ich seit Jahren immer gewollt hatte:
Ich hörte Wolfgang Amadeus Mozart. Es beruhigte mich, und es
zeigte mir die Welt, die ich gebraucht hätte, um zu leben. Es war,
wie wenn seine Melodien, seine Klangmuster sich in meine Seele
prägten und ordneten das Verworrene. – Dabei war das, was sie vor
sich hatte, die Fahrt in einen Tunnel ohne Licht, ungewiß, ob sie
dort je herauskommen würde.

Alles, was wir von Jesaja wissen, ist ein ungeheurer Kontrast zwischen einem Vertrauen, zu dem er selber sich berufen fühlt, zu dem
er selber das Volk seiner Zeit aufruft, und einem heillosen Chaos,
von draußen und von drinnen, eine Identitätskrise bis aufs äußerste.
Da hatte der Prophet (Jes 7,3) seinem König am Walkerteich den
eigenen Sohn mitgebracht, dessen Name auf seine Stirn geschrieben
steht wie ein Fluch: Allenfalls noch ein Rest wird entkommen, die
Dezimierung eines ganzen Volkes als unausweichliche Aussicht;
unausweichlich, weil der König nicht weichen will von seiner Politik, die er für vernünftig hält und die nach aller Menschenlogik
Pragmatik, Sachverstand und diplomatische Kunst verrät, aber ein
Diktat der Angst ist. Für den Propheten geht es um ein einziges:
Entweder es stimmt, was Israel bislang geglaubt hat: Gott ist der
König; dann darf man unter keinem Umstand die Flucht nach vorn
antreten und den König von Assur, ausgerechnet ihn, als Hilfe einladen, weil die eigenen Bundesgenossen, der König Rezin von Da-

maskus und Pekach, Sohn des Remalja von Israel, Judäa vor lauter Furcht in einen Bruderkrieg verwickeln, um aus ihm den Bündnisgenossen einer Aufstandsbewegung gegen die Assyrer zu machen. Alles in diesen Tagen ist verworren und verwickelt. Aus den Freunden werden die Feinde, aus den Feinden die Freunde – fast weiß niemand mehr, woran er wirklich ist. Aber das ist die Welt, die scheinbar ganz normale. Aus Liebe wird Haß, aus Treue Verrat, aus Gemeinsamkeit Zwietracht, neue Koalitionen bilden sich, völlig über Kreuz; selbst Verrat gilt plötzlich als Tugend, niemand mehr weiß, wie zweimal zwei sich zusammenrechnet, wie sich überhaupt noch irgend etwas rechnet.

Der Auftritt des Jesaja im 8. Kapitel seines Buches, seine Art Vermächtnis für die Zukunft, beginnt mit einem Gottesdiktat von ungeheurer, skandalöser Provokation. Da soll Gott gesagt haben: Nimm dir ein Blatt Papyrus und schreibe mit einer Tinte darauf, die nie mehr verlöscht: Für *Eile Beute – raube bald.* – Das ist soviel, wie wenn ein Landlos notariell unterzeichnet wird, und Jesaja gewissermaßen ist der Vollmachtsvollstrecker. Er ist es, der, noch bevor der König von Assur das Nordreich, Israel, in einem barbarischen Gewaltakt besetzen wird, ihm, dem erklärten Gottesgegner, das Land dokumentarisch als sein Eigentum überantwortet. Ihm gehört's, soll Gott gesagt haben, und das soll Jesaja beglaubigen. Man soll also nicht kämpfen um Grund und Boden, um heilige Gottesrechte, um Vätertraditionen, man soll kapitulieren – es soll die Kapitulation als eine göttliche Tatsache gelten für denjenigen, der ein bißchen in die Zukunft schaut. Schwarz auf weiß soll er's sagen: die Katastrophe für das Nordreich kommt. – Schlimmer noch: Die Prophetin, Jesajas Frau, hat ein Kind bekommen. Manche sehen in dem Titel, daß es ein weibliches Prophetentum gab, womöglich am Tempel von Jerusalem – schwerlich kann davon die Rede sein; die Frau Prophetin ist soviel wie die Frau Kommerzienrätin oder die Frau Doktor am Ort – vermutlich just die Frau des Propheten; jedenfalls geht es um das Kind Jesajas. Und hat das erste schon diesen furchtbaren Namen – nur noch *ein Rest wird sich zu retten vermögen*, mit der Adresse an Juda –, so ist der Name dieses zweiten Kindes nichts weiter, als daß sehr bald und total die Plünderung Israels stattfinden wird. So sicher wie dieses Kind heranwächst in die Zukunft, so sicher wird das Ergebnis der Zukunft diese Tatsache sein. So deutlich wie man den Sohn des Jesaja vor sich sieht, so deutlich kann man jetzt schon diese Tatsache vor sich sehen. Und wieder: es ist gesagt worden, längst ehe es eintrat. Es ist die Folge einer Politik, in der man meinte, Freiheit bestehe darin, stark sein zu müssen, Militärblöcke schließen zu müssen, Frontdenken und Kasernenhofmentalität zu züchten. Vielleicht läge ja Freiheit ganz woanders; aber wenn man sie *so* sucht, wird Freiheit identisch sein mit der gröbsten Gewalt, und die liegt in der eigenen Hand – wenn man Glück hat, aber sicher nicht immer; irgendwann dreht sich das Rad der Geschichte, und man wird damit untergehen. Jetzt ist der Zeitpunkt zum Untergang, jetzt, aus Gründen, die wir nicht kennen, gehört die Macht dem König von Assur, der schrecklichsten Militärmaschinerie des alten Orients. Da hat man nicht mitgehalten, man hat das Töten nicht genügend trainiert, die Bogenschützen nicht eisern genug gemacht, die Militärwagen nicht zahlreich genug, man hat im Rüstungswettlauf nicht genügend investiert.

Wenn's das ist, was von tüchtigen Monarchen zu fordern wäre, müßten sie sich ständig überbieten mit den Greueln, die sie gerade hinterlassen. Ist aus dieser Blutmühle von Geschichte überhaupt ein Entrinnen? Es gibt Propheten im Alten Testament, die gegen die Gewalt die noch bessere göttliche Gewalt setzen, immer an der Spitze der noch stärkeren Bataillone. Es ist Jesaja, der das Ganze wahnsinnig findet, selbstmörderisch, zum Untergang bestimmt. Für Judäa, für das Doppelkönigtum von Judäa und Jerusalem, ist dies kein schlechtes Omen. Wenn Israel von den Assyrern geplündert wird, geht die Bedrohung von seiten des eigenen Brudervolks zu Ende. Es steht nicht länger zu erwarten, daß Samaria und Damaskus noch eine Gefahr bilden. Assur selber wird sie ausschalten. Paradox, wie die Welt ist, ist der Name des zweiten Sohns des Jesaja soviel wie ein Interim zum Aufatmen für den Süden. Noch einmal ist *er* davongekommen. Das wird so bald sein, wie daß das Kind in spätestens neun Monden zur Welt kommt und bis es Mama und Papa sagen kann. Anderthalb Jahre, zwei Jahre höchstens stehen in Aussicht. Auch das ist kühn und unheimlich, daß man Katastrophen so präzise sehen kann. Man kann sogar den Zeiger der Uhr genau sich drehen sehen, man kann das Endergebnis exakt terminieren, und trotzdem hat die klarste Prophezeiung keine Wirkung, vertut sich das alles, ist's wie vergeblich.

Es gäbe ein Aufatmen für die Leute in Judäa. Aber nun hören wir von einer Art zweiter Berufungsgeschichte des Jesaja, nicht im Tempel von Jerusalem, nicht beim Anblick der Schleppe des Allerhöchsten und der Branddrachen, die ihn verhüllten, sondern: indem die Hand Gottes ihn ergriff, sei er bestellt worden, eine *neue* Botschaft auszurichten, vermutlich zwei Jahre nach diesem Auftreten. Es muß der Prophet Gelegenheit gefunden haben, Schüler um sich zu sammeln, Anhänger zu gewinnen, mutmaßlich im Tempelbereich selbst. Es scheint dieser uralte Konflikt zwischen Priester und König, der den ganzen alten Orient durchzieht, auch in Jerusalem gegenwärtig. Worauf vertraut man? Natürlich möchten die Priester, daß der Glaube gesetzt wird an den Gott, dessen Auftrag sie von Amts wegen verwalten. Die Hinwendung zu Assur würde bedeuten, daß man einen fremden Gott anerkennt, daß man den Gott Assur wörtlich im Jerusalemer Heiligtum *aufstellt* und beugt die Jahwe-Priesterschaft unter das fremde Joch eines Götzen. Rückhalt hat der Prophet ausnahmsweise deshalb bei den Priestern; oft genug ist dies sonst im Alten Testament der Konflikt: Priester und Prophet; hier sind sie Verbündete. Wir aber hören, was es bedeutet, wenn die Hand Gottes einen Menschen ergreift. Wir müßten denken, es ist die innere Ergriffenheit selber, die hier als Sprache Gottes aufgefaßt wird, ein Durchbebtwerden, ein Durchschütteltwerden der ganzen Existenz. Es ist, als würde da ein Mensch durchworfelt auf einem Sieb und fiele ganz allein durch die Maschen, und der Rest bliebe obenauf liegen wie Spreu. Wenn Gott zum Propheten beruft, dann tritt aus dem Volk heraus ein einzelner. Selbst wenn Jesaja hier eine Gruppe von Menschen auf seiner Seite weiß – er ist es, der sie prägte, er war es, der sie um sich scharte. Alles, was Gott zu sagen hat, sagt er durch den Mund dieses einen einzelnen, und das Ungeheure ist allein diese Leistung: herauszutreten aus allem, was je Volk war, und mit dem eigenen Ich für etwas ganz einzelnes, Unerhörtes, Persönliches geradezustehen. Dies ist der Inhalt bereits dieser Ergreifung, dieser Ergriffenheit: die Warnung, auf dem Wege des Volkes weiterzuwandeln. Es geht um eine Aufklärung: »Ihr sollt nicht Verwicklung nennen all das, was dieses Volk Verwicklung nennt.« Man muß vielleicht statt »Verwicklung« das griechische Fremdwort, im Deutschen üblich, »Problem« einsetzen. Das Problem ist die politische Ausweglosigkeit. Daran wird laboriert, daraus sucht man nach irgendwelchen Schleichwegen zum Entkommen. Und sieht man nur die menschliche Geschichte, wie sie sich im Kreise dreht, sieht man kaum einen anderen Weg, als mit allen

Kräften in die Trommel zu treten und sie weiterzutreiben, nur noch immer schneller.

Wenn Gott einen Menschen ergreift, holt er ihn heraus aus dem ewigen Teufelskreis der Angst und bringt eine andere Perspektive in sein Leben. Was man bis dahin das Problem nannte, erscheint von einem anderen Standpunkt aus gar nicht mehr als Problem. Das wirkliche Problem dieses Volkes ist Gott, soll Jesaja sagen, oder besser, daß es Gott aus den Augen verloren hat. Sagen wir es anders: Den meisten, wenn sie die Bibel lesen, ist das Sprechen von Jahwe, von Gott, beinahe fremd, es ist bigott, es ist irgendwie formelhaft geworden, nichtssagend, pathetisch, fundamentalistisch mißbraucht, am Rande der Magie in jedem Falle. Was nützt es angesichts der Angst eines Volkes, von Gott zu reden, außer daß es sich vertut in Frömmelei? Kennt man das nicht, daß in Stunden der Herausforderung die Priester dazu auffordern, man müsse jetzt wieder eine Prozession gegen die Pest oder gegen den Hunger, eine Not- oder Sturmandacht zum Himmel schicken, man müsse die Kinder anhalten zu beten? Um all das *kann* es doch nicht gehen. Aber wenn wir denken würden, es wichen dem Menschen die Gründe seiner Existenz unter den Füßen fort, es gäbe nichts mehr, woran er sich wirklich halten, worauf er als festen Untergrund treten könnte, dann begönne man zu spüren, was es eigentlich heißt, wenn ein Mensch seinen Gott verliert. Man verliert ihn nicht wie ein Schlüsselbund, durch eine kleine Unaufmerksamkeit, sondern er kommt nach und nach abhanden. Man wird weggezogen immer mehr nach außen, immer mehr in den Kreislauf von Notlagen, die zu immer größerer Unruhe, immer weiterer Hast zwingen, und man rückt immer mehr aus seinem eigenen Zentrum fort. Man klammert sich an Menschen und greift dabei ins Leere, und immer weniger weiß man noch, wer man selbst ist.

Worauf gründet sich Zuversicht? Was bietet Hoffnung? Wer sind wir selbst? Im Umkreis dieser Fragen stellt sich das Problem Gottes. Es entdeckt sich, daß das ganze Leben ein unauflösliches Problem ist ohne einen festen Ort der Sicherheit im Inneren der eigenen Existenz. Das ist die ganze prophetische Erfahrung. Alle mögen sie machen, was sie wollen, sagen, was sie möchten, es ist einzig tief im eigenen Herzen Geborgenheit möglich. Wer dort die Stätte der Ruhe nicht findet, findet sie nirgendwo. Da muß man nicht länger auf Jesaja hören wie auf die Musik Mozarts; man muß, um Jesaja zu verstehen, diese leise, unhörbare Musik vernehmen, die durch die ganze Welt geht, um ruhig zu werden im Innern. Das, so deutet sich hier an, ist die Lösung aller Probleme.

Jahwe ist das eigentliche Problem. Wenn man ihn nicht findet, dann wird seine Abwesenheit zu einer offenen, unentrinnbaren Falle, zu einem Fels, der, statt zu tragen, bei Nacht den Fuß anhält zum Stolpern, und es wird dicht am Abgrund sein, der Fall ist tief. Die Bilder sind beliebig; auch vom Strick, vom Spannseil, von allem möglichen, was Menschen weiter verwickelt und hinabzerrt, kann die Rede sein. Aber deutlich ist, was Jesaja sagen will, wofür er durchschauert wurde, nämlich: vor nichts mehr zu schaudern, es sei denn, Gott könnte von der Seite des Menschen weichen und aus seinem Herzen gerissen werden vor lauter Angst, und man würde nichts mehr sehen als eine Welt, die, wohin immer man schaut, nur noch weitere Gründe der Angst bietet, mögen sie Assur heißen, Samaria, Damaskus, Ägypten, das eigene Militär, die Wasserversorgung, die Mauerstärke, die Sollzahl des Heeres, die Verproviantierung der Mannschaft – mögen sie heißen, wie sie wollen. Wie finden Menschen aus all dem, was sie umlagert und umstellt, zu dem zurück, was sie selber sind? Da ist's wie eine Art Schlußwort, wenn Jesaja spricht: *Ich will dies Zeugnis einwickeln, die Weisung durch meine Jünger versiegeln.* – Man muß sich's vorstellen, daß der Papyrus in Leinen gehüllt wird, daß man ihn in einen Tonkrug stellt, wie wir es von Qumran her kennen, und daß man den Tonkrug versiegelt. Auf die Weise wird er vor Feuchtigkeit, vor Ratten und Mäusen geschützt, und er kann überleben im trockenen Klima Israels über Jahrtausende. Und so ist's gemeint. Man soll es später lesen, da es in der Gegenwart offenbar niemanden gibt, der es hören will.

Spätestens an dieser Stelle wird die Situation des Propheten unheimlich. Es gibt in der Bibel selber vermutlich nur eine einzige Parallele, dort allerdings fast schon wie mit schwarzem Humor ins Komische gezogen, in der Gestalt des Propheten Jona. Er hat Ninive den Untergang geweissagt, und nun hockt er draußen vor der Stadt und wartet, daß es dreinschlägt; endlich soll Gott tun, was er gesagt hat, und dem Propheten Recht verschaffen unter den Augen der Gottlosen! Ganz ähnlich hier Jesaja. Immer erwartet man, daß das Wort von Gott *Hoffnung* bedeutet, was denn sonst? Wenn Gott doch die Sicherheit ist und die Festigkeit, Grund aller Zuversicht, Aussicht und Entwurf für die Zukunft, ist er dann nicht der Inbegriff der Hoffnung? Ist es nicht widersinnig, im Namen Gottes die Hoffnungslosigkeit zu predigen? Aber genau das tut hier Jesaja. Was er Hoffnung nennt, ist das Allerunglaublichste: daß Juda vollkommen in den Abgrund fällt. Es bleibt ihm nichts mehr zu tun. Er hat alles gesagt, er hat alles gezeigt, er hat es erklärt und beglaubigt, man wollte es nicht hören. Nun bleibt ihm, dem Propheten der Ruhe, nur noch selber zu ruhen und zu warten, bis daß es kommt. Es ist, wie wenn jemand am Horizont schon das Gewitter sich zusammenbrauen sieht und dessen Wirkung erkennt, ein Taifun über dem Meer, eine Springflut an der Küste, eine Überschwemmung über jeden Deich hinweg, es ist nur noch abzuwarten. Das ist die Hoffnung des Propheten hier: Gott wird's genau so tun, wie er's gesagt hat. – Sieh, hier bin ich, hier sind die Kinder als Zeichen und als Vorbedeutung!

Es ist mitunter nötig, die Katastrophe von etwas zu wünschen, um es zu retten, jedenfalls das Negative nicht länger aufzuhalten, sondern abzuwarten, daß es sich von selbst beschleunigt bis zu dem Punkt, daß, wie in der griechischen Tragödie, an der Stelle, da die Katastrophe eintritt, die heilsame Wende, der flammende Blitz herniedergeht, der die Atmosphäre klärt. Mehr weiß Jesaja nicht. – Man kann es übertragen auf so viele heutige Situationen, beispielsweise auf die Fragen der Umwelt. Man kann sie hochrechnen inzwischen, man muß nur die Diagramme ausrechnen, die Schnittpunkte der Kurve verfolgen aufs Jahr 2020, 2055; man kann die Szenarien durchspielen, was sein wird, wenn wir bei zwölf Milliarden Menschen stehen und haben für sechs Milliarden weder Arbeit noch Wohnung noch Nahrung, aber immer noch sind wir dabei, so zu rüsten, daß sich die nördliche Welt gegen die südliche abspaltet, mannhaft, wehrhaft, Grenzen ziehend wie die alten Römer beim Bau des Limes. Man kann vorhersehen, daß irgendwann das Elend über jedes Mauerwerk hinüberbranden wird – kein Grund scheinbar, es anders zu machen. Wir brauchen im alten Stil weiter die Rüstungsaufträge; die Waffenbestände müssen wir vergrößern, verbessern – kein Umdenken. Wir können ausrechnen, was wird, wenn die tropischen Regenwälder verbrannt sein werden. Wann werden wir's lernen? Wenn der Red River über die Ufer tritt und riesige Katastrophen bringt? Ökologen wissen, warum Fluten dieser Art so schlimm sind, was passiert, wenn man den Oberlauf ganzer Ströme zubetoniert, wenn man den Reserveschwamm der Wälder einfach abholzt – wo soll das Wasser hin? Aber wann wird man klug daraus? Immer noch hat jeder Grund, auf seine Art Geld zu verdienen, und die Gesamtkosten muß das Volk tragen, und das Volk wird es mitmachen. Wann wird es aufbegehren, fragt man sich. Berechnungen, Katastrophenvisionen, das ist alles kein Grund zur Umkehr.

Eine Predigt der Angst, nein, da ist Gott vor; Angst ist ein schlechter Ratgeber, sagt der Bundeskanzler; wir müssen mutig weitermachen, wir müssen kräftig und vernünftig investieren in die Zukunft, indem wir die Steinzeit weiter verfestigen. Wie viele Katastrophen müssen kommen, und welche wird man begreifen als Zeichen Gottes? Dieser Prophet nennt es Hoffnung, wenn es den Bach endgültig hinuntergeht. Spätestens dann bleibt nichts mehr anderes als der Neuanfang übrig, und vielleicht gibt's dann ja die Hoffnung, vielleicht danach. Immer wieder wird man gefragt: Was ist Ihre Aussicht für die nächste Zukunft? Man kann nur sagen: Die nächsten fünfzig Jahre wird man erleben, daß eine riesige Woge an den immer engeren Wänden der Welt sich bricht und über riesige Katastrophenziffern auf die Menschheit zurückfällt. Das ist die nächste Zukunft. Was danach kommt, weiß niemand, aber vielleicht dann wird die Menschheit nachdenklicher, besonnener, vernünftiger.

Oder die Kirche, speziell die römische. Man kann ihr sagen, zehn Jahre lang, sie müsse nur so weitermachen, um sich selbst zu ruinieren! Der Zölibat bleibt gußeisern, die Priester haben zu bleiben, wie sie sind, Frauen dürfen niemals Priester werden, usw.; man kann ihr vorrechnen, was wird, wenn die heute Fünfzigjährigen unter den Priestern siebzig sind und in Pension gehen und die Zahlen, die nachkommen, weiter so zurückgehen, wie sie's tun – seit 1989 sinkt die Zahl der Priesteramtskandidaten fast um zwei Drittel auf ein Drittel –, es ändert nichts! Noch zahlen die Deutschen Kirchensteuer, damit sie wenigstens am Sonntag ihre klerikale Versorgung haben, eine Stunde in der Woche, und ein kirchliches Begräbnis; aber es scheint keineswegs sicher, daß wenigstens das gesichert würde. Millionenbeträge zur Restauration von Kirchen, das ist noch möglich, an Geld mangelt's nicht, aber an Menschen. Sie kommen nicht nach. Die Strukturen, so wie sie sind, stoßen ab, aber Änderungen können nicht sein, denn alles, was ist, ist von Gott selber gewünscht; es war immer so, der Heilige Geist hat es gefügt, die Dogmen liegen darüber, eine Änderung wäre ein Attentat auf Jahwe-Zebaoth selber. Nur ist Jahwe-Zebaoth ein *lebendiger* Gott, er ist nicht irgendein

Teil in der Mauer von Jerusalem, nicht irgendein archäologisches Fossil, er beliebt lebendig zu sein, und was er von Menschen möchte, ist, daß sie mit Vertrauen statt mit Angst handeln. Wenn sie das freilich nicht tun, dann wird alle Angst über sie kommen, und dann kann man's nicht anders, als die Katastrophe zu predigen, damit das Wachstum möglich wird. Es ist die Botschaft des Jesaja, wie man manchmal eine Peitsche nehmen muß, um Pferde, die bei Angst ins Feuer laufen, über die Nüstern zu schlagen, damit sie in ihrer Angst wenigstens die richtige Fluchtrichtung finden.

Die Alternative zeichnet der Prophet mit äußerster Dramaturgie. Da alles vor lauter Angst aus den Fugen gerät, wird an der Stelle einer Religion des Vertrauens die Magie um sich greifen. Zum Entsetzen unserer Bischöfe wandern ganze Teile des deutschen Volkes heute ab in die Esoterik, in irgendeinen magischen Schwachsinn – Handleserei, Kaffeesatz-, Sterndeuterei, jeder Hokuspokus ist möglich, und er ersetzt die »gute, solide katholische Dogmatik«. Wie denn auch anders? Wenn Menschen von nichts weiter geführt werden als von versteinerter Angst, sieht's ja fast schon aus wie Leben, wenn sie wenigstens im Boden wühlen, um herauszufinden, ob nicht noch etwas anderes dort zu finden ist. Es sind fast immer die alten Antworten. Ein Mensch, wenn er Angst hat, verbündet sich, schon aus Furcht vor dem Tode, mit den schon Gestorbenen. In der Karibik gibt es auf den Inseln Menschen, die sich selber betrachten als Wiedergänger – eine unglaubliche sozialpsychologische Tatsache, Menschen, die von sich sagen: wir leben eigentlich gar nicht wirklich, wir sind aus den Gräbern zurückgekehrt und führen ein Scheinleben, wir sind Untote, Wiedergekommene; was ihr hier seht, sind keine Menschen, sondern eigentlich Geister. Man hindert uns ja, wirklich zu leben. Und umgekehrt: Wenn ein Leben so ist, daß es aus lauter Angst keine Luft mehr bekommt, sondern sich wie in den Grabkammern empfindet, wohin soll man sich dann anders wenden als zu denen, die Vater und Mutter vorausgegangen sind? Die müßten's doch wissen. Je mehr Angst ein Mensch hat, desto kleiner wird er, wie ein Kind, und ruft aus dem Grab die eigenen Eltern, sie möchten ihn bei der Hand nehmen. Alle Völker tun so. Religionsgeschichtlich mag man von Ahnenkult sprechen, aber liegt es nicht in uns, diese Sehnsucht, irgendwo zu Hause zu sein, wenn da kein Gott ist, wenigstens bei den Menschen, die den Arm um uns legen, um uns ins Leben zu führen? Die Wiedergänger sind hier die Wissenden, wie sie zwitschern und murmeln; ganz klar ist's nie, was sie sagen, aber vermischt mit den Projektionen der Angst wird's schon Auskunft ergeben, so hofft man. Und es gibt Spezialisten, die es erlauschen, Hexen irgendwo an irgendwelchen Quellen oder Spalten; die, in der Nacht, mit betäubenden Dämpfen werden's an den Tag bringen. – Es ist, daß am Ende, weil da kein Gott mehr ist, der es ordnet, und weil da eine Politik ist, die nur nach vorn flieht, jegliche Zukunft sich selber versagt. Da sind Angst und Finsternis und Dunkel und Drangsal, und Sie können schauen nach oben und können schauen nach unten, da ist nichts mehr.

Wie hoffnungsvoll sprach noch der Prophet, der Ahas, den König, aufforderte, er sollte sich ein Zeichen ausbedingen, aus dem Himmel, aus der Unterwelt, vom Blitz bis zum Erdbeben, was immer er wollte? Er redete sich heraus, der schlaue König. Nun ist es das Zeichen, daß es keines mehr gibt. Was es gibt, ist ein nicht mehr einzuholendes Zuspät. Das alles ist die Hypothek des Jesaja, seine verbriefte Abrechnung, das Ungeheure seines Muts. Da steht ein Mann, wir müssen das noch mal so sehen, mit sich selber völlig in Ruhe, gewissermaßen im Zentrum des Auges des Taifuns; um sich herum dreht sich die Welt wie rasend, er aber bleibt vollkommen still.

Dann gibt es Worte, in denen er's beglaubigen möchte. Er wirft dem Volk, speziell dem König, vor, sich nicht begnügt zu haben mit den Wasseranlagen von Schiloach, mit der Trinkwasserversorgung der heiligen Stadt, sondern den großen Strom, den Euphrat, gewollt zu haben. Statt sich auf sich selber zu besinnen und auf den eigenen Gott, hat man Gott verraten und den König von Assur zum Gott erklärt. Da wird es sein, daß der Euphrat wie ein überflutender Strom alles herabreißen wird und Gott selber wie ein Raubvogel seine Flügel über das ganze Land breitet, ohne Rettung; wie eine Persiflage heißt es dann noch »Immanuel«: *das* ist dann der »Gott mit uns«, wie ein Beutegreifer, wie ein Nachtfalke, wie ein Raubvogel wird er mit uns sein, wenn die Menschen nicht mit ihm sind.

Aber es läßt sich dieses Wort auch noch anders lesen. Manche haben gemeint, ebendies: »*und die Spanne seiner Flügel wird die Breite deines Landes füllen*« – erinnere an den Gebetsruf der Psalmen, geborgen zu sein »im Schatten deiner Flügel«. Da weiß man eigentlich kaum noch: ist das Drohung oder Befreiung, Zorn oder Hoffnung? Beides könnte es sein, und mindestens lohnt es, an dieser Stelle einmal zu überlegen, wie denn in all dem Ungeheuren das

Bewahrende, in dem Unheimlichen das Heimatliche liegt. Da wäre es möglich, zurückzukehren an den Quell, der im eigenen Lande fließt, und sich zu besinnen auf die Wasser des Lebens am eigenen Ort. Was Jesaja möchte, ist, daß man nirgendwo mehr um Hilfe sucht, sondern im Grunde nur sich festigt in sich selbst, in der eigenen Religion, in der eigenen Identität. Die Kommentare zu diesen Stellen möchten uns immer wieder belehren, daß man um Gottes willen nichts von alledem, schon gar nicht in der politischen Konsequenz, übertragen dürfe auf die heutige Zeit. Nur, weiß Gott, weswegen denn dann alle diese Aufregungen? Nur zum geschichtlichen Studium, wie es mal war um 733 v. Chr.? Was der Prophet hier erfindet, ist nicht nur soviel wie die Rettung, die Erlösung von all dem, was heute noch Politik heißt; es ist zugleich, angewandt auf das Leben jedes einzelnen, das, was wir Psychotherapie nennen. Nie kommt jemand mit seinem Leid, ohne zu fragen, was er *tun* soll. Und immer wird's der Fall sein, sich mit ihm hinzusetzen und wie beim Schachspiel durchzurechnen, welche Lösungen er denn hat. Man sagt, daß irgendein Computer, um den simpelsten und blödsinnigsten Zug zu machen, sich etwa 200 000 Varianten möglicher Züge in Sekundenschnelle ausdenkt. So kann man dranbleiben, und man wird erleben, daß die Schachpartie nicht aufgeht; man kann im Grunde ziehen, wie man will, die Angst zieht mit und verdirbt alles. Die Stellung ist verloren, und daraus gibt es keinen Ausweg, wenn die Angst das Spiel diktiert, die Regeln festsetzt, die Parameter festlegt.

Aber ganz anders, hörten wir auf den Propheten. Es ist ähnlich wie bei jener Frau in der Psychiatrie. Gott sei Dank hatte sie einen Arzt, der darauf verzichtete, wissen zu wollen, was sie tun müßte. Nur daß sie *wäre*, war genug, Mozarts Musik zu hören war die ganze Heilung, sich selber zu finden in der Erinnerung, daß es etwas gibt, das als gut, als heilig, als kostbar, in ihr selber unzerstörbar ist, das war die Rettung und ist es im Leben vieler Menschen immer wieder. Es ist der Punkt, wo ein jüdischer Prophet ein Format bekommt, das in manchem an die ostasiatische Weisheit erinnert, wie sie sich 200 Jahre danach etwa bei Laotse ausspricht, paradoxe Sätze aus dem *Taoteking*: Durch das Nichthandeln, sagt Laotse, durch das Wuwei, ist alles gemacht. Paradox deshalb, weil wir denken: Es gibt nichts Gutes, außer man tut es; man muß das Richtige *machen*, sonst wird's halt nicht gemacht, von nichts kommt nichts, ganz klar – so alle Aktivisten und G'schaftlhuber. Aber mitunter überheben wir uns, mitunter haben wir viel zuviel gemacht. Vermutlich liegen viele Probleme darin begründet, daß wir stets an uns vorbeigelebt haben; immer waren Pflichten, Aufgaben, Verantwortlichkeiten, Verbindlichkeiten wichtiger – moralisch, finanziell, pädagogisch, wie Sie wollen. Man rieb sich auf, man brannte leer. Es gibt keine Antwort auf die Frage: Was muß ich tun? Wenn es sie gäbe, wüßte der andere sie längst. Er hat ganz sicher viele Jahrzehnte über sich nachgedacht, jeden Tag 24 Stunden. Wie soll da jemand kommen und prompt, nachdem er eine halbe Stunde zugehört hat oder auch nur fünf Minuten, schon über den Daumensprung hin bestimmen, wo es jetzt langgeht? Wenn jemand wirklich nicht weiß, was er tun soll, dann liegt es daran, daß er nicht mehr weiß, wer er ist, wo er steht, welch einen Weg er wirklich gegangen ist. Und das herauszufinden ist alles, worauf es ankommt: ein Vertrauen zu gewinnen in die Richtigkeit dessen, was er selber ist als Mensch, daß das sein darf: *Er* darf sein, es gibt ihn! Religiös müßten wir sagen: weil auch er ein Kind Gottes ist, weil er hervorgegangen ist aus der Hand Gottes, weil Jahwe gewollt hat durch seine Berufung, daß es ihn gibt, und hat ihn bestellt zu einem bestimmten Auftrag, der nur ihm galt. Aber vielleicht muß man nicht einmal von Gott sprechen, sondern nur von einer Ruhe, die in sich gründet, beschützt, behütet, von wem, weiß man nicht. Selbst Jesaja sah seinen Gott nicht im erbebenden Schüttern der Schwellen des Tempels und im bebenden Schrecken seines eigenen Herzens. Er wußte nur, daß es ihn ganz durchgreift, und spürte dann, wie es ihn umgreift. Und dieses Beschütztsein persönlich, das er Glauben – oder besser: Vertrauen – nannte, ist alles, was er seinem Volk und seiner Zeit auf Sein oder Nichtsein nahelegen möchte (Jes 6,1–8).

Die Alternative wäre soviel wie die Sintflut, diesmal im Euphrat. Das, was zu retten scheint, wird gerade die Katastrophe. Wie kann man Assur einladen zur Rettung gegen die eigenen Brudervölker! Das mag man machen, aber die Folge ist, daß man die Assyrer nie mehr loswird. Hingegen, täte man gar nichts, gäbe man sich in die Hände Gottes, nichts wäre vergeben. – Mir scheint immer wieder, daß wir das nur einmal anwenden müßten auf die Zeit, die hinter uns liegt und die durch eine furchtbare Angst bestimmt war. Man erklärt uns heute, daß nur das totale Wettrüsten zwischen Ost und West einen dritten Weltkrieg verhindert hätte. Man erklärt uns, daß die ungeheuren Arsenale an Atombomben, Wasserstoffbomben,

Neutronenbomben Ausdruck der politischen Vernunft gewesen seien. Waren sie das wirklich? Wir haben in der Zeit mehr als die Hälfte der Menschheit zugrunde gerichtet mit dem, was wir die Sicherheitspolitik nannten. Wir haben jede Generation, die heranwuchs, dahin trainiert, immer noch besser zu töten. Hiroschima, das war nur der Anfang, sozusagen der Auftakt für die wirkliche Größe auf dem Schlachtfeld. Wäre es wirklich so verkehrt, zu denken: Es gibt von Assur keine Gefahr, es gibt von keinem Diktator eine Gefahr, wenn wir nur bleiben, wer wir sind? Freilich, alle kirchlichen Theologen werden sich weigern, solche Ableitungen zu ziehen aus einem Prophetenwort, das über 2700 Jahre alt ist; aber vielleicht, in gewissem Sinn, sagt Gott unter vergleichbaren Umständen immer dasselbe: Ihr könnt immer neu die Flucht in die militärische Stärke antreten, in die Koalitionspolitik der geschichtlichen Vernunft, und es wird nie aufhören. – Jesaja ist der erste, der in dieser Kühnheit träumt von einem möglichen Reich Gottes. Es ist das erste Mal, daß man es gegeneinanderstellt: ob man glaubt an Gott oder an die verwaltete Macht der Menschen, die doch nur regiert mit Hilfe der Menschenangst. Darinnen verbirgt sich die zitternde Frage eines jeden einzelnen: Und wer bin ich? Was bin ich für ein Mensch?

Es gibt ein Triumphlied des Jesaja, das in diesem Text seiner Denkschrift unmöglich vom Ursprung an gestanden haben kann. In so viel bedrückenden Aussichten kann nicht dieser unglaubliche, triumphalistische Gesang über die Völker gestanden haben, und doch ist er ein guter Abschluß für alles, was heute zu sagen ist.

Erkennt es, ihr Völker, und werdet mutlos, umgürtet euch und werdet mutlos, beratet euch gründlich, daß es erst richtig mißlingt! – Da dreht es sich um. Da wird plötzlich erklärt, daß die Feinde Judas machen können, was sie wollen. Sie sollen überlegen, wie sie dieses hilflose Vogelnest angreifen, um das Gelege, das von den Elternvögeln wie verlassen scheint, zu zerdrücken. Es wird nicht helfen. Sie mögen sich schon ihres Raubes ganz sicher fühlen – es wird nicht so kommen. Sie können gepanzert aufmarschieren – und trotzdem werden am Ende sie erscheinen als die Mutlosen. Plötzlich wendet sich hier alles zugunsten desjenigen, der auf Gott vertraut – so der Gedanke des Jesaja –, wenn nur die Angst kein Grund mehr ist, irgend etwas zu tun oder nicht zu tun. Und diese Art von Festigkeit wird's übermögen. Das heißt: *mit uns ist Gott.*

Da wird Jerusalem, wenn es sich festmacht an Gott, eine ungeheure Sicherheit und Zuversicht zugesprochen. Da ist Jerusalem wirklich wieder ein Heiligtumsraum, unangreifbar für die Mächtigen. Wenn es nicht hält an Gott, verliert es sich ganz; macht es sich daran fest, wird es niemals verloren sein, so denkt der Prophet hier. Setzen wir für Jerusalem noch einmal unser eigenes Herz, müßten, dürften wir dann nicht so sagen: Wovor eigentlich haben wir Angst, wenn wir's begreifen?

Es gibt eine wunderbare, historisch beglaubigte Überlieferung. Jean Anouilh in seinem Drama über Jeanne d'Arc »Jeanne oder die Lerche« greift es auf. Es hatte gesehen in ihren Visionen die vierzehnjährige Jeanne d'Arc die heilige Katharina, den heiligen Michael, und sie sollte hinübergehen mit einer Eskorte nach Chinon zum König Karl, dem jungen Dauphin, der sich vor Angst verhockt und die Größe seiner Berufung auf dem Throne Frankreichs in der Auseinandersetzung mit den Engländern durchaus nicht begreifen will noch kann. Jeanne d'Arc inzwischen gilt für eine Hexe, ihr Erscheinen auf dem Schlachtfeld für unheimlich – eine Art von keltischer Walküre glaubt man da zu sehen. Beglaubigt ist, daß sie in Chinon auf Karl VII. zugetreten ist und ihn erkannt hat. Der König liebte sich zu verkleiden, aber sie erkannte ihn in seinem Mummenschanzkostüm und redete ihn etwa an: Kleiner Karl, ich sehe, du hast Angst. Aber zeigt das nicht nur, daß du intelligent bist? Du kannst dir vorstellen, was kommen wird. Das macht dir Angst. Aber nun stelle es dir vor, jetzt schon, auf einem großen Haufen, alles, was passieren kann. Bist du fertig? Und jetzt laß uns gemeinsam hindurchgehen durch deine Angst. Denn wenn du durch deine Angst hindurchgehst, wirst du Gott finden; dann machst du den anderen Angst, sie werden deine Freiheit spüren. Das ist meine ganze Zauberformel, keine Alraunen, keine Hexerei, nur dies.

So Jesaja, so jeder Mensch. Fast alle Probleme lösen sich, alle wirklichen Probleme lösen sich auf diese Art. Jene Frau in der Psychiatrie entdeckte es eines Tages, daß ihr Leben wirklich noch einmal begann. War es an der Seite ihres Mannes nicht nur so etwas gewesen wie eine unsägliche Sklaverei, ein ständiges Verstehenmüssen von Dingen, die gar nicht zu verstehen waren, eine permanente Einsamkeit, getarnt als Gemeinsamkeit? Aber nun, wenn sie sich's nur zutraute, ein Stück Selbständigkeit in ihr selber! Wieviel Phantasie, wieviel Kreativität hatte sie zu eigen! Nur daß sie selber leben *konnte*, dies Vertrauen zu sich selbst, und daß sie leben *durfte*, diese

Erlaubnis für ihr Dasein – diese beiden Erfahrungen bestimmten fortan ihre Gesundheit, ihre Vernunft, ihr Glück, ihre Freude. Es darf mich geben! Das eine ist ein Erschauern, das jeden Schauder der Angst herausschüttelt aus unserer Seele.

Und dann gibt es eine Festigkeit innerer Ruhe, in der passieren kann, was immer es sei. Dieses »Mit uns ist Gott« in der Festigkeit des Herzens statt der Festigkeit des Stahlkoppels macht's möglich, zurückzugreifen auf Gebetstraditionen in Israel, z. B. auf den Psalm 46, den Psalm 48. Da ist Jerusalem eine heilige Stadt, ein Ort, wo ein Mensch leben darf »im Schutz seiner Flügel«.

Es ist noch einmal die Frage: Was lernen wir aus der Bibel? Lesen wir sie äußerlich, ist Jerusalem ein Ort auf der Landkarte, und es bedeutet, nach Jerusalem zu gehen, eine bestimmte Stelle der Geographie zu besetzen. Rein äußerlich können die Zionisten, die Likud-Partei, der israelische Präsident sich berufen auf Texte dieser Art, und sie werden erklären: Jerusalem war stets das Eigentum des jüdischen Volkes und wird es in Ewigkeit bleiben. Dann haben Palästinenser dort nichts verloren, es gibt kein El-Quds, keine heilige Stadt, es gibt nur den heiligen Krieg – so will das dann Gott. Oder der Jude Martin Buber hat recht, und es bedeutet, Jerusalem zu betreten, den Ort eines heiligen Landes zu betreten, mit gereinigtem Herzen und umfassender Liebe zu allen Menschen in der Nähe Gottes. – Mein Freund Jacques Gaillot erzählte kürzlich in Darmstadt, wie er vor etwa zehn Jahren erlebt habe, daß sich eine Menschenkette zum Frieden an den Mauern Jerusalems gebildet habe. Den ganzen Tag über sei berittene Polizei, Gendarmerie dagewesen – der Friede macht Angst, der Krieg ist normal – so ist die Welt. »Eine feste Burg ist unser Gott« – der wunderbare Gesang Martin Luthers, war das Offenbarung oder Verrat? Jeder, der Wittenberg besucht, sieht oben auf der Marienkirche noch die Türme, auf welchen die Kanonen standen, um die Reformation zu retten vor den Katholiken. Wieviel Wahn spukt bei all den Auslegungen der Bibel durch die Jahrhunderte! Aber wenn's ein jeder bezieht auf sich selbst, ist's so, wie Luther es meinte: ein Wort der Gnade, ein Wort des Vertrauens, ein Wort der Festigkeit gegen die Angst.

Text: Psalm 46, 1–12
Ein Lied der Korahiten.
Gott ist unsre Zuflucht
und Stärke,
als mächtige Hilfe bewährt in Nöten.
Drum fürchten wir nichts,
wenn gleich die Erde sich wandelt
und die Berge taumeln
in die Tiefe des Meeres.
Mögen tosen, mögen schäumen
seine Wogen,
die Berge erzittern
bei seinem Aufruhr:
der Herr der Heerscharen ist mit uns,
eine Burg ist uns der Gott Jakobs.

Eines Stromes Arme
erfreuen die Gottesstadt,
die heiligste der Wohnungen
des Höchsten.
Gott ist in ihrer Mitte;
so wankt sie nimmer.
Gott hilft ihr,
wenn der Morgen anbricht.
Völker tobten, Königreiche wankten;
er donnerte drein, da bebte die Erde.
Der Herr der Heerscharen ist mit uns,
eine Burg ist uns der Gott Jakobs.

Geht hin und schauet
die Werke des Herrn,
der Erstaunliches geschaffen
auf Erden,
der den Kriegen steuert
bis ans Ende der Welt,
der den Bogen zerbricht,
den Speer zerschlägt
und die Schilde im Feuer verbrennt.
»Lasset ab und erkennet,

/ Die Spanne seiner Flügel wird die Breite deines Landes füllen /

daß ich Gott bin,
erhaben unter den Völkern,
erhaben auf Erden!«
Der Herr der Heerscharen ist mit uns,
eine Burg ist uns der Gott Jakobs.

3. Mai 1997

Es wird aus dem Wurzelstamm ein Reis aufwachsen

In unseren Texten aus dem 8. bis 11. Kapitel des Buches Jesaja geht es um zwei Weissagungen, die vor allem in der christlichen Auslegung eine große Rolle gespielt haben: Es wird ein König kommen, auf dem der Geist der Einsicht und der Stärke, des Rates und der Gerechtigkeit ruht, und es wird eine Zeit sein des vollendeten Friedens. Ein Kind wird uns geboren, ein König uns geschenkt. – Die Weihnachtstexte der Kirche haben immer wieder diese Worte des Jesaja auf die Person des Mannes aus Nazaret gedeutet, in dem sie sich sollten erfüllt haben. Es bleibt aber die Frage, wie wir diese Texte in der Form lesen, wie sie einmal gemeint waren und wie sie uns heute erreichen.

Text: Jes 8, 21–9, 6; 10, 33–11, 9
Sie ziehen umher, gedrückt und hungernd; und wenn sie Hunger leiden, so ergrimmen sie und verfluchen ihren König und ihren Gott. Und wendet man sich nach oben und blickt auf die Erde: siehe, da ist Angst und Finsternis, Dunkel der Drangsal, und in die Nacht [ist man] hinabgestoßen.

Denn ist nicht im Dunkel, was bedrängt ist? In der frühern Zeit hat er Schmach gebracht über das Land Sebulon und das Land Naftali, aber in der Folgezeit wird er zu Ehren bringen den Weg nach dem Meere, das Land jenseits des Jordan, den Bezirk der Heiden [d. i. Galiläa].

Das Volk, das in der Finsternis wandelt, sieht ein großes Licht; die im Lande des Dunkels wohnen, über ihnen strahlt ein Licht auf. Du machst des Jubels viel, machst groß die Freude; sie freuen sich vor dir, wie man sich freut in der Ernte, wie man jubelt, wenn man die Beute teilt. Denn das Joch, das auf ihm lastet, den Stab auf seiner Schulter und den Stock seines Treibers zerbrichst du wie am Tage Midians. Denn jeder Schuh, der mit Gedröhn einherschreitet, und der Mantel, der im Blut geschleift ist, der wird verbrannt, ein Fraß des Feuers. Denn ein Kind ist uns geboren, ein Sohn ist uns gegeben, und die Herrschaft kommt auf seine Schulter, und er wird genannt: Wunderrat, starker Gott, Ewigvater, Friedefürst.

Siehe, der Herr, der Gott der Heerscharen, zerschlägt die Äste der Krone mit Schreckensgewalt, und die Hochgewachsenen sind gefällt, und die Hohen sinken nieder. Zusammengehauen wird das Dickicht des Waldes mit dem Eisen, und der Libanon fällt durch einen Herrlichen.

Ein Reis wird hervorgehen aus dem Stumpf Isais, und ein Schoß aus seinen Wurzeln Frucht tragen. Auf ihm wird ruhen der Geist des Herrn, der Geist der Weisheit und der Einsicht, der Geist des Rates und der Stärke, der Geist der Erkenntnis und der Furcht des Herrn. Und sein Wohlgefallen wird er haben an der Furcht des Herrn. Er wird nicht richten nach dem, was seine Augen sehen, noch Recht sprechen nach dem, was seine Ohren hören. Er wird die Armen richten mit Gerechtigkeit und den Elenden im Lande Recht sprechen mit Billigkeit; er wird den Tyrannen schlagen mit dem Stabe seines Mundes und den Gottlosen töten mit dem Hauche seiner Lippen. Gerechtigkeit wird der Gürtel seiner Lenden und Treue der Gurt seiner Hüften sein. Da wird der Wolf zu Gast sein bei dem Lamme und der Panther bei dem Böcklein lagern. Kalb und Jungleu weiden beieinander, und ein kleiner Knabe leitet sie. Kuh und Bärin werden sich befreunden, und ihre Jungen werden zusammen lagern; der Löwe wird Stroh fressen wie das Rind. Der Säugling wird spielen an dem Loch der Otter, und nach der Höhle der Natter streckt das kleine Kind die Hand aus. Nichts Böses und nichts Verderbliches wird man tun auf meinem ganzen heiligen Berge; denn voll ist das Land von Erkenntnis des Herrn wie von Wassern, die das Meer bedecken.

Wie wenn wir einem beethovenschen Traum zuhörten, ist es, wenn wir den Friedensvisionen des Propheten Jesaja lauschen: ein Ton und ein Klang aus einer anderen Welt. Sie in unser Leben zu holen kommt einer langen Ausfahrt und Rückkehr gleich, als wäre ein Volk, eine ganze Menschheit, ob der Unerträglichkeit des Zustands des Lebens auszuwandern gewillt, bestiege die Boote und durchführe ein nie gekanntes Meer zu nie gesehenen Ufern. Erst dort brächte es Nahrungsmittel, Gewürze, Genußmittel gar in solcher Fülle in die Fracträume der Schiffe, daß es sich getrauen wollte, damit zurückzukehren in seine Heimat, an den Ort seines Ursprungs. All das Mitgebrachte aus jener anderen Welt muß in gewisser Weise zubereitet werden, gefiltert werden. Es ist scharf wie Chilipfeffer, bitter wie Kakao und Kaffee, es bedarf eigener Prozeduren, um es überhaupt nutzbringend und genießbar zu machen. Aber dieses Fremdartige ist kostbar. Von einem bestimmten Zeitpunkt an bildet es das Elixier des Lebens, eine Art Medikament. Fragen wir uns: Was hat der Prophet Jesaja in seinen Tagen mit Worten wie diesen sagen können und sagen wollen? Die erste Schwierigkeit ist schon, daß wir, wie üblich freilich in der Bibel, kaum wissen, wann er aufgetreten ist mit solchen Sätzen und wem ins Angesicht er gesprochen hat. Paradoxerweise legt sich der Tag im Jahreskreis zur Vermutung viel näher als irgendeine zeitliche Einordnung sonst. Man darf denken, daß bei der Feier des Herbstes im Tempel von Jerusalem, wo es üblich war, des davidischen Königtums zu gedenken, von Jesaja so gesprochen wurde. Da wird die Erinnerung an den König, der gründete, was kurz nach dem Tode Salomos in zwei Reiche zerfiel, als Garant in die Zukunft geworfen: Ein zweiter David müßte wiederkommen. Denken darf man, daß dies gesprochen wurde über die Jämmerlichkeit des Königs Hiskija, so wie er Jesaja erschien, über die Erbärmlichkeit von all dem, was wir heute Politik nennen, ein Geschacher um Verträge zu Sicherungen, ein Herumpolieren an den Schwertern und Lanzen der Militärpolitik, das kleine Einmaleins immer wieder: wie man Fraktionen bildet, Gefahren abwehrt, wie man von heute auf morgen kommt.

Jesaja wußte, daß all das keine Rettung bringen würde, bringen könnte. Er sah es so deutlich vor Augen, wie es kaum jemand in seinen Tagen wahrhaben wollte. Die unmittelbare Zukunft würde den Assyrern gehören, und sie sind schon dabei. 734, 732 rückt Tiglat-Pileser ins Nordreich ein, und er tut es geschickt, man muß ihm das lassen. Er geht nicht einfach los, den Ochsen zu schlachten, sondern woran ihm liegt, ist der Zugangsweg zum Mittelmeer. Also besetzt er den Küstenstreifen, die Wege zum Meer. Aber dann natürlich muß man die rückwärtigen Verbindungen, die Flanken sichern; auch das passiert. Der Norden wird abgeschnitten, der Osten, Transjordanien weggenommen; Zug um Zug wird das Nordreich amputiert, am Ende existiert es nicht mehr. Für Jesaja ist das die Folge des Abfalls vom Gott Jahwe. Aber ist das ein gerechtes Urteil? Der Süden, Judäa, ist rein landwirtschaftlich zum größten Teil eine Wüste. Warum soll man da einmarschieren? Das Nordreich ist fruchtbar, Teil des fruchtbaren Halbmonds – da sind Wirtschaftsinteressen, da ist Macht zu verteilen, da sind Einflußzonen zu bilden. Unter diesen Umständen muß das Nordreich sich seit den Tagen Jerobeams behaupten; Kulturvermischung, Austausch ist seine natürliche Überlebensbedingung und nicht die Starre der Jahwe-Treue, nicht der Fanatismus der Wüstenzeit, nicht die Identität von Leuten, die anders, als es einmal war, gar nie werden können und wollen. Das Paradox ist, daß die Propheten revolutionär sind, indem sie in gewisser Weise Traditionalisten sind, erzkonservative Traditionalisten sogar. Sie sehnen sich nach einem Grund des Lebens, und sie finden ihn immer wieder in den Tagen, als Mose sein Volk in die Freiheit führte.

Vertrauen auf Gott, ohne zu wissen, wie es weitergeht, das bleibt für Jesaja die Formel in jeder politischen Anfechtung. Und weil die Machthaber sich außerstande zeigen, so zu sein, steht er nicht an, alles, was geschieht, als ihre verdiente, gerechte Strafe zu werten. Und paradoxerweise, indem er das tut und jede geschichtliche Katastrophe unter den Händen der Assyrer in seinen Tagen für Gottes Handeln erklärt, setzt er sogar wieder Zuversicht; es könnte auch anders werden, denn so kennt er seinen Gott: Er straft furchtbar, so daß es oft aussieht wie endgültig, aber er wäre nicht Gott, gäb's keinen Neuanfang, und ließe er nicht immer wieder den Zerbrochenen eine neue Chance – ein schwer begreifbares Auf und Ab ständiger Interventionen Gottes gegenüber einem Volk, das es nicht begreifen will. Aber hier geht es Jesaja nicht um das Volk, sondern um seine Führer, um seinen König. Die Hoffnung des Propheten ist, es würde das Haupt sich auswechseln lassen. Stünde an der Spitze ein *richtiger* König, ein wirklicher zweiter David, so würde alles gut. Und so wird Gott, um es gut zu machen, einen solchen zweiten David senden. Das Volk leidet, und es findet kein Licht; getaucht ist es in Seelendüsternis und Verzweiflung. Aber käme der Herrscher, der es bei der Hand nimmt, so würde er selber aufgehen wie ein Morgenrot, wenn die Sonne aus der Nacht taucht. Die Freude über seine Ankunft würde keine Grenzen kennen, es wäre wie am Erntetag. Schwerlich macht man sich klar, was das im alten Orient bedeuten konnte. Für uns sind gesicherte Ernten eigentlich eine planbare Größe der Landwirtschaft; im alten Orient, auch in Europa noch bis weit ins 20. Jahrhundert hinein, war Planbarkeit in natürlichen Vorgängen vollkommen ungewöhnlich. Die Erntezeit beendete den Hunger, der oft grausam sein konnte, bedeutete, daß nach Wochen und Monaten einer zusammengebrochenen Vorratswirtschaft endlich wieder Nahrung vorhanden war, endlich man sich auch vorstellen konnte, wie es möglich wäre, mit den eingebrachten Erträgen die Zukunft zu sichern. Man darf endlich in vollen Zügen leben, reichlich, nicht mehr immer wieder von Hunger getrieben. Eine andere Freude ist's, wenn man sich die Hände füllt mit Beutegut. Das ist ein Leben in Fülle. Es gibt keine Feinde mehr, man selbst triumphiert am Siegestag, es gibt keinen Zwingherrn mehr, der seinen Triumph als Sklavenlast mit dem Krummholz des Jochs auf die Schultern der Gebeugten legt. Lebensreichtum, Freiheit, Licht, Glück – all das verbindet sich mit der Ankunft eines wirklichen Herrschers, wie Jesaja ihn in seinen Tagen zum Greifen vor sich sieht. Und es wird das Ende von all dem sein, was bis dahin als politische Bedrückung ausgemacht war. Bis dahin gab es Siege und Niederlagen, ein endloses Hin und Her. Mal wurde etwas verloren, dann wieder gewonnen, immer glaubte man, daß der nächste Sieg der endgültige Sieg sei. Und dann war's doch nur wieder eine der Etappen auf einem Marsch ohne Ziel und Ende. Jesaja glaubt, daß das Kommen dieses wahren Königs dem Krieg endgültig den Garaus bereiten wird. Das Herumgestiefel der Macht über den Menschen, das Herumtrampeln auf der menschlichen Geduld, der menschlichen Physis, dem menschlichen Leid – endlich wird damit Schluß sein. Man wird die blutgetränkten Mäntel nicht mehr aufheben im Museum der Ehre, nicht in den Requisitenkleiderkammern der Glorie der Mächtigen, man wird sie ein für allemal ins Feuer werfen. Man braucht daran nicht mehr zu denken, um die Waffen zu schmieden für den nächsten Waffengang am Morgen, man hat es hinter sich, das Schlachthaus der Geschichte, so glaubt Jesaja; und er hat dafür eine Begründung: Ein Kind ist uns geboren, ein Sohn ist uns gegeben.

Es hat nicht damit zu tun, daß hier ein Kind geboren würde oder daß im Sinne etwa der vierten Ekloge des Vergil irgend jemand zur Welt käme, der als kleines Kind schon auf dem Thron säße und mit seinem kindlichen Gemüt gewissermaßen die Welt besänftigte und beruhigte. Es ist die Formel, mit der im antiken Ägypten über tausend Jahre vor Jesaja die Thronbesteigung des Pharaos, des Königs auf dem Thron der zwei Länder, als Sohn Gottes, als Kind Gottes formuliert, gepriesen und gefeiert wurde: Ein Kind ist uns gegeben – das macht den König unmittelbar zum Sohn Gottes.

In der hebräischen Vorstellung soll das nicht besagen: Gott

zeugte seinen Sohn als König, wohl aber: er adoptierte ihn. Doch selbst wer diese Formel ernst nimmt, die auch im alten Ägypten nicht ungebräuchlich war, dem verwischen sich die Unterschiede. Im Grunde ist beides: Zeugung oder Adoption, in der Königsmythologie die gleiche Vorstellung, und daß Jesaja den Unterschied an dieser Stelle zwischen dem Glauben an den hebräischen Gott und der Vorstellung des Königs im Sinn der altorientalischen, ägyptischen Mythologie gar nicht machen *will*, das zeigt er selber an dieser Stelle überaus kühn und überaus deutlich. Auf die Schultern dieses Königs wird *die Herrschaft* gelegt sein, erklärt er, und das ist das Gegenteil von dem Krummjoch der Sklaverei, das bis dahin auf den Schultern des Volkes lag. Jetzt endlich ist ein König wieder da, der in Souveränität und Klarheit seine eigenen Entscheidungen fällt und die Macht hat, sie auch durchzuführen. Er ist unabhängig, nur seinem Gott verantwortlich, eben deshalb ist er sein Sohn, was soviel bedeutet wie: sein Knecht, sein Sinnbild, sein Garant, sein Repräsentant. Wer ihn sieht, sieht die Gottheit nach altorientalischer Vorstellung. Und es gibt Namen für ihn. Vier sind uns überliefert, der fünfte fehlt – es müssen unbedingt fünf gewesen sein: Fünf Namen sind's, die der Pharao im alten Ägypten in der vollen Titulatur führte, Namen, die Sie zum Teil kennen, z. B. der Sonnensohn-Name. Er heißt bei einem jungen König im 14. Jahrhundert vor Christus Tut-anch-amun, das lebende Bild des Gottes Amun – des Gotteswindes und des Geistes auf Erden, bedeutet das. Da ist, den König zu schauen, identisch damit, das Bild in wahrer, wirklicher und lebendiger Gestalt des Gottes selber zu sehen, der König als ein Kunstwerk, in welchem Gott selber lebt, eben deshalb sein Sohn. Die Titel, die von Jesaja dem König gegeben werden, der als ein zweiter David auftritt, lauten der Reihe nach: der Wunderbares plant. Da liegt es in der Hand eines Menschen, seinem eigenen Volk und jetzt an dieser Stelle einer ganzen Menschheit etwas nie Gekanntes zu eröffnen etwas, kaum zu Glaubendes, und wir haben bereits eine Ahnung, worin das liegen wird: Nicht allein die Wohlversorgtheit gegen Hunger, sondern Frieden, endgültig Frieden, *das* wird er planen und ausführen. Das wäre *das Wunderbare* der Geschichte: Wir bekämen die Selbstverständlichkeit der Angst und der Angstverbreitung endlich aus unseren Handlungsgewohnheiten, aus unseren Reflexen, aus unseren Sicherungsbedürfnissen. Aber wie könnte das sein?

Der zweite Titel ist fast einmalig im ganzen Alten Testament. Würde jemand, ohne die Bibel sorgfältig zu kennen, behaupten, daß es in ihr stünde, er würde wahrscheinlich hohnlachende Verneinung von seiten aller Theologen erfahren. Der zweite Titel eines hebräischen Königs an dieser Stelle lautet: mächtiger Gott. Wie im alten Ägypten heißt hier ein König Gott, mächtiger Gott; der König selber steht hier nicht nur an der Stelle Gottes, sondern er ist selber Gott in aller Macht. Das wird von einem Propheten, dem größten des Alten Testaments, von seinem König gesagt. Es ist in der Theologiegeschichte des Alten Testaments ungeheuerlich, was da passiert, wie wenn der gesamte altorientalische Mythos jetzt sich in einer Prophetie verdichtet. So hat man nicht einmal in den Tagen Davids sprechen dürfen. Es geschieht aber jetzt in der Erinnerung an David. In den tiefsten Stunden der Krise und der Not, da klammert man sich an einen König, der sein müßte wie Gott selber. Es gibt nur noch den Psalm 45, in dem etwas Ähnliches angedeutet wird, was man im alten Orient vom König glaubt, Jesaja aber überträgt es hier als Zukunftshoffnung auf den eigenen König. Jemand, dem die ganze Welt in Frieden gehören soll, ist der nicht Gott? 700 Jahre später werden es die alten Römer von Kaiser Augustus sagen: der Friedensfürst, der Mann, dem in der Macht die ganze Welt zu Füßen lag, ein Gott – Cäsar, als er starb, und Augustus, als er lebte, galten als Götter. »Ewig Vater« ist ein solcher Titel. Da ist das Wort für Gott noch einmal, flehentlich allerdings, auf den König bezogen. Er, der ein Sohn Gottes ist, soll sein ein Vater für die Menschen. Es ist, daß die Stellung der Macht selbst, die eines Königs, näher an den Himmel als herunter an die Menschen reicht. Eine väterliche Führung von Macht, Kraft gepaart mit Güte, Stärke verbunden mit Einsicht und Weisheit, das ist die Hoffnung des Jesaja.

»Friedensfürst« ist die letzte noch erhaltene Formel. Sie wäre die Zusammenfassung von allem. Da würden die Menschen nicht länger die Gewalt, sondern die Eintracht preisen, und es soll auf immer so sein: des Friedens kein Ende in seinem Reich, und er wird wirken, indem er aufrichtet die Niedrigen und stützt gerade die Schwachen.

Was ist der Staat, wie wir ihn seit jetzt 6000, 7000 Jahren in der Geschichte der Menschheit seit dem Neolithikum heranwachsen sehen? Ist er die Versammlung der Mächtigen, ein Zusammenschluß von Räuberbanden, wie Augustinus meinte, ist er die Versammlung derer, die am meisten Geld und am meisten Macht haben, um sich zu schützen und gegenseitig in Schach zu halten? Oder hat der Staat seine Rechtfertigung, seine Menschlichkeit darin, die Armen zu schützen vor den Reichen, die Ohnmächtigen vor den Mächtigen? Ist der Staat nur ein verlängertes Instrument der Ausbeutung, oder ist er ein Institut der Menschlichkeit auf seiten der Schonungs- und Schutzbedürftigen? Bis heute ist nicht zu sehen, wie diese Frage beantwortet oder geklärt wäre. Ambivalent geblieben ist das, was wir Staat nennen, aber des Jesajas Gewichte sind eindeutig verteilt: Wenn es um Hoffnung geht, dann geht es nicht so weiter, wie es immer war, dann kommt etwas wunderbar Neues, und das wird darin bestehen, daß die Macht sich schlägt auf die Seite der Ohnmächtigen, indem sie Recht und Gerechtigkeit fordert und fördert. Das wäre ein Tun, wie es Jahwe entspricht, ein König auf Erden in der Rolle des Gottes. Ein solcher König widerspräche Jahwe nicht, er wäre die Vollendung seiner Herrschaft hier auf Erden. So weit, was Jesaja am andern Ufer des Meers der Geschichte sagen wollte.

Fahren wir noch fort, uns anzuschauen, wie denn der König sein Friedensreich regieren und gestalten wird, so bricht es zunächst noch einmal für den Propheten ein in die Phase, da gerodet und gereutet wird, da Jahwe selber schrecklich dazwischengeht, wie wenn man Pappeln zu Boden bricht und die Wälder niederbrennt – eine einzigartige Verwüstung. Was da Hoffnung heißt, wird nur kommen durch ein Meer von Leid und Schmerz, und doch bleibt seine Zuversicht: Es wird aus dem Wurzelstamm ein Reis aufwachsen, aus dem Hause Isai, des Vaters Davids. Und dann schildert er, wie dieses Reis sein wird: Der Geist Gottes selbst wird auf ihm ruhen. Da sollen wir denken, daß ein König wäre, in dem atmete Gott selber und gäbe ihm *Weisheit und Einsicht.* Sie alle kennen ein Wort, das in vier Worten Hebräisch viermal auf deutsch falsch übersetzt ist aus der Sammlung der Sprüche: Es sei *die Gottesfurcht der Weisheit Anfang.* Es geht aber nicht um Gottes*furcht*, allenfalls um ein einzig in Gott gegründetes Verhältnis des Lebens; das aber ist nicht der *Anfang* von etwas, sondern der Wesensausdruck, der Inbegriff nicht von *Weisheit*, sondern eines erfüllten, glücklichen Lebens. Wer von Gott her in die Angst der Menschen hineingeht, der bekommt die Kraft, richtig zu denken und richtig zu handeln, und das wäre Weisheit. Sie ist nicht das politische Kalkül im Bannkreis der

Angst, sie ist nicht das Auswege-Suchen, das trickreiche Spiel der Verzögerung, wie man aus dem Dilemma heute in ein noch größeres hineinstolpert; es ist die Ruhe des Herzens, die sich nicht anfechten läßt. Für Jesaja ist das der Kern der ganzen Botschaft. Selbst angesichts der Bedrohung der Assyrer, sogar im Anblick der Bedrohung der eigenen Freunde, die aus Angst vor den Assyrern Krieg führen, um neue Bündnisse zu gewinnen, bliebe nichts anderes zu tun, als zu verweilen in Ruhe, sich nicht irritieren zu lassen im Vertrauen nicht auf die Rosse Ägyptens und die Kraft der Männer im Heer, einzig auf Gott. Still zu werden, in sich eins zu sein wäre die Weisheit des Jesaja. Und es wäre *Einsicht.* Die verzweifelte Logik der Sprache Jesajas, die Aussichtslosigkeit, die in seinen Worten liegt, hat immer wieder nur den Zweck, die Menschen zu nötigen, sich dort festzumachen, wo es sich wirklich lohnt – Weisheit und Einsicht als göttliche Geisteskraft.

Es ist jetzt fast logisch, im Sinn eines hebräischen Gedankengangs hinzuzufügen: Es liegt auf einem solchen Haupt der Geist des Rates auch und der Heldenkraft. Wir denken stets, wenn ein Mensch nicht ein noch aus weiß und sich an uns wendet mit der Bitte um Hilfe, daß wir ihm raten sollten, dies und das müßte er jetzt tun, es legte sich doch so nahe, und wenn er nur ein bestimmtes Programm durchführen würde, dann möchte es gutgehen. Vielleicht aber ist mit solchen Ratschlägen einem Menschen gar nicht zu helfen. Im Gegenteil. Eingespannt in die Auswegelosigkeit der fremden Gedanken, werden wir wahrscheinlich nur die Teufelskreise weiter im eigenen Ratschlag nachbilden. Könnte es nicht sein, der beste Rat wäre, nicht dem anderen zu sagen, was jetzt zu sein und zu geschehen habe, sondern ihn dahin zu bringen, daß er in sich still wird, gesammelt wird, ruhig wird, seine Angst verliert, sich selber aufrichtet und seine so zerbrochene und verworrene Welt noch einmal neu für sich ordnet? Das wäre ein Geist des Rates, der darauf verzichtet, besser wissen zu wollen in fremdem Leben, was sich dort fügt. Es ist identisch mit einem Geist – Jesaja sagt – der Heldenkraft, ein Wort, das nur an dieser Stelle so vorkommt. Gemeint ist offensichtlich eine innere Festigkeit und Unerschütterlichkeit. Es ist nicht einfach, daß ein Mensch Selbstbewußtsein hat, daß er einen starken Charakter hat, daß er unbeugsam ist, daß er ein gutes Rückgrat besitzt oder wie immer wir das ausdrücken. Gemeint ist, daß er in der Verbindung zu Gott sich nicht einschüchtern läßt, daß er bei dem bleibt, was er an innerer Wahrheit erkannt hat. So ist Weisheit und Stärke ein und dasselbe und Ruhigwerden im Rat der Gegenwart eines anderen dasselbe wie Einsicht. Und daß es anders gar nicht zu verstehen ist, zeigt sich im folgenden, indem die Rede geht vom Geist der Erkenntnis und der Furcht Jahwes. Das ist der Sinn, der Ausgangspunkt und das Ende dieser ganzen Beschreibung »richtiger« Geistigkeit.

Wenn wir von *Geist* hören, verwechseln wir es meist mit einer besonderen Form von Klugheit, Intellektualität, Wissenschaftlichkeit. Wir hören, was Jesaja für das Kostbarste hält, und er verdichtet's in der Person, die den Menschen als »König« regieren sollte: Es ginge drum, Gott – wie sollte man nun sagen – zu *erkennen* nicht im philosophischen Sinn, nicht Argumente dafür sammelnd, wie er ist und daß er ist, sondern sich an ihm festzumachen und zu begreifen, daß er die einzige Stärke ist, auf die zu setzen sich lohnt.

Und so denn jetzt die *Furcht* Jahwes. Es geht nicht um ein Zittern vor einer noch größeren Macht, die wir als göttliche glauben sollten, es geht einfach darum, Gott ernstzunehmen. Alle andern Dinge vergehen, er aber bleibt, das ist die Erfahrung, die Jesaja vermitteln möchte, und wer auf dieses Bleibende vertraut, bleibt selbst beständig in all dem Durcheinander; er findet seine Identität, seine Wahrheit, sich selbst, und das ist die einzig wirksame Wirklichkeit, die es gibt.

So wird er handeln, der König, von dem da die Rede geht. Er folgt nicht dem Augenschein, nicht den Trugbildern, die man ihm vorspielt, am allerwenigsten dem Gerücht. Das, was sie alle sagen, muß noch lange nicht die Wahrheit sein. Das, was so aussieht, als ob es wirklich sei, kann nichts weiter sein als Fiktion oder Attrappe, als Täuschung, die man über die Wirklichkeit wie eine Decke gelegt hat. Er wird entscheiden, indem er richtet – also Recht spricht in bezug auf – die Niedrigen. Sein Engagement wird darin bestehen, daß man Menschen, die dem Augenschein nach für nichts gelten, betrachtet als solche, die es wert sind, in ihre Rechte eingesetzt zu werden. Der Augenschein mag lehren, daß ein guter Mensch ein reicher Mensch, ein kräftiger, ein starker, ein erfolgreicher Mensch ist; aber ein König, der begabt ist mit dieser Art von Weisheit, wird sehen, daß das Äußere trügen kann. Was wert ist an einem Menschen, das zeigt sich nicht an der Oberfläche. Was Recht ist unter den Menschen, das muß man erlauschen, indem man feiner zuhört.

Was die Menge möchte – sagen wir in unseren Tagen: was die Medien schreiben über Menschen –, das spricht vermutlich nicht einmal zufällig die Wahrheit. Aber wie man in Geradheit entscheidet über die Elenden des Landes, das müßte man hören.

Wenn wir bis dahin sagten, Jesaja formte sein Königsbild, sein Retterbild ganz und gar nach dem Modell der Mythologie des alten Orients, so müssen wir, was die Ägypter angeht, kulturhistorisch fair sein und betonen, daß sie etwas Vergleichbares von ihrem Pharao auch gesagt haben, und zwar schon um 1800 v. Chr.: Er ist wie ein guter Hirte, wie ein Vater, er tritt ein für die Waisenkinder, für die Witwen, für die Hilflosen, für die Schwachen. Das ist ein altorientalisches Ideal, viel älter als die Bibel, aber hier jetzt auch in der Bibel. So soll es sein, daß Macht zu nichts anderem dient, als nützlich zu werden denen, die am meisten Beistand brauchen.

Und nun kommt es zu einem phantastischen Bild. Es ist, wie wenn das Paradies zurückkehrte und ein Tierfrieden sei, wie es der dritte Jesaja später im Kapitel 65 noch einmal besingen wird. Die schlimmsten Feinde, der Wolf und das Lamm, das Tier mit den reißenden Zähnen und das völlig wehrlose und schutzlose Lämmchen, stehen nicht mehr auf Leben und Tod als Beutegreifer und Beute zueinander, sondern sind einmütig und friedlich nebeneinander, ebenso die Pantherkatze neben dem Böckchen und sogar die jungen Leuen beim Kälbchen. Und ein Kind schon braucht keine Angst mehr zu haben, zu spielen am Schlupfloch der Natter – Mensch und Natur und die Natur im ganzen befindet sich im Zustand einer reinen Befriedung. Man hat in diesen Tierbildern nicht ganz zu Unrecht Anspielungen auf den Völkerfrieden sehen wollen. Setzen wir statt dem Bären den russischen Bären, oder setzen wir statt der Kuh hier ein Pferd ein und denken ans Niedersachsenroß und gehen so durch die Geschichte der Völker, kämen wir auf einen alten Totemismus, der offenbar in der Politik immer noch eine Rolle spielt: Völker sind Tiere. Hier geht es darum, wann wir Menschen Menschen werden. Und das geht nicht anders, als daß die Tierheit selber verschmilzt mit Humanität, und es nicht länger unter Menschen als Ausrede gilt: Die Tiere tun's doch auch, fallen übereinander her, nehmen einander zur Beute, würgen einander bis zum Tod, rauben und plündern. Umgekehrt. Würden die Menschen erst einmal untereinander in ihren Staatengemeinschaften auf Frieden sinnen weltweit unter den Händen *eines* Königs, gesetzt von einem einzigen Gott, so würden wir auch die Welt anders sehen, *friedfertig* sehen. Es ist die Grenze dessen, was wir Jesaja als einem Propheten in einer bestimmten Zeit noch glauben können. Er hat, müssen wir im Rückblick sagen, eine Erwartung geteilt und in Aussicht gestellt, die so nie wurde, wie er sie schilderte. In seinen Tagen geschah nichts von alledem, was er versprach, doch sagen wir Christen, sei es so geworden in der Person des Jesus von Nazaret. Aber wo ist der Frieden, auf den wir warten, wo die Einheit der Menschen, wo der Friede der Welt, wo die Harmonie der Natur? Auch der Christusglaube kann nicht als Erfüllung der Vision des Jesaja gelten, zumindest nicht, solange wir sie äußerlich verstehen. Und könnten wir's überhaupt hoffen von einem einzigen König: ein letzter Krieg noch einmal, ein wirklich gerechter, guter, siegreich zu Ende geführter, und das wäre die Lösung all der Probleme? Sind nicht Ideen dieser Art immer noch fast gefährlich, ja, ganz sicher verführerisch bis in unsere Gegenwart? Die menschliche Geschichte schwankt immer noch zwischen Alptraum und Hoffnung.

Nehmen wir als Hoffnung auf die letzte »gute« Schlacht ein historisches Beispiel. Verklärt wird in den Vereinigten Staaten die Erinnerung an das Jahr 1864. Damals zerfielen die USA in die Nord- und die Südstaaten. Schreckliche Schlachten zwischen den Konföderierten und der Unionsarmee waren geschlagen worden, als General Lee, Konföderiertengeneral, die Hauptmacht seiner Armee nach Gettysburg führte, unerwartet für die Unionstruppen, zur Entscheidungsschlacht, wie er glaubte. Wird dieser Kampf an dieser Stelle jetzt gewonnen, wird zugeschlagen mit der Hauptmacht der gesamten Streitkraft, wäre der Marsch nach Washington geebnet, es gäbe keinen Widerstand mehr. Lee ließ drei Tage lang um jeden Hügel kämpfen. Gerühmt wird in den Vereinigten Staaten das Maine-Regiment; es war eigentlich schon aufgelöst, die Leute wollten desertieren, sie gehörten erschossen, aber sie traten wieder an, sie kämpften bis zur letzten Patrone. Als sie keine mehr im Lauf hatten, gingen sie über zum Bajonettangriff, drei Tage lang. Man tötete und tötete. Es sollte wieder einmal der letzte Krieg, der große, entscheidende Sieg, die Wende sein. So war das immer. In Wirklichkeit hatte man nur so viele Menschen getötet, wie man konnte, und gewonnen hatte keiner. – Bei jedem Krieg versprechen sie uns den ewigen Frieden, den Friedensfürsten, die neue Weltordnung. Gott selber wird auf Erden kommen, wir müssen nur durchhalten. Ist das nicht alles Geschwätz, erwiesener Schwindel, selbst wenn es in der Bibel steht, bezogen auf die Geschichte, auf die die Theologen so stolz sind? Dann müßten wir denken: wir vergessen die Geschichte, es sind Träume, es sind Bilder, wie wir Menschen mit uns selber zurechtkommen. Dann vielleicht hätten diese Visionen etwas zu sagen. Wir nehmen den Chilipfeffer und machen ihn genießbar; wir rösten den Kaffee so lange, bis er schmeckt, aber wir müssen's umarbeiten, nichts von all dem hat da äußerlich stehenzubleiben, sonst vergiftet es. Dann wäre es ja möglich, wir würden, statt von einem König, von unserem eigenen Bewußtsein sprechen, und statt von einem geschlagenen und zerrissenen Volk sprächen wir von unserer Psyche: Sie würde vergewaltigt von allen möglichen fremden Einflüssen, gejagt und getrieben von Angst; und sie nötigte all unser Denken, darauf zu sinnen, wie wir davonkommen. Dann ist die Botschaft des Jesaja wunderbar, dann ist sie eine Aufforderung, selber still zu werden und dahin zu gelangen, sein eigener Souverän im eigenen Leben zu sein, einzig verantwortlich Gott im Gegenüber der Macht, die möchte, daß wir sind, und wir könnten all die Texte noch einmal lesen. Sie hätten plötzlich eine Überzeugung durch die Bilder selber, in denen Träume und Sehnsüchte nach Frieden, Einheit, Festigkeit, Identität angesiedelt sind. Bezogen auf ein Volk damals oder auf ein Volk heute, ist nicht zu sehen, wie die Visionen des Jesaja in Erfüllung gehen könnten. Ein Gott, der eingreift, ist ein phantastischer Gott, und der Zynismus der Menschen, *daß* er nicht eingreift, die Verzweiflung. Aber genau dazwischen liegt eine Innerlichkeit, die wirklich etwas mit Vergeistigung zu tun hat. Nicht was draußen vor sich geht, sondern wie es in uns atmet, ist die Frage. Wie verloren Menschen sein können, zerteilt in immer neuen Aufspaltungen, inwendig zerrissen aus Furcht vor sich selbst in ganzen Teilen ihrer Psyche, das ist so furchtbar zu sehen. – Nehmen Sie als Beispiel das Schicksal einer Frau, die vor einer Weile schilderte, wie sie groß wurde: Ihre Mutter war gerade sechzehn, als sie zur Welt kam, und sie selber ist noch heute nicht klar darüber, ob es nicht vielleicht doch richtig gewesen wäre, abgetrieben zu werden, besser, als so zu leben. Aber die Mutter hatte geheiratet, der Vater, viel älter, hatte sich zu ihr bekannt, und die Mutter hatte alles getan, was sie konnte. Sie hat mich sehr lieb, sie hat sich aufgeopfert, sagt sie, aber seit vielen Jahren leidet sie an Paranoia; die ganze Welt, in der die Mutter lebt, ist voller Gespenster. Sie wird verfolgt von ihrem zweiten Mann, den sie geheiratet hat, sie kann nicht ruhig in der Wohnung sitzen. Sie befragt alle Welt nach ihren Verbündeten. Wer steht auf ihrer Seite? Wer glaubt ihre Not und die Gründe der Not, so wie sie sie sieht? Und wer die Gründe nicht sieht, ist schon wieder ihr Feind. Wie kann ein Mädchen leben mit einer solchen Mutter? Und was wird aus einem solchen Mädchen? Eigentlich hat sie ihr Leben lang darum gebettelt, leben zu dürfen. Als die Mutter, mitten in der Psychose aus dem Krankenhaus zurückgekehrt, sie verstieß, von ihr nichts mehr wissen wollte, wurde sie selber krank. Sie hörte einfach auf zu essen, sie wollte nicht mehr, jedenfalls keinen Bissen mehr, der irgend etwas ansetzen könnte. Man kann nur denken: ihr ganzes Leben besteht darin, die Luft anzuhalten, um sie niemandem wegzunehmen. Ihr Leben ist ein einziges Flehen. Wenn ihre Mutter sagen würde: ich habe dich *doch* lieb, dann wär' auch wieder ein Geschmack, ein Appetit am Leben, dann wär' ein Erntedanktag möglich, dann gäbe es Wachstum und reiches Leben. Aber so, in der Angst ist nur eine schwere Müdigkeit, ein ständiges Frieren, ein Ausgesetztsein, eine ständige Ohnmacht und ein Nichtwissen, wofür man überhaupt lebt. Ratschläge von seiten der Ärzte hat es die Menge gegeben: eine richtige, aufbauende Diät, vernünftige Medikamente, auch ein gewisses Training, auch bestimmte Gruppen, in denen sich dies und das üben ließe. Was diese Frau möchte, ist das, was Jesaja aus der Not seines ganzen Volkes und seiner Zeit hört: Es müßte eine Bejahung geben, die absolut ist und unverbrüchlich, eine Stimme und Gestimmtheit der Liebe, die erklärt, daß es kein Versehen ist, daß es dich gibt. Erst wenn dieses Gefühl stark genug ist, lösen sich alle andern Probleme.

Das ist's, was Jesaja hier die *Gotteserkenntnis* nennt. Es ist kein Theologenrätsel, keiner der fünf Gottesbeweise, daß Gott im Himmel doch existiert, es ist ein Gefühl, daß Liebe inmitten dieser Welt tragend wird und damit doch eine Berechtigung für das Leben besteht, stärker als alle Bedrohungen von außen. Nur so könnte langsam die Angst vor sich selber, die Zerrissenheit weichen und eine neue Einheit, ein Gefühl, mit sich selbst zusammenzuwachsen, hervorbringen. Schon ist diese Frau dabei, zu denken, daß wenigstens ihre Großeltern im Himmel vielleicht sie inzwischen verstehen würden. Vielleicht ist es auch möglich, mit ihrem Vater, der irgendwo unbekannt lebt, neu in Kontakt zu kommen, und schon geht sogar diese Frau selbst wieder hin zu ihrer Mutter zweimal die Woche, ohne vor ihr zu fliehen. Wär's möglich eines Tages, zu denken, so etwas wie ich hätte doch eine Bedeutung, mein Leben wäre nicht völlig nutzlos; es wäre nicht nur ein Betteln um Erlaubnis am untersten Rande des Grade-noch-Lebens, es dürfte doch möglich sein, ein reiches, ein glückliches Leben, das andern etwas schenken könnte, herbeizuführen? – Dann wäre das eigene Denken das Wichtigste. Noch erklärt diese Frau, daß in ihr ein schwarzer Dämon spukt, der sie nötigt, fünf Stunden am Tag Staub zu putzen, den es nicht gibt, und die Wohnung auf den Kopf zu stellen, damit sie ganz reinlich ist; wenn sie das nicht tut, ist es, als käme jemand mit der Peitsche. Und natürlich gab es Zeiten, in denen ein solcher jemand kam, jede Nacht; aber heute wäre es möglich, selber König zu sein, den Kopf aufzusetzen und selber zu denken. Ja, hilft denn die eigene Vernunft? fragt sie fast verzweifelt. Aber ja, kann man sagen, *nur* die eigene Vernunft hilft jetzt noch. Denn was die anderen gesagt haben, war viel zuviel. Aber schon daß Sie leiden, zeigt, daß Sie leben möchten und eine gute Ahnung haben, was Glück ist. Und Sie sagen auch, Ihre Mutter war schön – aber wie sieht dann ihr Kind aus? Darf es nicht schön sein? Ist es verboten und muß man davor Angst haben, daß man eine Frau ist? Immer muß man *die Tiere* verdrängen und dazwischengehen? Wann lernen Menschen, das, was in ihnen lebt, zu akzeptieren? Wie unsinnig, daß es Biologen im Abendland sein müssen, die uns beibringen, daß wir Menschen aus den Tieren hervorgegangen sind, zum Schauder für die Theologen. Wär's denkbar, eine vernünftige Moral wäre eine integrierte Menschlichkeit in Dankbarkeit für den Strom des Lebens, aus dem wir stammen? Dann hätten wir alle die Visionen des Jesaja: Menschen, die in sich zusammengeschlossen wären in einem Vertrauen, das nicht mehr zu erschüttern wäre. Und natürlich bliebe nach so viel gelerntem Leid ein tiefes Mitleid mit dem Schwachen, mit dem Niedrigen in der eigenen Seele übrig; man ließe es wieder aufblühen, und man gönnte es den Menschen ringsum. Man würde freilich nicht mehr im Sinn des Jesaja auf den einzigen an der Spitze schauen, auf den hebräischen Pharao gewissermaßen, auf den Gottkönig, auf so etwas wie Ludwig XIV. – das ist vorbei; aber man würde in diesem einen das Musterbild, das Ideal gelebter Menschlichkeit sehen, und jeder von uns hätte sein eigenes Vorbild zu sein. Es ginge nicht mehr um Politik, es ginge um eine rechte Führung des Lebens, um eine innere Einstellung, und wir spürten, was wir Geist nennen: eine Beseelung und Beseligung in allem.

Hinzufügen möchte ich freilich, daß Grund besteht – wir sprechen von den Tieren hier – es nicht nur psychisch zu nehmen. Es lebt in dem Text des Jesaja das alte priesterliche Bild von der Schöpfung fort: Am Anfang der Welt war alles befriedet, kein Mensch lebte von den Tieren; erst nach der Sintflut in Genesis 9 übergibt Gott dem Menschen das Recht zum Töten. Seitdem erst ist der Zerbruch. Aber am Ende der Zeiten stellt Gott die ursprüngliche Harmonie wieder her. Die Sünde, der Frevel des Menschen, der die Naturordnung verdarb, wird aufgehoben. All das sind projektive Bilder, die wir nach innen ziehen müssen. Zu erwarten stünde, daß wir Menschen mit uns selber zurechtkämen, und wir würden die Welt, harmonisch geworden, in uns dann auch harmonisch betrachten. Aber eine falsche Ansicht, ein irritiertes Wörtlich-Nehmen alter Mythen hat im christlichen Dogma die Dinge völlig auf den Kopf gestellt. Da sind wir Menschen durch Sünde die Ursache dafür, daß die Naturordnung so ist, wie sie ist. Daß ein Tier lebt vom andern, sollen wir denken, sei eine göttliche Strafe über seine ganze Kreatur. Und dann freilich bleibt auch uns gar nichts anderes übrig, als daß wir mit den Tieren so umgehen, wie wir es tun.

Sollten wir nicht die Vision vom Tierfrieden des Jesaja, eine der ganz seltenen tierfreundlichen Stellen der Bibel, einmal dahin deuten, es gäbe so etwas wie ein Wissen darum, daß zumindest so, wie wir Menschen mit den Tieren verfahren, es nicht Gottes Willen trüge? Daß die Naturordnung so ist, dafür hat die Bibel keine Erklärung und, grob gesagt, auch keine Ahnung; aber daß wir Menschen derart grausam sind mit den Tieren, müßte nicht sein, und das ahnt der Prophet immerhin, er wünscht es sich anders, und nun läg' es an uns, es beim Wünschen nicht länger zu belassen. Vieles könnten wir tun, den Tieren zuliebe. Nicht daß der Wolf und das Lämmlein zusammen lagern, aber daß die Menschen und die Tiere besser miteinander umgehen, daß ein Mensch nicht der Wolf des Lämmleins ist, das wäre viel, sehr viel. Es wäre nicht nötig, daß wir den Kindern beibringen, sie könnten arglos am Schlupfloch der Natter spielen – Tiere hören nicht auf, zu sein, was sie sind; aber es müßte nicht länger so zugehen, wie Schopenhauer es sah: Diese

Erde ist für die Tiere die Hölle, und die Menschen sind ihre Teufel. Das müßte nicht mehr länger sein, und wir hätten eine große Vision der Bibel endlich praktisch zu verwirklichen. Es hat damit zu tun, daß wir selber nach dem »Abtöten« des »Tierischen« in uns kaum noch Gefühle für Menschen aufbringen, wo soll's dann herkommen für Tiere? Aber daß Menschen, die dem Strom des Lebens, dem Geist der Welt sich tiefer verpflichtet und verankert fühlen, einheitlicher die Welt sehen und in ihr leben, das scheint ganz klar. Auch das wäre Pfingsten: zu sprechen von der Verständigung der Völker und der Einheit des Menschen mit der Welt.

Es gibt in der Bibel Psalmen, die aus dem alten Ägypten kommen. Die wenigsten haben klar vor Augen, daß jahrhundertelang Kanaan ein Kolonialland der Ägypter war. Der Sonnengesang des Echnaton, 1400 Jahre vor Christus, ist nachgebildet in der Bibel im Psalm 104. Und wenn es geht um die Schönheit der Welt und die Einheit des Menschen mit aller Kreatur und ein Aufzählen der Werke Gottes in seiner Schönheit, daß uns der Atem stockt, so klingt's in der hebräischen Bibel so und ist ein Pfingstgebet wie kaum ein schöneres.

Text: Psalm 104
Lobe den Herrn, meine Seele!
O Herr, mein Gott,
wie bist du so groß!
Pracht und Hoheit ist dein Gewand,
der du in Licht dich hüllst
wie in ein Kleid,
der den Himmel ausspannt
wie ein Zeltdach,
der seinen Söller zimmert
über den Wassern,
der Wolken zu seinem Wagen macht,
der einherfährt
auf den Flügeln des Sturmes,
der die Winde zu seinen Boten bestellt,
zu seinen Dienern Lohe und Feuer,
der die Erde auf ihre Pfeiler
gegründet,
daß sie nimmermehr wankt.

Die Urflut deckte sie wie ein Kleid,
über den Bergen standen die Wasser.
Doch sie flohen vor deinem Schelten,
vor deines Donners Stimme
wichen sie scheu.
Da hoben sich Berge,
senkten sich Täler
an den Ort, den du ihnen wiesest.
Du hast eine Grenze gesetzt,
die sie nicht überschreiten;
sie dürfen nie wieder
die Erde bedecken.
Du lässest die Quellen rinnen
durch die Täler;
da wandern sie
zwischen den Bergen hin.
Sie tränken alle Tiere des Feldes;
die Wildesel stillen ihren Durst.
An ihren Ufern wohnen die Vögel
des Himmels;
zwischen den Zweigen hervor
erklingt ihr Singen.
Du tränkst die Berge
aus deinem Söller;
aus deinen Wolken
wird die Erde gesättigt.
Du lässest Gras sprossen
für die Tiere
und Gewächse
für den Bedarf der Menschen,
daß Brot aus der Erde hervorgehe
und Wein,
der des Menschen Herz erfreue,
daß sein Antlitz erglänze von Öl
und Brot das Herz
des Menschen stärke.
Die Bäume des Herrn
trinken sich satt,
die Zedern des Libanon,

die er gepflanzt,
wo die Vögel ihre Nester bauen,
der Storch, der sein Haus
auf Zypressen hat.
Die höchsten Berge
sind dem Steinbock,
die Felsen dem Klippdachs
eine Zuflucht.
Er hat den Mond gemacht,
das Jahr darnach zu teilen;
die Sonne weiß ihren Niedergang.
Du schaffst Finsternis,
und es wird Nacht;
drin regt sich alles Getier des Waldes.
Die jungen Löwen brüllen nach Raub,
heischen von Gott ihre Speise.
Strahlt die Sonne auf,
so ziehen sie sich zurück
und lagern sich in ihren Höhlen.
Da tritt der Mensch heraus
an sein Werk,
an seine Arbeit bis zum Abend.
O Herr,
wie sind deiner Werke so viel!
Du hast sie alle in Weisheit geschaffen,
die Erde ist voll deiner Güter.
Da ist das Meer, so groß und weit;
darin wimmelt es ohne Zahl,
kleine Tiere samt großen.
Da wandeln Ungeheuer,
der Leviathan, den du gebildet hast,
damit zu spielen.
Sie alle warten auf dich,
daß du ihnen Speise gebest
zu seiner Zeit.
Wenn du ihnen gibst, so sammeln sie;
tust du deine Hand auf,
so werden sie mit Gutem gesättigt.
Wenn du dein Angesicht verbirgst,

erschrecken sie;
nimmst du ihren Odem hin,
so verscheiden sie
und werden wieder zu Staub.
Sendest du deinen Odem aus,
so werden sie geschaffen,
und du erneust das Antlitz der Erde.
Die Herrlichkeit des Herrn
währe ewig,
der Herr freue sich seiner Werke!
der die Erde anblickt, und sie erbebt,
der die Berge anrührt,
und sie rauchen.
Ich will dem Herrn singen
mein Leben lang,
will meinem Gott spielen,
solange ich bin.
Möge mein Dichten ihm wohlgefallen;
ich freue mich des Herrn.
Möchten die Sünder
von der Erde verschwinden
und die Gottlosen nicht mehr sein!
Lobe den Herrn, meine Seele!
Halleluja!

17. Mai 1997

MADEN WERDEN DEIN BETT SEIN UND
WÜRMER DEINE DECKE

Das Lied »Der Trauer Hohn« im 14. Kapitel des Jesaja stammt sicher nicht von dem Propheten selber. Wir haben es zu tun mit einem der größten Stücke der Menschheitsliteratur, mit einem der sprachgewaltigsten, aber auch der menschlich problematischsten. Es gibt kaum einen Gesang in der Bibel oder in den Texten der altorientalischen Literatur, der menschliche Gefühle so stark zusammenfaßt, kondensiert und zum Gewitter braut wie dieses Lied. Erschreckend, was wir über den Menschen lernen können, schwer zu beantworten, wie wir Menschsein bestimmen können, so daß Geschehnisse wie diese und die Reaktionen darauf sich in der Geschichte der Menschheit nicht immer wiederholen. Von Gott ist kaum die Rede außer ein einziges, verschwindendes Mal, eine Geschichte buchstäblich unter gottlosem Himmel.

Text: Jes 14, 4b–21
Wie ist still geworden der Treiber, still geworden das Stürmen! Der Herr hat zerbrochen den Stock der Gottlosen, den Stecken der Tyrannen, der Völker schlug im Grimme, sie schlug ohne Unterlaß, der Nationen niedertrat im Zorn, sie niedertrat ohne Schonung. Nun hat Ruhe, hat Rast die ganze Welt, bricht aus in Jubel. Auch die Zypressen freuen sich über dich, die Zedern des Libanon: »Seitdem du dich schlafen gelegt, steigt keiner mehr herauf, uns zu fällen.« Das Totenreich drunten geriet in Aufruhr ob dir, als du nahtest; es jagte die Schatten auf um deinetwillen, alle Fürsten der Erde, ließ aufstehen von ihren Thronen alle Könige der Völker. Sie alle heben an und sprechen zu dir: »Auch du bist schwach geworden wie wir, uns bist du gleich geworden!« Ins Totenreich ist gestürzt deine Hoheit und das Rauschen deiner Harfen; auf Moder bist du gebettet, und Würmer sind deine Decke. Wie bist du vom Himmel gefallen, du strahlender Morgenstern! Wie bist du zu Boden geschmettert, du Besieger der Völker! Du hattest bei dir gesprochen: »Zum Himmel empor will ich steigen, hoch über den Sternen Gottes aufrichten meinen Sitz, will thronen auf dem Götterberg im äußersten Norden! Ich will über Wolkenhöhen emporsteigen, dem Höchsten mich gleichstellen!« Doch ins Totenreich

*wirst du hinabgestürzt, in der Grube tiefsten Grund. Die dich se-
hen, schauen auf dich, betrachten dich:»Ist das der Mann, der die
Erde erzittern, der Königreiche erbeben machte, der den Erdkreis
zur Wüste wandelte und seine Städte zerstörte, der seinen Gefangenen den Kerker nicht aufschloß?« Die Könige der Völker, sie alle
ruhen in Ehren, ein jeder in seiner Gruft; du aber bist hingeworfen
fern von deinem Grabe wie ein verachtetes Schoß, bedeckt mit Erschlagenen, vom Schwerte Durchbohrten, wie ein zertretenes Aas.
Mit ihnen, die hinabkommen zu den Steinen der Gruft, wirst du
nicht vereint im Grabe, weil du dein Land zugrunde gerichtet, dein
Volk gemordet hast. Das Geschlecht des Bösewichts soll in Ewigkeit nicht mehr genannt werden. Bereitet für seine Söhne die
Schlachtbank um der Schuld ihres Vaters willen, daß sie nicht aufstehen und die Welt erobern und den Erdkreis mit Städten füllen.*

Dieser Text zählt zu den ungeheuerlichsten, grausigsten, triumpha-
listischsten der ganzen Bibel. Man muß ihn lesen, weil er ersetzt,
was an Dutzenden von Rachegesängen aus dem Buch des Propheten Jesaja uns sonst überliefert ist, die Endabrechnungen mit den
Völkern ringsum, wahrhafte Siegeshymnen in Schlachten, die
längst noch nicht geschlagen wurden, ein Nachtgebet über Völker,
die gemeinsam in die Schande sanken oder ein wenig zuvor. All das
ist auch die Bibel, und dies hier als Lied ragt auf in ihrer Poesie,
sucht seinesgleichen. Der Rhythmus ist immer der gleiche: drei Akzente in der ersten Zeile, zwei Akzente in der zweiten, so schreitet
dahin die Trauerprozession, so ist es der Rhythmus, langsam,
schleppend in den Totenklagen Israels. Aber was wir hier haben, ist
die Umkehrung. Man gibt sich den Anschein, etwas zu betrauern,
wie es beim Tod eines Herrschers üblich ist, aber es dient zu nichts
anderem als dem Spott. Hier wird niemand zum Grab begleitet,
hier wird über das Grab hinaus Rache exekutiert, und sie malt sich
aus bis zu einer Lust, die uns fast pervers erscheint.

Dein sind die Toten in meiner Hand, so werden wir aus dem
26. Kapitel, der sogenannten Apokalypse des Jesaja noch hören. Da
haben wir den Eindruck, daß sich der Glaube Israels bis zu einem
Punkt hin auskristallisiert, daß man den Tod, den Toten selbst ganz
und gar in die Hände Gottes gibt. Es ist, wie wenn ein Atmen wäre
unter der Trauer und dem Schmerz der Vergänglichkeit, als wehte
uns schattengebürtige Menschen so etwas an wie der Hauch eines

Morgendämmerns, eine Hoffnung für eine andere, jenseitige Welt. Inhalt und Kraftzentrum dieser Hoffnung ist in Israel ganz und gar Gott selbst, und geboren wird diese Hoffnung aus dem Gedanken, es sei doch Gerechtigkeit in der menschlichen Geschichte, es könne nicht gleichermaßen wie das Vieh der Edle und der Gemeine, der Wohltäter und der Verbrecher ins Grab sinken.

Hier braucht's keinen Gott; für *dieses* Gemälde zeichnen Menschen ganz und gar verantwortlich in ihren Wunschträumen und in ihren Alpträumen. Es ist schwer zu finden, wie man über das Schicksal von Menschen buchstäblich gottentfernter, sagen wir ruhig gottloser, denken könnte als hier. Man muß, um den Text überhaupt zu verstehen, fast wie in einer archäologischen Nachlaßverwaltung in einem unterirdischen Museum nachschauen. Da sind Bilder aufbewahrt, die längst unter einem falschen Titel in einen falschen Rahmen geraten sind. Der falsche Rahmen und der falsche Titel hier in der Bibel heißen: Rache an Babylon. Noch in dem letzten Buch der Bibel, in der Apokalypse (18;19), wird dies das Thema sein, wie die Große Hure, die Menschenverwüsterin, Inbegriff aller Gewaltherrschaft über Menschen, von Gott zerschlagen wird: Babel selber, dieses Machtzentrum aller Tyrannei, wie es der Bibel wenigstens erscheint, wird geschleift werden, dem Erdboden gleichgemacht werden, und wir waren die Zeugen oder wir werden die Zeugen dessen sein. Was Israel am Untergang der babylonischen Kultur in seiner Geschichte festmachte, projiziert sich wie in einer Endabrechnung bis an den Jüngsten Tag. Wenn das schon so steht, muß man dieses ganze Bild aus dem Rahmen lösen. Vermutlich hat es mit dem Untergang Babylons gar nichts mehr zu tun. Es ist ein Bild, das in sich selber ruht, Geschichtsschreibung, die übergeht zur Dichtung, und so ist sie im Alten Testament fast immer. Der Stolz der Exegeten – die Bibel zeige uns, wie Gott sich offenbare in Geschichte – greift ins Grundlose an jeder Stelle, wo man es beglaubigen möchte. Entweder werden die göttlichen Taten ins Legendäre aufgehoben oder völlig ins Dichterische hineingezeichnet, in die Abfolge von Szenarien, die aus dem Gefühl der Menschen entworfen und dann eruptiv herausgeworfen werden, um eine Geschichte zu deuten, wie sie manchmal ist beziehungsweise wie sie in typischen Mustern, sich immer neu wiederholt. Graham Greene hat das einmal für sich selber und für seine Art, Dichter zu sein und menschliche Geschichte zu gestalten, in Anspruch genommen: Wer die Diktatur Pinochets schildert, sagte er, der sollte nicht über Pinochet schreiben, sondern vielleicht über den römischen Kaiser Caligula, und auch nicht über den römischen Kaiser Caligula, wie er historisch wirklich war, sondern wie er in der Überlieferung der Römer erscheint, und besser noch, wie er in der Vorstellung von Jahrtausenden geformt wurde. Dichtung knüpft an bei den Ängsten der Menschen und ihren verzweifelten Hoffnungen, und sie zu beschreiben – man muß es diesem Lied hier zubilligen – ist dem vorliegenden Text auf unheimliche Weise gelungen.

Vielleicht daß wir zum Kontrast aus unseren Tagen uns noch einmal ein paar Situationen vergegenwärtigen, die so sind, wie es hier geschildert wird, etwa die Machtergreifung Allendes in Chile. Pablo Neruda, ein großer Dichter, später sogar Emissär in Paris, besang den Sieg der Demokratie. Die Militärs schienen am Ende zu sein. Einen Moment lang erfüllte sich da so etwas wie ein Menschheitstraum: Freiheit sei möglich, Humanität sei wirklich, das Volk selber habe über sein Schicksal zu entscheiden. Das Ganze dauerte so lange, bis Allende beschloß, den Arbeitern den regulären Preis für ihre Arbeit zu geben. Er verstaatlichte die Kupferminen. In ihnen sollten die Bergarbeiter Chiles den Lohn diktieren entsprechend ihren Arbeitsbedingungen. Was, sagen Sie selber, wenn der Kupferpreis verfällt auf dem Weltmarkt, werden die Konzerne der Elektroindustrie dazu sagen, was wird das mächtige Nordamerika dazu sagen? Man sagt, daß an einem Morgen Allende tot aufgefunden wurde. Der CIA hatte ein neues Opfer gefunden, Geschichte wurde wieder, was sie war. – Sie entsinnen sich noch, wie man in Athen das Ende der Obristen feierte. Theodorakis kehrte zurück und mit ihm die Busukimusik aus den Kaschemmen, die er in den Vorstädten kulturfähig gemacht hatte als Musik des Volkes; jetzt wurde sie die Sprache der Revolution; Costa-Gavras' Filme wurden endlich die Wirklichkeit, denn sie schilderten die Abrechnung mit den Folterern, den Mördern, den Unterdrückern; alles sollte geschehen in der Ordnung des Rechts, Demokratie sollte beginnen mit Legalität, nicht mit Rache, nicht mit Gegengewalt, aber ein Ende sollte die Diktatur finden. Das waren die Träume der sechziger Jahre, Anfang der siebziger Jahre: Wir müßten uns nur zusammentun, durchhalten, stark sein, die Tyrannen verhöhnen und gründlich verlachen auf den Bühnen, wir müßten die Dichter einladen, daß sie die Weltgeschichte ändern, Träume wären stärker als

Befehle, der Wille zur Menschenwürde hielte sich durch gegen das Menschenschinden. Wie weit sind wir entfernt von diesem Glauben! Aber in diesem Kontext müssen wir dieses Lied, das wir zeitlos nennen müssen, weil wir nicht einmal das Jahrhundert seiner Entstehung angeben können, einordnen. Nur, wir müssen es jeder Kultur, jeder Zivilisation in gewissem Sinn völlig entkleiden.

Wenn dieses Lied der Rache geschichtlich im 20. Jahrhundert zu irgend etwas paßt, dann vielleicht, wie man Mussolini getötet hat. Man hatte ihn angebetet. Er war der Duce, als er an der Macht war. Erst als man merkte, nach der Landung der Amerikaner bei Salerno, daß seine Zeit wohl zu Ende war, da wußte man, daß man einem Verführer und Diktator hinterhergelaufen war; wie sie ihn dann lynchten und ermordeten, das alles steht in den Geschichtsbüchern. Oder als Adolf Hitler sich das Leben nahm, da nannte man ihn einen Feigling. In Wahrheit starb dieser Opernfeldherr wie auf einer Wagnerschen Bühne, jemand, der Hochzeit hielt im Tode; objektiv war er längst ein hilfloser, schwerkranker Mann, aber die Rache geht bis heute weiter und zeichnet ihn als die Inkarnation des Bösen an sich. Oder: die kubanische Revolution und die Bilder, die um die Welt gingen – wie man den Diktator Batista stürzte, damit er nicht weiter das Volk erniedrige, er, der ganz Havanna in ein Bordell verwandelt hatte. Castro galt damals als Hoffnung, die Amerikaner aber haben es ihm bis heute nicht vergessen – ein Embargo über die Zuckerinsel, jede Chance eines sozialen Aufstiegs jahrzehntelang vernichtet. Es muß doch zu beweisen sein, wer das Sagen hat in der Karibik! Das ist die Härte der Politik. Nur wenn wir die nie aufgeschriebenen Leiden ohnmächtiger Menschen im Hintergrund hören, ist ein solches Lied wie dieses überhaupt erträglich.

Was ist im Hintergrund des vorliegenden Textes passiert? Historisch haben wir nichts als Vermutungen. Irgendeiner der Diktatoren ist ums Leben gekommen; nicht einmal wie, wissen wir, ob in einer Schlacht, ob durch einen Putsch, ob durch den Aufstand seiner eigenen Söhne oder Thronprätendenten. Am ehesten noch scheint das Ganze zu passen ins Jahr 681 v. Chr., als Senaherib stirbt, der Mann, der Jerusalem am meisten feind wurde in seinen Tagen, der sogar das Südreich verkleinerte, wie wir hörten. Er stirbt durch die Hand seiner eigenen Söhne. Auch unter denen setzt sich nur der fitteste Mörder durch. Szenen sind das wie auf dem Thron Israels, als Salomo sich freiarbeitet, um die Erwählung Gottes auf sein Haupt zu rufen. So ist die Politik. Aber die Geschichte, die hier erzählt wird, paßt nicht auf Senaheribs Sturz. Seine Söhne wurden keineswegs mit hineingezogen in den Tod ihres Vaters, wie hier vorausgesetzt wird. Nehmen wir das Bild ganz einfach als einen zeitlosen Rachegesang, der aus Trauer, die verordnet wäre, aus Staatstrauer, die angezeigt wäre, den Triumphgesang derer macht, die sich nach der Unterdrückung mindestens einen Augenblick lang, während die Geschichte den Atem anhält, in der Chance einer Freiheit und möglichen Revanche wähnen.

Gehen wir zunächst einmal den Text durch, wie er für sich selber spricht, und fragen wir dann, was er uns zu sagen hat. Schon die ersten Zeilen sind bezeichnend, weil wir sie kaum übersetzen können: *Der Bedränger war still, und schweigend wurde der Ansturm.* – Da müssen Sie die Angst von Menschen sich vorstellen, die den Stoß der Kriegstrompeten hören. Das ist der Ansturm, das Zittern ihrer Wehrlosigkeit, die Unmöglichkeit noch, daß es eine Rettung gäbe. Das alles ist Bedrängnis, wörtlich: die Ausweglosigkeit, die Menschen überkommen kann. Und darüber fällt nun Stille, buchstäblich endlich Totenstille. Und mehr noch: *Zerbrochen ist der Stecken der Frevler und der Stab der Tyrannen.* – Tyrann ist im Hebräisch dieser Zeit einfach ein Wort für Herrscher, man unterscheidet so genau nicht; wer da herrscht, tut's absolutistisch. Aber sollten wir denken, es geht hier der ganze Kreis der Thronbeamten mit in den Orkus, der Verwaltungschefs, der ganze Clan der Administration? Der Stecken der Frevler, das wären all die Richter, die da saßen auf ihren Thronen und in ihren Roben und schauten Menschen ins Gesicht und hatten längst im Kopf, wie sie urteilen mußten, weil man es ihnen gesagt hatte, und sie nannten das befohlene Diktaturteil das Recht, und es gab keine Berufung. Wie kann man gegen das Recht mit den Mitteln des Rechtes klagen? Das ist unmöglich. Es ist unmöglich, gegen das Recht Recht zu bekommen. Der Richtspruch selber ist das Recht. Die nächste Behörde, die dem Herrscher nähersteht, wird das alte Urteil um so sicherer bestätigen. Selbst wenn das Urteil aufgehoben wird in erster Instanz, indem die zweite Instanz gewisse Modifikationen vornimmt, wie sollte man's durchhalten? – Um nur eine kleine Parallele zu geben, wie das in unseren Tagen aussieht: Wir fragen uns, was haben die Richter in der DDR gemacht, in der Diktatur, was haben sie gemacht unter den Nazis in den zwölf Jahren der braunen Herrschaft, was eigentlich machen sie heute? Ich lege Ihnen einen Fall von Kirchenasyl für Kurden vor, und ich zitiere Ihnen, wie ein deutsches Gericht da urteilt, ein Richter übrigens, der gerade aus den Ferien kommt, der gerade einen Tag im Dienst ist; der schreibt gleich zwölf Seiten zu dem Fall, und fertig ist es. Und jetzt können in Paderborn Hunderte von Leuten Unterschriften leisten, es können die Betroffenen sagen, was sie wollen, sie können Zeugen beibringen – die werden nicht gehört, man wird am Ende sagen: Sie haben ja keinen Eid geschworen, schon deshalb sind sie gar nicht glaubwürdig! Man hat sie erst gar nicht vernommen! Was wir erleben im Jahre 1997 im Umgang mit sogenannten Asylanten, ist die glatte Rechtswillkür, aber die soll so sein; die Richter handeln nach gutem Gewissen, die Stadtverordneten nach besten Anweisungen. So soll das sein, und wir leben in einer Demokratie, wir sind weit entfernt vom Staat der Tyrannen. Es genügt einfach die Schere im Kopf, es genügt die Pflichttreue, wie wenn da Kopfprämien ausgesetzt würden, wer mehr Asylanten im Computer wegarbeitet. Vielleicht verdient er sich damit eine bessere Gehaltsstufe. Er tut seine Pflicht, das ist ganz einfach. Zur gleichen Zeit aber werden wir Gedenktafeln anbringen, gleich hier bei der Wewelsburg; darauf steht: es tut uns furchtbar leid, was damals war; es hat einen wirklichen Widerstand gegen die Nazis nicht gegeben, das bedauern wir heute sehr. Aber Jesus hat ganz recht: Ihr errichtet Mausoleen und Gedenkstätten für die ermordeten Propheten und sagt in unseren Tagen: Hätten wir gelebt damals, es wäre nie vorgekommen, und ihr gebt nur zu verstehen, wie sehr ihr die Söhne der Prophetenmörder seid (Mt 23, 30–31). Die Stecken der Frevler sitzen in jeder Amtsstube, natürlich, wo sonst? Sie haben ihre Helfershelfer. Diktatur macht doch nie ein einzelner, es ist ein System, es ist ein Maschennetz, das über ein ganzes Volk fällt. Und es fällt nicht über das Volk wie das Fangnetz eines Fischers über einen Schwarm von Heringen. Ganz im Gegenteil, es rekrutiert sich aus dem Volk, es wächst langsam herauf wie ein Mangrovenurwald, immer dichter. Der Diktator kommt nicht, er wird geboren, er fällt nicht vom Himmel, er wird auf die Schultern gesetzt. Dieser Tage noch las ich bei Albert Einstein eine dringende Petition aus den zwanziger Jahren an die französische Regierung, sie solle um Gottes willen nicht wieder anfangen mit der Aufrüstung, es würde nur dazu führen, daß man auf zwei französische Militärsklaven nächstens zwei deutsche Militärsklaven haben würde. So nannte Albert Einstein die Soldaten. Aber da die Franzosen nicht davon ließen, ihre Militärsklaven einzurichten, ging die Geschichte, wie sie ging.

Wie viele Gründe hat die Tyrannei, sich zu mästen an allem, was faul ist in der Geschichte! Aber nun sollten wir denken, der ganze Spuk wäre erledigt, es wäre so etwas passiert wie eine Operation in der Geschichte: der gesamte kranke Körper des Volkes, sein Krebsgeschwür, eben der Tyrann mit all seinen Auswüchsen, sei chirurgisch entfernt worden, und so mühsam auch immer, es heilte jetzt der Restkörper, das Volk in Gesundheit, und alle anderen Völker könnten aufjubeln. Nicht nur das eigene Volk wurde schikaniert, sondern der Machtwahn des Diktators griff weit hinaus, so irgend sein Arm langen konnte, schonungslos raubend. Auch das muß man nur einmal hören. Sie lesen Adolf Hitlers »Mein Kampf«, wie bestimmte Worte in den dreißiger Jahren zum Gütesiegel der politischen Agitation wurden: gnadenlos, schonungslos, erbarmungslos, fanatisch, radikal, – all das mit der entsprechenden Sprache und Betonung. Dem hat man zugejubelt, weil man genauso fühlte; man war begeistert. Endlich zeigte jemand der ganzen Erde, wo's langgeht, man war wer in seinem Schatten. Ein Stolz dieser Art soll hier endlich vorbei sein.

Und die Ausplünderung der Natur, sie gehört zu jeder Gewaltpolitik. Da werden die Zedern des Libanon, da werden die Wacholderbüsche sich regenerierend darüber aufblühen und wachsen. *Seitdem du liegst, steigt keiner mehr auf, der uns fällt.* Natürlich ging es damals sowenig wie heute um einfachen Waldfrevel; es ging um Kultmaßnahmen, es ging um Erschließung für Bauland, es ging um die Schaffung von Hölzern für Kriegsschiffe. Es ging um das Schmelzen von Eisen. Wie viele Kubikmeter Holz waren nötig, um in den Köhlermeilern ein Kilo Eisen aus dem Erz zu schmelzen? Das waren die Gründe: für die Herstellung von Nägeln bis Schwertern, von Schiffsplanken bis zur Ausstattung von Palästen. Immer ist der Machtwille der Großen ruinös für alles, was leben will, Menschen, Tiere, Wälder. All das scheint jetzt vorüber. Das Erstaunliche dieses Liedes ist, daß man denkt: Wenn es diesen einen nicht gäbe, dann hätten wir Frieden. Alles kehrte zurück, fast vegetativ befriedigt. Es wäre diese Art von Macht eine einzige Ruhestörung, eine einzige Plage. Und nachdem dies festgestellt ist, bleibt nichts Rühmliches mehr zu berichten von den Heldentaten des Machthabers, nur wie alles zu Frieden kommt und in Frieden ist, nachdem er verschwunden ist. Um so mehr fragt man sich, wo er denn nun bleibt. Und an dieser Stelle beginnt die Geschichte ihre wirkliche Höllenfahrt. Es ist die Frage, wie man sich im Altertum, speziell in Israel, ein Leben im Tod, nach dem Tod vorgestellt hat. Wir sind weit weg von den Zukunftsverheißungen eines so großen Kulturvolkes wie der alten Ägypter, die Trost suchten fürs Grab und die Vereinigung der Liebenden über den Tod hinaus, in unzähligen Bildern beschworen; die Ägypter mochten, daß wir schonungsvoll handeln würden gerade an den Verstorbenen. Es ist ein wirklicher Schrecken, mit dem man die ganz andere Einstellung auch zur Kenntnis nehmen muß, die es in der Antike gab. Sie besuchen beispielsweise das archäologische Museum in Regensburg, Sie interessieren sich für die Römer in Germanien, in Castra Regina. Was haben Leute da gemacht, die ins römische Militär gezogen wurden, kaum zwanzig Jahre alt? Sie hatten ihre Dienstverpflichtung, zwanzig Jahre lang als Legionär tätig zu sein, für diese Zeit hatten sie sich zu bewähren, und das hieß: tägliches Training als Schlagetot, gegen Völker, die beliebig austauschbar waren. Es war der Cäsar, der die Legionen kommandierte von Nord nach Süden und Ost nach Westen. Das römische Imperium, es war wie eine Eselshaut, die an jeder Stelle hochzugehen drohte; aber die Legionen traten sie wieder unter die Füße. Später, nach der Abdankung, waren die Legionäre die einzigen im Römischen Reich, für die es so etwas wie eine Rente gab. Sie waren die einzigen, die sich für den Staat wirklich verdient gemacht hatten, und der Lohn des Vaterlandes sollte ihnen gewiß sein. Selbst in Zeiten der Finanznot sorgten die Cäsaren für den Unterhalt ihrer Legionäre; schließlich trieben diese ihnen das Geld ein. Gerechtigkeit für Gerechtigkeit. Aber woran glaubten diese Leute, außer an ihre Rente? Man muß einfach sagen: an nichts, buchstäblich an nichts. Sie waren Körper, die Körper töteten, und mehr war über den Tod hinaus für einen römischen Legionär nicht zu hoffen; allenfalls daß er Taten vollbracht hatte, die ihn unsterblich machen würden, aber wer konnte das? Wofür lebten solche Menschen, fragt man sich entsetzt. Wie war das möglich, mit solchen Menschen ein Weltreich zu begründen, mit so viel Zynismus, Hoffnungslosigkeit, kasernierter Verzweiflung? Aber offensichtlich ist das Menschengeschichte: Menschen sind wie Staub, und irgend jemand nimmt einen Kloß davon und formt und modelliert da herum, ob es ihm gefällt, und wenn nicht, wirft er's weg, und jeder spielt da Gott auf seine Art. Die Israeliten waren eigentlich, was den Tod anging, nicht sehr viel anders. Was sie sich vorstellten vom Leben im Tod, nach dem Tod, war verworren und widersprüchlich, alles andere als in griechische Logik, in platonische Seelenlehre gekleidet, wie die ägyptischen Totenbücher die Griechen inspirierten. Hier in diesen Texten sinken Menschen buchstäblich ins Grab, und was dort mit dem Leichnam geschieht und aus dem Menschen wird, bleibt gänzlich unklar. Leben nun die Toten wirklich, sind sie ein toter Leichnam? Irgend so etwas zwischen Gespenst und Abfall werden sie sein, und dazwischen geistert die Angst. Aber die Toten sind nicht nur im Grab, sie sinken gewissermaßen immer tiefer. Es gibt die Erde, aber sie ist umkreist vom Weltenmeer, vom Urozean unterspült, und unterhalb nun noch des Urozeans, dort in der tiefsten abgründigen Tiefe, ist so etwas wie die Unterwelt, das Unland. Die Griechen nannten diesen Ort Hades. Dort wohnen die Toten wie Schemen, unbeweglich, angewiesen auf Blutopfer, hervorzurufen durch Hexer, damit man sie befrage. Aber von solchen »heidnischen« Anschauungen will das alte Israel nichts wissen. Da sei nur Gott, wenn der Mensch stirbt. Aber wer sind dann wir Menschen, und was machen wir Menschen? – Was in diesem Text zelebriert wird, ist buchstäblich eine »danse funèbre«, ein Totentanz. Die Hallen der Unterwelt werden aufgestoßen, und dieser Herrscher, den man vom Thron gestoßen hat, hält da seinen Einzug wie in einer Geister- und Gespensterprozession. All diese verhockten Schatten regen sich aus ihrem Schlaf, werden wie der Hofstaat dieses Herrschers wachgerüttelt, von ihren Thronen hochgejagt, auf denen sie sich niedergelassen haben wie schlafende Gerippe, und alle Könige der Nation, die je verstarben, feiern ihre Schadenfreude. Sie mußten schon vor ihm gehen, aber er, der als Lebender sich so wichtig tat, geht den Gang allen Fleisches, wird ihnen ähnlich im Tod. Doch es ist nicht genug, daß der Tod alle gleichmacht, wenn er die Sense nimmt; hier gibt es kein Nutzkraut noch Unkraut, sondern alles wird auf dieselbe Höhe ins Nichts geschnitten. Es ist, daß man diesem Herrscher noch nachruft, und es ist hier der Dichter selbst, der es ausspricht, daß anstelle der Plumeaus, anstelle der Decken auf seinem Diwan, nichts mehr als Gewürm und Maden sich ausbreiten wird. Seine Ruhestätte soll sein eine einzige Zersetzung. Und warum das alles, wieso das alles?

Dafür gibt es nun eine Deutung, die zum Ungeheuerlichsten zählt und die uns als Christen, dogmatisch gebildet, wie wir sind, bis in die Gegenwart angeht. Aus dieser Stelle zum frühesten in der Bibel überhaupt hat sich all das geformt, was wir die dogmatisch-kirchlich verbreitete Lehre vom Teufel nennen; aber sie wird übertragen auf einen Menschen, der offenbar erscheint wie der Teufel. Diejenigen, die gut aufgepaßt haben im Kommunionunterricht, werden sogar seinen Namen kennengelernt haben, der da ist Luzifer, Lichtträger, und man hat Ihnen erklärt, es habe sich so verhalten, daß im Himmel unter den Engeln – neun Chöre zählt man – der oberste all dieser, eben der strahlendste, der vor Gott hergeht – als wenn nicht in der Gottheit selbst der Lichtfülle genug wäre –, voller Stolz selber sein wollte wie Gott, drum sei er hinabgestürzt worden in die Hölle; da sitze er nun und suche, wen er verschlinge unter den verführbaren Menschen, ein Gegenreich Gottes zu bilden. Ich meine das alles ein bißchen ironisch, weil, wem im Jahre 1997 im Vatikan immer noch nicht erkennbar ist, daß wir es hier mit altorientalischer Mythologie zu tun haben, bei Gott nicht zu helfen ist. Die Geschichte erzählt hier etwas, das die ein bißchen Mythenkundigen von den Griechen kennen. Ich erinnere an einen schönen Bernstein, denn der ist das Zeugnis dieser Mythe, wie sie die Griechen erzählen, ein Stück humanisiert freilich: An einem Morgen habe der Sohn der Klymene, Phaeton, der Lichtbringer, ein Junge, verlangt, den Wagen der Sonne, des Gottes Helios, über den Himmel zu steuern. Die Rosse aber seien seiner Lenkung so sehr entlaufen, daß sie, abweichend von der Bahn, die ganze Erde im Feuer anzuzünden drohten. Dies sah Zeus und vernichtete Phaeton mit einem Blitz, andere sagen, er stürzte ihn zur Erde. Euripides in einer uns nicht erhaltenen Tragödie hat dieses Schicksal auf eine der Bühnen Athens gebracht. Klymene weinte über den Tod des Lichtbringers so sehr, daß sie sich in ihrer Gestalt grämte wie ein borkig gewordener Baum und ihre Tränen zu Bernstein wurden. Diese merkwürdige Mischung aus Sonnenlichtfarbe und Baumtränen, versteinertem Harz, das belebte die Phantasie der Griechen.

Man muß denken, dahinter steckte vielleicht ein kanaanäischer, ugaritischer Mythos, der im alten Orient, in Syrien bekannt gewesen sein muß. Es ist das Glanzgestirn Helel, Sohn des Morgendämmerns, Sohn von Schachar, und die Vorstellung ist, daß auf dem Berg des Göttersitzes im Norden, dort, wo die Versammlung aller Götter stattfindet, eben der Morgenstern, so wie Sie ihn vor dem Sonnenaufgang am Himmel leuchten sehen können, auf die Idee gekommen sei, die Sonne selber zu überstrahlen; es wäre möglich, eine ewige Nacht in der Schönheit des schönsten seiner Gestirne zu erleben – so der Stern Helel. Dann aber sei der Sonnengott selber gekommen, und vorbei war es mit dem Morgenstern. Der bringt das Licht freilich, aber nur, um selber darin zu verlöschen. Diese Mythe wird angewandt auf den Herrscher, der gestürzt wurde. Noch sind wir weit davon entfernt, daß die entsprechende Vorstellung, zum Teil unter persischem Einfluß, zu einer fertigen Götter- und Teufelslehre heranreift. Aber so ist die kirchliche Lehre uns überkommen. Der Teufel hat einen einzigen Namen, dessen Inbegriff ist Hochmut, Hybris, Stolz. Schauen wir noch ein einziges Mal hinüber zu den Griechen, verstehen wir, was in der Antike damit gemeint ist. Der Perserkönig Xerxes, schildert uns Aischylos, mußte scheitern – so wissen's die Griechen nach den Perserkämpfen, die sie siegreich bestanden –, weil er vermessen war, weil er hybrid war bis zu dem Punkt, daß die Göttin der Verblendung, Ate, ihn gefangennahm. Er wurde unfrei in seinem Willen, er folgte gewissermaßen nur noch seiner Lichtbahn, seiner Wahnidee von übermenschlicher Größe.

Stellen wir's dahin, ob das griechische Urteil gegenüber den Persern historisch nicht sehr verzeichnet ist; schließlich verdanken wir die erste Aufzeichnung wirklicher Menschenrechte den Persern, aber der Gedanke nun, Macht könne Menschen dahin verführen, Allmachtsträumen nachzuhängen, Weltenherrschaft anzustreben und daran notgedrungen selber zu scheitern, das läßt die Irdischen, die sich aufschwingen, Überirdische sein zu wollen, buchstäblich wie leibhaftige Teufel erscheinen; aber das ist Dämonologie, nicht Psychologie. Was lebt in unseren Herzen? Sollen wir dabei bleiben im Christentum, immer noch zu sagen, irgendein Satan aus der Hölle – und wo ist die? – habe uns verführt, und Menschen, bloß weil wir sie nicht verstehen, dürften wir für vom Teufel besessen halten? Dann freilich brauchen wir sie nicht zu verstehen, sondern es genügt, sie auszustoßen als die ganz anderen, die uns unheimlich Gewordenen, die für die Hölle reif Gewordenen. Halten wir nur fest, daß beides auf ein Entweder-Oder hinausläuft: das Streben zum Himmel, zum Allerhöchsten, wird hier durch sich selber bestraft von der Höllenfahrt, vom Sturz in den Abgrund. Und dann geht es in einem argen Stakkato weiter, die Abrechnung folgt. Alle Taten, die der Herrscher vollbracht hat, fallen auf ihn zurück. Ist das nicht der Mann, der die Erde erbeben und die Reiche erzittern ließ, der die Erde verwüstet hat, die Städte zerstört hat, Gefangene nicht nach Hause ließ, sondern, man muß ergänzen, der sie in die Gruben zum Abbau von Blei, von Gold geschickt hat, der sie zur Fronarbeit sich kaputtschuften ließ? Es ist die Variante der Suche nach billigen Arbeitskräften in der Sprache des alten Orients: Man hielt Sklaven wie sprechende Menschentiere, man führte Kriege unter anderem, um unter den besiegten Männern die kräftigsten auszuwählen. Die mußten dann leben in ewigen Ketten, nie wieder durften sie als Freie zurückkehren. Sie hatten aufgehört, Menschen zu sein, sie hatten sich dem Prinzip allen Rechts, der Staatsmacht scheinbar, widersetzt.

Es folgt etwas, was wie eine Leichenfledderei aussieht. Grablos hingeworfen – die Verweigerung des Begräbnisses. Ich weiß in unseren Tagen eigentlich für diese Monstrositäten nur noch Relikte zu nennen, schlimme Relikte, Hinrichtungen in Peking z. B., dem Staat, auf dessen Kosten die meisten Todesurteile ergehen; in der westlichen Welt die USA, die inzwischen dahin gelangt sind, daß sich Betroffene, Hinterbliebene zum Beispiel von Opfern, die Exekution der Täter ansehen können: Sie dürfen selber dabei sein, wenn das Gift gespritzt wird, die Schlaufe hochgezogen wird; das ist die Genugtuung, an ein Grab der Hingerichteten ist nicht zu denken; was bleibt, ist das steinerne Gedächtnis im Herzen derer, die endlich befriedigt sind durch ihre Rache. Was ich da erzähle, ist nicht ein bloßes Horrorgemälde, es ist die Wirklichkeit von 1997. In Peking genügt es, daß man Drogenhändler findet, Prostituierte findet, Diebe findet, ganz gemeine Mörder findet. Sind sie Staatsfeinde, haben sie sich zum Beispiel auf dem Platz des Himmlischen Friedens vergangen gegen das Regime, wird man sie nicht nur exekutieren, man wird ihre Organe explantieren unmittelbar an der Hinrichtungsstätte; es wird nicht nur keine Beerdigung geben, es soll gezeigt werden, daß diese Menschen nie gelebt haben, daß man sie ausradieren, über den Tod hinaus vernichten kann. Die Verweigerung des Begräbnisses – was für eine Magie herrscht da bis in unsere Tage!

Bis vor kurzem diskutierte man in der katholischen Kirche, ob man einen Selbstmörder beerdigen kann, ob er auf einem gesegneten Gottesacker ruhen darf, wo er sich doch mit seinem Mord, verübt an sich selbst, vergangen hat am Willen des Allmächtigen. Diese Debatten wurden ernst geführt, werden eigentlich heute noch nicht gelöst, indem man erklärt: Jeder, der einen Selbstmordversuch unternimmt, ist geistig gestört. Das muß er keinesfalls sein, vielleicht hatte er Gründe, aber dann hätte er sich nach Kirchenmeinung gegen Gott versündigt. Muß man sich noch daran erinnern, welche Bilder die Amerikaner zum Rückzug aus Somalia gezwungen haben? Ein einziges dieser Dokumente genügte den US-Amerikanern, ihren GIs das weitere zu ersparen, wie man Menschen als Tote behandelt. Wieviel Rache steht dahinter, wieviel Ohnmacht! Und die Verweigerung, in *steinerne Grüfte zu steigen*. Sie sehen vor sich in Wien etwa die Gräber der Habsburger – sie sind genau das Gegenteil dessen, was hier geschildert wird. *Weil du Unheil über dein Land gebracht hast* – der Name selbst wird in Ewigkeit nicht genannt. Am Ende wird es kommen wie nach der Oktoberrevolution, als Lenin die gesamte Familie der Romanows hinrichtete. Jeder, der von ihnen überleben würde, so die Meinung Lenins, lebe im Herzen des Volkes weiter, ermuntere es zu Aufstand; er lasse den Gedanken der Monarchie nicht endgültig sterben. Alle Romanows wurden ermordet – genauso hier: *rüstet die Schlachtbank*. Da *darf* niemand überleben. – Die Geschichte hat ein konkretes Vorbild. Als 587 v. Chr. Jerusalem erobert wird unter Nebukadnezzar, wird der letzte judäische König, Zidkija, nach Ribla gebracht vor den babylonischen König, und seine eigenen Kinder werden ermordet, und dann werden ihm die Augen geblendet, bis daß er in Ketten abgeführt wird nach Mesopotamien. Aus diesen Zeiten stammt die Bibel, von solchen Zeiten redet die Bibel. – Es ist deshalb immer wieder dieselbe Frage: Was kümmern wir uns noch um ein solches Buch? Sollten wir nicht sagen: Laßt das jetzt wirklich in die Unterwelt des Vergessens hinabsinken, immer tiefer, tiefer, als das Meer ist? Schmeißt es in die Zisterne des Unlandes, des Hades? All die Schatten – hört auf, sie zu beschwören; es wird sonst immer wiederkommen, weil wir es mit einem Bild zu tun haben, das zeitlos ist und, wie die Geschichte zeigt, sich immer wiederholt. Haben wir eine Alternative? Ja. Wir müssen die Gefühle durcharbeiten, die auf beiden Seiten existieren. Das eine ist die Frage: Gibt es überhaupt so etwas wie eine Heilung, wie eine Psychotherapie, sagen wir besser: wie eine Vermenschlichung von unmenschlich Geschundenen? Alles, was Sie hier hören, ist ein Rachegesang, ein ganz unglaublicher, ein über den Tod bis in die Ewigkeit hinausgehender, ein maßloser, furchtbarer. Aber was wollen Sie machen mit Menschen, die so geschunden wurden wie diese? Was machen Sie mit Menschen, die Nacht für Nacht ihre Alpträume haben aus der Kindheit, die sie erlebt haben? Diktatoren haben viele Namen. Sie müssen nicht unbedingt sitzen irgendwo auf dem hohen Thron der Politik, sie müssen nicht Weltgeschichte schreiben. Es genügt, daß sie in der Seele der Menschen hausen, und sie unterwerfen sich das ganze Land, verwüsten alles, was leben möchte, ruinieren den letzten Rest an verbliebener Vitalität. Wie oft erlebt man in der Psychotherapie, daß es ein anderes Mittel gar nicht gibt, als die Gewalt umzukehren, virtuell, und es ist Psychotherapie der einzige Ort, wo man es einem Menschen erspart, daß die reaktive Gewalt wieder nach außen dringt, womöglich auf andere Schwache, Wehrlose, und dort neues Unrecht schafft, wo es nicht sein sollte. Aber virtuell, in der Phantasie, läßt sich's manchmal abreagieren, wie wenn man's umdrehen würde. – Vielleicht vor Jahren haben Sie den amerikanischen Film »Extremities« gesehen mit Farah Fawcett in der Hauptrolle. Es ist die Geschichte einer Frau, die zynisch vergewaltigt wird und im letzten Moment das Stochereisen in die Hand bekommt. Der ganze Film besteht eigentlich nur aus zwei Teilen, aus einer Aktion und einer Reaktion. Es wird niemanden geben, der sich am Ende nicht schämen würde, ein Mann zu sein. Man schämt sich irgendwann auch, ein Mensch zu sein. Und muß das so sein? Alles Erlittene muß zurückgegeben werden durch neues Leid, bis daß sich die Waage dessen, was wir Gerechtigkeit nennen, wiederherstellt? Psychotherapeutisch ist es eine große Erleichterung, im Psychodrama, in Spielen dieser Art, die Beerdigung des Tödlichen durchzuführen. In manchen Träumen geschieht es so, es sind formlos scheinende Träume, lange nicht so furios zerquält und wütend wie hier, ohne jeden Anflug von Hohn; aber manchmal höre ich's so, daß eine Frau, die von ihrem Vater geprügelt, mißhandelt, gequält wurde, es sich so träumt, und es ist ganz sicher der Anfang der Besserung: Der Vater wird beerdigt, nur einfach herausgetragen aus dem Haus, und es ist merkwürdig: Es gibt kein Gefühl von Trauer dabei, überhaupt keine Gefühle. Oft ist das ein Anfang wirklicher Befreiung. Andere träumen, daß sie im Sarge liegen, aber sie erheben sich davon, und die Menschen, die um sie herumstanden, wie wenn sie die Kränze schon aufs Grab legen wollten, sind einfach weggegangen. Sigmund Freud würde dazu sagen, das seien magische Tötungen; da erspare man sich die ungeheure Leidenschaft der Aggression, doch für jede Psychotherapie ist das ein Kunststück, im Psychodrama die Schuldgefühle zu vermeiden, die ganz sicher hochkommen, wenn zuviel an affektiver Reaktion sich meldet. Wie von den Andeutungen einer Freiheit kommt es hinüber zu einer wirklichen Freiheit?

Ein Mann wie Albert Einstein war von keiner Diktatur zu beeindrucken. Er war in sich einfach frei. Sobald sie sich in Massen zusammentaten, war ihm klar, worum sich's handelte: Wer Freude daran hat, in Reih und Glied zu marschieren, da verachte ich ihn schon, schrieb er, ein solcher braucht überhaupt kein Gehirn, das Rückenmark genügt ihm vollkommen. – Auch das ist Spott, auch da werden Leute enthauptet, und zwar genußvoll, aber das geht in Ordnung, denkt man. Da hat jemand seinen Stolz und seine Würde und hält sich schadlos im voraus. Aber was passiert, wenn die Gewalt einen Menschen erreicht und unentrinnbar wird? Vieles läßt sich nicht psychologisch lösen. Was macht man z. B. mit kurdischen Folteropfern, die abgeschoben werden sollen? Es genügt nicht, daß sie ihre Geschichte vortragen, es genügt nicht, daß ihre Kinder in der Psychiatrie sind. Deutsche Behörden werden sie abschieben, und der Innenminister wird sagen: Es gibt keine Folter in der Türkei, nicht gegen Kurden, nicht im Westen der Türkei, nicht gegen Kinder; und er wird lügen. Man kann ihm die Zeitungen geben, die Fernsehberichte geben, er wird sagen: Nein, die Türkei kann sich das gar nicht leisten gegenüber uns, den Deutschen, die Türkei ist ein NATO-Staat. Und er wird sich herauswinden mit Erklärungen, die ein großer Teil der deutschen Öffentlichkeit gerade so hören möchte, um die Augen schließen zu können. Nachts, wenn sie kommen, können wir gut schlafen: Fünf nach zwei war es in Paderborn, als man die Familie Gusnejew nach Armenien z. B. zwangsdeportierte. Und am anderen Morgen tut es uns vielleicht leid, ein bißchen. Die Frage ist, was wir eigentlich gelernt haben aus der Vergangenheit. Die meisten in Deutschland damals haben es auch nicht gesehen, wenn die SS kam um sechs Uhr morgens.

Wie geht man um mit Menschen, denen der Körper selber zum Feind wurde, weil er die Seele erreichbar machte? Man hat in der

Psychotherapie, vor allem in Schweden, sich mit diesen Fragen beschäftigt. Man hat viele aufgenommen, Asylanten, Terror- und Folteropfer, und eigene Erfahrungen gesammelt. Wieviel Zärtlichkeit ist nötig, bis ein Mensch überhaupt wieder wagt, seine Seele in den Körper kriechen zu lassen? Sie müssen sich vorstellen, wie ein Palästinenser hergenommen wird von israelischer Polizei, um herauszufinden, wie der Terror der Hamas organisiert wird. Er muß es wissen, und aus seinem Körper wird man es herauspressen mit allen Mitteln. Der Staat Israel erklärt, daß der Tod bei solchen polizeilichen Verhören unter Umständen in Kauf genommen werden müsse. Menschenrechte hin, Menschenrechte her. Nur weil Folteropfer einen Körper haben, können sie seinen Mund zum Reden bringen, den Hebel der Angst da ansetzen, wo es weh tut, immer mehr weh tut. Und sie haben alle Zeit der Welt dafür.

Gibt es unter Menschen Formen, diese Schäden der Unmenschlichkeit im Menschen zu vermenschlichen? Sind dann solche Alpträume nicht das Normale, Selbstverständliche? Sigmund Freud hat leider völlig recht: Jede Revolution, die den alten Herrscher mit dieser Emphase, mit diesem Haß vernichtet, nimmt ihn vollständig wieder in sich auf. Dann kann es nur so weitergehen. Man wird alle alten Fehler wiederholen. Die so gestartete Revolution ist nur die Wiedereinführung der alten Zustände. Und die ungeheuren Schuldgefühle! Welch ein Mensch übt einfach nur Rache ohne Skrupel? – Aber wieviel Sanftmut, Verständnis, Freiheit, unglaubliche Geduld gehörten dazu, Menschen, die so gelitten haben, dahin zu bringen, sich selbst auch nur ein wenig wieder zu fühlen; ihnen zuzumuten, sie sollten ihre eigenen Quäler verstehen, bedenkend, was in denen vorging und was die sich gedacht hätten, überfordert das nicht alle Menschlichkeit?

Trotzdem müssen wir's ein Stück weit probieren. Wir müssen uns noch einmal vorstellen, was denn in den Leuten vor sich geht, die hinaufstreben wie die Lichtgestirne, die den ganzen Himmel erleuchten müssen, um wolkengleich über die Erde zu ziehen. Vielleicht muß man das Bild nur umdrehen. Sie haben Menschen vor sich, denen es auf der Erde wie die Hölle ist, sie selber sind für sich das reine Nichts, der Abgrund, die komplette Ohnmacht. Sie müßten nur denken, die ganze Geschichte, die wir soeben erzählt haben, hätte schon in Kindertagen gespielt, und sie hätte ein ganzes Selbstwertgefühl ruiniert; gelernt hätte man: Nur wenn man ganz groß hinaufsteigt zur obersten Spitze, vermeidet man, ein Nichts zu sein. Und immer geht's um nichts und alles. Sie müssen nur ein paar Reden Adolf Hitlers sich einmal anhören. Womit er das deutsche Volk, sechzig Millionen, damals köderte, war immer wieder die Erinnerung an den einfachen, vergessenen Frontsoldaten, der ein Nichts war. Darin fühlten Millionen damals sich wieder. Das vollkommene Nichts, gelitten bis zu den Giftgasangriffen von Verdun, Hitler selber war blind dabei geworden, und das alles für nichts. Am Ende war es ein Verbrechen, da mitgemacht zu haben. Alles, was man wollte, widerlegt, keine Arbeit, keine Aussicht, nichts. Wenn Sie das tief genug fühlen, begreifen Sie vermutlich alles, was teuflisch ist in der menschlichen Geschichte. Sie brauchen keinen Satan, Sie müssen sich nur kümmern um die Armseligkeit von Menschen. Sie ist so riesengroß und wartet auf die einfachsten Formen der Erlösung. Ich halte es nach wie vor nicht für übertrieben, zu denken, daß, wenn ein Mensch wie Adolf Hitler von einer einzigen Frau wirklich geliebt worden wäre, von seiner Nichte Geli Raubal zum Beispiel – es wäre gutgegangen, sie hätte nicht Selbstmord gemacht –, uns viel erspart geblieben wäre. Nicht behaupten kann man, daß ein Mensch wie Hitler nicht sogleich durch andere abgelöst worden wäre. Auch das zählt zu dem Unglaublichen, daß es Lösungen immer wieder, menschliche Lösungen nur gibt für jeden einzelnen, daß aber das Drama der Geschichte sich kollektiv aufführt, und zwischen beiden Ebenen wissen wir bis heute keine Lösung. Den Aberglauben jedenfalls, wir reinigten die Geschichte, indem wir einzelne als Alleinschuldige zur Schlachtbank führen, wenigstens den könnten wir begraben. Wir sind keine besseren Menschen, bloß weil wir definieren, was die Unmenschen sind, und ernsthaft glauben, indem wir uns die Hände in ihrem Blut wüschen, hätten wir uns gereinigt. Irgendwann muß mit diesem archaischen Wahn einmal Schluß gemacht werden. Und wenn dieses Lied irgendeine Wirkung hat, dann wär's wohl die in einem Protest, der sich bemüht, es zu erledigen, und es käme nie wieder. Braucht man dafür Gott, es zu überwinden? Dieser ganze Text hat ihn nicht nötig. Vom Teufel ist die Rede hier, von Gott aber mit keinem Wort. Eine Geschichte, die sich ereignet, so wie Sie sie kennen, jeden Tag in der Zeitung, zynisch, brutal, roh triumphal, machtbesessen, erfolgreich, wie soll in einer solchen Geschichte von Gott die Rede sein? Albert Einstein hat einmal sehr schön von seinem

Lehrer Hendrik Antoon Lorentz gesagt, dem Erfinder der Lorentz-Transformation, es habe ihm jemand erklärt, daß in der Welt nur erfolgreich sein könne, wer die Kraft habe, sich durchzusetzen und über Leichen zu gehen. Und Lorentz, der Physiker, soll gesagt haben: Mag sein, mein Herr, daß Sie damit recht haben, nur in *der* Welt möchte ich nicht leben. – Es wäre schon viel, wenn wir dies Gefühl vermitteln könnten irgendwann: nicht mehr mit uns!, irgendwo gäb's Grenzen.

21. Juni 1997

Ein Mahl für die Völker

Zu den merkwürdigsten Texten des Alten Testaments zählen zweifellos die Visionen, das heißt die literarischen Fiktionen, die in der sogenannten Jesaja-Apokalypse vereinigt sind in den Kapiteln 24 bis 27.

Text: Jes 24, 1–13 (Das Weltgericht). 14–16. 21–23; 25, 6–8 (eine Verheißung). 9–10; 26, 19; 27, 1 (Leviathan)
Siehe, der Herr entleert die Erde und verheert sie; er kehrt ihre Oberfläche um und zerstreut ihre Bewohner. Da wird der Priester wie der Mann des Volkes, der Herr wie der Knecht, die Gebieterin wie die Magd, der Verkäufer wie der Käufer, der Entlehner wie der Leiher, der Schuldner wie der Schuldherr. Ausgekehrt und entleert wird die Erde, ausgeraubt und ausgeplündert; denn der Herr hat dieses Wort geredet. Es welkt, zerfällt die Erde, verwelkt, zerfällt die Welt, es verwelkt die [Himmels-]Höhe samt der Erde, da die Erde entweiht ist unter ihren Bewohnern; denn sie haben die Gebote übertreten, die Satzung verletzt, den ewigen Bund gebrochen. Darum frißt ein Fluch die Erde und büßen, die darauf wohnen, darum sind glutverzehrt die Bewohner der Erde und wenig Menschen übriggeblieben. Es trauert der Wein, die Rebe verschmachtet, es seufzen alle, die frohgemut waren. Es feiert der Jubel der Handpauken, still ward der Lärm der Fröhlichen, es feiert der Jubel der Laute. Gesungen wird nicht mehr beim Wein, bitter schmeckt der Rauschtrank den Zechern. Zerbrochen ist die öde Stadt, verschlossen jedes Haus, daß niemand hineinkommt. Klage um den Wein erschallt in den Gassen; entschwunden ist alle Freude, fortgewandert der Jubel der Erde. In der Stadt bleibt nur Verwüstung und in Trümmer zerschlagen das Tor.
Denn so wird es gehen auf der Erde mitten unter den Völkern, wie wenn man Oliven abklopft, wie bei der Nachlese, wenn der Herbst vorbei ist.
Jene erheben ihre Stimme und jubeln, über die Hoheit des Herrn jauchzen sie vom Meere her: »Darum ehret den Herrn im Lande des Aufgangs, auf den Inseln des Meeres den Namen des Herrn, des Gottes Israels.«

*Vom Saume der Erde hörten wir Lobgesänge: »Herrlichkeit dem
Gerechten!« Ich aber spreche: Elend mir! Elend mir! Wehe mir!
Räuber rauben, ja, räuberisch rauben die Räuber!
An jenem Tage, da wird der Herr heimsuchen das Heer der Höhe
in der Höhe und die Könige der Erde auf der Erde. Die werden zu-
sammengesperrt in die Grube, wie man Gefangene einsperrt, und
sie werden verschlossen in den Verschluß und nach vielen Tagen zur
Strafe gezogen. Der Mond wird erröten und die Sonne beschämt
dastehen; denn König ist der Herr der Heerscharen auf dem Berge
Zion und zu Jerusalem, und vor seinen Ältesten ist Herrlichkeit.
Und rüsten wird auf diesem Berge der Herr der Heerscharen allen Völkern ein Mahl von fetten Speisen, ein Mahl von alten Weinen, von fetten, markigen Speisen, von alten, geläuterten Weinen.
Und vernichten wird er auf diesem Berge die Hülle, von der alle Nationen umhüllt sind, und die Decke, die über alle Völker gedeckt
ist. Vernichten wird er den Tod auf ewig. Und abwischen wird Gott,
der Herr, die Tränen von jedem Antlitz und die Schmach seines
Volkes von der ganzen Erde hinwegnehmen; denn der Herr hat es
geredet.
An jenem Tage wird man sprechen: Siehe da, unser Gott, auf den
wir hofften, daß er uns helfe! Das ist der Herr, auf den wir hofften.
Laßt uns frohlocken und fröhlich sein ob seiner Hilfe! Denn die
Hand des Herrn wird auf diesem Berge ruhen; aber Moab wird zertreten an seiner Stätte, wie Stroh im Mistpfuhl zertreten wird.
Es zerbricht, zerbirst die Erde, es zerspringt, zersplittert die Erde,
es wankt und schwankt die Erde.
An jenem Tage wird der Herr mit seinem harten, großen und starken Schwerte heimsuchen den Leviathan, die flüchtige Schlange,
und den Leviathan, die gewundene Schlange, und wird den Drachen töten, der im Meere haust.*

Die Bibel aufzuschlagen, insbesondere die Texte, die im Buche des
Jesaja zusammengestellt wurden, läßt sich nicht unbillig vergleichen mit dem Besuch einer Kathedrale. Man schaut sich um und
findet Bauteile, die offensichtlich aus dem Mittelalter stammen;
die Fensterbögen, die Glasstürze in den Bildern, daneben plötzlich
ein barocker Altar – ein halbes Jahrtausend liegt dazwischen, ganz
verschiedene kunstgeschichtliche, religiöse Auffassungen sprechen
sich aus in ein und demselben Gotteshaus. Und dennoch geht das

irgendwie überein, denn spürbar wird, daß eine gleiche Grundhaltung, die Kraft ein und desselben Vertrauens und Hoffens sich in all dem so scheinbar nur Disparaten ausspricht. Die bisher gelesenen Texte gehören der Zeit des historischen Jesaja und seiner Person zu, Ende des 8. Jahrhunderts v. Chr. Ein Hauptgedanke schälte sich dort immer wieder heraus: Religion ist etwas anderes als Politik, Vertrauen auf Gott nicht identisch mit dem regierungsamtlichen Pragmatismus der Mächtigen. Die lösen die Angst ihrer eigenen Person und eines ganzen Volkes, indem sie Ausschau halten nach Bündnispartnern und schließen Koalitionen militärischer Stärke gegenüber militärischer Herausforderung. Das alles mag man im Raum der Zeitgeschichte diskutieren; es vertut sich und verrät sich, wenn es verspricht, Halt für die Menschen zu bieten, und es ist in sich selber ohne Bestand, weil es viel mehr sein will, als es sein kann. Es setzt absolute Gewißheit am Ende nur noch an den Aufmarsch der kasernierten Soldateska. Wie stark sie im Felde ist, das soll entscheiden darüber, was ein Volk ist, was es wert ist im Raum der menschlichen Geschichte und was es überhaupt gilt im Raum des Menschlichen. Jesajas Gedanke war, daß man die Angst der Menschen nur beruhigen kann, wenn man sich von all dem freimacht und ruhig wird inmitten des Herzens des einzelnen Menschen wie des ganzen Volkes und macht sich fest bei Gott. Nur so hat's Bestand.

Das ist der Kern, um den es diesem Propheten immer wieder ging, zeitgeschichtlich herausgefordert durch den syro-efraimitischen Krieg, durch die Bedrohung durch die Assyrer, durch den Zerbruch des Nordreiches, am Ende durch die sichtbare Untergangsstimmung in Jerusalem und Judäa. Da war der Gedanke schließlich eines Propheten, der sich von Gott beauftragt sah, Verstockung zu predigen, statt auf Gehorsam warten zu können, daß nur jenseits des Zerbruchs Menschen fähig würden zur Wahrheit, freiwillig offenbar niemals, vor der Katastrophe gewiß nicht. Also müßte man durch das Dunkel hindurch und dann weitersehen, was zuvor kein Mensch erfinden kann. – Das gewissermaßen ist die gotische Kathedrale, sind die Texte des Propheten Jesaja, zum Teil zusammengeschnürt in einem eigenen Testament, wie wir hörten. Aber in die gleiche Blickrichtung hinein arbeitet es sich weiter durch die Jahrhunderte, wie wir heute zu wissen glauben, bis in die Zeit Alexanders des Großen hinein, bis in die Zeit der Seleukiden hinein, bis ins 2. vorchristliche Jahrhundert, über ein halbes Jahrtausend hinweg. Immer wieder lagern sich vergleichbare Fragestellungen an, ringen um Antworten in ganz unterschiedlichen Zeiten und machen dennoch die alten Visionen im Neuen geltend. Worauf läßt sich wirklich hoffen? Diese Frage wird im ersten Drittel des 2. Jahrhunderts v. Chr. in einer eigenen Literaturform beantwortet, die wir die Apokalyptik nennen. Sie ist alles andere als nur eine literarische Manier, sie ist eine Weltanschauung. Sie ist im strengen Sinn keinesfalls mehr prophetisch. Da tritt nicht ein einzelner inmitten der Gottesdienstgemeinde vor sein Volk und riskiert seinen Kopf auf Leben und Tod, er redet nicht unmittelbar in die Situation hinein, ein letztes Mal paradoxerweise auf Umkehr hoffend, wo doch keine sein kann: Das Ergebnis seiner Veranstaltungen und Aufrufe wird immer wieder genau das Gegenteil sein, man wird um so härter und entschlossener in Widerspruch zu dem Propheten gehen. Die Apokalyptik verdankt sich der Literatur von Schriftgelehrten, die über die Geschichte Israels und über die Geschichte der Völker nachgesonnen haben; sie versuchen eine Regelmäßigkeit zu konstruieren, zu rekonstruieren, zu prognostizieren, sie sind in gewissem Sinne Weltenkundige geworden, und sie ersinnen so etwas wie einen göttlichen Plan. Er läuft immer wieder auf das eine hinaus: eine Hoffnung in der Verzweiflung auszusprechen. Bis dahin haben alle Propheten innerhalb der Geschichte gedacht: Es mag an Katastrophen geben, was es will, irgendwann wird Gott ein Neues beginnen und in dieser Geschichte einen Neuanfang setzen. – Das ist soviel, wie wenn Sie einem einzelnen Menschen helfen: Sie sehen ihn in seinen Untergang laufen. Denken Sie sich einen Alkoholiker, der es immer wieder schafft, für ein paar Tage trocken zu bleiben. Aber dann holt es ihn wieder ein, und jedesmal ruiniert er sich schwerer. Jeder Zusammenbruch aber in der Ernüchterungsphase ist auch so etwas wie eine tiefere Einsicht. Alle Beteiligten setzen mit ihm Hoffnung, es gäbe da doch einen Neuanfang. Oder denken Sie sich einen Menschen, der von den Ärzten schwerkrankgeschrieben wird; er aber lebt auf eine Weise, die ihn nur immer weiter physisch ruiniert. Dann kommt ein neuer Kollaps. Und doch gelingt es den Ärzten, doch gelingt es einer besseren Diätetik, Hygiene und Lebensführung, ihn wieder aufzurichten. Das alles sind Hoffnungen, die in diesem Leben spielen, die noch zu tun haben mit irgendeiner Kontinuität nach der Katastrophe, und es ist ein tie-

fes Aufatmen: Es geht doch noch weiter, für diesmal, für jetzt noch.
Das ist der Rahmen, in dem Prophetie sich verkündet.

Die Apokalyptiker glauben all das nicht mehr. Sie glauben nicht
mehr, daß es vor der endgültigen, alles beendenden Vision des Un-
tergangs noch irgendeine Rettung gäbe. Das ist ihr Paradox. Sie akzeptieren die Verzweiflung, daß nichts mehr zu ändern ist, so wie
Jean Anouilh seine Tragödien schreiben konnte in den sechziger
Jahren: Er schickt den Protagonisten auf die Bühne und erklärt
gleich das ganze Schauspiel. Im Drama, sagt er, wird noch gekämpft, gerungen, gestritten, die Akteure selber glauben noch an
irgend etwas, haben Hoffnung, meinen, durch ihre Auseinandersetzung etwas bewirken zu können. In gewissem Sinne ist das Narretei
für Unbelehrte und Unbelehrbare. Die wirkliche Tragödie beginnt
damit, zu wissen, daß nichts mehr zu vermeiden ist. Alles, was sich
jetzt abspielt, kann man vorhersehen. Da sieht man Antigone sitzen, und wenn man sie kennt, weiß man, wie sie handeln wird, be-
dingungslos, zerstörerisch und stolz. Und man wird Kreon sehen,
den Herrscher von Theben, und wenn man ihn kennt, weiß man
vorweg, wie er reagieren wird. Ihm geht es nicht um die Religion
und Moral, sie sind für ihn nichts als zynische Herrschaftsinstru-
mente; ihm geht es um die Verwaltung seiner Stadt, um die Staats-
räson, um die ausnahmslose Einhaltung der Gesetze, und die wird
er exekutieren, auch wenn Antigone darüber sterben wird. Und so
sind sie alle: Gefangene ihres eigenen Charakters, existentialistisch
gesprochen die ausführenden Organe des eigenen Entwurfs von
sich selbst. Wer sie sind – man wird es kennenlernen, aber nur in Bestätigung dessen, was man immer schon wissen konnte. – So die
Apokalyptiker. Es gibt in ihren Augen keine Hoffnung mehr, es gibt
nur noch den Untergang. Aber daran paradoxerweise, jenseits der
Verzweiflung, rankt sich eine neue Hoffnung hoch.

Was wir hier lesen, sind Frühtexte der Apokalyptik, und man
weiß nie genau, wie ernst sie sich selber verstehen. Sind sie der
Schlußstrich unter die Geschichte, sind sie der Entwurf von etwas
weltjenseitig anderem, oder spielen sie nicht doch noch, vorauslau-
fende Schatten werfend, irgendwie hinein in diese Geschichte? Soll
da nicht doch mit der Endgültigkeit und der Totalität eines Endes
ein Neuanfang beschworen werden, oder ist das eine Endbilanz
über alles, was Menschen tun? Daß an dieser Stelle von Hoffnung
die Rede geht, ist keine Frage, aber daß man sie für undurchführbar

hält, ganz genauso. Ebendeshalb muß paradoxerweise im Zerbruch sich das herstellen, was sich durch menschliches Handeln in Kontinuität im Raum von menschlicher Geschichte gar nicht erwarten läßt. Gehen wir's deshalb einmal durch.

Jahwe wird die Erde leeren. Er wird sie verheeren und ihr Antlitz entstellen. – Das ist soviel, wie wenn man die Welt betrachtet und endgültig nicht mehr glaubt, mit einzelnen Korrekturmaßnahmen irgend etwas hier und da verbessern und auf den rechten Weg bringen zu können. Es läßt sich paradoxerweise nur noch hoffen, daß Gott ein zweites Mal mit dem Projekt seiner Sintflut Ernst macht. Der ganze Plan, der von Genesis 7 und 8 über die Geschichte gelegt war, Gott gehe geduldig mit den Menschen mit, scheint ein Irrtum gewesen zu sein. Jetzt oder nie soll's noch einmal beginnen: die große Abrechnung, die Katastrophe des Weltgerichts und des verdienten Weltuntergangs. – Es scheint ein vermessener Wahnsinn zu sein, was sich da als Religion bezeichnet. Wenn immer in unseren Tagen die Apokalyptiker so wieder beginnen, glaubt man sie in die Nähe von Psychotikern und Psychopathen rücken zu müssen, und wir werden sehen, dies geschieht gar nicht so sehr zu Unrecht. Aber fragen wir uns, woran sich hier Verbitterung und Erbitterung festmachen, worum da gerungen wird, am Ende mit dem Wunsch beinahe, es möchte alles den Bach hinuntergehen, in den Katarakt des Sturzbachs einer neuen Sintflut enden, dann muß man es sich nur schrittweise einmal anhören, was da gewünscht wird bis hin zu totaler Zerstörung.

Wie dem Volk ergeht's da dem Priester. – Man weiß kaum, wie lang die Pause sein muß, um zu verstehen, was da verwünscht wird, und zwar so total, daß die ganze Welt mitzerstört werden soll, fast aufs selbstmörderische. Es ist ein Gefühlszustand, wie wir ihn in dieser Woche, als 150 Polizisten über eine arme armenische Familie herfielen, miterleben mußten: wie in Paderborn sich jemand mit Benzin übergießt und als lebendige Fackel anzündet. Es ist soviel, wie wenn jemand die ganze Welt, die so unerträglich ist, in den Untergang reißen möchte und sich als ersten, stellvertretend für alle, vernichtet, weil kein Leben ist. Aber der erste Grund, warum kein Leben ist, liegt darin, daß das Volk unter die Füße getreten wird von dem Priester. Er ist ein Typ, er ist kein einzelner. Er ist eine Institution, die dem Volk zuwider ist. Hierarchisch gegliederte Religion, das ist ein Apokalypseprogramm hier. Solange es da eine heilige

Schicht gibt, die über dem Volk liegt und immer wieder dabei ist,
Gott zu erklären, indem sie ihn durch eigene Wichtigtuerei und
Gelehrsamkeit mit ritueller Magie verstellt, mit ständiger Angst,
hat Gott keine Chance, sich den Gläubigen mitzuteilen. Das alles
muß offenbar zusammenstürzen – dieser ganze Typ von Religion. –
Machen Sie sich das nur einen Moment lang aktuell klar. Fast
rührend höre ich immer wieder Leute, die sagen: Aber wir sind
doch die Kirche, wir meinen's doch gut, wir geben uns doch Mühe;
wir sind auf der Seite der Schwachen, und wir möchten das Gesamtsystem ändern. Immer wieder haben sie Hoffnung für diese
Kirche, für diese Geschichte, für das kommende Jahrhundert oder
womöglich gar Jahrtausend; aber was sich ändern müßte, wäre so
viel, daß alles, was wir kennen, der Veränderung gar nicht stand-
hielte. Es wäre der Zusammenbruch, auf den man hoffen müßte.
Die ganze Priesterherrschaft, in der katholischen Kirche das gesamte vatikanische System, müßte einstürzen. Daß es sich freiwillig
dahin bekehrt, ist völlig unmöglich. Ebendeshalb muß man wünschen, daß die Katastrophe kommt, und je schneller, desto lieber. Es
hat keinen Sinn, zu warten, bis die es begreifen da oben, die selber
die Zügel schleifen lassen, bis sie ihre Mitra absetzen und sich für
fehlbare Menschen erklären. Darauf kann man nicht warten. Wenn
das geschieht, muß es schon Gott selber besorgen, einfach indem
sich zeigt, daß etwas zu Ende geht, so gründlich zu Ende, daß nur
der Zusammenbruch sein Finale sein kann.

Wie dem Sklaven, so seinem Herrn. – Vor 130 Jahren entstanden
Spirituals, die sangen von Freiheit. Aber die Methodisten in den
Südstaaten wollten Menschen befreien, z.B. durch Ortswechsel
einfach zum Norden, zu den Yankees. Man kann verstehen, daß
man so dachte. Aber war es glaubwürdig? Die Nordstaaten führten
damals Krieg, und Abraham Lincoln begriff, daß man diesen Krieg
nur führen konnte, wenn man ihm ein tiefes moralisches Motiv
gab. Die Unionisten brauchten einen heiligen, göttlichen Auftrag.
Wenn man Hunderttausende von Menschen zu töten riskiert, wenn
man hunderttausendfaches Sterben in Kauf nimmt, dann muß man
Gott aufs Schlachtfeld holen. Abraham Lincoln ließ seine Soldaten
nicht kämpfen um die Einheit der Vereinigten Staaten, das wäre
kein Motiv gewesen, sondern um die Befreiung der Sklaven im Süden. Kämpfte man darum wirklich? Man machte es die Menschen
glauben. Unterschiedliche Wirtschaftsformen, unterschiedliche Be-

bauung des urbar gemachten Bodens, Abhängigkeiten von bestimmten Produkten, gesellschaftliche, wirtschaftliche Unterschiede, hochstilisiert zu Menschheitsfragen – was hatte all das mit den Menschenrechten und der Sklavenbefreiung zu tun? Abraham Lincoln der größte Held oder der größte Lügner der Geschichte der Vereinigten Staaten? Wie wird ein Mensch frei von seinem Herrn? Wieder, im Sinne dieses Textes, kann man nur sagen: Die Gleichstellung der Menschen setzt voraus, daß alles zusammenbricht, was wir da als Herrschaft erleben. Die Sklaverei hat ja bis in unsere Tage nicht aufgehört, sie hat nicht einmal ihre rassistische Lackierung geändert, der Unterschied von Schwarz und Weiß hat immer noch sozial die Kraft, wichtig zu sein; der Unterschied zwischen Kulturen und Sprachen – immer noch ist er virulent. Viel wichtiger heute wird darüber hinaus die wirtschaftliche Abhängigkeit, die Sklaverei der Armen in den Händen der Reichen. Man hat die Sklaverei wirtschaftlich lediglich universalisiert, globalisiert. Jede Tasse Tee, die Sie trinken, wird erpreßt von denen, die dafür vierzehn Stunden arbeiten auf den Teeplantagen Ceylons für eine Rupie pro Tag, siebzig Pfennige etwa. Aber selbst das kann man verbilligen. Vielleicht in China finden sich Arbeitskräfte, die machen's auch für sechzig Pfennige in fünfzehn Stunden. Und das ist sehr wichtig. Wenn man Hunderttausende von Tonnen Tee importiert in den Westen, hat man durch solche Lohnunterschiede einen riesigen Vorteil auf dem Weltmarkt. Also muß man den Weltmarkt auf der Suche nach Arbeitskräften globalisieren – eine wunderbare Formel! Wo findet man die Schwächsten und die Ärmsten, um sie bis zum äußersten zu erpressen? So macht man Politik. Wir erleben gerade, wie in Zaire ein Umsturz stattfindet, wie Mobutu endlich davongejagt wird. Aber noch war Kabila nicht an der Macht, als die USA bereits dabei waren, milliardenschwere Lizenzen für das Schürfen von Bodenschätzen zu verhandeln, Erdöl, Bauxit, Uran, Kohle, Gold – Milliarden in einem der reichsten, fettesten Länder Afrikas. Geht's da um Menschen? Es geht darum, Menschen in Sklaven zu verwandeln, denn den Arbeitern werden die abgeschöpften Gewinne in keinem Punkte zurückgezahlt. Das Land wird ärmer dastehen in zwanzig Jahren, als es je war, und man braucht den Diktator, damit er Ruhe schafft. Aber das wird man nicht sagen im Westen. Im Westen wird zur gleichen Zeit, wo Kabila die Macht antritt, die US-

Regierung erklären, daß sie auf Demokratie Wert legt. Natürlich tut sie das nicht, aber sie muß die Fassade wahren. Kann man den Menschen versklaven, ohne permanent zu lügen? Aber genau das geschieht. Und kann man hoffen, das würde sich ändern? Wodurch eigentlich? Vielleicht, müßte man modern sagen, durch den Zusammenbruch der Weltbank; das wäre eine Hoffnung: wenn der ganze Kapitalismus genauso zu Bruch geht wie der Kommunismus, dann vielleicht, durch eine furchtbare Katastrophe, 1927 noch mal weltweit, ein Desaster, Inflationen, die in wenigen Tagen dazu führen, daß man für Millionen Mark nicht mal Schnürsenkel kaufen kann – kommt so die Zukunft des Menschen? Aber vielleicht ist das der Anfang. Wenn alle kein Geld mehr haben und alle gemeinsam neu beginnen, hebt sich einer der wichtigsten Unterschiede auf.

Die Magd und ihre Dame. – Freilich kann man das gesellschaftskritisch und politisch interpretieren, zum Teil aber auch psychologisch. Wie oft werden Menschen unterdrückt von anderen, die ihren Stolz darein setzen, sich in die Brust zu werfen und besser zu sein, und sie brauchen die Verachtung der andern, um ihre eigene Achtung begründen zu können. Wieder: freiwillig wird von all dem Wahn niemand lassen. Immer wieder wird man darauf stoßen, daß es nur unter einem erheblichen Leidensdruck, unter dem Eindruck: es geht nicht mehr so weiter, zu einer Änderung kommt.

Rein finanziell: *Der Käufer und der Verkäufer* sollen gleichgestellt werden. – Sollen wir noch einmal reden von dem Ungleichgewicht auf dem Markt, wo der Geldbesitzer einen unendlichen Vorteil hat gegenüber dem Warenverkäufer, weil das Geld auf ewig angelegt ist, letztlich durch Edelmetall gedeckt wird? Die Idee ist, daß jeder Geldschein irgendwo eine Golddeckung besitzt. Die soll für immer stabilisieren, was Wert hat. Aber der arme Verkäufer hat nur vergängliche Werte, ob er Fleisch verkauft, Blumen, Kleider, Sofas – das alles unterliegt der Vergänglichkeit und der Mode, er muß es loswerden, und er muß davon leben, daß er sein Produkt loswird, während der Geldbesitzer alles erwerben kann. Er hat den Jokervorteil Geld. Und wird er es freiwillig abgeben? Sollen wir uns einen Robin Hood wünschen, der es ihm aus der Tasche zieht und den Armen gibt, sozusagen als Beutel am Pfeil durch die Büsche? Oder sollten wir nicht denken: Das alles wird so lange bleiben, bis es keine Käufer mehr gibt, weil es kein Geld mehr in den Händen der Armen gibt? Das ganze Wirtschaftssystem, das wir Kapitalis-

mus nennen, scheitert an sich selber. Es ist so effizient, daß die Ausbeutung derartig funktioniert, daß es am Ende keinen mehr gibt,
der unsere wunderschönen Autos, unsere wunderschönen Computer kaufen könnte – kein Mensch kann sie gebrauchen. Das ist eine
absolut mögliche Zukunft. Wann sie kommt, wie sie kommt, ist die
Frage. Aber soll man glauben, wir würden freiwillig vermeiden,
daß sie kommt?

Der Verleiher und der Entleiher, der Schuldherr und der Schuld-
ner. – Man braucht's gar nicht zu kommentieren, es geht ständig so
weiter. Denken Sie an die Verschuldung von zwei Dritteln der
ganzen Menschheit in den Händen der ersten Menschheit, des ver-
bleibenden Drittels. Keines der Länder im Süden kann auch nur
seine Schulden und die Zinsen für seine Schulden bezahlen. Und
wir inzwischen können gar nicht darauf verzichten, sie zu erpressen, denn wir sitzen selber in den Schulden. Wir haben aber die
Idee, daß der Staat, wenn er Schulden in beliebiger Höhe macht,
eigentlich nicht scheitern kann, er ist infallibel. Wir, die Privatleute,
dürften niemals so wirtschaften. Du gehst irgendwo in eine Bäcke-
rei und willst ein paar Brötchen kaufen. Natürlich mußt du das
Geld mitbringen, um die Brötchen zu kaufen, du wirst dem Bäcker
nicht erklären: ich werde sie mir kaufen durch das Geld, das ich im
nächsten Jahr zu erwerben hoffe, weil die Schätzungen so sind, daß
ich das Geld dann haben werde. Der Staat plant grundsätzlich mit
dem Geld, das er noch nicht hat, das er in vier Jahren vielleicht kriegen wird, und dann wird er feststellen, daß die Planungen allesamt
nicht stimmen, weil die Schulden viel größer geworden sind und
deshalb die Zinsen, die er aufnehmen mußte für die Kredite, jeden
Gewinnrahmen überstiegen haben. Ja, dann wird er neue Schulden
aufnehmen, aber er ist der Staat, er kann sich das leisten. Wie kann
er sich das leisten? Indem wir ihm glauben, daß er sich's leisten
könnte, und wir sind immer noch dumm genug, ihn dabei zu unter-
stützen. Wird er freiwillig damit aufhören? Er kann's überhaupt
nicht, weil sie es alle so machen. Wenn einer damit aufhören würde,
wäre er schon pleite. Und wenn sie's alle so machen, sind sie's nicht?
Man glaubt nicht, daß die Menschheit insgesamt so dumm sein
könnte. Ein kleiner Text aus dem Jesaja, d. h. aus dem 2. Jahrhundert v. Chr., mit Berufung auf diesen Mann aus Judäa könnte es uns
zeigen, was Gleichheit unter Menschen ist; aber Vernunft oder
Menschlichkeit kommt offensichtlich immer erst jenseits der Wand.

Nur schlägt es jetzt paradox zu: *Plündernd wird die Erde geplündert.* – Und das macht Gott selber jetzt. Er läßt die Menschen nur so machen, bis es nicht mehr weitergeht offenbar. Und das ist die Bilanz: *Es verdorrt und verwelkt die Erde.* – Man muß vielleicht gar kein besonderer Ökologe sein, um sich vorzustellen, wie das aussieht, ganz wörtlich: so *aussieht.* Wir können das ruhig wissen, wie viele tausend Pflanzen- und Tierarten wir ausrotten – es geht jetzt seit einem halben Jahrhundert so. Jeder weiß das, sieht das, liest das in der Zeitung, aber glauben Sie, irgend jemand würde dagegen ernsthaft etwas tun wollen? Der Nachdruck liegt auf ernsthaft. Wir werden verhandeln, wir werden die Lage schönreden zum Ersatz für eine wirkliche Änderung.

Wie wir die Tiere quälen! Herr Borchert aber, Landwirtschaftsminister seines Zeichens, wird uns erklären, daß die deutsche Landwirtschaft diffamiert, wer sagen wollte: die Massentierhaltung ist gegen das Artengesetz und gegen das Tierschutzgesetz. Das ist für ihn zu pauschal. Wer sagen wollte, Legehennenbatterien von 600 000, 700 000 Tieren, aufgebaut jetzt im Osten, verstoßen gegen die elementaren Tierschutzbedingungen, dem wird er sagen: Freilich, wir werden die Legehennen-Verordnungen novellieren müssen, aber das geht nur international und ist sehr schwierig, und in Brüssel – das können wir nicht im Alleingang machen, und bis dahin müssen wir so weitermachen. – An keiner Stelle werden wir nachlassen, die Erde weiter ausbluten zu lassen. Dieser Text ist so prägnant, als er nur sein kann: *Es verdorrt und verwelkt die Erde und verschmachtet.*

Das Betrüblichste dabei ist: Man sollte denken, wenn es so vielen Leuten doch so gut geht, daß so viel Leid in Kauf genommen wird, dann waltet doch am Ende irgendwo bei irgendwelchen in Saus und Braus und Schmaus irgendeine Freude. Aber genau das, sagt dieser Text, ist nicht der Fall. Er bezieht's aufs *Verdorren der Weinreben.* Es ist kein Vorrat mehr, sich zu betrinken, der Rauschzustand findet keinen Nachschub mehr. Oder man müßte einfach sagen: Das Allerbitterste dabei ist, daß all die Folter, die Diktatur, die Ausbeutung, die Korruption, die Bestechung, die Mordaffären, die Kriege nicht einmal denen irgend etwas nützen, die sie organisieren. Das ist das Allerschlimmste: es gibt keine Freude bei alldem, sie ist längst erstorben. – Sie schauen in irgendeine Chronik aus dem Dritten Reich; Sie fragen sich: wem hat das jetzt genützt, einem

Herrenvolk, das glaubte, die ganze Welt unter die Füße treten zu können? War da irgendeiner wenigstens zufrieden? Beim Töten von Hunderttausenden von Menschen – hatte irgend jemand irgendeine Befriedigung davon? Nicht einmal das. Sie taten alle nur ihre Pflicht; sie waren immer nur Räder im Getriebe. Sie waren überhaupt keine Menschen. Wahrscheinlich ist das das Geheimnis von allem: die Entleerung im Inneren. – Nun sollte man meinen: wenn das so weitergeht, das kann ja irgendwann kein Mensch mehr hören; die Apokalyptik auch redet sich zu Ende. Aber dann kommt plötzlich mitten darein ein kleiner Dreizeiler, der redet davon, daß man *die Hoheit Jahwes bejauchzen* soll, *am Meer und auf den Inseln* und überall. In dem ganzen Desaster soll das kleine Israel, der kleine Judenstaat, der noch geblieben ist, sich betrachten gewissermaßen wie ein Felsblock im Meer, wie der Mont-Saint-Michel gewissermaßen, wenn die Flut rings um ihn steigt, ein Mittelpunkt, der unerschütterlich aus der Flut aufragt und ihr standhält. Am Ende soll das ganze Desaster nur dazu gut gewesen sein, diesen einen Punkt zu halten oder wiederzufinden. Daß das so gemeint ist, steht außer Zweifel. *Vom Rande der Erde*, heißt es da, *hören wir Gesänge: Herrlichkeit den Gerechten*! Es ist nicht Gott der Gerechte hier. In der spätapokalyptischen Literatur, auch im Neuen Testament, würde darunter der Menschensohn zu verstehen sein. Gemeint sind hier vermutlich die frommen Juden in Israel, die sich auf die Seite Gottes gestellt haben, ohne sich beirren zu lassen. Sagen wir's mit dem Bild, in das hinein es sich entwickelt, im Bild des Menschensohns: Worum es bei alldem geht, ist, daß wir uns wiederfänden als Menschen. Alles, was da an Katastrophischem sich bis zu Ende totläuft, hat einzig den Zweck, wie auf einer Negativfolie zu zeigen, wer wir wirklich sein könnten. Und wie wir dahin nun kommen, das ist die Frage. Wie werden wir frei von dem Spuk? Wie retten wir sozusagen die Gestalt, die mit uns gemeint ist? Darum eigentlich geht es in den apokalyptischen Schreckensbildern.

Eine der Voraussetzungen wird darin genannt, daß Gott selber *Rechenschaft* fordert *von den Heeren in der Höhe*. Das sind nun sehr merkwürdige Bilder, die wir übersetzen müssen. Gedacht offenbar ist an etwas, das auch uns im 20. Jahrhundert noch als Spuk beschäftigen muß. Die Quelle dafür liegt in Mesopotamien. Man glaubte daran, daß das Schicksal der Menschen durch die Heere am Himmel, durch die Sterne also, astrologisch determiniert wird, etwas, das in jeder Gazette sich immer noch gewinnträchtig verbreitet; aber das ist oder war nur der Spaß oder der nebensächliche Effekt. Man hat vor allem geglaubt, daß die Sterne sind wie Engelmächte, wie himmlische Heere, in denen sich die Völker spiegeln als absolute Größen in den Händen der Götter; so wie das deutsche Volk z. B. den Erzengel Michael auf seiner Seite hat, ein Streiter und Kämpfer in den Schlachten der Völker. Jedes Volk tritt da an gewissermaßen mit seinem Blick auf die Sterne, mit einem absoluten Anspruch; sagen wir simpler: in der Vision, die Nietzsche im letzten Jahrhundert schon hatte: Die Kriege der Zukunft, sagte er, werden um philosophische Grundideen geführt. Völker werden gegeneinander aufstehen im Gedanken einer absoluten Wahrheit, die sie verkörpern. Das war soviel, wie Hegels Volksgeister in den Willen zur Macht übersetzt, in den Imperialismus des beginnenden 20. Jahrhunderts, eine furchtbar genaue, richtige Vision.

Wir müßten deshalb nun sagen: Es ist eine der *Hoffnungen*, daß Gott diese ganzen Phrasen der Ideologen auf jeder Frontseite irgendwann vom Himmel fegt, daß er wie mit einem Riesenschwamm diese ganze an die Himmelskuppel projizierte Wahnwelt hinwegstreicht. Wenn es etwas gibt zum Aufschauen, dann sind es nicht diese Ideen, die sich zu Idealen von eigener Macht und Größe ins Göttliche gesteigert haben, dann ist da etwas zu erwünschen, das ist, wie wenn die Sterne vom Himmel fielen und es bliebe nur noch ein einziges Licht. Alles, was man den Leuten weisgemacht hat, fällt sehr tief in die Zisterne, bleibt unter Verschluß. In der Sprache der Bibel später ist der Sternenhimmel (falscher Ideale) wie der Teufel selber, ein irreführender Lichtbringer, der den Menschen etwas vorgaukelt, das nicht ist.

Wieder könnte man jetzt sagen: Aber was bleibt denn dann, was ist die Hoffnung? Hier in der Folge dieses Textes etwas ganz Unglaubliches: *eine Mahlzeit für die Völker*. Die Bibel kann so furchtbar engstirnig, so nationalegoistisch sein wie kein anderes Buch der Weltgeschichte sonst, aber an manchen Stellen kann sie groß sein und hat eine innere Dynamik, die ein Stück Atem holen läßt. Eine der großen Ideen des Jesaja und der Tradition schon, die ihm vorliegt, ist die Hoffnung, alle Völker könnten eines Tages kommen, am Ende all des Völkerwahns wohlgemerkt, im Zusammenbruch von allem, was bis heute Geschichte heißt, zum Berge Zion, und von dort ginge Licht aus. Es ist die umgekehrte Idee des Neuen Testaments: Dort, am Ende des Matthäus-Ev. (28,19), wird der auferstandene Christus seinen Aposteln sagen, sie sollten gehen in alle Welt, sie sollten die Menschen suchen. Hier, im Alten Testament, setzt man auf den andern Brennpunkt der Ellipse: Die Völker selber, die Menschen werden kommen und finden, daß nur dies übrigbleibt: der Berg Zion. Es ist ein *Bild*, wir spüren das deutlich, aber was dann stattfindet, ist etwas Großartiges, etwas, von dem Jesus, ich glaube ganz sicher, lebte: wir setzten uns zusammen an *einen* Tisch und hielten Mahl, alle Völker ohne Unterschied an einer Stelle, Eingeladene zum Mahl – das wäre Gottesdienst. Man glaubt sicher zu wissen, daß Jesus in seinem Protest gegenüber den Mächtigen in Religion und Staat zu seiner Zeit ein solches Bild immer wieder provokativ aktualisiert hat: Er setzte sich mit den Leuten zusammen, die überhaupt keine Chance hatten unter den Augen der Gesetzeslehrer, der Priester, und wollte, daß sie dazugehören, alle, in Israel zumindest erst einmal, und dann, wenn es gelungen sei, auch die Völker später. Hier sind es alle, die kommen. Was wir Eucharistiefeier oder Abendmahlsfeier nennen, hätte zur Grundlage diese Vision: Alle wären sie eingeladen als Menschen, und es gäb' keine Trennung mehr. Fettspeisen, Hefeweine, ungeachtet, ob Ihnen jetzt speziell diese Substanzen schmecken, was gemeint ist, ist ganz deutlich: Das Beste vom Besten soll das werden, was in der Küche zur Verfügung steht. Und allein schon die Idee, wir hätten Geschichte, wir hätten Politik nicht mehr als verwalteten Egoismus einzelner Staaten, einzelner Volksgruppen gegeneinander, als Interessenkämpfe, als Konfliktanstrengungen immer um bestimmte Vorteile, heute von technologischen Standards, von Know-how, von der Konzentration von Kapital, von einer immer stärkeren Wirtschaft, als ein ständiges Wettrennen gegeneinander, sondern wir sähen irgendwann die Menschheit als Einheit, und *nur* so wäre Religion.

Hier im stockkatholischen Paderborn dies zu sagen – ist das anders möglich, als sich nochmals zu erinnern an die Vorgänge dieser Woche, da man eine ganze armenische Familie, über 20 Menschen, bei Nacht verhaftet und »abgeschoben« hat? Armenier sind Christen, feiern ihre Mahlgemeinschaft nicht anders als die römischen Katholiken; sie hatten in der Georgskirche ihren eigenen Gottesdienst eingerichtet. Aber sie gehören nicht nach Deutschland, findet Herr Innenminister Kanther, findet Herr Stadtdirektor Schmeken, sie sind illegal hier. Es ist nicht genug, daß 1,5 Millionen Armenier von Türken ermordet wurden nach dem, was wir im Rückblick den Ersten Weltkrieg nennen, daß sie bis heute keinen eigenen Staat bilden dürfen, daß die Familie Gusnejew, um dem Wahn persönlich, privat, da wo sie konnte, ein Ende zu machen, ein Kind gerettet hat aus der Schußlinie, aber eben ein falsches, das nicht der eigenen Gruppe zugehörte, daß sie nach Deutschland kamen in der Hoffnung, wir würden Freunde des Friedens aufnehmen als Freunde, nicht als Belastung, sondern als Bereicherung – das ist illegal, findet Herr Kanther, findet die C- und soziale Partei in Bonn und gibt den Druck weiter bis zu den ausführenden Organen am Ort. Sie arbeiten die Computer leer, sie tun ihre Pflicht. Braucht man dann noch Menschen, die die Computer leerarbeiten? Warum läßt man das nicht gleich die Computer erledigen, man rationalisiert die Arbeitsplätze hier in der Stadtverwaltung? Wär' es nicht ein Vorschlag? Vielleicht würden sie dann doch entdecken, daß sie als Menschen gebraucht würden – wär' ja möglich.

Wie sähe es aus: Wir könnten einladen zu einem Völkerfest hier in unserer Stadt, wir hätten mindestens, schätze ich, 25 verschiedene Völker. Es wär' ein wunderbares Zeichen: Fronleichnam in Paderborn als Völkerfest. Was wir statt dessen haben, ist ein konfessioneller Umzug zum Rechthaben und zur Demonstration von sehr viel Aberglauben. Da soll Gott irgendwelche Blitzeinschläge vermeiden und Mißwuchs und Hagel aufhalten, und natürlich demonstrieren wir den Protestanten, wo es langgeht. Das einzige Problem im Pfarrgemeinderat ist, ob das linksrum oder rechtsrum geht durch Paderborn und die Uhrzeit natürlich, um 10.30 Uhr oder um 11 Uhr, daß man sich nicht ins Gehege kommt. Aber wär's möglich, wir setzten uns zusammen und nennten das Gott: eine Mahlgemeinschaft der Völker? Dieser Traum ist so alt wie die Bibel, er hat Jesus zentral beeinflußt. Das war die Art seiner »Gerechtigkeit«, weswegen er von sich sprach in Richtung auf den Menschensohn: Wenn der komme, werde er nur entsprechend dem entscheiden, was er, Jesus, längst gesagt habe; wer es jetzt tue, der finde beim Gericht des Menschensohns Bestätigung, und wer nicht, der falle da durch (Mt 10,32).

Dann bleibt, daß es ein Zentrum zu gewinnen gibt: *Gott hält seine Hand auf diesen Berg*, eben auf den Zion. Da gibt es etwas Unzerstörbares, das man nicht schleifen kann, das sogar wächst in aller Not. Es kann nur immer größer werden. Diese Festigkeit, da sei etwas Unzerstörbares, sollten wir uns nie nehmen lassen.

Das Mahl für die Völker hat vor allem einen wichtigen Nebensatz zur Folge: *Es wird Gott die Tränen von allen Gesichtern wischen*; die Schmach seines Volkes wird er entfernen. Aber das ist jetzt nicht mehr nur geschichtlich, Israel herauszustellen unter den Völkern oder einzelnes Leid zu trösten. Es geht jetzt um die Frage: Wie kann man Menschen, in Anbetracht ihres ganz persönlichen, sicheren Endes, aufrichten gegen den Tod? Es gibt im sogenannten Alten Testament nur zwei Stellen außerhalb des Buches Daniel, in denen zum erstenmal so etwas geahnt oder sogar verheißen wird wie eine neue Hoffnung, die den Tod widerlegt. Das ist diese eine Stelle im Kapitel 25 und noch die andere im Kapitel 26,19. Man weiß da nicht, wie man sagen soll. Gott offenbar redet mit seinen Gläubigen: *Leben sollen deine Toten, meine Leichen auferstehen* – ein ganz merkwürdiger Satz, der schon in den besitzanzeigenden Fürwörtern merkwürdig changiert. Wir sollten aber so sagen: Überall auf Erden trauern Menschen um den Tod derer, die ihnen nahestehen, überall spüren Menschen, wie der Tod – mit einem Wort des Jeremia (3,20) – durchs Fenster kommt, wie er hinter uns hergekrochen kommt und uns erreichen wird. Was sagen wir den Menschen im Wissen um den sicheren Tod? Das wird mehr und mehr das Thema der Apokalyptik; nicht das Ende der Völker, nicht einmal das Ende der Welt, es personalisiert sich, individuiert sich. Wie antwortet man dem sicheren Ende jedes einzelnen Menschenlebens? Da sagt Gott hier »deine Toten«. Das ist all der Schmerz, den du fühlst, denn all die Menschen, die da sterben müssen und gestorben sind, sind doch in deinem Herzen, deinem Gedächtnis, du leidest um sie, sie gehören dir zu. Aber nicht nur; sie sind auch »meine« – und hier heißt es jetzt – »Leichname«, soll heißen: das Toteste vom Toten, die Hülle unseres Daseins. Sie gehören Gott, und das ist die ganze Hoffnung. Immer wieder haben die Propheten uns gesagt: Gott kann zerstören, Gott verhängt Katastrophen, Gott vernichtet, um zu strafen. Dies alles können wir jetzt einmal beiseite lassen. Es gibt ein Ende, das in der Natur liegt und unvermeidbar ist. Aber hier lernen wir von den Propheten, ein solches Ende nicht länger zu fürchten, sondern zu denken: Alles, was da geschieht, bleibt in Gottes Händen.

Man hat so nie gedacht im alten Orient, außer in Ägypten, in den großen Bildern der Auferstehung. Gerade sie, so möchte man meinen, gewinnen hier einen gewissen Einfluß. Freilich, es gibt auch in Ägypten das trostlose Harfner-Lied. Es gibt, viel älter als das sogenannte Alte Testament, das Gilgamesch-Epos aus Mesopotamien. Es hat nur ein einziges Thema: Wie hält man dem Tod stand, wenn der eigene Freund, Enkidu, sterben kann? Gilgamesch fürchtet nicht einmal das Reich des Todes, wenn es gilt, seinen Freund zu retten, und fast hätte er das Kraut der Unsterblichkeit erlangt, wäre er nicht, glücklich am Ziel, drüber eingeschlafen, so daß die Schlange es ihm stahl. Aber vorweg schon hatte die Schenkin ihm gesagt: Gilgamesch, das Leben, das du suchst, wirst du nicht finden. Als die Götter die Menschheit erschufen, teilten sie den Tod der Menschheit zu, nahmen das Leben für sich in die Hand. Du, Gilgamesch, dein Bauch sei voll! Ergötzen magst du dich Tag und Nacht, feiere täglich ein Freudenfest! Die Gattin freue sich auf deinem Schoß! Solcherart ist das Werk der Menschen. Und mehr hatte man nicht verheißen: Essen und Trinken, Fröhlichsein, Feste feiern, die Liebe genießen zwischen Mann und Frau – darüber hin geht das Alter, und da hinein kommt das Ende. Der ganze alte Orient schaut über diese Grenze nicht hinweg, das ganze Alte Testament nicht. Für uns scheint das fast ungeheuerlich, aber es gibt nur diesen einen Text aus ganzen vier Zeilen im sogenannten Alten Testament, der etwas anderes hoffen möchte, verheißen will als ein wenig irdisches Wohlergehen. Es *kann* so nicht sein, denkt er, daß es egal ist, ob Menschen gut waren oder schlecht, wie sie gelebt haben, ob sie einfach Glück hatten und konnten hier, solchen Anweisungen entsprechend, sich durchs Leben retten, oder sie waren endlos Geschundene – so kann's nicht sein, daß der Zufall des Todes die Bilanz des Lebens setzt. Die wirkliche Verheißung ist: Wir gehören Gott im Leben wie im Sterben.

Immer wollten die Propheten Gerechtigkeit in der menschlichen Geschichte sehen, und je länger es dauert, desto klarer wird: die Rechnung geht nie auf. Entweder man streicht die Vorstellung eines gerechten Gottes insgesamt, oder man muß den Rahmen erweitern in die Perspektive eines ganz anderen Lebens. Dann gilt es den letzten Feind mit dem Tod zu besiegen, *die Schlange Leviathan*, ein mythisches Wesen, geschichtlich fixiert im Drachen des Meeres als Ägypten, in der flüchtigen Schlange das Seleukidenreich, der gewundenen Schlange das Partherreich. Mag sich's historisch auf was es will beziehen. Es gibt da immer wieder eine Grundgefahr im menschlichen Leben, die lauert, eine Angst unter den Füßen, die wir nie loswerden. Wär's möglich, daß Gott sie überwände und wir endgültig Gerettete wären? Dann müßten wir den gesamten Text zwischen Kapitel 24 und 27 der Jesaja-Apokalypse noch einmal neu lesen. Wir müßten uns fragen, was mit all den Menschen ist, die vor lauter Angst, oberhalb des Schlangenrachens gewissermaßen, keinen Ausweg mehr sehen. Apokalyptische Phantasien, das kennen wir aus der Psychiatrie: Menschen sind, die nicht mehr ein noch aus wissen und die nur denken können: wenn es je noch weitergeht, dann muß *alles* beseitigt sein, was jetzt noch ist. Manche schizophrenen Patienten, wie wir sie nennen, bewußtseinsgespaltene, schwer depressive Persönlichkeiten, sehen buchstäblich in ihren Alpträumen die Welt versinken, und doch meinen die Psychologen nicht zu Unrecht, diese Horrorphantasien des Einsturzes von allem seien wie Wunschphantasien: Endlich würde man den Alptraum des Alltags los. Niemand sieht, wie es danach weitergehen soll, aber wär's nicht möglich, wir läsen all die Geschichten der Jesaja-Apokalypse noch einmal als psychische Befreiung, wir warteten nicht darauf, bis der Kapitalismus einstürzt, bis die Weltordnung einstürzt, bis die Politik am Ende ist, bis die Weisen auf den Thronen ihren Offenbarungseid leisten; wir sagen uns heute schon, im Angesicht aller Angst und Einschüchterung, wir könnten doch Menschen sein, indem wir die Wahrheit, die wir kennen, einfach leben. Die Unterschiede, die man zwischen Menschen macht, haben sie wirklich Gültigkeit? Wollen wir wirklich glauben, ein Mensch sei einfach durch die Unterschiede seines Einkommens und des Umfangs seines Geldbeutels wertvoller als ein anderer? Sollen wir wirklich denken, ein Mensch sei mehr wert, weil er einen bestimmten Titel hat, eine bessere Ausbildung, weil er schon Eltern hatte, die ihn studieren lassen konnten, während ein anderer nur in die Grube einfahren mußte? Sollen wir diese Standesunterschiede für entscheidend nehmen? Wollen wir wirklich hochmütig sagen: wir, die Deutschen, haben in Europa einen ganz vorbildlichen Ausbildungsstand, schon das setzt uns in die Lage, z. B. ein so armes Land wie Bangladesch zu verachten, in dem es all die Universitäten nicht gibt und in dem 70 Prozent der Bevölkerung nicht einmal lesen und schreiben können? Was sind wir doch fortschrittliche Menschen! Wollen wir die Differenzen, die man uns lehrt – du hast es geschafft im Leben auf der Leiter der Karriere! – wirklich als Maßstab an uns anlegen, oder schaffen wir das alles ab? Wir errechnen nicht den Zusammenbruch der Welt, wir ersparen uns den eigenen Untergang, indem wir ihn vorwegnehmen und machen die ganze apokalyptische Phantasterei zur praktischen Lebensphilosophie: Wir schaffen die Welt, die man uns vorgegaukelt hat, einfach als Lüge beiseite und sehen die Bilder, die hier hoffen lassen, ganz klar. Es gibt eine Menschlichkeit, die sich nicht verbiegen läßt durch Grenzziehungen. Und die Arbeit beginnt nun im Inneren, daß wir nicht durch Projektionen in künstlichen Grenzen rein psychisch wieder Differenzen geltend machen, wieder Menschen ausgrenzen, wieder fanatisch auf unserem Recht beharren und gegen andere mobilmachen und unseren Glauben verabsolutieren gegen den der anderen, im Stolz, daß Christen etwas Besseres wären als Muslime oder Juden; wir lassen das alles fahren. Wir denken, es gibt nicht den Zionsberg als Lokalität in der Geographie, aber es gibt eine Erhabenheit des menschlichen Daseins, einen Standpunkt, der so hoch und unerschütterlich ist, daß ihn uns niemand mehr nehmen kann. Darauf liegt die Hand Gottes, und selbst der Tod hätte keine Macht mehr.

Unbedingt gehört diese ganz am Rande des Alten Testaments befindliche Hoffnung in den Kern von allem. Auf den Baumwollfeldern in den Südstaaten um 1864 brauchten die so verachteten Neger nicht länger zu zittern, ob die Konföderierten oder die Unionisten siegen würden; sie konnten sich sagen: Wir sind Menschen, und was sie dann sozial mit uns machen, kann schlimm sein oder auch nicht – wir stehlen uns weg aus den Händen der Sklavenhalter, wir tun ihre Arbeit, und sie bilden sich ein, sie wären unsere Herren, aber was wir als Menschen sind, das bestimmen sie nicht. Damals vor 130 Jahren haben sie bestimmt, wie viele Kinder jemand haben durfte und wem man sie zu übergeben hatte; man hielt die Farbigen wie Vieh, das man züchtete; aber es waren die Methodisten, die ihnen sagten: Ihr seid Menschen. Und da sie gar nicht wußten, wie sie Menschen werden sollten im Sinne der Yankees, sangen sie Lieder von einer anderen Welt. Mag sein, nach dieser Befreiung wird der eine den andern gar nicht mehr wiedererkennen; er war bis dahin nichts weiter als ein Theaterclown mit den Rollen, die man ihm vorschrieb, und den Masken, die man ihm auf die Visage drückte; aber jetzt legt er sie ab und ist ein Mensch und schaut dich an mit seinen eigenen Augen, redet mit seinen eigenen Worten. All die Spirituals der Farbigen damals wurden solche Gesänge einer unzerstörbaren Sehnsucht: Es wird eine Würde geben, eine Schönheit.

Da gibt es die Erinnerung an eine Mutter, die eine Sklavin sein mochte, nur weil sie schwarze Hautfarbe hatte. William Faulkner, ein Südstaatler, konnte von einem Glauben ohne Hoffnung sprechen, und es gibt das Empfinden vielleicht einer ganzen Menschheit wieder, die kaum weiß, wie's weitergeht, und fragt sich nicht einmal, was bei dem, was sie tut, aktuell herauskommt: ob sie die Machtverhältnisse ändert, ob sie politisch sich durchsetzt, ob sie Erfolg hat für morgen – sie fragt sich nur, was stimmt und was wahr ist. Und das muß bleiben wie der Zionsberg. Das ist der Anknüpfungspunkt für eine Einladung an alle. Wesentlich betrachtet, hat Albert Camus recht: Es gibt nur einen einzigen Feind, das ist der Tod, die Schlange Leviathan, das offene Maul unter unseren Füßen. Aber wie wir jetzt leben, das entscheidet, wer wir sind. Und wär es möglich, es gäbe ein Licht vom anderen Ufer, und wir gingen gemeinsam darauf zu, wir dächten, daß die Hände Gottes, die uns aus Staub geformt haben, nicht wollten, daß wir in den Staub zurücksinken?

Da hätte das Hohelied aus ägyptischem Erbe ganz recht: Die Liebe ist stärker als der Tod (Hld 8,6). Ich hörte einen Theologen einmal sagen: so sei es falsch übersetzt; die Liebe sei stark *wie* der Tod, aber eben nicht stärker, und wollte sagen: das ist Romantik: Menschen, die hoffen, sie sähen sich wieder, das sei kein Versprechen der Bibel. Weswegen aber sollten wir irgend etwas glauben und Gott gar die Liebe nennen, außer wir liebten so, daß wir dächten: dies ist unzerstörbar, nicht die Schlange Leviathan, nicht die Umstände, nicht die Machthaber, nicht das Laufrad der Geschichte bringt's unter die Räder, sondern aufrecht stünden wir vor Gott da, unangreifbar, fest.

14. Juni 1997

Ich will den Schatten
am Sonnenzeiger zurückziehen

In den Mittelpunkt dieses Kapitels wollen wir die letzten erzählenden Passagen am Ende des Buchs des ersten Jesaja stellen. Sie sind offensichtlich spät, ganz sicher nach dem Exil erst, in Angleichung an die Leidensgeschichte und die erzählenden Passagen des Jeremia-Buchs, dort eingefügt worden. Ihre Parallele hatten sie im zweiten Buch der Könige, Kapitel 18 bis 20, und doch sind sie gegenüber dieser Berichterstattung auf ganz besondere Weise geändert, ins Legendäre nämlich, ins Wünschbare, gewissermaßen als Happy-End eines Prophetenlebens, das bis zum letzten, soweit wir es historisch rekonstruieren können, im Protest existiert hat. In diesen Passagen fügt das Finale sich ganz und gar ins Harmonische und Ausgeglichene. Ein Prophet und sein König, beide fromm, beide Gott dienstbar, und wir erfahren die wunderbare Rettung einer Stadt vor ihrem Tod und eines Königs vor seinem Tod. Wo anders als im Buch der Märchen und Legenden könnte Geschichte so wohl aussehen und ausgehen? Sie steht aber in der Bibel.

Sie haben schon so viele Bibeltexte gehört, daß es Ihnen nicht schwerfallen wird, die folgenden Erzählungen einmal gleich beim ersten Aufnehmen kritisch zu hören. Ich meine als erstes die Passage aus Jesaja 36,1–37,38. Sie werden gleich merken, wie viele Doppelungen darin vorkommen, Sie werden merken, daß vor allem die religiösen und die theologischen Töne, die darin anklingen, merkwürdig im Kontrast stehen zu den einfachen Mitteilungen, die der Text bietet. Und richtig, Sie werden vermuten, daß die Verdoppelungen auf Bearbeitungen zurückgehen und daß die religiösen Stellen später eingeschoben wurden. So ist es. Es hört sich, wie es da steht, folgendermaßen an:

Text: Jes 36, 1–22; 37, 1–38; 38, 1–22
Im vierzehnten Jahr des Königs Hiskija zog Sanherib, der König von Assyrien, wider alle festen Städte Judas heran und nahm sie ein. Da sandte der König von Assyrien den Rabschake von Lachis aus nach Jerusalem zum König Hiskija mit großer Heeresmacht; der stellte sich auf bei der Wasserleitung des obern Teichs an der Walkerfeldstraße. Da gingen zu ihm hinaus der Palastvorsteher Elja-

kim, der Sohn Hilkias, der Schreiber Sebna und der Kanzler Joah, der Sohn Asaphs. Und der Rabschake sprach zu ihnen: Saget doch dem Hiskija: So spricht der Großkönig, der König von Assyrien: Was hegst du doch da für eine Zuversicht? Meinst du, bloße Worte seien schon Rat und Macht zum Kampfe? Nun, auf wen verlässest du dich, daß du von mir abtrünnig geworden bist? Siehe, du verlässest dich auf diesen geknickten Rohrstab, auf Ägypten, der einem jeden, der sich darauf stützt, in die Hand dringt und sie durchbohrt. So macht es der Pharao, der König von Ägypten, mit allen, die sich auf ihn verlassen. Wenn du aber zu mir sagen wolltest: »Auf den Herrn, unsern Gott, verlassen wir uns« – ist das nicht derselbe, dessen Höhen und Altäre Hiskija abgeschafft hat, indem er Juda und Jerusalem gebot: »Vor diesem Altar sollt ihr anbeten«? Nun wohlan, wette doch einmal mit meinem Herrn, dem König von Assyrien: ich will dir zweitausend Pferde geben; laß sehen, ob du die Reiter dazu stellen kannst! Wie wolltest du denn einen einzigen der geringsten Knechte meines Herrn zurücktreiben? Und du verlässest dich auf Ägypten um der Wagen und Reiter willen? Nun, bin ich etwa ohne den Willen eures Gottes wider dieses Land heraufgezogen, es zu verderben? Euer Gott hat mich geheißen: Ziehe hinauf wider dieses Land und verderbe es. Da sprachen Eljakim, Sebna und Joah zum Rabschake: Rede doch mit deinen Knechten aramäisch, wir verstehen es, und rede nicht jüdisch mit uns vor den Ohren des Volks, das auf der Mauer ist. Aber der Rabschake antwortete: Hat mich denn mein Herr zu deinem Herrn und zu dir gesandt, solche Worte zu reden, und nicht vielmehr zu den Männern, die auf der Mauer sitzen und bei euch ihren Kot essen und ihren Harn trinken? Und der Rabschake trat herzu und rief mit lauter Stimme auf jüdisch: Höret die Worte des Großkönigs, des Königs von Assyrien! So spricht der König: Laßt euch von Hiskija nicht betören; denn er kann euch nicht retten. Laßt euch von Hiskija nicht auf euren Gott vertrösten, wenn er sagt: »Gewiß wird der Herr uns retten; diese Stadt wird nicht in die Hand des Königs von Assyrien gegeben werden.« Hört nicht auf Hiskija; denn so spricht der König von Assyrien: Macht mit mir Frieden und ergebt euch mir, so sollt ihr ein jeder von seinem Weinstock und von seinem Feigenbaum essen und ein jeder das Wasser aus seinem Brunnen trinken, bis ich komme und euch hole in ein Land, das eurem Lande gleich ist, ein Land voll Korn und Wein, ein Land voll Brot und

*Weinberge. Laßt euch von Hiskija nicht verführen, wenn er spricht:
»Der Herr wird uns retten!« Haben etwa die Götter der Völker ein
jeder sein Land aus der Hand des Königs von Assyrien errettet? Wo
sind die Götter von Hamath und Arpad? Wo sind die Götter von
Sepharwaim? Und wo sind die Götter des Landes Samaria? Haben
sie etwa Samaria aus meiner Hand errettet? Wo ist einer unter allen
Göttern dieser Länder, der sein Land aus meiner Hand errettet
hätte, daß euer Gott Jerusalem aus meiner Hand erretten sollte? Sie
schwiegen aber stille und antworteten ihm nichts; denn das war der
Befehl des Königs: Antwortet ihm nicht! Da kamen die Palastvorsteher Eljakim, der Schreiber Sebna und der Kanzler Joah, der Sohn
Asaphs, mit zerrissenen Kleidern zu Hiskija und meldeten ihm, was
der Rabschake gesagt hatte.*

*Als der König Hiskija das hörte, zerriß er seine Kleider, bedeckte
sich mit dem Trauergewand und ging in das Haus des Herrn. Und
er sandte den Palastvorsteher Eljakim und den Schreiber Sebna
samt den Ältesten der Priester im Trauergewande zu dem Propheten Jesaja, dem Sohne des Amos. Und sie sagten zu ihm: So spricht
Hiskija: Ein Tag der Not, der Züchtigung und der Verwerfung ist
dieser Tag; denn Kindlein sind bis zur Geburt gelangt, aber es ist
keine Kraft da, zu gebären. Vielleicht hört der Herr, dein Gott, die
Worte des Rabschake, den sein Herr, der König von Assyrien, gesandt hat, den lebendigen Gott zu höhnen, und ahndet die Reden,
die der Herr, dein Gott, gehört hat; so bete denn für den Rest, der
noch vorhanden ist. Als nun die Diener des Königs Hiskija zu Jesaja
kamen, sprach Jesaja zu ihnen: Saget eurem Herrn: So spricht der
Herr: Fürchte dich nicht vor den Reden, die du gehört hast, mit denen die Buben des Königs von Assyrien mich gelästert haben. Siehe,
ich will ihm einen Geist eingeben, daß er ein Gerücht hört und in
sein Land zurückkehrt, und daselbst will ich ihn fällen durch das
Schwert. Als nun der Rabschake zurückkehrte, traf er den König
von Assyrien im Kampfe wider Libna; denn er hatte gehört, daß er
von Lachis abgezogen war. Und er [d. h. Sanherib] hörte von Tirhaka, dem König von Äthiopien, sagen: Er ist ausgezogen, mit dir
zu kämpfen.*

*Als er das hörte, sandte er Boten zu Hiskija mit dem Auftrag: So
sollt ihr zu Hiskija, dem König von Juda, sprechen: Laß dich von
deinem Gotte nicht betören, auf den du dich verlässest, indem du
denkst: Jerusalem wird nicht in die Hand des Königs von Assyrien*

gegeben werden. Du hast doch selbst gehört, was die Könige von Assyrien allen Ländern getan, wie sie den Bann an ihnen vollstreckt haben; und *du solltest gerettet werden? Haben die Götter der Völker, die von meinen Vätern vernichtet wurden, ihre Völker gerettet: Gosan, Haran, Rezeph und die Leute von Eden zu Thelassar? Wo ist der König von Hamath und der König von Arpad, der König der Stadt Sepharwaim, von Hena und Iwa? Als Hiskija den Brief aus der Hand der Boten empfangen und gelesen hatte, ging er hinauf in das Haus des Herrn und breitete ihn vor dem Herrn aus. Und Hiskija betete zu dem Herrn:*

Herr der Heerscharen, du Gott Israels, der du über den Cheruben thronst, du allein bist Gott über alle Königreiche der Erde. Du hast Himmel und Erde gemacht. Neige, Herr, dein Ohr und höre! Öffne, o Herr, dein Auge und sieh! Vernimm alle Worte Sanheribs, der hierher gesandt hat, den lebendigen Gott zu höhnen. Es ist wahr, Herr: Die Könige von Assyrien haben alle Völker und ihr Land verheert und ihre Götter ins Feuer geworfen; denn das sind keine Götter, sondern Werk von Menschenhand, Holz und Stein. Darum konnten sie sie verderben. Und nun, o Herr, unser Gott, errette uns aus seiner Hand, damit alle Königreiche der Erde erkennen, daß du, o Herr, allein Gott bist.

Da sandte Jesaja, der Sohn des Amos, zu Hiskija und ließ ihm sagen: So spricht der Herr, der Gott Israels: »*Was du wegen Sanheribs, des Königs von Assyrien, zu mir gebetet hast, habe ich gehört.*« *Dies ist das Wort, das der Herr über ihn geredet hat:*

Es verachtet dich, es spottet dein die Jungfrau, die Tochter Zion; hinter dir her schüttelt das Haupt die Tochter Jerusalem. Wen hast du gehöhnt und gelästert, gegen wen hochfahrend geredet und hoch deine Augen erhoben? Wider den Heiligen Israels! Durch deine Knechte hast du den Herrn gehöhnt und gesagt: »*Mit der Menge meiner Wagen ersteige ich die Höhe der Berge, die Enden des Libanon; ich schlage den Hochwald seiner Zedern und seine auserlesenen Zypressen, und ich dringe bis zu seiner höchsten Höhe, in das Dickicht seines Baumgartens. Ich grabe auf und trinke fremde Wasser und trockne aus mit meinen Fußsohlen alle Ströme Ägyptens.*« *Hast du es nicht gehört? Von lange her habe ich es gefügt und seit den Tagen der Vorzeit bereitet; jetzt habe ich's kommen lassen, daß du feste Städte zerstören mußtest zu wüsten Steinhaufen. Und die darin wohnten, die Ohnmächtigen, erschra-*

ken und wurden zuschanden, wurden wie Kraut des Feldes und wie junges Grün, wie Gras auf den Dächern und versengtes Korn. Ich weiß um dein Aufstehen und dein Sitzen, dein Gehen und Kommen kenne ich wohl und dein Toben wider mich. Weil du denn wider mich tobest und dein Übermut mir zu Ohren gekommen, so will ich dir einen Ring in die Nase legen und ein Gebiß ins Maul und will dich auf dem Wege zurückführen, den du gekommen bist. Und dies sei dir [d. h. Hiskija] das Zeichen: Heuer ißt man, was von selbst wächst, im nächsten Jahre, was noch aus den Wurzeln wächst; im dritten Jahre aber säet und erntet, pflanzet Weinberge und esset ihre Frucht. Und was vom Hause Juda entronnen und übriggeblieben ist, wird unten wieder Wurzel schlagen und oben Frucht ansetzen. Denn von Jerusalem wird ein Rest ausgehen und Entronnene vom Berge Zion. Der Eifer des Herrn der Heerscharen wird das tun. Darum spricht der Herr über den König von Assyrien also: Er wird nicht in diese Stadt hineinkommen und keinen Pfeil darein schießen, mit keinem Schilde gegen sie anrücken und keinen Damm wider sie aufschütten. Auf dem Weg, den er gekommen, wird er zurückkehren, in diese Stadt aber wird er nicht hineinkommen, spricht der Herr. Und ich will diese Stadt beschirmen, daß ich ihr helfe, um meinetwillen und um meines Knechtes David willen.

Da ging der Engel des Herrn aus und erschlug im Lager der Assyrer 185 000 Mann. Und am andern Morgen früh, siehe, da waren sie alle tot, lauter Leichen. Da brach Sanherib, der König von Assyrien, auf und zog hinweg, kehrte heim und blieb in Ninive. Und einstmals, als er im Tempel seines Gottes Nisroch anbetete, da erschlugen ihn seine Söhne Adrammelech und Sarezer mit dem Schwerte; und diese flüchteten sich ins Land Ararat, König aber wurde an seiner Statt sein Sohn Asarhaddon.

In jenen Tagen wurde Hiskija todkrank; und der Prophet Jesaja, der Sohn des Amos, kam zu ihm und sprach: So spricht der Herr: Bestelle dein Haus; denn du mußt sterben und wirst nicht genesen. Da kehrte Hiskija sein Angesicht gegen die Wand, und er betete zum Herrn und sprach: Ach Herr, gedenke doch, daß ich mit Treue und ungeteiltem Herzen vor dir gewandelt bin und getan habe, was dir wohlgefällt. Und Hiskija weinte laut. Da erging das Wort des Herrn an Jesaja: Gehe hin und sage Hiskija: So spricht der Herr, der Gott deines Vaters David: Ich habe dein Gebet gehört und deine Tränen gesehen. So will ich denn noch fünfzehn Jahre zu deinem Leben

hinzutun, und aus der Hand des Königs von Assyrien will ich dich
und diese Stadt erretten und will diese Stadt beschirmen. Und dies
sei dir das Zeichen von dem Herrn, daß der Herr dieses Wort, das er
geredet hat, ausführen wird: Siehe, ich will an der Sonnenuhr des
Ahas den Schatten, der abwärts gegangen ist, um zehn Stufen zurückgehen lassen. Also ging die Sonne an der Sonnenuhr um zehn
Stufen, die sie abwärts gegangen war, zurück.

Ein Schriftstück Hiskijas, des Königs von Juda, als er krank war
und von seiner Krankheit wieder genas:
Ich sprach: Im Mittag meines Lebens muß ich dahingehen, zu
den Toren des Totenreichs bin ich entboten für den Rest meiner
Jahre. Ich sprach: Ich werde den Herrn nicht mehr sehen im Lande
der Lebenden, keinen Menschen mehr schauen bei den Bewohnern
der Welt. Meine Hütte ist abgebrochen und fortgewandert von mir
wie ein Hirtenzelt. Ausgewoben habe ich mein Leben wie ein Weber, vom Gestell schneidet er mich. Tag und Nacht gabst du mich
preis, bis zum Morgen schrie ich um Hilfe; wie ein Löwe, so zerbrach es alle meine Gebeine. Wie eine Schwalbe, so zwitscherte ich,
girrte wie eine Taube. Meine Augen tränten zur Höhe: Ach Herr,
Gewalt geschieht mir, tritt für mich ein. Was sollte ich reden und zu
ihm sagen, da er es getan? Verscheuchen mußte ich all meinen
Schlaf ob der Betrübnis meiner Seele. Herr, darum harrt auf dich
mein Herz; erquicke meinen Geist und laß mich genesen, laß mich
gesunden! Fürwahr, zum Heil ward mir die Bitternis, und du hast
meine Seele bewahrt vor der Grube der Vernichtung; denn du hast
hinter dich geworfen alle meine Sünden. Denn nicht lobt dich die
Unterwelt, der Tod preist dich nicht; die zur Grube hinunterfahren,
harren nicht auf deine Treue. Der Lebende, nur der Lebende, der
lobt dich, wie ich es heute tue. Der Vater gibt den Söhnen Kunde
von deiner Treue. O Herr, errette uns! So wollen wir die Saiten
rühren alle Tage unsres Lebens beim Hause des Herrn!

Und Jesaja sprach: Man bringe ein Feigenpflaster und streiche es
auf das Geschwür, daß er gesund werde. Da sprach Hiskija: Was ist
das Zeichen, daß ich in das Haus des Herrn hinaufgehen werde?

Ich entsinne mich noch, vermutlich etwa zwölfjährig, wie ich mit
meinen Klassenkameraden darüber diskutierte, welche Filme, die
wir gesehen hätten, eigentlich als Kunst zu verstehen seien oder als
Kitsch, und wir einigten uns sehr bald darauf, daß, wenn es gut aus-

geht, also der Förster Friedel die Dorfliesel bekommt, es sich um
Kitsch handelt, aber wenn es schlimm ausgeht, die Liesel sich ent-
leibt zum Beispiel, dann es Kunst sein muß. Wir waren gerade dabei
zu begreifen, daß das Leben offensichtlich anders verläuft, als die
Menschen es sich wünschen, daß die Kunst aber wohl irgend etwas
mit der Wahrheit zu tun haben sollte. Wenn es aber gar nicht im Er-
messen steht, ob wir eine Komödie oder Tragödie schreiben, ob wir
Kitsch produzieren oder Kunst, wenn es darum geht, das Leben zu
beschreiben und zu verstehen, wie es ist – wie dann? Spätestens seit
der antiken Geschichtsschreibung der Griechen haben wir uns angewöhnt, Strenge walten zu lassen und Objektivität zu üben. Jemand, der über Geschichte Bericht erstatten will, hat die Quellen zu
studieren, hat sie selber kritisch zu gewichten, hat dem Leser zu verraten, woher er seine Informationen hat und wie sie einzuschätzen
sind, und dann erst, begründet, hat er den Verlauf der Vergangenheit zu rekonstruieren mit aller Vorsicht, wohl unterscheidend
zwischen den sicheren Tatsachen und den begründenden Hypothe-
sen, die er selber bildet. Ganz anders und ohne jeden historischen
Bedacht sehen wir die Bibel handeln.

Diese Texte hier dürften entstanden sein später als Herodot, kurz
vor Thukydides. Womit wir es zu tun haben, ist offensichtlich ein
»Kultur-Time-lag«, wenn man so will, geistesgeschichtlich eine Ver-
spätung. Die Bibel schreibt Geschichte nicht, um zu informieren,
nicht, um nach der Art der Griechen bestimmte Gesetze im historischen Ablauf rekonstruieren zu können und daraus für die Zukunft zu lernen; die Bibel berichtet Geschichte vom Standpunkt
dessen aus, der wissen will, warum er lebt, so wie ein Verhungernder dort das Brot sucht, wo er es findet, und ein Verdurstender dort
im Sand nach Wasser gräbt, wo er es vermutet, wenn es ihn nur vor
dem Verdursten bewahrt. Alles, was die Bibel an Geschichte überliefert, ist eine einzige Frage nach Gott oder besser: nach dem
menschlichen Leben. Worauf soll es vertrauen? *Das* ist hier sogar
die Frage des assyrischen Generalfeldmarschalls, des Rabschake.
Worauf eigentlich setzt du dein Vertrauen? Die Frage wird man sich
in dieser Dringlichkeit noch einmal nach 587 gestellt haben, nach
dem Untergang Jerusalems, nach dem babylonischen Exil, und man
wird versucht haben, die Tragödie, die eingetreten ist, durch ein Ge-
genbild zu beantworten. Gab es nicht schon einmal eine Rettung
Jerusalems? Und wenn nun beides aus Gottes Hand hervorgeht, der

Untergang jetzt und die Rettung damals, könnte man dann nicht im
Gegenwärtigen und Vergangenen die Gottheit als eine verstehen,
die verdientermaßen schützt und gerechtermaßen den Feinden zur
Strafe in die Hand gibt? Dieses Denken, wonach es dem gutgeht,
der sich an Gott hängt, und jemand augenblicklich seinen Untergang riskiert, wenn er von ihm abweicht, diese Art der Theologie
wird im sogenannten deuteronomistischen Geschichtswerk ausgebreitet; ihm verdanken wir die vier Geschichtsbücher: die beiden
Bücher Samuel, die beiden Königsbücher. Sie sind eine einzige theologisch konsequente Geschichtsmontage zur Erklärung der Tragödie des Jahres 587, als Jerusalem vernichtet wurde. Eine gewisse
Erklärung sah man darin, daß man die Ereignisse aus dem Jahre
701 auf merkwürdige Weise umformte. Wir können sehr gut historisch zeigen, was sich damals wirklich zugetragen hat: Zweites
Buch der Könige, Kapitel 18, ist in vielem sehr viel klarer, und wir
haben zudem die assyrischen Texte aus der Bibliothek des Assurbanipal. Da erfahren wir, daß im Jahre 703 der assyrische Staat ge-
spalten zu werden drohte; Merodach-Baladan hatte Babylon besetzt, und es war die Stärke des Königs Sanherib, ihn vernichtend zu
schlagen und die Reichseinheit zwischen Assur und Babylon wiederherzustellen. Klugerweise sicherte er die Flanke gegenüber Elam
ab, aber dann mußte er erleben, daß die Stunde der Schwäche sofort zum Aufstand genutzt worden war. Die Militärmaschinerie der
Assyrer lastete mit solcher Grausamkeit, mit einer solchen Pressur
der Ausbeutung über die eroberten Länder, daß sie nach jedem
Strohhalm, nach jedem Luftloch griffen. Die Städte der Philister,
Askalon und Ekron sowie Judäa im Verbund mit Ägypten sollten
eine Allianz bilden gegen die Assyrer und einen Freiheitskampf wagen gegen den Militarismus aus dem Osten. Die Stärke Ägyptens
war stets die eines Bauernvolks – Fellachen haben keine Lust zu
kämpfen; überhaupt sieht man in Ägypten so etwas wie eine imperiale Politik erst nach der Vertreibung der Hyksos im Mittleren
Reich und vor allem dann im Neuen Reich. Ramses II. etwa gibt
sich in der Pose eines großen Herrschers. Vieles daran ist längst am
Ende des 8. Jahrhunderts abgeschlossen. Ägypten ist ein Staat, der
sich auf sich selber besinnt und der froh ist, wenn man ihn in Ruhe
läßt. Den enorm expansiven Assyrern, die Rohstoffe brauchen,
gleich wo sie sie finden, hat Ägypten nichts entgegenzusetzen. Der
Rabschake hat völlig recht: Ägypten, das ist wie ein Stock, den man

schon angesägt hat. Wer sich darauf stützt, dem knickt er weg und der tut sich nur die Hände weh. Das ist vollkommen wahr. Um so verdrehter ist es, zu glauben, daß die Assyrer auf die bloße Kunde hin, ein ägyptisches Ersatzheer sei unter Tirhaka aufmarschiert, gleich vom Ansturm auf Jerusalem abgelassen hätten. Dieser Tirhaka ist 690 König geworden; wenn überhaupt, dann hat er als Prinz irgendeinen Militärfeldzug von Äthiopien aus begleitet; eine militärische Rolle, entscheidend für die Assyrer, hat das nie und nimmer gespielt. Aus den assyrischen Texten erfahren wir im Gegenteil, daß über 46 judäische Städte eingekesselt und vernichtet und über 200 000 Leute deportiert worden sind. Alle siegreichen Militärs sind Großsprecher; wir können Abstriche von diesen Angaben machen, aber die Fakten sind im großen und ganzen so, wie berichtet.

In dieser Stunde gab es für Jerusalem im Jahre 701 v. Chr. nur eine einzige Hoffnung, und man muß bald sagen, Gott sei Dank hat Hiskija sie genutzt. Er hat gedacht: wenn die Feinde sich nicht mehr abhalten lassen, müssen wir sie als Freunde begrüßen. Er hat den Assyrern alles angeboten, was sie als Tribut haben sollten und wollten, sogar den Tempelschatz – für einen judäischen König eine Ungeheuerlichkeit: Gott zum Ausverkauf, damit es Frieden gibt! Das hat er getan, Hiskija, und das war der Grund, warum Sanherib nicht nötig hatte, Jerusalem zu besetzen. Er hat gehandelt, wie Clausewitz vor zweihundert Jahren in »Der Krieg« schon schrieb: Der Aggressor ist immer friedfertig; das einzige, was er will, ist die prompte Unterwerfung. Soweit die historischen Fakten. Richtig ist, daß im Jahre 681, zwanzig Jahre später, Sanherib ermordet wird; von wem, ist so leicht nicht zu sagen. Mag sein, daß die Bibel hier ausnahmsweise über genaue Quellen verfügt, vielleicht aber hat sie die Namen auch nur erfunden; es wäre überaus wahrscheinlich. Wir wissen, daß der Enkel Sanheribs, Assurbanipal, den Tod seines Großvaters gerächt hat, aber wer die Mörder waren und warum sie nach Urartu geflohen wären, in den Kaukasus also, davon berichten uns die Quellen in den assyrischen Annalen nichts. Den Grund kann man allerdings vermuten. Immer in der Politik, wenn Sie von Verbrechen hören, die nicht aufgeklärt werden, haben Sie es mit den Leuten zu tun, die später die Herrschaft in die Hand nehmen. Sie sind die Gangster, und sie werden alles tun, damit ihre Taten im verborgenen bleiben. So wohl hier. Der Nachfolger Sanheribs, Asarhaddon, wird seine Hände im Spiel gehabt haben, als er seinen Vorgänger ermordete. Das assyrische Reich verfällt durch genau die Mittel, die es ständig eingesetzt hat, um Menschen zu beherrschen. Arnold Toynbee hat das in »Krieg und Kultur« vor Jahrzehnten zu zeigen versucht: Der Militarismus ist ungeheuer erfolgreich in seiner Anfangsphase, aber er muß an seinem eigenen Denken und dem Einsatz seiner eigenen Machtmittel zugrunde gehen. Es tritt sehr bald ein Teufelskreis ein: Man braucht immer neue Ressourcen, um sich selber zu erhalten, wie ein Krebs, der immer weiter wuchert. Der Militarismus ist die Krankheit der Kultur und Assyrien dafür das beste Beispiel. Aber wieviel Schrecken über Jahrhunderte hat dieses Reich über den alten Orient geworfen!

Für die Propheten war Assur der Hammer in der Hand ihres Gottes oder das Richtschwert. Der Rabschake hier selber soll gesagt haben: *Bin ich denn nicht auf Jahwes Befehl hier einmarschiert?* Da schlägt die Deutung der Propheten durch bis in das Sprachgebilde des Gegners Judäas, bis in die Rechtfertigung des Feindes selbst, der die Auskunft der Propheten für sich übernimmt: Was da geschieht an Angst, Schrecken, Zerstörung, das alles gehe zurück auf das planende Wollen Gottes selber. Aber derselbe Gott auch, so wird uns hier gesagt, hat Jerusalem wunderbar gerettet. Einmal durch das Gerücht allein schon des äthiopisch-ägyptischen Entsatzheeres unter Tirhaka – da wird aus dem mächtigen Sanherib eine Maus, die vor der Katze flieht; und dann durch ein Gotteswunder. Herodot, der beschreibt, daß im Lager der Assyrer eine Rattenplage ausgebrochen sein soll, hat zu der Vermutung Anlaß gegeben, die Assyrer könnten von der Pest geschlagen worden sein, eine eigentümliche Form des »Gottesengels«, doch in der Bibel die übliche Art, Geschichte zu rationalisieren. – Wir haben es, nicht anders steht es, demnach mit einer einfachen Legende zu tun, einem reinen Wunschdenken, es hätte damals, als Jerusalem in der höchsten Not war, Gott noch einmal gehandelt wie schon einmal in Ägypten. Da war Israel in der Hand des Bedrängers aus Ägypten, des Pharao, im Würgegriff der Macht geschunden, gequält, ein Sklave der Herrschenden gewesen. Gott aber war ausgezogen in der Nacht des Passahfestes und hatte alle ägyptischen Knaben erschlagen und so die Stunden des Auszugs in die Freiheit ermöglicht. Auch dies ohne Zweifel ist eine Kultlegende, die man vergeschichtlicht hat, aber jetzt noch ein zweites Mal. Es ist Sanherib schlimmer als der Pharao, aber Gott genauso stark wie damals. Es erweist sich, wenn man am Morgen über die Türme der Stadt schaut, wie dort hingestreckt die Feinde liegen, und zwar in phantastischer Zahl: 185 000, als hätte je ein assyrisches Heer auf eine solche Mannschaftsstärke kommen können bei der damaligen Logistik!

Gott also mit seinem Engel, die Erscheinungsmacht, die vom Himmel herniederfährt, um auf Erden göttliches Wirken zu vermitteln, hat dieses Wunder des Schreckens bewirkt; und schrecklich muß ein Gott schon sein, wenn er in solcher Not noch helfen kann. So erfüllt sich die Legende in Dankbarkeit.

Da haben wir also die Geschichte, wie sie sich wirklich zugetragen hat: jämmerlich, ohnmächtig, bettelnd, gerade noch einmal davongekommen, und wir haben die Legende: großartig, dankenswert, göttlich; und dazwischen vermittelt nun ein Gespräch zwischen dem Generalfeldmarschall der Assyrer, der mit seinem Titel Rabschake so eingeführt wird, als wär's schon sein Eigenname – tatsächlich ist es bei Militärs nichts Besonderes, daß der Titel den Namen vollkommen ersetzt; es ist so üblich manchmal in Staat und Kirche, ganz sicher aber beim Militär: Der Mann spielt keine Rolle, aber sein Rangabzeichen; das muß nicht Ironie sein, sondern schließt sich den Gepflogenheiten an, die bis heute so sind – der Rabschake also, während sein König gerade Lachisch ermordet, rückt mit einem starken Heer aus; es ist der Text erst, der uns glauben machen will, es sei eine kleine Gesandtschaft gewesen, mit einer Botschaft an den König, der als solcher gar nicht genannt wird, einfach salopp, ohne Titel, Hiskija, Punkt. *Dem* gilt's, und er soll jetzt entscheiden. Er braucht nur bis drei zu zählen, dann wird er wissen, daß er keine Chance hat. Der Rabschake zählt simpel auf: Es hat kein einziger Stadtstaat in Judäa überlebt, auch nicht die Städte im Norden. Mag sein, daß die Bibel zu dieser Zeit hier Namen nur noch nennt, um davon mit orientalischer Phantasie zu träumen. Hamat, das gibt's noch heute, Homs, auf der Landkarte zu sehen, aber die anderen Staaten, das entgeht uns, selbst den Archäologen. Man berauscht sich da an Schlachtfeldern, die schon phantastisch genug klingen, um die Angst und den Schrecken gleichermaßen zu konterkarieren mit der Größe der Erwählung und Errettung, auf die der Text uns vorbereitet. Der assyrische General erklärt, welch ein Spazierritt seinem König die bisherigen Eroberungen waren. Und nun höre man genau hin: Überall auf Erden werden Menschen, wenn sie in Not sind, die Hände emporstrecken und die Mäuler öffnen, und sie werden schreien und flehen zu ihren Göttern. Irgend etwas wird ihnen heilig sein, und sie werden glauben, daß es ihnen hilft, und alles das, erklärt dieser Assyrer, ist Unsinn, reine Illusion. Das einzige, was entscheidet, ist das Schwert und die Anzahl derer, die es führen, nichts weiter. Nicht Religion, sondern Militär, das hat die Macht, und an Götter zu glauben ist nichts weiter als ein verbrämter Spuk. Wenn es Götter gibt, dann sitzen sie in Assur, denn die haben die Macht. Also kann man gleich die Macht Assurs anbeten, statt sich mit dem Himmel zu trösten; es spielt auf Erden keine Rolle. Erst wenn man das begreift, hat man das Zeug, Realpolitiker zu sein. Für Hiskija ist es höchste Zeit, es jetzt zu werden, denn es wird sehr bald zu spät sein. Die Rechnung ist infam. Seit dem 9. Jahrhundert haben die Assyrer auf schwere Kavallerie gesetzt. Sie haben aus dem Mitanni-Reich nicht nur die Pferdezucht übernommen, sie haben auch die Streitwagentechnik abgelöst eben durch eine starke Reitertruppe. Mit einem Wagen über Wüstengelände sich hin und her schaukeln zu lassen und dabei sicher zielen zu wollen, das ist einmal eine überlegene Strategie gewesen; besser ist, man setzt sich selber auf das Pferd; man trainiert den Pferden die Angst, daß etwas sich auf ihren Rücken setzen könnte, einfach ab, und man tut es mit den drastischen Mitteln der Quälerei, mit denen man die Pferde seit eh und je geschunden hat, bis daß sie Helfer des Menschen wurden. Da, wo es am meisten weh tut, durch die Nüstern einen Pflock zu treiben, das hat sie gefügig gemacht. Und wenn sie vor dem Reiter noch mehr Angst haben als vor dem Gegner, dann sind sie Schlachtrosse. Bis dahin haben's die Assyrer gebracht, 2000 Berittene, das erlaubt Beweglichkeit im Angriff, das erlaubt Zangenangriffe, da kann man ganze Heeresteile auseinandertreiben und einkesseln, das ist assyrische Strategie.

Schauen Sie sich auf den großen Reliefs im Britischen Museum in London oder im Irakischen Museum in Bagdad einmal an, wie aus assyrischer Sicht damals Krieg geführt wurde, und Sie verstehen: der Hohn ist völlig realistisch, den der assyrische Kommandeur hier ausspricht. Judäa hat selbst 200 Jahre später nicht gelernt, wie man auf Pferden reitet, schon gar im Krieg. Man hat den Anschluß an die Militärtechnik komplett verpaßt, und daß nun aus Ägypten her Kampfwagen aufmarschieren würden, ist für Assyrer lächerlich; erstens gibt es sie nicht, und zweitens, wenn es sie gäbe, wird man ihnen zeigen, was ein Unterschied von 500 Jahren in der Militärtechnik bedeutet. Es ist vorbei, mit ägyptischer Mannschaft Krieg zu führen. Es ist ein Katz-und-Maus-Spiel. Das alles ist historisch und paßt in die Zeit, das ist *nicht* Legende. Die Legende beginnt erst wieder, als der Assyrer aufzählt, wie es mit Gott steht. *Glaubst du wirklich an Jahwe?* Hiskija selber doch war's, der die Anbetungsstätten Jahwes konzentriert hat in Jerusalem. Er hat alle Kultorte geschleift. Nur Jerusalem sollte die Stätte sein, um Gott anzubeten. Aus dem Munde des Assyrers klingt das wie ein Vorwurf, als könnte die Gottheit darüber beleidigt sein. »O, was für ein Heide!« muß jeder fromme Jude denken. Das ist doch gefordert worden: Nur in Jerusalem soll man anbeten. Das war die Frömmigkeit des Königs. Dieser unverständige Assyrer, so redet er und gebraucht Jahwe nur, um in Wahrheit ihn zu lästern. Und dann sagt er noch, Jahwe selber habe ihn geschickt. Die Assyrer haben Krieg geführt für ihren Gott, für Assur, die Babylonier für Marduk; keiner von ihnen hat daran gedacht, die Macht Jahwes zu befestigen. Aber genau das steht auf dem Spiel, und das ist die eigentliche Frage dieses Textes. Wenn sich zeigen sollte, daß die Assyrer Jerusalem vernichten, muß man dann nicht die ganze Religion, die ganze Weltanschauung als Irrtum fahren lassen? – Vielleicht im 20. Jahrhundert gibt's dafür kein furchtbareres Beispiel als die Kapitulation Japans im August 1945 nach den Atombomben über Hiroshima und Nagasaki. Der Shintoismus, die Gottessohnschaft des Tenno auf dem Thron von Tokio, mußte dem Gedanken westlicher Demokratie weichen. All die Hunderttausende, die ihr Leben geopfert hatten, hatten's verplempert für einen Gott, den es nicht gibt. Allein aus Verzweiflung darüber nahmen Zehntausende an dem Tag der Kapitulation, ungläubig, daß dies sein könnte, sich freiwillig das Leben und stürzten sich von den Brücken oder ins Schwert.

Es ist für das ganze Alte Testament die Probe aufs Exempel mitten in der Geschichte, ob Jahwe seinen Machtanspruch nutzt zur Rettung seines Volkes oder ob er das nicht tut, und wenn er das nicht tut, ob man noch Gründe findet, warum er es nicht getan hat, ob er nicht vielleicht darin groß ist, daß er die Leine ganz weit ins Meer hat laufenlassen im Bewußtsein, daß er sie bestimmt wieder einholt. Was also kann Gott hier tun, was wird er tun? Historisch müssen wir sagen: Er hat überhaupt nichts getan, er hat seinem König zugemutet, in die Kapitulation einzuwilligen. Aber das hält die

Frömmigkeit nicht aus. Das darf nicht wahr sein, auch 200 Jahre später nicht. Im Gegenteil. Gott selber hat eingegriffen zu haben, also hat er eingegriffen, er hat durch ein Wunder, man muß glauben, Jerusalem gerettet. Worauf gründen wir einen solchen Glauben? Sollte man nicht ehrlich sein und sagen: Wer von Gott verlangt, daß er in der Geschichte dieses tut und jenes läßt, betrügt sich nur selbst? Eine solche Erklärung für den Ablauf der Geschichte existiert nicht. Was uns bleibt, ist ein Bild, ein Traum, wenn Sie so wollen: *ein Symbol.* Dann müßten wir denken: Gott wird helfen, aber es zeigt sich nicht historisch beweisbar, und es glaubt zuwenig, wer dafür feste Konkreta der Geschichte bemüht. Sich festzumachen in Gott, zu vertrauen auf ihn statt auf Schlachtrosse, auf Bündnispartner oder auf die eigene Mannschaft, ist etwas anderes. Geschichte mit politischer Vernunft zu gestalten ist eines, aber Frieden zu finden in Gott und darin Stärke und Kraft ist ein gänzlich anderes.

Eine merkwürdige Rolle spielt der Prophet Jesaja hierbei. Wir wissen, daß er zeit seines Lebens in Protest gegen den König und seine Berater war. Bündnis mit Ägypten – immer hat er davor gewarnt. Alles spricht dafür, daß er auch nach dem Abzug der Assyrer vor ihnen gewarnt hat und im Protest gegen den König blieb. Ein solches Bündnis zwischen Thron und Altar, zwischen Prophet und König, wie es hier geschildert wird, hat es historisch nie gegeben, aber hier wird einem Propheten, von dem wir Unheilwort über Unheilwort bis zum kaum noch Erträglichen gehört haben, in den Mund gelegt, er selbst sei es gewesen, der sich schließlich bereitgefunden habe, Heil zu verkünden. Wahr ist aus der Sicht des Propheten davon nur so viel, daß selbst derjenige, der von Gottesstrafen redet, eigentlich sagen möchte: Wir Menschen könnten lernen sogar aus unsern Fehlern und würden Gott wiederfinden, nur tiefer, geläuterter, reiner.

Es ist, wie wenn die ganze Geschichte, die sich hier mit dem Volk und dem König abspielt, wie der König Gott selber im Tempel auffordert, endlich einzugreifen und seine Macht darzutun, indem er das Kind, sein eigenes Volk, zur Welt bringt und nicht im Geburtskanal mitsamt der Gebärenden sterben läßt, als würde diese Geschichte ein zweites Mal durchprobiert bis im Privaten, Intimen in der Person des Königs selbst. Im vierzehnten Jahr, das wäre das Jahr 701, parallel also zum Schicksal seiner eigenen Stadt, so die neue Legende, sei der König schwer krank geworden. Historisch haben wir alle Wahrscheinlichkeit dagegen, daß Jesaja, der Prophet, sich womöglich mit Praktiken der Volksmedizin als Heiler seines Königs verdient gemacht hätte. Aber möglich ist diese Kombination eines Verkünders von Gott und eines Heilers allemal. Plausibel ist, daß die ganze ursprüngliche Darstellung in knapp zwei Sätzen verlief: In jener Zeit erkrankte Hiskija tödlich, da kam der Prophet Jesaja und sprach zu ihm: Man nehme einen Feigenkuchen, streiche ihn auf die Entzündung, dann wird er genesen, und Punkt. So wäre die Sache plausibel. Hingegen wie sie jetzt berichtet wird, kann sie sich nicht abgespielt haben, und daß der König ganz am Ende fragt, was nun das Zeichen sein soll, er, der gerade ein Dankgebet verrichtet hat, daß er schon gesund wurde, dies ist kaum möglich. Der Psalm selber ist dem König in den Mund gelegt und später eingefügt, auch das dürfen wir denken. Aber dann müssen wir die Legende einmal als Legende lesen und ihre Doppelungen wieder herausnehmen. Was dann bleibt, ist eine erstaunliche Geschichte, und wir können sie als Legende vollkommen wörtlich nehmen.

Sollten wir einmal glauben, daß da ein König sei, der krank wird genau in der Stunde der höchsten Not seines Volkes und wie ein Aussätziger auf den Tod liegt, dann brauchten wir von Psychosomatik und Psychoneurotik gar nicht viel zu verstehen; wir könnten uns sagen: Es ist ein Schicksal so vieler Menschen, daß sie zerbrechen an ihrer Aufgabe, die sie hätten durchführen sollen und wollen und konnten's doch beim besten Willen gar nicht. Von Hiskija wird stets gesagt, daß er fromm war, daß er als König sich redlich bemüht hat. Was im Himmel und auf Erden konnte er dafür, daß gerade in seinen Tagen Assur dabei war, Weltherrschaft zu wollen und dabei die Randstaaten auf dem Weg zum Mittelmeer zu zermalmen? Es gibt dagegen kein Aufhalten. Aber sagen Sie selbst: Ein König, der fromm ist und seine eigene Religion verkauft, um sein Volk zu retten, zerreißt's den nicht im Herzen, bis in den Körper hinein, wie einen an Beulenpest Geschlagenen, einen aussätzig Daliegenden? Ist nicht dieser Zustand so unrettbar für das Volk, daß er gleichermaßen unrettbar ist für den Mann, der diese Situation verantworten muß, aber nicht kann?

Denken wir uns in so viele Krankheiten von Menschen hinein, die einfach nicht mehr weiterkönnen, auch nicht mehr weiterwollen, die getan haben, was sie konnten, und es war erkennbar nicht genug. Wir müssen, mehr als den Glauben an die historische

Glaubwürdigkeit der Bibel, den Mythos des 20. Jahrhunderts fahrenlassen, Geschichte würde so gemacht, wie die Menschen es planen, die sie nominell betreiben. Sie verläuft so grandios anders, als sie in den Chefetagen vorgestellt wird, daß gerade das Zerbrechen, das Scheitern, das Tragische im Geschichtsverlauf die Akteure uns wieder näherrückt als Menschen – sie sind keine Götter, sie selber verdienen alles Mitleid. Wir haben, mit Jesaja redend, oft auf den Mächtigen förmlich herumgetrampelt, wir wollten sie zur Einsicht bringen mit einfachen Forderungen der Menschlichkeit, wir haben sie konfrontiert mit dem Wahnsinn ihrer Gedankengänge und den einfachen Bedürfnissen der Menschen, die es gibt; aber all das natürlich hat auch noch eine ganz andere Seite – die des armen Königs Hiskija zum Beispiel, von dem die Legende sagt: Ihn hat die Geschichte krank gemacht, es war sein vierzehntes Regierungsjahr, da war er ein Mann, der wie sein ganzes Volk am Ende war. Eigentlich könnte er ja abtreten, sein Staat ist ohnehin fortan Teil des assyrischen Großreiches. Sämtliche Entscheidungen werden in Ninive getroffen, nicht mehr in Jerusalem. Was er noch tun kann, ist, als Lakai und Statist ein bißchen für die politische Kosmetik zu sorgen, das Volk zu versöhnen und ein Stück weit bei Laune zu halten. Aber haben Sie eben den Rabschake gehört, was Feindpropaganda ist? Wenn man sich in Jerusalem weigert, die Tore zu öffnen, wird die Belagerung zugreifen, und die Belagerung über Städte hat einen einzigen wirksamen Hebel, das ist Durst und Hunger, denn die Landflächen in den Burgen genügen zur Versorgung nicht. Es wird das Volk von Jerusalem seinen eigenen Kot fressen und seinen eigenen Urin saufen, wenn es sich nicht unterwirft.

Was da gesagt wird, ist nicht zuviel. Es hat mitten im 20. Jahrhundert eine scheußliche Realität. Manche werden sich erinnern an die Eroberung von Sabra und Schatila, zwei Palästinenserlagern 1982 im Libanon. Die Israelis machten Druck, so lange, wie es ging, sie übten eine Belagerung klassischer Prägung. Am Ende konnte der Rote Halbmond, die Schwesterorganisation des Roten Kreuzes, den Palästinensern im Lager von Sabra und Schatila nur sagen, sie sollten, da es kein Wasser gebe, den eigenen Urin trinken, es sei nicht gefährlich. Bis dahin haben Menschen die Kraft, auszuhalten. Es ist eine merkwürdige Form von Mut und Stolz, aber auch von Wahnsinn, weil das Ende ohnedies feststeht; irgendwann ist die Kapitulation unvermeidbar.

In dieser Lage, diese Möglichkeit vor Augen, hat Hiskija gesagt: Ich riskier' das nicht, ich führ' mein Volk nicht durch die Hölle. Aber dafür, muß man entsprechend der Legende denken, sitzt er jetzt selber in der Hölle, in der Unterwelt. Er nimmt gewissermaßen zur Rettung seines Volkes die Niederlage als eigene Krankheit, als tödliche Verwundung in sich auf. – Sie können zur Parallele Hunderte von Schicksalen sich erzählen, die so ähnlich sind. Hinter der Statistik unserer sogenannten Volkswirtschaft etwa verbirgt sich's: das Ausrotten des Mittelstandes, das Auseinanderdriften zwischen Hoch und Niedrig, die Konkurse von vielen Tausenden jedes Jahr. Was bedeutet das für einen Mann, wenn er zwanzig Jahre investiert hat in einen bestimmten Betrieb? Er hat alles getan, was er konnte, er hat modernisiert, er hat erweitert, er hat die Produktion umgestellt, er hat Arbeitsplätze gekürzt – nun geben ihm die Banken keinen Kredit mehr. Wieso auch großzügige Kredite? Sie sind nicht vorhanden in der Pleitewirtschaft, die wir haben. Was macht dann ein Mann, wenn er am Ende mit riesigen Schulden dasteht und hat gekämpft und gekämpft wie eine Sandwespe, wenn sie einen Berg emporklettern will und schaufelt doch nur *mehr* Sand unter sich, als daß sie hinaufkommt? Es ist dagegen nicht anzuwandern, gegen eine solche Wanderdüne. Aber so hat er es versucht; es war ein Fehler, überhaupt etwas versucht zu haben, muß er jetzt denken. Er hat denen geglaubt, die gesagt haben: Du bist verantwortlich, du hast die Pflicht, es ist die nationale Aufgabe im Jahre 1997, zu investieren, Arbeitsplätze zu eröffnen, Ausbildungsstätten zu schaffen. Hat er gemacht! Nun sitzt er da, es genügen ganze 300 000 Mark Schulden, und er wird nie mehr davon freikommen. Betriebsunkosten lassen sich privat nicht erwirtschaften – er kann die Butter so dünn kratzen, wie er will. Mit 2,50 Mark kuriert man nicht 300 000 Mark. Und das sind noch die normalen Schulden beim Konkurs; ehe jemand wirklich Pleite geht, wird er wahrscheinlich in noch höhere Etagen klettern. Sind das nicht Gründe, um am Ende krank zu werden, zu sagen: Macht, was ihr wollt, holt mich zum Sozialamt oder ins Krankenhaus, nur bezahlt, ihr seid jetzt dran, ich mach's nicht mehr, ich hab' genug getan für euch?

Da sagt uns dieser Text paradoxerweise, es sei Jesaja wieder einmal gekommen und habe, merkwürdig zartfühlend, dem König gesagt: Es spricht der Herr: bestell dein Haus – soll sagen: Mach dein Testament, notiere noch die Dinge, die wichtig sind, denn du mußt sterben. Es ist, wie wenn der Prophet das sagen würde, was insgeheim der König wünscht, denn anders macht der Text hier keinen Sinn. Natürlich will Hiskija nicht sterben, natürlich will er leben wie alle, aber es gibt Umstände, unter denen das Leben zu dünn wird oder zu schwer. Jedenfalls, als der König bittet und bettelt und sagt: Ich hab' doch keine Schuld, Herr, da soll Jahwe wieder durch Jesaja gesagt haben: Du wirst genesen, als wäre da ein Gott im Himmel, der erst des Menschen Belehrung braucht, damit er klar sieht, ob ein Mensch schuldig ist oder nicht – das Ganze ist selbst theologisch von absurder Dramaturgie, es sei denn, wir dächten überhaupt nicht an Gott, wir dächten einzig an das Hin und Her, das in Menschen leben kann, und ließen Jesaja beide Male aussprechen, was im Unbewußten des Königs haust und was er im Wachzustand will; beides freilich ist so widersprüchlich wie Nacht und Tag. Da ist ein König, der sich sagen kann und sagen möchte: Ich hab's bestellt, und zwar perfekt, es ist überhaupt kein Nachlaß mehr zu verwalten, weil es kein Königtum mehr gibt; es existiert nur noch zum Schein; und mein Erbe liegt in Assur; das ist die Bestellung meines Hauses, ich hab's hinter mir. Das muß ihm Jesaja gar nicht sagen, das fühlt er, und so will er gar nicht mehr genesen, nur den Alptraum noch beendigen. Aber dann müßte man jetzt denken, die folgenden Worte, während Hiskija sein Gesicht zur Wand dreht und zu Jahwe betet, enthielten den unglaublichsten Vorgang angesichts von tödlich drohender Krankheit. Es sprach nämlich Hiskija: Ach, Jahwe, gedenke doch daran, daß ich vor dir in Treue mit ganzem Herzen gewandelt bin und hab' getan, was gut war in deinen Augen. – Es ist so oft, daß Sie am Bett von Menschen stehen, die tödlich krank sind, und leid ist man's, in Büchern zu lesen, wie Krankenbegleitung, wie die Begleitung von Sterbenden therapeutisch optimal funktioniert. Man ist es auch leid, immer wieder zu hören, daß alles am Ende gut ausgeht – in aller Regel geht es gar nicht gut aus. Es ist auch sinnlos, zu denken: Gott hilft, ganz sicher hilft Gott, wir werden beten gegen diese Krankheit, und dann wird er helfen, es steht ja in der Bibel. Immer wird der Glaube dieser Prägung festgemacht an dem guten Ausgang dieser Erzählung: fünfzehn Jahre Lebensverlängerung, sind sie nicht ein zweites Wunder? Ganz wörtlich steht ja hier: Die Sonnenuhr ist abgelaufen, aber Gott dreht sie zurück um zehn Stufen, als wäre Gott ein Meister Hora. Für ihn ist offenbar der Gang der Welt nichts weiter als eine

Mechanik, die er vorlaufen oder zurücklaufen lassen kann, wie es beliebt. Wirklich wunderbar, jemandem auf dem Totenbett zu sagen: noch fünfzehn Jahre Leben, ein unglaubliches Geschenk! Mehr als ein Entkommen auf Zeit wird kein Arzt uns schenken, kein Prophet uns vermitteln. Einfach daß da noch Leben weitergeht, ist für uns Menschen, armselige Menschen, unglaublich viel. Aber das vielleicht Schwierigste und Wichtigste aus dieser Geschichte läßt sich trotz aller Wunderskepsis doch behalten. Wenn wir einmal denken, es ist selbst der Ausgang solcher Prozesse nicht zu steuern, weder vom Glauben noch vom Unglauben; wenn wir einmal denken, es stimmt einfach nicht, wenn vor allem von der Religion her gesagt wird, ein Mensch stirbt, wie er gelebt hat; wenn wir einmal denken, es stimmt noch weniger, wenn die Angehörigen, die Freundinnen, Freunde glauben, in den letzten Minuten irgendeine Botschaft von dem Sterbenden zu erhaschen; wenn wir vielmehr denken, das Sterben sei ein Naturprozeß, der sich vollführt, so wie die Gesetze, die ihn gestalten, es hervorbringen; kommt's dann nicht allein darauf an, zu sehen, wie das Leben war? – Dieser Tage noch erzählte mir eine Frau, deren Schwester im Sterben liegt seit langer, langer Zeit, dabei unter Schmerzen und vielen seelischen Qualen: Ich hab' immer versucht, ihr zu sagen, was sie glaubt: du wirst doch leben; nur der Gedanke, sie könnte sterben, war für sie entsetzlich; sie hat jeden Arzt angebettelt: Sagen Sie mir, wie es steht. Nach Hause zu kommen aus dem Krankenhaus auch nur für ein paar Tage war für sie wie ein Aufatmen. Diese Frau sagte: Immer wieder hab' ich meiner Schwester gesagt: Aber du wirst den Sommer noch erleben. Wirklich, sie erlebte diesen Sommer, aber nur als eine vom Tod noch viel mehr Gezeichnete. Jetzt sagt sie: Ich spreche gar nicht mehr. Es genügt, daß ich bei ihr bin, und ich lasse sie erzählen. Sie wollte die Mutter gar nicht empfangen. Und die wieder glaubt, es liege an ihrem Schwiegersohn. Sie selber, eine immer brave Tochter, hat plötzlich so viele Gründe, wütend zu sein auf ihre Mutter, die sie überfordert hat, gequält hat, schikaniert hat, die aber auch eine Frau war, die das alles so nicht wollte, die gelebt hat in ihrer Zeit, unter ihren Bedrängnissen und Überforderungen. Allein schon daß man all das erzählen kann, verschiebt die Gewichte. Noch vor einer Weile hatte diese Frau, die im Sterben liegt, furchtbare Angst, sie könnte in die Hölle kommen, wollte an gar keinen Gott glauben; jetzt kann sie sagen:

Meine Mutter war schuld; was hab' ich durchgemacht! Und sie kann langsam beginnen, davon zu sprechen, wie gut sie es gemeint hat, ja, wir müssen sagen, wie gut sie gewesen ist und ist. – Das ist soviel wie Hiskija hier, zu sagen: *Ich hab' es getan mit ganzem Herzen.*
Freilich, es mag sein, daß uns nicht einmal dieser Trost bleibt. Wir haben vieles falsch gemacht, es gab viele Dinge, für die wir uns werden schämen müssen beim Bilanzziehen. Wenn wir dann sagen könnten: Ich möchte aber doch hoffen wenigstens, daß ich den Menschen nicht zum Schaden wurde, an denen ich gefehlt habe, schon weil ich ihnen fehlte. Aber nicht einmal das wird sich garantieren lassen. Es wird Menschen geben, die gelitten haben unter uns, und wir wollten es nicht. Es wird immer reduzierter, worauf wir eigentlich so etwas setzen könnten wie Vertrauen oder Gewißheit. Bleibt's dann am Ende nicht, daß das Gebet des Hiskija, ein eingeschobener Psalm, nachgedichtet für diese Szene, Sinn macht? Derselbe Hiskija, der hier noch sagt: Ich habe keine Sünde begangen, und der daran sogar genesen wird, wird im Psalm später sagen: *Aber du, Gott, hast meine Sünden hinter dich geworfen.* Er will sagen: Zukunft ist, lieber Gott, für mich nur, weil du sie besorgt hast. Meine Schuld wär's gewesen, die alle Zukunft verhindert hätte, aber du hast sie genommen, wolltest sie überhaupt nicht sehen, hast dich freigemacht und damit mich. – Genauso ist dieses erschütternde Bild. *Mit wem sollte ich sprechen?* Hiskija hat's doch getan! Da braucht er Gott im Hintergrund von allem, was geschieht, und kann ihn eben deshalb doch nicht bitten, es zu ändern. Und trotzdem ist dieselbe Macht im Hintergrund von allem der einzig wirkliche Ansprechpartner. Kein Mensch hilft hier, auch kein Jesaja; er ist nichts weiter als der Bote Gottes und, wie wir hören, das Sprachrohr der inneren Vorgänge des krank Darniederliegenden. Es wird derselbe Hiskija zu seinem Gott sagen: *Tritt du doch ein für mich.*
Man muß das Wort »eintreten« nehmen offensichtlich aus der Wirtschaftssprache damals. Da ist ein Bankrotteur, der nicht bezahlen kann, und er bittet seinen eigenen Bürgen, jetzt geradezustehen für die Bürgschaft, die er übernommen hat. Wer bürgt, der wird gewürgt, sagt einem jeder Steuerberater, und er hat vermutlich recht, die Banken werden für gar nichts bürgen; und die armen Deubel, die es tun, werden erleben, was die Folgen von zuviel gutem

Willen sein können. Aber Gott, hier an dieser Stelle, muß bürgen für den Menschen. Das ist die tiefste Einsicht: Wir leben auf Pump, auf Kredit. Daß es uns überhaupt gibt, ist etwas Unverdientes, ganz Wunderbares. So jene Frau auf ihrem Krankenlager. Das Bild an dieser Stelle stimmt so unglaublich genau: *Ich schrei' wie eine Schwalbe.* Sie müssen die Mauersegler nur einmal ihren Schrei ausstoßen hören, ein langgezogenes, spitzes Lied. Oder *das Gurren der Tauben.* – Es gibt Leute, die einen Prozeß darum führen, daß ihr Nachbar Tauben hält – das stört ihre Morgenruhe. Ein Auto anzulassen mit sechs Zylindern, das stört niemanden, das ist jedermanns Recht, aber eine Taube auf dem Dach, wenn sie gurrt, das ist eine Ruhestörung. Es wird sein, daß das Gurren der Taube oder der Schrei der Schwalbe ein Bild ist für ein einsames Klagen; in der Antike jedenfalls war es das. Ein Vor-sich-hin-Röcheln kann man da hören, kein Sprechen mehr, nur noch ein Röcheln und ein Schmerz-Ausstoßen, wie es der Psalm 90,9 sagt vom ganzen Leben: Unser Leben geht dahin wie ein Gestöhn. *Nur einen Seufzer lang* nannte Anne Philippe die Darstellung vom Sterben ihres Mannes Gérard. Sie sagte zwischen den Zeilen: Die Bibel in ihrem Realismus hat so furchtbar recht. – *Brauchen* wir da nicht die tröstende Legende, die Hoffnung, es sei über unserem Leben Vergebung? Ob wir sie bei den Menschen finden, steht dahin. Was wir Geschichte nennen morgens in den Zeitungen, ist so unbarmherzig und erbarmungslos wie seit den Tagen der Assyrer; wie man in menschliche Schwäche hineingeht und sie ausnutzt, das ist die Kunst, Macht zu erwerben und zu vermehren, immer zum Wohl des Volkes, immer aus Verantwortung, immer nur, weil es so sein muß – das alles versteht sich; wo wäre da Barmherzigkeit? Reinhold Schneider, der lange nachgedacht hat über Macht und Gnade in der Geschichte, hat am Ende über die Verzweiflung, irgendwo Gnade zu finden auf den Thronen der Herrschenden, gemeint, es seien einzig die Märchen noch das Sprachrohr Gottes. Wirklich, im »Winter in Wien« schreibt er: Es sind die Märchen die einzige Kunde von der Gnade, die wir benötigen, um zu leben.

Gott sei Dank ist die Bibel mehr als ein Geschichtsbuch. Sie erzählt davon, daß es möglich wäre, die Zeit anzuhalten und zurückzudrehen und noch einmal zu beginnen. Als Josua darum flehte, war's nur, um den Feind zu schlagen, das Sonnenwunder in Ajalon (Jos 10,12). Hier dreht die Sonne sich zurück, damit ein Mensch noch einmal zu leben beginnt. Und was ein Zeichen ihm: *daß ich noch einmal komme, den Tempel Jahwes zu besuchen!* Man sollte denken, von einer schweren Krankheit zu genesen, das sei nicht einfach die Rückkehr ins Leben; nichts gehe so weiter wie bisher. Es muß nicht sein, daß plötzlich aus einem Menschen ein Frömmler wird, der sich gewissermaßen zu Bett legt in einem Sortiment von Medaillen; es ist aber die Entdeckung, daß dieses sein Leben selber soviel ist wie ein Heiligtum, und er kehrt zurück in sein ganzes Dasein unter dem Schatten der Flügel seines Gottes. Das ist ein wirkliches Wunder, gewirkt an einem König, und es kann gelten für den ärmsten der Menschen – ein jeder ist in sich ein »König«.

Was Jesaja dann tut mit dem Feigenkuchen, den er auf die Wunden legt, das alles klingt nach Magie, ist nichts weiter als eine rituelle Zeremonie, sagen wir: der sakramentale Teil der Krankenbegleitung; das Entscheidende ist dieses beides: Ein Mensch zieht Bilanz angesichts des Tods und findet Reste möglicher Unschuld. Alles, was Sie am Totenbett tun können, ist dieses: einem Menschen Mut zu schenken einfach dadurch, daß Sie ihn sprechen lassen, was er getan hat: daß es nicht alles verkehrt war, was er gemacht hat. Vielleicht in unseren Tagen braucht's das Wort Gott dabei überhaupt nicht, immer aber öffnet ein ruhiges Zuhören den Himmel, und dann wächst, gleichzeitig im Widerspruch dazu und trotzdem in Folge davon, ein Gefühl, daß es Vergebung gibt, schon indem Sie zuhören.

Was immer wieder erstaunen muß beim Lesen der Bibel, ist die Härte, die Brutalität fast, in der sie erklärt, alle Hoffnung liege in dieser Welt. Diese Worte sind so unglaublich: *Loben können, Gott, dich nur die Lebenden* – als wenn's in Gottes Interesse läge, Menschen am Leben zu lassen, damit er Opfer empfängt, Dankespsalmen hört, schöne Musik vorgespielt bekommt im Tempel, weil, wenn die Menschen tot sind, das alles nicht mehr ist. Gott sollte die Menschen aus egoistischen Gründen schon leben lassen, so das Gebetsargument des Hiskija, denn im Totenreich tut's keiner mehr, und das Totenreich ist wie eine babylonische Stadt mit eisernen Toren versiegelt; daraus, soll man denken, gibt's kein Entweichen für die Gespenster. Daß die Bibel überhaupt so lehren kann: die Rechnung mit Gott muß aufgehen in diesem Leben, unbedingt in den paar Jahrzehnten unserer Existenz, ist so wahr und so falsch als nur möglich; wahr, weil alles, was wir entscheiden können, natürlich sich nur in der Zeit entscheidet, in der es uns gibt hier auf Erden, und völlig unwahr, weil alle unsere Entscheidungen in einem Zwielicht aus Hell und Dunkel getroffen werden und wir immer der Vergebung bedürfen. Und wann werden wir endlich das, was wir sind oder sein wollten, und hören auf, dem nachzustreben, wovon man uns gesagt hat, daß wir's sein müßten? König Hiskija – was für ein Mensch auf seinem Lager, und wie steht er auf als Genesener! In gewissem Sinne ist das Erzählte die Geschichte von uns allen; jedenfalls können wir aus so viel Krankheit ein einziges lernen: gütig zu sprechen mit Menschen, oder schon gar nicht mehr zu sprechen, sondern nur noch zu hören oder auszusprechen, was sie fühlen, mal so, mal so, mal nahe dem Tod, dann schreiend nach Leben, und dies durchzuhalten als die einzige Art der göttlichen Begleitung. Viel mehr können wir nicht. Aber hat da nicht Gotthold Ephraim Lessing ganz recht, wenn er schreibt in der »Erziehung des Menschengeschlechts«: Dabei darf es nicht bleiben. Irgendwann verlieren die Menschen den hebräischen Glauben, die Bilanz ginge auf. Der Tod zieht einen Schlußstrich, wir tabellieren die Rechnung, und siehe, zwischen Soll und Haben sind die Positionen niemals ausgeglichen, und erstattet's der Allmächtige dann halt im nachhinein und füllt die leeren Kassen nach? So kann's nicht gehen. Dieses Leben ist zu verworren, abgründig, unheimlich, als daß es nicht dringend einer Beleuchtung aus einer anderen Lichtquelle bedürfte als dem Licht unseres eigenen Denkens und Planens. Gerade weil all das nicht stimmt, was in den besten Gebeten der Bibel, sogar des Hiskija im Alten Testament, steht, brauchen wir mehr, unendlich viel mehr an Hoffnung. Wie wär's, die Zeiger der Sonnenuhr *drehten* sich weiter, sie überschritten die Todesgrenze, und wir hätten als Beispiel nur das Wort des 31. Psalms, in dem Jesus gebetet haben soll, als alle Hoffnung zerstört wurde – sogar der Hohepriester kam, der neutestamentlichen Legende nach, und der römische Statthalter kam, und sie alle, die politische Vernunft und religiöse Weisheit, verurteilten ihn als Aufrührer und vernichteten alles, was er im Namen der Menschen gewollt hatte, und quälten ihn in den Tod hinein; da soll der neutestamentlichen Legende nach Jesus nur gesagt haben: In deine Hände geb' ich mich, meine Seele. Das meint doch dann so viel: Wir wissen nie, was aus uns wird, noch wer wir sind, noch wie das weitergeht, was wir begonnen haben, nicht mal das Hausbestellen liegt in unserem Vermögen;

aber es zu übergeben in die Hände Gottes, das ist alles, was uns bleibt. Nicht der Tod behält das letzte Wort, nur Gott, der möchte, daß wir sind. Nur an dieser Stelle kann die Religion weitergehen, das Hoffen und das Glauben in diesem Leben glaubwürdig Fuß fassen. Dann wär's ein wunderbarer altägyptischer Gedanke, aufgegriffen im Alten Testament freilich nur in der Lyrik der Liebeslieder: *Denn die Liebe ist stark wie der Tod.* Ich höre noch – und sagte es bereits –, wie ein Professor, einmal wütend auf den Tisch klopfend, sagte: Da steht, sie ist stark wie der Tod, aber nicht stärker. Ich konnte nur sagen: Warum wollen Sie denn die Verzweiflung selbst noch mit Gottes Worten? Es sind die Philologen im übrigen, die sagen: stark wie – das ist im Hebräischen ein Komparativ. Es heißt nach bester hebräischer Philologie und ganz sicher auf altägyptisch: Die Liebe ist stärker als der Tod. Und wer's nicht glauben will, liest's einen Vers danach: *Selbst alle Wasser löschen sie nicht aus* (Hld 8,6.7). Es ist das Neue Testament im Sammeln der besten Teile der Bibel selber, das sagt, Gott sei die Liebe, und also sei der Tod nur ein letzter Schleier vor unserem Antlitz, ehe wir *ihn* schauen, nicht zur Wand gewendet, sondern empor. Das Sterben und das Leben des Hiskija ist das Bild für das Leben und das Sterben eines ganzen Volkes und seiner Stadt, aber zugleich jedes Menschen in dem Bewußtsein seines »Königtums«.

28. Juni 1998

ALLE BÄUME DER EBENE SOLLEN
KLATSCHEN IN DIE HÄNDE

Eine der wichtigsten Prophetengestalten der Bibel, merkwürdig genug, ist uns persönlich völlig unbekannt. Sie ist ein Konstrukt der Literarkritik. Doch weil dieser Prophet so innig spricht von Vertrauen, wie der Prophet Jesaja, nennt man ihn den zweiten Jesaja. Dessen Texte wollen wir von nun an lesen. Ich gebe zu, es ist dies eine Aussicht, die nicht gerade sehr eindrucksvoll scheint – denn wer weiß schon, wer der zweite Jesaja ist –, aber das wird sich ändern.

Text: Jes 40, 1 –11; 55, 6–13
Tröstet, tröstet mein Volk! spricht euer Gott. Redet Jerusalem zu Herzen und rufet ihr zu, daß ihr Frondienst vollendet, daß ihre Schuld bezahlt ist; denn sie hat von der Hand des Herrn Zwiefältiges empfangen um all ihrer Sünden willen. Horch, es ruft: In der Wüste bahnet den Weg des Herrn; machet in der Steppe eine gerade Straße unserm Gott! Jedes Tal soll sich heben, und jeder Berg und Hügel soll sich senken, und das Höckerige soll zur Ebene werden und die Höhen zum Talgrund, daß die Herrlichkeit des Herrn sich offenbare und alles Fleisch es sehe zumal; denn der Mund des Herrn hat es geredet.
Horch, es spricht: Rufe! Und ich sprach: »Was soll ich rufen? Alles Fleisch ist ja Gras und all seine Pracht wie die Blume des Feldes. Das Gras verdorrt, die Blume welkt, wenn der Hauch des Herrn darüber weht.« – »Ja, Gras ist das Volk. Das Gras verdorrt, die Blume welkt; aber das Wort unsres Gottes bleibt in Ewigkeit.«
Auf hohen Berg steige, du Freudenbotin Zion! Erhebe mit Macht deine Stimme, du Freudenbotin Jerusalem! Erhebe sie ohne Furcht! Sprich zu den Städten Judas: Siehe da, euer Gott! Siehe da, Gott der Herr, er zieht einher in Kraft, und sein Arm schafft ihm den Sieg. Siehe, die er gewonnen, kommen mit ihm; die er sich erworben, gehen vor ihm her. Er weidet seine Herde wie ein Hirte, sammelt sie mit seinem Arm; die Lämmer trägt er an seinem Busen, die Mutterschafe leitet er sanft.
Suchet den Herrn, jetzt da er sich finden läßt; rufet ihn an, jetzt da er nahe ist! Der Gottlose lasse seinen Weg und der Frevler seine Gedanken und kehre um zum Herrn, so wird er sich seiner erbar-

men, zu unsrem Gott, denn er ist reich an Vergebung. *Denn meine Gedanken sind nicht eure Gedanken, und eure Wege sind nicht meine Wege, spricht der Herr, sondern so hoch der Himmel über der Erde ist, soviel sind meine Wege höher als eure Wege und meine Gedanken höher als eure Gedanken. Denn wie der Regen und der Schnee vom Himmel herabkommt und nicht dahin zurückkehrt, sondern die Erde tränkt, daß sie fruchtbar wird und sproßt und dem Säemann Samen und dem Essenden Brot gibt, so auch mein Wort, das aus meinem Munde kommt: es kehrt nicht leer zu mir zurück, sondern wirkt, was ich beschlossen, und führt durch, wozu ich es gesendet. Denn in Freuden werdet ihr ausziehen, und in Frieden sollt ihr geleitet werden; die Berge und Hügel werden vor euch in Jubel ausbrechen und alle Bäume des Feldes in die Hände klatschen. Statt der Dornen werden Zypressen wachsen und Myrten statt der Disteln. Dem Herrn zum Ruhme wird es geschehen, zum ewigen Zeichen, das nicht getilgt wird.*

Wollten Sie, wie zur Erleichterung, von den 1500 Seiten der Bibel jemandem ein Konvolut schenken, dazu bestimmt, ihm in der Lektüre von weniger als ein, zwei Stunden das Wesentliche, das unbedingt Wichtige als Konzentrat des Ganzen an die Hand zu geben, müßten Sie ohne Zweifel 15 Kapitel aus dem Jesaja-Buch, wenn bibelkundig, die Kapitel 40 bis 55, in dieses Kompendium mit der Verheißung aufnehmen, daß damit eine Perle geschenkt werde; eine Perle, wie hervorgeholt aus den Tiefen der Südsee, so als wäre der ganze Pazifik in seinem Wogen zwischen den Kontinenten einzig dazu bestimmt gewesen, diese Kostbarkeit zu ermöglichen und hervorzubringen. Freilich verhält es sich wie in der alten Religions- und Kulturgeschichte allerorten. Sie betreten eine ägyptische Pyramide oder ein Königsgrab, und Sie bewundern den Reichtum an Frömmigkeit und gestalterischem Ausdruck. Aber wer nun im einzelnen hat das gemalt? Wer steht dahinter, und was wollte er als Person sagen? Das herauszufinden ist meist schwer, fast unmöglich. – Sie besuchen in den Ferien in Burgund die herrlichen Kathedralen von Autun oder Vézelay und staunen vor der Kostbarkeit der Kapitelle, der unglaublichen Feinheit der Bildhauerkunst, aber Sie müssen schon sehr gute kunstgeschichtliche Führer bei der Hand haben, um herauszufinden, welch ein Meister hinter diesen Bildwerken steht.

Die Kapitel 40 bis 55 im Jesaja-Buch wurden vor etwa 200 Jahren zum erstenmal in der kritischen Forschung als eine isolierte Einheit in der Bibel gewissermaßen herausgeschält, und es ist jetzt fast 100 Jahre her, daß man dafür als einen eigenen Autor literarkritisch den Namen eines zweiten Jesaja gefunden hat. Wem wir diese Texte in ihrer Zusammenstellung verdanken, entzieht sich bereits unserer genaueren Kenntnis; wir dürfen annehmen, daß es der dritte Jesaja war, der die Texte seines eigenen Lehrers sammelte und überlieferte. Zusammengestellt aber und redigiert haben muß sie dieser zweite Jesaja selber, eine reine Kunstgestalt der literarhistorischen Rekonstruktion. Was sich hinter diesem Namen verbirgt, ist ein ungeheurer Aufbruch, etwas, das im Alten Testament selten nur sich hat ereignen können, weil es nur selten eine Zeit von so tiefer Verzweiflung und einem so ehrlichen Ringen und der Notwendigkeit unbedingt eines neuen Wortes gab. Eben dieses neue Wort greift zurück auf Längstgesagtes, Vertrautes, Jahrhundertealtes, eben deshalb hat dieser Name, zweiter Jesaja, Berechtigung, weil vieles von dem, was im 8. Jh. die wirkliche Person, die mit Namen Jesaja hieß, gesagt hat, sich hier noch einmal aktualisiert wiederfindet. Wir können zeitlich das Auftreten dieses zweiten Jesaja recht genau in den Eckdaten angeben. 587 vernichtet der babylonische König Nebukadnezzar in mesopotamischer Grausamkeit Judäa, Jerusalem, die heilige Stadt, den Tempel und deportiert die Bevölkerung. Die Zahlen der Deportierten dürften historisch belegt sein, 3000, 4000 Männer, und rechnen Sie Frauen und Kinder dazu, ein Deportationszug von 12 000 Menschen. In unserem katastrophengewöhnten 20. Jahrhundert scheint das wenig zu sein. 12 000 tote Hutus, Tutsis – Zahlen, die statistisch kaum zu erfassen sind, aber auftreten mit der Macht, mit der die Orkane wüten; aber für Israel, für Judäa waren 12 000 Menschen viel. Und mochten so viele als immer zurückbleiben, es bedeutete, daß die Götter Babylons scheinbar stärker waren als der Gott der Väter. Das Verfahren, mit Besiegten so umzugehen, hat eine Tradition, die sich bis ins 20. Jahrhundert erhalten hat. 1945 die Vertreibung von Ost nach West; 1939, 1941 die Verwüstungen von deutschem Boden aus in alle Richtungen, Hitlersche Politik, Stalinsche Politik, Völker umzusiedeln – oder das schlimmste aktuelle Beispiel: Tschetschenien. Was sich dort in unseren Tagen abspielt, ist nur eine Spätfolge der Wegsiedlung und Rücksiedlung eines ganzen Volkes, das auf stalinsche Weise russifiziert werden sollte. So machen's die Mächtigen. Wenn ethnische, völkische, religiöse Gruppen sich ihrem Zentralismus in den Weg stellen, dann verpflanzt man sie sehr dicht an die Zentrale, beutet ihre Arbeitskraft aus, benutzt ihre Traditionen, indem man sie umfunktioniert zum eigenen Machterhalt. Alles, was sie kulturell leisten können, das hat der eigenen Unterdrückung zu dienen. So war das 587 v. Chr. Aber Nebukadnezzar stirbt 562 schon, sein Reich zerfällt; einer seiner Nachfolger, Nabonid, versteht es nicht, sich mit den Marduk-Priestern in Babylon so zu stellen, wie er es vernünftigerweise wohl sollte, er hängt dem Mondgott Sin an, erneuert dessen Heiligtum, verlagert die Machtzentrale. Das alles ist gefährlich, denn das Reich der Meder beginnt sich auszubreiten, und dort im Süden, im alten Stammgebiet der Elamiter, in einer Reihe von Erschütterungen rückt Kyros auf. 537 ist es soweit, die Marduk-Priester selber öffnen Kyros die Tore von Ninive und Babylon. Da beginnt die Repatriierung der jüdischen Exulanten.

In diese Zeit fällt das Wirken des zweiten Jesaja. Was er zu sagen hat, ist ungeheuer; er muß versuchen, etwas zu deuten, das sich nach den vorgegebenen Schemata kaum deuten läßt. Bis dahin war der Glaube Israels an einen Gott gebunden, der mächtig in der Völkergeschichte ist, indem er sein Volk zum Siege führt. Was hätte es für einen Sinn, Gott mächtig zu nennen, wenn sich seine Macht nicht auch erzeigt; und wie kann er das anders, als indem er sein eigenes Volk, seine Anhänger und Gläubigen, an die Macht bringt? Das ist vernünftig zu denken und ist es bis heute geblieben. Es hat seine Nutzanwendung gefunden im Christentum. Kaiser Konstantin: Christus ist mächtig, indem das Christentum zur Staatsreligion wird. Karl der Große und der Beginn des Mittelalters: das Christentum ist großartig, indem es alle Heiden vernichtet, die Sachsen z. B. bei Verden an der Aller. Kulturell wird das Christentum fruchtbar, indem es jeden Widerstand niederringt, und immer ist dabei der Herr, unser Herr, Christus, der Allgewaltige, der Pantokrator, der Richter über Gut und Böse, heute und bis ans Ende der Tage.

All das, über 2500 Jahre alt, ist in dieser Stunde, aus der die Texte reden, absolut nicht mehr zu hören. Man will es nicht hören und kann es nicht hören. Denn wenn es stimmen würde, wenn es je gestimmt hätte, hätte Gott selbst sich widerlegt; es gäbe dann überhaupt keinen Gott. Denn dann hätte er nicht zulassen können, daß seine eigene Stadt, sein eigenes Heiligtum, sein eigenes Volk derartig ruiniert wurde. Die Katastrophe fällt auf ihn selber zurück. Man spekuliert in jenen Tagen nicht über Gott, man philosophiert sich nicht einen Ein-Gott-Glauben zurecht, einen Allmächtigen über den Wolken, dem es nichts ausmacht, was auf Erden passiert. Gott und die menschliche Geschichte sind im jüdischen Denken auf das engste miteinander verwoben, anders läßt sich Religion in jenen Tagen überhaupt nicht – sagen wir vorsichtig: noch nicht – denken. Aber darauf soll dieser Mann jetzt antworten, der zweite Jesaja, der wohl so heißen muß, weil er ähnlich wie der erste Jesaja in anderen Tagen gesprochen hat. Aber wie war er zu verstehen? Es gab Jesaja, o ja, es gab Jeremia. Sahen die das nicht schon kommen? Jesaja kannte nicht den Aufstieg der neubabylonischen Staatsmacht. Er hatte es zu tun mit den noch schrecklicheren Assyrern. Deren Heeresmacht war der Schrecken des ganzen alten Orients. Das Stampfen der Rosse der Assyrer, die unglaubliche Brutalität, mit der sie ihre Siege vervollständigten, die Schnelligkeit, mit der sie ihre kasernierten Truppen zu verlegen wußten – nichts, aber auch gar nichts hielt dieser Militärmaschinerie stand. Sehen Sie auf der Museumsinsel in Berlin in der altorientalischen Abteilung die Bilder der Assyrer: Männer mit Muskeln, Waffen und Rüstungen, die Darstellung von Kraft, nichts anderes gilt da für Religion, sie sind der Schrecken aller anderen Völker.

Aber Jesaja sah den Aufzug Assurs im Osten wie eine Gewitterwolke, die sich entladen will über Israel, zur Strafe für sein Volk, wenn es weiter im Sinn trägt, nichts weiter zu tun, als Politik zu machen, hier ein Bündnis, da ein Bündnis, hier ein fauler Kompromiß und da noch eine weitere Mogelei; dann kann der Untergang nur gründlich sein. Jesaja riet dazu, auf Gott zu vertrauen und im übrigen sich herauszuhalten, vollkommen neutral zu bleiben, gewissermaßen keine Angriffsfläche für den Machtwillen der Assyrer zu bieten. Es wäre nicht nur fromm, es wäre auch politisch vernünftig, meinte er. Aber wann hörte man darauf in den Tagen, wo es not täte? Jesaja sah es kommen, 200 Jahre vorher, im Jahre 733.

Dieser zweite Jesaja greift die Idee des Gerichts Gottes auf und aktualisiert sie, aber er nimmt eine Veränderung vor, eine unglaubliche Veränderung. Könnte es sein, denkt er, daß Gott selber seine eigene Ohnmacht inszeniert hat, um sich als wirklicher Herr zu erweisen? Es hätte die Deportation nach Babylon ihn nicht widerlegt, sondern in ihr wäre nur sein Plan in Erfüllung gegangen? Da müßte man denken dürfen: Die scheinbaren Gottesgegner bleiben in der Hand dieses Gottes, sie sind sein Werkzeug. Wir werden die letzten Worte am Ende des zweiten Jesaja-Buches noch hören: *Meine Wege sind nicht eure Wege, sondern himmelweit verschieden; so hoch die Wolken über der Erde, so unterschiedlich ist das, was Gott plant, von der menschlichen Vernunft*. Wir Menschen müssen sagen: Er geht einen Weg, er denkt einen Gedanken, weil anders als menschlich wir von Gott nie sprechen werden, doch das, was geschieht, widerlegt all das, was wir für Weg halten und für Vernunft erklären. Wäre es möglich, daß die Kleinheit, die Schwäche, die Ohnmacht Gottes gerade der Beginn und die Chance eines neuen Glaubens sind? Da verlöre Gott nicht seine Macht, ganz im Gegenteil, er erhielte sie größer. Das hat in Babylon niemand von Marduk oder irgendeinem der Götter gesagt, daß er die Vernichtung seines Volkes womöglich selbst arrangiert. Er hält nicht nur Gericht, er baut auch auf. Warum das alles, ist noch schwer zu verstehen; aber man begreift in den Grundzügen, was diesem zweiten Jesaja vorschwebt: Gott wäre der Herr der ganzen Geschichte, er stünde nicht nur auf dem Thron, wäre nicht nur erreichbar auf den Wogenspitzen des Meeres, sondern gerade und auch in den Tälern, in den Abgründen, in den Dunkelzonen, und das zu sehen wird entscheidend, um Menschen zu erreichen, die sich dort aufhalten, hinuntergespült in den Strudel.

Woher schöpft dieser zweite Jesaja seine Anregungen, wie spricht er? Die wichtigste Ähnlichkeit zu den Redeformen, zu der Poesie dieses Mannes liegt in den Gebeten Israels, in den Psalmen. Wir müßten sagen: Alles, was dieser zweite Jesaja spricht, ist irgendwie dem Gottesdienst zugeordnet, aber das ist nur eine äußere historische Information. Wir müßten sagen: es ist ein Glaube, der einzig aus dem Gebet errungen wird. Und das erstaunliche hier: Es gibt in gewissem Sinn kein einziges Bittgebet. Jesaja liegt Gott nicht in den Ohren mit allen möglichen Klagen und Fragen, was Gott jetzt tun soll; er tritt in den Gottesdienst eines zerbrochenen Volkes und spricht aus, was er selber hofft. Es gibt keine andere Beglaubigung als den Mund dieses zweiten Jesaja selber.

In den Tagen damals muß begonnen haben, was wir sehr viel später, in den Tagen Jesu, den Gottesdienst der Synagoge nennen. Es gibt keinen Tempel mehr, es gibt keine Opfer mehr, es reduziert sich gewissermaßen alles auf das Wort, auf das Lied, auf den Gesang.

Die Sprache der Priester ist wie verstummt bei diesem zweiten Jesaja, sehr im Unterschied zu anderen Propheten, zu Ezechiel etwa. Alles, was dieser Mann sagt, ist ein erweitertes Gebet und deshalb mitten in der Katastrophe eine Ansage, eine Ankündigung von Heil, ein Lob Gottes, was am allermeisten erstaunt. Wieder ist der Gedankengang so bizarr, so paradox, wie er nur diesem religiösen Genie gekommen ist: Gott ist gerecht, das hat man in Israel immer wieder gesagt; Gott straft für die Sünden der Menschen, gewiß, aber er jetzt, der zweite Jesaja, erklärt: Gott hat gestraft, und wie er gestraft hat! Zweimal soviel, als es »gerecht« wäre! Mit einem Wort: Es ist Schluß mit all der Straferei. Die Katastrophe hatte ein solches Format, daß an ein Strafen Gottes nicht mehr zu denken ist. Die ganze Idee, Gott stünde wieder auf als Quälender, Richtender, hat sich übererfüllt. Das einzige, was jetzt noch zu sagen ist, wovon zu reden wäre, beginnt in diesem einen Satz, der sich verdoppelt sofort, seiner Wichtigkeit wegen: *Tröstet, tröstet mein Volk.* – »Mein Volk« muß man hören im Echo mancher Propheten, die erklärten: Israel ist nicht mehr mein Volk, dieses Pack ist Gott egal geworden (Hos 1,9). Dieser zweite Jesaja betont es gleich am Anfang: Es ist dieses zerbrochene, dieses Fragment ehemaligen Größenwahns sein Volk geblieben. Und alles, was jetzt 15 Kapitel lang zu sagen ist, ist Trost, nicht im Abwiegeln der Not, nicht im Leugnen des Schmerzes, sondern in der Gewißheit, daß etwas geschieht, das die Dinge verändert.

Sprecht zu Jerusalem freundlich, redet zum Herzen Jerusalems. – Und was da gesagt wird, ist eindeutig. Die Sklaverei, der Frondienst, die Ausbeutung hat ein Ende gefunden. Freiheit statt Unterdrückung, das wird nicht nur sein, sondern beginnt. Deshalb können wir ganz sicher sein, dieser Text ist gesprochen nach 536, nach dem Ende des babylonischen Reiches, aber es ist kein Datum der Weltpolitik, das hier interpretiert wird, es ist die Zuversicht, daß Gott durch die Nacht geht, Hand in Hand mit den Menschen, die sich in seine Hand bergen und an seine Hand halten, bis daß ein Morgen kommt. Es ist soviel, wie daß man die vierte und die fünfte Stunde am Morgen im Schwedischen als die Stunde des Wolfs bezeichnet, weil sie am kältesten ist, weil sie am dunkelsten ist, und gerade dann, wenn die Tiefe der Kälte den untersten Stand erreicht, weiß man, daß bald die Wärme der Sonne über der Erde wiederkehren wird.

Empfangen haben sie aus Jahwes Hand alle Strafen für die Sünden. – Was Jesaja, der zweite, hier vor sich sieht, eine göttliche Stimme, die es ausruft, ist wie ein Befehl. *Quer durch die Wüste* von Babylon hinüber in die Ruinen Jerusalems soll bereitet werden *ein Weg für Jahwe; mitten durch die Ödnis eine Straße für unsern Gott.* Bilder sind das, fast aufs phantastische übernommen von den ehemaligen Feinden: Heeresstraßen, Prachtstraßen. Wenn Sie die alte und die neue deutsche Hauptstadt Berlin im Westen wie im Osten durchgehen, finden Sie dieselben architektonischen Anlagen: die große Heeresstraße, die ehemalige Stalinallee, Unter den Linden; und gehen Sie nochmals ins altorientalische Museum auf der Museumsinsel, finden Sie das große babylonische Ischtar-Tor. Da haben Sie die Originaldimensionen solcher Prachtstraßen für die Prozessionen der Siegreichen, für die Triumphwagen der Mächtigen, für die Züge der Betenden zugunsten der siegreichen Götter im alten Orient. Und so soll hier Jahwe gefeiert werden, alle Hindernisse sollen ihm aus dem Weg geräumt werden, auf ebenem, geradem Weg soll er schreiten. Das alles bis dahin hört sich schön, fast zu schön an.

Ich sagte bis dahin, wir wissen von dem zweiten Jesaja so gut wie gar nichts persönlich. Aber jetzt plötzlich, an einer einzigen Stelle, beginnt eine unglaubliche Zwierede, so daß man sich schwertut, sie zu lesen und richtig zu betonen: Eine Stimme sagt: Rufe! und der Adressat dieses Befehls ist ein einzelner Mensch, er, dieser unbekannte neue Prophet, und das ist die einzige Information über seine Berufung, über diese Stimme, die ihm sagt: Rufe! Wenn er fragend, klagend antwortet, so daß jedes Wort wie ein Aufschrei ist: Was soll ich rufen?, so heißt das: Es ist jeder Inhalt, der im Namen Gottes, im Namen der Religion zu verkündigen war, jedes feierliche Wort, das mal zur Verfügung gestanden hätte, inzwischen sinnentleert, unglaubwürdig in jedem Betracht und mit zugrunde gegangen; es ist nichts mehr zu sagen. Was wir in unseren Tagen Atheismus nennen, die Verneinung Gottes, die absolute Sprachlosigkeit Gottes bei denen, die wenigstens noch ehrlich sind und die Phraseologie der kirchlichen Verkündigung hinter sich bringen möchten, das ist das geschichtliche Ereignis, das »Geschick« hätte Heidegger gesagt im 20. Jahrhundert. Es gibt keine Anknüpfung mehr, das ist der objektive Zustand geblieben ist, ein einziges Was, ein Fragen nach einem Inhalt, den es nicht gibt.

Das »ich« an dieser Stelle bedeutet, daß ein Prophet wie der zweite Jesaja auch nur ein Mensch ist und nicht Gott; wenn Gott etwas sagen will, dann soll er das gefälligst selber tun und nicht dauernd Menschen beauftragen, die nur einen Menschenmund haben, denen es nicht einfällt, wie sie Gott neu interpretieren könnten, immer von vorn, alle zwanzig Jahre anders. Was traut denn sich ein Mensch da zu, und was wird man ihm sagen, wenn er Gottes Wort zu sagen versucht? Wird man ihm nicht sagen, er macht sich wichtig oder er macht sich lächerlich, ernennt sich selbst zu einem Propheten, oder er ist nicht getreu den Sprüchen der Väter, die wir ja rezitiert haben in den Psalmen und die wir repetieren in jedem Gottesdienst. Da soll ein neues Wort durchaus nicht sein; dabei ist klar: alles Alte stimmt nicht, und alles Neue widerlegt sich. Das heißt »ich«: Ich bin bloß ich, mein Herr. So haben sie *alle* gesprochen: Jesaja, der erste, der Gott mitten im Heiligtum sah, sagte genauso: Es geht nicht, nicht mit meinen Lippen und nicht über meine Lippen. Du magst groß und rein und erhaben und mächtig sein – aber eben deshalb nicht mit mir! – Und Jeremia erklärte: Ich bin zu jung; ich hab' das Leben vor mir, ich blicke nicht zurück auf eine Weisheit, die mir nicht gekommen ist. Jeder wird zu mir sagen: Halt den Mund, du Grünschnabel, und hat vollkommen recht, und ich hab' Angst vor all den Weisen und Gelehrten und Gescheiten, denn was ich sagen müßte, ist, daß sie alle lügen. Die Priester im Heiligtum, die Propheten am Königshof – sie alle lügen und leben von der Lüge. Und das soll man mir glauben? (Jes 6,5; Jer 1,6)

Wägen Sie's selber ab, wer von den dreien, der erste Jesaja, Jeremia oder dieser unbekannte zweite Jesaja, tiefer verzweifelt ist. Jesaja sah die Katastrophe vor sich, Jeremia erlebte sie, dieser zweite Jesaja hat sie hinter sich. Sein Ich ist das Ende oder der Mut, etwas anzufangen, das so nie war. – Aber »*rufen*« schon gar nicht! Wenn, dann sehr kleinlaut, dann stammelnd und stotternd, sehr gebrochen und unfertig, im kleinsten Radius, dem Nachbarn vielleicht geflüstert ins Ohr, aber nicht vor der Gemeinde, nicht gesprochen mit heiligem Auftrag. Es sind zwei Sätze nur, und sie sind ein ganzes Leben.

Was dann gesprochen wird, ist die Rede derer, zu denen dieser Mann sprechen soll. Er greift es nur auf, faßt es aber zusammen in einer unglaublich verdichteten Darstellung. Alles Fleisch, alles, was lebt, ist Gras, und alles, was schön ist, ist wie eine Feldblume – daß es verdorrt und verwelkt. – Hat es Sinn, an einen Gott zu glauben, wenn die kostbarsten Hervorbringungen des Menschen wie gleichgültig, wie ein Kinderbild, mit Kreide gemalt an eine Schultafel, vom Schwamm des Lehrers weggewischt werden? Alles, was Menschen tun und was sie selbst sind, fällt in diesen Krater der Vergänglichkeit. Was soll's dann? Die größten Mühen, die unglaublichsten Qualen, die Opfer ganzer Generationen gerinnen zu einem Datum, das kein Mensch vorhersehen konnte, gilt das alles nicht mehr; irgend etwas Neues kommt, das damit kaum etwas zu tun hat, nur die Fragen bleiben: wie geht das weiter, wer findet sich da zurecht? Die Vergänglichkeit von allem, von aller Kreatur und – noch viel deutlicher – von allem, was in der menschlichen Geschichte geschieht, ist das nicht der Widerspruch zu allem Göttlichen? Assur, Babylon, Jerusalem – eine Reise zwischen den Ruinen. Immer wieder sind dies die Bilder äußerster Vergeblichkeit. Was nützt es, von Gott zu reden, wenn über kurz oder lang uns alles aus den Händen gleitet oder gewaltsam gerissen wird – die Menschen an unserer Seite, die Dinge, die wir selber tun wollten oder sogar manchmal getan haben, und wir selbst mit dem besten Bemühen? – Es ist die Art, wie Gott redet in der Bibel, die Weise, wie Religion tröstlich sein könnte, gewissermaßen auch die Anweisung für diesen zweiten Jesaja selber, wie er sprechen soll, daß er fast wie im Echo alles wiederholt, was an Frage und Klage gesagt wird und in ihm sich ausspricht. Gott selber greift's auf und wiederholt's: *Alles Fleisch ist wie Gras, all seine Schönheit der Feldblume gleich, und es verwelkt und verdorrt.* – Niemand widerlegt diese bittere Wahrheit, aber *bleibend ist das Wort Gottes.* Alles wird sich im folgenden darum ranken, wie diese Beständigkeit, Dauerhaftigkeit, Zuverlässigkeit von dem, was Gott sagt oder gesagt haben soll, sich erfahren läßt.

Gewirkt hat diese Einleitung, dieser *Prolog* des zweiten Jesaja – man muß es so nennen, weil der Glaube an das, was Gott sagt, an sein Wort, zum Inhalt der ganzen Welt wird wie im Prolog im Neuen Testament des Johannes-Ev. (1,1) – gewirkt haben muß diese Rede so tröstend bereits, daß man das geschlagene Zion, das zerstörte Jerusalem, dazu auffordern konnte, als Botin der Freude aufzutreten für alle Städte im Lande ringsum, von einem hohen Berg mit Macht die Stimme erhebend, und dabei wird noch gesagt: ohne Furcht, ohne Furcht, denn da – euer Gott. Und nun kommt er mit

Macht, und sein Arm greift ein, und sein Ertrag geht vor ihm her. Das ist nicht mehr der Gott, der auf den Spitzen der Schwerter und der Spieße der Sieger kommt, sondern der seinen »Sieg« herstellt durch die Treue derer, die zu ihm halten. Und daß sie wieder Heimat finden, das ist alles; daß da ein Hirte ist, der seine Schafe zurückträgt.

Greifen wir schon vor auf das Ende des zweiten Jesaja-Buchs, im Kapitel 55 wird daraus sogar ein Bild, das nicht allein die Geschichte verändert, sondern die ganze Natur. Es ist nach biblischer Vorstellung die Strafe der Sünde der Menschen, als sie, Adam und Eva, vertrieben wurden aus dem Paradies, daß es Stechsträucher und Unkraut gibt auf der Erde; aber die jetzt heimkehren werden, erklärt dieser zweite Jesaja, die werden sehen, daß Zypressen wachsen am Weg und daß die Myrte grünt am Straßenrand. Es ist nicht nur jetzt, daß Gott einer bestimmten Generation gut ist, sondern in der Vorstellung dieses Mannes wird die ganze Welt anders, sagen wir besser: das ganze Weltverständnis. Gott ist nicht nur der Herr der Geschichte, sondern der gesamten Schöpfung. Als er Israel herausführte aus Ägypten, war dies wie das Vorbild, um Israel herauszuführen aus Babylon. Aber daß er es tut, ist, wie wenn er alle Menschen bei der Hand nähme und führte sie zurück in ein verlorenes Paradies. Die ganze Erde kehrt zurück in die Einheit eines Friedens, wie er nie war.

Bis dahin reicht die gewissermaßen historische Deutung des Textes. Allein sie zu gewinnen zeigt eine aufregende, erschütternde, große biblische Vision. Aber können wir sie so glauben, wie sie da steht? Es ist rein äußerlich, daß Jesaja, der zweite, sich irren konnte. Die Heimkehr der Juden aus Babylon geschah vollkommen anders als auf einer Prachtstraße, einem Prozessionsweg, in versammelter Ordnung womöglich, voran mit Weihrauch und Gesängen. Man tröpfelte zurück, wie wenn ein Schwamm ausgedrückt wird, und irgendwie sickert's in den Boden. Aber das ist offenbar für den zweiten Jesaja kein Einwand. So ist Gottes Wort: Da wird etwas ausgesprochen, und dann darf man nicht denken, es sei wie mit dem Regen über der Namib-Wüste: die Wolken ziehen, aber der Hitzeschild über dem glühenden Land ist so groß, daß der Regen sofort wieder verdampft, noch ehe er die Erde erreicht; so ist nicht der Abstand zwischen Gott und den Menschen, sondern, wenn Gott etwas sagt, dann ist es wie Schnee und wie Regen, der nicht anders zurückkehrt zum Himmel, außer er hätte die Erde durchtränkt und fruchtbar gemacht. Daß da im Menschen etwas lebendig geworden ist, das wird doch bleiben, egal, wie das im Äußeren sich darstellt; ob dieses Bild nun historisch genau stimmt oder nicht, was kommt es darauf an, wenn Menschen gelernt haben, zu leben und fruchtbar zu sein aus einem Wort, das sie aus dem Gang der Geschichte allein nie und nimmer gewinnen können, sondern das ihnen gesagt werden muß – von ihrem Gott!

Die Frage von uns Heutigen am Ende des 20. Jahrhunderts wird sicher lauten, ob nicht das ganze Schema, Geschichte als Gottes Handeln zu deuten, der Rest einer noch nicht überwundenen und zu Ende gedachten Mythologie ist. Gott führt in der Geschichte – das gehört zum eisernen Bestand eigentlich der biblischen Theologie. Auf keinem Katheder christlicher Theologie wird je etwas anderes auch nur von fern gesagt werden dürfen; aber glauben's denn wirklich die Menschen noch so? 1945, das hat Gott gefügt, den Untergang des Dritten Reiches? Hat er das? Dankbar hat Eugen Biser vor einer Weile eines seiner neuen Bücher Kanzler Kohl bewußt gewidmet. Er ist überzeugt, 1989, das sei eine Tat Gottes, das Ende der Knechtschaft unterm Bolschewismus, der Fall der Mauer, und einer der Politiker hat es getan, ob er Kyros heißt oder Kohl; es müsse möglich sein, Geschichte, die geschieht, nicht nur vor 2500 Jahren, sondern auch heute, zu deuten von Gott her. Das ist der Gedanke. Und hätten in den Kirchen im Osten all die Kerzen sinnlos gebrannt in Magdeburg, in Leipzig, in Ostberlin? Darf man das nicht denken: Irgend etwas, das passiert, ist gefügt von Gott?

Was es uns sehr schwer macht, überhaupt so zu denken, Völkerschicksale seien verbunden mit göttlichem Gericht, oder wir könnten im hegelschen Sinn die Weltvernunft bemühen, damit der Gang der Weltgeschichte hinausläuft auf mindestens eine Folge der logischen Vernunft, ist einfach dies, daß gerade die Ereignisse, die wir eben noch gepriesen haben, uns um die Kehre schon das Gegenteil bescheren. Der Zusammenbruch des Sowjetimperiums war gewiß rühmenswert für alle Unterdrückten, aber die Folgen auch? Vor 35 Jahren konnten Sie sich in München in einen Omnibus setzen und durch Gesamteuropa, durch den gesamten Nahen Osten bis nach Asien reisen, unbehelligt. Nicht ein einziges Land auf dem Wege von München nach Amritsar oder Neu-Delhi ist nach dem Zusammenbruch des Sowjetimperiums nicht hineingezogen worden in endlose Kriege, Bürgerkriege, Nationalitätenkonflikte, religiöse Kriege – es hat nie aufgehört. Will Gott das auch? Nimmt er das mit in Kauf? Ist nicht die ganze Deuterei aberwitzig, da werde irgendeine Schuld begangen und dann wird sie von Gott bestraft? Könnten wir Jesaja nicht, groß wie er war, heute nach zwei Jahrtausenden, größer und tiefer verstehen, indem wir einer Spur nachgehen, die er gelegt hat, ohne sie weiter zu verfolgen? Das ist, daß er von dem ganzen Volk redet, wie wenn's eine einzelne Person wäre. *Tröstet mein Volk!* Das ist so persönlich geredet wie zwischen Ich und Du. Und von Gott wird er immer wieder sagen: *Ich bin* – und setzt der einzelnen menschlichen Person die Einzigartigkeit dieses seines Gottes gegenüber. Da wird geredet aus den Erfahrungen einzelner, die aber werden gewissermaßen hochgerechnet zu Aussagen über ein ganzes Volk. Und umgekehrt sollten und könnten wir uns die Erlaubnis nehmen, all das, was hier gesprochen wird aus der Erfahrung eines Volkes, zurückzuverwandeln in einen Trost für einzelne.

Was sagen wir Menschen, die nicht den Untergang Jerusalems erlebt haben, aber die Zerstörung von allem, was ihnen heilig war, woran sie ihr Herz gehängt haben? Das können so winzige Dinge sein. Irgend etwas passiert da, für jeden anderen vielleicht eine Nebensache, mit der er leicht fertig wird, aber die Psychologen sagen: Wenn jemand so leidet, daß er nicht weiterweiß, dann muß man darauf achten, welch eine Persönlichkeit er mitgebracht hat – wie sich das einfügt in seinen ganzen Lebensentwurf, so würden die Existentialisten sagen. – Nehmen wir ein Beispiel. Eine Studentin erklärt, daß sie früher immer gut gearbeitet und gelernt hat und sehr gute Noten nach Hause brachte, doch jetzt seit zwei Semestern an der Universität ist sie nur noch niedergeschlagen. Sie kommt nicht zurecht, sie versteht das alles nicht, sie zweifelt vollkommen an sich selbst; die Ärzte sagen, sie hat eine endogene Depression. Da genügt es, daß jemand aus dem Schulbetrieb, aus der Routine eines Lehrsystems, das ihm genau sagt: dieses Päckchen lernen, diesen Abschnitt üben, in das Durcheinander einer deutschen Universität gerät, um depressiv zu werden. Er befindet sich an einem Ort, wo Lehrer sind, die eigentlich gar nicht lehren wollen, sondern die ihre Macht und den Abstand von ihren Studenten demonstrieren möchten, ja, die im Grunde zeigen wollen, daß niemand jemals so klug werden wird wie sie selber, die schon sehr klug geworden sind und eben deshalb *hinter* dem Katheder statt *darunter* sitzen. Das kann so demütigend sein, daß ein junger Mensch, gerade 21 Jahre alt, völlig am Ende steht. Wie tröstet man den, außer man sagt ihm: Das, woran du geglaubt hast, was du für heilig hieltest, vielleicht verdient es das gar nicht. Du hast geträumt von einer Prachtstraße, einem großen Sieg, du würdest Muttis Liebling oder Vaters Bester, und es würde eine Heeresstraße zu deinem Lebensweg erklärt werden, und das war deine Religion mehr oder minder; was du durch Leistung dir erwirken würdest, das, als Erfolg am Ende heimgebracht, darauf sollte der Segen Gottes ruhen. Fleiß, Anstand, alle bürgerlichen Tugenden, Vernunft, Verstand, Herz – was will man mehr in der bürgerlichen Gesellschaft? Vielleicht aber stimmt das alles nicht. Das alles ist vergänglich, zerstörbar, und es ist vielleicht gut, wenn du es jetzt mit 21 Jahren schon erlebst. Du kannst dir unglaublich viel ersparen. Vielleicht zeigt dir ja die Katastrophe nur etwas von deiner tieferen Bestimmung, und du ahnst etwas von dir, was dir niemand nehmen kann.

Nehmen wir von all dem, was so vergänglich ist, nur mal die äußeren Bilder. Der dänische Dichter Hans Christian Andersen konnte eine kleine, rührende Märchenerzählung von den »Blumen der kleinen Ida« erfinden. Sie kommt gelaufen und findet ihre Blumen, am Tag vorher noch blühend und schön, jetzt welk, mit hängenden Köpfchen. Jeder Vernünftige wird ihr sagen: So sind die Blumen, vergänglich. Aber, Gott sei Dank, in der Stube der kleinen Ida wohnt ein Student, und der sagt: Das ist so mit den Blumen: wenn du nachts die Augen zumachst, dann tanzen sie. Das kannst du nicht sehen, aber sie sind nur müde, die Blumen. – Die Nacht darauf träumt Ida davon, wie ihre Blumen in ihrer Stube tanzen, alle möglichen wunderschönen, von weit her gekommenen. Am anderen Morgen selbstverständlich stehen sie alle wieder in der Vase, aber sie haben Ida im Traum etwas gesagt: Die Blumen, die verwelken, möchten beigesetzt sein in der Erde, in einem Kästchen, einem ganz bestimmten, schönen, und sie würden wieder hervorkommen im nächsten Frühling. – Andersen war kein Prophet, er war ein Dichter, der sich hineindachte in die Trauer eines Kindes, das ganz wörtlich Blumen welken sieht.

Wenn einem Kind sein Hund oder seine Katze stirbt, wird dieser Trost sehr mangelhaft ausfallen. Die Katze kommt nicht wieder.

Blumen haben in dem Sinn noch keine eigene Individualität; Tiere, höher entwickelte, aber bereits unbedingt. Und was gar mit Menschen! Die tiefste Trauer, der immer wieder jemandem, der trösten möchte oder muß, selbst dort, wo er nicht weiß, wie, begegnen wird, ist der Verlust eines Menschen, der starb zu einem Zeitpunkt, wo er nie hätte sterben dürfen. Vergänglich ist alles Fleisch, alle Schönheit nur kurzlebig. Es ist kaum ein anderer Weg zu sehen, als daß man diese Klage so lang aufnimmt, wie sie sich ausspricht, und lernt langsam, ganz langsam eine leise Stimme zu vernehmen, die da begleitend hindurchgeht. Uns Menschen kann so viel genommen werden, aber was wir selber sind, steht's nicht bei Gott, wie in dem Bild des Hirten von seinen Schafen? – Nehmen Sie nur die besten Dinge, die wir vielleicht versucht haben in den letzten 40 Jahren. Es war zum Teil wirklich gut gemeint. Wir haben seit den fünfziger Jahren versucht, die Aufrüstung Deutschlands zu verhindern; wir, damit meine ich zwei Millionen Menschen, die 1955 auf den Straßen waren, zwei Millionen unter Adenauer. Erreicht haben sie nichts, die Bundeswehr kam, und sie ist heute wie selbstverständlich akzeptiert, kein Problem; auch der Euro-Fighter mit 2 Milliarden D-Mark – akzeptiert; 47 Milliarden D-Mark für Rüstung 1997 im Pleitejahr – akzeptiert. Die Ausdehnung der Waffentechnik, oder sagen wir besser: der Mordgeräte ins Unvorstellbare, von der Wasserstoffbombe bis zur Neutronenbombe, und dazu im konventionellen Bereich jede Art von Scheußlichkeit akzeptiert – nichts haben wir, die so gerühmte oder geschmähte Friedensbewegung, erreicht. Selbst die 200 000 Leute, auf die wir stolz sind in der Friedensbewegung, die die Dislozierung der Pershing 2 vor Bonn verhindern wollten in den Tagen von Kanzler Schmidt – nichts haben sie erreicht, das ist die Wahrheit. Und soll man nun denken: Es ist alles vergänglich und vertan, es bringt alles nichts?

Andere oder dieselben Leute womöglich haben sich engagiert seit den fünfziger Jahren gegen die organisierte Tierquälerei. Man sah noch nicht in diesem Umfang kommen, wie es dann kam, aber man wußte, daß Tiere fühlende Wesen sind. Man wehrte sich gegen die Industrialisierung der Landwirtschaft vor 40 Jahren, wie man sich heute wehrt gegen die Gentechnik. Erreicht haben wir nichts, nicht mal das Tempo des Desasters verringert. Umweltzerstörung – gesehen hat man das seit über 20 Jahren, 25, 30 Jahren, die Hellsichtigen, die Propheten protestierten – geändert: nichts. Den Niedergang der Kirche, wohin Sie gucken, die Abwanderung von 50 Prozent der Gläubigen in der katholischen Kirche Sonntag für Sonntag – jeder Pastor hat das gesehen, auch Ursachen dafür Hunderte kennengelernt – geändert: nichts. Soll man diese ganze Mühle der Vergeblichkeit jetzt daher zusammenfassen und sprechen: Es ist wie Heu, es wird gemäht, und es ist gut, wenn's bald verbrennt oder irgendein Kamel oder Esel es wegfrißt, es lohnt doch alles nicht? Oder sollte man nicht denken: Es bleibt Gottes Wort? Es gibt ein paar Dinge, die sind richtig. Ob die jetzt auf der Prachtstraße daherschreiten zum Sieg, darauf kommt's vielleicht gar nicht an. Aber daß man dafür einsteht, verwandelt das nicht doch ein Stück die Welt? Dann wär's wunderbar. Wir könnten jedenfalls denken, die ganze Moralisiererei ließen wir fahren in der Betrachtung des einzelnen menschlichen Lebens wie der Geschichte im großen und ganzen. Vielleicht wär' die Welt gar nicht einzuordnen nach Unkraut und Heilkraut, nach Nutztier und Schädling, nach Stechstrauch und Myrte, es gäb' nur eine einzige wunderbare Welt, und in die hineinzuwachsen wäre die ganze Therapie, der ganze Trost im Leben jedes Individuums und vielleicht ganzer Völker. Denn auch unter den Völkern gäb' es keine schlechten und bösen, guten und rechten, es gäb' nur ringende, suchende, verzweifelte, trostbedürftige Menschen. Und wenn's dann wieder losgeht und Sie lesen die Bibel zwei Seiten später, wo Gott aufsteht mit der Faust, nicht in der Tasche, sondern über den Köpfen der Menschen, jederzeit bereit, draufzuschlagen, sollten Sie sagen mit dem zweiten Jesaja: Es ist Schluß. Es ist schon doppelt gestraft worden. Lieber Gott, wir haben's hinter uns mit der Straferei. Jeder, wenn Sie seine Geschichte sich anhören, kann das sagen: Es ist genug, und zwar doppelt genug. Neue Strafen, neue Schicksalsschläge – das ist nicht mehr, was ich brauchen kann, und nicht mehr das, was ich hören will; es hilft mir nicht und niemandem. Aber eine Religion des Trostes, das ist der ganze zweite Jesaja.

Dann möchte ich, weil's wie zum Abschied gesagt ist, nur noch einmal vorlesen, was wie ein Gebet ist:

In Freude sollt ihr ausziehen und im Frieden geleitet werden,
Berge und Hügel sollen euch in Jubel ausbrechen,
und alle Bäume der Ebene sollen klatschen in die Hände.

Da wär' eine Welt, in der Entfremdung, Unterdrückung, Ohnmacht und Zerstörung sich aufhöben. Es wär' ein Sinn zu spüren bei jedem Schritt in ein Dasein, das Gott uns schenkt. Mutig, als Boten der Freude es auszurichten, wären wir da.

11. Januar 1997

WEIL DU SO WERT
BIST VOR MEINEN AUGEN ...

Mit drei Abschnitten aus dem sogenannten zweiten Jesaja wollen wir uns heute befassen, eines Propheten, der in der Zeit nach dem babylonischen Exil versucht, den Menschen seines Volkes in seiner Zeit so etwas zu schenken wie Trost, Mut oder sogar Zuversicht in eine Zukunft, die von Gott gestaltet wird, nicht anders als er auch die Katastrophe der Vergangenheit gestaltete. Es sind paradoxe Antworten, die der zweite Jesaja versucht, Meditationen gewissermaßen über die Winzigkeit und die Größe Israels und des Menschen insgesamt.

Text: Jes 40, 12–18. 21–31; 41, 8–13; 43, 1–7
Wer hat die Wasser mit der hohlen Hand gemessen und die Himmel mit der Spanne abgegrenzt? Wer hat ins Hohlmaß gefaßt den Staub der Erde, wer die Berge gewogen mit der Schnellwaage und die Hügel mit Waagschalen? Wer hat den Geist des Herrn gelenkt, und wer ist sein Ratgeber, der ihn unterwiese? Mit wem hat er sich beraten, daß der ihn belehrte und ihm den Pfad des Rechten zeigte, den Weg der Einsicht ihm wiese? Siehe, die Völker sind wie ein Tropfen am Eimer, sind wie ein Stäublein auf der Waage geachtet. Siehe, Inseln wiegen nicht mehr als ein Sandkorn. Und der Libanon reicht nicht hin zum Brennholz, und sein Wild reicht nicht zum Opfer. Alle Völker sind vor ihm wie nichts, für nichtig und wesenlos von ihm geachtet. Wem wollt ihr da Gott vergleichen und was als Ebenbild ihm an die Seite stellen?

Wißt ihr es nicht, hört ihr es nicht? Ist es nicht von Anfang her verkündet? Habt ihr es nicht begriffen von der Gründung der Erde her? Der da thront über dem Kreis der Erde, daß ihre Bewohner wie Heuschrecken sind, der den Himmel ausbreitet wie einen Flor und ihn ausspannt wie ein Zelt zum Wohnen, der da Fürsten zunichte macht und Richter der Erde wandelt zu nichts – kaum sind sie gepflanzt, kaum sind sie gesät, kaum wurzelt ihr Stamm in der Erde, so bläst er sie an, und sie verdorren, und wie Stoppeln trägt sie der Sturm davon –: wem wollt ihr mich vergleichen, daß ich wäre wie er? spricht der Heilige. Erhebt eure Augen zur Höhe und schaut: Wer hat jene geschaffen? Er, der ihr Heer herausführt nach der Zahl, sie alle mit Namen ruft. Ihm, der groß ist an Kraft und stark an Macht, bleibt nicht eines aus.

Warum denn sagst du, Jakob, und sprichst du, Israel: »Mein Geschick ist dem Herrn verborgen, und mein Recht entgeht meinem Gott«? Weißt du es nicht, oder hast du es nicht gehört: Ein ewiger Gott ist der Herr, der die Enden der Erde geschaffen! Er wird nicht müde noch matt, unerforschlich ist seine Einsicht; er gibt dem Müden Kraft und dem Ohnmächtigen mehrt er die Stärke. Jünglinge werden müde und matt, Krieger straucheln und fallen; aber die auf den Herrn harren, empfangen immer neue Kraft, daß ihnen Schwingen wachsen wie Adlern, daß sie laufen und nicht ermatten, daß sie wandeln und nicht müde werden.

Du aber, Israel, mein Knecht, Jakob, mein Auserwählter, du Sproß Abrahams, meines Freundes, du, den ich geholt von den Enden der Erde, von ihren Säumen berufen habe, zu dem ich sprach: Mein Knecht bist du; ich habe dich erwählt, dich nicht verschmäht – fürchte dich nicht, denn ich bin mit dir! Blicke nicht ängstlich, denn ich bin dein Gott! Ich mache dich stark, ja ich helfe dir; ich halte dich mit meiner sieghaften Rechten. Siehe, zu Spott und Schanden werden alle, die wider dich entbrannt sind; es werden zunichte und gehen zugrunde die Männer, die mit dir hadern. Du wirst sie suchen und nicht mehr finden, die Männer, die mit dir zanken; es werden zunichte und vergehen die Männer, die wider dich streiten. Denn ich, der Herr, bin dein Gott, der deine Rechte faßt, der zu dir spricht: Fürchte dich nicht; ich helfe dir.

Nun aber spricht der Herr, der dich geschaffen hat, Jakob, der dich gebildet hat, Israel: Fürchte dich nicht, denn ich erlöse dich; ich rufe dich bei deinem Namen, mein bist du! Wenn du durch Wasser gehst – ich bin mit dir; wenn durch Ströme – sie werden dich nicht überfluten. Wenn du durch Feuer schreitest, wirst du dich nicht brennen, und die Flamme wird dich nicht versengen. Denn ich, der Herr, bin dein Gott, ich, der Heilige Israels, dein Retter. Ich gebe Ägypten als Lösegeld für dich, Äthiopien und Saba an deiner Statt. Dieweil du teuer bist in meinen Augen, wertgeachtet, und ich dich liebhabe, gebe ich Länder für dich hin und Völker für dein Leben. Fürchte dich nicht, denn ich bin mit dir! Vom Aufgang will ich

*deine Kinder heimführen und vom Niedergang her dich sammeln,
will zum Norden sprechen:* »*Gib her!*« *und zum Süden:* »*Halte
nicht zurück! Bringe heim meine Söhne aus der Ferne und meine
Töchter von den Enden der Erde, sie alle, die meinen Namen tragen
und die ich zu meiner Ehre geschaffen und gebildet habe.*«

Wenn Physiker die zunehmende Unordnung der Welt als ein Gesetz,
den zweiten Hauptsatz der Thermodynamik, erläutern und damit
die Erkenntnis, daß alle Abläufe in der Natur gerichtet und unwie-
derholbar sind, demonstrieren sie das gern an einem einfachen Beispiel. Sie nehmen eine Küchentasse in die Hand und lassen sie zu
Boden fallen. Ein Film, den man von diesem Vorgang aufnähme,
könnte leicht umgekehrt werden, und die zersplitterten Trümmer
auf dem Erdboden fügten sich optisch ohne Mühe zusammen. In
der Wirklichkeit aber ist die Umkehrung auch nur einer kleinen
Zerstörung in der Welt völlig unmöglich. Selbst eine zerbrochene
Tasse wie unzerbrochen zusammenzufügen wird nie mehr gelingen.

Was der Prophet, den wir den zweiten Jesaja nennen, tun muß,
tun will, ist nicht die Umkehrung der Geschichte, aber die Zusammenfügung eines ganzen Volkes. Wenn ihm das nicht gelingt, ist
nicht nur dieses Volk am Ende, sondern der gesamte Glaube an seinen Gott. Es geht buchstäblich um alles oder nichts. – Das Wort
»nichts« hat es im Hebräischen niemals gegeben, bevor dieser
Mann es nicht erfunden hat, um es in den Abgrund der Not seiner
Zeit zu formulieren und zu beantworten. Niemals im Alten Testament hat ein Prophet mit einem ganzen Volk so persönlich gesprochen, als wär's ein einzelner, und im Volk mit jedem einzelnen, wie
dieser zweite Jesaja. Alles, was er zu sagen hat, ist aus der Rede mit
Einzelnen erwachsen, aber wird übertragen auf das Du eines
ganzen Volkes. Wir werden die Worte dieses Mannes nicht verkündigen können, ohne darüber nachzudenken, was sie uns ankündi-
gen und wo wir sie eventuell werden aufkündigen müssen. Wir werden uns für diesen Propheten nur einsetzen können, indem wir mit
ihm uns auseinandersetzen in Zuspruch und Widerspruch. Worauf
er antworten will, wozu er zur Gegenrede förmlich gezwungen
wird, ist in den Gottesdiensten seiner Tage fast eine Selbstverständlichkeit geworden. Es gibt keinen priesterlich abzuhaltenden Gottesdienst in dieser Zeit mehr, es gibt keine Altäre, es gibt keine Opfer,
es gibt keine kultischen Beamten – alles das ist zerstört, und dem

gilt auch nicht das Bedauern. Geblieben sind Wortgottesdienste, ganz buchstäblich, aber in sie hat der Ton der Klage Einzug gehalten. Wir müßten, um das Echo der Worte, auf welche der zweite Jesaja zu antworten versucht, zu vernehmen, unbedingt ein eigenes Buch des Alten Testaments lesen, wenige Seiten, aber schwer wie Blei, die sogenannten *Klagelieder*. Immer wieder geht dort die Frage, der Vorwurf, der Zweifel und die Verzweiflung um. Warum, Gott, sind unsere Wege dir verborgen? Oder anders ausgedrückt: Warum hast du selber dich verborgen? Warum hat unser Recht vor dir kein Recht? Warum scheint alles so gleich vor dir? Und aufgezählt wird, was alles in Trümmern liegt, wieviel Zerstörtes und Zerbrochenes es gibt. Diese Klage, zusammengefaßt in einen einzigen Satz, greift der zweite Jesaja auf und stellt sie in Frage. *Warum sagst du, Jakob, und sprichst du, Israel: Mein Weg ist vor Jahwe verborgen, mein Recht entgeht meinem Gott?* Ist das, bei Licht betrachtet, nicht eine unglaubliche Zudringlichkeit, eine Unverschämtheit fast, das Leid, das so deutlich ist, noch einmal zu bezweifeln und aus der Klage fast so etwas zu machen wie eine Anklage gegen denjenigen, der die Stimme erhebt? Was Israel durchleiden mußte, hat eine Dimension der Zerstörung erlangt, daß das Volk seinen Gott nicht mehr versteht. Fast wie in den Tagen des 20. Jahrhunderts in der Shoah kam Babylons Nebukadnezzar über Judäa und Jerusalem. Es ist das Gefühl, daß es keinen Gott gibt, der Gebete erhört, daß es niemanden gibt im Himmel, der sich für die Menschen interessiert. Es ist nicht, daß die Existenz Gottes bezweifelt würde; es ist nur der Zweifel, daß da ein Gott wäre, der sich erreichen und erweichen ließe, und ein unerreichbarer Gott, was soll der uns Menschen? Ein Gott, der so weit weg ist, daß er mit uns nichts zu tun hat oder nichts zu tun haben will – welch ein Gottesdienst noch soll dem gelten?

In der Mitte des 20. Jahrhunderts meinte einer der großen atheistischen Philosophen, Jean-Paul Sartre, die Gottesfrage sei uns gleichgültig geworden. Nietzsche, hundert Jahre davor noch, konnte an der Gottesfrage leiden; doch Jean-Paul Sartre versicherte fast mit treuherzigem Händedruck, ob es Gott gibt oder nicht, es würde an unserer Situation nichts ändern. Wir sind uns selber überlassen nach Auschwitz, nach Hiroschima, nach den Massenlagern des Gulag, nach dem schreienden Unrecht des Kolonialismus. Auf welch eine Frage des Völkergrauens eigentlich antwortet der Gott der Theologen der überlieferten Religion? Was hätte er je zu sagen, das eine Wirkung gehabt hätte, um irgendein Chaos, irgendein Entsetzen und ein Unrecht auf dieser Erde zu verhindern? Hinterdrein kamen sie und interpretierten es und deuteten es und machten einen neuen Trauerkult daraus; aber als es galt, Widerstand zu leisten, war's nicht zu finden; als Abhilfe gebraucht wurde, war's nicht zu hören, diesmal nicht und wann denn je?

Das sind die Klagen und die Fragen dieses Volkes. Sie artikulieren sich, wollte man's systematisch, argumentativ aufbereiten, in drei klaren Evidenzen. Man hat gelernt inzwischen an der Art, wie die Geschichte voranschreitet; man ist kundig geworden im Land der Unterdrückung, in Babylon. Es gibt drei Bereiche, die dagegen sprechen, daß der Gott der Väter, der Gott Israels, der verkündigte Gott der Verheißung der Propheten irgend etwas noch mit der wirklichen Geschichte von Menschen zu tun hat. Zum einen: Es sind *die Inseln und Reiche*. Sagen wir's moderner: Es sind ganz simpel die Machtkonstellationen und die treibenden, effizienten Faktoren der Geschichte. Drücken wir's noch ein Stück moderner aus. Die Geschichte hat eine Eigengesetzlichkeit; schon deshalb hat sie mit irgendeinem Gott nichts zu tun. Die Verhältnisse, so wie sie sind, treiben ihre eigenen Folgen hervor, und dagegen ist nicht anzukommen. Im Rahmen dieser Faktoren spielt Israel keine Rolle mehr. Das zeigt sich. Es ist ein verschwindendes Nichts, und alles, was je Hoffnung war, wird unter der Mühle dieser Kräfte zermahlen werden. Sollte wirklich ein Mensch noch aufstehen in Israel und erklären, daß dieses winzige, zersprengte, ohnmächtige Gebilde, das sich Israel nennt, aufkäme gegen die Großreiche des alten Orients? Sollte wirklich jemand noch kommen und sagen: Wir, als Volk, als Nation, sind der Mittelpunkt der Geschichte, wir sind die Auserwählten, um die es sich dreht; wir sind das Zünglein an der Waage, so verschwindend auch immer; wir geben den Ausschlag? Das ist ein Wahnwitz, wenn man als Realist die Augen aufschlägt.

Es sind nicht nur die Machtfaktoren, es sind die Machthaber, zum zweiten, *die Richter der Welt*. Wenn dieses Wort nicht so zynisch wäre: Es sind ganz einfach diejenigen, die Macht haben und aus dem Gefälle ihres Diktats festsetzen, was sie für Recht halten; denn sie haben die Kraft, die Übertretungen ihrer Befehle zu bestrafen. Deshalb sind sie die Richter, nicht etwa weil sie Recht sprächen, sondern weil sie festlegen, wonach man sich zu richten hat;

das ist ihr Richtertum. Und wieder: dagegen kommt niemand an, kein Gott im Himmel, wie man ihn geglaubt hat unter dem Namen Jahwe, und niemand mehr in seinem Volke. Was ist das überhaupt noch, sein Volk?

Zum dritten. Was *die Götter Babylons* angeht, so sind sie beeindruckend. Jede Nacht zieht's auf am Himmel unter den Sternen, ein riesiges Heer; ihnen, den Gestirngöttern, den unerreichbar ewigen, den die Gesetze Lenkenden, weil selbst nach Gesetzen Gelenkten, hätten die Menschen zu gehorchen. Marduk, die Sonne – sein Repräsentant ist der König von Babylon. Man muß nur aufschauen des Nachts zu den göttlichen Sternen, sie sind der Hintergrund der Macht derer, die Israel ohnmächtig machten. Die Weltordnung und die Geschichtsordnung, alles redet dem Denkenden für die Aussichtslosigkeit, und wenn es einen Gottesdienst noch gibt, besteht er im Trauern darüber, daß es so ist und nicht anders.

Soll ein einzelner Mensch gegen diese Flut, die jeden Halt unter den Füßen hinwegspült, einen Damm bauen, der Schutz gewährt und den Menschen hilft, sich neu anzusiedeln im Niemandsland des überfluteten Schwemmlands? Soll ein einzelner Mensch aufstehen, all das zu widerlegen, was doch nur Gott korrigieren könnte? Hätte *er's* denn nicht zu tun und zu sagen? Wenn er Menschen nicht hindert, all das Furchtbare zu tun, wieso denn braucht er dann immer wieder Menschen, die verkünden sollen, daß er ist? Bedeutet das nicht stets, zuviel auf Schultern von Menschen zu legen? Soll sich doch Gott selber beglaubigen! Er *hat* die Möglichkeit. Aber vielleicht ist die Art Gottes, sich zu beglaubigen, ein einziges glaubendes Herz, und es *muß* reden, es *muß* künden und kann gar nicht ausweichen. Die ganze Berufung eines Propheten ist diese: etwas zu sagen, das viel mehr ist, als er sagen kann, aber das gesagt werden *muß*, schon damit so etwas wieder wächst wie Hoffnung mitten im Raum der Verzweiflung.

Was also hat der zweite Jesaja zu sagen? Es ist ein Paradox, eine Entgegnung in zwei widersprüchliche Richtungen. Beide aber sind gültig, und beide gehören sie zusammen. Die erste Richtung greift das Gefühl auf, das die ganze Zeit sich geltend machte: Wir sind nichtig, auf uns kommt es nicht an; wir sind vergessen und verloren. Paradoxerweise tritt der zweite Jesaja an, dieses Gefühl zu bestätigen und zugleich zu übersteigen. Aller Zweifel an Gott besteht fast immer darin, ein bestimmtes, zu kleines Bild von Gott aufzuspren-

gen, und die Antwort liegt fast immer darin, ein größeres wiederzufinden. Gerade so dieser zweite Jesaja: Gott ist unglaublich viel
größer, als man gedacht hat. Der Ruf der Muslime über 1000 Jahre
danach: Allahu akbar – Gott ist größer, lebt zum erstenmal auf in
der Person dieses zweiten Jesaja. Das kleine Israel am Anfang fragte
nach Gott lediglich, um sich zurechtzufinden in der menschlichen
Geschichte. Eine Stammesreligion war der Glaube des Alten Testaments in den Tagen des Abraham; aber später dann, nach der Land-
nahme, dehnte der Gedanke der Führung eines einzigen Volkes
durch seinen Gott sich aus in der Auseinandersetzung mit der
Landbevölkerung Kanaans. Zu der Idee von einem Gott, der die gesamte Welt, das fruchtbare Erdreich und den Regen des Himmels
geschaffen hat und der selber der Schöpfer ist von allem, dieser Gedanke nun, immer wieder ausformuliert vor allem in den Gebets-
texten der Psalmen, im Wortteil der Gottesdienste, wird jetzt von
dem zweiten Jesaja aufgegriffen, um dem Volk einen Ort inmitten
einer zerberstenden und zerbrechenden Geschichte wiederzugeben.
Es ist zu gering bemessen, zu glauben, ein einzelnes Volk stehe mit
seinen Interessen, mit seinen Überlebensansprüchen im Kern, in der
inneren Ausrichtung und Achse der gesamten Geschichte. Sehen
wir einen Moment einmal davon ab, was Menschen tun. Umgibt
uns dann nicht eine viel größere Wirklichkeit? Es ist eine Über-
legung, die im Buche Ijob später eine große Rolle spielen wird. Gott
erscheint als über alle Geschichte erhaben, weil alles, was wir Menschen tun, auf der Bühne der Natur, auf der Bühne der Schöpfung
spielt. Beginnt man deren Größe auch nur ein wenig zu ahnen,
welch eine Bedeutung haben dann sogar die Schicksale ganzer Völker! Man zieht einen Eimer aus dem Brunnen beim Wasserschöp-
fen, und Tropfen perlen davon ab – am Inhalt des Eimers ändert das
nichts. Ein einziger Vorgang, eine ganze Epoche in der Geschichte
der Menschen, meint dieser zweite Jesaja: Gott hat nur Wasser ge-
schöpft aus dem Brunnen, und Völker wie die Babylonier, die Elamiter, die Meder, die Perser, ja auch die Juden sind so winzig, so
verschwindend wie ein Tropfen, der vergeht, wie ein Staubkorn auf
der Waage; es hat nicht die geringste Wirkung, wenn abgewägt und
gewogen wird. Wir Menschen leiden so sehr an der Sinnlosigkeit
der Welt, so wie sie uns vorkommt, nie würden wir, säßen wir im
Himmel, sie so lenken und leiten, wie sie denn läuft. Aber meinen
wir das wirklich ernsthaft, wir wollten Gott zur Seite sitzen und ihn

beraten und es würde dann besser, nach unserem Maßstab, nach unseren Vorstellungen? Ist es nicht grotesk, wie weit die Weltwirklichkeit uns als Menschen übersteigt mit aller Menschheitsgeschichte? Ist es nicht einfach disproportioniert, uns derart ins Zentrum zu setzen?

Es gibt ganz wenige Texte im Alten Testament, in der Bibel überhaupt, die die Anthropozentrik ein Stück weit in Frage rücken, nach der alles, was geschieht, im letzten um uns Menschen willen geschieht. Auch dieser Text ist nicht gegen diese Perspektive an sich gerichtet, aber sie möchte Gott überhoben und erhaben den Menschen gegenüberstellen. Alles, was in der Natur stattfindet, hat irgendwann seine Zielrichtung auf den Menschen hin, das gerade soll ja nicht bezweifelt werden; aber wenn Gott soviel größer ist, sind seine Pläne auch nicht zu verrechnen in unserer menschlichen Geschichte. Da gilt es, wie ein ägyptisches Kind die Hand an den Mund zu legen und schweigend zu werden. Soll das ein Trost sein, zu denken, es gibt etwas Größeres und wir mit unserer Zerbrochenheit und Not sind zu klein, um Gott Beschwernis zu machen; wir sind zu leicht, um auf seiner Waage als Gewicht erfunden zu werden; wir sind zu unbedeutend, als daß er nach uns Ausschau hielte?

Einen gewissen Trost kann es immer bereiten, dem Leidenden zu sagen, daß es noch mehr, noch anderes, Größeres gibt als ihn selber; aller Schmerz macht ein Stück weit egozentrisch, engt die Perspektive der Wahrnehmung ein. Daß da jemand kommt, nimmt ihn bei der Hand und lehrt ihn noch anderes zu sehen als nur sich selbst und die Argumente der Trostlosigkeit, das freilich ist viel. Und den Blick zum Himmel: In den Tagen des zweiten Jesaja war die Astrologie Babylons eine der Formen priesterlicher Weisheit und astronomischer Sternenforschung. Es war der Heerbann der flimmernden Lichter in der Nacht, die den menschlichen Wegen – ganz wörtlich – Weisung und Schicksal sein sollten. Es ist der zweite Jesaja, der diesen Glauben an die Sterne insgesamt hinwegnimmt wie die Strahlen der aufgehenden Sonne; kein Teil am Firmament, kein Detail auf der Erde entzieht sich dem Bereich der Schöpfung Gottes selber. Alles, was wir sehen, ist Ausweis seiner Macht. Wenn das gilt, welch ein Recht noch hat dann die Aussichtslosigkeit? Wenn Gott in allem größer ist, hat er dann nicht auch die Macht, den Erschöpften und Ermüdeten zu trösten, er, der selber nie ermüdet?

Hat er dann nicht die Kraft, den Niedergebeugten aufzurichten, er, der über allem steht? Freilich, es gilt die Hoffnung zu verlagern. Hoffnung, das hieße normalerweise menschliche Kraft, Jugendlichkeit, Straffheit, Energie, Handlungsfähigkeit. All das zerrinnt. Aber daß die Ermüdeten wieder Hoffnung schöpfen, das läßt sie gehen, das läßt sie glauben, und mehr ist zunächst nicht zu sagen. Es wird ein zweites großes Trostlied dieses zweiten Jesaja sein, seinem Volk wie einem einzelnen zu sagen: *Fürchte dich nicht!* Und was er da sagt, zählt zu den zärtlichsten Reden der Bibel insgesamt. Niemand dort zweifelt an Gott einfach abstrakt, ob es ihn metaphysisch gibt oder nicht; aller Zweifel an Gott richtet sich auf die Frage: Welch einen Wert habe ich denn als Mensch, habe ich denn als Volk Israel? Und in diese Frage hinein antwortet der zweite Jesaja im Namen Gottes nun: *Ich habe dich lieb. Ich habe dich erwählt.*

Es sind Redewendungen, die vermutlich zurückgehen auf Priesterworte, die einzelnen Menschen, die schuldig geworden waren, Heil zusprachen, ein Stück weit verwandt der Praxis der Lossprechung in einer katholischen Beichte. Ein Mensch kommt mit seiner Schuld und weiß nicht weiter, und ein Priester beamtetermaßen sichert ihm Lossprechung zu, Heil zu. Das ist kultisch gebunden, sakramental geordnet. Darauf kann der zweite Jesaja nicht zurückgreifen, um so weniger, als gerade noch vor ihm der Prophet Jeremia von Gott selber, so glaubte er, verboten bekam, priesterlichen Kult in dieser Weise einzufordern. Das alles stimmt nicht mehr, meinte und wußte Jeremia. Dieser zweite Jesaja knüpft daran wieder an, aber er hat nur seine eigene Person, um durch sie hindurch Gott zu beglaubigen. Und da läßt er Gott sagen durch seine Person: *Du bist mir wert, ich habe dich erwählt.* Abraham, der Anfang wird noch einmal beschworen, und so persönlich wie Gott mit dem Patriarchen redete, will jetzt der zweite Jesaja reden mit seinem Volk: Alles gebe ich dahin für dich, und in jeder Not bin ich bei dir. Müßtest du durch Wasser gehen wie Israel durch das Rote Meer beim Auszug aus Ägypten, ich würde dabei sein; du durchschreitest den Abgrund und es zieht dich nicht hinunter. Es überschwemmt dich nicht inmitten deiner Angst. Und müßtest du gehen durch Feuer: es wäre, als fühltest du in deinem Leben die Hölle um dich und wüßtest nicht einen Schritt vor Entsetzen zu setzen vor dem andern, ich wäre doch bei dir. – Die Legende später von den Jünglingen im Feuerofen – der zweite Jesaja erfindet sie hier als ein Wort

des Trostes: Geh, geh nur weiter, ich werde mit dir sein, ich werde
bei dir sein, ich nehme dich bei der Hand. So tröstet man, wenn's
dunkel wird, ein kleines Kind im Stadtpark: Ich nehme dich bei der
Hand. Uralte Worte der Menschheitshoffnung sind das. Im alten Su-
mer findet man so etwas: Ein Mensch betritt ein fremdes, ihm unbe-
kanntes Gebiet, wo eine Gottheit wohnt, die er nicht kennt, aber die
jetzt, wie wenn sie an der Grenze ihn abholt, sagt: Von dieser Stelle
an bin ich mit dir. So der alte Gott Jahwe, der sich Abraham zeigt,
wieder als ein Wegegott ins Neuland, in noch nie begangene Zukunft. Und das alles geschieht um seiner Ehre wegen. Das Johannes-
Evangelium wird später Jesus sagen lassen: damit der Vater verherrlicht wird. – Was für ein unglaublicher Weg von der Klage hinüber
zum Lobpreis! Das versucht Jesaja für sein ganzes Volk. Es gibt aus
seinem Mund nicht ein einziges Wort, das einem einzelnen gewidmet wäre, aber alles ist so persönlich, daß es jedem einzelnen gilt.

Fragen wir uns, was aus dieser Größe des Trostes glaubwürdig
bleibt. Beginnen wir noch einmal mit jedem Einzelnen. Denn daß es
sich bezieht auf ein ganzes Volk, das zu glauben sind wir fast überfordert. Einem jeden von uns hat man wahrscheinlich Kinderlieder
beigebracht, die Hoffnung bieten sollten, bis in die Wendungen
hinein ähnlich dem, was wir soeben gehört haben. Vor 200 Jahren,
um 1800, dichtete Wilhelm Hey das deutsche Volkslied für Kinder
und für Erwachsene:

Weißt du, wieviel Sternlein stehen
an dem blauen Himmelszelt?
Weißt du, wieviel Wolken gehen
weit hin über alle Welt?
Gott, der Herr, hat sie gezählet,
daß ihm auch nicht eines fehlet
an der ganzen großen Zahl.

Weißt du, wieviel Mücklein spielen
in der hellen Sonnenglut,
wieviel Fischlein auch sich kühlen
in der klaren Wasserflut?
Gott, der Herr, rief sie mit Namen,
daß sie all' ins Leben kamen,
daß sie nun so fröhlich sind.

Weißt du, wieviel Kinder frühe
stehn aus ihren Bettlein auf,
daß sie ohne Sorg' und Mühe
fröhlich sind im Tageslauf?
Gott im Himmel hat an allen
seine Lust, sein Wohlgefallen,
kennt auch dich und hat dich lieb.

Wollten Sie den ganzen zweiten Jesaja einem Kind erklären, könnten Sie's so. Der große unbekannte, unerreichbare Gott hält jedes Detail aus Liebe in seiner Hand, und nichts fällt dort heraus. Aber welch ein Kind bewahrt diesen Glauben, und wie bewährt er sich in seinem Leben? Dieser Tage noch erzählte mir ein Mann, der verzweifelt nach Gott sucht, daß er seit seinem Kommunionunterricht darunter leidet, immer wieder aufpassen zu müssen, daß er nicht etwas tut, wofür er in die Hölle kommt. Immer hat man ihm gesagt, daß es die Hölle gibt. Er hat vor ein paar Jahren alle möglichen Theologen mit Namen in Deutschland aufgesucht, um sie zu fragen, was sie glauben von der Hölle. Und der eine hat ihm gesagt: Es gibt die Hölle; man kann sich Gott verweigern, und die menschliche Freiheit legt sich endgültig fest. Ein anderer sagte ihm: Nein, im Augenblick des Todes noch einmal kann ein Mensch sich entscheiden für oder gegen Gott. Und der dritte sagte: So spricht man allgemein von der Hölle heute in der Kirche. Dann sagte der vierte: Im Katechismus der römischen Kirche von 1992 steht doch, daß es die Hölle gibt. Und ich versuchte ihm zu sagen, was dies denn sei – er könne so gut rechnen, daß er fähig sei, aus dem Handgelenk den Lehrsatz des Pythagoras zu beweisen, aber in Fragen seines Lebens besitze er überhaupt keine Erlaubnis, selber zu denken. Immer müsse irgendeine Autorität entscheiden im Himmel und auf Erden, was über Gott und über sein Leben und über die ganze Ewigkeit gelten solle; wer denn dieser Gott sei, der sich überhaupt nur durch Autoritäten dieser Art, durch Männer von Rang und Titel, beglaubige. Sehr bald kamen wir darauf, daß sein Teufel, seine Hölle schon seine Mutter war. Du *mußt* jetzt essen, hatte sie gesagt und es ihm reingestopft bis zum Erbrechen und draufgeprügelt. So wird man ein ordentlicher Junge, ein richtiger Christ, einer, der immer alles richtig macht. Und jetzt stellen wir fest, daß da überhaupt kein Gott im Himmel ist; es ist überhaupt nicht zu wünschen, daß es einen Gott im Himmel gäbe, schon damit es keine Hölle gibt. Da ist ein ganzer Kinderglaube zerbrochen, und wie setzt man ihn je wieder zusammen? Offensichtlich braucht es keinen König Nebukadnezzar, um unauflösbar für einen Menschen ein religiöses Problem aufzuwerfen. Vielleicht braucht es keinen Holocaust, nicht 6 Millionen ermordeter Juden oder 25 Millionen ermordeter Russen, um Theologen nachdenklich zu machen, was sie mit dem Namen Gott eigentlich beschreiben. Vielleicht genügt es, die Hoffnung eines einzigen Kindes zu zerstören, womöglich mit viel gutem Willen, mit viel pädagogischer Mühe im Elternhaus, im Religionsunterricht, in der kirchlichen Unterweisung, um einen Menschen buchstäblich fast um den Verstand zu bringen, um aus einer gesunden Persönlichkeit einen Kranken zu machen, einen Leidenden. Dieser Mann sagte: Als Kind gab es für mich einen wichtigen Trost; ich konnte hinausgehen in den Wald. Im Sauerland die Berge, das war wunderbar, und im Winter rodeln, und nachts, wenn der Himmel kalt war, die Sterne! Es waren die Fragmente einer Erinnerung, die helfen mochten, Gott einmal anders zu sehen als den Schatten seiner Mutter, womöglich an überhaupt keinen Gott zu denken, sondern einfach nur daran, wie groß und frei die Welt ist, in der wir leben. Sie ist unbezweifelbar schön und tröstlich, erinnerte er sich nicht nur, sondern wußte er. Das brauche ich, sonst wäre ich längst verrückt geworden, die Bäume, die Berge, die Sterne, sagte er. Das ist fast die Logik des Jesaja. Hinzufügen müßte man nur noch: das Meer, und man hätte die vier großen Dimensionen, die er aufführt: Erde und Berge, Himmel und Ozean, die alle sind so majestätisch, so tröstlich in ihrer überragenden Größe, daß es eine Geborgenheit und ein Vertrauen in ihnen gibt. Die Dinge sind gut. In irgendeiner Form haben sie ihre Unschuld. Wir Menschen mögen es durcheinanderbringen, aber alles, was uns umgibt, weiß erst einmal zu sein und zu leben.

Ich kenne viele Menschen, die sich Atheisten nennen, weil sie den Gott nicht glauben können, der nach Theologenauskunft, vor allem gestützt auf die Informationen biblischer Überlieferung, immer wieder die menschliche Geschichte gestaltet, der eingreift in die Natur, der eingreift in den Ablauf der Menschenwelt; immer wieder muß man, um dies oder jenes zu verstehen, Gott benötigen; diese Leute finden das kindlich, naiv, primitiv, abergläubisch. Aber die

Größe der Welt, das ist etwas, das sich in unseren Tagen ausdehnt zu einer gewissermaßen religiösen Erfahrung. Wir hätten das nicht geahnt vor 70 Jahren noch, wie ungeheuer weit die Dimensionen in Raum und Zeit von dem sind, was wir das Universum nennen, ohne genaue Kenntnis, ob das, was wir da sehen, überhaupt das Universum ist, sondern womöglich nur eines von unendlich vielen Universen.

Gestern noch stand in der Zeitung, daß es amerikanischen Astronomen gelungen sei, 23 Galaxienhaufen mit Tausenden von Galaxien zu beobachten, zusammengehängt in einer Struktur, die unmöglich auf die Gravitation zurückgehen könne; man glaube sich sicher, diese Formation sei gebildet im Urknall. Da würden wir Zeugen eines Geschehens vor schätzungsweise zwölf Milliarden Jahren. Das ist so ungeheuer viel an Zeit, so ungeheuer viel an Raum, daß es uns schwindelt als Menschen. Aber liegt nicht darin viel mehr Weisheit als in aller babylonischen Astrologie? Wenn die Welt so groß ist, worüber regen wir Menschen uns dann auf? Wir stehen wirklich da im Jahre 1997 mit Landkarten in der Hand und sagen: Dies ist die Grenze, und wer die überschreitet, ist unser Feind. Und die Grenze werden wir sichern, deshalb brauchen wir Soldaten, brauchen wir Militär, brauchen wir trainierte Killer. Wir sind ein tapferes und starkes Volk, und ein Volk definiert sich durch sein Revier, wie wenn wir immer noch nicht hinausgekommen wären aus dem Kampfverhalten von schwarzen und roten Ameisen! Was wäre, wir richteten unsere Augen zum Himmel und wir sähen, wie winzig der Globus Erde ist, ein kleiner Planet, um eine mittelgroße Sonne kreisend, und wie nebensächlich all die Zankereien, die wir darauf stattfinden lassen, dieses Volk gegen jenes Volk. Wie wunderbar wär's, wenn der zweite Jesaja recht hätte: Betrachtet doch die Völker, wie nebensächlich all ihre Fragen sind. Es gibt ungemein viel Wichtigeres, und von da her käme euch Ordnung. Alle kleinen Religionsreformer denken, daß das Bewußtsein der Menschen gebessert wird, wenn sie eine neue liturgische Ordnung herausgeben. Ob der Priester zum Altar hingewendet oder zum Volk hingewendet dies oder das tut; ob er ein kurzes oder ein längeres Formular verlesen darf; ob er bestimmte Farben an welchen Tagen tragen darf, darauf wird es ankommen, und ein neues Kirchengesangbuch wird veröffentlicht werden – das sind die Essentials der Kirchenreform, und dann bestimmte Umschichtungen in den Mitarbeiterverträgen oder in den Grundstücksverträgen dem Staat gegenüber. So schreitet voran die Kirche zum Jahr der Erlösung im Jahr 2000. – Dieser zweite Jesaja wußte, daß man eine Katastrophe nur beantworten kann, indem man Gott wieder zur Sprache bringt, so daß es glaubwürdig tröstet, und anders gar nicht. Vielleicht ist das unsere Zeit, daß wir Gott ganz neu entdecken müssen und lassen uns als erstes getrösten an der Größe dessen, was wir sehen durch die Teleskope, durch die riesigen Schüsseln der Radioastronomen, und tasten uns hinein in eine unfaßbare Welt. Wer sie lenkt, wie sie gelenkt wird, all das wissen wir nicht.

Der zweite Jesaja sagt nicht, daß die Götter der Babylonier nicht existierten, er sagt nur, daß sie *nichts* sind. Nicht ihr Nichtsein, ihre Nichtigkeit legt er dar. Wissen wir, was wir meinen, wenn wir von Gott sprechen? So viel größer ist sein Werk. Was ahnen wir dann in menschlichen Begriffen? Für den zweiten Jesaja wird es ganz wichtig, das Bilderverbot Israels noch einmal zu erneuern. Er wird viel Mühe aufwenden, die Bilder Gottes lächerlich zu machen: Artefakte, magische Symbole, aber nichts Wirkliches. Wieviel Energie liegt in diesem Ansatz für uns selber! Manche Mystiker wußten, daß von Gott zu sprechen soviel ist wie Gott verneinen, weil jedes Wort ihn mehr leugnet als mitteilt. Wir müßten diesen Gedanken der überlegenen Größe des Allahu akbar womöglich noch viel weiter denken. Wir müßten womöglich selbst den Gedanken einer Völkergeschichte, die sich von Gott her vollzieht, ein Herz- und Kernstück der ganzen biblischen Botschaft, beiseite tun, weil Gott zu groß ist für diese Kindereien. Wem gehört das Heilige Land? Wem hat Gott es gegeben, das Patriarchengrab Abrahams, Isaaks und Jakobs in Hebron? Wieviel Anspruch hat die Geschichte auf göttliche Geltung? – Wieviel wäre gewonnen, wir ließen die Landkarten beiseite und würden sagen: Gottes Erwählung gilt *nicht* einem Volk, sondern einer Existenzform, nicht einer Gemeinschaft, sondern einer Weise der Menschlichkeit. Gott erwählt zur Freiheit des Glaubens, aber nicht zur Enge neuer Grenzziehungen.

Wir müßten über den zweiten Jesaja noch hinaus, um zu uns selber zu kommen. Denn dann bleiben alle Fragen noch einmal. Wie will man einem Menschen antworten, dem endgültig zerstört wurde, wovon er lebt? Er klagt nicht als Volk vor 2500 Jahren, nur als Person jetzt, daß alles, was er tut, dem Weltenlauf völlig egal ist, daß er keine Aussicht hat, Recht zu bekommen. Und was ist das auch, Recht? Das, woran er sich hielt und klammerte, was er liebte und was ihn tröstete, all das ist dahin, wie mutwillig oft zerstört. Winzige Augenblicke von Not mögen genügen – eine bürgerliche Existenz ist dünner gesiedelt als der Gang eines Kindes übers Eis bei Tauwetter. Die Dabeistehenden haben ein klares Urteil, wissen zu richten, setzen Recht und Gerechtigkeit; aber aus der Perspektive des Verurteilten ist dies alles ein ergehendes Unrecht. Wenn der zweite Jesaja noch einmal sagt, schau doch zum Himmel, schau, Gott spricht: ich lieb' dich – selbst wenn es kein Mensch täte, dieser Trost bleibt dir – wir würden sehr hilfreich antworten auf die Existenznot eines Menschen. Gegen jeden Selbstzweifel, gegen alle Angst, gegen alle Verzweiflung gibt es kein anderes Wort, als einen Menschen davon zu überzeugen, daß er trotz allem etwas wert ist. Selbst wenn es kein Mensch sieht; selbst wenn die ganze Geschichte darüber hinweggeht; selbst wenn alle Fußtritte der Menschen nur dazu beitragen, ihn tiefer in den Staub zu treten: Es wäre an ihm etwas Liebenswertes, ob sie's sehen oder nicht, es wäre an ihm etwas Wertvolles, er mit seiner kleinen Person wäre erwählt – das zu glauben ist der einzige Trost.

Paradoxerweise gehört das rein praktisch oft gar nicht dazu, von Gott zu reden, um ein solches Vertrauen zu wecken. Im Hintergrund des Vertrauens selber zeigt sich Gott oder nicht, aber einen einzelnen Menschen bei der Hand zu nehmen und ihm zu sagen: Du bist etwas wert, etwas Einmaliges, einzig Auserwähltes; es kommt inmitten einer unendlichen Welt, der du wie winzig und nichtig scheinst, doch auf dich an; nicht was die anderen sagen, zählt, auch nicht, wie oft sie sich irren über dich; aber das, was du bist, das *muß* leben dürfen, es ist erkennbar, so kostbar und möchte sich entfalten; laß uns zusammen gehen durch Wasser und Feuer – das ist so ungeheuer viel. Dann bleibt's dabei, daß die Rechnung auf Erden keinesfalls immer aufgeht. Es war Immanuel Kant, der vor 200 Jahren sagte: Einer der Gründe, an Gott zu glauben, liegt darin, daß der Anspruch auf Gerechtigkeit in dieser Welt so oft mit Hohn und Spott beantwortet wird, daß wir die Hoffnung auf eine gerechte Ordnung der Welt nur setzen können ins Unendliche. Der zweite Jesaja verspricht den Menschen seiner Zeit womöglich zuviel, wenn er sagt: Glaubt an Gott, und es wird gut in der erfahrbaren Geschichte, und sie kommt. Er hat ein gutes Argument in seinen Tagen, König Kyros aus Persien. Aber auch König Kyros ist nur ein

Mensch und wird sehr bald wieder verschwinden, und es werden andere kommen; und was die Hoffnung des einen ist, ist die Zerstörung des anderen. Wer will am Ende den kurzzeitigen Aufstieg Israels zur Selbständigkeit als von Gott gefügt erkennen und die Hunderttausende von Leidenden in Mesopotamien, in Babylon für das gerechte Walten des Ewigen? Kann man Menschenschicksale so verrechnen? Sollten wir nicht am Ende lernen, die Tropfen im Eimer zusammenzurühren und daraus ein Getränk zu machen, das *alle* Durstigen leben läßt? So wäre dann Gott ein großer Strom und wir alle mitsamt allen Völkern und aller Geschichte wären die Dörfer an den beiden Seiten des Wassers. Gott wäre die *Quelle* zum Leben, endgültig nicht mehr ein Prinzip, sich auf ihn zu berufen, der eine gegen den andern. Nur dann bleibt dieses: *Fürchte dich nicht!* Nicht allen ist es zu sagen, nicht dem Kollektiv zuzusprechen, denn jeder leidet auf seine Art, aber sehr still jedem einzelnen ist es zu sagen, bis daß es zusammenfließt und wird ein Strom, dessen Quelle liegt in der Ewigkeit und dessen Verlauf geschieht in den Tagen der Zeit.

18. Januar 1997

Die einen Gott machen
und einen Götzen giessen

In diesem Kapitel geht es um den Bilder-Götzendienst, wie der sogenannte zweite Jesaja oder die Kreise, denen man diese Worte zugeschoben hat, sich ausdrücken, und es geht umgekehrt um die Beantwortung einer bestimmten Klage und Frage, die das Volk an Gott richtet.

Text: Jes 40, 19–20; 41, 6–7; 44, 9–20; 42, 18–25
Der Künstler gießt das Götterbild, und der Goldschmied beschlägt es mit Gold und schmilzt silberne Ketten daran. Wer nur ärmlich geben kann, wählt ein Holz, das nicht fault, und sucht sich einen geschickten Künstler, ein Bild zu fertigen, das nicht wackelt.
Einer hilft dem andern und sagt zum Genossen: Frisch zu! Und der Künstler ermuntert den Goldschmied, und der mit dem Hammer glättet das Blech auf dem Amboß. Gut so! sagt er von der Lötung und befestigt es [d. h. das Götterbild] mit Nägeln, daß es nicht wackle.

Die Bildner der Götzen sind allzumal nichtig, und ihre Lieblinge sind nichts nütze, und ihre Zeugen sehen und merken nichts; denn sie sollen zuschanden werden. Wer formt auch einen Gott und gießt ein Bild, daß es nichts nütze? Siehe, alle seine Genossen werden zuschanden, und seine Werkmeister sind ja nur Menschen. Mögen sie alle sich versammeln und auftreten: sie werden erschrecken, zuschanden werden zumal. Der Eisenschmied macht es in der Kohlenglut und formt es mit Hämmern, arbeitet es aus mit starkem Arm; er hungert sogar, so daß er kraftlos wird, und trinkt kein Wasser, so daß er ermattet. Der Zimmermann spannt die Richtschnur aus, zeichnet den Umriß mit dem Stifte, führt es aus mit den Schnitzmessern und mit dem Zirkel nach dem Bild eines Mannes, einem stattlichen Menschen gleich, ein Haus zu bewohnen. Er fällt sich Zedern, er nimmt eine Steineiche oder sonst eine Eiche und läßt sie für sich stark werden unter den Bäumen des Waldes. Er pflanzt eine Esche, und der Regen macht sie groß, daß sie dem Menschen als Brennholz diene; und er nimmt davon und wärmt sich. Teils heizt er damit, um Brot zu backen, teils macht er daraus einen Gott und wirft sich nieder, formt es zum Bilde und kniet vor ihm. Die Hälfte verbrennt er im Feuer, auf den Kohlen brät er Fleisch, ißt einen Braten und sättigt sich; auch wärmt er sich und spricht: Ha, mir ist schön warm; ich spüre das Feuer. Und den Rest macht er zu einem Gott, zu einem Bilde und kniet vor ihm, wirft sich nieder und fleht zu ihm: Rette mich, denn du bist mein Gott! Sie erkennen es nicht und sehen's nicht ein: denn ihre Augen sind verklebt, daß sie nicht sehen, und ihr Herz ist verstockt, daß sie nicht klug werden. Man überlegt sich's nicht, hat weder Einsicht noch Verstand, daß man dächte: Die Hälfte habe ich im Feuer verbrannt und auf den Kohlen Brot gebacken, Fleisch gebraten und gegessen; und den Rest sollte ich zu einem Greuel [d. h. einem Gottesbild] machen, vor einem Holzklotz sollte ich knien? Wer sich mit Asche abgibt, der hat ein betrogenes Herz verführt; er rettet nicht seine Seele, noch überlegt er: Ist's nicht Trug, woran ich mich halte?

Ihr Tauben, höret, und ihr Blinden, schauet her und sehet! Wer ist blind, wenn nicht mein Knecht, und taub wie mein Bote, den ich sende? Wer ist blind wie der Gottgeweihte und taub wie der Knecht des Herrn? Viel hast du gesehen, doch nicht beachtet, hast mit geöffneten Ohren nicht gehört. Dem Herrn gefiel es um seiner Treue willen, große und herrliche Lehre zu geben. Aber nun ist es ein beraubtes und ausgeplündertes Volk, verstrickt in Höhlen zumal und in Kerkern versteckt, zum Raube geworden, und kein Retter war da, der Plünderung verfallen, und niemand sprach: Gib zurück! Wer unter euch will darauf horchen, aufmerken und hören für die Zukunft? Wer gab Jakob dem Plünderer preis und Israel den Räubern? Ist's nicht der Herr, wider den wir gesündigt haben, auf dessen Wegen sie nicht wandeln wollten und auf dessen Gesetz sie nicht hörten? Wer goß aus über Israel seinen Zorn und furchtbare Kriegsnot, daß sie ihn rings umloderte – doch er wurde nicht weise – und ihn versengte – doch er nahm's nicht zu Herzen –?

Musik von Mozart zu hören im Zusammenhang der Texte des zweiten Jesaja ist etwas Ähnliches wie in dem großen Roman von Ernst Wiechert »Missa sine nomine« zu lesen. Es ist, wie einen Gottesdienst zu feiern für einen unbekannten Gott, für einen Gott, den es nicht geben kann, so wie man ihn bekanntgemacht hat. Das Suchen beginnt, und es greift ins Leere, es findet nichts mehr von dem, was einmal war, nicht nachdem Krieg durchs Land ging und die systematische Vernichtung von Menschen befohlen und durchgeführt wurde. Wer ist dann Gott, wenn er das zuläßt, wie die Theologen sagen, und was ist's um den Menschen, wenn er zu solchem fähig ist, also doch jederzeit wieder so sein kann? Es ist vielleicht kein Zufall, daß Mozart den Freimaurern zugehörte, einer Bewegung, die seit Jahrhunderten gegen den Widerstand der dogmatischen, institutionalisierten, kirchlich monopolisierten Gottesrede die Freiheit des Menschen und die Offenheit der Gottesverehrung miteinander verbinden will. Allerdings sieht es beim Lesen der Bibel mitunter ähnlich dem Bemühen mancher moderner Genetiker, etwas zurückzuführen auf einen Ursprung, von dem man sicher nur wissen kann, daß dort, wo das Jetzige sich findet, es selber nicht entstanden sein kann. Man erforscht beispielsweise in ganz Amerika das Genmaterial der Indianer und kommt zu dem Schluß, daß vor etwa 12 000 Jahren nicht mehr und nicht weniger als sieben Frauen mit ihren Kindern und Kindeskindern über die Beringstraße, über die Eisbarrieren nach Nordamerika und dann weiter über den ganzen Riesenkontinent gewandert sein müssen.

Der Text über die Gottesbildnerei kann nicht vom zweiten Jesaja stammen. Die Keime aber, aus denen diese Gedanken stammen, finden sich dort. Der Gott Israels hat, trotz aller Tragödien, Macht, und er ist der einzige Gott; woran sie sonst glauben, ringsumher die Völker, das sind die Gottnichtse, die Götzen, und man muß sich nur umschauen, vor was allem sie sich niederwerfen. Das ist das Thema der Götzenbildnerei. Daß diese Texte vom zweiten Jesaja nicht sind, läßt sich leicht daran erkennen, daß sie auf keine konkrete Situation anspielen. Alles, was ein Prophet sagt, ist unmittelbar in die Gegenwart gerichtet. Dort senkt es sich ein und wächst dann freilich in den Gipfeln und Wipfeln der Bäume über Zeit und Raum weit hinaus. Diese Texte von der Götzenbildnerei sind zeitlos gültig, allerdings wieder Keime für riesige Bäume. Die Früchte, die sie tragen, schmecken bitter, sind aber nützlich gegen Krankheiten, sie sind sauer wie Zitronen, aber gut gegen Grippe, auch gegen Skorbut und mancherlei andere Dinge. Immer wenn das Denken faul wird oder hochnäsig, ist diese Art des Denkens richtig und wichtig. Die Früchte selber nennen wir Aufklärung und belegen sie mit einem geistesgeschichtlichen Ereignis, das vor 200 Jahren spielte und das fast brutal über Europa hinwegging wie ein Sturm. Alles, was bis dahin Glauben hieß, beamtet, verwaltet, gelehrt, definiert, wurde entlarvt, wie Kant schrieb, als Afterreligion. Fouché, eine der treibenden Kräfte im Nationalkonvent in Paris, sorgte in Lyon dafür, einen Esel mit einem Weihrauchfaß am Schwanz in die Kathedrale zu treiben, um den Hohn endgültig zu machen. Wenn etwas anzubeten sei, dann einzig die Vernunft: Eine Frau wurde auf den Altar gesetzt, um die Vernunft zu verkörpern; das Gegröle und Joho war groß. Mit Erschrecken lesen wir das im Abstand von 200 Jahren.

Diese Texte hier sind nicht von geringerer Wucht; sie sind nichts weiter als eine spöttische Religionssatire mitten in der Bibel. So verhöhnt hat selbst dort in dem, was wir das Heilige Buch Gottes nennen, kein Gottesmann fremde Religionen mit Zielrichtung auf Teile seiner eigenen Religion. Wir müssen nur stufenweise einmal durchgehen, was da beschworen wird, und wir bekommen auf ganz kleinem, anfanghaftem Raum all die Probleme zu schauen, die sich in der Theologie oder Religionsgeschichte von Jahrtausenden zum Thema melden.

Der erste Satz im 44. Kapitel, im Vers 9 schon, ist wie ein Paukenschlag, die Überschrift und die These: *Die Bildner von Götzen, sie alle sind nichtig, und ihre Lieblinge können nichts.* – Erschütternd ist das, weil hier ein Urteil gesprochen wird, nicht über die Götzen, sondern über ihre Hersteller. Wir würden erwarten, daß der Prophet erklärt: Die Götzen selber, die gemachten Statuen aus Eisen, Holz oder Stein, in ihnen ist keine Seele, kein Atem, nichts Göttliches. Aber er erklärt: Die sie herstellen, sind nichts. Da verurteilen sich Menschen selbst durch eine falsche Religion. Das wird so unbedingt gesagt, so kraß, daß man es durch kein Scheinargument mehr aufweichen kann. Es ist nicht möglich, dieser Zeile gegenüberzusetzen, daß es in dieser oder jener Religion aber auch viel Gutes und Ehrwürdiges gegeben habe und daß die Herstellung von Götterbildern schon seit vielen Jahrhunderten gepflegt wurde, ja, eigentlich überall auf der Welt – hier wird auf fast furchtbare Weise der Stab gebrochen über ein ganzes religiöses Prinzip, und es wird jeden treffen in der Nähe oder in dem Abstand, in dem er dazu steht.

Der zweite Satz erst gibt die Begründung, daß jemand, der Schutz sucht bei Götzen, auf nichts vertraut. Warum das alles, und worum geht es eigentlich? Der nächste Vers klärt es auf: *Wer einen Gott bil-*

det, hat einen Götzen gegossen zu keinem Nutzen. – Auch den Satz muß man noch einmal Wort für Wort hören: Wer einen Gott bildet, hat einen Götzen gegossen. Da ist gesprochen, wie der ganze folgende Text ausführt, zunächst von den Bildnissen, die Menschen von Göttern herstellen. Aber kein Götzenbild wird gegossen, geschnitten oder gemeißelt, ohne ein geistiges Konzept zugrunde zu legen. Das Bild, das gebildet wird, entsteht zunächst in der Vorstellung. Allgemeiner deshalb müssen wir und dürfen wir sagen: Wer überhaupt glaubt, eine bestimmte Vorstellung von Gott entwickeln zu können, um zu sagen: diese Umrisse, diese Vorstellungsgestalt nenne ich das Göttliche, der allein zerstört bereits das, was religiös lebendig wäre.

Ehe wir uns anschauen, wie dieser Text den Gedanken weiter ausführt, muß man, erschrocken fast, sagen: Was soll denn Religion anderes tun, als daß sie ausschnitthaft uns Zugangswege zum Göttlichen zeichnet? Gott mag so unendlich sein, wie er will, aber wir Menschen haben nur zwei Beine, und wir können nur *einen* Weg gehen. Soll das nicht erlaubt sein, weil es womöglich unendlich viele Wege gibt? Wenn Menschen in ihrer Zeit, in ihrer Kultur nur einen Weg gehen *können*, warum dann läßt man ihnen den nicht und wirft ihnen vor, daß sie zu gar nichts kämen, nur weil sie's wenigstens versuchen, auf diesem ihrem Weg voranzuschreiten? – Stets lautet so oder ähnlich die Rechtfertigung des kirchengebundenen Götzendienstes, die Begründung des Dogmas, *einer* Form eines Bildwerks: So oder ähnlich muß man sprechen, um Gott richtig zu verehren, und davor, vor diesem Bekenntnis, das die Kirche verordnet hat, gilt es, sich niederzuwerfen. Da gibt es einen klaren Umriß: So und nicht anders ist Gott, das weiß man, das kann man denken, gewissermaßen betasten, fühlen, riechen womöglich auch, schmekken irgendwie – es ist mit allen Sinnen greifbar und deswegen schon so zugänglich und nützlich. Wie aber, es wäre das Dogma gerade soviel wie ein solches in Stein, Holz oder Eisen getriebenes, gemeißeltes, geschnitztes Bild? Sagen wir es anders: es ist soviel, wie daß der Gefrierzustand des religiösen Empfindens und Bewußtseins es dahin bringt, einen Fluß zu vereisen. Dann ist es leicht möglich, ihn in Stücke zu schneiden, ihn entsprechend über lange Wegstrecken zu transportieren, aber in diesen Eisblöcken lebt kein einziger Fisch. Das Nützliche an diesen Eisblöcken mag wohl noch sein, tote Fische zu konservieren, aber mehr an Nutzen läßt sich über das vereiste Wasser nicht sagen. Das Leben kehrt erst wieder mit der Wärme des Frühlings; dann beginnt es zu fließen, und der fließende Fluß ist nicht mehr länger in Blöcke zu schneiden. Die wirkliche Tödlichkeit jedes Götzendienstes liegt darin, das Religiöse, das Göttliche, das ein Strom ist, eine Kraftquelle, eine Energie, festzumachen in starren Vorstellungskomplexen, die man einordnen, vorführen, dirigieren und manipulieren kann. Es ist der Tod des Religiösen und der Tod des Menschen. Denn dessen eigene Seele, wenn sie denn von Gott ist, hat selbst teil am Unendlichen und verträgt nicht dieses Würgen, dieses Ersticken in dem zu klein Gedachten, zu klein Auferlegten, zu eng Geformten. Eine Religion des Götzendienstes mag warm sein, gemütlich, in gewisser Weise entgegenkommend, aber sie vernichtet die Freiheit, sie zerstört das, was zum Menschen gehört, sein Suchen nach Wahrheit, sein Bemühen um Redlichkeit, sein Wissen, daß jede Erkenntnis nur begrenzt stimmt und sich wieder auflöst in eine neue Frage, die weiterwill.

Nähme man die Bilder als eine Aussage, die selbst zur Frage wird, dann möchte es angehen. So man aber sagt: dies ist der Gott und darüber hinaus ist jedes Suchen verboten, jedes Zweifeln Sünde, jedes Überlegen einer anderen Möglichkeit schon Häresie und Abfall, tötet man die Religion, im Wahn, sie zu verteidigen.

Alle Genossen der Götzenbilder, erklärt uns dieser Text, *werden zuschanden*, und es kann nicht anders sein, weil es nichts ist als Menschenwerk. – Auch darin klingt ein neuer Gedanke an. Wenn wir die Religion in diesem Sinne ganz menschlich, greifbar, vorstellbar hätten, indem wir im Göttlichen selber das Menschliche sähen, dann, so glauben wir Menschen, würde es die Humanität befördern. Aber gerade das kann nicht sein. Das Geheimnis des menschlichen Lebens ist es, daß es über uns hinaus etwas geben muß. Kein Schiff kann fahren, es sei denn nach den Sternen am Himmel, und diese Lichter, flackernd in unendlicher Weite, bieten den Anhalt für die Orientierung. Nach dem eigenen Steven oder dem eigenen Bug kann kein Kapitän navigieren. Wir Menschen brauchen dieses andere, dieses über uns, dieses Ferngerückte, auch nur, um uns in unserem kleinen Leben und auf dieser kleinen Welt zurechtzufinden. Nichts weiter heißt es, geistig lebendig zu sein.

Dieser Text hier ruft geradezu nach einer Probe. Sie sollen sich alle versammeln, die Bildermacher, und hertreten, es wird, was dabei herauskommt, nur ein Schrecken für die Betroffenen sein. Das geht noch einmal auf das Argument der Quantität, wenn ich es richtig verstehe. Gesagt wird immer, es sei ein Beweis für die Richtigkeit des Religiösen, daß es so viele gibt, die daran glauben. Es gibt 900 Millionen Katholiken, es gibt über 1,3 Milliarden Araber, die Muslime sind – wenn das kein Zeugnis und Beweis ist! Es ist das Christentum, werden wir in spätestens drei Jahren hören, das schon 2000 Jahre alt ist! Nicht darauf vorbereitet sind wir, daß die Hindupriester, die Brahmanen, uns sagen: Aber wir sind mindestens 3500 Jahre alt. Und die Pyramiden bei Gizeh verkünden: es gibt uns seit fast 5000 Jahren. Das alles ist ein Beweis für gar nichts.

Der Existenzphilosoph Sören Kierkegaard hatte vollkommen recht, als er in diesen wunden Punkt immer wieder hineindrückte. Was bedeutet es, fragte er religiös, daß etwas lange schon existiert? Entweder zeigt sich seine Wahrheit jetzt in deinem Leben, zeigt sich daran, was für ein Mensch du bist, indem du daran glaubst, oder es zeigt sich seine Ungültigkeit: an der Wirkung in der Gegenwart zeigt sich die Wahrheit des Religiösen, und daran darfst du und kannst du dich nicht vorbeimogeln. Was vor 2000 Jahren war und was schon immer so war, das gerade verdeckt deine Existenz, und es macht Verdacht, sich auf falsche Weise angepaßt zu haben. Kierkegaard hätte hinzugefügt: Macht doch die Probe aufs Exempel. Als Jesus lebte, ging es gerade zwei Jahre lang mit ihm gut. Eine Kirche, die 2000 Jahre existieren kann, macht Verdacht, nicht gleich dem Beispiel zu folgen, sondern irgendwelche faulen Kompromisse zu schließen gegenüber dem Ursprung. 2000 Jahre in dieser Geschichte zu überleben, das liefert förmlich den Beweis, allzu schlau zu sein, schlauer als der Ursprung. – Und das Argument der Menge nun besagt gar nichts. Die Größe der Horde ist nichts weiter als ein Beweis für den Zwang zur Anpassung, und es besteht die Gefahr, daß du aufhörst, selber zu sein, selber zu denken, selber dich zu entscheiden. Das ist, wie wenn du dich verwandelst in einen Korken, den man von einer Weinflasche gezogen hat. Der Mann, der die Flasche trank, wurde betrunken und warf den Korken ins Wasser, und da schwimmt er nun und denkt, er sei der Steuermann, bloß weil ihn die Wellen wiegen. Nichts Menschliches ist darin zu sehen, in der Horde und dem Haufen unterzugehen oder obenauf zu schwimmen. Selber zu leben, das wäre alles, worauf es ankommt.

Dieser Text hier macht's wie beiläufig und treibt's noch auf die Spitze. Laßt das ganze Argument aus Zeit und Quantität zusammenkommen. Gerade dann, wenn es auf dem Höhepunkt ist, wenn es sich in Vollständigkeit versammelt, wird man sehen, was für eine Hohlheit und Nichtigkeit das Ganze ist. Ein einziger Mensch, der wirklich lebt, ist mehr als sie alle gemeinsam. Das wäre die Probe: kein Leben mehr bildnisgleich, *in effigie*, immer am Dasein vorbei, sondern so, daß es stimmt und eine Realität in der Existenz bekommt.

Der weitere Text ist merkwürdig gesetzt. Er beginnt mit der Werkbeschreibung, sozusagen wie man über der Kohlenglut und mit dem Hammer ein erzenes Götzenbild erstellt, und dabei kommt etwas Eigentümliches zustande. Die Werkmeister, die so verfahren, hungern, trinken kein Wasser, werden kraftlos und erschöpfen sich durch rituelles Fasten oder Überanstrengung und Sorgfalt bei ihrer Auftragsproduktion. Wir haben in der Antike nicht das, was man Künstler nennt – erstaunlich für uns im Rückblick über die Jahrtausende. Die wunderbaren Kunstwerke im antiken Ägypten, in Babylon, all das, was die Museen belebt und bevölkert, geht nicht zurück auf die Genialität einzelner, sondern es ist Handwerk, es ist geschaffen durch die Kunstfertigkeit der Übung. Diese Kunsthandwerker sind von ihrem Dienst ganz und gar erfüllt; sie möchten ihren Auftrag so rasch, so leistungsgerecht, als es nur geht, vollbringen, aber es steckt in diesem Bild eine eigene Dynamik. Die Religionskritik im 19. Jahrhundert hat die Götzenbildnerei mit einem psychologischen Fachbegriff umschrieben. Sie sagte: Wer das Göttliche festlegt auf menschliche Vorstellungen, der *projiziert* das Endliche ins Unendliche, das Menschliche ins Göttliche. Man könnte sagen: Nun gut, Projektionen sind etwas Unvermeidbares, überall Vorkommendes. Schon Feuerbach hat uns erklärt, daß die Projektion des Menschlichen ins Göttliche soviel ist wie eine Entfremdung des Menschlichen, soll heißen: Die Menschen werden daran gehindert, den Inhalt der Religion in sich selbst, auf der Ebene des menschlichen Daseins zu suchen. Sie finden das Eigene vor in dem ihnen Fremdgewordenen. Es tritt ihnen das, was in ihrer Seele lebt, wie eine fremde Gewalt entgegen, die ihr Leben nun vergewaltigt. Das, worin sie sich wiedererkennen müßten, das, worin sie mit sich selber identisch werden müßten, das gerade ist von ihnen abgezogen worden und ist deshalb in den Händen der Machthaber verfügbar. Je stärker dabei die Götter gemästet werden und die Götzendiener in der Gestalt der Priester, der Opferexperten, an Zuwachs gewinnen, desto armseliger werden darunter die Menschen. Karl Marx hat noch hinzugefügt, daß diese Art von Religion brutal zu jeder Art von Ausbeutung taugt. Man macht die Menschen abergläubig, damit sie nicht über ihre soziale Lage nachdenken können. Man tröstet sie mit irgendeinem Jenseits, damit sie auf Erden geduldig bleiben. Hier können sie sich kaputtschuften, in Bergwerken die Steinstaublunge kriegen und sich mit vierzig verröcheln oder bei einer Schlagwetterexplosion umkommen – das schadet gar nicht, solange die Maschinen laufen. In den Himmel kommst du allemal, ob du stirbst mit vierzig oder achtzig, was spielt das für eine Rolle, wenn doch die Ewigkeit kommt? Mit solchen Lehren dachte man den Götzendienst zu vervollständigen, und das Bild jetzt stimmt bis ins Erschreckende. Die Menschen haben am Ende nichts mehr zu trinken und zu essen, werden immer müder, *verzweifelter*, könnte man sagen, entkräfteter, ohnmächtiger, und es ist nicht das Nebenprodukt dieser Art von Religion, man muß schon denken: Das ist ihr Ziel, raffinierterweise wird sie so organisiert, es ist gar nicht unschuldig, was da gemacht wird. Unschuldig vielleicht sind die armen Opfer, die armen Gläubigen, aber Sie begreifen plötzlich, daß Sarkasmus, Zynismus und Satire die Stilmittel sein können, um endlich die Müdegewordenen und Schlafenden aufzuwecken, in ihrem eigenen Interesse, damit endlich dem Unfug – im wörtlichen Sinn – gewehrt wird. Es paßt so nicht zusammen.

Es kommt noch ärger. *Es spannt der Meister in Holz die Schnur und macht mit dem Schnitzmesser entsprechend dem Zirkel das Bild eines Mannes*; nun zögern die Exegeten zu lesen, was da steht: das Prachtbild eines Mannes, ein Haus zu bewohnen. Auf dieses *Haus* stürzen sich die Exegeten. Wann diese Texte entstanden sind, wissen wir im Grunde nicht; vermutlich sind es Satiren in der Endzeit der Entstehung der Bibel, im Spätjudentum, Frühjudentum, gleich wie man's benennen will, ganz sicher nicht schon am Ende des 6. Jahrhunderts, aber merkwürdig ist's, daß man frei erst denken kann, wenn den Menschen bestimmte Vorstellungen mitunter durch eine Katastrophe genommen werden. Es ist schwer vorstellbar, daß ein solcher Satz: *man macht Götzenbilder, um sie in ein Haus zu stellen*, hätte in der Zeit entstehen können, da es noch einen Tempel gab. Waren nicht auch die Bundeslade und spätestens die Cherubim, die König Salomo davor bauen ließ, ein Götzenbild, ja, der ganze Tempel ein Götzenbild? Der dritte Jesaja später im letzten Kapitel, Kapitel 66, wird Gott sagen lassen: Ich brauche kein Haus, sonst wäre ich nicht der Gott der ganzen Welt; mein Schemel ist die ganze Erde. – Solche Sätze kann man sagen, wenn die Last der offiziellen Religion wie verschwunden ist. Was für eine Chance liegt darin! Jeremia hat das geahnt: Es wird Nebukadnezzar kommen und den Tempel schleifen, die ganze heilige Stadt vernichten – aber was für eine Chance! Die Frommen erschrecken darüber – es wird ihnen alles genommen. Doch in Wirklichkeit meinen Leute wie Jeremia oder die Kreise, aus denen diese Texte stammen: Genau das stimmt nicht, wir kommen in Wahrheit damit Gott näher.

Bis zum heutigen Tag sehen wir, daß die kirchliche Religion wesentlich darin besteht, Kirchen zu bauen. Der größte Teil aller Abgaben der Kirchensteuer geht auf Kirchenrenovierung und auf die Bestallung von Kirchendienern in erbauten Kirchen, ein System, das sich selber wie in einem Mühlrad zu Tode mahlt. Wie aber wäre es denn, wir verließen die Kircheninnenräume und suchten Gott draußen? Wir haben eine gute Chance dafür. Einen Text wie diesen kann man eigentlich nicht in Kirchen predigen, sondern nur, indem man die Kirchentüren schließt. Gott ist nicht der Gefangene irgendeiner Priesterauskunft, nicht irgendeines geschlossenen Gebäudes, räumlich oder geistig. Wenn er denn existiert, ist er das Leben, und er ist überall, wo wirklich Leben ist. Das ist ein Stück von Mozart. Was irgend menschlich klingt und schwingt, das atmet Gott, nicht aber ein Haus, das man sich konstruiert.

Das »*Prachtbild eines Mannes*« wird man kaum anders verstehen, als sehr viel später der römische Dichter Horaz in seinen Satiren sich ausdrückt. Ich, schreibt er da von einem Stück Holz, war ein einfacher Baumstamm, bis daß der Handwerker sagte: ich mach' einen Priap, das sollte heißen, das Prachtbild eines Mannes, der seinen Phallus präsentiert zum Zwecke von Vegetations- und Sexualkult. Fruchtbarkeitsreligion wird da gepriesen. Werden denn solche Menschen zärtlicher, liebender, fruchtbarer als Menschen, indem sie sich's vorstellen und wieder dann entfremdet als Auflage zurückerhalten im Sinn einer bestimmten Moral der Unterdrückung, der Schuld, der Verpönung, immer zwiespältig, immer von außen gelenkt? Wenn die Götter fruchtbar sind, sind die Menschen fast überflüssig, sie sind fast um all das gebracht, was ihnen einmal Freude war.

Beobachten Sie, daß dieser Text mit einer Aussage über die Nichtigkeit der Götzendiener und der Götzen beginnt, daß er uns schildert, wie die Götzenbilder gemacht werden, doch jetzt am Ende erst kommt er zum Anfang der Handlungsabfolge: Er *geht hinaus, sich Zedern zu fällen, eine Steineiche, eine Eiche, pflanzt Fichten und läßt den Regen regnen, damit sie wachsen* – das ist eine ganz merkwürdige Abfolge der Betrachtung. Wir würden's heute eine religionspsychologische Analyse nennen: Man geht aus von dem Ergebnis und beweist jetzt, indem man immer tiefer in den Grund geht, herab zu den Wurzeln gewissermaßen, daß schon dem ganzen Ursprung nach alles nichtig sein muß, vom Götzenbild, das man sieht, über die Verfertigung; am Ende kommt man dazu, zu beschreiben, wie denn das Holz für die Schnitzarbeiten angebaut wird sozusagen. Das ist in der Reihenfolge umgekehrt: eine Aufklärung von den Wirkungen zurück zu den Ursachen, und dann zerlegt sich's endgültig. – Was bedeutet es, wenn jemand ein Stück Holz nimmt und es zerspaltet, ein Feuerchen macht draus, um sein Fleisch und Brot darauf zu backen, zu braten, sich die Hände zu wärmen; aber das Kernstück womöglich, das ist ihm kostbar, und daraus formt er seine Gottheit? Noch einmal ist dies bissig, beißend und schonungslos gesagt. Der beste Umgang mit den Götzen wäre, man hätte das Holz genommen und allsamt verfeuert, ohne Rest; dann hätte es menschlich genutzt. Es hätte ein Paar frierende Hände gewärmt. Spöttischer, wüßte ich nicht, daß im 19. Jahrhundert irgend jemand geredet hätte. Sämtliche Kirchenbänke, Kruzifixe, Madonnenstatuen verfeuern, um daraus wenigstens Holz für frierende Obdachlose zu machen? Das ist ein starkes Stück, aber so ähnlich steht es hier. Und natürlich ist der ganze Bildergottesdienst der Priester buchstäblich schizophren. Dasselbe Holz, das zu nichts weiter gut ist als zum Nutzen von Menschen, das soll plötzlich das Heilige bedeuten?

Die Zusammenfassung von all dem: *Errette mich,* spricht der so Handelnde, *denn du bist mein Gott.* – Das ist soviel, wie Asche zu weiden, das ist, wie Hosea einmal sagte, wie wenn Menschen den Wind hüten wollten. Es ist nicht nur nichtig, es ist unmöglich. Man macht das, was man nicht halten *kann,* vermeintlich fest, und das endgültig Tote will man wieder auferwecken, und all das geschieht, statt selber im Unendlichen zu leben. Wir müssen, wenn wir diese Art des religiösen Götzendienstes vor Augen haben, nur noch hinzufügen, wie viele säkulare Varianten es davon gibt. Immer in der antiken Religion und schlimmer in der modernen Religion war Götzendienst mit Machtbesitz und -ausübung gekoppelt. Man verehrte das Götzenbild und führte dafür Kriege. Man hatte das Dogma und führte dafür Religionskriege. Man hatte die heilige Wahrheit der Kirche und verbrannte dafür Ketzer. Und immer war der festgelegte Gott die Grundlage der Ideologie, Menschen zu versteinern, zu verholzen, in Gußeisen zu pressen, statt sie leben zu lassen. Am Ende hat man gar keinen Gott mehr, sondern nur die verwaltete Macht, und sie am Ende steht da als Gott und ist das Geheimnis all der Bilder, die sie in Umlauf setzt. Nehmen wir im 20. Jahrhundert nur die zwei schlimmsten Formen der Idolatrie, des Götzendienstes: Die eine nennen wir Vaterland, immer eng verschwistert mit den göttlichen Begriffen der Gerechtigkeit, der Kultur, der Freiheit, der Menschlichkeit, der Wahrheit womöglich. Für den Götzen Vaterland waren wir, sind wir und, man muß fürchten, werden wir bereit sein, jedes Opfer zu bringen. Die verrücktesten Kriege werden, wenn sie nur befohlen werden, geführt. Ich höre bei der jetzigen Diskussion über die globale Lizenz für Deutsche, nächstens im Namen der UNO auf amerikanischen Befehl zu töten, daß wir ja Freiheit, Frieden, all diese Güter der Humanität, schützen müssen und daß wir nie etwas Unrechtes tun würden, wir, die wir doch aus Europa kommen, die wir das zweitausendjährige Christentum kennengelernt haben als Grundlage unserer Vermenschlichung – wir werden doch nicht Torheiten begehen! Aber war es nicht noch im Jahr 1982, daß die britische Regierung erklärte, daß die Falkland-Inseln, 12 000 Kilometer irgendwo im Meer, weit weg von der Insel Großbritannien, zu Großbritannien gehören. Also wurde darum Krieg geführt. 10 000 Argentinier hätten dabei über die Bajonette springen können – egal. So handelte man, und man sollte nicht denken, daß britische Soldaten weniger moralisch wären als die deutschen just in unseren Tagen. Wofür denn ist man Soldat geworden, außer daß man die Befehle prompt ausführt, die gegeben werden? Das ist der Sinn eines Soldaten: nicht denken, sondern handeln. Dazu übt ihn der Drill. Wir werden erleben, daß man uns langsam hinlockt auf die neue Idolatrie, schrittweise und allmählich. Die neue amerikanische Außenministerin Albright hat ein großes Verdienst, sie hat die UNO blockiert, indem sie ihr 2 Milliarden US-Dollar vorenthalten hat. So ist die UNO kaum handlungsfähig, außer wenn die Amerikaner die Geldmittel freigeben, und um da heranzukommen, wie die Schweine unterm Trog, die schön springen müssen, damit sie Schinken bilden, muß die UNO gefügig werden, sehr bald, und ihr Schwert, die NATO, wird sich immer weiter ausdehnen. Dafür ist jeder Zweck richtig und heilig, und da werden wir mitmachen; wir diskutieren schon über die Mitsprache von Atomwaffen, d. h. nicht richtig so, aber doch schon können wir überlegen, ob wir bei einem gesamtvereinigten Europa nicht auch an Atomwaffen Mitverantwortung tragen müssen mit unseren Verbündeten, und die atomaren oder konventionellen Komponenten sind sowieso austauschbar, konvertierbar. Wir akzeptieren das in der deutschen Bevölkerung, wenn 2 Milliarden D-Mark für den Euro-Fighter ausgegeben werden sollen. Macht sich jemand klar, daß wir vierzig Jahre, ein halbes Menschenleben, sammeln müßten für Misereor, Adveniat, Brot für die Welt, um an die zwei Milliarden der Beschaffung irgendeines lausigen Waffensystems der Bundeswehr zu kommen? Wir haben die Entspannung, aber in Wirklichkeit geben wir heute mehr Geld für Rüstung aus als in den Hochphasen des kalten Kriegs. Uns wird aber klargemacht, daß das Militär zuwenig Geld hat, es ist ein Notfall; wirklich, die Bundeswehr leidet Not, nicht die Obdachlosen, nicht die 4,5 Millionen Arbeitslosen, wirklich, die Soldaten, die kommen zu kurz, müssen wir glauben. Sie merken, ich bin schon dabei, eigentlich zur Satire überzugehen, aber es ist im Duktus und in der Stilform völlig angemessen – wie beim zweiten Jesaja.

Der zweite Götze hat ganz eng damit zu tun, und er heißt Geld. Ihm bringen wir jedes Opfer. Hinter den Zahlen in den Computern der Banken steckt keinerlei Vorstellung mehr von dem, was die Ziffern bedeuten. Es ist völlig egal. Wer das Geld hat, wird es vermehren, und er kann damit jeden Teil der Welt kaufen. Entweder er hat's, oder er wird's kriegen; entweder er ist schon der beste, oder er wird's sich einkaufen, ganz einfach. – Da haben wir Bilder, Banknoten und Achselstücke, Ehre und Reichtum. Sollten wir sagen: An irgend etwas anderes glauben wir nicht länger wirklich, alles andere ist schon Mummenschanz geworden? Selbst die Kirchen wagen nicht, an diese beiden Götzen zu rühren. Neuerdings beklagt sogar der Vatikan, daß der Vorsitzende der Deutschen Bischofskonferenz, Karl Lehmann, nicht mutig ist, jetzt in diesen Tagen wenigstens ein konkretes Oppositions- und Reformpapier zur sozialen

Verelendung in Deutschland vorzulegen. Wie sollte er denn? Er hat noch im Herbst gesagt: Wir lassen uns in den Gesellschaftsfragen nicht über den Tisch ziehen, nur um zu sagen, daß sie alle, die Bischöfe in Fulda, mit am Tisch sitzen und lecken die Schuhe der Machthaber. Man kann nicht immer beides, Kaiphas und Pilatus gemeinsam haben und den Christus am Kreuz auch noch. Irgendwo ist die Grenze dieser Logik.

Wir müssen die ganze Frage noch einmal umkehren, *erstaunlicherweise* umkehren, und jetzt in Richtung auf Texte, die wirklich vom zweiten Jesaja stammen. Wir haben gerade die projektive Form der Religion im Götzendienst kennengelernt oder das, was wir religionsgeschichtlich so nennen. Natürlich wissen wir: Gerecht werden die alten Ägypter, die Babylonier bei dieser Betrachtungsweise nicht beurteilt, aber die Gefahren, die im Bilderdienst stecken, werden klar formuliert. Woran wir weniger denken, ist, daß der Prophet selbst auch ein Gottesbild verteidigt. Sein Problem besteht darin, daß Israel leidet. Die Gottesdienste, die in seinen Tagen, Ende des 6. Jahrhunderts, nach dem babylonischen Exil, gehalten werden, bestehen weitestgehend in Klagepsalmen. Man kommt zusammen und artikuliert gemeinsam – ein Vorbeter spricht's aus –, was Sie in den *Klageliedern* lesen können. Es ist oft ein Trost, in Gemeinsamkeit weinen zu dürfen, sagen zu dürfen, was alles nicht stimmt, woran man leidet, und zwar gemeinsam. Das ist der Gottesdienst, den der zweite Jesaja vorfindet, Sabbat für Sabbat. Und es geht immer wieder dahin, daß doch Gott, der die Macht hat, der Augen hat, zu sehen, Ohren, zu hören, im Himmel sitzt und nichts tut, er schweigt einfach dahin, er läßt es laufen und läßt es zu und könnte doch handeln. Und warum das? Wir, sprechen die Leute, haben doch getan, was wir sollten. Wir sind in den Tempel gegangen, haben die Opfer gebracht, sind deinen Geboten gefolgt, und nun dies! Es steht in keinem Zusammenhang, der begreifbar wäre. Dies haben wir nicht verdient! – Auf diese Volksklage antwortet fast stereotyp der Mann, den wir den zweiten Jesaja nennen, mit einer Umkehrung, schroff, antithetisch. Er selber läßt Gott dieselben Worte sprechen, die das Volk sprach, nur verschiebt er es jetzt, so wie Sie's hören. Das Volk hat gesagt: Gott ist taub, und des Jesaja Rede beginnt: *Ihr Tauben, hört!* Man hat gesagt: Gott sieht's nicht, er hat seine Augen verhüllt, sich hinter den Wolken verborgen. Hier geht's los: *Ihr Blinden, blickt auf,* daß ihr seht! Und nun kommt's

wie mit dem Prügel: *Wer ist denn blind, wenn nicht mein Knecht?*
Nicht Gott! Gott sieht all die Zeit, auch während der Katastrophe,
gerade während der Katastrophe. Er ist der Herr. Aber zum Knecht
gehört es, daß er hört. Und das ist nicht geschehen, behauptet dieser
zweite Jesaja; das sich anzuhören mutet er den Leuten im Elend zu.
Und er steigert's und steigert's. *Wer wäre denn taub, wenn nicht
mein Bote? Wieviel hast du gesehen und es nicht beachtet!* Formelhaft, eigentlich aus dem Zusammenhang, der konkret besteht, werden Bilder, zum Teil aus dem Schicksal einzelner, symbolisch genommen. *Gebunden in Löchern, in Hafthäusern versteckt,* so fühlt
sich das ganze Volk, eine Beute ohne Retter, leergeplündert und verwüstet, und niemand verlangt's mehr zurück. Es ist ein Zerbrechen
an dem Glauben, es gäbe irgendeine gerechte Ordnung, wenn man
doch sieht, wie's die Völker treiben, wie die Gewalt am Ende dasteht und sagt: Das setzt sich durch, das ist erfolgreich, das überlebt
es, und alles andere zählt dann nicht – Neodarwinismus pur, gewissermaßen: Der Sinn des Lebens ist, am Leben zu bleiben, und das
Ziel des Lebens deshalb ist es, erfolgreich zu sein, und alles, was zu
diesem Zweck nicht taugt, überlebt es nicht und wird eliminiert.
Das ist so in der Natur und wieso eigentlich anders dann in der
Menschengeschichte? – Eben war's noch Satire, aber jetzt ist es verzweifelte Bitterkeit, wie hier das Volk spricht. Und der zweite Jesaja
mutet ihm zu, zu denken: Wer unter euch will denn darauf horchen
und hören für die Zukunft? Soll heißen: Ihr starrt immer auf das,
was war, 587, als Jerusalem unter Nebukadnezar vernichtet
wurde, aber die Frage ist: Was wollt ihr daraus lernen? Wie geht's
jetzt weiter?

Es kommt eine Stelle, die wir nach 1945 in Deutschland nicht
mehr lesen können und die uns zeigt, wo die Grenze der ganzen
biblischen Sprache liegt, selbst in ihren schönsten Teilen, selbst in
den Worten dieses zweiten Jesaja. Es wagt dieser Mann zu sprechen: *Er, Gott, goß über sie aus seinen grimmigen Zorn und die Gewalt des Krieges. Er umflammt ihn rings und er merkt's nicht. Er
verbrennt ihn, doch er nimmt's nicht zu Herzen.* – Es ist nur eine
Assoziation, aber sie ist unvermeidbar nach 1945: *Er verbrennt sie*
– wer denkt da nicht an Krematorien, an die Shoah, und es ist nicht
länger möglich, diese ganze Theologie zu konzipieren. Die Babylonier als Werkzeug Gottes – das hat man hingenommen 2000 Jahre
lang, aber Hitler und die Nationalsozialisten als Werkzeug Gottes –

das ist zuviel, das ist das Ende. Da *muß* man widersprechen. *Er* verbrennt sie *nicht*, so muß es heißen. Aber warum hat er's nicht verhindert? Da sind wir wieder bei dem Problem. Was bleibt übrig von Gott? Hat er's gewollt? Dann müssen wir denken: In der Katastrophe war er mächtig, und das ist die Basis der ganzen Theologie dieses zweiten Jesaja. Oder es stimmt nicht. Dann fällt sogar die Möglichkeit zu klagen zusammen, dann ist selbst sie sinnlos und hat keinen Wert mehr. Vor der Frage stehen wir bei diesen Sätzen.

Es ist fast immer in der Bibel, daß wir sie nur lesen können, indem wir ihren historischen Anlaß übersetzen und ihn als Bild nehmen, ihn nach innen ziehen, ja, ihn verpsychologisieren, denn nur so kann er uns etwas überzeitlich Gültiges sagen. Als Aussage über das Volk der Juden oder irgendein anderes Volk, über die Zusammenhänge der menschlichen Geschichte ist der kostbarste Teil alttestamentlicher Theologie, weitergeführt im Neuen Testament, in 2000 Jahren Theologiegeschichte, endgültig am Ende. Es ist nicht mehr zu glauben: Gott verbrennt sein eigenes Volk und vernichtet es im Krieg, damit es endlich hört. So geht es ein für allemal nicht mehr. Aber ziehen wir's nach innen, ist es trotzdem ein richtiges, wichtiges Bemühen, und man kann verstehen, wie es denn Ende des 6. Jahrhunderts Menschen gegenüber gemeint war, die keinen Trost hatten. Könnte es nicht sein, wäre es nicht möglich auch für uns, Gott noch einmal anders zu entdecken? Da müßten wir nur ausgehen nicht von den großen Katastrophen, sondern von den nicht geringeren persönlichen, privaten, menschlichen Tragödien. Immer wieder, wenn jemand mit seinem Leben in eine schwere Krise gerät und nicht weiterweiß, wird das Klagen über das schier Unbegreifbare beginnen. Irgend etwas ist passiert, eine Krankheit hat ihn geschlagen, seine Frau hat ihn verlassen, er selber kommt in seiner Arbeit nicht zurecht, er entdeckt, daß irgend etwas weggefallen ist, er vermißt es, kann es aber nicht ersetzen. Immer wenn jemand kommt und um Hilfe bittet, um Verständnis ringt, beginnt es mit einem solchen Anlaß. Psychotherapeutisch sind wir zu denken gewohnt, daß, wenn seelisches Leid entsteht, es nur sein kann, daß im Vorfeld bereits bestimmte Strukturen sich bildeten, die nicht als krank bezeichnet werden können, aber als prämorbid, als Vorbereitung der Krankheit gelten dürfen. Menschen müssen falsch gelebt haben, wenn sie durch ein relativ normales Ereignis vollkommen aus der Bahn geworfen werden. Dann kommen all die Belastungen hinzu, die ungewöhnlich stark sind und die ein einzelner Mensch kaum ertragen kann, unter denen er zusammenbricht. Welch eine Art von Trost hätten wir dann, außer wir würden das ganze Leben noch einmal durchgehen, wohlgemerkt, um nach vorn zu schauen. Wir gehen nach rückwärts, um besseren Anlauf für eine einsichtiger gewordene Zukunft zu gewinnen. Das will dieser zweite Jesaja mit seinem Volk in seiner Zeit erreichen, aber es zeigt sich, daß es in einem jeden Leben nötig ist und überhaupt erst so wirklich verständlich. Es ist eine wirkliche Chance, mitten im Zusammenbruch etwas zu lernen, das vorher womöglich gar nicht zu lernen war. Bis dahin hat man gelebt, wie es die Götzendiener und die Götzen befahlen, überanstrengt immer, überkompensierend, würden wir heute psychologisch sagen, einseitig auf jeden Fall, um den Preis schwerer Verdrängungen – nicht nur das Holz wurde da geschnitzt, auch die eigene Person, und vielleicht das Kostbarste wurde verbrannt, wie wenn's ein Abfall wäre; stehenblieben nur die gewünschten, die vorgeplanten Umrisse, die Zirkelschnitte im Gebilde Mensch. Wäre es denkbar, wir würden, gerade wenn es nicht mehr weitergeht, die Welt ganz anders entdecken, gütiger womöglich? Es genügt manchmal schon ein weniges, eine tiefe Müdigkeit, eine kleine Krankheit, irgendein wirklicher Mißerfolg, der uns ahnen läßt, es könnte noch viel schlimmer gekommen sein oder kommen, und wir verstehen plötzlich, was für eine Dankbarkeit wir der Tatsache schulden, daß es uns überhaupt gibt und all die Dinge ringsum. Wir lernen plötzlich, daß das Leben sich aus ganz anderen Quellen speist als aus dem, was wir leisten, machen, produzieren, und wär's noch so tüchtig. Irgendwie wird aus der Not ein Appell sich richten nach Mitleid. Das, was es scheinbar in der Menschengeschichte gar nicht gibt, gerade das wird wachsen im eigenen Herzen; aus dem eigenen Leid wird Mitleid entstehen, und wir lernen etwas an wachsender Menschlichkeit, das wir anders womöglich nie gelernt hätten. Menschen, die nie wissen, was es heißt, zu scheitern, zu zweifeln, zu verzweifeln, denen die Welt rund, praktisch und zuhanden ist, werden kaum darauf kommen, daß Menschen ganz anders sind und sogar sie selbst und ihre Selbstsicherheit nichts ist als Täuschung oder Selbstbetrug. Wer aber erlebt hat, wie wenig er seines Glückes Schmied ist, von wie vielen Zufällen es abhängt, wo er da steht und geht, der begreift plötzlich, daß alle Menschen eine tiefe Güte umfassen müßte, ein Verstehen ohne Grenzen, ein Lebenlassen von Grund auf. Wie viele Schilderungen könnte man geben, daß Menschen lernen, aus ihren Krankheiten sich Rechenschaft zu liefern über all das, was kränkend war, buchstäblich verletzend, und das scheinbar sich nur überreifen ließ durch Kränkungen, die man anderen zufügte; dies ganze Wechselspiel um die Grausamkeit könnte endlich dahinfallen. – Geschichtlich gibt es im 20. Jahrhundert dafür vielleicht keinen anderen Zeitpunkt, an dem eine solche Chance bestand und vertan wurde, als 1918 im November. 15 Millionen Menschen hatte man damals in ganz Europa mit allem, was zur Verfügung stand, getötet. Hunderttausende von Menschen wurden in die Industrie des Todes hineingepumpt. Was wäre gewesen, man hätte damals gesagt: Dies war ein Krieg, den niemand gewinnen konnte; es ist ein Leid, aus dem wir alle lernen müssen, und das Leid einer französischen Mutter ist kein anderes als das Leid einer deutschen oder russischen oder britischen Mutter. Wir jetzt haben gekämpft gegeneinander um eine Menschlichkeit, die wir alle verloren haben; wir lernen aus dem, was wir getan haben, es nie mehr wieder zu tun. – Diese Chance wurde vertan, und sie war der Anfang dessen, was wir das 20. Jahrhundert nennen. Es ging immer so weiter. – Selbst im Kollektiven könnte diese Logik gelten. Vielleicht ist die Frage vollkommen falsch: Was hat Gott sich gedacht? Warum hat er dies nicht getan oder das? Was ist mit Gott, daß uns dies geschah? Vielleicht müßten wir im Sinn der Religionskritik dieses zweiten Jesaja die Frage auf den Menschen selbst richten. Nicht, was hat Gott sich gedacht und ging in ihm vor sich, sondern was haben wir Menschen uns dabei gedacht? Was für Teufel haben uns dabei getrieben? – und den Teufel nicht als Entschuldigung, sondern nur als die Dämonie, die wir auf uns ziehen, wenn wir uns weigern, aus dem, was schon weh genug tat, Wehmut zu lernen und Mut zu Mitleid.

Dann kehren die Bilder sich wieder um, und merkwürdigerweise bestätigen sie sich als Bilder. Selbst offenbar der zweite Jesaja an dieser Stelle muß lernen, daß seine Art, über Gott zu sprechen, auch so etwas ist und sein kann wie ein Bildnis-Schneiden von einem Gott, der im Himmel sitzt und sieht, lenkt, fügt und tut – all das sind Bilder auch in der Bibel. Wenn wir das nur einmal zugeben würden, hätten wir eine völlig andere Theologie. Wir wüßten über Gott gar nicht mehr Bescheid, wir würden simpel sagen: Gott, der im Himmel sitzt – was auch schon ein Bild ist –, braucht keine Religion. Religion ist eine Sache von uns Menschen, und alles, was die Religion sagt, sagen Menschen zu sich selber. Was Gott davon denkt, müßte er uns schon mitteilen, es ist nicht Inhalt der religiösen Lehre jedenfalls. Alles, was wir da sprechen, ist also Bild; und dann vielleicht sollte man den Gegensatz zwischen Israel, der bilderlosen Religion, den Islam mit eingeschlossen, und den vermeintlichen Götzendienern: den Ägyptern, Babyloniern und anderen, so klar nicht mehr setzen. Wir sollten uns lediglich erlauben, die Bildnisse, die wir brauchen, um Religion zur Sprache, zur Musik, zur Mitteilung zu erheben, so zu interpretieren, daß wir die Wurzeln im menschlichen Herzen nie mehr ausreißen. Nur dann dienen sie der Vermenschlichung. Wir müßten sagen: Alles Sprechen über Gott ist als erstes ein Sprechen über den Menschen; und verstehen wir ihn nicht, wie sollten wir dann seinen Schöpfer verstehen, den wir Gott nennen? Reden wir von Gott also als von dem Vater und von der Mutter und von dem König und von dem Herrn, so wissen wir: Dies alles sind nur Vorstellungen über das, was uns beherrschen sollte, damit wir Menschen würden, was uns regieren müßte, damit wir der Bahn der Menschlichkeit folgen, was uns umhüllen müßte mit einer Güte, die uns hervorbringt, und mit einer Güte, die uns begleitet; das alles spüren wir, wissen wir und nennen's dann Gott. Es sind nur Bilder gewiß, das weitere Denken aber wird darüber hinausgehen. Es ist wie mit den sieben Frauen, die einmal über die Beringstraße kamen und wurden eine eigene Rasse für einen ganzen Kontinent, für eine halbe Menschheit gar. Die Ursprünge sind immer klein, aber wenn wir in der Bibel lesen, sollten wir sie auf den Standort beziehen, an dem wir uns heute befinden, und dazwischen ist ein langer Weg der Ausbreitung, des Suchens, des Mißverstehens, des Klarersehens.

Daß es sich lohnt, Texte dieser Art zu lesen, immer wieder zu lesen, das ist ihre Größe. Daß sie uns sagen könnten: Hier nun schlägst du's auf, so hat Gott geredet für die Zeiten, und so stimmt's ein für allemal, das würde verkennen, daß auch die Propheten (und sie am meisten) Gottsuchende sind, so wie Feuerbach, so wie Nietzsche, so wie Marx, so wie Thomas von Aquin, so wie Mozart.

1. Februar 1997

ICH VERTILGE DEINE
MISSETATEN WIE EINE WOLKE

Wir haben von dem sogenannten zweiten Jesaja, diesem uns der Person nach unbekannten großen Propheten des alten Israel, schon Texte gehört, die wir formal als Heilsorakel aus dem verlorenen priesterlichen Kontext und als Heilszusage bezeichnet haben. Wir haben auch schon spätere, hinzugefügte Auseinandersetzungen gegen die Hersteller von Götzenbildern gehört, verbunden mit der Frage, was das eigentlich sei, Gott verehren. Mitten ins Zentrum der ganzen Problematik jener Tage, etwa um 530 v. Chr., tritt eine Schicht von Worten des zweiten Jesaja, die man als Gerichtsrede bezeichnet und die das doch gar nicht ist, was wir gewöhnlich darunter verstehen. Es geht nicht um ein Urteil über Menschen, sondern, merkwürdig genug, der Gott Israels ruft die Götter der Völker zum Gerichtstermin, und beider Ansprüche gegeneinander sollen geschlichtet werden. Wer ist als Gott wirklich Gott? Das ist die Frage dieser ganzen Zeit damals, und man muß sie nur so stellen und begreift: sie ist modern zu jeder Zeit.

Text: Jes 41, 1–5. 21–29; 43, 8–15; 44, 6–8. 22; 45, 20–25
Höret mir schweigend zu, ihr Inseln, und ihr Völker, harret meiner Unterweisung! Tretet herzu und alsdann redet! Zusammen laßt uns zum Rechtsstreit nahen! Wer hat ihn vom Aufgang her erweckt, dem Sieg begegnet auf Schritt und Tritt? Der Völker vor sich niederwirft und Könige stürzt? Wie Staub macht sie sein Schwert, wie zerstiebende Stoppeln sein Bogen; er jagt ihnen nach, fährt sicher einher, den Pfad berührt er nicht mit seinen Füßen. Wer hat es gewirkt und getan? Der die Geschlechter von Anbeginn rief, ich, der Herr, der ich der Erste und bei den Letzten derselbe bin. Es schauten's die Inseln und schauderten; die Enden der Erde erschraken, sie nahten herzu und kamen zumal.
Bringet her, die für euch streiten, spricht der Herr; schafft herbei eure Götzen, spricht der König Jakobs. Sie mögen herzutreten und uns kundtun, was sich begeben wird! Das Frühere, was ist es? Saget an, daß wir es zu Herzen nehmen, oder das Künftige laßt uns hören, daß wir auf seinen Ausgang merken. Saget an, was hernach

kommen wird, damit wir erkennen, daß ihr Götter seid. Ja, schaffet doch etwas, es sei gut oder böse, daß wir staunen und es schauen zumal. Seht, ihr seid nichts, und euer Tun ist nichts; ein Greuel, wer euch erwählt!

Von Norden her habe ich einen erweckt, und er kam – vom Aufgang der Sonne ihn, der meinen Namen anruft; und er zertrat Fürsten wie Lehm, dem Töpfer gleich, der den Ton zerstampft. Wer hat das von Anfang an verkündet, daß wir es wußten, und von längsther, daß wir sagten: »Er hat recht«? *Keiner hat es verkündet, keiner es hören lassen; keiner hat Worte von euch vernommen. Als erster habe ich es Zion verkündet und Jerusalem einen Freudenboten gegeben. Und ich sehe mich um, doch da ist niemand; keiner von diesen da weiß Rat, daß ich sie fragen könnte und sie mir Antwort gäben. Siehe, sie alle sind nichts, nichtig sind ihre Werke, Luft und Leere ihre Bilder.*

Man führe es vor, das blinde Volk, das doch Augen hat, und die Tauben, die doch Ohren haben. Alle Völker mögen sich versammeln und zusammenkommen die Nationen! Wer unter ihnen verkündet solches? Das Frühere möge er uns hören lassen! Sie mögen ihre Zeugen stellen, daß sie Recht behalten; die sollen hören und sagen: Es ist wahr. Ihr seid meine Zeugen, spricht der Herr, und mein Knecht, den ich erwählt habe, damit sie zur Einsicht kommen und an mich glauben und erkennen, daß ich es bin. Vor mir ist kein Gott gewesen, und nach mir wird keiner sein. Ich, ich bin der Herr, und außer mir ist kein Helfer. Ich habe Heil verkündet und es geschaffen, habe es hören lassen; kein fremder [Gott] war unter euch. Und ihr seid meine Zeugen, spricht der Herr, und ich bin Gott. Auch hinfort bin ich derselbe, und niemand rettet aus meiner Hand. Ich tue es – wer will es wenden?

So spricht der Herr, euer Erlöser, der Heilige Israels: Um euretwillen entsende ich nach Babel und jage hinunter als Flüchtlinge sie alle und die Chaldäer in den Schiffen ihres Jubels, ich, der Herr, euer Heiliger, der Schöpfer Israels, euer König.

So spricht der Herr, der König Israels und sein Erlöser, der Herr der Heerscharen: Ich bin der Erste und ich der Letzte, und außer mir ist kein Gott. Wer ist wie ich? Er trete auf und rufe, tue es kund und lege es mir dar! Wer ließ von Urzeit an das Künftige hören? Was kommen wird, sie mögen es uns kundtun! Erschrecket nicht und fürchtet euch nicht! Habe ich's euch nicht längst schon gemeldet und kundgetan? Und ihr seid meine Zeugen! Ist ein Gott außer mir? Ist ein Fels? Ich weiß keinen.

Versammelt euch und kommet herbei, allzumal tretet herzu, ihr Entronnenen unter den Völkern! Sie haben keine Einsicht, die da einhertragen ihre hölzernen Götzen, die da flehen zu einem Gott, der nicht helfen kann. Saget an und bringet vor – ja, sie mögen zusammen beraten –: Wer hat solches vorlängst zu wissen getan, vor alters schon es verkündet? Bin nicht ich es, der Herr? Und es ist keiner sonst, kein Gott außer mir, ein wahrhaftiger, rettender Gott ist nicht neben mir! Wendet euch zu mir und laßt euch retten, alle Enden der Erde, denn ich bin Gott und keiner sonst. Ich habe bei mir selbst geschworen, aus meinem Munde ist Wahrheit ausgegangen, ein Wort, das nicht rückgängig wird: Mir wird sich beugen jedes Knie, mir Treue schwören jede Zunge und sprechen: Nur in dem Herrn ist Heil und Stärke. Zu ihm werden kommen und sich schämen alle, die wider ihn zürnten. Im Herrn wird Heil erlangen und frohlocken das ganze Geschlecht Israels.

Sie alle kennen die Worte des protestantischen Theologen Dietrich Bonhoeffer:

> Von guten Mächten wunderbar geborgen,
> erwarten wir getrost, was kommen mag.
> Gott ist mit uns am Abend und am Morgen
> und ganz gewiß an jedem neuen Tag.

Sehr langsam und eindringlich muß man diese Worte sprechen und hören, weil sie für Bonhoeffer selber eine Formel waren, den Abgrund der Angst seiner Seele und einer ganzen Zeit zu bannen. In einem sehr spät veröffentlichten kleinen Text gibt er sich Rechenschaft über die Zukunft, nicht seiner Person, nicht des deutschen Volkes, sondern der Religion im ganzen, vermessen genug, Rechenschaft über die Zukunft Gottes, seines, unseres Gottes. Er sieht kommen, daß die gesamte theologische Vorstellung, die über Gott ausgebreitet wurde, nicht länger mehr trägt, daß sie die Menschen verwirrt, ihnen unglaubwürdig vorkommen *muß*. Wo sind die Wurzeln einer Neubesinnung; wo läßt sich anknüpfen, woran das Seil festmachen, das durch die Brandung tragen soll? Es ist, wie wenn man von einem sinkenden Schiff eine kleine Gruppe im Beiboot an ein Ufer ausgesetzt hätte, das in seinem wüstenähnlichen Zustand weder Wasser noch Nahrung bietet, die Skelettküste am Rande der Namib-Wüste etwa, aber die Brandungszonen des Benguela-Stroms sind so reißend, daß sie zu passieren fast unmöglich ist. Die Geretteten sind nicht gerettet, die Hindurchgekommenen eher gestrandet als gelandet. Wo ist da Zukunft und Halt und Orientierung?

Die Zeit, in die Bonhoeffer hineinsah, war nicht im eigentlichen Sinne dunkel, sie war flackernd vom Feuerschein der Götzenlampen aller möglichen Ideologien, Programme und Weltanschauungen, und jeder von ihnen war man bereit, Millionen Menschen zu opfern. Es war, als wenn im 20. Jahrhundert die Philosophie vom Anfang des 19. Jahrhunderts in Gestalt des deutschen Idealisten Hegel wieder Einzug gehalten hätte. Was die Religionsgeschichte als Götter bezeichnet, so legte er dar, seien nichts weiter als die kurzzeitigen Volksgeister bestimmter Kulturen und der »sie tragenden ethnischen Gruppierungen. Dostojewski in seinen »Dämonen« um 1870 hatte schon geahnt, wohin dieser Gedanke führen würde, aber selber war er unschlüssig, ob er ihm begeistert zustimmen sollte oder sich vor Abscheu abwenden. In seinem Roman »Die Dämonen« läßt er Schatow die Hegelsche Philosophie, ohne sie zu nennen, mit den glühendsten Impulsen des Panslawismus verschmelzen. Das russische Volk, das dritte Rom, sei der eigentliche Träger des Christus. Das möchte Dostojewski glauben, und so legt er es dar: Jedes Volk, meint er, ist nur so lange ein Volk, wie es an seinen Gott als den einzigen und unbedingten glaubt. Verliert es diesen Glauben an *seinen* Gott als den einzigen und unbedingten, wird es sich auf der Stelle in ein ethnographisches Material verwandeln, es gibt keinen geistigen Zusammenhalt mehr, es gibt keine Berechtigung mehr, um im Ringen der Völker inmitten der Geschichte Bestand und Durchsetzungsfähigkeit zu finden. Es gibt kein Sendungsbewußtsein mehr, keinen Auftrag, keinen Sinn, kein Ziel. Nur wenn Rußland dem Westen, der Dekadenz, den Christus neu verkünden würde, könnte Rußland bestehen.

Wenn wir diesem Konzept die Gedanken aller anderen Völker entgegensetzen, entspricht das dem Tumult, der mitten im 20. Jahrhundert durch Europa und durch die ganze Welt geht. Woran nun glauben? Die *deutschen Christen* hatten ihren Kompromißgott: das Christentum und den Faschismus, nun denn, wenn's sein soll; Gott ist die Macht, und wenn sie so regiert, spricht Gott durch sie. Andere glauben an den Gott der Amerikaner, an das Geld, die Weltregierung, die Technik, die Rüstung. Wieder andere glaubten an den neuen Gott Rußlands, die Idee des Bolschewismus, die Einheit aller Menschen unter einer Zwangsgerechtigkeit, in einem Glückseligkeitszuchthaus, wie Dostojewski es fünfzig Jahre vorweg beschrieben hatte. Woran sich orientieren, wen da Gott nennen?

Diese Frage ist es eigentlich, die der zweite Jesaja hört und die er zu beantworten versucht. Seine Situation läßt sich vielleicht ein Stück historisch nachfühlen, wenn Sie auf der Museumsinsel in Ostberlin in der Abteilung des alten Orients das große Ischtar-Tor besichtigen, ein winziger Ausschnitt der riesigen Prozessionsstraße im antiken Babylon. Dorthin waren die Gefangenen Israels verschleppt worden, nachdem Nebukadnezzar Jerusalem im Jahre 587 ausgenommen hatte wie ein Vogelnest. Alte Prophezeiungen seit Amos bis zu Jeremia hatten davor gewarnt, immer wieder gewarnt – jetzt schien's die Wirklichkeit. Aber man mußte in Babylon sich nur umsehen, woher das alles kam: eine so ungeheure Entfaltung von kultureller Größe, von Machtmitteln aller Art, von Organisationstalent, von Technik, von Konzentration des Wissens – bezüglich des gestirnten Himmels ebenso wie bezüglich der Handelswege durch die Wüste, der Anbautechniken ebenso wie der Bewässerungskanalisation aus dem Erbe noch der alten Sumerer; kein Gebiet des antiken Wissens, das nicht in Babylon gepflegt und gehütet worden wäre. Und sein Gott Marduk schwebte über allem, war die Personifikation von all dem. Woran glauben, wenn doch der Gott Israels Herrscher nur eines winzigen Volkes ist und deshalb doch wohl selber ein Winzling, ein Nichts neben der Größe dieser anderen?

Wenn wir nach Gott fragen, haben wir meist zwei ganz verschiedene Ideen in unserem Herzen und in unserem Kopf. Theologisch haben wir gelernt, Gott im Sinn eines bestimmten Begriffs zu denken, zu beweisen, so gut es denn gehen mag, und ihn zu verteidigen gegen Zweifel wohl auch, je nach dem Stand der Bildung. Da sind wir gelehrt schon durch die Logik, daß Gott nur ein einziger sein kann und daß die Vielgötterei ein logischer Widerspruch in sich ist. Wenn denn Gott der Schöpfer der Welt sein soll, dann muß er eine einzige Macht sein, so wie die Welt eine ganze und einzige ist. Und nun beginnt die Demonstration: Da es die Welt gibt, muß man scheinbar nur auf ihre Einrichtung schauen, wie weise und schön und erhaben sie ist – leitet sich dann nicht von selbst die Erhabenheit, Schönheit und Größe Gottes von ihr ab? Man sieht, was existiert, und schließt auf die Existenz dessen, der es schuf. Hätte der zweite Jesaja dem Volk seiner Zeit und den Menschen in Not aller Zeit mit solchen Beweisen kommen wollen, er hätte niemandem geholfen und er würde niemandem helfen. Sie gehen zu einem Kranken und er fragt, am Rand seines Lebens: Gibt's denn nun Gott? Wollten Sie dann wieder beginnen, daß es die Sterne gibt und die Bäume und draußen im beginnenden Frühling die Vögel zu singen anfangen? Wohl gibt es Menschen, die dafür ihre Augen und Ohren behalten, aber singt ihnen, schimmert ihnen, tönt ihnen Gott durch die Zweige und Sterne und Fenster?

Wer ist das, Gott? Fragen die Menschen denn so theoretisch danach, ob es ihn gibt? Bonhoeffer sagte kategorisch, um den ganzen Theologenbeweis beiseite zu schieben und die Demonstrationen vom Katheder für null und nichtig zu erklären: Den Gott, den es gibt, gibt es nicht, und wollte damit sagen: Kein Mensch auf Erden, der religiös ist, fragt nach einem Gott, der an und für sich irgendwo sitzt und dies tut oder jenes nicht tut. Was die Menschen wissen wollen, ist, ob ihr Leben in Kontakt steht mit einer Macht, die sie trägt und tröstet in ihrer Angst, in ihrer Verzweiflung, in ihrer Ohnmacht. Sie wollen wissen, wovon sie leben. Das ist die Frage Israels in jenen Tagen damals. Wovon denn jetzt leben wir? Sollen wir uns bekehren und die Lebensform der Babylonier annehmen? Dann ist es gut, dann sind wir Babylonier. Aber dann hört auf, uns von dem alten Gott Israels zu reden! Dann ist er tot, dann ist er nichts, dann ist er selber vernichtet. Oder wir finden Gründe, an ihm uns festzuhalten. Aber von welcher Art sollten diese Gründe sein?

Sie verstehen, daß hier ein Prophet, ein ringender Gottesmann der Not seines Volkes gegenübersteht, die er zutiefst teilt. In dieser Situation läßt er sich eine Sprachform einfallen, die es so nie gab: das Gottesgericht. Das Vorbild stammt aus dem Zivilprozeß, nicht aus dem Strafrecht. Es geht nicht darum, den Göttern der Völker Fehler nachzuweisen, über sie den Stab zu brechen, ihre Verbrechen gegen die Menschlichkeit vor ein Tribunal zu bringen, es geht wie in einem Zivilprozeß um konkurrierende Ansprüche. Allerdings sind die Fronten merkwürdig gestellt, denn es geht um ein und alles. Es geht nicht um Israel nur und um Babylon. Dieser Mann hier hat die Stirn, tief genug und weit genug zu fragen. Die Götter *aller* Völker sollen zusammenkommen in ein und denselben Gerichtssaal, öffentlich sollen sie auftreten und ihren Standpunkt begründen, alle Götter aller Völker aller Zeiten, ein für allemal soll jetzt Remedur geschaffen werden; und daneben steht der Gott Israels. So verteilt sich's in dieser Optik, und es steht auf Entweder-Oder, es gibt dazwischen keinen Kompromiß mehr für diesen Mann. Entweder der Gott Israels ist Gott und zeigt sich als Gott, dann sind alle anderen Götter nichtig; nicht, daß sie nicht existieren, sie sind nichtig in dem Sinne, daß sie nichts zu sagen haben, ganz wörtlich, daß von ihnen keine Wirkung ausgeht. Und ein unwirksamer Gott ist ein unwirklicher Gott, ein Gespenst, ein Popanz; auf ihn braucht man nicht zu hören, weil er nicht redet; an ihn muß man nicht glauben, weil er nichts zu tun hat. Dann ist der Gott Israels der einzige Gott, der alleinige Tröster, der einzige Fels, der Garant für alles. Oder es ist genau umgekehrt, es gibt Gründe, daß die anderen Götter sich beglaubigen als Götter, als Wirklichkeiten; dann ist der Gott Israels erledigt, und zwar ein für allemal. Dann war's ein Irrtum, Israelit gewesen zu sein und an diesen Gott geglaubt zu haben. Es ist, wohlgemerkt, anders als wir's heute sagen würden, anders auch als es vormals auf dem Reichstag von Sichem gesprochen wurde, als Josua die zwölf Stämme zusammenrief, daß die Menschen sich entscheiden müßten, an wen sie glauben wollten, ganz im Sinn des Hauptgebotes Israels: Ihr sollt keine fremden Götter neben mir haben. Und nun wurde es uns vorgelegt: Glauben wir an diesen einen Gott Israels oder an die Götter der Völker oder den Gott des jeweiligen Volkes? (Jos 24)

Was Jesaja, der zweite, prüfen möchte im Sinn des Gottesgerichts, ist, daß wir Menschen zu Zeugen eines Prozesses aufgerufen werden, der gewissermaßen im Himmel sich aufführt. Die alte mythische Vorstellung ist die eines Gerichtssaals, in dem der oberste Gott seinen ganzen Heerbann, seine ganze Beamtenschaft von Göttern, Geistern und Dienern zusammenruft und hält dort die Gerichtsstunde. Aber hier gibt es keinen obersten Gerichtsherrn mehr, hier steht der eine Gott gegen alle Götter. Und wie sie jetzt miteinander ringen, sich auseinander- oder zusammensetzen, das gibt die Entscheidung. Nicht wir Menschen entscheiden da, sondern es wird über uns – ganz wörtlich – entschieden, über jedes Menschenschicksal. Aber dann auch wieder nicht, denn es werden die Menschen, es werden Gläubige in Israel eingeladen, als Zeugen aufzutreten. Merkwürdig genug, diese Zeugen werden selber bezeichnet als taub und als blind. Sie haben so viel gehört in der Vergangenheit Israels und sie haben's überhört. Sie haben so viel zu sehen bekommen von der Geschichte Israels, und sie haben's übersehen. Der Beitrag von uns Menschen ist alles andere als großartig beschrieben hier. Die meiste Zeit von dem, was wir hätten religiös erkennen sollen, ist vertan worden; und trotzdem sind wir zerbrochenen, wenig fühlsamen, unweisen Menschen geeignet, Zeugnis zu geben vom Gott Israels für den Gott Israels? Wie das eigentlich? Was soll der Prüfstein bei diesem ganzen Prozeß im Gericht der Götter gegen den Gott oder umgekehrt werden? Es wird eingeladen in den Gerichtssaal, es wird Schweigen geboten formell und rasch, und dann beginnt ein Gespräch, das gar nicht stattfindet. Von all den Göttern aller Völker aller Zeiten wird nicht ein einziges Wort gesprochen. Derjenige, der die Rede führt, ist einzig und allein Jahwe selber. Und was er zu sagen hat, ist offensichtlich so wuchtig, so mächtig, daß es seine Gegner, kaum ausgesprochen, zum Verstummen bringt, starr macht vor Staunen und Schrecken. Was ist das, was er jetzt zu sagen hat, der Gott Israels, seinem Volk damals und allen, die an ihn glauben wollen, so gut sie's vermögen, für immer und ewig? Was begründet seinen Anspruch, den er hier formuliert und diktiert? Sein Anspruch lautet: Er war vor aller Zeit und wird sein in alle Zeit. Es ist vor ihm kein Gott gemacht worden, und es wird nach ihm kein Gott gemacht werden.

In den Mythen der Völker ist das ein durchaus normaler Gedanke: Ein Gott wird gezeugt und zeugt wieder Kinder; vor ihm wurden welche gemacht und nach ihm werden wieder welche gemacht, wie in der Genealogie der Menschen, wie auf Erden, so im Himmel. Genau das kann nicht sein, wenn ein einziger Gott aufsteht gegen alle andern. Es geht nicht um das, was wir in den Religionsstunden gelernt haben. Die Ewigkeit Gottes – wir leben in der Zeit, aber Gott ist darin ewig, daß er die Zeit trägt und gestaltet, während er selber an ihr im Grunde nicht teilhat. Die Seinshaftigkeit, die Ewigkeit Gottes wird da zu den philosophischen Attributen des Göttlichen.

Nichts von all dem denkt der zweite Jesaja. Worauf er Wert legt, sind nicht Spekulationen über Gott, sondern Erfahrungen mit Gül-

tigkeit, und es gibt, wenn Sie so wollen, für ihn einen Anlaß mit
zwei Folgerungen. Der Anlaß wirkt für uns im Rückblick mehr
glücklich als zufällig, ist aber für den zweiten Jesaja ein Durchbruch seiner religiösen Erfahrung. Das ist der Aufstieg des Perser-
königs Kyros und die Eroberung der Weltstadt Babylon durch den
Perserkönig sowie damit verbunden dann die Freilassung und die
Rückführung der Israeliten. Eine geschichtliche Gestalt, der wir
später noch großes Augenmerk zuwenden müssen, dient hier zum
Anlaß, über Gott neu nachzudenken. Es ist eben in der Katastrophe
doch nicht alles steckengeblieben, sondern in überraschend schneller Zeit hat sich das Blatt gewendet. Was eben noch in der Hand
Gottes ein Mittel zur Strafe war, Nebukadnezzar von Babylon, das
wird jetzt wieder weggenommen durch einen anderen, und in beiden Händen nun, in der Hand, die zerschmettert, und in der Hand,
die aufrichtet, in beiden ist zu sehen ein und derselbe Gott, so
glaubt es dieser zweite Jesaja. Jahrhundertelang haben Propheten
gesagt: Jerusalem ist in Gefahr; wenn dieses Volk so weiterlebt,
wird Gott es strafen, und die Strafe wird furchtbar sein. Als Jerusalem unterging, sah man diese Vorhersage erfüllt, und schon daraus
leitet dieser zweite Jesaja seinen Gottesbeweis ab. Hat's denn nicht
Jahwe vorweg gesagt, und ist's dann nicht eingetroffen? Das wird
der erste Prüfstein. Gott ist jemand, der in der Geschichte der
Menschen etwas zu sagen hat, so daß es gilt. Er erklärt's vorweg,
und dann kommt's. Und wenn man die Übereinstimmung erkennt,
nämlich daß es stimmt, dann ist das der Grund, an Gott zu glauben.
Und hat nicht Gott durch den Mund seiner Propheten in den Tagen
der Not auch gesagt, daß er retten werde? Und nun ist's geschehen
durch den Perserkönig Kyros. Der Prüfstein, ob ein Gott wirklich
Gott ist, liegt ganz und gar darin, daß etwas gesprochen wird, das
treu und zuverlässig und unverbrüchlich gilt, um Zukunft zu gewinnen. Das Wort »Zukunft« existiert in den Tagen des zweiten
Jesaja noch gar nicht; genau betrachtet, erfindet er es auf hebräisch
an dieser Stelle überhaupt erst. »Das Kommende« sagt er, und es ist
ein kühner Vergleich, denn die Zukunft kommt nie. Kommen kann
nur etwas im Raum, aber dies zu übertragen auf die Zeit ist eine
geistige Abstraktionsleistung sondergleichen. Nicht das Wort nur
wird erfunden, Gott spricht das Kommende, und darin ist er Gott.
Man müßte sagen: Gott, wenn es ihn gibt, wenn es ihn für Menschen gibt, zeigt sich darin, daß er ihnen Zukunft schenkt, daß er

die Mauer der Verzweiflung durchbricht, daß er etwas zu sagen hat, das Vertrauen nach vorn schenkt. Gott, müßten wir sagen, ist für den zweiten Jesaja die Macht, die den Menschen hoffen läßt, selbst wenn er vor der Wand steht, daß er hindurchkann, so wie Israel im Roten Meer, so wie Jesus in Getsemane, so wie jeder Mensch, wenn er nicht weiterweiß. Und noch ein anderes folgt daraus, daß Gott etwas gesagt hat, das sich in der Vergangenheit erfüllt hat: sein Wort deutet das Geschehene. Wie es wird, sagt dieser Gott, und wie es wurde, sagt er. Gott ist derjenige, der zeigt, welche Bedeutung das, was geschah, für den jetzt Lebenden hat. Gott erschließt die Zukunft und beschließt die Vergangenheit, und in beiden Richtungen beginnt ein Mensch wirklich zu leben. Der Gott, der so tut, ist nicht nur der Gott Israels, er ist Gott überhaupt. Und nun fordert dieser zweite Jesaja auf, zu vergleichen, ob es Vergleichbares irgendwo in irgendeiner Religion gibt. Man hat ihm vorgeworfen, daß er im Grunde ein religiöser Chauvinist sei, der die Religionsgeschichte der Völker nicht kennt. Daran ist etwas Richtiges; er geht mit ihr um in Bausch und Bogen. Von den meisten Völkern, die wir heute kennen, hat er keine Ahnung; er ist zentriert auf das Problem, das er vor sich hat: Wie tröstet er das Volk in seinem Elend? Aber bis zu diesem Punkt gedeiht's ihm, und wir können, in seine Richtung schauend, auch sagen: Wenn irgendwo ein Gott geglaubt wird, der das zu tun vermag, was der Prophet hier sagt, dann ist er Gott, dann genügt er dem Kriterium, und dann ist da kein zweiter Gott, kein Konkurrenzgott, sondern wir müßten ganz im Sinne dieses großen Propheten sagen: Ist da ein anderer Gott, der etwas Vergleichbares tut, dann ist er derselbe Gott, dann ist er der Gott Israels.

Sie könnten sagen: das überspannt aber den Bogen dessen, was biblische Religion bedeutet; das rückt ab von der israelitischen Orthodoxie, das macht aus dem Gott Israels einen Passepartout für etwas unverbindlich Allgemeines. Gerade so nicht. Es ist ein wunderbarer Text, mit dem dieser zweite Jesaja an das eigene Volk jetzt Erfahrungen hinzufügt, die das gerade Gesagte noch viel konkreter gestalten. Es wird Gott nicht nur trösten, indem die Vergangenheit mit all ihren Schrecken sich beruhigt, indem sie allmählich sich einordnet in etwas, das man sehen und begreifen kann und das Zukunft schenkt, indem man Mut gewinnt, weiterzugehen. Es ist, daß man immer wieder, sagt der zweite Jesaja, Gott erfährt als jemanden, der alle Schuld wie Wolken auflöst, alle Frevel wie Gewölk. Da sind die Bilder fast so groß, daß sie den wörtlichen Inhalt übersteigen. Denn man müßte umgekehrt sagen: Gott vergibt die Sünden dem Menschen, weil sie wie Nebel sind. Wir sind so groß darin, über die Schuld von Menschen zu richten. Säkular gesprochen, ist das in unseren Tagen das einzige, was von der Religion scheinbar noch übriggeblieben ist. Wer glaubt schon an Gott, wer glaubt an den Gott Jesu oder den der Bibel? Aber geblieben scheint uns unverbrüchlich die Gerechtigkeit zu sein, die Rechte, die Grundwerte, und sie taugen so wundersam dazu, zu Gericht zu sitzen, ausgestattet mit allen Rechten, absolut, eindeutig, klar. Das sind sie nicht, unsere Gesetze, wir machen sie selber zum Possen. Die fanatischsten Rechtsprecher, die US-Amerikaner, zeigen in diesen Tagen am Fall O. J. Simpson, wie es zugehen mag. Da ist derselbe Mann einmal schuldig, dann unschuldig, aber dann doch wieder zu Zahlungen verpflichtet. Das also ist etwas sehr Relatives, was man über Menschen spricht, aber die Rechtsame selber bis hin zur Todesstrafe sollen nach wie vor unangefochten in Geltung sein. Vielleicht ist es wirklich so: Nur der abstrahierte Gott macht am Ende die Grausamkeit des Religiösen aus; der lebendige Gott ist ein Gegenüber, das redet und spricht, erklärt und ermutigt, und anders ist Gott gar nicht. Begreift man dies, sieht man sofort: Wovon Menschen wirklich leben, ist, daß sie aufhören zu rechten. Das wahre Wort Gottes ist das der Vergebung. Will denn *ein* Mensch wirklich Böses? Und ist es, wenn er es tut, nicht vor seinen Augen stets wie ein Nebel, den er nicht durchdringt und in dem er sich verirrt und verläuft? Vergebung, das ist, das Gewölk zu erhellen, bis daß der Mensch zu sehen beginnt und weiß wieder um sein Woher und Wohin, um Vergangenheit und Zukunft. Der Schlüssel dazu lautet Vergebung.

Und noch etwas: *Fürchtet euch nicht,* sagt dieser Gott. *Erschreckt nicht, denn ich bin der Fels.* Das ist so, wie Sie es finden müßten mitten im Sturm. Da gehen die Wogen hoch, und die Frage ist in der tosenden Brandung: wo an das Halteseil klammern? Da ist die Antwort: Es gibt mitten in all dem Trubel, mitten in aller Turbulenz einen Fixpunkt, einen Festpunkt, selber sich festzumachen. Und nun das Erstaunliche: Nachdem Babylon erobert ist von Kyros, sollte man erwarten, bei aller Kenntnis des sogenannten Alten Testaments, daß es jetzt losgeht, wie es sonst immer losgeht: der Sieger hält Gericht über die Besiegten, der ewige Triumphgesang von Rache und Revanche: ihnen hat er's gezeigt, den Feinden Israels; Gott nun als Sieger triumphiert über sie, und mit Parademarsch wird er sie in den Staub treten. Hat man nicht Psalmen dieser Art selbst gehört, Psalm 136: Selig, der deine Säuglinge nimmt und am Felsen zerschmettert? Solche Gebete stehen im heiligen Buch der Bibel. Das ist rabiat Rache, Revanche, Wiedergutmachung. Was Sie hier hören, ist einzigartig, fast unglaublich in der Bibel. Da redet der zweite Jesaja mit den Leuten von Babylon als *Entronnenen*.

Nach einer verlorenen Schlacht, nach einem Desaster von Krieg sind sie übriggeblieben, und jetzt gibt es keinen Triumphgedanken mehr, sondern einen Gleichklang des Gefühls. Im Abstand von ein paar Jahrzehnten erklärt hier ein frommer Mann in Israel, daß er das kennt, was sie da drüben durchmachen in Babylon, im Zweistromland, in den alten Feindburgen Israels. Und sie sind genauso Menschen, genauso Verlorene, und es wird sein Angebot, sie könnten finden den Gott, der jetzt trägt – so wie uns damals, müßte man sagen, so doch euch jetzt. Ihr, die ihr verzweifelt seid, Marduk schützt euch nicht; aber unser Gott, der kein Bild besitzt, dafür aber vergibt und tröstet und trägt, vielleicht ist er euch die Antwort.

Das ist, soweit ich sehe, zum erstenmal im Alten Testament, daß da jemand kommt und will nicht länger, daß Israels Feinde besiegt und vernichtet werden. Sie werden eingeladen. Wenn es ihnen hilft, mögen sie durch eigenes Vertrauen und eigene Überzeugung Gläubige sein. Es ist, daß Religion ein für allemal aufgehört hat, sich an die politische Organisation eines Volkes zu binden. Sie hängt fortan ganz und gar an der Überzeugung, die der einzelne gewinnt im Durcheinander der menschlichen Geschichte. Es beginnt im besten Sinne das, was später dann im Neuen Testament Kirche heißen sollte. Auch von ihr müßte man im Sinne dieses zweiten Jesaja sagen, daß sie nicht identisch sein kann mit einer politisch verfaßten Struktur, einem Staatskirchentum mit Behörden, Institutionen, Verwaltungsbeamten auf allen Ebenen, Aufsicht und Kontrolle, Lehrvollzug, Steuereinzug und was sonst dazugehört, Kultdiener an jeder Stelle mit entsprechenden Gebäuden – das alles ist die Farce, ist nicht einmal die Außenseite. Darauf ist zu dieser Stunde, als jene Texte hier entstehen, nicht die mindeste Zuversicht mehr zu setzen. Aber daß es Menschen gibt, die sich fragen: »Wie leben wir weiter?« und kommen zu einer gemeinsamen Antwort, das ist die ganze Religion.

Jedes Knie wird sich beugen, erklärt da der Gott Israels. Und hören Sie genau, es heißt nicht: alle Völker kommen zum Zion, wie das der erste Jesaja gesagt hätte; es heißt ganz individuell: jedes Knie, jede Person. Religion entweicht dem Kollektiv und wird absolut individuell. Das Neue Testament hat genau diesen Vers aufgegriffen und mit Jesus verbunden. Nicht der Gott Israels, aber Jesus – vor ihm wird jedes Knie sich beugen – Philipper 2,10; auch Paulus zitiert schon im Römerbrief, Kapitel 14, genau diesen Vers. Das ganze Neue Testament, soll das heißen, geht in diese Richtung des zweiten Jesaja weiter. Gott ist dort beglaubigt, wo ein Mensch durch seine Angst hindurchgeht und über die Fesseln der Vergangenheit in eine Zukunft findet, die alles, was war, integriert. Wo das geschieht, redet Gott.

Da muß man nur noch hinzufügen, daß das, wie Gott hier redet, merkwürdig schwimmend wird. Redet Gott, wenn er sagt: *Ich berufe von Norden her?* Ohne Zweifel. Aber wer ist es dann, der voranschreitet und kaum die Erde berührt, so schnell erobert er den ganzen Orient? Ist das Jahwe oder Kyros? Schon indem man nicht mehr weiß, redet hier ein Gott oder ein Mensch von sich, zeigt sich, daß die Gottesrede, die menschlich gilt, vermittelt sein muß durch andere und ineinandergeht. Es ist an dieser Stelle, daß wir wie üblich über den zweiten Jesaja noch in die Richtung, die er selber zeigt, weit hinausgehen müssen. Wir haben gerade gehört, daß all diese Texte falsch verstanden wären, sähen wir in ihnen Auseinandersetzungen zwischen Monotheismus und Polytheismus über philosophische Probleme; es geht um Fragen der menschlichen Existenz. Aber wenn das schon so ist und diese Richtung und Entwicklung nimmt, sollten wir dann nicht insgesamt aufhören, Theologie zu treiben, indem wir Gott und die Götter, Israel und die Völker nebeneinander stellen? Wie sollten wir dann in unseren Tagen, hörend auf diesen uns unbekannten Propheten, die Frage nach Gott noch einmal aufzugreifen hoffen? Wir finden Menschen an unserer Seite und manchmal uns selber, und es ist so viel passiert, daß wir kaum wissen, wie es weitergehen soll. Niemand zweifelt an Gott im Allgemeinen. Wenn er sagt: ich kann Gott nicht glauben, dann umschreibt er fast immer damit, daß er niemanden kennt an seiner Seite, dem er wirklich glaubt, daß er ihn liebt. Schon deshalb erscheint ihm vieles in seinem Leben so sinnlos. Oder er hat sein Herz gehängt an bestimmte Planungen und Projekte. Er weiß nicht mehr, wer er selber ist. An beiden Brennstellen läßt sich Religion bis zum Verbrennen vernichten. Wer ist der andere, und wer bin ich selber? An diesen beiden Fragen scheitert das religiöse Bewußtsein; nicht an Theorien über Gott, nicht an Glaubensbekenntnissen, die man im Namen irgendeiner Institution den Menschen eindrückt. *Dies* sind die beiden wirklichen Fragen. Und wie vermittelt man dann Religion? Was ist es im Hintergrund, was der Gott Israels redet, das wir Menschen einander mitteilen müßten? Niemand von uns wird sich aufschwingen als zweiter Kyros, große Eroberungen zu tätigen. Daran den Glauben zu setzen, daß in der Geschichte dies und das spektakulär passiert, ist ein Restteil noch von einer Frömmigkeit, die wir getrost der Geschichte zurückgeben können. Was aber bleibt, ist eine gültige Erfahrung. Wir setzen uns einer neben den anderen und hören seinen Fragen zu, die Klagen sind über das, was eingetreten ist. So vieles war da, das er nicht verstehen konnte. Hören wir ihm so lange zu, daß sich in all den Zumutungen des Lebens etwas findet vom Wert seiner Person, gewinnt sich langsam ein roter Faden, der durch die Trümmer führt, durch das Labyrinth. Und Schritt für Schritt, als ein Leitseil der Erklärung dessen, was war, läßt es sich abtasten. Man versteht nicht, warum es so kommen mußte, aber man begreift in all dem, was geschah, ein Stückchen mehr von dem, was das eigene Leben ist. Es wird nie dahin kommen, daß man so vollmundig wie der zweite Jesaja hier erklären könnte: dies hat Gott gesagt, und dann hat sich's erfüllt – viel zu zerbrochen, viel zu hilflos stehen wir vor den Trümmern; aber es ist möglich, daß wir in all dem, was geschah, das eigene Bild deutlicher sehen. Wie haben wir damals gehandelt? Schon indem dafür Verständnis wächst, wie hilflos wir sein konnten, wie gut wir's gemeint haben, wie schwach oder schwächlich es uns dann trotzdem geraten ist, zeigt sich uns doch ein Stück jener Menschlichkeit, die wir suchten und die wir zu leben versucht haben. Und dann beantwortet es sich immer mehr, wer du bist auf dem Weg, den du gehen mußtest, um so zu werden, und es wächst das Einverständnis damit. Das ist das Allerunerhörteste. Von außen betrachtet, sähe man das Schicksal eines Menschen auch nur die nächsten zwanzig Jahre im voraus, mit all dem Schmerz und dem Leid, die meisten würden Gott auf den Knien bitten, er möchte es verhindern. Aber ist es am Ende geschehen und man trifft den Menschen, mit dem es geschah, möchte man es nicht mehr rückgängig machen. Es war so, es verschmilzt mit der Person, und an jeder Stelle wächst auch so etwas wie Vergebung, lichtet sich ein Schattenrest vom Gewölk, und es wachsen Schritte in die Zukunft, da reift ein Mut, weiterzugehen. Manchmal sprechen Mediziner über Menschen und sagen Dinge, die sie kaum dem Patienten sagen würden, weil sie klingen wie Todesurteile, aber die Betroffenen leben dann doch überraschend lange, und es erscheint wie ein Wunder. Niemand weiß das Maß der Zeit im voraus. Aber daß es den Mut gibt, morgens neu aufzustehen, das allein ist unendlich viel wert. Es sind die kleinen Dinge, die uns tragen und ein Stück Zuversicht geben.

Und es bleibt entscheidend nun, sprechen wir von Gott in der Einzahl oder der Vielzahl. Auch das beantwortet sich jetzt noch einmal neu. Gott in der Vielzahl, das ist fast die Randsprache der Psychose: Ich bin kein Ich, sondern wie es in mir redet, sind es übermächtige Stimmen aus allen möglichen Zeiten und Hintergründen. Da ist mein Vater, meine Mutter, sind meine Geschwister, ist mein Lehrer, da sind all die Kräfte und Mächte, vor denen ich Angst hatte, Stimmen von unten, von seitwärts, von oben, und darunter ein kleines, stammelndes Ich, auf das nie gehört wurde. Religion in diesem Sinn des zweiten Jesaja ist nicht nur, daß ein einziger Gott redet und alle andern verstummen, es ist auch, daß das kleine Ich des Menschen, die eigene Person, sich bildet, und alles, was sonst in Form von Komplexen, Gefangenschaft und Fremdherrschaft sich zeigte, war nichts als die Sprache fremder und entfremdender Götter; das hört auf und geht ein in einen ruhigen Selbstbesitz, in eine Personwerdung, die den ganzen Mantel des Spuks wegschmilzt. Gottfindung und Personwerdung sind hier so dicht ein und dasselbe. – Wahrscheinlich war es das, was Bonhoeffer meinte. Er fragte sich im Konzentrationslager allen Ernstes, wer er als Mensch sei. In gewissem Sinne hatte er Glück, aber wie lange noch? Wenn sie kommen würden und schritten zur Folter, wer würde er dann zwei Stunden später sein? Wieviel Kohärenz und Kontinuität der Person würde es geben? Vergangenheit und Zukunft verbinden, das ist ein schönes Wort, theoretisch; aber was ein Pastor einmal war, muß nur in die Fänge der Angst gespannt werden, und vielleicht ist dann bald schon von all dem nichts mehr übrig, nur noch ein schwächliches, zerbrechendes, stammelndes Etwas, gefügig den Schergen, ein einziges Flehen, sie sollten aufhören; und um den Preis dafür würde man alles geben. Was ist ein Mensch als Person, das wollte Bonhoeffer wissen und hatte am Ende keine andere Lösung als zu sagen: Ich weiß es nicht; ich garantiere für gar nichts; ich bin nur ein Mensch.

Deshalb muß der ganze Prozeß in Gottes Hand bleiben. Er findet statt in der menschlichen Geschichte; aber Hegel hat unrecht, die menschliche Geschichte ist nicht das Weltgericht. Da wird etwas entschieden wie im Himmel, das zur Erde kommen will. Dieser eine Gott Israels soll es wissen, muß es wissen, wer wir sind und was aus uns wird. Das ist die ganze Hoffnung. Im Munde Jesu hörte sich das so an: daß er, entsprechend dem Psalm 31, im Sterben noch, meint die Legende bei Lukas, gesprochen habe: In deine Hände geb' ich mich, meinen Geist, meine Seele; und wollte damit sagen: Alles, was ich bin, selbst wenn ich's selber nicht mehr weiß, und wenn sogar die Jünger, denen ich dich erklären wollte, alle geflohen sind und wenn die da stehen, mir als Wissende sagen: ein Verbrecher wird da getötet, ein Pseudoprophet, ein Gotteslästerer, ein Teufelsmagier – du Gott, wirst es wissen. Ich verzichte auf jede Verteidigung, ich gebe mich nur in deine Hände (Lk 23,46).

Das ist das Gebet des Bonhoeffer von guten Mächten, die keinen Namen haben. So umgeben, erwarten wir, was kommen mag. Und dann bezieht er es auf Gott selbst: Du bist bei uns am Morgen und am Abend, und jetzt dehnen wir dieses Vertrauen wie ins Unendliche: Und ganz gewiß – ganz gewiß – an jedem neuen Tag.

8. Februar 1997

Siehe, das ist mein Knecht

Eine der Schichten jener Texte, die zweifellos vom sogenannten zweiten Jesaja selber stammen – und über die wir hier nachdenken werden –, nennt man die Gottesknechtslieder. Vier solcher Zusammenstellungen von Worten – Liedern nicht im eigentlichen Sinn – sind uns erhalten. Sie spielen die allergrößte Rolle im Neuen Testament. Wenn immer man sich dort fragt: wie kann man das Auftreten des Mannes aus Nazaret verstehen, wer war er eigentlich, tastet man im sogenannten Alten Testament nach Vorbildern, vergleicht Jesus mit Mose etwa oder mit Elija oder Jeremia, einer der großen Prophetengestalten. Man versucht ihn einzuordnen in die Hoffnungen eines Königs, der kommen soll; aber er hat mit dem Vorbild eines Königs, mit David, wenig zu tun. Je mehr man darüber nachdenkt, wer Jesus wirklich war, vor allem angesichts des gräßlichen Todes, in den man ihn, wenige Zeit nach seinem öffentlichen Auftreten, getrieben hat, sammelt sich der gesamte Schatz seiner Werke und Taten in der Perspektive des zweiten Jesaja.

Prophetische Lieder des Trostes in einer untröstlichen Zeit wollen die Worte des zweiten Jesaja sein. Keiner hat die Klage und Anklage Gottes über und gegen sein Volk so flehentlich einladend ins Lied und in Musik gesetzt wie Felix Mendelssohn Bartholdy. Die Stephanusrede, die Saul von Tarsus bis zum Mörderischen treibt, ist wie eine wehmütige Einladung, eine Zusage, die mit einer Absage endet. Wie läßt sich mit Jerusalem *ins Herz hinein* reden, daß es Zuversicht bildet zwischen Verzweiflung und Hoffnung? Das ist die eine Frage. – Die Worte der Bibel zu lesen ist andererseits oft so mühsam wie die staunenswerte Kunst mancher Paläontologen. Wir als Laien stehen verwundert dabei, wenn wir mitverfolgen, wie sie irgendwo am Rand eines vulkanischen Kraters Knochenreste finden, uralte, die sich ausgetauscht haben mit der Chemie der Zeit und zu Stein geworden sind. Das Fragment einer Schädelkalotte ist alles, was sie haben, aber sie rekonstruieren nach Gesetzen, die sie aus der Geschichte des Lebens gelernt haben, daraus einen ganzen Kopf, bestimmen den Gehirninhalt, finden an der Eintrittsstelle des Hinterhauptslochs die Gangart, den Bewegungsrhythmus. Aus dem Winzigen machen sie ein vorstellbares lebendiges Wesen, und wir begreifen, daß alle Gedanken, die unter dieser Schädelkalotte gedacht wurden, Vorformen unseres Denkens sind; daß alle Gefühle, die damals entbunden wurden, die Bahnungen zu unseren Gefühlen bedeuten. Das Einstige und das Heutige treten in überraschenden Zusammenhang. – Die Bruchstücke ehemaligen Lebens, fast in versteinerter Form, durcheinandergewürfelt oft, das ist die Überlieferung der Bibel auf den weitesten Strecken. Unsere Aufgabe muß es immer wieder sein, das Wenige so zu hören, daß es sich verlebendigt in uns selber. Wir stellen uns vor, wie die Zeit damals war, als so gesprochen werden konnte, gesprochen werden mußte, und dann fragen wir uns: Was hat es uns zu sagen?

Text: Jes 42, 1–4. 5–9
Siehe da mein Knecht, an dem ich festhalte, mein Erwählter, an dem meine Seele Wohlgefallen hat. Ich habe meinen Geist auf ihn gelegt, daß er die Wahrheit unter die Völker hinaustrage. Er wird nicht schreien noch rufen, noch seine Stimme hören lassen auf der Gasse. Geknicktes Rohr wird er nicht zerbrechen und glimmenden Docht nicht auslöschen; in Treue trägt er die Wahrheit hinaus. Er selbst erlischt nicht und bricht nicht zusammen, bis daß er auf Erden die Wahrheit begründet und seiner Weisung die fernsten Gestade harren.
So spricht Gott, der Herr, der die Himmel geschaffen und ausgespannt, der die Erde befestigt samt ihrem Gesproß, der Odem gibt dem Menschengeschlecht auf ihr und Lebenshauch denen, die über sie hinwandeln. Ich, der Herr, habe dich in Treue berufen und bei der Hand gefaßt, ich habe dich gebildet und zum Bundesmittler für das Menschengeschlecht, zum Lichte der Völker gemacht, blinde Augen aufzutun, Gebundene herauszuführen aus dem Gefängnis, und die in der Finsternis sitzen, aus dem Kerker. Ich bin der Herr, das ist mein Name, und ich will meine Ehre keinem andern geben, noch meinen Ruhm den Götzen. Das Frühere, siehe, es ist eingetroffen, und Neues tue ich kund; noch ehe es sproßt, lasse ich es euch hören.

In diesen Worten geht die Rede von jemandem, auf den die Menschheit wartet bis an die Grenzen der Erde. Aber wer ist das, auf den wir warten sollen und offenbar seit immer schon warten? Das Merkwürdige, für den zweiten Jesaja aber ganz und gar Typische ist, daß er von dem Knecht Gottes redet, ohne ihn zu bezeichnen. Es ist eine schwebende Rede, so daß bis heute die Ausleger sich darum streiten, wer oder was eigentlich gemeint ist. Ist dies zu einem einzelnen gesprochen, zu einem ganzen Volk, zum Perserkönig Kyros oder zu Israel? Völlig konkurrierende, einander widersprechende Deutungen scheinen möglich zu sein. Keine Auslegung dieser Stelle kommt also daran vorbei, das Allerwichtigste in der Schwebe zu lassen. Aber womöglich ist das schon das Allerwichtigste, eben wenn Gott redet, es nicht festzulegen.

Alles beginnt damit, daß Menschen von Gott aufgefordert werden, richtig hinzusehen. *Siehe!* – das ist das erste Wort; an hundert Stellen in der Bibel sonst wie eine Handbewegung zur Unterstützung der Rede, ein Hinweis: voilà! aber hier in vollem Ernst gesprochen. Es gilt, die Augen aufzumachen für etwas, das nicht augenfällig ist. Das Entscheidende vollzieht sich im verborgenen, und es wird niemand etwas davon zu sehen bekommen, außer er hört diese Anrede von Gott selbst. Nur mit *seinen* Augen ist es offenbar zu sehen. Es geht um etwas Weltbedeutendes, ganz Entscheidendes für diesen zweiten Jesaja, aber es vollzieht sich ganz dem entgegen, was sonst zu erwarten stünde, buchstäblich wie unauffällig. Schon darin verändert sich die Perspektive der Welt.

Wenn dem ganzen Volk gesagt wird: siehe!, ist zu denken, daß nun jemand auf die Bühne tritt, dem es Beifall zujubelt. So ist das im Alten Testament für gewöhnlich, wenn von Gott jemand berufen wird, eingesetzt wird in eine bestimmte Aufgabe, Position, Funktion oder sogar in ein Amt. Gideon zum Beispiel, einer der Richter oder der Retter in Israel – wenn über ihn göttlicher Geist kommt, ist es unvermeidlich und ganz notwendig, daß alle es zu sehen bekommen und dann applaudieren (Ri 6,11–24). Wenn Saul oder David König werden, tritt der König vor sein Volk hin, und das Volk beugt sich wie in Dankbarkeit, endlich gebunden zu sein an diese göttliche Autorität (1 Sam 10,17–27). Es ist der Beifall des Volkes, der den König als solchen beglaubigt und die Einsetzung gültig macht. Es ist so ähnlich noch heute. Wenn der Staat ein neues Gesetz erläßt, hat es erst Gültigkeit, wenn es veröffentlicht wurde, promulgiert wurde. Erst wenn es alle wissen, können sie sich danach richten, und erst wenn alle sich danach richten sollen, hat ein Gesetz seine Kraft. Es ist die Öffentlichkeit also, die selber gültig macht, was für sie in dieser Wechselwirkung gelten soll.

Vom Geist Gottes ist auch hier die Rede. Das »siehe!« soll offenbar auffordern zur Zustimmung. Und dennoch unterscheidet sich alles, was wir hier hören, sehr von der Berufung eines Richters oder Königs. Es geht später dahin, daß dieser Gottesknecht nicht zusammenbrechen wird, bevor er seine Aufgabe erfüllt hat. Da hören wir zwischen den Zeilen, wieviel ihm zugemutet wird an Auseinandersetzung, an Widerstand. Er muß durchhalten bis zum Äußersten. Das ist etwas, was wir aus den Prophetentexten immer wieder kennen. Wenn ein Prophet von Gott berufen wird, schaudert ihn vor der Größe der Aufgabe. Er weiß, daß er ihr menschlich nicht standhalten kann. Aber gleich am Anfang steht hier: *Ich* halte meinen Knecht. Ob Menschen standhalten können, werden sie nie wissen. Aber wenn Gott zu ihnen hält, wird es möglich sein. Anders ist das nie. Wenn Jeremia Gott entgegenspricht: ich bin zu klein, zu jung, zu schwach!, wird Gott am Ende sagen, daß er ihn stärken und zur ehernen Säule machen wird. Und dann bleibt nur die Frage, ob er aus Angst zurückweicht, in Angst verkommen wird oder ob er durch seine Angst hindurchgeht, auf die Menschen zu in der Kraft Gottes (Jer 1,7–9,18.19).

Wir wissen nicht, wer der Knecht Gottes ist, aber wir wissen, daß er beides irgendwie in sich vereinigen wird. Er wird auftreten als Richter oder Retter, und er wird das tun nach der Art eines Propheten. Wann irgend wir suchen in Israel, wo beides einmal eine Einheit war, ein Mann, der in göttlicher Kraft aufstand, nie beanspruchte, König zu sein, aber von dem die Bibel sagt, er war der größte aller Propheten, dann denkt man unwillkürlich an den Mann Mose. Als er stirbt, am Ende des 5. Buches Mose (34,10), sagt die Bibel: Nie mehr stand in Israel jemand auf, mit dem der Herr geredet hätte von Angesicht zu Angesicht mit all den großen Taten. Der Gottesknecht, der dem zweiten Jesaja vorschwebt, vereinigt in sich die Unmittelbarkeit richterlichen Amtes und die Gottunmittelbarkeit des Prophetischen. Er hat tatsächlich die Konturen eines Mose, der Ausgangsfigur des wahren Israel. Was eigentlich soll er tun in seiner Zeit? Er soll, heißt es immer wieder, Rechtsurteil zu den Völkern hinausbringen. Was das sei, wird nicht weiter erläutert. Er soll den Völkern die wahre Religion bringen, haben manche Ausleger gemeint. So steht es nicht da. Im letzten Wortgottesdienst haben wir vermutlich die Erklärung für dieses Wort an dieser Stelle gehört. Die Rede ging vom Gericht zwischen dem Gott Israels,

Jahwe, und den Göttern der Völker. Sie treten zusammen oder gegeneinander, und es soll Jahwe die Götter der Völker befragen, was sie zu sagen haben, und sie verstummen. Das offenbar ist das Rechtsurteil, das sich nun ergibt für den Knecht Gottes; das soll er mitteilen aller Welt, wenn man so will: daß der Gott Israels der einzige Gott ist, der eine Gott. Mehr als 1000 Jahre danach konnte im arabischen Kulturraum Mohammed an Gedanken wie diese anknüpfen. Es ist der Punkt, an dem alle biblischen Religionen ein und dieselbe sind, Judentum, Christentum, Islam. Es ist ihr gemeinsames Bekenntnis: ein einziger ist Gott, ein wahrer Gott, keine neue Religion, sondern diejenige, an die schon Noah und Abraham, Mose, Jesus und Mohammed glaubten. Das ist die ganze Rechtsame Gottes, daß die Menschen sich vereinigen, jeder einzelne in seiner Person und die Menschheit als Ganzes.

Nun aber wird es die Frage: Wie bringt man eine solche Überzeugung zur Menschheit? Wie bringt man's ihr nahe oder bringt man's ihr bei? Das Gewöhnliche ist, das Schwert blankzuziehen, die Fahne zu hissen und fanatisch durch die Geschichte zu reiten. Man bringt Gott, das heißt: Man ist im Recht. Entlang der Frontlinie der eigenen Truppen verläuft die Grenze der Wahrheit, und gegenüber ist die Gottlosigkeit, die Unwahrheit. Da reißt das Bekenntnis zum Göttlichen im Anspruch, daß ein einziger Gott sei, die Menschheit immer wieder gewalttätig auseinander. Diejenigen, die auf göttlicher Seite stehen, die die Wahrheit tragen, das Recht, die Kultur, den Fortschritt, sind die wahren Menschen; die anderen im Streit und im Ernstfall sind gar keine Menschen mehr. Die Völkerkundler sprechen von Pseudospeziation und meinen mit diesem Kunstwort, daß, sobald Krieg beginnt, die eine Seite die andere für nicht länger menschlich erklärt. Repräsentanten der Spezies Mensch wohlgemerkt sind dann nur noch wir, und natürlich stehen wir auf der Seite der absoluten Wahrheit. Das ist das Übliche und das Betrübliche in der menschlichen Religionsgeschichte, vor allem aus diesem biblischen Erbe heraus. Wieviel an Fanatismen und Sadismen steht nicht in der Bibel selber, wieviel Legitimation für Religionskriege im sogenannten christlichen Abendland, wieviel furioser Terror, immer mit heiligem und bestem Gewissen! *So will es Gott!*, das war der Kampfruf der Kreuzzüge, der Ketzerjagden, der Razzien im Languedoc im Namen des Dogmas.

Es ist erschütternd zu sehen, wie dieser zweite Jesaja, ein uns unbekannter Mann, davon redet, Gott den Menschen zu bringen bis ans Ende der Welt. Das ist für denjenigen, auf welchem das Wohlgefallen Gottes ruht, an dieser Stelle offenbar mit einer vierfachen Verneinung identisch. Wie und was der Gottesknecht tut, scheint der zweite Jesaja selber, an diesen Stellen jedenfalls, nicht zu wissen. Er weiß nur ganz genau, was er nicht tun wird, der Gottesknecht. Negativ ist es ganz eindeutig, und es ist ein reines Kontrastprogramm zu allem, was sie sonst im Namen Gottes tun zu müssen meinten: Er wird nicht in den Straßen laut herumschreien, nicht auf den Plätzen seine Stimme hören lassen und das geknickte Rohr nicht brechen noch den glimmenden Docht auslöschen – vier Verneinungen, die eigentlich doppelt dasselbe sagen: nicht ein lautes Geschrei, keine Propaganda, die Menschen von außen betört, und nichts, was gewalttätig das Schwache zerbricht oder dafür sorgt, Menschen in die Knie zu zwingen; weder Gewalt des Geistes noch Gewalt der Physis. Beides verbietet er sich, der zweite Jesaja, beides hat er sich zu verbieten, oder auf ihm ruht nicht länger Gottes Wohlgefallen und er hört auf, der Knecht Gottes zu sein. Allein wenn man das begreift, merkt man, daß hier in ganzen vier Zeilen der Bibel ein ungeheures Programm, eine Vision aufgestellt wird, wie sie so nie war. Schon daß Gott mit einem Menschen zusammengeht, der nach außen nicht erkennbar ist, in diesem Sinn kein Amtsträger, niemand, der in Würden und Titeln daherschreitet, bricht mit einem heiligen Prinzip. Wer im alten Orient und wer noch heute in der römischen Kirche irgend etwas sagen will, sagen darf, muß als erstes sich beglaubigen, indem er irgendeinen Titel erwirbt. All die anderen sind Laien, nicht Fachleute, sind das Volk, und das bedeutet: Sie sind nicht kompetent, sie haben nicht studiert, sie haben nicht die Beglaubigung durch das Amt, um überhaupt sprechen zu dürfen. Sie sind nicht in Funktionen eingesetzt durch menschliche Autoritäten, die sich als göttlich oder kirchlich beglaubigen, sie sind also nichts. – Dieser Mann braucht gar nichts, um alles zu sein. Das einzige, was wir von ihm wissen, ist, daß er getragen wird von einer Güte, die aus Gott ist, vom Wohlgefallen Gottes.

Vielleicht hilft es uns ein wenig, wenn wir aus dem hebräischen Denken kurz einmal hinüberspringen in das griechische. Wen nennen wir Gottesknecht? Das Wort vom Knecht ist uns gebunden an Gehorsam, immer wieder auch an Unfreiheit, an Den-Rücken-Beugen unter dem Zwinggriff eines Herrn. Würden wir ein freieres Wort nehmen, ganz im Sinn des Neuen Testaments, des Paulus etwa, der sagt: Es gibt keine Knechtschaft mehr, sondern Söhne seid ihr (Gal 4,7), wissend, daß auf hebräisch na-ar beides heißen kann: der Knabe, das Kind und der Knecht – in der Soziologie des Orients sind sie beide eigentlich identisch; aber doch ist natürlich der Sinn sehr verschieden, ob das eine oder das andere gemeint ist – dann müßten wir reden dürfen vom Gottes*kind*. Wen würden wir so nennen, ein wirkliches Gotteskind? Im Griechischen ohne Zweifel den Bevorzugten, den Erwählten, aber wir würden in diesem Strom abendländischer Kulturgeschichte darin das Genie sehen. Mozart ohne Zweifel ist ein solches Gotteskind, ein Begnadeter; in ihm lebt der göttliche Funke der Musik. Goethe ist ein solches Gotteskind, ohne Zweifel; in ihm lebt der göttliche Funke der Sprache. Denen wird's vergönnt, gegönnt, und sie erobern in gewisser Weise die Welt, sie haben der ganzen Menschheit etwas zu sagen. Und es zerbricht nicht, es tröstet, es richtet auf, es lärmt nicht, sondern sagt sich, singt sich in die Seele der Menschen, und nur so kommt's. Scheinbar ist zwischen dem griechischen und dem hebräischen Denken, zwischen dieser Art von Gotteskindschaft als einer erhabenen Genialität und der Gottesknechtschaft als einem eher angestrengten und angespannten Gehorsamsverhältnis ein großer Unterschied. Aber was heißt es, auf Gott zu hören, und wie wird man ein Kind Gottes, außer man lernt ein Vertrauen darauf, daß im eigenen Leben etwas Wesentliches, das einer großen Vision gleichkommt, gesagt wird? Und dem gilt es zu folgen. Womöglich ist zwischen beiden Worten trotz der Unterschiede der Kulturen gar keine große Differenz, sondern auf Gott zu hören ist dasselbe, wie einzuschwingen in den Ton, in den Gesang, der im eigenen Herzen sich sagen und singen will; und so würde jemand zum Knecht Gottes, zum Kind Gottes und würde lernen, durch die Welt zu gehen auf eine Weise, die guttut, die sanft ist, indem sie aufrichtet, statt zu zerknicken.

Immer wieder gehen das Gefühl und der Vorwand oder Einwand dabei einher, daß dies alles zu persönlich sei, zu individuell; Goethe oder Mozart, das ist nicht Politik, das ist Musikgeschichte, Literaturgeschichte, aber das gestaltet nicht die wirkliche Geschichte. Die wirkliche Geschichte findet auf den Schlachtfeldern statt. Da werden Kanonen aufgefahren, Städte zertrümmert, neue Städte wieder aufgebaut, große Erfindungen gemacht, Grenzen verschoben, die Macht im Interessenausgleich durchgesetzt – die reale Geschichte besteht darin, zu zerknicken, auszulöschen; was schwach ist, hat da nicht das Recht zu leben. Erst wenn man sich diesen Kontrast wirklich klarmacht, begreift man, daß es genügt, ein solcher Gottesknecht oder ein solches Gotteskind zu sein, und man wird erleben, wie schwer es in dieser Welt sein kann. Es genügt, den Frieden zu wollen, und plötzlich geht die Auseinandersetzung los. Wir alle wollen Frieden, außer Frage, aber sobald jemand mit ihm Ernst macht, mit dem Frieden, im 20. Jahrhundert, bringt man ihn um. Mahatma Gandhi wurde ermordet beim gemeinsamen Gebet zwischen Muslimen und Hindus. Die Rechtsame sollte sein, ein einziger Gott sei im Himmel für alle Religionen und darunter alle Menschen eins. Aber man muß dies nur wirklich glauben als jemand, der mit Gott Ernst macht, sofort wird man alle Fanatiker in allen Konfessionen, Religionen und Regionen gegen sich haben. Sie werden genau das nicht begreifen, sondern Gott ist ihr Lokaldämon, ihr Regionalgötze; erst wenn sich die eigene Region ausdehnt durch Machterweiterung, dann beglaubigt sich Gott – so ist die Vorstellung von ehedem und offenbar immer noch heute. Tatsächlich bedeutet, Gott zu den Menschen zu bringen, sie zu vereinigen in einer Gemeinsamkeit der Güte. Ich bin, konnte Mahatma Gandhi sagen, Buddhist, Hindu und Christ; und wären wir imstande, die Zeugnisse der Religion eines anderen Volkes mit den Augen der Gläubigen zu lesen, würden wir finden, daß Gott zu jeder Zeit jedem Volk gesagt hat, was es nötig zum Leben braucht. Wie einfach könnte der Dialog und die Bereicherung gegenseitig zwischen den Religionen sein, würde nicht zerknickt und nicht gelärmt auf den Gassen! Aber es wäre das Ende des Machtgewinns. Es wäre das Ende der religiösen Propaganda. Man brauchte nicht viel Geld, nicht Satelliten, die ein weltweites Programm vom Vatikan ausstrahlen. Man brauchte nicht den Anspruch einer religiösen Weltzentrale, die für alle da sein und Gott vertreten will; Gott könnte leben im Herzen eines jeden, und er würde sich ausbreiten so leise, wie jemand durch die Gassen geht, um einem jeden ins Herz zu reden. Für Mahatma Gandhi bedeutete diese seine religiöse Einstellung den Grund seiner Ermordung.

Martin Luther King erklärte, daß Farbige Menschen sind, ganz einfach Menschen; schon weil Gott der Schöpfer aller Menschen ist, sind auch Nigger Menschen, doch mit diesen Worten sprach er sich das Todesurteil. Es hatte christliche Debatten noch vor 150 Jahren gegeben, ob man Schwarze nicht genauso verkaufen könne wie Bananen oder Kakao, ob sie überhaupt eine Seele hätten oder ob sie nichts weiter seien als sprechende Tiere vielleicht oder ob auf ihnen der Fluch liege, der in Genesis 9 schon ausgesprochen wurde: verflucht ist Kanaan, verflucht ist Ham, hieß es da, und sind sie nicht vielleicht davon abgestammt, die Hamiten, wurden die Neger – theologische Überlegungen noch bis in das letzte Drittel des 20. Jahrhunderts im Rassenstreit Südafrikas!

Sind Palästinenser wirklich genauso Menschen wie Juden? Oder gibt es ein auserwähltes Volk von einer solchen Gottesnähe, einfach weil sie Juden sind, daß alle Araber Menschen zweiter Klasse sind, so daß eine arabische Mutter, die ein palästinensisches Kind hervorbringt, nicht denselben Schutz verdient wie eine jüdische Mutter mit einem jüdischen Kind? Selbst wenn ein ehemaliger Militär wie Itzchak Rabin sich zum Frieden mit Palästina bekennt, riskiert er sein Leben. Und immer werden die Mörder sich auf Göttliches berufen, immer haben sie ganz reine Hände und ein ganz gutes Gewissen, sonst *könnten* sie nicht morden. Alle wollen den Frieden, aber es fällt ihnen schwer, den Preis zu akzeptieren. Und deshalb scheint es fast bis zur Selbstzerstörung schwer zu sein, Frieden in dieser Welt auch nur für möglich zu halten. Die Zyniker sind sich klar: Es genügt dem Menschen zum Glauben die Illusion. Die Religion ist schon deshalb praktisch, weil sie eine Illusion bringt, mehr will man von ihr gar nicht. Solange die Menschen an den Frieden glauben, können wir die Rüstung weitertreiben. Aber vielleicht, 2500 Jahre danach, gäben wir diesem zweiten Jesaja recht, wir sollten nicht mehr warten. Das ist Gegenwart, *siehe!*, das ist Präsens, *jetzt*. Und siehst du's jetzt nicht, geht's vorbei. Es kommt nicht daher im Parademarsch. Jesus wird später sagen: Das Reich Gottes kommt nicht, indem vorweg die Trompeten geblasen werden, auch nicht in Prozessionsaufmärschen. Das Reich Gottes ist mitten unter euch, mitten in euch, wieder: etwas, das wir leben könnten, wenn wir es nur sähen (Lk 17,20). Vielleicht, daß es genügt, wenn Menschen versuchen, sich auf dieses Unwägbare, Unsichtbare einzulassen. Darauf harren die Menschen, gerade die am weitesten davon entfernt sind *bis zu den Inseln*.

Was dann kommt, in den Versen 5 bis 9, ist ein völlig anderer

Text. Er stammt mit aller Wahrscheinlichkeit nicht vom zweiten Jesaja, sondern ist daran angehängt, er hat aber damit zu tun, und die Überlegungen der Ausleger richten sich schon darauf, von wem da denn die Rede ist. So spricht der Herr Jahwe: *Ich rufe dich in Gerechtigkeit.* Wer ist da gemeint? Alles spricht dafür, daß man, in der Parallele vor allem zum 41. Kapitel des Jesaja, an Israel denkt, nicht mehr an einen einzelnen, sondern an das ganze Volk. Dafür spricht vor allem, daß, sehr in Einklang mit dem Denken des zweiten Jesaja, Gott hier als Schöpfer von Himmel und Erde eingeführt wird. An dieser Stelle war Martin Luther genial. Noch heute finden Sie den ersten Satz der Bibel, 1. Kapitel des ersten Buches Mose, wiedergegeben mit: Am Anfang schuf Gott den Himmel und die Erde. Martin Luther war's, der wußte, daß man von »der« Erde sprechen kann, doch dann ist sie etwas Bekanntes, unsere Erde, und sie ist klein. Luther glaubte nicht an Kopernikus, aber er dachte, daß der bestimmte Artikel etwas als bekannt bezeichnet. »Den« Himmel kennen wir wirklich als vertraut. Gott schuf »den« Himmel und »die« Erde, wäre eine sehr kleine Welt. Weg also mit dem bestimmten Artikel, überhaupt keinen Artikel! *Gott schuf Himmel und Erde!* Das ist alles und unendlich viel mehr, als sich die Menschen überhaupt vorstellen können. Ein Dichter wie der dänische Märchenerzähler und Menschenfreund Hans Christian Andersen konnte in der Geschichte von der »Schneekönigin« einmal dem kleinen Kay versprechen lassen, er würde die ganze Welt und ein Paar Schlittschuhe bekommen. Das ist ungefähr, wie man's uns klarmachen muß: Es ist unendlich viel, und das ist dann wieder gar nichts, weil wir's uns nicht vorstellen können. Aber die ganze Welt und ein Paar Schlittschuhe, das ist total, mehr gibt es nicht zu wünschen. Das ist, was der zweite Jesaja hier sagen will. Als erstes steht ihm fest – immer wieder die uralte Menschheitsformel, schon bei den Babyloniern, längst vor der Bibel –, daß Gott im Hintergrund von allem steht, daß er der Schöpfer ist von allem. Und daraus dann geht das Vertrauen hervor, daß Gott auch der Gestalter aller Geschichte sei, der Lenker unseres Lebens, mit allen Wünschen, allen Gefühlen, allen Enttäuschungen, zerbrochenen Hoffnungen und sich wieder aufrichtenden Erwartungen.

Dabei ist es eigentümlich, daß hier davon geredet wird, daß Gott Atem gibt dem »Volk«. Eigentümlich ist es, weil mit »Volk« in aller Regel Israel gemeint ist, aber hier ist offenbar das Menschenvolk gemeint. Es unterscheidet sich, nebenbei bemerkt, übrigens auch von der Vorstellung, die in der kirchlich-römischen Dogmatik bis heute eine ganz große Rolle spielt, daß Gott den Menschen geschaffen hat als Adam und Eva, und zwar *historisch*, schreibt der Weltkatechismus von 1992. *Ein* Menschenpaar muß sein; ob die Evolutionstheoretiker, die Biologen damit zu Rande kommen oder nicht, der Papst weiß dies; zwar akzeptiere er Darwin, sagt er neuerdings, aber: *ein* Menschenpaar am Anfang, historisch, das muß sein, weil's die Bibel so beschreibt. Beim zweiten Jesaja könnte man lesen, just hier, Kapitel 42, daß die Bibel selbst sich dahin auslegt, daß Adam und Eva die Menschheit sind, das Menschenvolk als Ganzes, welchem Gott Atem gibt. Da wird das, was für Israel galt, universalisiert, ein göttlicher Lebensgeist für alle Menschen.

Und dann sollte man glauben, Gott möchte Israel bei der Hand nehmen und rufen in Gerechtigkeit und es bilden zum *Bund des Volkes*. Was der Ausdruck bedeutet, ist den Bibeltheologen völlig unklar, weil es ein Wort ist, das nirgendwo sonst vorkommt. Wieder stellt es alles Gewohnte auf den Kopf. Daß Gott mit Israel einen Bund schließt, ist der ganze Stolz des Bundesvolkes bis darauf hin, daß wir Christen des Glaubens sind, Gott habe mit uns einen zweiten, den richtigen, neuen und eigentlichen Bund geschlossen. Anders als noch vor ein paar Jahrzehnten denken die Theologen inzwischen, daß beide Bundesschlüsse zusammenhingen, jedenfalls sich nicht auf Leben und Tod ausschlössen im Gespräch zwischen Christen und Juden. Aber immer wird ein Bund geschlossen, bei dem das jeweilige Bundesvolk etwas Besonderes bildet.

Immer ist der Erwählungsgedanke identisch damit, eine Gruppe von exklusiven Gläubigen zu bilden. Hier indessen ist die Situation genau umgekehrt. Israel wird bei der Hand genommen, um einen Bund des Volkes zu schließen. Und »Volk«, haben wir gehört, ist die ganze Menschheit. Die ganze Menschheit als verbündet, das wäre Aufgabe Israels, wenn es denn in die Fußspuren des Gottesknechtes eintritt. Von dem ist hier überhaupt nicht die Rede; aber die Leute, die diesen Text da angeschlossen haben, haben den zweiten Jesaja ganz richtig verstanden. Aus dem, was eben noch wie persönlich, wie privat, ganz individuell durch die Gassen schritt, wird jetzt ein Gesamtauftrag für ein Volk, das immer dachte: Wir sind etwas Besonderes, wir sind das auserwählte Volk, wir sind gegenüber allen andern Völkern bevorzugt. Genau diesem Volk wird jetzt gesagt:

Ihr seid genausoviel wert für Gott, als ihr zur Versöhnung oder zur Verbrüderung der Menschheit beitragt. Darauf warten die Völker, daß dies geschieht. Und wolltet ihr den Völkern etwas zu sagen haben, wär's der Völker*friede*, nennen wir's doch so. Die ganze Botschaft von einem einzigen Gott, diese Ordnung, die sich ausdehnen soll über die Welt, ist identisch mit Völkerfrieden. – Nun müssen wir nur beides ineinander setzen. Völkerfrieden ist im Jahre 1997 ein Programm der Osterweiterung der NATO, der Umwandlung des Star-Wars-Programms in ein Cyber-War-Programm. Wir werden militärisch immer weiter eskalieren, bis daß die Number One der Welt die Ordnung diktiert, die sie wünscht. Nur wird das Diktat nicht mehr von Politikern, sondern von den Firmen, den Megakonzernen, diktiert werden, ein Weltfrieden nach der Vorstellung des Augustus in den Tagen Jesu: Wenn nur römische Legionen an jedem Ort der Welt schnell genug jeden Aufstand niederstampfen, kann man sagen: sub Tiberio quies – unter Kaiser Tiberius Frieden, wie es Tacitus dann später schrieb, eine Kirchhofsruhe, ein Frieden der Unterdrückten. Es war die Genialität des römischen stoischen Philosophen Seneca am Hofe Neros, zu wissen, daß das ganze starke Rom am Ende ist, einfach weil es auf einem Gegensatz basiert, an dem es zerbrechen muß. Wenn überall auf der Welt römische Truppen stationiert werden, wird man überall auf der Welt entdecken, daß Menschen dort leben. Wenn Rom seinen Machtanspruch darauf gründet, daß es Rechte für Menschen gibt, müssen diese Rechte sich logischerweise auf alle Völker ausdehnen. Eben deswegen begründet man ja die Expansion Roms bis an die Ränder der Erde; aber es wird zurückkommen. Wenn alle wirklich Bürger Roms sind, ist die Macht Roms weder nötig noch möglich. Der Absolutheitsanspruch einer römischen Zentrale wird an ihrem eigenen Erfolg zugrunde gehen. Die Geschichte mag noch 400 Jahre dauern, und der Zusammenbruch Roms wird ganz sicher nicht nach den philosophischen Vorstellungen des Seneca erfolgen; aber daß er kommt, das ist ganz sicher. Es gibt keine Alternative zu dem Programm des zweiten Jesaja.

Freilich, es gilt darum, den Menschen Licht zu bringen, Augen, die blind sind, zu öffnen, Gefangene aus dem Kerker zu holen, und Jahwe wird seinen Namen zeigen. Er wird, Herr der Geschichte, der er ist, zeigen, daß alles, was er früher gesagt hat, sich bestätigt, indem es eintraf; und das Neue, das er spricht, wird sich ebenfalls erfüllen. Er ist der Herr, der die Vergangenheit und die Zukunft verbindet und Kontinuität in das menschliche Leben legt. Das Lukas-Evangelium wird später sagen: Als Jesus in der Synagoge von Nazaret sein Programm vorstellte, habe er die Rolle des Jesaja aufgeschlagen an genau dieser Stelle. Das wollte er tun: Blinden das Augenlicht schenken, Gefangene befreien und ein Jahr der Gnade ausrufen, das nie mehr enden wird (Lk 4,18).

Ist es, entsprechend dieser Gedankenführung, nicht folgerichtig, die ganze Geschichte uns gewissermaßen noch einmal zu erzählen? Es scheint nicht wahr, was man uns beibringt: die Religion geschieht als erstes in großen Gruppen; sie beginnt vielmehr bei einem einzelnen, der sie lebt, in der Gestalt des Gottesknechtes, der buchstäblich ohne Name auftritt, des zweiten Jesaja womöglich selber, der sich verborgen darin ausspricht, so daß wir nicht einmal mehr wissen, wer er war; aber dann dehnt es sich aus und wird verbindlich für alle.

Wie vermittelt man Gott einem Menschen? Die beste Erfahrung dafür wird vermutlich sein, wenn wir's rein psychologisch nebeneinander stellen. Man vermittelt Gott, das heißt in der Kulturpolitik der Bundesrepublik heute noch: Wir richten mindestens 500 Religionsstunden ein, staatlicherseits verordnet, in kirchlichen Händen für jeden, dessen Eltern das Kind getauft haben, evangelisch oder katholisch. Das muß sein, denn nur so werden Kinder religiös erzogen werden. Sie müssen als erstes die bestehende Religion lernen. Da haben wir das Religiöse als einen Teil der Konvention, der Tradition, der veräußerlichten Gewalt, der fertigen Formel, der Veräußerlichung des Ganzen. Wie aber wäre es, die Religion würde gar nicht durch die Straßen trompetet, sie würde gar nicht hinweggehen über die Menschen, die auf der Erde wie geduckt sind; sie würde sich buchstäblich interessieren für die Inseln, für die Fernsten, lauter Menschen, die man religionsstatistisch für die Heiden halten muß? Deren Sehnsucht nach Licht, nach Freiheit, nach Menschlichkeit wäre der Anknüpfungspunkt, der Grund für alles, die Beglaubigung Gottes; der wirkliche Machterweis des Gottes Israels läge darin, das Verglimmende nicht zu löschen, das schon Gebrochene nicht zu zerbrechen. Wie beschützt man eine Flamme, die dabei ist, erstickt zu werden in dem Rauch, den sie selbst gibt, und jeder Windhauch wird ihr zur Gefahr? Wie birgt man eine Kerze, die sich zu ertränken droht im eigenen Talg? Wie nimmt man ein Licht, das sich verzehrt, und gibt ihm die Möglichkeit, sich zu erhalten? Wie redet man mit Menschen, so daß es ihnen nicht in den Ohren gellt, sondern ihren Mund öffnet und ihre Augen? Der Gottesknecht des zweiten Jesaja ist ein Antityp dessen, was wir Verkündigung nennen.

Die beauftragten Verkündiger wissen immer schon, wer Gott ist, und bringen ihn von oben herunter im Gefälle der Macht wie einen Stanzhammer auf die Menschen. *Diese* andere Art der Verkündigung aber geht zu den Menschen, hört zu, schließt sich an, lernt die sanften Worte der Tröstung, sitzt einfach dabei, begleitet und geht mit und führt es hinaus zu den Grenzen der Welt, nicht räumlich, sondern geistig: bis zu den Grenzen des Begreifbaren, des Erlaubten, des Eingezirkelten. Entsprechend der gesellschaftlichen Moral, der religiös vorgegebenen Denkweise geht's darüber hinaus bis zu den Inseln, bis zum ganz Entlegenen, wagt sich bis dorthin und holt's von dort zurück. Und dann wären's wunderbare Taten. Menschen, die vor lauter Verzweiflung nicht mehr ein noch aus sahen, die eigene Hand kaum vor Augen, gewinnen wieder den Mut, eine Perspektive für ihr Leben zu gewinnen; denen wird's hell wie ein Sonnenaufgang nach langer Nacht. Menschen, die sich gefühlt haben wie Gefangene, eingesperrt schon unter den Zwängen ihrer Kindheit, im Bann endloser Schuldgefühle, denen öffnet sich das eigene Herz und erschließt sich nach draußen. Jede Verkündigung alter Prägung wird, wenn's schon um Gefangenenbefreiung geht, versucht sein, die Tür wie mit dem Rammbock von außen aufzusprengen. Aber so befreit man keine Menschen, nicht dann, wenn die Gefangenschaft selber Angst ist. So aber leben wir Menschen. Es ist, wie wenn Sie zu Hause ein Vögelchen halten. Natürlich möchte es frei sein und fliegen, aber wenn es Angst hat, wird es an den Ort seiner Gefangenschaft, in den kleinen Bauer, zurückfliegen. Immer wenn jemand kommt, den es nicht kennt, wird es laut lärmen, um ihn einzuschüchtern, das kleine Vögelchen, aber es wird froh sein, hinter den Gitterstäben, die seine Gefangenschaft sind, bleiben zu können. Wenn Menschen sehr viel Angst haben, sind sie froh, in ihrem Gefängnis zu bleiben, es bedeutet ihnen Schutz; es einfach aufzusprengen bedeutet, noch viel mehr Angst zu provozieren. Menschen in Angst werden ihr Herz nur zur Freiheit öffnen, wenn man ihnen das Gefühl gibt, daß draußen keine Gefahr mehr wartet, daß der Frühling Einzug gehalten hat, daß es wärmer wird, daß die

Ängste von früher nichts sind als vergangene Spukgestalten, Schemen der Nacht, die im Sonnenaufgang vergehen. Dann erst gewinnt ein Mensch seinen Mut, das Herz zu öffnen von innen. Das ist die Kunst, nicht lärmend, nicht zerbrechend Gefangene zu befreien. Wir begreifen, daß in diese Richtung die Botschaft Jesu am besten gedeutet ist. Hier wird vorweggenommen sein Programm; hier ist die Grundlage für das, was wir mit einigem Stolz von uns sagen, wenn wir uns Christen nennen. Christus heißt: der König; es ist historisch in gewissem Sinne nur ein anderer Begriff als Gottesknecht, aber die Schicht, die Jesus als früheste beglaubigt, nennt ihn mit den Worten des zweiten Jesaja den Sohn Gottes, das Kind Gottes, ihn, der so frei und versöhnt war, uns zu versöhnen, zu Kindern zu machen und miteinander zu Schwestern und Brüdern.

15. Februar 1997

Ein Licht der Völker
sollst du mir sein

Unsere Überlegungen gelten hier dem 49. Kapitel des Jesaja, den vier sogenannten Gottesknechtsliedern. Es sind Texte, die zu den zentralen Vorstellungsformen und Aussageinhalten dessen zählen, was wir das Alte Testament nennen. Wenn irgend im sogenannten Neuen Testament die Person Jesu zu deuten versucht wird, schließt man sich Aussagen an, die es mit der Botschaft des zweiten Jesaja und insbesondere der Gestalt des Gottesknechts zu tun haben, die zum Teil mit dem Propheten selbst identisch scheint, zum Teil mit Israel, manchmal auf den Perserkönig Kyros bezogen wird, sehr schillernd, vieldeutig und dennoch außerordentlich verbindlich, schaut man genau hin, was gesagt wird und gesagt werden soll.

Text: Jes 49, 1–6. 7a. 8b–12. 7b
Höret auf mich, ihr Gestade, und merket auf, ihr Völker, von fernher! Von Geburt an hat mich der Herr berufen, meinen Namen genannt vom Mutterschoß an. Er machte meinen Mund wie ein scharfes Schwert, barg mich im Schatten seiner Hand; er machte mich zum glatten Pfeil, versteckte mich in seinem Köcher und sprach zu mir: Du bist mein Knecht [Israel], durch den ich mich verherrliche. Ich aber sprach: Umsonst habe ich mich gemüht, um nichts und nutzlos meine Kraft verzehrt; und doch – mein Recht ist bei dem Herrn und mein Lohn bei meinem Gott. Nun aber spricht der Herr, der mich von Mutterleib an zu seinem Knechte gebildet, um Jakob zu ihm zurückzubringen und Israel zu ihm zu sammeln – ja, ich bin geehrt in den Augen des Herrn, und mein Gott ward meine Stärke –, er spricht: Zuwenig ist es, daß du mein Knecht sein solltest, nur um die Stämme Jakobs aufzurichten und die Geretteten Israels zurückzubringen; so will ich dich denn zum Lichte der Völker machen, daß mein Heil reiche bis an das Ende der Erde.
So spricht der Herr, der Erlöser Israels, sein Heiliger, zu dem, der tief verachtet, den Völkern ein Abscheu ist, zu dem Knecht der Tyrannen:
Zur Zeit der Huld habe ich dich erhört und am Tage des Heils dir geholfen; ich habe dich geschaffen und dich gemacht zum Bundes-

mittler für das Menschengeschlecht, indem ich dem Lande wieder aufhelfe und verwüstetes Erbgut wieder verteile und zu den Gefangenen spreche: »*Gehet heraus!*« *zu denen in der Finsternis:* »*Kommet ans Licht!*« *An allen Wegen werden sie weiden, auf allen kahlen Höhen ihre Weide haben. Sie werden nicht hungern und nicht dürsten, Glutwind und Sonne werden sie nicht treffen; denn ihr Erbarmer wird sie führen und sie an Wasserquellen leiten. Ich werde alle Berge zum Wege machen, und alle Straßen werden erhöht sein. Siehe, die einen kommen von ferne, und siehe, andre von Norden und Westen und wieder andre aus dem Land der Siniter.*

Fürsten und Könige werden es sehen und sich erheben, werden sich niederwerfen um des Herrn willen, der getreu ist, um des Heiligen Israels willen, der dich erwählt hat.

Wer in die Bibel schaut, dem geht es manchmal so wie jemandem, der einen mit Wasser gefüllten Krug, der durch ein Beben in Erschütterung versetzt wird, anblickt. Eine Fülle stehender Wellen überlagern sich gegenseitig und erzeugen ein verwirrendes Bild. Jede Welle schwingt, angeregt durch die Energie, die ein Stoß von außen ihr versetzt hat, aber sie selber gibt die gleiche Energie an ihre Umgebung weiter – ein angeregter Zustand des Gesamtsystems.

Seitdem die sogenannten Gottesknechtslieder in der Bibel gelesen werden, seit 2500 Jahren, streiten sich die Ausleger darum, wie sie zu verstehen sind. Von wem ist da die Rede, fragt in der Apostelgeschichte der Kämmerer der äthiopischen Fürstin Kandake (Apg 8,26–40). Ist da die Rede individuell von einer einzelnen Person oder aber kollektiv von einem ganzen Volk? Merkwürdig, daß die Ausleger, die sonst sehr stark das Historische in den Vordergrund rücken, an dieser Stelle, vor allem in der Moderne, große Scheu tragen, die Gestalt des Gottesknechts auf einen einzelnen zu beziehen. Die soziale, die gruppenbezogene Deutung in der Abwehr eines falschen Individualismus wird in aller Regel favorisiert. Tatsächlich hören wir hier nicht die Aussagen einer bestimmten Person, die sich mit ihrer Persönlichkeit selber zum Thema machen wollte. Schon wenn gesprochen wird vom Gottesknecht, ist ja die Rede, wenn man so will, von einem Titel, einem Auftrag, einem Amt. Aber kann es nicht sein, daß die Größe einer Persönlichkeit gerade darin liegt, die eigene konkrete Situation, in die hinein sie redet und handelt, zu übersteigen, indem sie nicht stehenbleibt beim Zufälligen, sondern vordringt zum Wesentlichen, in gewissem Sinne Grundsätzlichen, in gewisser Weise also Typischen, so daß das Persönliche sich ausdehnt und zum Allgemeingültigen wird? Der Grund des Prophetischen ist in aller Regel gerade nicht nur individuell, sondern er liegt darin, daß eine bestimmte Person das, woran alle zu glauben vorgeben, das offiziell Allgemeingültige, so wesentlich nimmt, daß es zu einer überraschenden Veränderung, ja womöglich radikalen Kritik am Allgemeinen führt. Da ist das Allgemeine imstande, eine ganz besondere, persönlich gebundene Auslegung zu erfahren, die sich umgekehrt wieder als verbindlich für alle anderen setzt. Jedenfalls versteht sie selber, diese einzelne Person, den Auftrag, den sie von Gott erhalten zu haben meint, als einen solchen Auftrag an alle anderen.

Groß ist eine Person im Raum der Geschichte, wenn sie hinabtaucht oder hinaufsteigt zu Bildern, die sie selber erweitern, wie eine bestimmte Glut über dem Meer Wolken zum Himmel emporzieht, die der Wind dann übers Land treibt. Die Gestalt des Gottesknechts selbst wird im Neuen Testament fast wie ohne Zögern auf die Person des Jesus von Nazaret angewandt. Gilt es nicht für ihn in geradezu eklatanter Weise, daß er vermeinte, von Gott den Auftrag zu haben, die Bewahrten Israels aufzurichten, das zersprengte Volk zusammenzuführen, und daß er damit scheiterte? Alles, was er wollte, stieß auf eine Mauer der Abwehr; aber wäre es denkbar, gerade in der Ablehnung sei der Auftrag von Gott nicht zurückgenommen, sondern erweitert worden? Dann würde es gelten: *Zu wenig war es, daß du mein Knecht sein solltest nur für Israel.* Eine Botschaft wird gerichtet an die Völker, an die ganze Welt, an die Fürsten und Könige bis hin zu den Rändern der bewohnten Erde, bis zu den äußersten Inseln. Das Neue Testament hat sich gerade so verstanden und so legitimiert. Ein Judentum für die Heiden müßte man die Botschaft des zweiten Jesaja und ganz gewiß das, was wir heute als Christentum bezeichnen, nennen. Da wird ein bestimmter schwebender Glaube vom Himmel heruntergeholt, daß er wie ein Regen dürstendes Land durchtränke. So sollte und wollte die Person des Jesus von Nazaret sich selbst verstehen und in gewissem Sinn verstanden wissen.

Was aber gilt, mehr als ein halbes Jahrtausend vor dem Mann aus Nazaret? Wovon ist ursprünglich die Rede in diesen Texten? Schon indem wir zwischen Allgemeinem und Persönlichem ein so schillerndes Verhältnis finden, sollten wir als erstes klären, was denn das überhaupt ist, die Erfahrung, daß Gott redet und einen einzelnen beruft. In der heutigen Kirche geben wir uns fast gerettet unter den Theologen, wenn wir sagen können, ein Mann wie der zweite Jesaja hat von Gott ein Amt bekommen, welches auch immer: das eines Propheten, das eines Gottesknechtes, das des Künders des göttlichen Wortes – er hat ein Amt; und wenn es schon einmal ein Amt gibt, so geht die theologische Beweisführung dahin, daß es in der Kirche Beamte geben muß. Wie auch sollte denn ein Amt ausgeübt werden ohne einen Beamten? Die deutsche Sprache ist wunderbar in ihrer Genauigkeit. Versuchen Sie es einmal mit einem anderen Wort. Sie gehen auf die Suche nach einem Menschen. Es ist ein Abenteuer. Sie haben jemanden verloren, Sie verlangen aber danach, ihn wiederzufinden, nur wissen Sie nicht, wo. Alles steht da auf dem Spiel zwischen Glück und Erfolg, Sie haben es nicht in der Hand. Sie müssen alles riskieren, aber es kommt für Sie alles darauf an und für den anderen, den Sie suchen, wohl auch. Das heißt es im Deutschen, einen Menschen zu suchen, nach einem Menschen zu suchen. Sie brauchen nur eine Vorsilbe und sagen: ich *be*suche einen Menschen, und Sie haben dasselbe Wort in einer ganz anderen Bedeutung, einer sehr beruhigenden. Wenn Sie jemanden *be*suchen, wissen Sie genau, wo er wohnt, können die Zeit präzise mit ihm vereinbaren, es gibt keinerlei Aufregung, ganz im Gegenteil; zu vermuten steht ein gemütlicher Nachmittag, eben ein Besuch, den man so tätigt. – Sollte es sein, daß der Unterschied zwischen einem Amt und einem Beamten eben mit dieser kleinen Vorsilbe zu tun hat? Dann wäre von einem Amt zu sprechen auch im Deutschen etwas sehr Mißverständliches. Man stellt sich unter anderem auch ein Gebäude vor unter einem Amt, etwas Offizielles, Behördliches, das an irgendeiner Straßenecke staatsgemäß eingerichtet ist für den Publikumsbesuch des Volkes. Besser ist es, wir reden, statt von einer (Ver-)Beamtung, von einer Beauftragung, die an den zweiten Jesaja ergeht, von einem Ruf, der da wird eine Berufung, die nie zum Beruf degenerieren kann.

Was wir von dem sogenannten zweiten Jesaja in der Gestalt des Gottesknechtes hören, ist das Bewußtsein, etwas zu sagen zu haben, das aller Menschheit gilt. Wir erfahren an dieser Stelle durchaus nicht den Inhalt, es ist, wie wenn der Anspruch selber alles erschöpfen würde, was zu sagen wäre. Dabei beginnt alles, wie wir es in den prophetischen Berufungen, vor allem bei Jeremia, kennen. Der Gottesknecht, ohne jeden Zweifel, wird hier gezeichnet als ein Prophet. Wie der Mann, von dem so gesprochen wird, sich versteht, das sagt er sehr deutlich: *Vom Mutterschoß an beriefest du mich.* – Wenn wir ein solches Wort hören, ist das Mißverständnis gleich bei der Hand, als sei, wenn von Geburt und Mutterschoß die Rede geht, eine Zeitaussage gemacht. Die Kirche heute noch liest etwa die Weihnachtsgeschichten im Neuen Testament vor, in denen von der Geburt Jesu erzählt wird, und das Mißverständnis lautet stets bis in die Dogmatik, bis in die Kirchenlehre hinein, es sei da die Rede vom Anfang des Lebens Jesu, legendär oder historisch, gleichviel. *Vom Mutterschoß an berief mich Gott* – das meint nicht ein zeitliches Verhältnis, es meint nicht, ein Mensch sei überhaupt nur zur Welt gekommen, um Träger einer göttlichen Botschaft zu sein. Der Anfang in dieser Art der Ausdrucksweise ist soviel wie: von Anfang an, grundsätzlich, wesentlich. Prophet werden, mit einem Wort, ist nicht anders möglich, als daß ein Mensch in seinem ganzen Dasein sich umgriffen fühlt, bis in den Kern. Es gibt nichts mehr, was nebensächlich wäre und sich abspalten ließe von der Hauptsache. Es geht um die ganze Existenz; die setzt sich aufs Spiel, und gewiß, rückblickend kann es scheinen, als sei alles, was gewesen ist, wie eine Vorbereitung für diese bestimmte, erschütternde Wahrnehmung, die plötzlich gekommen sein mag, die aber mitunter auch langsam sich vorbereitet. Als Sprechen Gottes wird sie beschrieben, aber Gott redet nicht von außen. Es ist, vor allem im Protestantismus, eine sehr beliebte Vorstellung geworden, immer wieder zu sagen: Gott ist das ganz andere, Gott ist das Außer-mir-Seiende; wenn also Gott redet, dann spricht er gerade die Dinge, die ich mir selber niemals sagen kann noch wollte. Das letztere ist wahr. Was ein Prophet zu sagen hat, ist nicht der Inhalt all seiner Wünsche, gewiß nicht das, was ihm auszusprechen leichtfällt. Immer empfindet er's als Überforderung, aber er würde nie mit seinem ganzen Dasein sich einem solchen Auftrag anschließen, lebte nicht alles in ihm darauf hin, wär's nicht sein ganzes Wesen, eben das zu verkörpern, was hier Gestalt gewinnen soll. Das Verhältnis zwischen Gott und Mensch ist nie zu trennen nach dem Schema von Außen und Innen. Daß beide miteinander verschmelzen, daß da die Flüssigkeit in einem Gefäß in Schwingung kommt durch ein Beben, das nicht erzeugt wird im Gefäß selbst, das aber alles, was sich in dem Gefäß befindet, in einen Erregungszustand versetzt – so unbedingt. Man kann nicht sagen, Gott spricht, so daß wir's mit den Ohren hörten oder daß er vor unseren Augen etwas wirken würde, daß wir's sähen, einem Wunder oder Beweis gleich; es ist etwas, das in uns selber als Gewißheit reift und eine Notwendigkeit gewinnt, der wir uns nicht mehr entziehen können. Die ganze Persönlichkeit formt sich darauf hin, dies und nichts anderes zu sagen und tun zu sollen, und sie will es auch nicht anders. Es ist am Ende tatsächlich so, als wäre sie nur zur Welt gekommen, dieses eine zu verrichten. *Vom Schoß meiner Mutter hast du gedacht meines Namens.* – Womit man einen Menschen anredet, damit bezeichnet man das Vertraute, das ihn Auszeichnende, das ihn von allen anderen Unterscheidende, und das liegt hier für diesen Mann Gottes, diesen Propheten, diesen Knecht Gottes in der Beziehung zu der Kraft und dem Willen, die mochten, daß es ihn gibt, zu diesem *Zweck* gewissermaßen.

Wir haben uns im gegenwärtigen Umgang miteinander in der Kirche angewöhnt, die Dimension des Prophetischen, speziell in der römischen Kirche, auf eine feine Weise zu erledigen. Im Unterschied zum Protestantismus, der vor etwa 500 Jahren gerade die prophetische Dimension wiedergewinnen wollte, ist das römische Christentum darauf ausgerichtet, das Prophetische in schlechtem Sinne ins Allgemeine zu bringen. Man erklärt theologisch, daß wir alle, durch die Taufe schon, zu Propheten geworden sind, und das bedeutet, daß wir eines einzelnen Propheten gar nicht mehr bedürfen. Wir haben die Dimension des Prophetischen im Hegelschen Sinn aufgehoben; wir haben sie inflationiert, wir heben sie so hoch, daß sie niemandem mehr weh tut. Sollte nun in der Kirche noch etwas passieren, das einer prophetischen Existenz gleichkäme, etwa das Auftreten eines Blaise Pascal im 17. Jahrhundert oder eines Sören Kierkegaard im 19. Jahrhundert, wird die kirchliche Obrigkeit einen Prüfstein nehmen und ihn an den Mund des Redenden halten. Redet er versöhnlich, kompromißbereit, so daß es eigentlich die Herrschenden in ihren Interessen befördert, wird man ihn sich als Propheten gern gefallen lassen: Er kehrt zurück zu dem, was man im Alten Testament als Hofpropheten bezeichnete. Aber sollte er scharfzüngig, spitzwortig unter die Leute fahren, sokratisch gewissermaßen wie eine Bremse hinter den Ohren der Ochsen, dann wird sich für die kirchliche Obrigkeit augenblicklich erweisen, daß er nicht von Gott getrieben ist; denn Gott, wisse!, ist die Liebe, er aber spricht die Unversöhnlichkeit, den Streit, die Auseinandersetzung, er konfrontiert, er agitiert, er polemisiert – er kann nicht von Gott sein. Die Propheten zu allen Zeiten wissen es anders, wußten und mußten es anders tun. Der Knecht Gottes beruft sich hier auf Gott. Man findet seine ganze Existenz umgeschmiedet in den Händen Gottes, seinen eigenen Mund *geschärft wie ein Schwert*. Das ist soviel wie eine Waffe für den Nahkampf, für die Auseinandersetzungen mit der unmittelbaren Umgebung. Aber schlimmer noch: Er hat mich gemacht, erklärt dieser zweite Jesaja in der Gestalt des Knechtes Gottes, *zum glatten Pfeil* – glatt offensichtlich, weil seine Spitze so geschärft ist, daß sie durch jedes Zielhindernis hindurchdringt auf die Ferne hin. Jede Art von Auseinandersetzung im Konkreten und im Allgemeinen, im unmittelbaren, akuten, situativen Raum und in den ferngesteckten Zielen wird angegriffen und, ist der Auftrag aggressiv formuliert, buchstäblich zugespitzt, zweischneidig. Es gibt einen Zusand, in dem ein fauler Friede sein Ende finden muß. Im Neuen Testament wird Jesus sich auf ein solches Wort berufen. Man hat daraus gemacht, er sei gewalttätig gewesen im Sinne der Revolution gegen Rom. Welch ein Mißverständnis! Jesus bekommt es fertig zu sagen: *Ich bin nicht gekommen, den Frieden zu bringen, sondern das Schwert*, gerade wie der zweite Jesaja (Mt 10,34). Kein Schwert gegen die Römer, sondern etwas, das sich dem eigenen Volk zur Entscheidung vorlegt. Es gibt kein Daranvorbei-Reden mehr; entscheiden bedeutet, daß jetzt etwas durchtrennt wird zwischen Entweder und Oder. Auch das ist der ständige Unterschied. Das katholische Prinzip gefällt sich darin, das *Sowohl – Als auch* zu predigen, und immer ist der Kompromiß das Richtige. Schwarz *und* Weiß, Heiß *und* Kalt; aber genau das ist niemals die Temperatur und das Kolorit in der Bibel. Wenn ihr doch, wird es lauten im Neuen Testament, heiß wäret oder kalt, aber wo ihr nur lau seid – bis zum Ekel in meinem Mund, müßte man ergänzen, speie ich euch aus (Apk 3,15.16). Entschiedenheit so oder anders, das ist gewollt, gefordert, und das zu betreiben ist die Aufgabe eines Propheten, festzulegen, bis daß es trifft. Und der andere muß reagieren.

Das beste Kriterium einer prophetischen Rede liegt eben darin, daß sie die Hörer nötigt, Stellung zu beziehen; es gibt kein Ausweichen mehr. Die normale Antwort wird natürlich sein: Was vermißt sich dieser Mann hier, eine Botschaft für die Inseln, einen Auftrag für die Völker – das ist Hochmut, das ist Überheblichkeit. Wozu macht er sich selber? Die Antwort dieses Mannes aber kann nur sein: Gemacht hat mich Gott. Zwischen den Zeilen klingt das wie bei dem Propheten Amos: wie gern wäre ich geblieben Maulbeerfeigenzüchter und Treiber meiner Ochsen auf den Feldern; aber Gott kam (Am 7,14.15). Dann muß man sich fragen: Was gibt denn einem Menschen den Mut, anzukämpfen gegen alle andern? Woher gewinnt er die Energie, den Sturm zu ernten, den er als Wind in den Wald bläst? Was verschafft ihm die Zuversicht, bestehen zu können in einem so ungleich verteilten Feld der Auseinandersetzung? Man hat diese Stelle versucht tatsächlich als ein Nacheinander, als ein *Sowohl – Als auch* in der Zeit zu verstehen: Er hat mich gemacht zu einem scharfen Schwert, *nachdem* er zuvor im Schatten seiner Hand mich geborgen gehalten. So dachte man, daß eine Phase der Geborgenheit abgelöst worden sei durch eine Phase des Kampfs, und genauso vom Pfeil, der im Köcher verwahrt blieb. Tatsächlich muß man beide Dinge ineinander denken: Eine Person besteht alle Auseinandersetzungen mit den Menschen, weil sie, wenn sie, solange sie sich geborgen fühlen kann in Gottes Hand. Sie schickt die eigene Existenz auf die fernsten Ziele, solange, wenn und weil sie sich aufgehoben weiß in Gottes Köcher.

Das ist die einzige Erklärung. Nicht daß ein Mensch besonders mutig wäre, ein Draufgänger sozusagen von Natur oder ein rheinischer Gemütsmensch, der jedes Risiko herunterspielt mit ein bißchen Humor, oder eine Dickschwarte von Bayern, wenn wir im Kolorit des deutschen Landsmannschaftentums verbleiben, den das alles nicht so trifft beim Schlag auf die Lederhose; wir haben es vielmehr zu tun mit Menschen, die sehr sensibel sind, die hundert Gründe haben, sich zu fürchten, die auch wohl kommen sehen, was ihnen bevorsteht. Sie finden nur, das alles sei keine Ausrede wert, sei kein Grund, zurückzuweichen. Sie nehmen das unmöglich Scheinende nicht als ein Argument, sich mit dem vermeintlich Möglichen zufriedenzugeben; sie wissen, daß der Frieden nur kommen wird durch eine Radikalkur, eine Veränderung in allem, und bis dahin gilt die Auseinandersetzung. Keinen anderen Grund dafür haben sie, als zu glauben, daß es bei Gott so stimmt und daß sie in ihm allein richtig aufgehoben sind. Alles andere erschiene ihnen nach dem jetzt schon Gesagten wie ein Selbstverrat, wie eine Auslieferung an

alle anderen, buchstäblich wie eine Entfremdung. Sich selber zu
gehören und Gott zu gehorchen, das ist hier so sehr eine Einheit,
daß alle Angst sich überwinden kann durch dies Gefühl, in Gottes
Hand zu bleiben. Und dann mag passieren, was will.

Es ist noch eine Erinnerung, die wie ein Versprechen ist: Gesagt
hat er zu mir: *mein Knecht bist du.* – Wenn wir hören »Knecht«,
denken wir fast immer an den Status von abhängigen Sklaven der
untersten Schicht der Bevölkerung. Hören wir aber, es sei möglich,
einzuschwingen in die Anregungswelle, die von Gott ausgeht, sein
zu dürfen, indem man sein Sprachrohr wird, und Worte zu bilden,
die weitersagen, was von ihm kam und zu erlauschen war, so gibt es
keine höhere Berufung, keine größere Auszeichnung. Wieder verändert da das Verhältnis zu Gott alles, was unter Menschen sonst gelten würde. Das, was erniedrigend ist vor den Menschen, Sklave zu
sein, in der antiken Bildersprache: in dem Nacken des Niedergebeugten den Tritt des Herrschenden zu spüren, das gerade bei Gott
ist das grundverschieden andere. Gott zu dienen, das richtet auf,
gibt Würde, in gewisser Weise eine Art von Stolz, so wie Blumen
sich aufranken im Sonnenlicht. Man mag sie Sklaven des Lichts und
der Wärme nennen, aber es ist all ihre Schönheit, zum Licht hin sich
zu entfalten. Es ist, daß an dieser Stelle die 2500 Jahre während
Streitfrage der Auslegung im wörtlichen Sinn zu Buche schlägt;
denn angeredet werden soll im nächsten Vers *Israel: Du, an dem ich
mich verherrlichen will.* – So steht der Text da, und es gibt nur wenige Gründe der Textkritik, daran zu zweifeln. Sogar die Qumran-
Texte haben den Wortlaut an dieser Stelle ebenso, und trotzdem
kann die Stelle ursprünglich so nicht gelautet haben. Es ist ein Beispiel dafür, daß wir selbst dem geschriebenen Wort manchmal nicht
glauben dürfen. Ein späterer Ausleger muß das »Israel« hier hin-
eingesetzt haben. Man kann es beweisen, daß es da nicht gestanden
haben *kann.* Gott verherrlicht sich an Israel, das ist wahr, und die
Art, wie er das tut, ist, daß er ein gebeugtes Volk aufrichtet. Da ist
das Elend Israels, das Jahwe aufhebt, die Art der Verherrlichung.
Hier aber geht es um etwas ganz anderes. Hier geht es darum, daß
Gott sich verherrlicht sehen möchte durch die Existenz eines Menschen. Der mag gebeugt sein, wie auch immer, aber indem er in
seinem Elend noch ausspricht, was er hörte von Gott und gerät
womöglich deswegen überhaupt erst in alles Elend, wird er zum
Träger göttlicher Verherrlichung. Das ist etwas gänzlich anderes.

Prophetisch gedacht, liegt Israel sehr oft am Boden, weil es gerade *nicht* getan hat, was Gott wollte; hier bei dem Gottesknecht verhält es sich genau umgekehrt; also kann von Israel überhaupt keine Rede sein an dieser Stelle, sondern wir müssen dem Wortlaut selber ins Wort fallen und sagen: es gibt die Notwendigkeit, auf einer anderen Abfolge zu bestehen. Es ist irgendwann von Israel zu Recht die Rede, und wir werden im Anschluß an diese zweite Gottesknechtsrede auch davon hören. Aber zum Volk kommen wir unter den Augen Gottes erst, wenn es Menschen gibt, die sich als Personen, als einzelne wagen und ihre eigene Existenz als einen Auftrag, der unzweideutig gilt, übernehmen. Das Wort Gottes fällt nicht ins Kollektive hinein, sondern wird getragen von Personen, die es aufnehmen und weitergeben. Dies ist die Reihenfolge, darauf zu bestehen der Sinn dieses zweiten Gottesknechtsliedes. Anders wäre das folgende jetzt gar nicht mehr verstehbar. Es ist vor allem im Johannes-Evangelium (Joh 7,39; 8,54; 11,4; 12,16; 13,31 u. ö.) diese Vorstellung der Verherrlichung Gottes in dem einzelnen, Jesus von Nazaret, so vorbildlich aufgegriffen worden; aber auch von der Person des Mannes aus Nazaret sagt die Legende: Er ging hindurch bis in die Stunde des Empfindens einer äußersten Sinnlosigkeit und Vergeblichkeit. Wir nennen es beinahe Prophetenschicksal, *daß* es so kommt, aber wir begreifen damit eine unglaubliche Möglichkeit, eine fast unbegreifliche Zumutung. – Wir sind gewohnt, Dinge zu tun, deren Erfolg sich einigermaßen absehen läßt. Selbst wenn wir dabei scheitern würden und wir uns in den Startbedingungen verrechnet hätten, bliebe doch zumindest die Wahrscheinlichkeit, Erfolg zu haben, vernünftigerweise die Voraussetzung dafür, überhaupt etwas zu unternehmen. Die religiöse Existenz läßt sich im Prinzip so nicht kalkulieren. Ihr ist es im Unterschied zum Politischen in gewissem Sinne gleichgültig, ob das, was jetzt geschieht, Erfolg haben wird oder nicht, wenn es nur wahr ist. Es ist sehr wichtig, sich den Unterschied absolut deutlich zu machen, weil die Verwischung dieser beiden Ebenen, zwischen Individuellem und Kollektivem, Religiösem und Politischem, zu einem Wirrwarr auf allen Ebenen führt. Ohnehin wird das Politische sehr schnell ideologisiert und mit göttlichen Rechtfertigungen bis ins Parteipolitische, bis ins Alltagsgeschäft hinein ausgestattet – die Machthaber auf Thron und Altar fühlen sich dann bei Parteien und Kirchen gerechtfertigt, legitimiert, zelebriert geradewegs, und umgekehrt sind die einzelnen dann nichts weiter als das Material der allgemeinen Befehlsausgabe. Wahr bleibt: Politisch ist das Handeln an die Aussichten des Erfolgs gebunden; Politik ist die Kunst, etwas zu erreichen. Religiös hingegen gilt in gewissem Sinn die völlige Unabhängigkeit vom Kalkül des Erfolgs. Ob etwas stimmt oder nicht, nur das ist die Frage; ob es menschlich verdient, gesagt zu werden oder nicht, darauf kommt es an. Was vor Gott verbindlich ist, das allein zählt. Es ist an dieser Stelle ein größerer Unterschied zwischen dem Politischen und Prophetischen kaum denkbar. Wir haben im 20. Jahrhundert eine Ethik entwickelt, die sehr fein den Konflikt beider Ebenen durch Aufspaltung löst. Sie erklärt, daß es eine Verantwortung gibt nach dem Maßstab des Ethischen und eine Gesinnung nach dem Maßstab des Ethischen; und also wird man uns sagen, das Religiöse, das Prophetische, sei zu setzen in den Bereich der Gesinnung, des Wohlmeinens der privaten Sphäre, wohingegen das Verantwortliche in den Raum des Handelns, des Öffentlichen und des Allgemeinen hineinzustellen sei. Spalten wir beides so auf, ist die Existenz des Prophetischen von vornherein unmöglich, sie reduziert sich auf einen frommen Selbstbetrug, auf ein gewissermaßen däumchendrehendes Beten an irgendeiner verhockten Stelle, irgendwo am St.-Josephs-Altärchen einer Kathedrale. Nichts geht davon wirklich aus. Man hat es gut gemeint; diese Selbstberuhigung mag ja gelten. Das Prophetische aber liegt darin, daß die Gesinnung sich zum Verbindlichen erhebt und dies für das allein Verantwortliche erklärt, weil jeder Aufschub unverantwortlich ist. Dieses drängende Gefühl in der Zeit, daß es *jetzt* darauf ankommt, etwas zu entscheiden, gehört unbedingt mit zum Prophetischen. Es mag sein, daß alle pragmatischen Gründe dagegen sprechen, dies und das jetzt zu tun und so zu glauben; aber eben die Versammlung all des Pragmatischen weiter fortzusetzen erscheint dem Propheten als das Unverantwortliche, das Zukunftgefährdende, die Gesellschaft in der Gegenwart bereits Ruinierende. Eine Änderung in allem, das ist das Gefühl, das den Propheten trägt.

Und nun muß man denken, daß mit diesem Anspruch, mit dieser Zielsetzung der Eindruck der Vergeblichkeit von allem fast unabwendbar verbunden ist. Jeder Systemtheoretiker wird uns erklären, daß es unmöglich ist, ein Gesamtsystem zu ändern. Sollte das versucht werden, ist das System als Ganzes am Ende. Ein einfaches

Beispiel: Sie möchten ein Fachwerkhaus renovieren. Dann stehen
Sie vor der Wahl, jeden Balken einzeln aus dem Konstrukt heraus-
zunehmen, indem Sie die Statik des Ganzen bewahren, und die
Kammern dazwischen nach und nach auszuräumen und mit neuem
Material zu ergänzen, oder aber den Abriß des gesamten Gebäudes
zu wagen. Restaurierung, Reform, das geht nur langsam, das basiert auf dem Austausch der einzelnen Teile unter Wahrung des Gesamten. Ein Prophet, der alles auf einmal will, ist in sich selbst ein
Zerstörer, und er erntet zu Recht die Vernichtung seines Anliegens
und sogar seiner Person. So die Auskunft des Normalen.

Ganz anders die Denkweise der religiösen Existenz, dargestellt
hier im Bilde des Gottesknechtes. Er *hat* das so erlebt, niemand
wollte ihn hören. Was eigentlich war sein Auftrag, was sollte er versuchen? Es wird sehr spät noch einmal erinnert, er sollte aufrichten
die Stämme Jakobs und die Bewahrten Israels zurückbringen. Der
erste Teil: aufrichten die Stämme Jakobs, das ist ganz und gar der
zweite Jesaja. Ein Volk in Entmutigung, Traurigkeit, Verzweiflung
bei der Hand nehmen und ihm tröstlich ins Herz reden, ermuti-
gend, stärkend, das ist seine ganze Botschaft. Aber die Bewahrten
zurückzubringen, das, wenn man so will, war der Auftrag aller Propheten. Umkehr zu lehren, Israel als ein Verlorenes, vom rechten
Pfad Abgewichenes zurückzubringen auf den Weg, der zu Gott
führt, das war nicht eigentlich die Mission des zweiten Jesaja. Da
greift er zurück auf Prophetendasein insgesamt; beides aber hier
verschmilzt. Auf Gott zu vertrauen, Mut zu gewinnen in seinem Gegenüber, das ist identisch damit, alle falschen Wege sein zu lassen
und wieder mit seinem Leben ins Lot zu kommen. Das war und ist
sein Auftrag, und er erklärt an dieser Stelle, daß niemand es hören
wollte. Man müßte, um das zu verstehen, vielleicht die *Klagepsalmen*, ein kleines, aber gallenschweres Buch im Alten Testament,
lesen, um zu sehen, wie hoffnungslos dort das Weh und Ach zum
Himmel dringt, und jeder Trost empfindet sich selbst als so unzeit-
gemäß, als wollte man einem Weinenden von der Freude reden,
einem vom Schmerz Gekrümmten von Erholung und Freiheit.
Mitunter leben Menschen in einem Gemütszustand, in dem sie die
Verbitterung, den Zynismus, das Ich-will-keine-frommen-Reden-
mehr-Hören fast zur Pflicht des Umgangs erheben. Alles, was da
noch gesprochen wird von Gott, von Aussicht, von Zukunft gilt
wie ein Verrat an dem, was man erlebt hat. Es gibt heute einen be-

stimmten gesellschaftlichen Zynismus, dem jedes verbindliche Reden von Gott vorkommt wie Überzuckerung, wie Kitsch, wie aufgesetzt, wie verlogen – besser ist die klare Härte der konkreten, illusionslosen, schonungslosen Auseinandersetzung. Von all dem kann aber niemand leben. Am allerschwierigsten scheint es zu sein, über die Trauer hinauszuwachsen, über das Leid hinweg noch einmal Hoffnung zu glauben. Alles wird nur leichter, wenn es so ist; aber das Gefängnis von Angst, Mißtrauen, Schmerz aufzugeben, verlangt noch einmal viel neue Kraft. Man kann verstehen, warum die Botschaft des zweiten Jesaja so niemand hören will, und es scheint ihm wie umsonst, wie ein Bemühen um Hauch und Nichtigkeit, sie je gesagt zu haben.

Wenn denn diese Texte auf die Botschaft Jesu bezogen sind und wurden, läßt sich an seinem Beispiel noch ein anderer Inhalt festmachen. Man rede in dieser Welt, wie der Mann aus Nazaret es tat, davon, Weinende zu trösten, Arme reich zu machen, Gebeugte aufzurichten und ein Jahr der Gnade auszurufen, so würde man denken, alle mit Begeisterung griffen es auf, fühlten sich selber gemeint, endlich begönne es – der Realismus der Geschichte lehrt uns genau das Gegenteil! Wer so spricht, stellt alles in Frage. Er ändert das ganze Klima, er haucht gewissermaßen all die Handlungsgewohnheiten der gefrorenen Kälte hinweg mit der Wärme seines Mundes, und das verträgt man nicht, das ist soviel wie eine Frühlingsgrippe als Epidemie. Dagegen wehrt sich das ganze Immunsystem. Es ist ein Angriff auf all das, was man in Wintertagen gelernt hat. So leicht, so frei, so glücklich – das darf nicht sein. Es ist das Schicksal Jesu, es ist das Schicksal offensichtlich aller Propheten, an diesem Widerstand fast zugrunde zu gehen. Aber sie lernen etwas dabei, ein Unglaubliches. Immer wieder, wenn man die Gestalt Jesu oder hier dieses zweiten Jesaja im Auftrag des Gottesknechtes sich vor Augen stellt, ist die Meinung, daß Menschen, die nichts erreichen mit dem, was sie wollen, irgendwann mit Gott zerfallen. Sie zerbrechen einfach, sie teilen den Unglauben, es stellt sich ihnen das Göttliche in Frage. Das Merkwürdige der Existenz eines Propheten ist, daß ihr Vertrauen zum Menschen immer geringer werden kann, mit Gott dagegen verschmelzen sie immer mehr. Es ist nicht das Problem des zweiten Jesaja, daß Gott nicht hielte, was er gesagt hat. In *seiner* Hand steht er nach wie vor, in *seinem* Köcher bewahrt bleibt er ganz und gar. Selbst den Jesus in Getsemane muß man sich so vorstellen: Ein Engel sei zu ihm gekommen, sagt man (Lk 23,43); Gott fühlte er sich näher denn je. Nur daß alles Gesagte von Menschen kaum aufgegriffen wird, daß da, wo von Liebe die Rede war, Haß verbreitet wird, daß da, wo von Milde die Rede ging, eine Kriegserklärung folgt, daß da, wo Menschlichkeit sich ausbreiten mochte, wieder die alte Gewalt dahertrampelt, daß da, wo Freiheit von Angst langsam Wurzeln schlug, alles wieder ausgerissen werden soll in den Mechanismen der alten Einschüchterung, und die Menschen lassen's mit sich machen, haben am Ende gar nicht die Kraft, bei dem anzuknüpfen, wovon sie deutlich spüren, das trüge sie, das wäre ihre Rettung – das und nichts anderes ist das wirklich Deprimierende für den Knecht Gottes, für jeden unter den Propheten, von Amos über Jeremia bis hier zum zweiten Jesaja. Man kann paradoxerweise fast sagen: je näher bei Gott, desto entfernter von den Menschen dieser Zeit, dieser unmittelbaren Umgebung, und es wird die ganze Kunst des Propheten sein, Gott zuliebe immer von neuem an die Menschen zu glauben und sie liebzugewinnen inklusive ihrer Ängste, ihrer Niedergedrücktheiten, ihrer Ohnmacht; dabei ist es das Gefühl des Propheten, selber ohnmächtig zu sein, das ihm die einfachste Brücke des Verständnisses zu allen anderen Menschen bilden kann. Nur, wenn es denn so ist, wenn es *allen* Menschen so geht, war es dann nicht vielleicht ein Fehler, im Nahbereich nach einer Veränderung zu suchen? Es ist eine paradoxe Folge der prophetischen Existenz: Wird sie abgelehnt von der unmittelbaren Bezugsgruppe, von den Verwaltungsbeamten des unmittelbaren Adressatenkreises, weigert sie sich, zurückzugehen. Im Gegenteil. Sie tanzt gewissermaßen wie ein Stein, den ein Kind flach aufs Wasser warf, und hüpft über die Wellen, womöglich bis zum anderen Ufer. Die Ablehnung wird die Kraft, sich weiter fortzuschleudern und weiter hinaus zu riskieren. Es kommt zu einer Einsicht, die alle Menschen betrifft.

Ein Licht der Völker sollst du mir sein. – Das bedeutet geschichtlich in der Mitte des 6. Jahrhunderts v. Chr., daß von Israel, wenn es sich hier als Wort schon in diese Zeilen hineingeschmuggelt hat durch die Hand eines späteren Auslegers, gar nicht mehr die Rede sein kann als von dem Volk, dem speziell die Erwählung gilt. Der zweite Jesaja, der Knecht Gottes, lernt aus der Ablehnung des Volkes Gottes eine Mission, die allen, die im Dunkeln sind, Licht bringt. Konkret gesprochen: Hält sich Israel selber nicht an Gott, hebt sich der Unterschied zwischen Gottfrommen und Gottlosen ganz von alleine auf. Dann ist Israel selber wie ein Volk unter den Heiden, und man muß umgekehrt reden – wie mit Israel so mit allen Heiden; dann sind wir alle nur noch Menschen, und dann wird der sogenannte Ungehorsam Israels zum Werben darum, daß alle Menschen zu horchen beginnen, was Israel auch und als erstes hätte vernehmen sollen. Es ist plötzlich, daß Gott sein eigenes Volk einordnet, zurücknimmt in den Gang der gesamten Welt. Ihm gehört die Erde bis hin zu den Inseln, und alle Menschen sind sein. Und alles, was gemünzt war auf Israel im besonderen, wird jetzt in seiner Humanität sich ausdehnen und sich Geltung schaffen für alle.

Wir haben bis dahin von dem Inhalt der Mission des zweiten Jesaja oder des Gottesknechts noch gar kein Wort gehört, doch wissen wir jetzt bereits unendlich viel, denn was da allen Menschen gilt, ist dieses: Du lernst die Wahrheit nur, wenn du sie riskierst. Du wirst nie mit deinem Leben anfangen, solange du überlegst, wie die Sache ausgeht. Du kommst nie zum Leben, indem du dein Dasein vom Ende her verstehen und lesen möchtest. Nur der Anfang gehört dir und der Mut, zu beginnen mit dem, was du klar siehst. Das ist alles, was vor Gott entscheidet. Es kann sein, du trittst an der Seite Gottes für etwas ein, das dir alles gilt, und du siehst nichts als das Scheitern. Denke, du lernst aus deinem Scheitern, alle Menschen zu trösten. Denn das Herz aller ist voll von zerbrochenen Träumen, umdüsterten Hoffnungen, verdunkelten Erwartungen. Indem du stellvertretend, vorwegnehmend gewissermaßen, schon durchgemacht hast, woran sie selber noch leiden, wirst du ihnen zum Licht inmitten des Kerkers, bleibst du um so mehr Knecht Gottes, sein Diener, sein Bote, Trost seiner Freude.

Dann muß man die weitere Ausführung dieses Textes, die unzweifelhaft jetzt sich auf Israel als Volk bezieht, noch einmal hören: So spricht Jahwe – und er, der Knecht Gottes, wird mit einer ganzen Reihe von Begriffen beschrieben: Israels Erlöser, sein Heiliger, tief Verachteter, Abscheu der Leute, Knecht der Herrschenden. Da steht unzweifelhaft Israel in der Stunde der babylonischen Gefangenschaft, des Exils, der Ausgesetztheit unter den Völkern als Bild, wie es uns Menschen gehen kann. Und das Erstaunliche jetzt: Wir nehmen in aller Regel an, daß Gott sich beglaubigt durch Macht, durch Stärke, durch das Ergebnis, das uns als wünschenswert erscheint; es ist aber der Kern des prophetischen Denkens in der Bibel, daß Gott in seiner Stärke, in seiner Heiligkeit redet mit dem Niedrigen, mit dem Zerbrochenen, mit dem am Boden Liegenden. Und eben dieser Kontrast ist es, der uns Menschen über die Erniedrigung den Mut gibt, uns aufzurichten, mitten im Schuldverhafteten zu glauben an Unschuld, Reinheit, Vergebung. Was hier ins Spiel kommt, ist womöglich in der Geschichte der Völker ein spezifischer Unterschied. Manche Völkerkundler haben uns gelehrt, die Kulturen Ostasiens als Schamkulturen zu begreifen. Das Gesicht zu verlieren, etwas zu tun, das in den Augen der anderen wie lächerlich erscheint, gilt dort als das Schlimmste, was einem Menschen passieren kann. Verliert er das Ansehen – ganz wörtlich – in den Augen der anderen, kann es ihn nötigen zum Bilanzselbstmord gar. Er verdient nicht länger zu leben. *Hier*, in der Bibel, bricht ein anderes Denken sich Bahn. Es ist möglich, daß ein Mensch sich selber stellt auf die Seite Gottes und wird dadurch allererst zum Verächtlichen, zum Lächerlichen, zum Clown im Denken der Klugen. Aber darauf kommt es nicht an. Die Bibel in diesen zentralen Erfahrungen ihrer eigenen Geschichte lernt, was sie die Menschheit lehren möchte: Es gibt einen Bezugspunkt des Schamgefühls, der liegt ganz innerlich im Gegenüber Gottes, nicht bei den Menschen. Da mag es sein, durch ihre Wertungen vollkommen hindurchzufallen, wie erbärmlich zu scheinen, wie ein Nichts zu sein in all den Mißerfolgen, schändlich sogar, so daß sie darüber hinweggehen; da genügt es, daß über einen Mann wie Jesus im Namen der staatlichen Vernunft und der religiösen Vernunft von dem Hochpriester und dem Landpfleger das Todesurteil gesprochen wird, dann, nach ihrer Auffassung, ist er erledigt, und aller Hohn und Spott können sich über ihn ergießen. Aber in der Gestalt des Gottesknechtes lebt *diese* Erfahrung: Es ist möglich, in den Augen aller anderen geschändet und schändlich zu sein und dennoch zu wissen, in der Hand Gottes zu bleiben. Darauf allein, sich vor Gott schämen zu müssen, sollte sich alles Interesse richten. Es ist das Wichtigste, was wir lernen könnten, daß der Maßstab religiös für unser Leben nicht bei den anderen liegt, nicht im Kollektiv der Menge, nicht im Offiziell-Allgemeinen, sondern nur in diesem unsichtbaren Gegenüber, das wir als Gott bezeichnen.

Dann freilich schwingt es wieder in die andere Richtung. Die Rede geht von all dem, was mit Israel als Volk gemeint ist; aber die Wendungen, in denen es beschrieben wird, sind ohne Zweifel aus

der individuellen Gebetspraxis Israels selber genommen. Wenn
Gott sein Volk heimführt, wird es sein wie in den Tagen des Exodus
unter Mose: Mitten durch die Wüste wird er's geleiten zu Was-
serstellen, über die Berge hinweg, als wären es Wege. Und dieser
Exodus aus Babylon gilt noch für viel größer als der aus Ägypten.
Freilich, für den Knecht Gottes, wenn denn dieser Anhang auf ihn
bezogen wird, ist dieses Unternehmen genau so riskant und unwäg-
bar wie für Mose selber. Kann es nicht sein wie bei Meriba und
Massa, daß das Wasser, das man findet, bitter ist oder gar giftig?
(Num 20,1–13) Kann es nicht sein, daß das Volk in der Wüste zu
verdursten droht, und alle Völker werden sagen: Da habt ihr euren
Gott, ein Irrlicht ist er, ein Trugbild der Phantasterei, ein Dämon,
der das eigene Volk verführt, und Mose ist sein Narr? Wann weiß
man, wie der Weg Gottes endet? Nur daß man ihn geht und den
Mut findet, auf ihm voranzuschreiten; das ist das einzige Versprechen Gottes an Mose, an Abraham: Ich bin da, als der ich dasein
werde, das ist *mein* Name, wird er sagen (Ex 3,14).

Aber dann gilt es, bis ins Intime hinein. Die Bilder, die hier verwandt werden, sind ganz die aus dem 23. Psalm. Gott wird wie ein
Hirte die Schafe führen auf den Weiden, er wird sie geborgen sein
lassen in seiner Gegenwart, zu Wasserquellen sie hinleiten und auf
sicheren Pfaden führen. Von allen Enden der Erde werden sie sich
versammeln, von Norden und vom Süden, von Assuan aus Ägypten
her, buchstäblich von den Enden der Erde. Und die einen der Könige werden aufstehen und akklamieren und die anderen niederfal-
len in die eigene Ohnmacht. Völlig widersprüchlich und paradox
wird die Reaktion der Völkerwelt sein. – Sollten wir aber, wenn es
schon wieder so schwingt zwischen Einzelnem und Allgemeinem,
nicht gerade diesen Anhang auch auf das Schicksal all der Menschen beziehen dürfen, die als Personen sich wie deportiert fühlen,
wie in fremdem Land, ausgeliefert als Spott den Herrschenden?
In ihnen selber spukt's wie eine Instanz implantierter Fremdherrschaft. Sie möchten etwas tun, und ein Gegenwille verbietet's. Sie
strecken sich aus nach etwas, das ihnen Freude machen könnte, und
seit Kindertagen wird ihnen auf die Hände geschlagen: Das darfst
du nicht. Gerade möchten sie frei atmen, dann steht das Verbot an
der Haustür: Passiere nicht diese Stelle zur Straße. Immer werden
sie eingeengt durch die Anweisungen anderer, immer zersplittert
sich's ihnen in der eigenen Seele, ist's bis an die Ränder der Erde hin

verteilt, zerstreut, dürstend nach Leben und wie verschmachtend am Wege. Vertrauen auf Gott, Vertrauen schlechthin ist die einzige Antwort gegen solche Dissoziationen des Persönlichen im Feld und im Ghetto der Angst. Immer wenn man mit einem anderen Menschen begütigend spricht, tröstend, einfach zuhörend, begleitend, hütend, einem Hirten ähnlich, wird man erleben, daß es sich in ihm zusammensetzt wie das zerbrochene Glas eines Kirchenfensters, aus dem die Bleiverglasung herausgeschmolzen wurde. Es fügt sich zusammen mosaikähnlich und entdeckt seine ursprüngliche Gestaltung wieder. Es vermittelt das Bild, das einmal im Glas eingeschmolzen war, und ist bereit, das Licht in funkelnder Schönheit durch sich selber hindurchfluten zu lassen. Wo irgendein Mensch, verstreut unter all die Zonen der Angst, sich wiederfindet und sich zu seiner Mitte versammelt, da herrscht Gott in ihm, wirkt er an ihm, und jeder, der es vermittelt, ist sein Knecht, sein Bote, sein Prophet. Oftmals wird er dabei seine Pfeile schießen müssen gegen all das, was im Wege steht, manchmal sein Wort schärfen müssen wie ein Schwert, das zur Entscheidung ruft und falsche Einwände zerschlägt. Der Weg zurück zum eigenen Wesen und Auftrag ist wie ein innerer Kampf, aber ihn zu bestehen der Anfang von allem Frieden. Es gibt keine Könige mehr, keine Fürsten mehr, und was sie tun, neutralisiert sich selbst in seinem Widerspruch. Aber es bleibt wahr, Jahwes wegen, der treu ist, des Heiligen Israels, daß er dich erwählte.

In all den Texten war mit keinem Wort inhaltlich die Rede von dem, was denn der Gottesknecht nun sagen soll. Er ist ein Erwählter, aber sollten wir denken, alles, was er zu sagen hat, wäre eben dies: Um Jahwes willen, du bist ein Erwählter? Es hörte auf, nur Israel gesagt zu sein; es richtete sich auch nicht an die Vielzahl von Völkern im allgemeinen; es wäre vielmehr die Botschaft konkret bezogen auf einen jeden Menschen, der im Dunkeln sitzt und wartet auf Licht.

Es ist ein schönes Bild, daß der Mittelpunkt des Herzens, der Mittelpunkt der Welt beschrieben wird als ein Baum, der seine Wurzeln in die Tiefe der Erde senkt und seine Wipfel bis unter die Wolken reckt.

22. Februar 1997

ICH BOT MEINEN RÜCKEN
DEN SCHLAGENDEN

Nichts eignet sich in diesen Tagen vor Ostern so sehr zur Einfühlung, Einübung, Einstimmung auf die Passionstexte, in denen
die Gestalt, das Schicksal und die Botschaft des Jesus von Nazaret
gedeutet wird im Neuen Testament, wie jene Sammlungen von Gesängen, Liedern, psalmartigen Texten im Alten Testament, die man
die Gottesknechtslieder nennt. Das dritte und das vierte dieser Lieder aus dem 50., 52. und 53. Kapitel des Buches Jesaja, des zweiten
Jesaja, genauer betrachtet, sollen im Mittelpunkt des Wortgottes-
dienstes heute abend stehen.

Text: Jes 50, 4–9; 52, 13–15; 53, 1–12
Gott der Herr hat mir eines Jüngers Zunge verliehen, daß ich
den Müden durch das Wort zu erquicken wisse. Er weckt alle
Morgen, weckt mir das Ohr, wie ein Jünger zu hören. Gott der
Herr hat mir das Ohr aufgetan, ich aber habe nicht widerstrebt,
bin nicht zurückgewichen; den Rücken bot ich denen, die mich
schlugen, und die Wangen denen, die mich rauften; mein An-
gesicht verhüllte ich nicht, wenn sie mich schmähten und anspien.
Aber Gott der Herr steht mir bei; darum bin ich nicht zuschanden
geworden. Darum machte ich mein Angesicht kieselhart und
wußte, daß ich nicht beschämt würde. Er, der mir Recht schafft,
ist nahe; wer will mit mir hadern? Lasset uns zusammen hintre-
ten! Wer will mit mir rechten? Er komme heran! Siehe, Gott der
Herr steht mir bei; wer will mich verdammen? Siehe, sie alle zer-
fallen wie ein Gewand, die Motten werden sie fressen.

Siehe, mein Knecht wird Glück haben; er wird emporsteigen, wird
hochragend und erhaben sein. Wie sich viele über ihn entsetzten –
so entstellt, nicht mehr menschlich war sein Aussehen und seine
Gestalt nicht wie die Menschenkinder –, so wird er viele Völker in
Erstaunen setzen, und Könige werden vor ihm ihren Mund ver-
schließen. Denn was ihnen nie erzählt ward, schauen sie, und was
sie nie gehört, das werden sie gewahr.

Wer hat dem geglaubt, was uns verkündet ward, und der Arm des Herrn, wem ward er offenbar? Er [d.i. der Knecht des Herrn] wuchs auf vor uns wie ein Schoß, wie eine Wurzel aus dürrem Erdreich; er hatte weder Gestalt noch Schönheit, daß wir nach ihm geschaut, kein Ansehen, daß er uns gefallen hätte. Verachtet war er und verlassen von Menschen, ein Mann der Schmerzen und vertraut mit Krankheit, wie einer, vor dem man das Antlitz verhüllt; so verachtet, daß er uns nichts galt. Doch wahrlich, unsre Krankheiten hat er getragen und unsre Schmerzen auf sich geladen; wir aber wähnten, er sei gestraft, von Gott geschlagen und geplagt. Und er war doch durchbohrt um unsrer Sünden, zerschlagen um unsrer Verschuldungen willen; die Strafe lag auf ihm zu unsrem Heil, und durch seine Wunden sind wir genesen. Wir alle irrten umher wie Schafe, wir gingen jeder seinen eignen Weg, ihn aber ließ der Herr treffen unser aller Schuld. Er ward mißhandelt und beugte sich und tat seinen Mund nicht auf wie ein Lamm, das zur Schlachtbank geführt wird, und wie ein Schaf, das vor seinen Scherern verstummt. Aus Drangsal und Gericht ward er hinweggenommen, doch sein Geschick – wen kümmert es? Denn aus dem Lande der Lebenden ward er getilgt, ob der Sünde meines Volkes zum Tode getroffen. Und man gab ihm sein Grab bei den Gottlosen und bei den Übeltätern seine Stätte, wiewohl er kein Unrecht getan und kein Trug in seinem Munde war. Aber dem Herrn gefiel es, ihn mit Krankheit zu schlagen. Wenn er sein Leben zum Schuldopfer einsetzte, sollte er Nachkommen sehen und lange leben und die Sache des Herrn durch ihn glücken. Um der Mühsal seiner Seele willen wird er sich satt sehen; durch seine Erkenntnis wird er, der Gerechte, mein Knecht, vielen Gerechtigkeit schaffen, und ihre Verschuldungen wird er tragen. Darum soll er erben unter den Großen, und mit Starken soll er Beute teilen, dafür daß er sein Leben in den Tod dahingab und unter die Übeltäter gezählt ward, da er doch die Sünde der Vielen trug und für die Schuldigen eintrat.

Die Gottesknechtslieder des Jesaja sind eine Weichenstellung im gesamten Denken der Menschheit in eine allem Gewohnten vollkommen entgegenlaufende Richtung. Mit einem ungeheuren Mut geschieht das, wenn es denn Mut kostet, etwas unvermeidlich Scheinendes auf sich zu nehmen und durchzutragen. Wenn irgend das Christentum seine eigenen Wurzeln zeichnen will und nach

Texten sucht, aus denen der Mann aus Nazaret leben konnte angesichts der Nähe von Aburteilung, Verachtung, Fehljustiz und Tötung, so sind es im Neuen Testament immer wieder die Texte der
Kapitel 50, 52 und 53 des Buches Jesaja. Sie bedeuten alles für den,
der sie versteht. An ihnen geht eine ganze Welt zugrunde, die uns so
sehr vertraut ist, so ganz und gar normal.

Normal ist, daß wir, wenn von Gott die Rede geht, ihn vermuten
im Umkreis von Macht und Pracht. Sein Tempel, seine Kirchen können nicht golden und silbern genug ausgestattet und ausgelegt sein,
die Gewänder seiner Diener nicht vornehm genug, der Boden und
der Estrich nicht fein genug, um Gottes würdig zu werden – so die
Räume, so darinnen die Menschen. Edel müssen sie sein, vornehm
müssen sie sein, gebildet müssen sie sein, hoch hinaus müssen sie,
den ersten Stand im ganzen Abendland bekleiden sie, die Priester,
die sich berufen auf den Mann der Verachtung. Es hat damals in der
Gestalt des Gottesknechtes vor 2500 Jahren nicht nur ein ganzes
Denken durchkreuzt, es wird in alle Ewigkeit das ganz normal
scheinende Denkgefüge durcheinanderbringen, denn es wird zeigen, daß das ganz Normale offensichtlich das Verkehrte nicht nur
sein *kann*, sondern dessen überführt ist.

Wer der Gottesknecht ist, wissen wir nicht, und es wird uns nicht
gesagt. Es läßt sich nicht beweisen, daß der zweite Jesaja mit ihm
identisch ist, obwohl wir diese Texte mit diesem uns im übrigen völlig unbekannten Mann literarkritisch in Verbindung bringen. Aber
eines steht hier ganz sicher zwischen den Zeilen, wir müssen es nur
einordnen in die Sprache, die im Alten Testament sonst geredet
wird, dann wissen wir: Was er durchmacht im wörtlichen Sinn,
ist Prophetenschicksal, nichts anderes zunächst. Am ähnlichsten
klingt dieser Text den Worten des Jeremia, der gelebt hat ein halbes
bis dreiviertel Jahrhundert zuvor und womöglich noch weit heraus-
geforderter war, im Ansatz zumindest, als das dritte Gottesknechtslied es hier schildert. Der junge Jeremia wird sich wehren, berufen
zu sein von Gott. Es ist ihm zuviel. Aber Gott wird ihm sagen: Ich
mach' dich zu einer Säule aus Eisen, wenn du nicht zurückweichst
(Jer 1,18.19).

Es ist, wie wenn die Angst und das Versprechen in diesem dritten
Gottesknechtslied ihr Echo gefunden hätten. Es ist die Bereitschaft,
immer wieder sich auf Gott auszurichten in vollkommener Einsamkeit. Die unmittelbare Ernte dafür wird nichts sein als Spott,

Schande, Hohn und Lästerung, so daß Jeremia schon klagen konnte über seine Einsamkeit, wie wenn's ihm Gott verboten hätte, fröhlich und freundlich in dem Kreis von Freunden zu sitzen (Jer 15,17). Man muß über ihn geredet haben in den Gassen von Jerusalem wie um 1840 in den Straßen von Kopenhagen über einen Mann wie Sören Kierkegaard: Pssst!, hat man gesagt hinter seinem Rücken, da kommt das Entweder-Oder! – Wie denn auch? Da will ein Mensch andere Menschen zu einer Entscheidung zwingen. Wenn sie schon entscheiden sollen, dann, bitte schön, frei, und dann bestimmen sie die Ursachen selber und legen die Bedingungen selber fest, also auch den Zeitpunkt, und lassen sich nicht treiben. Leute, die da sind wie Sokrates in Athen: eine Bremse hinter den Ohren der Ochsen – was will man erwarten, als daß die Ochsen sich wehren und mit dem eigenen Schwanz gegen die Insekten, gegen die Plagegeister peitschen, als welche man diese empfindet, diese Unbedingten, Fordernden und Herausfordernden, die es nie unterhalb der Grenze dessen tun, was sie das Göttliche nennen, und auf Menschen so wenig Rücksicht nehmen, daß sie auf all die Dreinrede nicht hören, die das Übliche ist: Du mußt Geduld haben, du mußt Verständnis haben, die Menschen sind noch nicht soweit! Die Antwort jedes der Propheten in der Bibel wäre: Sie werden niemals soweit sein, außer wir fangen jetzt an. Es gibt keinen Aufschub. So sitzt Gott ihnen im Nacken und will, daß es gesprochen wird, ob's zeitgemäß ist oder nicht. Es *ist* aktuell und muß jetzt wirken, alles andere ist zu spät. – Das ist die Stunde des Propheten. Wie soll er sich verständlich machen? *Der Herr Jahwe*, sagt er, das ist seine ganze Erklärung, *hat mir die Zunge von Jüngern gegeben.* Überall sonst gilt als Jünger jemand, der der Schüler eines Lehrers ist unter Menschen; die Gottesjünger, die Propheten aber haben ihre Botschaft nicht gehört von andern Menschen, haben sie nicht aus der Tradition, setzen sich nicht hin und zitieren etwas, weil es ein anderer gesagt hat, sie kriechen nicht in das Gewand einer anderen Autorität, um selbst als Personen nicht entdeckt werden zu können; sie haben zur Beglaubigung vielmehr nichts weiter als das Unsichtbare, Unbedingte, was sie Gott nennen, eine Gottheit, deren Namen man nicht einmal aussprechen darf. Von ihm haben sie's und sind ihm unmittelbar, einzig er ist ihr Lehrer. – Das klingt so ungeheuerlich hinüber schon in das, was Jesus sagen wird wie zur Einleitung, wie zur Begründung seiner Passionsgeschichte – Matthäus 23,8–9 macht

er's zum Auftrag: Keiner sei euer Lehrer, lasse sich nennen von euch
Lehrer, einzig Gott im Himmel, sei euer Vater, euer Lehrer.
Das allerdings ist schon die ganze Lehre: Gott als gütig, nur als
gütig, väterlich, mütterlich, absolut zugewandt zu sehen, das ist der
ganze Inhalt. Es braucht uns nicht gesagt zu werden, was dieser
dritte Teil des Gottesknechtsliedes inhaltlich dem von Gott Gesand-
ten mitzuteilen auferlegt. Es gibt kein Wort zu überliefern, mehr
nur ein Gefüge, eine Beziehung zu schildern. Sie schon ist der ganze
Inhalt. Immer haben Theologen geglaubt, wenn es um Gott geht
und wie er sich mitteilt und was die Offenbarung ist, dann müsse
man das entlang bestimmter Inhalte auslegen, die man verkompli-
zieren kann, indem man eine Lehre zu einer komplexen, systemati-
sierbaren Doktrin umformt, die nur noch eingeweihte Spezialisten
als Lehrer übernehmen und *richtig* darbieten können. Um derlei
aber geht es nicht. Jeder Inhalt, der zwischen Gott und Mensch treten könnte, ist schon die Verformung; die Beziehung selber ist das
Ganze – Glauben nicht als Sammelsurium von Gottesmitteilungen,
die wir auf die Schnurre bringen müßten, sondern als eine unbedingte Haltung des Vertrauens. Davon ausgehend zu den Menschen
zu kommen, das ist die ganze Jüngerschaft, die Gottesfolgsamkeit,
die Gotteshörsamkeit; so nennen wir es vielleicht besser denn als
Gottesknechtschaft, des so belasteten deutschen Wortes vom
Knechtsein wegen.

Es gibt dann aber doch einen Inhalt, eine Botschaft, die er ausrichten soll: eine Zunge ist ihm gegeben, *daß ich wisse zu antworten den Müden das Wort.* – Man muß sich vorstellen, daß Menschen in die Pflicht genommen werden, Dinge zu sagen, die sie
menschlich gar nicht sagen können, und der Grund ist die allmor-
gendliche, die alltägliche Konfrontation mit der Müdigkeit von
Menschen, der eigenen und der fremden. Wir würden diese Müdigkeit heute mit dem Medizinerausdruck Depression nennen, Nie-
dergedrücktheit, Nicht-mehr-Hochkommen, Antriebslos-Sein. Im
Umfeld solcher seelischen Erkrankungen sind all die Klagen zu verstehen, daß ein Mensch sagt: Ich habe an nichts mehr – nichts mehr
– Freude. Es gleitet an mir ab, als wäre meine Seele ein einziger
Schutzschild; alles, was von außen kommt, ist wie eine zusätzliche
Belastung. Ich vertrag's nicht mehr. Tausend Tage schlafen, nur
schlafen, am liebsten die Augen gar nicht mehr aufmachen! Dieser
Zustand von Verzweiflung, das ist Müdigkeit. Und nun soll darauf

eine Antwort gegeben werden. Eines steht fest: Sie ist nicht fertig zu beziehen, sie läßt sich nicht herbeipredigen. Es gibt im Schattenumkreis der Seelenumdüsterung nicht einen einzigen Grund, zu zeigen, wo da hinter der Mauer Blumen wachsen sollten, wo da in der Gefangenschaft Vögel singen sollten, wo da in so viel versteinerter Kälte irgend etwas sich regen könnte, das Leben verheißt. Dagegen immer neu anzugehen, das ist, was hier von einem Jünger gelernt wird. Wir kennen dieses Wort »Jünger sein« aus dem Neuen Testament im Umkreis Jesu; aber sollten wir denken, dies wäre schon die erste Gleichung, um später den Mann aus Nazaret zu verstehen: er hätte auf Gott so gehört und an ihm eine solche Sprache gewonnen, daß er Menschen, die an sich selbst nicht mehr glaubten, ein Gefühl vermitteln konnte, Gott und er selbst glaubten an sie trotz alledem? Von innen her ist's nicht zu lösen, aber mitunter ist in einen anderen Menschen mehr an Zuversicht zu setzen. – Ich habe in vielen Vorträgen vor Theologen gesagt, warum die Psychoanalyse im 20. Jahrhundert so wichtig sei, um Jesus zu verstehen: von Gott könne man nur reden, indem es guttut, heilt und helfend ist. Umgekehrt gelte es aber auch: den Psychoanalytikern müsse man als Theologe immer wieder sagen: Ihr versucht Menschen zu helfen, ihr laßt euch ein auf einen anderen, ihr taucht mit ihm hinab in die Tiefen seiner Seele und habt keine Ahnung, wohin ihr kommt, ob dies ein Flachwasser wird oder der Tongagraben, aufgefaltet zwischen zwei Erdplatten, von denen die eine sich unter die andere drückt mit ungeheuren Energien, mehr als 9000 Meilen tief in der Südsee. Ihr habt keine Ahnung, wohin es euch führt, aber ihr probiert es, und das ist das Unglaubliche. Ihr laßt euch auf Menschen ein, die ihr gar nicht kennt und nur kennenlernen werdet, indem ihr euch auf sie einlaßt, und ihr denkt: jeder Mensch, schon weil er ein Mensch ist, hat einen Vertrauensvorsprung, den ihr nicht rechtfertigen könnt, für den ihr keine Tatsachen aufzuführen wißt. Empirisch setzt ihr da eine Hoffnung in einen anderen Menschen, die sogar dem widerspricht, was er in seiner Hoffnungslosigkeit von sich selbst behaupten wird. Ihr setzt voraus, es wird eine Lösung geben, wo er selber nicht bloß keine sieht, sondern die Unlösbarkeit seines Zustands sogar verteidigt mit dem Hauptargument: Ich bin zu schlapp, zu müde, zu ausgepumpt.

Kann es dann oft schon die Lösung sein, dem anderen zu sagen: Du hast ein Recht auf deine Müdigkeit? All die andern werden sa-

gen: Nein, du hast kein Recht darauf, denn du verlierst deinen
Arbeitsplatz, du hilfst nicht das Bruttosozialprodukt zu vermehren,
die Investitionskosten für die Förderung neuer Arbeitsplätze zu erwirtschaften, du bist nicht produktiv in unserem System, du verdienst überhaupt nicht, bei uns angestellt zu sein: du sicherst nicht
den Standort der Industrie in Deutschland, du bist ein Parasit!
Müde! Mach dir Beine oder laß sie dir machen! – Aber wäre es
denkbar, auf dieser Ebene ging es gar nicht mehr, all die Leistungs-
forderungen lägen in der Seele der Menschen längst parat bis zum
Würgegriff und sie kriegten keine Luft mehr? Man müßte ihnen sagen: Tu all die Dinge, die du nie gedurft hast, die du immer tun
wolltest, *mit gutem Gewissen*; und den Grund dieses guten Gewissens, den nenne ich Gott. Das ist, was *ich* gehört habe. Alle Menschen haben es anders gesagt, aber das habe ich gehört jenseits der
Menschen.

Was wir so gewinnen, ist nur ein kleines Beispiel; es gibt keine
Rezeptur für immer. In der angegebenen Weise wird man mit dem
einen sprechen. Aber das Problem des anderen wird schon wieder
anders liegen. *Morgen für Morgen* muß der Gottesknecht hier
hören, immer wieder, er weiß das Heilsame nie im voraus. Das, was
gestern gilt, kann morgen falsch sein. Was im Gespräch um 13 Uhr
richtig war, kann um 14 Uhr ganz anders aussehen. Wie schön wär'
es, es ginge, wie es die Theologen möchten: Hier hast du ein Lehr-
buch, Band 5 der christlichen Dogmatik, gesammelte Werke aus
dem Glaubensschatz der Kirche; hier redet Gott nun, du mußt es
nur lesen, nur lernen, prüfungsreif trimmen; du weißt alles am
Ende, und deine Pflicht wird sein, bis zum Ende der Tage all dies
weiterzureden, damit es möglichst viele glauben. Kauf dir einen
Satelliten, sprich's über Funk aus dem Äther, rede es in dreißig
Sprachen, europäischen, afrikanischen und asiatischen, nimm nur
die Lehre, wie sie schon ist, und mach die Propaganda dafür. –
Falscher kann's nicht sein, wenn *dies* hier stimmt. Es gibt nur immer wieder das Wagnis neu. Vielleicht ist die Müdigkeit immer wieder dieselbe im Erscheinungsbild, aber bei jedem sind die Gründe
anders. Immer wieder neu muß deshalb Jahwe das Ohr öffnen.
Man könnte ja denken, die Art zu sprechen, die Art zuzuhören, das
sei eine Finesse, die komme aus menschlicher Begabung, aus etwas,
das man sich anerzieht. Aber hier gibt es eine Bereitschaft jenseits
dessen, was man gerne mitmacht. Offenbar herrscht bei diesem

Gottesmann sehr oft fast nur noch die Lust, die Ohren zuzumachen und zu sagen: es langt, ich kann's nicht mehr hören, will's nicht mehr hören. Aber der Herr hat's geöffnet, er bleibt dabei, es zu öffnen. Dann entsteht das merkwürdige Problem, daß, sobald Menschen beginnen, munterer zu werden, aktiver zu werden, sie unangenehm zu werden beginnen in den Kreisen, aus denen sie kommen. Das erste, was zu erwarten steht, ist nicht das Dankeslob der anderen, ganz im Gegenteil: ihr vermehrter Widerstand.

Sigmund Freud, ich glaub', es war um 1905, faßte einmal zusammen, was er nach etwa zehn Jahren im Umgang mit seelischer Not meinte in gewissen Ratschlägen äußern zu dürfen: »Ratschläge für die Behandlung« ziemlich prosaisch überschrieben, eine kleine Abhandlung von dem Vater der Psychoanalyse. Sie endet mit der Feststellung: Was nun den Umgang mit den Familienangehörigen angeht, erkläre ich meine vollkommene Unwissenheit. Freud umschrieb damit sehr vorsichtig, was er oft erlebt hatte: Sobald es ihm gelingen mochte, irgend jemanden auf der Couch der Analyse auf zwei eigene Beine zu bringen, die Lethargie abzustrampeln und einen eigenen Menschen mit einer eigenen Motorik, einem eigenen Willen wieder ins Leben zu schicken, dann kommen all die andern und beschweren sich über die unangebrachte und unangenehme Veränderung, die in dem Patienten eingetreten ist: die Tochter war noch nie so frech wie jetzt, die Ordensschwester, die doch Gehorsam gelobt hat, wird nun aufsässig – es kann nicht angehen, so fortzufahren. Der Vater selber muß sich neuerdings die Frechheiten seines Sohnes anhören! Überhaupt die Erlaubnis zum Nichtstun über so lange Zeit hin! Freud meinte: Es wird bestimmt nichts nützen, wenn wir den Familienangehörigen unsere Schriften vorweg zur Lektüre geben; wir werden vielmehr ihre Widerstände im voraus bis zu dem Maß verstärken, daß die Behandlung womöglich gar nicht erst zustande kommt. Er wollte sagen: Wir kämpfen gegen eine ganze Wand. Du versuchst einem einzelnen zu helfen, aber natürlich hast du abzulösen all die Stricke, in die man ihn geschnürt hat. Es geht nicht darum, den anderen zu sagen, sie seien Schuldige – welcher Vater will denn das, hat das je gewollt, daß sein Sohn depressiv und buchstäblich des Lebens »müde« wird? Aber so ist das erst einmal, und diese Auseinandersetzungen sind nicht vermeidbar. Man möchte deshalb vielleicht denken: Was zuviel ist, ist zuviel; mit einem einzelnen, das mag schon gehen; wenn aber nun die Familie noch hinzukommt und die ganze Familienbiographie und -vorgeschichte – es hat kein Ende. Die Familie ist eingebettet in ein bestimmtes Milieu, in eine bestimmte Schicht, in ein bestimmtes Aufgabenfeld, in ein bestimmtes Idealsystem, in eine bestimmte umgreifende Kulturgruppe; die Kirche, die Partei, die ganze Herkunft – soll man das auch noch mittherapieren? Offensichtlich, offensichtlich! Alles, was krank macht, muß irgendwann artikuliert werden, reflektiert werden; und immer weiter jetzt so vorwärts.

Soll da nicht die Lust wachsen, irgendwann die Klamotten hinzuschmeißen und zu sagen: Lieber Gott, kümmere du dich um deine Geschöpfe, wenn ihnen deine Huld zukommen soll und dir an ihnen liegt, aber nutz nicht immer wieder Menschen aus, die es auch nicht wissen! Dieser Mann, den wir den Gottesknecht nennen, kann von sich sagen: *Ich war nicht widerspenstig* – und schon die Verneinung zeigt, was seine Versuchung war. Schon die Negation zeigt, wie sehr er ausgesetzt war dem ganz anderen Verhalten. *Ich wich nicht zurück* – soll heißen: das Normale wäre gewesen, zu handeln wie sie alle, auszuweichen, die eigenen Grenzen anzuerkennen, sich nicht zu übernehmen, die einfachen Entschuldigungen, die sie alle haben, gelten zu lassen.

Ich bot meinen Rücken den Schlagenden. – Das ist unglaublich, denn Sie müssen denken, daß es unter Menschen immer noch fast wie bei Tieren zugeht. Wenn es dem einen Hirschen gelingt, den anderen so mit dem Geweih zu stoßen, daß es ihn trifft, entscheidend, daß es dem einen Steinbock gelingt gegenüber dem anderen, das Gehörn so gegen ihn zu schmettern, daß er getroffen ist, dann gilt der Kampf für beendet, dann ist die Entscheidung, auf wessen Seite das Recht ist, gefällt, und in aller religiöser Absicht wurde geglaubt und ist man immer noch dabei zu glauben, daß auf seiten des Stärkeren dann der Segen des Göttlichen ruhe.

Er wurde geschlagen. – Daraus wird die Feststellung: Er *ist* geschlagen, Knock-out, er kann nur aufgeben nach den Regeln der Auseinandersetzung, er ist fix und fertig, also muß er sich *geschlagen geben*; das ist die Konsequenz. Er hat ganz einfach verloren im Komment-Kampf. Das ist die Bilanz. Wie's weitergeht, ist klar: alle anderen denken: Nun kann's losgehen, wir lassen die Hunde von der Leine, wir fallen über ihn her. Das Alpha-Tier hat beschlossen, den Sieg zu verkünden, und die ganze Meute fällt über den her, der am Boden liegt. Sie hauen stellvertretend darauf, sie sind die getreuen Anhänger der Macht, die sie losläßt und nur zu pfeifen braucht, um sie zu kommandieren. Man muß nur denken, wie sie sich das Maul zerreißen, *Schmähungen und Speichel*, ja sicher, wie sie ihr Bier saufen, vor Freude grunzen und die Spucke auf dem Tisch verteilen! So angenehm ist's ihnen, darüber her zu reden, sie wissen es genau, woran sie jetzt sind. Das ist das Gottesurteil – er liegt am Boden, und wir haben's immer gewußt: er kann's gar nicht durchhalten, und jetzt haben wir die Bestätigung. Wir haben ihn so weit gequält, daß er fix und fertig wurde, also sind wir die Partei Gottes, denn wir überleben ihn. So einfach ist die Rechnung. Und wir *haben* recht, wir tun's mit bestem Gewissen. Wir konsolidieren die Gruppe gegen diesen einen. So ist es gekommen und so muß es werden. – Was jetzt passiert, ist unglaublich. Jahrtausendelang durch die Religions- und Kulturgeschichte der Menschheit bis in unsere Tage hinein geht diese Rechnung so auf, wie gerade geschildert: Auf seiten des Unglücks liegt die Strafe für Schuld, für Sünde, für Vermessenheit, für Hybris, auf seiten des Glücks, der Stärke, der Schönheit und der Kraft liegt der Segen Gottes. So verteilt es sich. Und entsprechend dem Urteil der Menge redet das Göttliche, wie die alten Lateiner sagten: Die Stimme des Volkes ist die Stimme Gottes. Immer ist Gott auf seiten des großen Haufens, der Mehrheit, der Masse. Immer entscheidet Gott durch den Gruppenzwang, er ist gewissermaßen der Gruppengeist selber. Jetzt, zum ersten Mal, wenn man sich umschaut, im Kreis der Propheten, die dem vorangehen, gibt es jemand, der mit Jeremia bis zum äußersten sagt: Aber – *aber mir hilft der Herr*. Und fügt den Namen noch hinzu: *Jahwe* – als wenn er mit ihm auf Du und Du steht. Das ist die einzige Erklärung: Hier steht ein einzelner gegen die ganze Horde, und das ist die Eintrittsbedingung der Wahrheit Gottes in diesem Augenblick. Deshalb die Erinnerung an den Dänen Sören Kierkegaard, dessen ganzes Leben in diesem einen Satz geschrieben war: Ich weiß nicht, sagte er, ob ich ein Christ bin, diesbezüglich wahre ich eine offensive Neutralität, ich behaupte von mir nicht, ein Christ zu sein, ich stelle nur fest, was es bedeutet, Christ zu werden, und das ist, daß du es wagst, ein einzelner zu sein. Das ist die ganze Entdeckung hier dieses Gottesknechtsliedes. Dabei ist es nicht nur ein Wortspiel, als sie eben noch sagten: wir fügen Schande über ihn, und er erklärt: zuschanden werde ich nicht. Das ist wie Angriff und Verteidigung, aber was es kostet, das erfahren wir jetzt.

Man sollte denken, ein rechtes Gotteskind, das zeichnet sich aus durch rheinischen Humor, durch Fröhlichkeit, durch witziges Talent; es hat eine breite Seele, mitunter auch einen breiten Hintern, es sitzt die Dinge aus, es hat Geduld, eine dicke Haut; es läßt sich die Dinge bieten und gefallen, wie sie kommen; eben darin zeigt sich ja sein Gottvertrauen, daß es nicht dauernd sensibel ist, mimosenhaft, einzuschüchtern, sondern bodenständig wie eine romanische Kathedrale, nicht wie so ein gotisches Exaltationsgebäude; breitbeinig, erdverwurzelt, ein bißchen teutonisch vielleicht könnte man's mögen, so er – aber dieser hier, daß die ganze Auseinandersetzung sich eingräbt physiognomisch ins Gesicht, *hart wie ein Kiesel*, das ist nicht einmal nur mehr das Bild des Jeremia: *Ich mache dich zu einer Eisensäule* (Jer 1,18), zu etwas, das trägt und nicht entzweizuschlagen ist; dies ist, daß ein Mensch leben muß und reden muß und strengt buchstäblich seine ganze Gesichtsmuskulatur an. Manchmal findet man's so bei Menschen; sie sind immer gegen den Wind gegangen. Bis in ihr Äußeres hinein ist es angespannt, hart geworden.

Da mögen sie spotten und schlagen, wie sie wollen, es gibt diesen einen Schutz in allem: zu wissen, daß es so stimmt auf der Seite Gottes. Und das zerstören sie nicht. Wenn das gelänge, freilich, dann wäre alles am Ende.

Aber jetzt beginnt es neu. Gegenüber denjenigen, die dachten, es brauche keinen ordentlichen Prozeß mehr, die ganze Sache sei entschieden, indem die Machtverteilung ihn als ohnmächtig erwiesen habe, sei das Urteil schon gesprochen, da dreht er die Sache überhaupt erst richtig an und erklärt: Nur los, *nah' ist der, der mir Recht schafft. Und jetzt, wer will mit mir streiten? Laßt uns zusammentreten!* – Da ist ein unerhörtes Bewußtsein, die Kerle in die Schranken zu weisen, vielmehr vor die Schranken zu holen und das Tribunal zu eröffnen, sie herauszufordern als Rechtsgegner. Nichts ist entschieden, und es könnte ja sein, daß die ganze Selbstzufriedenheit, schon zu wissen, wie alles sein muß, eine einzige Illusion war, ein einziger Selbstbetrug. *Er trete heran zu mir!* Jetzt kostet es Mut, und die ganze Horde wird sich auflösen gegenüber dem einzelnen, der es wagt, die Beschuldigung im Getöse der Menge persönlich zu wiederholen. Daß eben noch alle schwatzten, das war das einfache; aber daß ein einzelner vortritt und erklärt, dies ist meine Meinung, und setzt sich auseinander, das wird jetzt erwartet. Und *der* Prozeß steht überhaupt erst an.

Kein Mensch weiß, wenn er das dritte Gottesknechtslied hört, wie die Sache ausgeht; wahrscheinlich so, wie das Lied endet: es passiert überhaupt nichts, es hat niemand sich gemeldet, es fand kein Prozeß statt, es gab keine Auseinandersetzung. Es war nur sein Wunsch, der da sprach: *Die alle werden vergehen wie ein Kleid, das die Motten fressen.* Es steht nicht einmal da, ob der Mann, der so spricht, das noch erlebt. Selbst Mottenfraßlöcher kann man häufig flicken, und manche Kleider überdauern den Körper, der sie trägt. Das Scheitern der Gegner ist nichts als eine Hoffnung, eine Selbstvergewisserung; die allerdings soll gelten.

Es ist fast wie eine Fortsetzung, wenn wir das sogenannte vierte Gottesknechtslied uns anhören. Es ist schon in seinem Aufbau erstaunlich, denn es erzählt das Leben eines Menschen nunmehr aus der Gruppe der Bezugspersonen, die erlebten, wie er lebte. Die aber schildern die Umwertung all der Werte, an die sie geglaubt haben, indem sie seinen Rapport, seine Biographie am Anfang wie am Ende einrahmen mit einem göttlichen Urteil. Es ist, wie wenn ein Bild gemalt würde, ausgehängt für alle Zeiten in der Goldfassung des göttlichen Urteils. Gott bekennt sich zu dem Mann, dem jetzt die ganze Gruppe, Gott in ihm anerkennend, nachspricht und versteht, wie es kam. Da ist der erste Satz bereits die Erfüllung dessen, was als Urteil der Menge, als Einsicht in die eigenen Zusammenhänge aufgegriffen und geschildert wird. *Mein Knecht wird zum Ziel kommen* – wie wenn es das Ziel seines ganzen Bemühens gewesen wäre, die anderen dahin zu bringen, daß sich ihre Augen öffnen für eine völlig andere Wahrnehmung, als sie es gewohnt waren.

Er wird hoch kommen, erhaben sein, sehr hoch. – Das sind die Bilder, die im Neuen Testament hinübergehen in die Szene der mythischen Himmelfahrt Jesu. Erhöhung am Throne Gottes soll das heißen. Denn so viel erfahren wir: Dieser Mann, von dem das vierte Gottesknechtslied spricht, wird, anders als in sämtlichen Klage- und Dankespsalmen Israels, nicht vor dem Tod gerettet. Immer sonst in der Bibel, im Alten Testament, hören wir, daß Gott im letzten Moment Krankheit beseitigt, Not auflöst, die Krise zum Guten wendet. An dieser Stelle wird uns das Schicksal eines Mannes geschildert in den Stationen seines ganzen Lebensablaufs, und sie sind nichts als Kummer, Elend, Verachtung und Tod. Das Glaubensbekenntnis, das Sie alle mit Bezug auf Jesus von Nazaret kennen, hat sich angelehnt an diese Abfolge: geboren aus der Jungfrau Maria, heißt es christlich, aber die Legende hat ganz richtig geahnt: dahinter stehen die Worte dieses vierten Gottesknechtslieds: *Er wurde geboren auf dürrem Erdreich* wie eine Blume, die sich kaum zu erhalten wußte, ihre Wurzeln ins Trockene wie vergebens schickte. Da wächst ein Mensch auf, gewissermaßen ohne Chance, bleichgesichtig, schwach, unbemittelt, ausgestattet mit gar nichts, sein wird. Er ist auf der Welt, und alles, was man ihm wünschen könnte, existiert für ihn nicht. Und so beginnt's bereits! Man sollte auch mit der Bibel denken: Wenn wir bestimmte Menschen gerne mögen, dann muß an ihnen etwas sein, das sie attraktiv macht. Äußere Schönheit kann sehr gewinnend sein. Josef etwa war von Gestalt so schön, daß seine Brüder neidisch auf ihn wurden, und als sein Vater gar ihm den schönen Rock schenkte, wurden sie aufs tödliche eifersüchtig. David, noch ehe er König wurde, zwölfjährig, als Samuel ihn fand, war ausnehmend schön an Gestalt, versichert uns die Bibel. So werden Könige, so werden Berufene am Thron Ägyptens, so sind die Erwählten Gottes – jedes Märchen weiß davon: Die Prinzessin ist immer wunderschön, der Königssohn eine Pracht zu schauen, und wünschten wir's im Leben nicht gleich wie im Märchen? Welch ein Mensch, äußerlich geschlagen mit Häßlichkeit, würde nicht auf dem Schulhof schon zur Zielscheibe des Gespötts? Völlig unschuldig kann er sein. Ein Mädchen hat mit vier Jahren einen Kochtopf umgestoßen und sich verbrüht. Die eine Gesichtshälfte ist seitdem feuerrot. Das genügt. Ein anderes kommt zur Welt mit einer Hasenscharte. Es hat im Mundraum, wo es am meisten weh tut, zehn Operationen, zwölf Operationen hinter sich; es kann als Mädchen keinen Bart darüber wachsen lassen, man wird es immer noch sehen, es wird immer noch Mühe haben zu sprechen. Das genügt. Ein paar kleine Dinge der äußeren Ästhetik genügen für uns Menschen, immer noch in der Hypnose der Bedingungen der Evolution, aus denen wir kommen, unsere Sympathien und Antipathien zu verteilen. Was da schwach ist, was nicht anständig aussieht, das wird gemieden von der Weitergabe der Gene, scheidet aus als Partner der Liebe, wird übergangen, ist verurteilt, ein Mauerblümchen zu sein. So hier. Und mehr noch. Es lenkt den Spott auf sich.

Hat keine Pracht. – Damit könnte man leben, aber man wird dafür verachtet, und das ist arg. Noch mal Sören Kierkegaard: ein

Mann mit einem Buckel. Schon das genügt! Verwachsungen wie ein Zwerg, wie ein Gnom. Selbst die Psychoanalytiker werden kommen und erklären, Alfred Adler an der Spitze: Organminderwertigkeit, das macht die Komplexbildung, das macht die Gegenbesetzung durch Überkompensation. Leute, die so sind, wollen immer mehr, als sie wirklich können, verlaufen sich ins Phantastische, scheitern wieder daran, auch ihr Charakter verformt sich. Aus der Krankheit wird die Kränkung, das Gekränktsein, alles wird schwierig mit ihnen. Es gibt so viele Gründe, den Leidenden noch zu verspotten; schon wie er zappelt und wie man mit ihm Katz und Maus spielen kann! Und es liegt, entsprechend dieser archaischen Logik, doch immer die Idee darauf: Gott hat ihn gestraft. Das Buch Ijob – da wissen's selbst die Theologen: Krankheit ist Strafe, Unglück aus den Händen Gottes ist Zufügung in Gerechtigkeit. Suche gefälligst nach deiner Schuld, irgendwo wird es sie geben, du bist nur nicht fein genug, nicht ehrlich genug, nicht geständig genug; irgend etwas wirst du schon getan haben. Da haben die Menschen das Gericht über sich schon erfahren: Das Urteil ist ergangen, sie haben nur noch die Pflicht, es zu begründen, gewissermaßen der Staatsanwalt in eigener Sache dienlich zu sein, die Anklage gegen sich auch noch selber zu führen, damit das Gericht am Ende als gerecht erscheinen kann.

Und so geht es weiter. Er wird am Ende vorgeführt werden, man wird ihm den Prozeß machen; man wird ihn aburteilen und man wird ihn beerdigen. Wie sollte für die frühe Kirche das alles nicht genau so das Bild sein für das, was Jesus durchmachte, durchmachen mußte Punkt für Punkt? Dazu gehört, daß wir die Einzelheiten aus dem Leben dieses Mannes gar nicht kennen. Es wird gemalt in typischen Bildern: Krankheit an sich selbst, Leiden bis in den Körper hinein und dann unter den anderen das Leiden an ihren Reaktionen darauf – das ist die Hypothek eines ganzen Daseins. Wofür er eintrat, dieser Mann im vierten Gottesknechtslied, das erfahren wir zunächst wiederum überhaupt nicht, inhaltlich aus seinem Leben wird uns erneut gar nichts mitgeteilt.

Aber dann, als er tot ist, begraben unter Übeltätern und als Übeltäter, gibt es mitmal eine Veränderung in der Bewertung bei den andern. Sie begreifen plötzlich, als es zu spät ist, daß da etwas geschah, an dem sie alle beteiligt waren. Dies, was sich da abgespielt hat vor ihren Augen, ist etwas so Entsetzliches, daß man begreifen muß, wie alles, was geschah, eine einzige Schuld war. Gelaufen sind sie alle, dumm und dämlich wie Schafe, jeder auf seinem Weg, und was blieb ihm übrig, als wie ein Opferlamm, selbst wie ein Schaf, sich dreinzufügen? Die Geschichten in der Passionserzählung im Neuen Testament, wie Jesus sich verhielt, sind genau dem angeglichen, als wollte man sagen: Was Jesus getan hat, ist wie der lebendige Kommentar dazu. Was hier typisch ist, generalisiert, stereotyp, das wird von ihm als individuelles Vorbild individuiert, existentialisiert, personalisiert, das macht er wahr. Und so soll's auch sein. Eben weil es typisch ist, soll gewissermaßen jeder, der sich aufs ähnliche darin hineinbegibt, wissen: Da geschieht etwas, das muß so sein, das widerlegt nicht Gott, das widerlegt nicht dich, wenn du so tust. Im Gegenteil. Der Preis ist schier unendlich hoch, aber es lohnt sich. Der Hintergrund ist ein archaischer Gedanke: das Schuldopfer, das Sühneopfer. Man tötet ein Tier und entlastet die Menschen; man lädt alle Schuldgefühle projektiv auf ein anderes Lebewesen und richtet es hin, um dem eigenen Gericht zu entgehen. Das ist das grausige, priesterlich verwaltete, ritualisierte Schema. Aber hier redet ein Mann kultkritisch, er will überhaupt nicht, daß man Schuld so delegiert. Das, was archetypisch äußerlich aufgeführt wurde, das wird hier zur erlebten Wirklichkeit, nicht weil Gott das so will – das hat man daraus gemacht, auch in den Ableitungen aus dem Neuen Testament: Gott wollte das Opfer, Jesus war Gott gehorsam, Jesus hat sich geopfert, usw. Jede heilige römische Messe ist da ein neues Opfer mit unendlichen Meßfrüchten, die der Priester am Altar für die Kirche und alle Sünder erwirkt. Wovon hier die Rede ist, bedeutet das genaue Gegenteil. Hier geschieht etwas, das soll ein für allemal eine Klärung herbeiführen, damit es aufhört, daß man Menschen opfert – daß man Sündenböcke braucht und immer zu spät dahinterkommt, weil im Augenblick, wenn's zu erkennen wäre, immer wieder die Massenpsychologie der Angst und der Projektion herrscht. Was ist passiert, daß Menschen am Ende sich sagen müssen: unser aller Schuld ist da übernommen worden? – Nehmen wir nur ein äußeres Beispiel, den 20. Juli 1944, daß Menschen sich sagten: Wenn ein ganzes Volk wahnsinnig ist unter der Führung eines Verrückten und wir nehmen dem Bandwurm den Kopf, vielleicht gibt es dann Rettung für den ganzen Körper, in dem er wohnt. Da übernimmt eine kleine Clique von Offizieren aufs tödliche, um ein

ganzes Volk vor dem Untergang zu retten, den Wahnsinn aller. Es
stehe dahin, ob es ein Recht gibt, einen Menschen, selbst wenn er
Hitler heißt, zu töten, aber sie dachten: Ehe Hunderttausende im
Bombenhagel sterben und von deutschen Wehrmachtssoldaten
getötet werden, ist dies ein Opfer, das wir selber bringen müssen;
wir verlieren unsere Unschuld, wir handeln gegen unser Gewissen,
wir tun etwas, das wir gar nicht wollen. Wir überschreiten alle
Grenzen und riskieren alle Folgen. Das Beispiel fällt mir ein, weil
der Prozeß, den Freisler später gegen die Leute vom 20. Juli führte,
genauso war: Man führte sie vor, ohne Hosenträger und Gürtel,
lächerlich, schlabberig, unrasiert vor laufender Kamera, um dem
ganzen Volk zu zeigen, mit welchen feigen Gesellen man es zu tun
hätte und wie doch die Vorsehung es sichtbar anders entschieden
habe.

Wir rühmen in der Geschichte der Deutschen im 20. Jahrhundert
diesen Tag als einen großen; aber wie weit ist er noch entfernt
von all dem, was *hier* geschildert wird, was Jesus wollte. Leuten wie
hier dem Gottesknecht geht es ja nicht um eine Symptomkur, um
irgendein Palliativ, ein bißchen der Krankheit abzumildern; sie wollen immer an die Wurzel, sie wollen das Ganze ändern, das ganze
Gruppengefüge, genau das, was jeder Systemtheoretiker für unmöglich erklären wird; nie kann man alles auf einmal ändern. Genau das müssen sie, das wollen sie, und eben deshalb steht die Auseinandersetzung immer auf Sein oder Nichtsein. Kann es sein, daß
eine ganze Gruppe am Ende erkennen muß, alles, was sie tat, alles,
ihre gesamten Handlungsgewohnheiten waren das Mörderische,
das zu Unrecht Bestehende, nicht etwas, sondern alles, *sie* waren die
Krankheit, sie sind der Tod, sie sind das Unrecht? Jetzt nur endlich
wird's klar. Und das wäre das Ziel von allem, das wäre der Erfolg,
von dem hier Jahwe am Anfang selber redet, gewissermaßen seine
Erhöhung.

Manchmal, im Raum wieder der Psychotherapie, kann man ein
bißchen von dem verstehen, was hier gemeint ist im Umgang mit
einzelnen. Es ist nicht anders möglich, als daß man ein Leben, das
von sich selbst so weit entfernt ist, aufsucht und begleitet und all die
Aggressionen auf sich lenkt, die ursprünglich anderen galten. Mit
dem Willen, der andere soll leben, verbindet sich plötzlich die Abwehr, die Angst, der Dreinspruch von früher und richtet sich gegen
denjenigen, der möchte, daß jemand, der nie eine Chance hatte,

glücklich zu sein, es doch dürfte. Und ist's dann nicht stets so: Man versteht das fremde Leid nur durch das eigene. Wäre es nicht denkbar, daß jemand, der so aufwuchs, wie hier geschildert, deutlicher als jeder andere das Leiden anderer begreift? Ein Mensch lebt nicht durch Kraft und Stärke und Demonstration; Paulus hätte gesagt: einzig aus Gnade (Röm 3,20) und daß doch Gottes Stärke an der Ohnmacht zum Zeugnis kommt (2 Kor 12,9). Jemand, der nichts besitzt, kann mitmal anderen womöglich ein Gefühl dafür schenken, kein Nichts zu sein, sondern dankbar zu werden für das, was ist. Sie, deren ganzes Leben ein Flehen um Gnade war, das sich nie erfüllte bei den andern, vermögen womöglich den andern die Gnade zu geben. Es ist wie in Georges Bernanos' »Tagebuch eines Landpfarrers«: O Segen der Hände, daß wir einen Frieden zu geben vermögen, den wir selber nicht haben. – Und es stellt eine Gesellschaft in Frage, für die Gnade ein Fremdwort ist. Gnadenlos, effizient, erfolgreich, tüchtig, leistungsorientiert – das sind die Parameter, die in Bundesdeutschland wirklich gelten sollen, doch daneben halten wir uns einen Bundespräsidenten Roman Herzog, der in Paderborn am Sonntagmorgen erklären wird bei der Verleihung der Buber-Rosenzweig-Medaille, daß wir untereinander menschlich handeln müssen, wenn auch im Wirtschaftsleben der Egoismus notwendig ist. Und wie fügt sich, guter Herr Herzog, beides zueinander? Daß wir in der Feierstunde die Menschlichkeit geloben und Montag früh den Egoismus praktizieren, wirklich ein heiliger Rahmen für ein göttliches Bild und nicht in Wirklichkeit buchstäblich eine Zwickmühle, ein Fangeisen? Wie sollen denn Menschen menschlich bleiben, wenn die Startbedingung der gerechtfertigte Egoismus sein soll als wirtschaftliche Tugend, als objektiver Zwang, als die Notwendigkeit von allem? Und beides soll schön übereinander gehen, wie Öl auf dem Wasser, dann wundern wir uns, daß die Fische daran krepieren? Immer zweischichtig, doppelbödig, niemals entweder oder, sondern stets sowohl als auch! Gerade heute in den Nachrichten: Herr Lehmann, der Vorsitzende der Deutschen Bischofskonferenz, ist für ein Energiekonzept für alle, ganz klar; aber protestieren gegen den brutalen Neoliberalismus und Turbokapitalismus – nein, so darf man wieder auch nicht. Ja, *würde* er mal protestieren, und entweder ja oder nein entscheiden, da wüßte man, wo man dran ist; aber hinterher zu reden, wenn's nichts kostet, das ist offensichtlich das Kirchliche statt des Prophe-

tischen. Wir lassen uns nicht vereinnahmen, von irgendeiner Seite
nicht, sagt Bischof Lehmann, und müßte fortfahren: wir küssen unterm Tisch lieber alle schmutzigen Füße der Machthaber, werden
ihre Lakaien, reden ihnen nach, werden treu wie Hunde, kläffen
immer, wenn sie uns bestellen, in die richtige Richtung natürlich:
haltet den Dieb! Aber wie wär's, wir müßten uns entscheiden und
überführten eine ganze Gesellschaft ihres Schwindels und sagten:
Macht, was ihr wollt, schlagt uns tot dafür; so wie es läuft, ist es unmenschlich.

Dann kann man nur hoffen, es gebe hernach so etwas wie Einsicht, vielleicht sogar zu einem Zeitpunkt, da das Schlimmste sich
noch vermeiden läßt. Die Geschichte nämlich endet phantastisch.
Da wurde soeben noch gesagt: Er ward begraben bei den Übeltätern. Und dann wird gesagt: Aber Gott hat eingegriffen, und er
hatte noch ein langes Leben, und er sah noch seine Kinder. – Seitdem ich Theologie studiere, habe ich das nicht verstanden, und es
steht auch in keinem Kommentar erklärt. Ich glaube, es ist so irr-
sinnig, daß man's nur begreift, wenn man glaubt, dieses vierte
Gottesknechtslied wolle sagen: Wir drehen die ganze Sache noch
mal um. So *ist* es gekommen; aber wenn es um Gott geht, dann wollen wir in alle Zukunft glauben, es ginge noch mal ganz anders aus
und sie kämen im letzten Moment zur Einsicht; das wär' ja möglich
für die Zukunft; für die Nachkommen geben wir das in Aussicht:
sie begriffen's beizeiten, nicht immer erst, wenn es zu spät ist; denn
dann wieder kostet's nichts; dann werden sie Feierstunden einrichten, ein Ritual begehen; sie werden eine Wallfahrtsstätte auf dem
Grab des so Hingerichteten eröffnen; sie werden Eintritt nehmen
am Kirchenfriedhofseingang; sie werden mit Weihrauch zu bestimmten Tagen just zum Grabe gehen und um Buße und Sühne bitten. Und es wird sie nichts kosten. Ließe sich nicht irgendwann
doch einmal eine Zukunft denken, die anders aussieht als die Verewigung uralter Ängste?

Der Mann aus Nazaret, Matthäus 23 noch einmal, hat das sehr
klar gesagt: Ihr baut den Propheten Grabstätten, Mausoleen, und
erklärt: Hätten wir gelebt in jenen Tagen, wir wären nie schuld geworden am Blute des Gerechten! Damit beweist ihr nur, daß ihr die
Söhne der Prophetenmörder seid. Immer das Bedauern hinterher!
Aber was tut uns das leid, wie wir umgegangen sind vor 55 Jahren
mit den Juden, mit den Minderheiten, mit den Zigeunern, mit den

Homosexuellen! Es kostet uns gar nichts, das zu repetieren, wenn wir heute dabei sind, 100 000 Kinder in Hamburg nebst ihren Eltern früh um 4 Uhr strammstehen zu lassen, damit sie einen Paß bekommen; und sie kriegen einen Paß nur, wenn sie eine Wohnfläche nachweisen können, auf der man ein Kind auch richtig erziehen kann, und wenn sie zeigen, daß sie das Geld haben für die Wohnfläche, die groß genug ist, um ein Kind zu erziehen; sonst kann das Kind ruhig in die Türkei zurück und wird seine Eltern nie sehen, die hier das Geld verdienen müssen, damit sie ihr Kind könnten nachziehen lassen. Es kostet uns überhaupt nichts, zu gedenken der schrecklichen Taten, die unsere Eltern begangen haben, an denen wir nicht Schuld haben, schon weil wir ihrer gedenken. Denn wir vermeiden in der Gegenwart, dieselben Probleme wieder zu sehen; wir ersparen uns die Einsicht, daß wir alle Fehler genauso begehen, indem wir die Erkenntnis ritualisieren.

Und das ist nun die Geschichte des Gottesknechts. Er existentialisiert alles, was mal Ritus war. Da gibt es kein Meßopfer mehr zu feiern, überhaupt keine Opfer mehr zu bringen; aber es gibt ein Engagement an der richtigen Stelle, wenn es sich lohnt. Und das nun ist das Urteil am Ende des unteren Rahmenteils gewissermaßen, in Gold lackiert: *Ich*, spricht hier Gott, *will ihm Anteil geben unter den Großen.* – Das mögen hören die Historiker. Alexander der Große, Karl der Große, der christliche, Friedrich der Große – wie wär's mal mit diesem unbekannten Großen, und er wäre der einzig Große? Es kehrte alles um, und es wäre Gottes Urteil.

Und ließe ihn mit den Mächtigen Beute teilen. – Das kann wohl nur noch euphemistisch sein: mögen sie doch weiter plündern, brandschatzen, Kriege führen und sagen, so verteidigten sie ihre Bevölkerung; vielleicht ist es möglich, ohne jede Gewalt die Herzen der Menschen zu gewinnen. Jedenfalls so viel steht fest: *Er schüttete sein Leben aus in den Tod wie Wasser in den Sand.* Er wagte es, zu scheitern, und alles war vergeblich. Es stand nicht die geringste Prämie darauf, überhaupt kein kalkulierbarer Erfolg außer dies Eine schon aus dem dritten Gottesknechtslied: Aber Gott wird mir helfen. Ein Gottesjünger möchte ich sein.

Da trat er in die Bresche für all die andern und übernahm das Leben, das sie selber fürchteten. – Da wurde es ihm möglich, jenseits der Furcht sich selbst zu entdecken. Das ist die ganze Geschichte des Gottesknechtes, jedes Gottesknechtes, die Geschichte also ganz unbedingt des Jesus von Nazaret. Er ging nicht in den Tod für uns, er hatte nur keine Angst mehr vor uns, die wir ihm den Tod bringen immer wieder. Er mochte uns zeigen, was das Leben ist, was glücklich zu sein heißt, wie in allem Leid so viel Güte wachsen kann und Verständnis und Größe und wie es Dinge zu lernen gibt, die auf anderem Weg überhaupt nicht zu lernen sind, und brachte uns bei, die ganze Welt zu betrachten überhaupt nur aus der Perspektive der Leidenden. Friedrich Nietzsche konnte dagegen protestieren und sagen: Das macht die ganze Welt zum Krankenhaus, das ist ja die Phantasie aus einem russischen Roman. – Es ist in Wirklichkeit der Anfang einer Güte, die ehrlich sein läßt. Man muß nicht mehr die Bestie spielen; es genügt, ein Mensch zu sein.

8. März 1997

Kommt her und kauft ohne Geld!

D er sogenannte zweite Jesaja war ein Prophet, der in der Zeit unmittelbar nach dem babylonischen Exil lebte, in der Zeit der Rückkehr und des Wiederaufbaus. Er versuchte, in einer Trümmerlandschaft, sozial, politisch, rein äußerlich in den Wohnverhältnissen und ganz gewiß psychisch, den Zerbrochenen so etwas wie Trost, wie Hoffnung zu bringen. Wir wollen uns zwei Abschnitten seiner Texte widmen und hinzunehmen einen Psalmentext, der aus einer ähnlichen Zeit mit einem gleichen Problem in eine andere Richtung zu blicken scheint, den Psalm 89.

Text: Ps 89, 2–6. 25–34. 39–53; 55, 1–5; 41, 17–20
Ein Lied Ethans, des Esrahiten.
Die Gnade des Herrn
will ich ewig besingen,
von Geschlecht zu Geschlecht
deine Treue kundtun.
Auf ewig ward Gnade gebaut
im Himmel,
ward Treue dort gegründet
durch deinen Mund.
Du sprachst: »*Ich habe einen Bund*
geschlossen mit meinem Erwählten,
ich habe meinem Knechte David
geschworen:
Auf ewig will ich gründen
dein Geschlecht,
für alle Zeiten aufbauen deinen Thron.«
Die Himmel sollen preisen
deine Wunder, o Herr,
und die Versammlung der Heiligen
deine Treue.
Meine Treue und Gnade
wird mit ihm sein,
hoch soll sein Horn ragen
kraft meines Namens.

Ich lasse ihn die Hand
auf das Meer legen,
seine Rechte auf die Ströme.
Er wird mich anrufen:
»Mein Vater bist du,
mein Gott und der Fels meines Heils.«
Ich aber will ihn
zum Erstgebornen machen,
zum höchsten
unter den Königen der Erde.
Immerdar will ich ihm
meine Gnade bewahren,
und mein Bund soll ihm festbleiben.
Ich will auf ewig
sein Geschlecht erhalten
und seinen Thron,
solange der Himmel steht.
Wenn seine Söhne mein Gesetz
verlassen
und nicht nach meinen Rechten
wandeln,
wenn sie meine Satzungen entweihen
und meine Gebote nicht halten,
so werde ich ihre Sünde
mit der Rute ahnden
und ihre Verschuldung mit Schlägen.
Doch meine Gnade
will ich ihm nicht entziehen,
und meine Treue
will ich nicht brechen.
Das eine habe ich
bei meiner Heiligkeit geschworen –
nie werde ich David belügen.
Aber nun hast du verstoßen,
verworfen,
bist entrüstet wider deinen Gesalbten.
Du hast preisgegeben den Bund
mit deinem Knechte,
hast seine Krone zu Boden getreten.

Du hast all seine Mauern
niedergerissen,
hast seine Festen in Trümmer gelegt.
Es plündern ihn alle,
die des Weges kommen,
er ist seinen Nachbarn
zum Spott geworden.
Hoch hast du die Hand
seiner Dränger erhoben,
hast alle seine Feinde erfreut.
Ja, du ließest zurückweichen
seines Schwertes Schneide,
ließest ihn im Kampfe
nicht aufkommen.
Du hast seinem Glanz
ein Ende gemacht,
hast seinen Thron zur Erde gestürzt.
Du hast die Tage seiner Jugend verkürzt,
hast ihn mit Schande bedeckt.
Wie lange, o Herr,
willst du dich noch verbergen,
deinen Grimm lodern lassen
wie Feuer?
Bedenke, o Herr:
was ist doch das Leben!
wie nichtig alle Menschenkinder,
die du geschaffen!

*Wohlan, alle, die ihr durstig seid, kommt her zum Wasser! Und die
ihr kein Geld habt, kommt her, kauft und eßt! Kommt her und
kauft ohne Geld und umsonst Wein und Milch! Warum zählt ihr
Geld dar für das, was kein Brot ist, und sauren Verdienst für das,
was nicht satt macht? Hört doch auf mich, so werdet ihr Gutes
essen und euch am Köstlichen laben. Neigt eure Ohren her und
kommt her zu mir! Höret, so werdet ihr leben! Ich will mit euch
einen ewigen Bund schließen, euch die beständigen Gnaden Davids
zu geben. Siehe, ich habe ihn den Völkern zum Zeugen bestellt, zum
Fürsten für sie und zum Gebieter. Siehe, du wirst Heiden rufen, die
du nicht kennst, und Heiden, die dich nicht kennen, werden zu dir*

laufen um des Herrn willen, deines Gottes, und des Heiligen Israels, der dich herrlich gemacht hat.

Wenn die Elenden und Armen Wasser suchen und keines finden und ihre Zunge verdorrt vor Durst: Ich, der Herr, erhöre sie; ich, der Gott Israels, verlasse sie nicht. Ich öffne Ströme auf kahlen Höhen und Brunnen inmitten der Täler; ich mache die Wüste zum Wasserteich und dürres Land zu Wasserquellen. Ich setze Zedern in die Wüste, Akazien, Myrten und Ölbäume; ich pflanze Zypressen in der Steppe, Platanen und Buchsbäume dazu, damit sie sehen und erkennen zumal, zu Herzen fassen und inne werden, daß die Hand des Herrn dies getan hat, daß der Heilige Israels es geschaffen.

Was ist eines Propheten Wort?

Bäume senken ihre Wurzeln in die Erde und säen Samen aus, den der Wind verstreut aus ihren Zweigen; eines Propheten Wort ähnelt einer Mangrove. In den Gezeitenzonen am Rande tropischer Urwälder bildet sie an einer Stelle einen zentralen Stamm, aber dann, unfähig, sich ins Erdreich zu senken, schickt sie Luftwurzeln aus, die von oben her nach geeigneten Stellen suchen, um sich festzumachen inmitten der Strömung. Die menschliche Geschichte ist ein reißendes Gewässer, ein ständig fluktuierendes Hin und Her, nie etwas sicher Gründendes. Eines Propheten Wort erwächst an einer bestimmter Stelle in der Zeit, aber dann sucht es, wo es geistig neuen Boden findet, um sich festzumachen an vergleichbaren Plätzen, in ähnlichen Situationen und redet das Alte ganz neu. Wo einmal der zentrale Stamm war, wird unerheblich gegenüber dem, was da weiterwächst durch die Zeit.

Das Jahr 587 v. Chr. war für das Volk von Judäa eine ebenso nationale wie jeden einzelnen betreffende Katastrophe. Als Israel von dem Perserkönig Kyros in die Freiheit entlassen wird, beginnt eine Phase des mühsamen Neuaufbaus, äußerlich in den Ruinen, innerlich in einem Niemandsland von Zweifel, Verzweiflung, Hoffnung, üppig wuchernden Illusionen, Scheintröstungen und Verheißungen. Mitten darein versucht der Mann, den wir literarkritisch den zweiten Jesaja nennen, Fragmente zu sammeln. Es gibt keinen Gottesdienst mehr, den die Priester leiten könnten, kein Heiligtum, das bereitstünde, sich zu versammeln, keinen Schlachtopferaltar, an dem man rituell Gott um Versöhnung anhalten könnte; Jesaja, diesem zweiten, steht einzig die Erfahrung der Gebete seines Volkes zur Verfügung, gesammelt unter anderem im Buch der Psalmen. Es stehen ihm zur Verfügung manche Erinnerungen an die Rituale, welche die Priester übten. Sie sprachen im Orakel einem einzelnen in seinem Fragen und Klagen Heil zu. Das greift er auf und überträgt es auf das ganze Volk, oder was davon übrig ist. Es gibt die Bilder, die ekstatischen Reden, die Aufrufe der prophetischen Tradition; in ihr ist er am meisten verwurzelt. Aber wie er es zusammensetzt und ein Neues schafft, das ist etwas so noch nie Gehörtes, oft Unerhörtes und Schockierendes.

Die nationale Katastrophe des Volks der Juden betrifft den Zusammenbruch der gesamten staatlichen Ordnung. Es ist nicht nur, wie in Deutschland 1945, daß ein bestimmtes Regime ein Ende gefunden hat, ein wohlverdientes, wie manche meinen, es ist nach dem Zeugnis gerade der Propheten das ganze Volk im 6. vorchristlichen Jahrhundert, das endlich so denken soll. Eine eigene, die Geschichte Israels noch einmal umschreibende Theologengeneration setzt im sogenannten deuteronomistischen Geschichtswerk dieses Zeugnis durch: Das gesamte Königtum war und ist ein einziger Abfall von Gott gewesen. Was da beseitigt wurde, verdiente nicht, noch länger zu bestehen; so ging es nicht weiter. Der 89. Psalm, dem die Texte des zweiten Jesaja sehr nahe stehen, fragt anders und will sich und kann sich nicht trösten lassen in dem Schema: der Mensch begeht Schuld und der gerechte Gott straft. Was denn soll man einem Gott glauben, der auf Erden seine Propheten, seine Priester beruft, damit sie dem Volk Generation für Generation erklären – 2 Sam 7: Ich, der Allmächtige, der Getreue, der Sorgende, schließe auf immer und ewig, unverbrüchlich – hat er gesagt – mit dir, David, einen Bund für alle Zeiten; immer wird er dauern, dein Schwert siegreich, deine Macht ausgedehnt und du selber ein Zeugnis für die Völker! Und so war's! Unter David wuchs das Reich, mehrte sich, stieg auf wie eine Kletterpflanze. Inmitten der Machtpolitik des alten Orients wurde es respektabel in einer einzigen Generation, genial militärisch geführt mit machtpolitischem Instinkt, wie nie vorher und nachher anzutreffen. Das war der Segen Gottes, was denn sonst? So wurde es beglaubigt, und so sollte man es glauben. – Und jetzt ist das alles unglaubwürdig? Die Zeiten haben sich geändert, und man muß mit den Wölfen heulen und sich mit dem Winde drehen? Ist es das, was Glauben heißt? Wird nicht Gott widerlegt durch das, was geschehen ist? Er hat etwas versprochen, also hat er selber etwas gewollt; ist sein Wille jetzt durchkreuzt worden? Die Götter der Gegner sind stärker als er. – Vielleicht muß man so denken: Gott ist zu schwach, zu ohnmächtig, und was hat es dann für einen Zweck, an ihm zu halten? Auch er kann's nicht ändern. Das ist die wirkliche Verzweiflung in diesen Tagen. Es geht nicht um David, es geht um Gott im Psalm 89, und man wagt es kaum zu sprechen, diesen Abschlußlobpreis, nach so vielen Widersprüchen, mit der Einwilligung: Amen. Man fragt sich, wieviel später dieses Finale an das Gebet hinzugeklebt wurde, das in Wirklichkeit endet wie ein kontrastreicher Aufschrei. Alles wird aufgezählt, was man an Versprechungen und Verheißungen Gottes gehört, gesammelt, überliefert hat; man setzt dagegen die harte, brutale Sprache der Realität. Wie ist es gekommen? Und es scheint und scheint sich nicht zu ändern.

Erst wenn man diese Frage klar begreift, versteht man, was dieser zweite Jesaja sagen möchte. Es geht ihm nicht mehr um Lohn und Strafe, nicht an dieser Stelle, eigentlich bleibt er seinem Anfangswort aus dem 40. Kapitel treu: Tröstet mein Volk. Nur Trost – denn Strafen gab es genug. Aber wie soll man über eine Katastrophe dieser Art mit dem Charakter einer solchen Endgültigkeit Menschen hinweggeleiten?

Was der zweite Jesaja versucht, ist unerhört. Man hat gemeint, daß die Einleitung seiner Worte – *Kommt, eßt und trinkt Wein und Milch; hört meinem Wort, daß ihr euch sättigt* – zu verstehen seien wie die Einladungen der göttlichen Weisheit: Wer auf Gott hört, der bekommt tatsächlich Nahrung. Das wäre soviel wie im 4. Kapitel des Matthäus-Evangeliums die Antwort Jesu auf den Teufel: Der Mensch lebt nicht vom Brot allein, sondern von jedem Wort aus dem Munde Gottes. – Es klingt an, ohne Zweifel, eine gewisse Erinnerung an die Verheißungen, die dem Volk beim Auszug aus Ägypten zuteil wurden durch den Mund des Moses. Der Weg geht durch die Wüste, der Weg geht durch die Wasser des Roten Meeres, der Weg geht quer durch Feindesland; aber das Ziel ist ein Land der Üppigkeit, ein eigener Boden unter den Füßen, der Weinreben sprossen läßt und Viehtriften öffnet; Schafe, Ziegen, Rinder werden dort zu halten sein, Milch in allen Produkten zu gewinnen, kein Hunger mehr. Am Ende all der Entbehrungen wird Segen, Glück und Freude winken. – Erinnerungen an diese Texte sind das, ohne Zweifel, aber was dieser Prophet wirklich sagen will, hat er vermutlich in irgendeiner Gasse in den Ruinen Jerusalems gehört. Jeder Orientreisende hört es noch heute, ob er auf dem Schiff fährt oder im Basar spazierengeht. Da tauchen die Wasserverkäufer auf, riesige Kanister auf ihrem Rücken, der ständig gebeugt ist. Es ist nicht viel, was man für frisches, trinkbares Wasser im Orient zahlt; und doch ist es köstlicher meist, für den Dürstenden jedenfalls, als Wein und Milch. Diese Leute rufen: Kommt und trinkt!, und so müßte man diesen Ruf des Jesaja, des zweiten, sich vorstellen.

Man muß sich in die Situation der Wiederaufbauzeit hineindenken, genau wie in das Deutschland 1945 bis zur Zeit der Währungsreform. Es gibt nichts zu essen, nichts zu beißen, die Händler halten ihre Waren zurück; sie horten, weil das, was sie heute verkaufen, von der Inflation gefressen wird; niemand kann unter solchen Umständen regulär sich verhalten. Erst am 20. Juni 1948 ist plötzlich alles in den Regalen, und man kann's kaufen, montags um acht am 21. Juni. Bis dahin ist Hunger und Durst, wuchert die Spekulation, prosperiert der Schwarzmarkt, jeder sucht durchzukommen, wie er nur kann – vergleichbare Verhältnisse müssen wir zugrunde legen im Hintergrund dieser Texte. Was meint dann der zweite Jesaja? Vor sich hat er die Elendskolonnen von Habenichtsen, die zurückkommen aus Feindesland und bringen mit, was sie in Händen tragen können: ein paar Wäschebündel und ihre Kinder auf den Armen. Und was sie vorfinden, ist nichts. Aber es wird Leute geben, die aus diesem Nichts für sich ihr Alles machen. Die Habenichtse sind wandernde Nullen, aber wenn man's geschickt anfängt, kann man sie zusammenaddieren und sich selbst als Zahl davorschreiben. Irgendwann wird es die Kriegsgewinnler geben, diejenigen, die wie die Korken auf der Sintflut schwimmen, immer obenauf. Wie sie's hinkriegen, stehe dahin, aber es sind die winzigen Unterschiede von den Startbedingungen her. Selbst wenn bei Einführung der neuen Währung am 20. Juni 1948 einem jeden Deutschen nur 40 Mark in die Hand gegeben werden, am Tage drauf werden die Unterschiede gewaltig sein zwischen denen, die mit dem Geringen an Differenz alles aufs Spiel setzen, um viel zu gewinnen, und den ewig Dummen, den Braven, den Schafen. So hier. Wenn Menschen wirklich arm sind, müssen sie kaufen, und es ist lediglich die Frage, wie hoch man ihnen die Preise hängt. Danach schnappen müssen sie und werden sie. Nichts ist leichter auszubeuten als das Elend. Das ist, was der zweite Jesaja vorfindet. Und man kann's drehen, wie man will. Man kann sagen: Es geht um göttliche Weisheit, wohl zwar, aber was er als erstes sagt, ist das Ende von Betrug und Wucher und Sichbereichern mit fremdem Elend. Es ist ein unerhörtes Gratis, das er hier auf den Markt schleudert: *Kommt und kauft ohne Geld! Kommt und kauft ohne Preis!* Das hat es nie gegeben: Nahrungsmittel gratis mitten in der Not. Das ist eine Aufforderung, zu teilen, statt zu spalten; gemeinsam zu sein, statt sich zu bereichern; und es gibt nicht Hoch und Niedrig, es gibt nur Menschen, alle gleich, in der gleichen Not. Dieses *Gratis* ist für den zweiten Jesaja das Große an Gott, die ganze göttliche Weisheit, die es zu hören gilt. Wer sie aufgreift, hat etwas zu essen, und jetzt nicht mehr nur materiell; er wird plötzlich spüren, wovon er wirklich lebt und wie nichtig all die andern Dinge sind. Da gibt es ein Stück Menschlichkeit zu lernen. Gerade weil es so grausam war in der Geschichte, gibt es etwas Besseres zu lernen, als grausam zu bleiben und die Strategien der Grausamkeit zu perfektionieren. Aus diesem Leid gilt es zu lernen, nicht länger einander Leiden zuzufügen, sondern Mitleid zu finden. Was denn sonst? Und in diese Spur gesetzt, wächst es plötzlich auf und wird ungeheuer. Man leidet nicht nur an der Armut so vieler einzelner, man leidet an dem gesamten nationalen Desaster. Judäa liegt darnieder.

Wollte irgendwann wie nach 1918 wieder jemand kommen und sagen: wir wollen aber die Monarchie, wir wollen das alte, große Reich erstellen, wir wollen die Rückkehr zu den von Gott versprochenen Ordnungen, würde ein solcher augenblicklich als Feind der anderen Völker betrachtet und als gefährlich vom Thron gestoßen werden. In Juda wird man sehr bescheiden Politik – nicht treiben können, sondern – über sich ergehen lassen müssen. Das ist eine Schmach, das sieht aus wie der Verlust von allem, was Religion je zu sagen hatte in der ständigen Ehe zwischen Thron und Altar. Noch der Psalm 89 glaubt das Volk trösten zu können, andeutungsweise wenigstens, daß Gott dem David Macht und Größe und Stärke versprochen hat. Der Niederbruch, das Ende der gesamten davidischen Dynastie in Jerusalem, muß nicht bedeuten, daß es all die Zeit in alle Zukunft vorbei sei mit diesen Verheißungen. Es gebiert sich aus Texten wie dem 89. Psalm die Vision, die im Neuen Testament eine ganz große Rolle spielen wird: daß Gott einen zweiten

David, einen anderen König, eben den Messias, den wirklichen Heilbringer seinem Volk senden und schenken wird, ein anderer König, der in die Zukunft kommt und die Vergangenheit noch einmal gutschreibt – so ist die eine Erwartung. Sie bleibt sehr konsequent und wird im Judentum immer weitergeführt werden.

Der zweite Jesaja aber hat einen anderen Gedanken, einen phantastischen. Er erklärt seinem Volk, daß Gott dem David Größe und Macht gegeben hat zum Zeugnis für die Völker. *Siehe!* das war so. Und mit einem zweiten *Siehe!* erklärt er: Das war einmal so, und es wird nie mehr sein. An die Stelle dessen, was dem David verheißen wurde, tritt eine Verheißung an das gesamte Volk. Zwischen diesen beiden *Siehe!* liegt eine ganze Welt. Man müßte sie etwa so wiedergeben, diese Brücke zwischen den zwei Welten: Ist es denn wirklich ein so unerträglicher Verlust, daß uns der König genommen wurde, die Zentralgewalt, die politische Verwaltung? Ja, waren wir denn wirklich bisher so ein Bienenstaat, daß, wenn man die Königin entfernt, der ganze Staat in Chaos versinkt? Hätten wir nicht die Chance, nachdem es keinen König mehr gibt, miteinander ein Leben zu lernen, das Gott wirklich trägt in Freiheit, Mündigkeit und Größe? Noch ist es bis zur Französischen Revolution mehr als 2000 Jahre hin, da erklärt ein Prophet im alten Israel, daß man froh sein kann, den König endlich beseitigt zu sehen. Man brauchte keine Revolution zu machen; was wir die Feinde Israels nennen, die haben es selber besorgt, und Gott sei Dank dafür. Alles, was je geredet wurde über den König, den einzigen, und was er für ein Mann war, alle heiligen Titel im Neuen Testament finden sich im 89. Psalm: Er ist der Einziggeborene und der Erstgeborene, mein Sohn – sagt Gott von ihm; der ganze alte Orient mit allem Triumphalismus umzierte sein Haupt – all das können wir vergessen. Es gibt ihn nicht mehr und braucht ihn nie mehr zu geben. Aber daß da ein Volk ist, das beginnt, menschlich zu leben, und der Maßstab, wie es lebt, sind die Armen, sind die Habenichtse, die Durstigen und Hungernden, das wäre eine Verheißung von Gott, und sie stünde nicht an für die ferne Zukunft, sie wäre jetzt, hier und heute. Und es wäre zu sagen: Ihr seid ein Zeugnis für die Völker. Bis dahin war der Aberglaube: Zeugnis für die Völker, das werde geboren aus Machtgewinn und Reichtum und Protz und Gepränge. Wie aber wär's, das Zeugnis für die Völker wäre ein Volk, das Menschlichkeit übt? Es riefe zu Menschen anderer Völker, die es überhaupt nicht kennt, deren Namen ihm wie fabelhaft sind, aber denen gilt der Anruf, die Aufforderung, das Beispiel dieses Volks der Juden. Da spielte es plötzlich keine Rolle mehr, ob jemand unmittelbar national, biologisch, rassisch dem jüdischen Volk zugehört, das, was es verkörpert, gilt aller Menschheit und ist eine Einladung, dahin zu finden. Was wir das Christentum nennen, ist im Grunde geboren an dieser Stelle, das ist der Zentralstamm der Luftwurzel, die ungefähr 550 Jahre später in der Person des Mannes aus Nazaret die Erde berührt und mit neuem Leben erfüllt. Vermutlich hat Jesus nie messianische Hoffnungen nähren wollen, aber eine Form des Zusammenlebens von Menschen wollte er prägen; das war sein ganzer Glaube, und es spielte keine Rolle mehr, wer aus diesem Volk oder jenem Volk kommt. Gott, konnte er mit seinem Lehrer Johannes sagen, kann aus diesen Steinen hier Kinder Abrahams erschaffen (Mt 3,9). Wie gelebt wird, das entschied für ihn. Und am Anfang von allem, was er zu sagen hatte, am Beginn der Bergpredigt – Matthäus 5 – konnte er sogar sprechen: Glücklich sind die Armen. Ergänzen wir's so: denn sie können nicht anders, als daß sie begreifen, daß Menschen nur leben vom Erbarmen.

Es gibt eine andere Stelle im Buche des zweiten Jesaja, wo die alte Not beschworen und fast mit mythischen Bildern aufgefangen und beantwortet werden soll. Im Kapitel 41 sind die Elenden auf der Suche nach Wasser, aber es gibt keins. Es ist ein Bild der Hungersnot, wie sie von den Propheten in der Geschichte Israels immer wieder als ein Zeichen Gottes aufgegriffen wurde. Immer wieder, glaubt man erlebt zu haben, hat die Not sich auch überwinden lassen, und es war Jahwe, es war Gott, der in der Not geholfen hat. Welch ein Kontrast nun! Ließe sich nicht glauben, mitten in die Wüste hinein würde Gott die Bäume der Fruchtbarkeit pflanzen, Gewächse, die sonst nur in üppiger Hanglage gedeihen, dicht an bewässerten Stellen? Gott würde dafür sorgen, daß die Wüste üppig fruchtbar gedeiht? Wie viele Gebete haben Menschen zum Himmel gesandt, und wurden sie nicht erhört von dem, der auf den Kahlhöhen die Ströme und in den Gründen die Quellen aufbrechen läßt? – Das alles geschieht im Sinne des zweiten Jesaja nicht, um zu beschreiben, was in fabelhaften Wundern gewirkt wurde, sondern zum Zweck einer tieferen Erkenntnis: Gottes Hand sei am Werke mitten in der Not. Das ist die Hoffnung und die Zuversicht des zweiten Jesaja, damals, an der Stelle, wo die Mangrove zum erstenmal aufwuchs.

In der Person des Mannes aus Nazaret hat sie Wurzel gefaßt auf
eigenartige Weise: Alles, was damals einem ganzen Volk galt, wird
in der Person Jesu verinnerlicht zu einer Lebensform, zu einer Exi-
stenzweise, müßten wir sagen, und die Umkehrung der Perspektive
hier ist ein wesentliches Zeugnis, wie von Gott zu sprechen und von
ihm her zu leben sei. Die Armen im Mittelpunkt – das war Jesu feste
Meinung, am Umgang mit ihnen entschiede sich alles. Und wenn
wir schon sagen, was da Armut oder Reichtum, Hunger oder Sätti-
gung heißt, hat immer diese beiden Seiten, eine äußere, soziale oder
physische gar, und eine andere, seelische, und beide gehen ineinander, sollten wir dann nicht auch den Mut haben, diese Texte in unserer Zeit genau so zu lesen?

Das Wort »Kälte« z. B. ist physisch und seelisch zu verstehen.
Wie viele Menschen frieren! Es ist ihre Seele, die wie ausgewandert
ist aus dem Körper, statt ihn zu wärmen, ihn fast frierend zurück-
lassend. Und wieviel aus der seelischen Kälte wird geboren an phy-
sischer Erfrierung! Im zweitreichsten Land der Erde genügen drei
Wochen Winter, und es erfrieren – statistisch offenbar zählt das
niemand so genau – vierzig Menschen auf Deutschlands Straßen,
melden die Zeitungen, vielleicht waren es auch siebenundvierzig
oder nur neununddreißig – es ist eine pauschale Zahl: vierzig, so
allgemein, wie daß Israel vierzig Jahre durch die Wüste gewandert
ist, einfach rundum. Und die Vierzig muß man für die nächste Zeit
vermutlich mit dem Faktor tausend multiplizieren. Wie viele Organe erfrieren im Körper eines Menschen, bis daß sie tot sind, und
wie lange werden die Halberfrorenen mit ihren schwerstgeschädig-
ten Organen sich zu Tode schleppen, alle nicht erfaßt in der Statistik der nächsten fünf Jahre. Es genügt eine Nacht in der Kälte auf
dem Pflaster für die Nieren, die Lungen, die Blase – was Sie wollen,
es langt. Es ist sehr wichtig, lebensentscheidend, vor einer Tür zu
schlafen oder hinter einer Tür. Aber wenn die Politiker sagen: diese
Obdachlosen gehören nicht in die Häuser, nicht in die Bahnhöfe,
nicht in die U-Bahn-Schächte, nicht in die öffentlichen Anstalten –
ja, wo gehören sie dann hin? Tiere haben ihre Nester, Menschen
nicht; wenn man ihnen den Unterschlupf nimmt, ganz büro-kra-
tisch, ganz einfach, man schafft Ordnung und fegt einfach die In-
nenstädte leer, man sieht die Obdachlosen überhaupt nicht, ja, wo
sind sie dann geblieben? Wie verfrorene Vögel werden sie sein, wir
werden sie nie mehr wiedersehen. Sie störten unsere Augen, sie stör-

ten vermeintlich unsere Ordnung, sie sind einfach weg, und mehr braucht's auch nicht.

Was würde ein Mann wie der zweite Jesaja sagen gegenüber dieser Umgangsart, 2000 Jahre nach Jesus Christus – scheinbar ganz normal; 2500 Jahre nach seinen Sätzen – scheinbar ganz normal. Dieser Mann, der da stand und sagt: Kommt und kauft ohne Geld!, nur das Nötigste, Brot und Wasser, ist denn das zuviel? Und irgendwo ein Dach über dem Kopf, hat ein Mensch nicht Anspruch darauf? Und wem das zuviel ist, wo denn zieht der seine Grenzen? Vielleicht ist es eine Entschuldigung, mindestens eine Erklärung, wenn wir sagen: Selbst diejenigen, die mit Asylanten und Obdachlosen so verfahren, wollen's ja nicht, sie haben, wenn sie von Ordnung reden, ihre Anordnungen, wenn sie von Weisungen reden, ihre Anweisungen, sie sind die ausführenden Organe, und diejenigen, die die Anweisungen und die Anordnungen geben, haben ihre eigenen Zwänge, ihre Sachgesetze. Aber dagegen nun: Kaufe ohne Geld! Vielleicht ist das das Zauberwort. Es müßten sich Werte entdecken lassen, die nicht definiert werden auf dem Markt durch ihre Realisierbarkeit in zahlender Münze. Was uns buchstäblich verdirbt, ist diese Optik, die ums Geld kreist und die damit zu tun hat, daß derjenige, der auch nur ein bißchen mehr Geld hat als der andere, sofort zugreifen kann in die Schutzlosigkeit des anderen. Er *braucht* Geld, man kann's ihm geben und mit Zins und Zinseszins zurückfordern. Das Judentum hat das nie gewollt, Mose nie gewollt, Jesus nie gewollt, aber es ist Grundstock und -stein unserer gesamten wirtschaftlichen Ethik und Moral. Das Recht auf Eigentum, das sich vermehrt für die Eigentumseigner, wohlbehütet und geschützt, so türmt sich's auf bis hin zu den Banken, die vom Geldbesitz leben, indem sie aus dem Geldbesitz noch viel mehr Geld machen. Wer eigentlich bei den Zahlenspielereien mit den Geldbilanzen hat noch die Vorstellung, was die Ziffern bedeuten, heute bedeuten? Millionen Arbeitslose, Hunderttausende Obdachlose, zerrüttete Familien, zerbrochene Existenzen, und das ist nur die Innenpolitik. Brennende Urwälder, verseuchte Landschaften, Millionen Menschen auf der Flucht vor Bürgerkrieg, Hunger und Elend – ist das den Leuten, die die Tabellen lesen, bewußt, was für Zahlen sie da handeln? Realisierbar werden ihre Zahlen wieder nur, wenn man sie einlöst gegen Geld, und wer das hat, kann sich alles kaufen, jeden Urwald mitsamt den Einwohnern, selbst mit den Pflanzen und den Tieren – soeben, am 8. April 1999, melden die Zeitungen, daß der brasilianische Multimillionär Cecilio do Rego Almeida für zehn Millionen Dollar im Amazonas-Urwald ein Gebiet von der Größe der Niederlande und Belgien zusammen eingekauft hat, um dort Touristenzentren und Flugplätze anzulegen ... er hat die Herrschaftsrechte, irgendwohin seine Produktionsstätten zu setzen, seine Arbeitskräfte anzuheuern, die überflüssigen Arbeitskräfte zu feuern, wie es ihm beliebt – eben weil er Geld hat.

Begreifen Sie die Revolution in zwei Zeilen, die der zweite Jesaja anrichtet, wenn er laut ruft im Namen Gottes sein Gratis: Kommt und kauft ohne Geld! Es wäre das Ende von all dem, was wir die wirtschaftliche Vernunft nennen, aber ganz sicher der Anfang der Menschlichkeit, von der diese Propheten träumten. Plötzlich begreift man, daß die Dinge zusammenhängen. Es läßt sich wirklich kein Imperium gründen nach den Erfahrungen des zweiten Jesaja, wenn man's gründlich lernt, weder ein Wirtschaftsimperium noch ein nationales Imperium. Macht und Geld sind immer dasselbe, aber zum erstenmal wächst hier über diese beiden Faktoren hinaus eine Religion, die sie beide, Macht und Geld, nicht mehr nötig hat. Bis in den Katholizismus unserer Tage hinein läßt sich das nachverfolgen. Ein Zeugnis für die Völker zu sein, hat immer bedeutet, Macht zu konzentrieren und Geld zu benutzen, schon um die Propaganda in Gang zu halten, schon um das Ritual zu pflegen – nichts geht da ohne Millionenvorlagen. Das muß sein, eben so bezeugt es Gott, erklärt man uns. Wie aber wär's, wir brauchten überhaupt kein im Namen Gottes eingerichtetes Herrscherkönigtum an der Spitze, sakrosankt, religiös schwebend über den Menschen; was wir brauchten, wären Menschen, die menschlich leben; und sie wären das Volk, ganz einfach, keine Priester, keine Päpste, keine Instanzenzüge mehr, aber den Armen gratis Wasser, Brot! Das wäre der ganze Jesus.

Wir müssen nicht glauben, daß irgendwo in der Wüste Myrtenbäume wachsen, einfach so, weil Gott es sprießen läßt, selbst wenn das die Propheten sich einmal vorgestellt haben. Vielleicht waren das in ihren Augen ja bereits nur Bilder, und lediglich die Unbelehrbaren glaubten es äußerlich, so wie in den Tagen Jesu noch ein Prophet durch den Jordan ging, hinüber in die judäische Wüste, und versprach den fanatischen Mitläufern, Gott würde sie speisen wie in den Tagen des Moses, sie brauchten gar nicht erst zu verhungern, ehe die Römer sie packten und schlugen. Es geht nicht um die Spektakel, es geht darum, daß wir Bilder, die einmal historisch einem Volke galten, in die eigene Lebensform einbeziehen; es geht darum, daß wir diese Bilder sehr persönlich durch die Passage der individuellen Existenz führen und dann zum sozialen Engagement öffnen, um daraus etwas zu machen unter den Bedingungen unserer Tage – ein Dreischritt der Auslegung; aber so verstünden wir all das, was Jesus wollte.

Selbst diese äußeren Bilder vom Urbarmachen der Wüste könnten längst die Wahrheit sein. Kürzlich zeigte man einen dänischen Erfinder, einen wunderbaren Mann. Er hat herausgefunden, wie man am Uferrand der Ostsee durch bestimmte Filteranlagen Meerwasser entsalzen kann, so schön, daß eine ganze Hotelkette davon beliefert wird, und daß man künstlich alle möglichen Salze hinzufügen muß, damit dieses *aqua destillata* ein bißchen trinkbar, d. h. schmackhaft ist. Ein kleiner Mann kann das erfinden. Es scheint keinen Politiker zu geben, der begreifen würde, daß hier der Schlüssel läge zur Lösung eines gewaltigen Problems. Wir könnten mit wenig Kapitalaufwand die Sahara urbar machen, es wäre ein ungeheures Projekt im Kampf gegen die Armut. Auf jedem gottverdammten US-Flugzeugträger kann man Meerwasser entsalzen, freilich, fürs Militär in jeder Form; in den Weltraum hinein können wir Geräte bringen, die Meerwasser entsalzen, ganz gewiß; auf dem Mars werden wir nächstens herausfinden, wie man die Wasservorräte dort aufschmelzen kann; aber wenn's darum geht, Armen gratis Wasser und Brot zu geben, das ist nicht möglich. Vorher brauchen wir den militärischen Popanz, 250 Milliarden Dollar für die amerikanische Rüstung im neuen Haushalt, 47 Milliarden D-Mark im deutschen Haushalt – das sind die *essentials*: Geld und Macht.

Und fragt man sich, für wen, muß man nicht sagen: zur Sicherheit, sondern zur Selbstbedienung derer, die schon haben; das Kapital kreist in sich selber, und je sinnloser die Ausgaben, desto besser; je konsumferner – verschossen, krepiert, in den Weltraum gestartet, um so nützlicher; kein Mensch hat etwas davon, aber es bedient sich, es vermehrt sich. – Käme man zurück auf den kreatürlichen Hunger, auf die Sprache des Elends, wie der zweite Jesaja sie redete, wir würden lernen aus der Katastrophe. Nach 1945 haben wir's geglaubt, es könnte gehen, einen kurzen Moment lang. Auch Jesaja, der zweite, hat sich geirrt; alles, was er da hoffte, kam natürlich anders. Aber wie wär's, der kleine Mangrovenstamm rankte sich über den Gezeitenstrom, senkte sich in die Erde, die unser Herz ist, und bildete eine neue Zufügung, einen Brückenschlag über Jahrhunderte, eine Gemeinsamkeit des Lebens über Jahrtausende? Alles, was Jesus wollte, steht diesem Mann hier so überaus nah. Die paar Texte aus Deuterojesaja sind gewissermaßen das neue Testament im alten.

Wir hören noch, Gott sei die *Herrlichkeit*, der *Heilige* selber, der sein Volk *verherrlicht*, ein Wort, welches das Johannes-Evangelium so liebt. Wir müßten ein letztes Mal übersetzen und sagen: Wenn es um die Heiligkeit Gottes geht, um die Herrlichkeit Gottes, ist das vollkommene Paradox gemeint in der Zuordnung von Macht und Gnade. Reinhold Schneider hat in den vierziger Jahren, in den fünfziger Jahren, in Krieg und Nachkriegszeit, sein ganzes Lebenswerk an dem Rätsel verbraucht, verschlissen, wie beides sein könnte, Macht und Gnade. Im Sinn des zweiten Jesaja, der es so nicht sagte, dürften wir gleichwohl vielleicht doch sagen: Die Macht Gottes ist nichts weiter als seine Gnade. Und der russische Dichter Dostojewski hätte recht: Die Sanftmut ist eine furchtbare Macht. Ein einziger Satz, gesprochen wie dieser: *Kommt und kauft gratis!*, welch eine Stoßkraft! Alle sozialen Revolutionen und Reformationen haben versucht, Eis im Klima der Kälte umzuschichten; aber dies ist das Ende der Eiszeit, der Anfang des Frühlings, wirkliches Leben im Strom der Zeit: nur die Gnade und aus ihr die Kraft, gütig zu sein und menschlich zu leben.

25. Januar 1997

... UND WOLLEN MIT IHREM GOTT RECHTEN

Im Kontext des sogenannten zweiten Jesaja formuliert ein Mann in der Zeit nach dem babylonischen Exil, vor dem Wiederaufbau des Tempels, etwa zeitgleich, sagen wir um 530 v. Chr., in Reaktion auf die Lage seines Volkes eine eigene Verkündigung Gottes. Sie hat die größten Auswirkungen gehabt auf das Neue Testament, wie sich in vielen Parallelen zeigt, vermutlich aber auch auf die Person Jesu selber, der von diesem dritten Jesaja, wie wir ihn literarkritisch nennen, nichts wußte, aber von manchen Formulierungen, manchen Gedanken dieses Mannes tief berührt war und sie weitergeführt hat, so daß sie uns heute erreichen. Wenn irgend Texte in der Bibel geeignet sind, in die Botschaft Jesu einzuführen, in diesem Sinne adventlich zu sein, dann sind es die Kapitel 56 bis 66 des dritten Jesaja-Buches.

Text: Jes 56, 1–8; 57, 14–21; 58, 1–12; 59, 1–11. 19b–21
So spricht der Herr: Wahret das Recht und übet Gerechtigkeit: denn bald wird mein Heil kommen und meine Gerechtigkeit sich offenbaren. Wohl dem Menschenkind, das also tut, dem Menschen, der daran festhält: der sich hütet, daß er den Sabbat nicht entweihe, und seine Hand bewahrt, daß sie nichts Böses tue. Der Fremdling, der an den Herrn sich angeschlossen, soll nicht sagen: Ausschließen wird mich der Herr aus seinem Volke! Und der Verschnittene soll nicht sagen: Siehe, ich bin ein dürrer Baum! Denn so spricht der Herr: Den Verschnittenen, die meine Sabbate halten und erwählen, was mir wohlgefällt, und an meinem Bund festhalten, ihnen will ich in meinem Hause und in meinen Mauern Denkmal und Namen geben, die besser sind als Söhne und Töchter. Einen ewigen Namen will ich ihnen geben, der nicht soll getilgt werden. Und die Fremdlinge, die an den Herrn sich anschließen, ihm zu dienen und den Namen des Herrn zu lieben, daß sie seine Knechte seien, alle, die sich hüten, den Sabbat zu entweihen, und die an meinem Bund festhalten, sie will ich zu meinem heiligen Berge bringen und in meinem Bethause erfreuen. Ihre Brandopfer und Schlachtopfer werden wohlgefällig sein auf meinem Altar; denn mein Haus soll ein Bethaus heißen für alle Völker. So spricht Gott, der Herr, der die Ver-

*sprengten Israels sammelt: Noch mehr werde ich zu ihm sammeln,
zu seinen Gesammelten.*

*Und er spricht: Bahnet, bahnet, ebnet eine Straße! Räumet meinem
Volke jeden Anstoß aus dem Wege! Denn so spricht der Hohe und
Erhabene, der ewig thront und dessen Name ist »Der Heilige«: In
der Höhe und als Heiliger throne ich und bei den Zerschlagenen
und Demütigen, daß ich den Geist der Gebeugten belebe und das
Herz der Zerschlagenen erquicke. Denn ich will nicht ewig hadern
und nicht ohne Ende zürnen; sonst würde ihr Geist vor mir ver-
schmachten, die Seelen, die ich doch geschaffen. Ob der Schuld
seiner Habgier zürnte ich, und ich schlug ihn, [mein Antlitz] ver-
bergend und zürnend; doch abgewandt ging er die Wege des eignen
Herzens. Seine Wege habe ich gesehen, und ich will ihn heilen, will
ihn leiten und ihm durch Tröstung Ersatz geben, ihm und seinen
Trauernden. Ich schaffe Frucht der Lippen und Heil, ja Heil dem
Fernen und dem Nahen, spricht der Herr. Aber die Gottlosen sind
wie das aufgewühlte Meer; denn zur Ruhe kann es nicht kommen,
und seine Wasser wühlen Schlamm und Kot auf. Kein Heil gibt es
für die Gottlosen, spricht mein Gott.*

*Rufe aus vollem Halse, halte nicht zurück! Gleich der Posaune er-
hebe deine Stimme und verkünde meinem Volke seine Untreue und
dem Hause Jakob seine Sünden! Denn mich suchen sie täglich und
wünschen meine Wege zu wissen. Wie ein Volk, das Gerechtigkeit
übt und das Recht seines Gottes nicht verläßt, fragen sie mich nach
den Satzungen der Gerechtigkeit, lieben es, Gott sich zu nahen.
»Warum [,so sprechen sie,] fasten wir, und du siehst es nicht?
Warum kasteien wir uns, und du beachtest es nicht?« Siehe, an
eurem Fasttag geht ihr dem Geschäfte nach, und alle eure Arbeiter
drängt ihr. Siehe, ihr fastet zu Zank und Streit und zum Schlagen
mit ruchloser Faust. Ihr fastet zur Zeit nicht so, daß eure Stimme in
der Höhe gehört würde. Ist das ein Fasten, das mir gefällt: ein Tag,
da der Mensch sich kasteit? Daß man den Kopf hängen läßt wie die
Binse und in Sack und Asche sich bettet – soll das ein Fasten heißen
und ein Tag, der dem Herrn gefällt? Ist nicht das ein Fasten, wie ich
es liebe: daß du ungerechte Fesseln öffnest, die Stricke des Joches lö-
sest? daß du Mißhandelte ledig lässest und jedes Joch zerbrichst?
daß du dem Hungrigen dein Brot brichst und Arme, Obdachlose in*

dein Haus führst? wenn du einen Nackten siehst, daß du ihn kleidest und dich den Brüdern nicht entziehst? Dann wird dein Licht hervorbrechen wie die Morgenröte und deine Heilung eilends sprossen; deine Gerechtigkeit wird vor dir her gehen, und die Herrlichkeit des Herrn wird deinen Zug schließen. Wenn du dann rufst, so wird der Herr antworten; wenn du schreist, so wird er sprechen: Siehe, hier bin ich! Wenn du das Joch entfernst aus deiner Mitte, nicht mehr mit Fingern zeigst und aufhörst, ruchlos zu reden, wenn du dem Hungrigen dein Brot darreichst und die gebeugte Seele sättigst: dann wird dein Licht aufstrahlen in der Finsternis und dein Dunkel werden wie der helle Mittag. Der Herr wird dich immerdar leiten und in der Dürre deine Seele sättigen, und deine Gebeine wird er stärken. Du wirst sein wie ein wohlbewässerter Garten und wie ein Wasserquell, der nie versiegt. Dann werden deine Söhne die Trümmer der Vorzeit wieder bauen, und die Fundamente früherer Geschlechter wirst du aufrichten. Da wirst du genannt werden »Der Risse-Vermaurer, der Trümmer wieder wohnlich macht«.

Siehe, die Hand des Herrn ist nicht zu kurz, um zu helfen, und sein Ohr nicht so taub, daß er nicht hörte, sondern eure Missetaten scheiden euch von eurem Gott, um eurer Sünden willen hat er sein Angesicht vor euch verhüllt, daß er nicht hört. Denn eure Hände sind mit Blut besudelt und eure Finger mit Unrecht; eure Lippen reden Lüge, und eure Zunge murmelt Frevel. Da ist kein Kläger, der im Rechte wäre, und keiner, der seine Sache der Wahrheit gemäß führte; man vertraut auf Nichtiges und redet Trug, geht mit Unheil schwanger und gebiert Frevel. Sie brüten Natterneier aus und weben Spinnfäden. Wer von ihren Eiern ißt, der stirbt; zerdrückt man eins, so kriecht eine Otter aus. Ihre Fäden taugen nicht zum Kleide, und mit ihrem Gewirke kann man sich nicht bedecken; ihre Werke sind Unheilswerke, und Gewalttat ist in ihren Händen. Ihre Füße laufen zum Bösen und eilen, unschuldiges Blut zu vergießen; ihre Gedanken sind Unheilsgedanken, Zerstörung und Sturz ist auf ihren Straßen. Den Weg des Friedens kennen sie nicht, auf ihren Geleisen ist kein Recht; sie wandeln krumme Pfade, wer darauf geht, weiß nichts von Frieden. Darum bleibt das Recht fern von uns, und das Heil erreicht uns nicht. Wir harren auf das Licht, und siehe da Finsternis, auf den hellen Tag, und wir wandeln im Dunkel. Wir tappen wie die Blinden an der Wand, wie ohne Augen ta-

sten wir; wir straucheln am Mittag wie in der Dämmerung, sitzen im Finstern wie die Toten. Wir brummen alle wie die Bären, seufzen und girren wie die Tauben; wir harren auf das Recht, und es will nicht kommen, auf Heil, und es ist fern von uns. Denn er wird kommen wie ein eingeengter Strom, den der Odem des Herrn treibt. Und kommen wird der Erlöser für Zion und für die vom Abfall Bekehrten in Jakob, spricht der Herr. Ich aber, ich schließe diesen Bund mit ihnen, spricht der Herr: Mein Geist, der auf dir ruht, und meine Worte, die ich in deinen Mund gelegt, sollen aus deinem Munde nimmer weichen, noch aus dem Munde deiner Kinder und deiner Kindeskinder von nun an bis in Ewigkeit, spricht der Herr.

Die Worte des sogenannten dritten Jesaja gehen zurück auf die große Ankündigung von Hoffnung und Heil, wie sie in der Zeit des babylonischen Exils an das Volk der Verbannten, Gefangenen, im Exil Lebenden gerichtet wurde. Gott, so war es der Trost für die Gebeugten, wird eine große Tat der Befreiung setzen. Darunter verstand der zweite Jesaja das Heil Gottes, eine ganz bestimmte, historisch zu greifende Tat. Das, worauf er hoffte, hat sich in gewissem Sinne erfüllt, 538 v. Chr., um genau zu sein, als der Perserkönig Kyros die Juden aus dem Exil des Zweistromlandes zurückkehren läßt in ihre Heimat. Es ist neben der Herausführung aus Ägypten, neben dem Exodus, das zweite Mal, daß für das Volk Israel Gott unmittelbar in die Geschichte der Menschen eingegriffen zu haben scheint und man dessen gedenkt voller Dankbarkeit. Für den dritten Jesaja wird aus dem, was Gott getan hat, eine neue Forderung: »Gottes Gerechtigkeit« ist die übliche Übersetzung; seine Treue, seine Einstellung zum Menschen verlangt gewissermaßen nach einer entsprechenden Antwort. Meine Gerechtigkeit, das, was ich eigentlich in der Geschichte mit den Menschen will, kommt zu euch, wenn ihr Gerechtigkeit entsprechend dem göttlichen Willen in eurer Einstellung lebt. Das ist die Gleichung, die hier beschworen wird.

Es ist in gewissem Sinn zum ersten Male, daß Israel sich nicht einfach als Volk bestimmt. Bis dahin konnte die bloße Biologie die Grundlage der Zusammengehörigkeit auch im Gottesverhältnis sein; man war Jude, indem man in das jüdische Volk hineingeboren wurde, und hatte dann teil an seiner Tradition, an seiner Konvention, an seinem Kult, an seiner Religion. Nach dem babylonischen Exil wird, schon durch die veränderten Verhältnisse, mehr erwartet. Es wird aus dem Volk, wenn man so will, eine eigene Gemeinde; fast ein ganz moderner Gedanke. Aus den kollektiven Bezügen entwickeln sich immer stärker individuelle Ansprüche. Vermittelt wird dieser Umbruch oder Aufbruch in dem, was Karl Jaspers einmal die Achsenzeit nannte, die Entdeckung des individuellen Bewußtseins in der Geschichte der Menschheit, vor allem durch *das* Identifikationszeichen nach dem Exil schlechterdings: die Ordnung des Sabbat. Für die Menschen in der Fremde muß sie der Identifikationspunkt gewesen sein, die Sabbatordnung. Wer erkennen wollte, was ein Jude in der Ferne war, konnte sich nicht mehr auf den Tempelritus beziehen – es gab keinen Tempel mehr, nicht auf die Ordnung, die in der heiligen Stadt zu führen war – es gab sie nicht mehr. Das einzige, was blieb, war die Treue gewissermaßen in der Zeit, die Feier des Sabbats. Sie wird jetzt so streng, daß der Anspruch auf Sabbatheiligung in den Mittelpunkt der religiösen Identität rückt.

Ursprünglich war der Sabbat ein Tag des Aufatmens, der Freiheit von der Fron der Arbeit, eine Phase, sich zu erinnern, wieviel Schönheit in die Schöpfung gelegt ist, ohne daß die Menschen durch eigenes Tun daran mitzuwirken oder zu ihrer Vollendung beizutragen hätten. Die Welt, die Gott geschaffen hat, ist gut, fand Gott im Abschluß der Schöpfung, im 2. Kapitel der Genesis, und an dieser Freude Gottes über ein vollendetes Werk teilzuhaben war der Sinn des Festtages und Feiertages des Sabbats, eine Zeit des Ausruhens, des Zu-sich-selber-Kommens, der Sinngründung in dem Vorhandenen und schon von Gott her Gewirkten. Jetzt wird daraus ein klares Erkennungsmerkmal. Wenn wir uns fragen, wieviel Chance und wieviel Gefahr in diesem Ansatz liegen, können wir es ziemlich konkret sagen. Eine Religion, die in der Gemeinde gelebt wird und in einer bestimmten Ritualordnung sich konkretisiert, das ist soviel, wie daß man einen rechten Christen daran erkennt, ob er am Sonntag zum Gottesdienst geht. Und man erkennt sogar die Art seiner Konfessionszugehörigkeit daran, in welche Kirche er am Sonntag geht. Das ist jetzt die erste und oberste Forderung der Frömmigkeit, des Glaubens schlechterdings. Man hat dem Christentum, vor allem in der Mitte des 20. Jahrhunderts, aber unverändert bis gegen Ende des 20. Jahrhunderts, immer wieder vorgehalten, daß viel

wichtiger als alle Inhalte der Frömmigkeit offensichtlich der Sonn-
tagsgottesdienstbesuch sei, das Kirchengebot, die Messe zu feiern.
Dies war vor allem für Katholiken praktisch viel bedeutsamer als
alle zehn Gebote Gottes. Ansonsten konnten dem einzelnen im
Namen des Staates, im Namen seiner sozialen Bezugsgruppe alle
möglichen Taten und Untaten auferlegt und zugemutet werden,
aber daß er am Sonntag in die Kirche ging, das war das Erkennungsmerkmal.

Verstehbar, daß in Zeiten der Not ein bestimmter Punkt gesucht
wird, um sich selber in einem Gemeinsamen wiederzufinden. Aber
der Text hier geht weit über diesen Ansatz hinaus. Wenn er von Gerechtigkeit spricht, verwendet er ein Wort, das im Deutschen anders
klingt als im Hebräischen, aber in der Bedeutung so ganz anders
auch nicht ist. Unter Gerechtigkeit verstehen wir, daß unter den
Menschen ein Gleichmaß der Ordnung und der wechselseitigen
Ansprüche garantiert wird. Was gäben wir, 2000 Jahre nach dem
dritten Jesaja, darum, Gerechtigkeit auf Erden zu haben! Es ist die
beste Forderung unserer Moral, der höchste Anspruch unserer
Ethik, und wir spüren an jeder Stelle, wie weit wir noch davon entfernt sind: Gerechtigkeit zwischen Arm und Reich, zwischen Nord
und Süd, Arbeitgebern und Arbeitnehmern, Männern und Frauen,
Weißen und Farbigen, Ost und West – in jeder Richtung, in jedem
Betracht, rassisch, soziologisch, wirtschaftlich, politisch, gälte es,
die Forderung der Gerechtigkeit einzufügen, und zugleich sehen
wir sie immer wieder mißbraucht vom Anspruch auf Herrschaft.
Ich bin die Gerechtigkeit, sagt der jeweils Stärkste und vergewaltigt
mit heiligen Begriffen diejenigen, die ihm untertan sind. Gerade bei
der neuen Sammlung der Gemeinde in Israel ergibt sich ein außerordentlich aktuelles Problem. Scheinbar uns fremd, steht doch bis
heute für die Religion selber, für das Verständnis von Frömmigkeit
vor Gott alles auf dem Spiel. Zwei merkwürdige Fragen sind das
um 530 v. Chr. Es geht darum, das Volk neu zu begründen. Es wird
ein neuer Gottesdienst in heiligen Zeiten eingesetzt. Noch braucht
man den Tempel nicht; aber es braucht bestimmte Versammlungs-
augenblicke, um sich gemeinsam zu artikulieren. Aber nun ist es das
Problem: Dürfen bei diesen Gottesdiensten dabei sein zum einen *die
Verschnittenen, die Eunuchen,* und dürfen dabei sein *die Fremden,*
die eigentlich nicht durch jüdische Geburt zu Juden wurden, sondern die sich womöglich im Exil in Babylon den Juden angeschlos-

sen haben und sich zur Jahwe-Religion bekehrt haben? Gehören auch die mit dazu, die sozusagen lediglich durch missionarische Bewegung Bekehrten, die Proselyten, mit einem Fachausdruck gesagt, die der Enkulturation Unterzogenen, würden unsere heutigen Soziologen sagen. – Es gibt in Deuteronomium 23 ein ziemlich klares Gesetz darüber, eine Verfügung, die heilig ist; sie steht im Gesetz des Moses: daß *Verschnittene* nichts zu suchen haben im Gottesdienst und Fremde nichts zu suchen haben im Heiligtum. Das ist eindeutig. Man muß sich nur klarmachen, was hier passiert, und wir wohnen eigentlich einer aufregenden geistigen Erneuerungsbewegung bei. Es ist nicht nur, daß das Gesetz des Moses an dieser Stelle aus den Fugen gebracht wird, es ist, was dieser Mann, der dritte Jesaja, um 530 v. Chr. denkt, so modern, daß es ungefähr ein halbes bis ein ganzes Jahrhundert danach schon wieder abgeschafft wird. In der Bibel finden Sie zwei Bücher, darunter die Reform des Esra und des Nehemia; da wird bestimmt, daß man zum Gesetz des Moses zurückkehrt. Eine geordnete, richtig institutionalisierte, nach Regel und Vorschrift eingerichtete Religion hat keine Ausnahmen zu dulden. Gegen das Chaos ist die Strenge des Gesetzes selber zu erheben; und so werden Esra und Nehemia das richtige Gottesvolk begründen, entgegen dem dritten Jesaja.

Wie der denkt, ist kühn. Was bedeutet es im Altertum, ein Verschnittener zu sein? Es hat für Abraham im ersten Buche Mose, im Kapitel 15, unfruchtbar zu sein bedeutet, ausgelöscht zu werden unter den Menschen und keine Zukunft zu haben. Es ist vielleicht die einzige biologisch vorgegebene, also sehr tief auch im Menschen verankerte Hoffnung gegen den Tod, er könnte weiterleben wenigstens in seinen Kindern. Denen gibt er alles, was an Anlagen, biologisch, in ihm an Möglichkeiten enthalten ist. Schaut er in die Augen seiner Kinder, sieht er ein Stück auch von sich selbst. Hört er sie sprechen, vernimmt er etwas auch von seiner eigenen Stimme. Und die Kinder werden wieder Kinder haben, und so wird es sich fortzeugen durch die Generationen. In ihnen selber wird der einzelne leben, eine winzige, kurzzeitige Welle an der Oberfläche eines Meeres nur, aber diese kleine Welle wird einen Anstoß bilden zu einer neuen Welle, und irgendwann wird sie an den Strand rollen, irgendwann wird sie die Muschel auswerfen, die in ihrem Inneren die Perle birgt. Alle Hoffnung Israels, gerichtet auf den Messias, begründet sich durch die Fortzeugung der Geschlechter. Aber fortzeugen kann nur der Fruchtbare, nicht der Geschlagene, nicht der Kastrierte, nicht der Eunuch. Es ist erstaunlich, wenn der dritte Jesaja hier erklärt: Das biologische Schicksal eines Menschen spielt keine Rolle für seinen Glauben. Es ist zum erstenmal so klar und deutlich, daß hier gesagt wird: Was du für ein Mensch bist, läßt sich nicht länger biologisch definieren. Nicht, ob du jüdisch geboren bist und jüdische Kinder zeugst, entscheidet, wie du zu Gott stehst; wie du zu Gott stehst, ist die Frage deiner Entscheidung als Mensch, als Person, individuell. Und da hält man es für möglich, gewissermaßen einen altägyptischen Gedanken einzufügen: *Denkmal und Namen* sollen ihnen gegeben werden. Im alten Ägypten wurden den Unfruchtbaren Stelen gebaut, Gedenksteine, wenn Sie so wollen; auf denen wird der Name stehen, und in Stein geschrieben, wird der Stein das Sein sein und also der in Stein geschriebene Name durch die Zeiten unzerstörbar werden. Dieser Gedanke ist so ägyptisch, wie es nur möglich ist. Sie können ins Museum z. B. von Hildesheim gehen und finden auf bestimmten Stelen, daß man den Namen irgendeiner Person, die man nicht wollte, entfernt hat. Sie finden da sitzen einen Mann, der irgendwann seine Frau entlassen hat; er hat sie nicht mehr gewollt, aber das war ihm nicht genug, er mußte sie entfernen aus dem Block, in den er selbst gemeißelt war. Ihre ganze Skulptur hatte zu verschwinden und ihr Name annulliert zu sein, und das hatte Bedeutung, ägyptisch, für die ganze Ewigkeit. Nur gemeinsam an der Seite ihres Mannes hätte die Frau empfangen können die Totenopfer, Eingang finden können in die Ewigkeit. Da entscheidet der Name und der Stein über alles.

Ein Stück weit lehnt sich die Gedankenwelt des dritten Jesaja in diesem Punkt an altägyptische Vorstellungen an. Ein Mensch bedeutet etwas in seinem Namen. Daß man ihn in Stein meißelt, ist ja noch das gewissermaßen magische Hilfsmittel seiner Unsterblichkeit. Man steht wie im alten Ägypten so jetzt auch in Israel ganz dicht davor, zu entdecken, was es heißt, ein Mensch zu sein. Man muß nur noch einen Schritt weiter gehen, allerdings ein halbes Jahrtausend auch in Israel, und man kommt zu einer unglaublichen Stelle im Neuen Testament. Genau die Stelle, mit der die römische Kirche bis heute zugunsten der Zölibatsforderung für ihre Kleriker dogmatisch argumentiert, hat eigentlich Kraft und Verstand in Verlängerung des Problems des dritten Jesaja, ein halbes Jahrtausend zuvor. Es ist das Kapitel 19 im Matthäus-Evangelium. Matthäus schon hat das Ganze so arrangiert, daß es eine Frage auf die Ehescheidung darstellt, und dann wird eigentlich empfohlen die Ehelosigkeit. Halten wir dafür, daß Matthäus das so gesehen hat, unter qumranischem Einfluß vielleicht; den ursprünglichen Sinn des Wortes trifft es bestimmt nicht. Was Jesus gemeint hat, wenn man den sogenannten Eunuchenspruch isoliert nimmt, ist von einer paradoxen Kühnheit. Es gibt Leute, sagt er, die sind kastriert von Geburt an, die sind so geboren; andere sind von Menschen dahin gemacht worden, ergänzen wir: psychisch oder biologisch; und andere werden es durch eigene Entscheidung. Und das rühmt Jesus. Für die römische Kirche ist daraus die klassische Stelle zur Begründung der Ehelosigkeit der Priester geworden, und man muß sagen, damit hat es überhaupt nichts zu tun. Einen größeren Schindluder hat man mit keinem Wort im Neuen Testament getrieben als mit der Zerstörung der Liebesfähigkeit zwischen Mann und Frau als einem göttlichen Rat, einem jesuanischen Befehl für besonders Berufene. Was Jesus sagen will, ist genau das Gegenstück: Es gibt Menschen, die sind einfach verachtet, weil aus ihrem Leben scheinbar nichts folgt. Sie gehören in die Gruppe der Bettler, der Ausgesetzten, der Unproduktiven – das wäre in der heutigen Ära der Bundesrepublik der beste Ausdruck: Sie sind unproduktiv, sie sind nicht innovativ, sie sind nicht steigernd für die Produktion, sie leisten nicht wirklich etwas; aus ihrem Leben wird nichts und kommt nichts Wirkliches heraus, also sind sie in sich nichts. Von diesen Menschen will Jesus sprechen wie sonst von Asozialen, von Bettlern, von Menschen, die nichts sind, nichts haben, bei denen nichts herauskommt. Und von denen sagt er: Ist das nicht in gewissem Sinn eine großartige Chance, etwas zu entdecken? Ihr habt immer gedacht, ihr lebtet in dem, was ihr hervorbringt, ursprünglich in den Kindern, die ihr zeugt, aber stimmt das? Eure Kinder drehen euch den Rücken, und sie gehen fort aus eurem Leben. Es ist möglich, ihr sät Tomaten und ihr wißt, daß im nächsten Sommer Tomaten auf den Feldern sind, aber wenn ihr Gedanken sät in eure Kinder, wißt ihr, was ihr dann erntet? Ob's wieder Tomaten sein werden oder nicht Gurken, sehr saure vielleicht, oder ganz etwas Neues und Fremdes, das ihr noch nie gedacht habt? Ihr glaubt in euren Kindern zu leben, aber je mehr ihr das tut, desto drückender werdet ihr als Last für eure Kinder, und um so größer wird die Stärke, mit der ihr sie vertreibt. Eure Kinder sind nicht eure Kinder, meinte der libanesische Dichter

Khalil Gibran einmal. – Und wenn ihr leben wollt in euren Produkten, könnt ihr so sicher sein, daß eure Leistungen euch gehören? Ihr gründet eine Firma und sie dauert 20 Jahre; dann rationalisiert ihr sie, und irgendwann nützt euch auch das nichts mehr. Und war es nun ein Erfolg oder eine Katastrophe, was euch als Ergebnis bleibt? Und woran habt ihr geglaubt, wenn ihr nichts wart 20 Jahre lang als eure Firma? – Oder ihr habt einen bestimmten Titel erjagt und wurdet sofort dessen Sklave. Euer ganzes Leben bestand darin, innerhalb der Ansprüche dieses Titels, den ihr erobert habt, euch abzuarbeiten. Wart ihr das je selber? – Könnte es nicht sein, daß die Menschen, aus deren Leben scheinbar gar nichts wird, euch eine Weise des Menschseins zeigen, die in sich selber gilt? Höre, was ein Mensch ist, das zeigt sich einfach, indem er lebt unter den Augen Gottes und in den Händen Gottes. Nicht ob er Erfolg hat und was er erreicht, ist wichtig, sondern das, was er ist unter den Händen Gottes. Nicht einmal, ob man dessen gedenkt auf einem Denkmal, ist dabei entscheidend, auch Denkmäler kann man stürzen, auch bei ihnen kann man sich irren; die Geschichte ist eine Hure; immer bettelt sie um Gunst bei denen, die meinen, sie gerade zu diktieren, und selbst in der Wertung über Jahrhunderte tauschen sich täuschend ihre Maßstäbe aus.

Dann bleiben *die Fremden*. Gehören sie dazu oder nicht? Und was ist es mit den Gottesdiensten am Sabbat? Diese Frage ist für diesen dritten Jesaja so kühn in der Antwort, die er darauf gibt, daß man sich über die Radikalität nur wundern kann. Menschen haben zur jüdischen Religion gefunden, ohne jüdischer Abstammung zu sein. Was folgt daraus? Lassen wir Gott ganz aus dem Spiel, um die Sache zu aktualisieren. Menschen haben dazu gefunden, aus was für Gründen auch immer, weil der deutsche Wohlstand sie verlockte, nehmen wir mal an, oder weil die freiheitlich-demokratische Ordnung in Deutschland sie verlockte, nehmen wir mal an, oder weil ein gewisses Rechtsempfinden frei von Diktatur und Willkür ihnen eine Asylstätte versprach, haben sie die deutsche Kultur angenommen, haben ihre Kinder erzogen in deutscher Kultur, in demokratischen Wertvorstellungen, in den Wertbegriffen eines Rechtssystems, wie wir es für richtig finden; und was nun? Sind sie Deutsche oder nicht? Nach wieviel Generationen wird man ein Deutscher? Daß Menschen deutsch sprechen als ihre zweite Muttersprache, womöglich überhaupt *nur* deutsch sprechen, macht das aus ihnen schon Deutsche? Oder sind sie vielleicht doch Kurden oder Türken oder Marokkaner oder irgend was, Nichtdeutsches jedenfalls, wohingegen Leute, die kaum ein deutsches Wort reden, irgendwo in der Ukraine, nach sechs Generationen, *doch* womöglich deutsch sind, denn sie sind deutscher Abstammung, weil um 1840 irgendein Deutscher gen Osten zog. Die müssen wir aufnehmen und jene müssen wir ausweisen, damit Ordnung sei? Unter bedrängten Verhältnissen in wirtschaftlicher Not bei der Sicherung von vier Millionen Arbeitsstellen, die wir nicht haben, müssen wir sie ausweisen, weil Türken und Marokkaner eben keine Deutschen sind?

Ein ganz ähnliches Problem, wenn Sie nur Gott weglassen und richten sich einfach auf die menschliche Frage, wie man mit Menschen umgeht, hat der dritte Jesaja vor sich. Und wenn er nun erklärt: Menschen, die glauben wie wir, die leben wie wir, die suchen wie wir, die ringen wie wir, die gehören zu uns, haben Sie dann nicht einen Maßstab, 2500 Jahre danach mitten in Europa, mitten in Deutschland, um vollkommen andere Weichen zu stellen, als die C-Parteien es wünschen und befehlen, wo irgend sie können? Da ist die Zugehörigkeit der Fremden das Zeichen einer wahren Frömmigkeit vor Gott. Es ist das erste Mal, daß Religion in der Bibel sich internationalisiert. Es muß im Schatten dieser Gedanken möglich gewesen sein, z. B. das wunderbare Buch Rut zu schreiben, wo man gelernt hat, in der Fremde zu überleben, und deshalb eine Frau wie Rut, eine Moabiterin, aufnimmt in Bethlehem. Es ist doch die Erfahrung, daß es keine Unterschiede machen kann unter den Völkern: Wenn Israel doch selber fremd war in Ägypten und Gott es herausgeführt hat, wenn es fremd war im Zweistromland und Gott es herausgeführt hat, bedeutet's dann nicht, daß Gott als erstes ein Schützer *aller* Fremden ist, und ist nicht diese Erfahrung selber das Entscheidende? Da wäre Frömmigkeit an eine solche Tat gebunden, Fremde zu beherbergen. Wenn der dritte Jesaja dabei von dem Heil spricht, das Gott wirken wird, meint er nicht mehr etwas Spezielles, das als einzelne Tat in die Geschichte fällt; was er meint, ist eigentlich das Heil-Sein einer neuen Gemeinschaft von Menschen in ihrem Umgang miteinander. – Und man wird es ein Stück weit, eben weil's sehr in die individuelle Richtung geht, sogar noch tiefer personalisieren oder psychologisieren dürfen. Wie wäre es mit dem, was wir kennengelernt haben als fremd in uns selber, immer im Namen der Religion, die ganze Teile unseres Körpers, unserer Seele uns selber entfremdet hat? Immer war da eine Moral, die zwischen Gut und Böse trennte, zwischen Anständig und Unanständig, Heilig und Unheilig, Gut und Gefährlich, und immer blieben im Schatten dieser Ein- und Zweiteilungen ganze Teile unserer Seele, unseres Körpers wie ein unentdecktes Brachland, ein Steppengebiet voller Gespenster außerhalb der Bewohnbarkeit. Wie nun, wir dürften heimisch werden in uns selber, und der Integrationsprozeß den Fremden gegenüber wäre identisch mit einer wachsenden Güte auch uns selber gegenüber? Müßte es dann so bleiben, daß nur Israel die Heiden belehrt über Jahwe, und wär es nicht auch umgekehrt: es selber lernte an dem Fremden, sich selbst noch einmal ganz neu zu erfahren, und es gewönne an Menschlichkeit auch in dem Bild seines Gottes eben durch den wechselseitigen Austausch: vieles, was verpönt schien, wäre gar nicht so schrecklich? Verschnittene im Gottesdienst, Fremde im Gottesdienst, wenn das nur gutgeht!, werden die Frommen sagen; aber Jesaja meinte, der dritte Jesaja: nur so kann es sein, so muß es sein.

Tatsächlich wird hier neues sakrales Recht gesprochen im Sinn eines Prophetenworts, und es führt zu der schönsten Rede von dem, was ein Tempel ist. Wenn Sie einmal nach Münster gehen, gleich am Bahnhof, gegenüber der Raphaelsklinik, finden Sie die jüdische Synagoge und daran geschrieben diesen Satz aus Jesaja 56: *Denn mein Haus ist ein Bethaus für alle Völker.* Das hat man gelernt auch in der Fremde, in Mesopotamien: Das Gotteshaus ist nicht zunächst nur die Stätte der Schlachtopfer, sondern eine Stelle, an welcher das Herz des Menschen sich öffnet für Gott im Gebet und an der es seine Huld empfängt, wenn es lernt, selber gütig zu werden.

Es gibt einen anderen, neu einsetzenden Text im Kapitel 57. Da geht es um die Verheißung des Friedens für die Menschen, die noch im Exil sind, die Fernen, und für die schon Angekommenen. Und wieder können wir in dieser Klammer die ganze Spannung unseres eigenen Lebens mit angesprochen fühlen. Wie vieles in uns hält sich noch auf in Gefangenschaft, Entfremdung, Deportation, und auch und gerade dem gilt der Gedanke des Heils: nicht als eine bestimmte Tat, die Gott jetzt wirken würde in einem Augenblick, sondern als etwas, das langsam wächst, das zur Heilwerdung reift in jedem einzelnen. Und es ist Frieden für die Fernen und Frieden für die

Angekommenen, und beide Teile schon bewegen sich im Volk Israel wie in jedem Menschen aufeinander zu. Es konnte der zweite Jesaja noch im Exil sagen, es gelte, die Wege zu begradigen, die Bahn einzuebnen, indem Höhen und Täler ausgeglichen werden. Der dritte Jesaja, daran anknüpfend, wird jetzt sagen: *Bahnt den Weg!* Fügt dann aber hinzu: *Beseitigt den Anstoß vom Weg meines Volkes!* Und er denkt dabei keineswegs mehr räumlich an eine Straße, die zu verlegen wäre, an die vielen Strauchelstellen eines noch suchenden Fußes. Es ist wieder ein Wort, das Jesus später aufgreifen wird: Das Allerschlimmste scheint ihm, daß man Menschen, die Hoffnung und Vertrauen ein Stück weit wieder gelernt haben, die Kleinen, die Kindlichen, wie er sagt, mit Verwirrungen heimsucht, mit Ärgernissen, mit Skandalen – das sind solche Strauchelstellen hier (Mk 9,42). Man wirft Menschen, wie wir im Deutschen zu sagen pflegen, Knüppel zwischen die Räder, man hindert sie am Laufen, so daß alles zerbricht in ihrem Gefährt, in ihrem Bewegungsapparat. Es ist so schwer nach manchen Katastrophen, langsam wieder Wurzeln zu schlagen, langsam sich wieder aufzurichten, und das dann zu verhindern, vielleicht nur durch ein einziges, leichtfertig gesprochenes Wort, durch eine einzige abfällige Bemerkung, durch einen hohnvollen Kommentar über die gerade zögernd erst beginnenden neuen Bemühungen, das könnten solche Hindernisse auf dem Weg sein. Gott wird hier vorgestellt als der Hohe und Erhabene, als der Thronende – das ist wie in Jesaja 6, beim ersten Jesaja, die Berufung, eine ungeheure, majestätische Vision der Überlegenheit Gottes. Aber genau dieser Gott, der eigentlich, in Autarkie und Selbstbezogenheit über der Welt schwebend, sich nicht tangieren lassen müßte von den Geschicken der allzu kleinen Menschen, gerade der schaut herab zu den Zerschlagenen, zu den Gedemütigten und möchte den Mut der Gebeugten und das Herz der Geschlagenen aufleben lassen und den Trauernden Frucht der Lippen schaffen. Ganz so haben Sie später, am Anfang der Bergpredigt, die Vision des Mannes aus Nazaret: Die Trauernden – nicht getröstet sollen sie werden, sondern – glücklich sind sie in dem Moment, in dem sie ihm zuhören (Mt 5,4). Gerade aus dem Schmerz ist etwas zu lernen in dieser Welt, die bis zum Zynischen abstumpfen kann. Wieviel liegt darin, daß Menschen ihr eigenes Gefühl bewahrt haben, daß sie doch mindestens im Negativen die Sehnsucht nach einer anderen Welt nicht aufgegeben haben. Wieviel *Frucht der Lip-*

pen entstammt diesem Hintergrund der Erfahrung: Die Trauernden werden dieser Welt etwas zu sagen haben. Was hier in Aussicht steht, wollte Jesus lebendig machen und konnte es durch die Art, wie er heilend auf Menschen zuging. *Der Zerbrochenen Mut aufleben lassen.* – Wie ist das anders möglich, als indem man in jedem einzelnen Leben noch einmal durchgeht, was da bis zum Zusammenbruch verformend auferlegt und angerichtet wurde; aber nun langsam dahin zu erziehen, es gäbe eine eigene Würde, einen Spielraum zur eigenen Entscheidung, es gäbe etwas unvertauschbar Kostbares im eigenen Leben, und dazu zu führen, das zu riskieren, das zu wagen, eine eigene Entscheidung zu treffen – was für ein Aufbruch!

Dieser Tage noch sagte eine Frau zu mir: Es kommt vor, wenn ich ein einziges Mal nur nein sage, daß ich die ganze Nacht kaum schlafen kann vor Angst und Schuldgefühlen. Ich brauche nur meinen Freundinnen zu sagen, an einem bestimmten Tag sollten sie mich nicht besuchen, und es ist die ganze Nacht verdorben. Ob sie das verstehen, ob ich sie als Freundinnen noch behalte, wer weiß denn das? – Im Hintergrund des Erlebens dieser Frau stand eine Mutter, die nie erlaubt hatte, daß man ihr nein sagte, sondern, wenn man's nur versucht hatte als Kind, fragte sie sogleich nach dem Warum, und die Begründung, auch nur für die Andeutung einer Verweigerung, hielt nie stand. Ständig bewies sie die Begründungen fort, manipulierte alle Voraussetzungen zu ihren Gunsten, und man war am Ende ihr vollkommen ausgeliefert. Also konnte der Beschluß zum *Aufleben des Muts einer Gebeugten* nur lauten: wenn Sie nein sagen, sollten Sie um Gottes willen keine Begründung hinzufügen, denn sonst laden sie geradewegs dazu ein, nun erst recht zu diskutieren, ob Sie überhaupt nein sagen dürfen, ob Sie auch so vernünftig sind, einen Grund gefunden zu haben, der in den Augen aller anderen den Beifall findet. Wenn Sie nein sagen, sollten Sie sich selber Grund genug sein. Die Information: ich kann nicht – in Umschreibung von: ich möchte nicht – langt vollkommen aus; was Sie erwarten, ist hoffentlich nicht länger eine mütterliche Genehmigung ihres Rechts auf Leben, sondern den Respekt davor, daß Sie einen eigenen Willen haben, der sich nun entschieden hat, an dieser Stelle etwas nicht zu wollen, und damit Punkt! Nicht die Einladung zur Diskussion, sondern die Einforderung von Respekt ist das Wichtige. Es ist so ähnlich wie beim Autofahren. Mitten im Verkehr erwarten Sie nicht, daß Sie begründen, warum Sie rechts oder links abfahren, aber es muß den anderen klar sein, daß Sie das jetzt wollen. Wenn Sie vergessen, den Blinker beizeiten einzustellen, kann es gefährlich werden. Eine Diskussion darüber kommt zu spät. Was jeder Verkehrsteilnehmer erwartet, ist ein klares Anzeichen Ihrer Absichten, wie Sie sich auf den kommenden 200 Metern bewegen wollen. Aber mehr erwartet man nicht. Danach sich zu richten, ist die Selbstverständlichkeit der Straßenverkehrsordnung im Paragraphen 1. Ein bißchen Stolz und Mut steht dahinter, nein zu sagen. Die Psychologen meinen, die Fähigkeit, nein zu sagen, sei überhaupt identisch mit der Kraft, ein Ich zu bilden. Jede Frau, die ein Kind großgezogen hat, wird das wissen, wie im Alter von 15 Monaten etwa das Nein zum erstenmal aus dem Munde eines Kindes tönen kann: wie eine Fanfare, wirklich: Stoßt in die Posaune!, hat der Prophet gesagt, so machen sie's, die Kleinen, plötzlich, und es ist sehr wichtig, sie darin zu respektieren, statt zu entmutigen, denn an dieser Stelle beginnt es, da geht es in die erste Trotzphase; und muß man den Trotz erst brechen, um *richtige* Menschen zu kriegen? Oder was will man eigentlich? – *Das Zerbrochene* nacharbeiten, da fängt es an. Wie holt man Menschen da ab, wo sie 15 Monate alt waren und heute 15 Jahre oder 55 Jahre alt sind? Und wieviel liegt dazwischen an eingeübten Entfremdungen! Aufrichten und Mut machen – das ist ja nicht Auf-die-Schulter-Klopfen und sagen: es ist alles in Ordnung; das heißt, Erfahrungen zu vermitteln, die zeigen, daß selbst das, was schlimm war, vorübergehen könnte. – Dann müßte man gegen den dritten Jesaja einwendend sagen: Es ist so vieles schlimm, guter Prophet, im Leben von uns Menschen, bei dem man nicht konstruieren kann, Gott hätte gezürnt in Gerechtigkeit und sie hätten sich's selbst eingebrockt durch ihre Schuld. Auch das gehört dazu, Zerbrochene dahin zu bringen, daß Mut in ihnen auflebt, daß sie diese Dogmatik nicht länger glauben: Alles was ich durchgemacht habe, das ist mein Versagen, das ist die zugefügte Strafe Gottes, und wie froh muß ich sein, daß Gott nicht zu lange zürnt, sondern er, der Gütige und der Erbarmende, wird es schon richten ... Vielleicht hat das Buch Ijob ein paar Jahrzehnte später ganz recht: eine solche Gleichung geht nie auf. Aber freilich, man kann lernen aus allem Schmerz, gütig zu werden und Leid zu verstehen.

Dann muß man noch einmal denjenigen in die Hand fallen, die

nach diesen Worten etwas geschrieben haben, das so nicht vom dritten Jesaja stammt; es ist das Übliche in der Bibel und in der Kirche,
in aller Religion: Es sagt jemand ein mutiges Wort zu den Menschen, eines, das tröstet, das wirklich Freiheit atmet, das unbedingt
ein Ja zu den Menschen redet, dann werden augenblicklich irgendwelche Schriftkundigen kommen und die Sache im nachhinein
durch einen Anhang verfälschen. Irgendwann werden sie einen
Kommentar einschmuggeln, in dem sie sich gewissermaßen bei
einem hochtourig laufenden Boot ins Heck setzen und nur ein
bißchen das Ruder drehen; schon kommt eine völlig andere Richtung in den Kurs. Genauso hier. Eben noch haben wir gehört, es
gehe darum, jeden einzelnen bei der Hand zu nehmen, da kommen
die hier und erklären: *die Frevler aber sind wie das aufgewühlte
Meer* – keinen Frieden für die Frevler. Da haben wir wieder Zustände wie im ersten Psalm des Gebetsbuches Israel: Gott ist gut zu
den Gerechten und strafend zu den Ungerechten, und, wohlgemerkt, beides kann man säuberlich trennen wie Schwarz und
Weiß, wie Hell und Dunkel, wie Sauer und Süß, wie Heiß und
Kalt, eindeutig ohne Übergänge. Es gibt die einen, die im Rate der
Rechtschaffenen sitzen, und die allein werden durch ihre Wohlbe-
schaffenheit Wohlergehen erlangen; und daneben gibt es die Nicht-
rechtschaffenen, und sie werden jede Art von Schmach und Schande
über sich ergehen lassen müssen. – Wenn es darum geht, Menschen
zu helfen, bedeutet das, derartige Trennungen und Spaltungen im
Menschen aufzuheben und aufzugeben.

Dann müssen wir uns fragen, was wir wollen: den Heiligen oder
den Weisen, den Asketen oder den Gütigen, den Zwangsneurotiker
oder den Freien? Was ist da Religion? Das dauernde Einteilen und
Schikanieren nach Gut und Böse oder das Durcharbeiten, Verstehen und Integrieren? Diese Frage werden wir nicht los, solange wir
die Bibel lesen, bis ins Neue Testament hinein, selbst wenn wir Jesus
zuhören, wenn er spricht in der Art, wie es die Bibel tut. Was gemeint, und wie verstehen wir das? Dazwischen entscheidet sich
alles.

In Kapitel 58 geht es um den Ritus des Fastens, und man denkt
dabei, in der kultischen Handlung nach dem Exil etwas Festes gefunden zu haben, um sich auf die Seite Gottes zu stellen. Die Fasten-
ordnung in Israel muß in dieser Form als eine Erinnerung an die
Trauer bei der Wegführung nach Babylon aufgekommen sein. Es ist

das Fasten eine Art nationaler Ritus geworden. So glaubt man, Gott zurückgeben zu können, was man an Schuld begangen hat, und hofft dementsprechend auf Beistand und Unterstützung durch Gott. Und nun erlebt das Volk, daß es fasten kann, wie es will, und es zeigt sich durchaus nicht, daß die Zeit des Wiederaufbaus in irgendeiner Weise durch diese Praktiken erleichtert würde. Vor dem Problem steht der sogenannte dritte Jesaja, und er fertigt die Anklage gegen Gott – *warum hörst du nicht? warum tust du's nicht?* – mit einer so massiven Kultkritik ab, wie sie im Alten Testament äußerst selten vorkommt. Es geht zum ersten um die ganze kultische Praxis. Die Kopfhängerei wie ein Schilfrohr im Wind, das soll Gott gefallen? Die menschlich lächerliche Haltung mutet man Gott als Augenweide zu? Das ist Sarkasmus, das ist Spott und Hohn. Sie müssen sich das vorstellen, geredet mitten in einem Gottesdienst vor den Leuten, die es so angeordnet haben, dann wissen Sie, wie Propheten es lieben, Skandale zu machen. Stellen Sie sich vor, wenn wir beim Austeilen des Aschenkreuzes drei Tage nach Karneval in der katholischen Kirche sagen würden: Was für ein Mummenschanz! Verunzierte Stirnen von Menschen – dahinter hausten Gedanken an Gott? Das Austeilen von Schandmalen, daß die Menschen nichts sind als Staub, das muß Gott gefallen, der uns aus dem Staub gezogen hat, damit es uns gibt? Ihr macht die ganze Schöpfung rückgängig, damit ihr selber als Götter erscheinen könnt. Das ist die Priesterreligion, aber das hat mit Gott nichts zu tun. Stellen Sie sich vor, man wollte den Priestern gerade so ungestüm ins Werk reden, dann hätten Sie diese Art von widerasketischer Predigt im Munde eines Propheten. Was soll die Sauertöpferei, mit der Menschen aufs Essen verzichten? Was hat Gott davon, daß Menschen sich quälen? Aber dann kommt es noch massiver; neben der Kultkritik kommt die Religionskritik. Die gesamte Art des religiösen Gottesdienstes wird hier als Götzendienst entwertet, die ganze Art der Mahnmalfeiern als Heuchelei gebrandmarkt. – Auch das kann man nur so deutlich zugespitzt aktualisieren, wie es irgend geht. Stellen Sie sich vor 1945. Das ganze deutsche Volk stand vor der Frage, was es aus dem Desaster gelernt habe. Bis heute, 50 Jahre danach, so regelmäßig wie die Sonne sich am Himmel dreht, haben wir im Umlauf des Kalenders bestimmte Feiertage, in denen wir gedenken und geloben, daß die Verbrechen der Nationalsozialisten sich nie wiederholen werden; nie wiederholen werden, in endlosen

Wiederholungen. Da üben wir Trauer, da geloben wir Wiedergut-machung. Und nun müßte so ein dritter Jesaja kommen und uns einmal erklären, daß das nichts als flausenhaftes Gerede ist. Am Tag, wo wir so sprechen, tun wir genau das Gegenteil von dem, was wir sagen, meint dieser Prophet. Da wird gefastet, aber in Wirk-lichkeit wird Wucher eingetrieben. Man verzichtet vielleicht auf die Nahrung zur Mittags- und Abendspeise, aber zur gleichen Zeit ver-mehrt man den Umfang seines Beutels, beutet die Menschen noch viel schlimmer aus als vorher, peitscht sie voran als seine Schuld-sklaven. Man ist kein bißchen weniger berechnend im Schachern, im Ausplündern von Menschen; man hat nicht aufgehört, gewinn-gierig zu sein; man betrügt weiterhin Gott und sich selber. Sollten wir denken, was wir gerade jetzt in der Vorweihnachtszeit machen, wäre ein solch vergleichbarer Rummel der Ausbeutung – wunder-schön für uns, wie doch der Heiland zur Welt kommt und wie er Frieden bringt; pünktlich am 24. Dezember hat uns Gott seinen Sohn geschenkt, der Erlöser der Menschheit ist erschienen, die Menschlichkeit Gottes hat sich in der Nacht gezeigt? Das ist ganz rührend, aber das meiste, was wir verhökern auf dem Weihnachts-markt, plündert zwei Drittel der Menschheit aus. Ganz einfach so im Wirtschaftsteil der Zeitung: Die Konkurrenz auf dem Kaffee-markt drückt die Preise – vorgestern noch war es zu lesen. Was da-hinter steht, ist das Schicksal ganzer Völker, die wir in die Mono-kultur zum Kaffee-Export getrieben haben. Sie gehen bankrott, ein paar Zahlenmanipulationen für uns Konsumenten zum Vorteil. Und so bei den meisten Produkten.

Es kommt noch ärger. Alles, was Jesus in Matthäus 25, seinem Abschlußgleichnis, der Zusammenfassung seiner ganzen Predigt, aufwendet, könnte er hier gefunden haben, ist jedenfalls ein ge-naues Zitat. Wirklicher Gottesdienst, sagt dieser dritte Jesaja, das ist: *Fesseln des Frevels öffnen, Knoten des Jochs, Geknechtete ent-lassen.* Alleine damit hätten wir's. – Es geht heute aktuell um einen Mann, Alan Burns, der seit Jahren im Gefängnis der Vereinigten Staaten sitzt und im Januar hingerichtet werden soll. Er hat angeb-lich einen Auftragsmord begangen, aber entscheidende amerika-nische Juristen sind der Auffassung, daß der Prozeß nie wirklich geführt wurde. Wichtige Zeugen sind nie vernommen worden, die eigene Verteidigung war die meiste Zeit in Ferien und unerreichbar – der Mann war wie gestorben eigentlich schon vor der Anklage, und ein dringliches Revisionsverfahren ist soeben abgelehnt worden. Nun haben mir Leute vorgeschlagen, daß man zwei Briefe schreiben sollte an Bill Clinton und an den zuständigen Gouverneur, bis daß sie ersaufen in einem Meer von Papier, die Herren Clinton und dieser Gouverneur, um sie aufmerksam zu machen auf Alan Burns. Es geht darüber hinaus um über 2000 Menschen, die im Jahre 1996 in den Todeszellen US-amerikanischer Gefängnisse sitzen – im Namen der Gerechtigkeit, im Namen des Volkes, im Namen Gottes. Wieso sollte es sich auch rentieren, daß die Steuerzahler für sie Geld ausgeben, lebenslänglich womöglich? Leute, die mit achtzehn eine Frau vergewaltigt haben – wäre ja noch schöner! Das Geld kann man besser verwenden. Und die Hinrichtungen sollen auch nicht mehr so lange dauern in den Vereinigten Staaten. Gerade jetzt hat man im Kongreß beschlossen, daß man die endlose Mühle von Revisionsanträgen unterbinden sollte. Es kostet alles Geld, und es ist sinnlos ausgegeben – für Strafgefangene. Es geht hier konkret jetzt nur um einen einzigen Fall, den ich bloß sehr flüchtig schildern kann, und er hat nicht unmittelbar zu tun mit einer Zeit, in der die Todesstrafe kein moralisches oder rechtliches Problem unter den Augen des Gottes Israels darstellte; aber irgendwann gibt es bestimmte Konsequenzen aus bestimmten humanen Evidenzen. Menschen zu *befreien aus ihrem Joch*, das heißt doch wohl nichts anderes, als daß man das bestehende Recht dahin vermenschlicht, daß Ketten und Fesseln, Gefängnismauern und -türen sich öffnen und daß man mit Menschen anders umgeht als seit den Tagen der alten Assyrer: eingesperrt und weggesteckt! Vielleicht haben Menschen eine neue Chance, vielleicht fangen wir an, überhaupt erst zu begreifen, was sie ins Verderben trieb. Vielleicht wäre es möglich, daß, je schwerer ein Verbrechen wiegt, desto notwendiger die Pflicht wird, es zu verstehen, statt zu verurteilen. Vielleicht ist die Not eines Menschen, der zum Verbrecher wurde, nur durch die Blindheit seiner Mitmenschen so groß geworden, und es gäbe kein gutes Recht, die Blindheit fortzusetzen über den Notschrei hinaus. Der Fall Alan Burns ist nichts weiter als eine Schlaufe in einem riesigen Netz von Selbstgerechtigkeit und Doppelmoral und verordneter juristischer Heuchelei: Wir sind die Guten und das sind die Bösen. Doch klar sichtbar ist: So hat Jesus nie gedacht und der dritte Jesaja, an dieser Stelle wenigstens, auch nicht. Es ist nur die Frage mit welcher Energie Sie die Schlaufe eines Netzes anpacken.

/ . . . und wollen mit ihrem Gott rechten /

Es ist nicht die Frage, an welcher Stelle des Netzes, sondern mit welcher Energie Sie an der Schlaufe ziehen, die Sie in der Hand haben. Das ganze Netz wird folgen. – Insofern haben all die Dinge, die scheinbar keinen Wert haben, außer einem symbolischen, doch eine Aussagekraft. Wenn es möglich ist, daß man *einen* Menschen auch nur vor dem sicheren Tod rettet und findet später heraus, er wäre unschuldig verurteilt worden, bei wem in Zukunft wäre es denn dann auszuschließen? In der Naturwissenschaft genügt ein einziges klares Experiment, um die schönste Theorie vom Tisch zu bringen; alles muß man neu überdenken, wenn nur ein einziger Befund allem widerspricht, was man bisher zu wissen geglaubt hat. Wieso gilt das unter Menschen nicht? Bei Naturgesetzen, ja, die lernen wir völlig neu, aber die menschlichen Gesetze können bleiben, wie sie sind? Wir können Dutzende von unschuldig Verurteilten in den Vereinigten Staaten aufzählen allein in den letzten dreißig Jahren, und es muß sich gar nichts ändern? – Lauter aktuelle Themen sind das, die zeigen, wie man *Knoten des Jochs aufbrechen* müßte. Und natürlich kann man's vorantreiben auch psychologisch auf alle Gefangenen ihrer Angst, Menschen, die sich im Kreise drehen und halten jeden wieder für den Ankläger, den Richter, den Exekutor, den Henker und werden's nicht los in ihren Schuldgefühlen. Wie nimmt man sie bei der Hand und lehrt sie ihr Vertrauen in ihre Unschuld?

Und nun geht's erschütternd weiter: *Dem Hungrigen dein Brot brechen.* – Rein äußerlich bedarf das keines Kommentars, aber der größte Hunger ist der nach Liebe.

Heimatlose in dein Haus zu bringen. – Solche Worte kann man gar nicht vorlesen, ohne immer wieder darauf hinzuweisen, wie wir mit Heimatlosen umgehen. Sie werden einfach weggeschoben, hier in Deutschland, weggeschoben aus den U-Bahnen, den Bahnhöfen. Es genügt, daß sie keinen Wohnsitz angeben können; dann werden sie erleben, was bürokratische Gleichgültigkeit bedeutet, und es ist die Praxis in Gesamteuropa inzwischen. Gesamtparis wird gereinigt von den Sans-logis; ab in die Vorstädte, in die Banlieue, bis daß wir sie nicht sehen, das genügt. Die guten Bürger brauchen sie nicht mehr zu sehen, das ist die Lösung. Was sie dann tun – egal. Wenn sie kriminell werden, können sie vielleicht zu Weihnachten warm schlafen. *Heimatlosigkeit* international betrifft viele, viele Millionen Menschen, und sie wissen nicht, wohin. Selbst unsere Nachrichten werden da eingefärbt. Man hat es geschafft in Tansania, die

Bewegung von 500 000 Flüchtlingen umzukehren; das hat man geschafft. Aber wo sollen sie nun hin? Und was machen wir, wenn sie nach Deutschland wollen oder nach Europa wenigstens? – Was machen wir mit den Menschen, die *seelisch keine Heimat* haben, weil es ein Zuhause niemals gab, Eltern, die keine sein konnten, Gefühle, die nie ein Stück Bodenständigkeit erlaubten, Arme von Grund auf? – Überall da, wo Menschen ein Stück Erde unter ihren Füßen geschenkt wird in der Nähe anderer Menschen, die es ihnen erlauben, heimisch zu werden, käme *Gottes Gerechtigkeit* selber zur Welt, das war der Grundgedanke des dritten Jesaja.

Dann wirst du rufen, und Jahwe wird dir antworten. – Alles, was Religion ist und ihre Erfüllung, besteht nicht darin, daß Gott uns erhört und diese und jene Bitte erfüllt. Aber Martin Buber hat recht: Dieses nie abreißende Gespräch zwischen Ich und Du, diese ständige Gegenwart eines Gegenübers, das uns liebt und nichts weiter möchte, als daß Menschen miteinander reden wie zwischen Ich und Du, ist die ganze Frömmigkeit. Wenn wir anfangen, Menschen abzuschieben, einzuordnen, abzuurteilen, hinzurichten, behandeln wir sie wie Ware, Gegenstände, Fälle, als »Es«, als Neutrum, als eine Sache, als einen Titel, nicht als Menschen, doch damit stellen wir uns selber außerhalb der Ordnung Gottes, der redet und hört und dessen Gegenwart ein nicht endendes Gespräch ist.

Dann bleibt als letztes noch zu sagen – der Gedanke ist immer wieder: man sieht Gott nicht, man hört Gott nicht, und die Antwort des Propheten ist fast verzweifelt: Die Menschen klagen, Gottes Hand ist nicht stark genug, sie ist zu kurz, um in die Welt zu reichen. Und der Prophet sagt: genau umgekehrt. Aus der Anklage gegen Gott macht er die Anklage gegen den Menschen; die Schuld liegt nicht beim Allmächtigen, sondern bei der Schwäche der Menschen. Unsere Sünden sind's, daß wir sein Antlitz nicht sehen; unsere Fehler sind's, daß wir ihn nicht spüren, sagt er; seine Ohren sind fein, aber unsere verstockt. Daran ist allemal etwas Wahres, wenn wir's nicht wieder als Umkehrrechnung werten: Alles, was uns zustößt an Negativem, Unglücklichem, müßten wir tragen als unsere Schuld, sei Ausweis unserer Sünden. Nicht so. Aber wenn wir fragen: Was eigentlich trennt uns davon, Gott zu erleben als die Liebe, die er ist, die sich entdeckt als Mitleid mit dem Fremden, als ausgestreckte Hand für den Heimatlosen, als Erbarmen mit den Armen, dann müßten wir sagen: Freilich, wir tun uns sehr schwer,

Gott zu sehen, wenn wir uns die Augen blenden lassen durch zu viele fremde Gedanken, verordnete Ideen, die gar nicht zu uns gehören und die die Menschlichkeit, die wir leben könnten, immer wieder in Gefahr bringen; aber wenn die Augen, das Herz und die Hände öffnen den Menschen in Not, werden wir sehen und fühlen und spüren die Nähe des Gottes, der selbst das Erbarmen ist.

Es bleibt dabei, daß wir einen Gegensatz überwinden müssen. Jahrhundertelang hatte Israel gegen die Fremdvölker in Front zu stehen; jetzt wird diese Spannung – Israel und die Heiden, der Gott Jahwe und die Götzen – hineingetrieben in das Volk selber, es spalten sich jetzt in der Gemeinde die Frommen und die Unfrommen, die Guten und die Bösen. Noch einmal an dieser Stelle müssen wir daher die Klammer schließen. Es gibt nur Menschen unter Gott, und alles Gute und Böse liegt nicht zwischen uns, sondern in uns selber.

14. Dezember 1997

Prophetentexte des sogenannten Alten Testaments haben immer zu tun mit Hoffnung gegen die Verzweiflung, mit Erwartung gegen die Enttäuschung; immer setzen sie das Leben größer, als es in den Momenten der Einengung und Angst den Betreffenden und Betroffenen erscheinen mag. Die meisten Visionen dieser Männer des Glaubens sind bis heute nicht eingelöst, selbst ihre Irrtümer sind modern geblieben. Die Geschichte mag sie immer wieder widerlegt haben, dennoch ist das, was sie uns zu sagen haben, von erregender Frische. Mitunter formell und ritualisiert, schafft es ihre Sprache immer wieder, in neuen Bildern Menschen zu erreichen. Im Abstand von 2500 Jahren wollen wir ihnen zuhören.

Wenn Sie den Propheten Jesaja aufschlagen, finden Sie in den Kapiteln 56 bis 66 einen Abschnitt, den die Literarhistoriker dem sogenannten dritten Jesaja – Tritojesaja – zuordnen. Darin ist unzweifelhaft das Kapitel 60 und 61 der innere Kern dieser losen Sammlung von Sprüchen. Im ersten Teil dieses sonderbaren Textes heißt es:

Text: Jes 60, 1–22
Mache dich auf, werde licht! denn dein Licht kommt, und die Herrlichkeit des Herrn strahlt auf über dir. Denn siehe, Finsternis bedeckt die Erde und Dunkel die Völker; doch über dir strahlt auf der Herr, und seine Herrlichkeit erscheint über dir, und Völker strömen zu deinem Lichte, und Könige zu dem Glanz, der über dir aufstrahlt. Hebe deine Augen auf und sieh umher: alle sind sie versammelt und kommen zu dir. Deine Söhne kommen von ferne, und deine Töchter werden auf den Armen getragen. Da wirst du schauen und strahlen, dein Herz wird beben und weit werden; denn der Reichtum des Meeres wird sich dir zuwenden, und die Schätze der Völker werden zu dir kommen. Die Menge der Kamele wird dich bedecken, die Dromedare von Midian und Epha; die Sabäer werden allzumal kommen und Gold und Weihrauch bringen und die Ruhmestaten des Herrn verkünden. Alle Schafe von Kedar sammeln sich zu dir, Widder von Nebajoth stehen dir zu Diensten, kommen auf meinen Altar [mir] zum Wohlgefallen; und mein Bet-

haus will ich verherrlichen. Wer sind diese, die daherfliegen wie eine Wolke und wie Tauben nach ihren Schlägen? Ja, zu mir sammeln sich die Seefahrer, die Tharsisschiffe voran, deine Söhne aus der Ferne zu bringen; ihr Gold und Silber führen sie mit für den Namen des Herrn, deines Gottes, für den Heiligen Israels, weil er dich verherrlicht. Und Fremde werden deine Mauern bauen, und ihre Könige werden dir dienen; denn in meinem Zorn habe ich dich geschlagen, doch in meiner Huld mich deiner erbarmt. Deine Tore werden allezeit offenstehen, werden Tag und Nacht nicht geschlossen werden, damit die Schätze der Völker zu dir eingehen unter der Führung ihrer Könige. Denn das Volk und das Königreich, die dir nicht dienen wollen, werden untergehen, und ihre Länder sollen wüste werden. Die Pracht des Libanon wird zu dir kommen, Zypresse, Platane und Buchsbaum zumal, daß sie die Stätte meines Heiligtums zieren, daß ich die Stätte meiner Füße ehre. Und tiefgebückt werden zu dir kommen die Söhne deiner Bedrücker, und alle, die dich geschmäht, werden dir zu Füßen fallen und dich nennen »Stadt des Herrn«, »Zion des Heiligen Israels«. Statt daß du verlassen bist und verhaßt, von niemandem besucht, will ich dich herrlich machen auf ewige Zeiten, zur Wonne für alle Geschlechter. Du wirst die Milch der Völker schlürfen, an der Brust der Könige trinken. Und du wirst erkennen, daß ich, der Herr, dein Heiland bin, und dein Erlöser der Starke Jakobs. Statt des Erzes bringe ich Gold, und statt des Eisens bringe ich Silber, statt des Holzes Erz und statt der Steine Eisen. Ich will den Frieden zu deiner Obrigkeit machen und die Gerechtigkeit zu deiner Regierung. Man wird in deinem Lande nicht mehr hören von Gewalttat, von Sturz und Zerstörung in deinen Grenzen; deine Mauern wirst du »Heil« nennen und deine Tore »Ruhm«. Die Sonne wird nicht mehr dein Licht sein am Tage, und der Glanz des Mondes dir nicht mehr leuchten; sondern der Herr wird dein ewiges Licht sein und dein Gott deine Herrlichkeit. Deine Sonne wird nicht mehr untergehen und dein Mond nicht schwinden; denn der Herr wird dein ewiges Licht sein, und die Tage deiner Trauer haben ein Ende. Deine Bürger werden lauter Gerechte sein und auf ewig das Land besitzen, als Sproß meiner Pflanzung, als Werk meiner Hände, mir zur Verherrlichung. Aus dem Kleinsten wird ein Stamm und aus dem Geringsten ein starkes Volk. Ich, der Herr, habe es verheißen; zu seiner Zeit lasse ich es eilends kommen.

Ein anderer Abschnitt, der der Feder dieses dritten Jesaja wohl nicht entstammt, aber den Auseinandersetzungen seiner Zeit und seiner Überlieferung zugeschrieben wird, steht im 66. Kapitel, in den Versen 1 bis 4; dort heißt es wie folgt:

Text: Jes 66, 1–4
So spricht der Herr: Der Himmel ist mein Thron und die Erde der Schemel meiner Füße. Was wäre das für ein Haus, das ihr mir bauen wolltet, und welches wäre die Stätte meines Wohnens? Hat doch meine Hand dies alles gemacht, und so ist dies alles geworden, spricht der Herr. Einen solchen sehe ich an, der demütig ist und zerschlagenen Geistes und erzittert vor meinem Worte. Wer ein Rind schlachtet [ist wie einer, der] einen Menschen tötet, wer ein Schaf opfert [ist wie einer, der] einen Hund erwürgt, wer Speisopfer darbringt [ist wie einer, der] Schweineblut spendet, wer Weihrauch anzündet [ist wie einer, der] einen Götzen grüßt – wie diese Freude haben an ihren Wegen und ihr Herz an ihren Greueln sich ergötzt, so werde ich Freude haben an ihrer Mißhandlung und über sie bringen, wovor ihnen graut; denn als ich rief, gab niemand Antwort, als ich redete, hörten sie nicht, sondern taten, was böse ist in meinen Augen, und erwählten, was mir nicht gefällt.

Wahrscheinlich entsinnen Sie sich noch einer bestimmten Szene in ihrer Jugend. Irgendwann hatten Sie ein kleines, billiges Radio geschenkt bekommen und versuchten, im Kurzwellenbereich die ganze Welt darin zu finden. Sie *war* darin zu finden, aber in einer Form, den die Funktechniker einen reinen Wellensalat nennen: arabische Stimmen, lateinamerikanische Stimmen, deutsche Stimmen, alle durcheinander, winzige Sequenzen, manches gerade noch verstehbar, der Zusammenhang kaum als Ganzes zu integrieren. Wenn Sie sich vorstellen, daß Jahrtausende sich komprimieren auf 1400 Seiten eines Buchs, dann haben Sie ein sehr kleines Radio, in dem aus einer riesigen Zeit sich mit einem hohen Pegel des Rauschens Stimmen ganz verschiedener Zeiten mischen, sich überlagern, etwas sagen wollen, und es hängt fast von der Lenkung Ihres Interesses und der Feinheit Ihres Gehörs ab, was Sie überhaupt mehr zu vernehmen meinen, als es wirklich zu vernehmen ist.

Daß die letzten zehn Kapitel aus dem Buche Jesaja einem eigenen Unbekannten zugeschrieben werden müssen, ist ein Forschungsergebnis der Literarhistoriker. Kaum ein Laie, der die Bibel in eigener Neugier, in eigenem Verlangen, Gott zu suchen, aufschlägt, wird auf eine solche Vermutung kommen; es wird ihm einfach das meiste schon irgendwie gesagt vorkommen, aber doch in Einzelheiten neu auch, rätselhaft; und nicht nur wird dies der Eindruck sein in den letzten zehn Kapiteln des Buches Jesaja, auf Schritt und Tritt in dem, was wir die Bibel nennen, ist es so der Fall. – Wann redet ein Mensch eigentlich? Wenn wir als Zeitgenossen miteinander umgehen, scheint uns das ganz klar: diese bestimmte Person spricht jetzt mit uns, dies sind ihre Worte, so hören wir sie, so sehen wir sie. Aber wenn wir einmal denken, Jahrhunderte gehen über uns hinweg, vielleicht genügen Jahrzehnte – was weiß dann die Nachwelt noch von dem, was wir wirklich sagen wollten? Werden es unsere Kinder noch wissen, wofür wir lebten, was wir sagen wollten, und unsere Kindeskinder? Macht es die Situation besser, daß wir irgend etwas hinterlassen haben, ein Denkmal auf dem Marktplatz, ein Buch für die Stadtbibliothek? Auch darüber wird das Gewirr der Stimmen hingehen. Was enthält so ein Buch? Die nächste Rezension im »Literarischen Quartett« wird etwas womöglich ganz anderes daraus machen und dem Publikum dartun, daß der Autor sich nicht zu lesen lohnt oder das, was er dachte, ganz falsch ist oder daß, wie er es ausdrückt, ganz unmöglich ist, daß man besser tut, etwas völlig anderes zu lesen, unter Umständen etwas noch gar nicht Geschriebenes, aber etwas, das müßte geschrieben werden. Kann es sein, daß womöglich am Ende von dem, was ein ganzes Menschenleben war, nur noch ganz wenige Sätze übrigbleiben, und selbst die werden mißverständlich weitergegeben, willkürlich nach den Bedürfnissen der Nachwelt zusammengesetzt; und ist es dann nicht fast schon von Glück zu sagen, wenn der Autor all dieser Worte nicht mehr bekannt ist, wie wenn's auf ihn gar nicht mehr ankäme?

So ähnlich ist das Schicksal des Mannes, den wir mit dem Kunstwort den dritten Jesaja nennen. Schon wie er sich einordnet, ist ungewöhnlich. Es gibt den ersten Jesaja. Dessen Gestalt ist uns einigermaßen klar; sogar seine eigene Berufung, so wie er sie gestaltet hat, ist uns überliefert. Er lebte in der Zeit, als er Ende des 8. Jahrhunderts die Assyrer über Israel kommen sah, die schrecklichste Militärmaschinerie seiner Tage im ganzen Orient, und er sah den Angriff, die Vernichtung wie ein Gottesurteil. Das Nordreich wurde zerschmettert, aber das, was Jesaja meinte, ging für die

Überlieferer der Bibel in Wirklichkeit erst in Erfüllung, als König Nebukadnezzar Jerusalem zerstörte und verbrannte und das Volk der Juden, die Oberschicht, die Intelligenz, die Handwerker, die Fachleute nach Babylon deportierte. Es schien das Ende von allem zu sein, worauf man gehofft, was man geglaubt, was man im Namen seines Gottes Jahwe je für heilig gehalten hatte. Es war die nackte Verzweiflung, kollektiv wie individuell. Wenn es in diesen Tagen noch einen Trost gegeben hat, hieß er Jeremia. Auch er hatte es kommen sehen, und als es soweit war, gehofft und geglaubt, daß Gott dies nur tut, um ein Größeres, ein Wahreres zu beginnen. Wie tröstet man Menschen in der Fremde, im Exil als Verbannte und Heimatlose? Das wird die Frage des sogenannten zweiten Jesaja, beginnend mit dem Kapitel 40 des Jesaja-Buches. Wieso er mit den Unglücksverheißungen des ersten Jesaja und seinem Versuch, an Gott festzuhalten gegen alle Widerfahrnisse der Geschichte, der zweite Jesaja genannt wird, kann man ein Stück weit sich denken. Die Geschichte kann so erbarmungslos grausam sein; das, was Menschen anderen Menschen zufügen, kann so endgültig scheinen, und doch ist es immer wieder möglich, die unsichtbare Hand zu sehen, von der geführt zu werden man trotzdem hoffen möchte. So im Erbe des ersten der zweite Jesaja.

Es kommt, fast ein halbes Jahrhundert danach, das Jahr 538. Reiche können stürzen, Diktaturen enden. Das Neubabylonische Reich wird von den Persern übernommen und sie, anders als in der Geschichtsdarstellung der Griechen, die Sie vielleicht auf dem humanistischen Gymnasium von Herodot bis Thukydides gelernt haben, waren nicht das Volk der Despotie, der Unfreiheit, sondern, wenn man so will, für ihre Verhältnisse der Toleranz. Sie wußten, daß man ein Weltreich nur begründen kann, indem man die einzelnen Völker, in etwa wenigstens, respektiert und so leben läßt, wie sie's gewohnt sind. So handelte der Perserkönig Kyros. Er entdeckte die Juden in Mesopotamien wie einen Fremdkörper, wie einen faulen Zahn in einem an sich gesunden, festen Gebiß. Und er wollte nicht länger, daß diese Unruhepotentiale unter seiner Herrschaft blieben. Nicht Freundlichkeit für das Volk der Bibel wird man ihm unterstellen, einfach Weisheit der Regierungskunst. Jedenfalls im ersten Jahr seiner Machtergreifung über Neubabylonien erläßt er ein Edikt, nachzulesen im 6. Kapitel des Buches Esra, in dem er verfügt, daß die Juden zurückkehren dürfen nach Israel. Eine ungeheure neue Hoffnung beginnt, alles scheint sich zum Guten zu wenden. Vor allem der Prophet Haggai setzt alles darein, die Rückkehr aus Babylon als eine große Heilstat zu deuten und sie zu verbinden, nach einer gewissen Phase der Wirren, mit dem Wiederaufbau des Tempels. Haggai denkt so, Sacharja denkt so: Gott wird sein Heiligtum in Israel von neuem aufbauen, und wenn der Tempel wieder steht, wenn die heilige Stadt wieder errichtet ist, dann ist nicht nur der Zustand vor der Katastrophe wiederhergestellt, sondern dann hat Gott gezeigt, daß es so ewig unter seiner Treue und seinem Schutz weitergehen wird. Tatsächlich können alle diese wunderbaren Weissagungen kaum in Erfüllung gehen. Fromm geglaubt, mutig gehofft und immer geirrt! Die Wahrheit ist: das Durcheinander setzt sich fort. Es dauert bis 455 v. Chr., als in der Reform von Esra und Nehemia in gewissem Sinn der Wiederaufbau des Tempels konsequent betrieben wird, mit riesigen Schuldenlasten, die dann erlassen werden müssen; aber Israel religiös und sozial konsolidiert sich. – Warum Sie alles das wissen müssen? Weil Sie damit zwei Stichdaten haben, um diesen Text hier einzuordnen: 538 und 455 v. Chr., dazwischen irgendwo. Aber jetzt noch genauer. Der genannte Text hat zu tun auch mit der Vorstellung des Wiederaufbaus des Tempels, aber es muß ein recht früher Text sein, denn er verheißt, daß die Völker selbst dafür sorgen werden, die Verbannten zurückzubringen, zurückzutragen sozusagen. Also denken wir uns diesen Text zwischen 537 und 522. Von da an kommt es so genau auf die Zeit nicht mehr an, sondern wir sehen geradewegs, daß dieser Text sich an gar keinem bestimmten historischen Ereignis mehr festmacht. Was er verkündet, geht rasch ins Phantastische. Sie haben wirklich gelesen: Es werden die Völker kommen und die Verbannten tragen zurück nach Jerusalem, die Töchter Israels auf der Hüfte, und sie werden nicht nur die Deportierten heimbringen, sondern sogar ihre Schätze abliefern von weit her. Nicht nur die Völker, unter welche die Juden einmal verstreut waren, sondern die Völker der Welt werden kommen zum Zentrum Israel. Und der Grund dafür wird sein, daß Gott neu erscheint über seinem Volk. Er wird darüber aufgehen wie ein Stern am Firmament. Gott kommt da nicht in eine bestimmte geschichtliche Situation hinein, sondern er ist wie ein astronomisches Ereignis, oder sollten wir sagen: ein hochbedeutsames astrologisches Datum. Die Helligkeit Gottes, die das Herz der Menschen

hell macht, wird so faszinierend wirken auf das Dunkel der Völkerwelt, daß sie das Beste, was ihnen zur Verfügung steht, freiwillig
wie ein Geschenk bieten. Die schwersten Lastschiffe der Zeit, Tar-
sisschiffe, Rahsegler, Langboote, von den Säulen des Herakles her
werden kommen, eigens gefahren über die ganze Welt, durch das
ganze Mittelmeer, um zu ankern und anzulanden an den Gestaden
Judäas.
In diese Texte hinein steht auch die Hoffnung für den Wiederaufbau des Heiligtums Jahwes geschrieben. Da werden sogar die Tiere
wie von selber auf die Schlachtstatt der Priester steigen – wörtlich
hat es dieser dritte Jesaja so geschrieben. Alles geschieht da freiwillig, es gibt keinen Kampf mehr, die Tore der Stadt sind offen, so
groß ist der Frieden, und sie müssen offenbleiben, den vielen Kara-
wanen, die mit ihrem Segen in die Stadt hineinwollen, zuliebe. – Ist
das alles, wenn wir es so hören, kaum etwas anderes als frommes
Wunschdenken? So fragt man sich spätestens, wenn es dann noch
weitergeht: alle in dem Volk werden Gerechte sein – und es dehnt
sich am Ende durch einen eingeschobenen Text sogar noch in die
Apokalypse: Man braucht keine Sonne mehr am Tag, keinen Mond
mehr bei Nacht, Gott selbst ist die Helligkeit des menschlichen Lebens, und er als Sonne wird niemals untergehen – sieht man dann
nicht deutlich, glaubt man's nicht zu wissen, daß es sich hier handelt um den Versuch eines Mannes auf dem Hochseil, der abzu-
stürzen droht nach links und steuert dagegen ganz rasch nach
rechts, um die Balance wiederzufinden? Und so tief die Not in die
eine Richtung zerrt, so tief muß die Balancestange in die andere
Seite tauchen, in die Sphäre der Hoffnung, um sich auf dem Hochseil zu halten und den Absturz zu verhindern. Aber hat man dann
etwas anderes vor sich als eine bloße Gegenreaktion der Seele, ein
kompensatorisches Wunschdenken, sehr verständlich menschlich,
immer wieder anzutreffen; aber wieso denn Gottes Wort? Die Antwort kann lauten: Gott hat unsere Seele so gemacht; er will nicht,
daß wir ertrinken im Leid. Selbst wenn wir's tun, formen sich in
unserer Seele Bilder und Visionen, die uns das Festland zeigen, und
selbst wenn wir am Verdursten sind, sehen wir in den Wolken, die
flimmern über der Wüste, eine Fata Morgana von Oasen und Wasserquellen. Wir sollen nie ganz verzweifeln, dafür sorgt unsere psychische Natur bereits, und spricht in ihr nicht eben doch – Gott?
Nur: wo bei so viel Wunsch liegt die Wirklichkeit? – Ein ganz bana-

ler Vergleich: Der dritte Jesaja erklärt, es wird jedes Material sich ersetzen durch das jeweils bessere; man wird nicht mehr in Stein buddeln, sondern in Erz, und an die Stelle von Erz wird Gold gesetzt werden, soll sagen: Man baut jetzt nicht mehr mit den Ersatzstoffen. Jeder, der die Zeit noch nach dem sogenannten Zweiten Weltkrieg in Erinnerung hat, weiß, wie solche Hoffnungen zustande kommen. Man rührte seinen Muckefuck, seinen Malzkaffee-Ersatz, und nahm es dankbar; man sah den wirklichen Kaffee aber schon vor sich: Irgendwann würde er wiederkommen. Man knabberte herum an dem Maisbrot und wußte: Irgendwann wird es wieder Weizenbrot geben. Und der Mann, der einem das gesagt hätte, den hätte man umarmen mögen vor Freude; der Ersatz wird, eben weil es der Ersatz ist, irgendwann dem Tatsächlichen und Wirklichen wieder Platz machen *müssen*. Nur so kann es weitergehen, und es hilft ein bißchen zum Überleben, wenn man so hofft. Und hat alles Prophezeien einer heilbringenden Zukunft je viel mehr gesollt durch die 2500 Jahre seit der Entstehungszeit dieser Texte der Bibel? Aber hat es nicht schon getrogen damals, sehr kurz danach? Kam nicht alles ganz anders? Und ist nicht das in der menschlichen Geschichte das erste, was wir lernen sollten? Wir bekommen den Mut von großartigen Illusionen, wir tun irgend etwas und denken bereits, eine wunderbare Idee gehabt zu haben, und dann zerfasert sie sich und zerstört sich langsam, dann beginnt, was Friedrich Engels einmal die Dialektik der Geschichte nannte: Der eine tut etwas, und der andere tut etwas dagegen, und heraus kommt etwas, an das sie beide nicht gedacht haben. Was tun Propheten anderes, als in dieses Halmaspiel des Geistes einzutreten?

Oder wir lesen diesen Text noch einmal ganz anders, überhaupt nicht auf ein bestimmtes Volk angewandt, nicht gleich in großem Stile kollektiv, nicht sofort mit dem Versprechen, Geschichte verstehen zu können, gewissermaßen die Zeitung von morgen heute schon zu kennen oder sogar den Wirtschaftsbericht der Weisen aus dem Jahre 1997 im voraus zu wissen; wir wüßten vielleicht nur, was wir im Moment bräuchten, und wir läsen aus solchen Texten einmal nur, was einer dem andern sagen müßte, um ihn zu trösten. Es gibt in der Trauer ein bestimmtes Thema, aber wie sich's entfaltet, kann man nur wissen, wenn der eine dem anderen zuhört, ihm folgt, es übernimmt, es variiert. – Stellen Sie sich einen Menschen vor, den es so trifft wie im großen Maßstab Israel im 6. Jahrhundert

v. Chr. Mitunter lesen wir so etwas in der Zeitung, mit geheimem Gruseln, wie von fern. Irgendwo ist ein Vorstandsmitglied in irgendeiner Firma gestürzt worden. Wohlgemerkt, es hat selbst gebeten um seinen Rücktritt, und der natürlich wurde angenommen. Wir hören, daß irgendwo ein Mann seine ganze Familie umgebracht hat; er wollte sich selbst töten, aber nach der Tötung aller anderen hat er es überlebt. Wir hören, daß beim Schneetreiben irgendwo ein furchtbarer Unfall war; drei Leute starben, und der Mann am Steuer liegt im Krankenhaus. Solche Geschichten erfahren wir, aber wir handeln fast wie ein Kaninchen, das sieht, wie sein Nachbar vom Hund gejagt wird. Es hat uns nicht getroffen; es gibt einen Nullabstand des Schreckens, der uns schützt. Wie aber, wir würden einmal denken, wir hätten es zu tun mit eben dem Menschen, den es betroffen hat, ja, sogar wir selber könnten das sein, und fragten uns, wie es nun weitergehen soll. Und sehen Sie, eben das wüßten wir überhaupt nicht, wie es weitergehen sollte, wir wüßten noch nicht einmal, ob es überhaupt weitergehen *kann*, es wäre nicht *etwas* vernichtet, sondern gewissermaßen alles. – Das war, im Bilde gesprochen, die Situation Israels damals. Es fühlte sich als auserwähltes Volk, es hatte wunderbare, kühne, fromme Träume, aber als es darauf ankam, fand es alles zerstört. Gewiß, es ist irgend etwas auch falsch gemacht worden, irgendwo wird man suchen nach der Schuld, mit der man die Katastrophe verdient hat, aber Schicksal und Schuld sind wie ungemäß zueinander; das eine fügt sich nicht zum andern. Selbst wenn Tritojesaja hier sagt: ich habe euch bestraft in meinem Zorn, aber nun in meiner Güte richte ich euch auf, wird der Geschmack des Willkürlichen aus diesen Zeilen nicht völlig genommen. Wann je hätten Menschen ihren Untergang verdient, und wo wäre eine göttliche Gerechtigkeit, die das wünschen und wollen und sogar exekutieren könnte? Auch das ahnt die Bibel immer wieder, daß die Rechnung nicht aufgeht, vielleicht nicht einmal für Gott selbst. Er selbst muß scheinbar immer wieder Kompromisse schließen, immer wieder neu einsetzen. – Wenn Sie sich einmal vorstellen, daß einem Menschen alles zerbrochen wird, wofür er gelebt hat – er hat ein Haus gebaut, es wurde verbrannt; er hat Kinder in die Welt geworfen, und er weiß nicht, wo sie sind; er hat selber geglaubt an einen Gott, und weiß er, ob es ihn überhaupt gibt? Er hat vielleicht das Beste versucht, aber dann kamen die anderen und zeigten, daß sie tüchtiger, klüger, in jedem

Falle stärker, machtbewußter, konzentrierter sind, sie *können* nicht nur vernichten, sie werden es tun, unbarmherzig, und sie werden für ihre Siege *ihren* Gott in Anspruch nehmen. Ihr Sieg am Ende scheint die Logik der Geschichte, die wahre Vorsehung Gottes. Nicht einmal mehr das, woran man als Kind glaubte, worin man sich heimisch fühlte und darin sich geborgen empfand, hat irgend Bestand, hat irgendeine Zukunft.

Wie tröstet man Menschen in einem solchen Augenblick, außer man läßt sich's erzählen: das Gefühl der Fremde, der Entbehrung, der Entrechtung, der Ausbeutung, der Unterdrückung, der Sinnlosigkeit von allem? Wann Sie ein solches Gefühl anspringt, kann ganz beliebig sein, es richtet sich einfach nach der Situation, in der Sie sich am meisten engagieren. Da ist ein Mann, der sich alle Mühe gibt um seine Frau, da ist eine Frau, die sich alle Mühe gibt um ihren Mann, da ist eine Mutter, die um ihre Tochter ringt – wofür das alles am Ende, wenn es so brüchig ist und kaum Bestand hat? Gibt es einen anderen Trost, als daß man einen Menschen aus seinem Leid, das er schildert, darauf aufmerksam macht, daß es immer noch Punkte gibt, die ihm kostbar sind? Würde er nicht voller Schmerz leiden an ganz bestimmten Themen, ohne daß sie ihm nach wie vor wie unzerstört wert wären? Und sich nun gemeinsam einmal hinzusetzen und zu denken, das scheinbar Zerstörte bliebe doch innerlich wahr, wäre das nicht schon der wichtigste Trost? Gewiß, solange man sich fragt, wie die anderen es sehen, kann die Irritation wieder beginnen. Ob das Erfolg hat, was man wollte, wer kann das garantieren? Ob es die anderen so wahrnehmen, wie man's gemeint hat, wie soll man das wissen? Aber könnte die Vision dieses Tritojesaja nicht der ganze Inhalt der Hoffnung sein: Über dir geht Jahwe auf? Das hieße soviel wie: Vergiß mal die Völker; alles, was die andern tun, denken, machen, laß es dahingestellt. Aber daß du denken könntest, von Gott gesehen zu sein, gemeint zu sein – wäre nicht dies warm wie der Sonnenschein und hell sogar in der Nacht der Verzweiflung wie der silberne Mond? Da gäb' es ein Auge am Tag und bei Nacht, und es würde dich umspielen und umfangen, und indem es dich ansieht, bekämest du dein Ansehen neu, unter diesen Augen bliebest du der Erwählte, der einzige, es wäre nicht zu ändern, weil Gott es selber nicht ändern will.

Was wir heute Psychotherapie nennen, ist eigentlich eine künstliche Form, einen Menschen genau das gegen seine Zerbrochenheit zu lehren, gegen seine Seelenerniedrigung. Irgendwo soll er glauben dürfen, muß er hoffen können, daß es solche Augen gibt, die über ihm aufgehen in einer reinen Liebe wie die Sonne, wie der Mond und die ihn nie mehr fort lassen; wohin er sich auch wendet, im Strahlenkleid und -kranz dieses Lichtscheins wird er bleiben. Es wäre der Anfang von etwas, das hier in diesen Texten sehr, sehr rasch geht, daß nämlich dieses zögernde, langsam wachsende Vertrauen das Herz des Menschen selbst durchflutet. Eine einzige Zeile, ein Befehl gewissermaßen: *Werde Licht, denn Licht geht auf über dir* – wie viel liegt dazwischen! Und zu befehlen ist da natürlich gar nichts, langsam anzuempfehlen bestenfalls. Man muß es spüren und selber davon sich durchdringen lassen, bis daß es nach und nach die Schatten der Verzweiflung bannt und es weit wird im Herzen, offen im Innern.

Dann freilich möchte es sein: Ein Mensch, der sich so wiederfindet, entdeckt seine ganze Welt neu. Einer der wirklich wunderbaren Züge an den Texten des Tritojesaja ist, daß die Völkerwelt, ehedem so feindlich, mitmal äußerst freundlich erscheint, daß das ganze Denken in Freund und Feind: wer will mir was? wer ist für mich? wie finde ich Bündnisse gegen die Übermacht? – daß all diese politische Besorgnis völlig verschwindet, die Völker erscheinen jetzt sogar in gewissem Sinne als hilfreich und dienstbar; sie selber sollen es sein, die alles zurückbringen. – Könnte das nicht sein: Nach irgendeiner Katastrophe, einer plötzlichen oder langwährenden, wachen wir auf und entdecken die Welt noch einmal ganz anders? Wir müssen gar nicht ständig kämpfen um unsere Ehre, um unseren Bestand, um unseren Glauben, um unsere Identität, sondern wenn's uns geschenkt wird unter diesen Augen, die uns anschauen wie die Sonne, wie der Mond, fänden wir die anderen an unserer Seite freundschaftlich; sie hätten uns viel zu bringen von ihren Schätzen; wir müßten's gar nicht dauernd abweisen, wir könnten's mit offenen Türen hereinlassen, und es würde uns nicht mehr zerstören, nicht mehr entfremden, es würde uns wirklich bereichern. Die Sicht auf die Völker Israels wird hier erstaunlich frei und offen jenseits des in der Bibel nicht selten vertretenen Fanatismus: das eine Volk gegen alle anderen plus der Überzeugung, daß Gott nur erscheint, wenn die Feinde Israels im Staub vernichtet sind. Ganz anders, viel milder geht es offenbar! – O ja, Sie können gleich sagen: Aber das ist eine Güte, die aus Ohnmacht geboren wird, für Rache und Revanche ist jetzt noch nicht die Zeit, man muß sehr stickum – würde man im Rheinland sagen – bleiben, um bloß nicht die Nachbarn neu zu erschrecken. Nehmen wir's jenseits des politischen Kalküls aber einmal rein psychologisch, ist es einfach ganz wahr: Es macht allein die Tatsache dankbar, am Leben zu sein und die Katastrophe überlebt zu haben – ein unverdientes Geschenk, und welch ein Glück dann, es zu teilen!

Da baut sich auf im Inneren nun ein neues Heiligtum. Denken wir uns, da würden noch Opfer gebracht, aber sie hätten jede Grausamkeit verloren. Dieses Märchenbild von den Tieren, die selbst auf den Altar gehen zur Ehre Gottes, das machte spielerisch inneren Sinn: es gäbe nichts mehr zu bekämpfen, nicht einmal nach innen, das sogenannte Tierische und Triebhafte und Wüste und scheinbar Unvernünftige, das alles käme von selber genau so friedlich zu uns wie die Welt draußen. Es gibt nicht viele Bilder in der Bibel, die grundharmonisch sind, aber dieses, schon weil es märchenhaft ist, hätte fast das Format. Kein Wunder, daß es sich völlig aus dem Raum der Geschichte hinausdehnt; Texte sind dies, die viel später hineingekommen sein müssen aus dem Gedankengut der Apokalyptik – das wäre frühestens um 200 v. Chr., eine Riesenzeitspanne also dazwischen; aber mit denselben Worten werden diese Bilder aufgegriffen im letzten Buch des Neuen Testaments: Es wird Gott selber die Sonne sein, und es wird keine Trauer mehr geben und keine Tränen mehr (Apk 21,4), es wäre der Mensch geboren zum Glück, und was ihn dann leiden macht, fiele nicht mehr heraus, zumindest aus den Grenzen der Menschlichkeit – schon das wäre viel. Die Versprechung, daß kein Leid mehr sei, ist zuviel für diese Welt, und in dieser Form ist die Apokalypse eine Verheißung für eine ganz andere Welt. Das ist nicht mehr Prophetenstimme, die möchte, daß wir, so viel als Glück auf Erden geht, auch anstreben, so wie es die Märchen tun mit der Überzeugung, es kann die Liebe glücklich sein, mindestens wenn man Glück hat, und da man nie weiß, ob man Glück hat oder Unglück, lohnt es sich, zu setzen, vielleicht zieht man die richtige Nummer, wer weiß das im voraus? Die Apokalyptik weiß, daß in dieser Welt das Leid nie enden wird; sie will eben deshalb eine ganz andere Welt.

Anders hingegen die Propheten. Sie wollen hoffen für diese Welt, nicht für die jenseitige, die zukünftige. Vielleicht, daß man irgendwann, sehr müde geworden, sehr resigniert, die ganze Prophetie nicht mehr glaubt; vielleicht kommt die Apokalyptik da hinein, weil Leute beim Lesen dieser Texte sagen: Wir sind es jetzt leid; diese Propheten haben uns versprochen von Generation zu Generation die Ankunft Gottes, den Aufgang Gottes, das Kommen seines Reiches, die Ankunft des Messias, die Größe Israels, den Frieden, in dem keine Feinde mehr Macht haben, uns zu verfolgen – versprochen, versprochen und niemals gehalten! Es geht überhaupt nicht auf Erden. Es geht nur, wenn Gott ganz neu anfängt in einer ganz anderen Welt, wie wir sie nicht kennen – das ist apokalyptisches Denken. Sagen wir's bezogen auf den einzelnen: Sterben werden wir alle, und es kann schon sehr bald sein. Und was war dann unser Leben wert? Wissen wir's denn? Die Apokalyptiker sind es, die meinen, wir müßten, wenn Hoffnung, dann gerade sie unter die Wolken werfen, denn nur jenseits der Grenzen jeder Welt, da sei Gott, als eine Sonne, die nie mehr verlöscht.

Aber damit das nicht nur weltjenseitig bleibt, gibt es eine Stimme auch in den Tagen des Tritojesaja oder kurz danach, die zum Kühnsten zählt, was in Israel je geschrieben wurde, ein ungeheuerlicher Text, der in die Adventszeit paßt, weil er mit Religion zu tun hat. Sie haben in der Einleitung eben vernommen, wie der Prophet Haggai das Kommen Gottes, das Heil Israels abhängig macht vom Bau des Tempels und daß Sacharja ihm zustimmt und man noch 70 Jahre später dabeisein wird, den Tempel aufzubauen, den Tempel als die Stätte, in der Gott wohnen wird. Und natürlich wird man in dem Tempel die Schlachtstätten haben und die Opfer einrichten und die Priesterdienste endlich wieder einführen, und daran hängt, so glaubt man, Gott. Das ist soviel, wie für katholische Ohren zu hören, daß der Vatikan der Ort ist, an dem Gott spricht; nur im Vatikan wählt man den Papst, der unfehlbar ist, nur dort; nur dort gibt man die Enzykliken heraus, die für 900 Millionen Menschen die Sprache Gottes für unsere Zeit bedeuten. An diesem Gebäude, an diesem Ort, an diesen Personen, an dieser Institution und an diesem Priesterdienst hängt es, so muß man glauben. Wäre es aber denkbar, das alles wäre gar kein Glaube, darauf käme es überhaupt nicht an, sondern wir hätten wie nebenbei eben die Bewegung begriffen, die da angesagt wurde: *Gott geht auf über dir*, das heißt, es wird hell und licht in dir, und dort wohnt er nun, in deinem Glück, in deiner Liebe, in der Weite deines Herzens, in der Größe, der du dich getraust als Person, in der Offenheit, mit der du alle umfängst und einlädst zu dir, und das wäre Gottesdienst. Paßt dies Denken in den fertigen Begriffen zu dieser neuen Erwartung? Was Sie da hören im 66. Kapitel des Jesaja, ist so ungeheuer, daß man nur wenige Stellen findet, die eben so maßlos denken. Kann denn, spricht hier der Gott Israels, der Tempel meine Wohnung sein? Das hat man Salomo schon gesagt, ehe er ihn bauen wollte, und mit prophetischer Wut gesagt: Gott, wenn er ist, ist ein wandernder Gott, allenfalls daß er ein Zelt bewohnt, um Menschen auf Trab zu halten; aber eine fertige Wohnung, praktisch die Parallelausgabe zum Palast des Königs, und dabei die Zweitausgabe, denn natürlich ist der Palast noch schöner als der Tempel, das kann Gott nicht erfreuen, sondern das wird Alpträume machen (2 Sam 7,5–6). Und allein schon für die Fremdarbeit, die man nötig hat, um Sklaven anzustellen, um all das zu bauen, wird das Volk sich entzweien. Fronarbeit über Israel, das geht nicht an. Das Königreich Salomos ist längst zerbrochen und längst zu Ende, als dieser Text sich zu Wort meldet. Wenn denn Gott ist, dann ist *der Schemel seiner Füße die ganze Welt*, nicht mehr und nicht weniger. Dann sollten wir sogar sagen: Es geht nicht einmal um den Tempel, auch nicht um Jerusalem, auch nicht um Israel, es geht um jeden Völkerfanatismus, mit dem eine Religion erklärt, sie sei die wahre und alle andern seien die unwahren. Diese Art von religiös drapiertem Kulturfaschismus hält nicht stand, wenn dieses Wort hier stimmt: Mein Schemel ist die ganze Welt. Da gibt es kein Volk mehr, das nicht zu Gott gehörte, keine Religion mehr, die nicht in Gottes Händen läge, kein Menschendasein, das vor Gott nicht gleichberechtigt wäre. Was haben die Propheten eigentlich ständig gegen das Opferpriestertum, worum dreht sich diese ganze Auseinandersetzung eigentlich? An dieser Stelle ist es so rabiat formuliert, daß man nicht annehmen würde, es stünde in der Bibel, wenn es da nicht stünde: *Wer ein Rind schlachtet – ein Menschenmörder*. Das steht da wirklich. *Wer ein Speiseopfer darbringt – es ist Schweineblut*, das Unreinste, was in Israel kultisch vorstellbar wäre –, *wer Weihrauch opfert – er huldigt dem Popanz*. Sagen Sie das in einer katholischen Kirche bei einem feierlichen Hochamt! Es ist das Ende des Opfergedankens. Was man dagegen hat, liegt auf der Hand. Solange geopfert wird, so lange müssen Menschen denken, daß sie Gottes Huld nur erringen können durch Vorleistungen, inklusive durch das Verschieben ihrer Schuldgefühle auf andere und, auch das gehört dazu, am besten auf diejenigen, die gar nichts dazu können. Unschuldige Tiere sind's immer gewesen, die man brauchte, damit Gott im Himmel befriedet würde mit den Sünden der Menschen. Nachdem wir über die Psychologie von Projektionen genügend wissen, sollten wir uns dieses kultische Arrangement nicht länger bieten lassen. Das wollten die Propheten: Ein Mensch steht zu dem, was er gemacht hat, und dann prüft er, wohin er gekommen ist. Und dann ist es wahr: Gott sieht auf den, dessen Herz erbebt, der leiden kann, auch an seiner eigenen Geschichte, seinen eigenen Fehlern, und der es nicht wegschiebt und sagt: ich hab' Geld genug für zwei Schafe, schächtet die, und Gott ist zufrieden. So billig kommt der Mensch nicht davon. Aber auch nicht so unmöglich schwer; denn Menschen handeln nicht böse, einfach weil sie's wollen, einfach aus Laune heraus; wenn sie's tun, haben sie immer Gründe, und gehen Sie denen nach, werden die Gründe immer abgründiger, bis daß Sie dahin kommen, daß Menschen immer aus Angst handeln, aus dem Gefühl, nicht berechtigt zu sein. Und das heilt man nicht mit Opfern, nicht mit dem Abgott, der erst den tugendhaften Menschen akzeptiert, den opferwilligen Menschen rehabilitiert. Da genügt's, daß ein Mensch zu vertrauen lernt im Leid, es gäbe so etwas wie Vergebung, selbst wenn er weiß, daß er sie nicht verdient hat. Verdient – was für ein Wort! Das war Tritojesaja auch vorhin: *Alle in meinem Volk werden Heilige sein.* Das scheint verrückt und stimmt überhaupt nicht, denn wenig später wird es schon wieder losgehen: da gibt es dann wieder Fromme und Unfromme, Koschere und Nichtkoschere; aber was er hier meint, der dritte Jesaja, ist vollkommen richtig: Wenn Gott einen Neuanfang wagt, wenn Menschen mit Gott sich neu wagen, dann muß die Sortiererei und Erbsenzählerei aufhören nach Gut und Böse, Richtig und Falsch, dann geht's um den ganzen Menschen, wie er ist, total. Und alles stimmt dann in ihm, einfach weil er ein Mensch ist. Und wenn er das nicht erfährt, nützen ihm die Opfer auch nichts. So hängen die beiden Texte hier ganz offenbar zusammen.

Was dann dabei herauskommt, wäre ein schönes adventliches Thema: daß wir nicht mit Tieren machen, was wir wollen. Wir opfern sie heute nicht mehr dem Gotte Jahwe, dafür haben wir andere Götzen, das Kapital zum Beispiel. Es liest sich zum Beispiel wunderbar in der Zeitung, daß man in Ostwestfalen-Lippe nächstens die Schweinemast intensivieren wird; mit einem prachtvollen Bild in der Zeitung, einer Frau und einer süßen Sau im Arm, intensivieren wir schön die Schweinemast. Aber was es bedeutet, die Intensivhaltung von Schlachtvieh, das hat wahrscheinlich von Ihnen hier keiner mit eigenen Augen gesehen, allenfalls mal im Fernsehen; sonst wüßte man, was das bedeutet, Opfer zu bringen, damit der Götze Kapital befriedigt wird. Es ist die alte Logik: am Ende verdienen die da oben an all den Opfern; die Priester im Tempel waren die ersten Bankiers, und selbst nach der Trennung von Kirche und Staat sind sie's irgendwo geblieben. Es gibt keine wirklich tierfreundlichen Texte in der Bibel, aber dies könnte mindestens einer der ganz wenigen Hinweise sein, wie es anders werden müßte. Frieden nach draußen, Frieden nach drinnen, Frieden mit der Welt – das wäre eine Sonne, die nie untergeht.

Wo hat Jesaja, Tritojesaja, solche Dinge eigentlich gesagt? Im Tempel? Ganz sicher nicht; es gab ihn nicht, und als es ihn gegeben hat, wollte er nicht da rein. Das, was es gibt als Gottesdienst in den Tagen des Tritojesaja, ist nach der Zerstörung der offiziellen Religion ein Neuanfang, ganz wörtlich, wie wir's hier machen, in unseren Wortgottesdiensten seit vielen Jahren schon. Was im 6. Jahrhundert geschah, war historisch der Anfang dessen, was in Israel eine Synagoge ist, nur daß man immer wieder Synagoge und Tempel miteinander verbinden wollte. Vielleicht aber geht das gar nicht zu verbinden, vielleicht ist es auch gar nicht nötig, beides zu verbinden. Vielleicht genügt's, daß ein einziger Mensch ein Stückchen Mut gewinnt zu seinem Leben, und es wäre wie ein Wort von Gott.

30. November 1996

Ihr sollt an Jerusalem ergötzt werden

Nicht alles in den Kapiteln 56 bis 66 im Jesaja-Buch stammt von einer einzelnen Persönlichkeit; wie üblich sind einige Worte aufgegriffen worden in späterer, oft sehr viel späterer Zeit und weiter interpretiert worden; dennoch ist das Zentrum dieser Texte, vor allem in den Kapiteln 60 bis 62, wohl entstanden um das Jahr 520 v. Chr. Die Frage ist: wie geht es mit dem aus dem Exil zurückgekehrten Volk nun weiter? Ist das, was da begonnen wurde, bereits als ein Zeichen zu werten, eine Tat, die Gott gesetzt hat, und wenn es so ist, kann man ihm zutrauen, daß er's nicht beim Anfangen beläßt, halbfertig, halbgar gewissermaßen, sondern zu Ende bringt wie die Geburt eines Kindes? Es wäre tödlich, wenn sie mitten im Vorgang von Gott selber gestoppt würde. Wie deutet man überhaupt, was geschehen ist, im Rückblick, und wie lernt man daraus für die Gegenwart? Welche Hoffnungen lassen sich vermuten, verheißen, verklären in dieser Welt, in diesem endlosen Auf und Ab? Das sind die Fragen, die wir durchgehen, erörtern, kritisch prüfen, dankbar aufnehmen können und müssen im Kapitel 65 und 66 des Jesaja-Buches.

Text: Jes 65, 1–14. 16e–25; 66, 5–11. 13–16. 18–20. 22–24
Ich war zugänglich für die, die nicht nach mir fragten; ich ließ mich finden von denen, die mich nicht suchten. Zu einem Volke, das meinen Namen nicht anrief, sprach ich: Da bin ich! Da bin ich! Ich streckte meine Hände allezeit aus nach einem störrischen, widerspenstigen Volke, das auf schlimmem Wege geht, seinem eignen Sinne folgend, nach Leuten, die mich ohne Unterlaß reizen offen ins Angesicht, die da opfern in den Gärten und räuchern auf den Ziegelsteinen, die in Gräbern sitzen und in Höhlen liegen die Nacht durch, die da Schweinefleisch essen und Greuelbrühe haben in ihren Geschirren, die da sprechen: »Bleib mir vom Leibe, komm mir nicht zu nahe! Sonst mache ich dich heilig.« Diese sind ein Rauch in meiner Nase, ein Feuer, das immerfort lodert. Siehe, aufgeschrieben ist es vor mir, und ich werde nicht schweigen, bis ich heimgezahlt ihre Schuld und die Schuld ihrer Väter zumal, spricht der Herr, die auf den Bergen geräuchert und mich auf den Hügeln

gelästert haben; darum will ich ihnen den Lohn auf den Kopf zumessen und heimzahlen in ihren Busen.

So spricht der Herr: Wie man sagt, wenn Saft in der Traube sich findet: »Verdirb es nicht, es ist ein Segen darin!« so will ich tun um meiner Knechte willen, daß ich nicht das Ganze verderbe. Ich will aus Jakob Nachwuchs hervorgehen lassen und aus Juda einen Erben meiner Berge. Meine Auserwählten werden es [d.h. das Land] besitzen, und meine Knechte werden daselbst wohnen. Saron wird eine Trift der Schafe und das Tal Achor ein Lagerplatz der Rinder für mein Volk, das nach mir fragt. Ihr aber, die ihr den Herrn verlassen, meines heiligen Berges vergessen habt, die ihr dem Glücksgott [Gad] den Tisch zurüstet und der Schicksalsgöttin [Meni] den Mischtrank einfüllt: schicken will ich über euch das Schwert, und ihr alle müßt euch bücken zur Schlachtung! Denn als ich rief, gabt ihr nicht Antwort, und als ich redete, hörtet ihr nicht, sondern ihr tatet, was böse ist in meinen Augen, und was mir mißfällt, das erwähltet ihr.

Darum spricht Gott der Herr also: Siehe, meine Knechte werden essen, ihr werdet hungern! Siehe, meine Knechte werden trinken, ihr werdet dürsten! Siehe, meine Knechte werden fröhlich sein, ihr werdet zuschanden werden! Siehe, meine Knechte werden frohlocken vor Herzenslust, ihr werdet aufschreien vor Herzeleid und heulen vor Verzweiflung! Aber meine Knechte wird man mit andrem Namen nennen, so daß, wer sich segnet im Lande, sich segnen wird bei dem Gott der Treue, und wer schwören wird im Lande, der wird schwören bei dem Gott der Treue, weil vergessen sind die früheren Drangsale, meinen Augen entschwunden.

Denn siehe, ich schaffe einen neuen Himmel und eine neue Erde; man wird der früheren Dinge nicht mehr gedenken, und niemand wird sich ihrer mehr erinnern, sondern man wird frohlocken und jubeln auf ewig über das, was ich schaffe. Denn siehe, ich wandle Jerusalem zu Jubel um und sein Volk zu Frohlocken. Ich werde jubeln über Jerusalem und frohlocken über mein Volk; und nicht soll man darin fürder hören den Laut des Weinens und den Laut der Klage. Es wird daselbst kein Kind mehr nur wenige Tage leben, kein Greis wird sein, der seine Tage nicht erfüllte; denn als jung wird gelten, wer mit hundert Jahren stirbt, und wer sündigt, wird mit hundert Jahren erst vom Fluch getroffen. Sie werden Häuser bauen und sie bewohnen, werden Weinberge pflanzen und ihre Früchte essen. Sie werden nicht bauen, daß ein andrer bewohne, werden nicht pflanzen, daß ein andrer genieße; denn wie das Alter des Baumes soll das Alter meines Volkes sein, und was ihre Hände erarbeitet, das sollen meine Erwählten verzehren. Sie werden nicht umsonst sich mühen und nicht Kinder zeugen für frühen Tod; denn sie sind das Geschlecht der Gesegneten des Herrn, und ihre Sprößlinge bleiben ihnen. Und ehe sie rufen, werde ich antworten; während sie noch reden, werde ich erhören. Wolf und Lamm werden einträchtig weiden, und der Löwe wird Stroh fressen wie das Rind; doch Staub ist das Brot der Schlange. Nichts Böses und nichts Verderbliches wird man tun auf meinem ganzen heiligen Berge, spricht der Herr.

Höret das Wort des Herrn, die ihr erzittert vor seinem Worte! Es sprechen eure Brüder, die euch hassen, die euch ausstoßen um meines Namens willen: »Der Herr erweise sich herrlich, daß wir eure Freude sehen!« – Aber sie sollen zuschanden werden. Horch! Getöse von der Stadt, horch, vom Tempel her! Horch! Der Herr übt Vergeltung an seinen Feinden. Ehe noch Schmerzen empfindet die Schwangere, hat sie schon geboren; ehe die Wehen über sie kommen, ist sie eines Knaben genesen. Wer hat solches gehört? Wer hat dergleichen gesehen? Kommt wohl das Volk eines Landes an einem Tage zur Welt? oder wird eine Nation geboren auf einen Schlag? Denn kaum in Wehen, hat Zion auch schon ihre Kinder geboren. Sollte ich bis zur Geburt bringen und nicht gebären lassen? spricht der Herr. Oder sollte ich, der ich gebären lasse, wieder verschließen? spricht dein Gott. Freuet euch mit Jerusalem und jubelt über sie alle, die ihr sie liebhabt! Seid von Herzen fröhlich mit ihr, alle, die ihr über sie trauert! daß ihr euch labet und satt werdet an der Brust ihres Trostes, daß ihr schlürfet und euch erquicket an ihrer reichen Mutterbrust.

Wie einen seine Mutter tröstet, so will ich euch trösten; ihr sollt in Jerusalem getröstet werden. Wenn ihr es seht, wird euer Herz frohlocken, und eure Gebeine werden sprossen wie junges Grün; und die Hand des Herrn wird sich kundtun an seinen Knechten und sein Zorn an seinen Feinden.

Denn siehe, der Herr wird mit Feuer kommen und wie der Sturmwind seine Wagen, daß er auslasse in Glut seinen Zorn und sein Schelten in Feuerflammen. Ja, mit Feuer und mit seinem Schwert geht der Herr ins Gericht mit allem Fleisch, und der Erschlagenen des Herrn werden viele sein.

Ich kenne ihre Werke und ihre Gedanken, und ich komme, zu versammeln die Völker aller Zungen, und sie werden kommen und meine Herrlichkeit sehen. Ich werde ein Zeichen an ihnen tun und aus ihnen Entronnene an die Völker senden, an Tharsis, Put und Lud, an Mesech und Ros, an Thubal und Jawan, die fernen Gestade, die keine Kunde von mir gehört und meine Herrlichkeit niemals gesehen, und sie werden meine Herrlichkeit unter den Völkern verkünden. Und sie werden all eure Brüder aus allen Völkern dem Herrn als Opfergabe bringen auf Rossen und Wagen und in Sänften, auf Maultieren und Dromedaren, nach Jerusalem auf meinen heiligen Berg spricht der Herr, wie die Söhne Israels die Opfergabe in reinem Gefäße in das Haus des Herrn bringen.

Denn wie der neue Himmel und die neue Erde, die ich schaffen will, vor mir bestehen werden, spricht der Herr, so wird euer Geschlecht und euer Name bestehen bleiben. Neumond um Neumond und Sabbat um Sabbat wird alles Fleisch kommen, vor mir anzubeten, spricht der Herr. Und sie werden hinausgehen und die Leichen der Menschen anschauen, die von mir abgefallen sind; denn ihr Wurm wird nicht sterben, und ihr Feuer wird nicht erlöschen, und sie werden ein Abscheu sein für alles Fleisch.

Wer die Bibel aufschlägt, tut es in aller Regel, um dort religiöse Weisungen zu empfangen. Ist nicht sie, die Bibel, das Wort Gottes? So hat man ihm gesagt. Aber schlägt er sie auf und fängt an, sie zu lesen, auch nur die oben genannten zwei Kapitel Jesaja, wird ihm ganz schwindlig werden über das Tempo, mit dem hier Gegensätze, ständige Schwankungen der Gefühle, Verheißungen gegen Drohungen, Tröstungen gegen wüste Strafszenarien gesetzt werden – die Stimme Gottes, vielleicht, aber dann muß sie sehr leise und verborgen in einem Wortschwall stammelnder, stotternder, hilfloser Menschen sein, die zu antworten versuchen auf Fragen, die ihre ganze Existenz nicht nur betreffen, sondern zu vernichten drohen und die doch darum ringen, daß sie selbst und die Menschen an ihrer Seite irgendwie weiterleben können.

Stellen Sie sich vor, in Ihrem Leben oder in dem Leben eines Ihrer Bekannten sei etwas passiert, das nie hätte passiert sein dürfen. Plötzlich, wie ohne Voranmeldung, ging seine Frau oder ihr Mann fort, kam ein Kind aus der Schule zurück und wurde gemeldet als drogensüchtig; im Betrieb ist irgend etwas passiert, das einer Katastrophe gleichkommt und nicht wiedergutzumachen scheint – jeden von uns können Ereignisse, Einbrüche dieser Art treffen, niemand ist davor geschützt. Aber wie wird er damit umgehen? Es sind fast immer drei Formen der Lösungsversuche, die alle zusammenhängen, und alle drei klingen sie hinter den so widersprüchlich scheinenden Texten des dritten Jesaja an. Zum einen: Man wird versuchen herauszufinden, was überhaupt geschehen ist, wie es sich verstehen läßt, ob es irgendeinen Weg gibt, es einzuordnen ins Erklärliche, also dann doch auch Zugängliche, fast schon Vertraute. Die Frage, warum etwas geschehen ist, *muß* sich jedes denkende Lebewesen stellen, schon um in irgendeiner Weise nach Möglichkeiten zu suchen, um in Zukunft etwas Vergleichbares zu verhindern. Ist das, was da geschah, durch eigene Mitbeteiligung, durch eigene Schuld zustande gekommen? Was läßt sich lernen aus dem Desaster? Es gibt noch einen zweiten Weg, mit einem Schicksalseinbruch umzugehen, der gefühlsmäßig oft sehr viel tiefer geht. Sie versuchen, mit Menschen zu sprechen, die nicht ein noch aus wissen. Wie es jetzt weitergehen soll, ist durchaus nicht abzusehen. Da kann es mitmal geschehen, daß jemand unvermutet ein Photoalbum mitbringt. Dieses Album enthält mehr oder minder ungeordnet Photos aus Kindertagen; aber das ist es nicht eigentlich, was gezeigt werden soll. Das Bild der eigenen Eltern, der Großeltern womöglich, Photos aus dem Ort, an dem man zur Welt kam – scheinbar hat all das mit der Gegenwart und ihrer Bewältigung gar nichts zu tun, aber Leute in Not laden irgend jemanden an ihrer Seite dazu ein, sie tiefer zu verstehen. Sieh, möchten sie sagen, so bin ich doch geworden.

Etwas ganz Ähnliches tut hier der sogenannte dritte Jesaja. Es gibt keine Photos, aber es gibt sprachliche Bilder; an die lehnt er sich an, übernimmt sie von jener Schicht der Überlieferung, die man dem zweiten Jesaja zuschreibt. In der Zeit des Exils, nach 587 v. Chr., nach der Katastrophe des Südreichs, entwarf dieser Prophet Szenarien der Hoffnung für ein Volk, das in der Fremde sich wie verloren fühlt. An diesen Bildern orientiert sich der dritte Jesaja, greift sie auf, wiederholt sie sprachlich in der neuen Situation. Man möchte sich erinnern an eine Zeit, die doch noch voller Hoffnung war, wo man noch wie ein Kind war und sein durfte, in

der das Leben noch vor einem lag; und diese Erinnerung soll die
Möglichkeit einer Zukunft beschwören, in der Leben jetzt wieder
vor einem liegt. Nicht daß man logisch begründen könnte, warum
das so sein sollte oder gar sein müßte, es ist nur, wie wenn sich
eine ausgerissene Blume mit ihren noch verbliebenen Wurzeln neu
ins Erdreich zu senken suchte, in dieselbe Erde, aus der sie kam. So
versucht dieser dritte Jesaja, mit alten Bildern Neues zu beschwören, mit dem Überkommenen und Vergangenen das Zukünftige zu
ermöglichen.

Das aber ist schon die dritte mögliche Bewegung zur Bewältigung
einer Daseinskrise. Je stärker der Schmerz jetzt, desto stärker wird
die Gegenbewegung einer möglichen Hoffnung sein, fast bis zum
Phantastischen. Immer wenn Sie Menschen zu trösten versuchen,
wird es Ihnen so ergehen, daß Sie winzige Momente, scheinbar nebensächliche Erlebnisse, Inhalte von so geringer Freude, daß Sie
gegen so viel Schmerz kaum aufzukommen scheinen, einfach verstärken und sie ins Utopische malen, als ob darin die Lösung läge.
Aber ist nicht das Leben manchmal so paradox? Man geht ein paar
Schritte, man atmet nur draußen ein wenig frische Luft, man sieht
nur ein Stückchen Welt ein wenig unbeschwert anders, und eine
Stimmung wie aus Grabesgrüften wandelt sich, und das Wort dieses
dritten Jesaja wird gültig: Man gedenkt dessen, was so schlimm
war, gar nicht mehr. – Fragend und skeptisch, hoffend und dankend
sollten wir all diese Texte miteinander einmal durchgehen in den
letzten zwei Kapiteln des Buches Jesaja.

Nach jeder schweren Niederlage, nach jedem fast totalen Zerbruch werden Menschen, die fromm sind und sich religiös orientieren, die Frage sich stellen, warum denn Gott das zulassen konnte.
Wer sich vielleicht noch an die Zeit nach 1945 erinnert, wird noch
vor Augen haben, wie damals die Kirchen fast überströmt waren;
die Menschen wollten eine Antwort auf diese Frage: Was hat das
alles, die Zerstörung ganzer Städte, ganzer Dörfer, die mutwillige
Vernichtung kostbarer Kulturzentren, was hat die mutwillige Zer-
schlagung, die Grausamkeit – für einen Sinn, hat es überhaupt
einen Sinn – was hat Gott, wenn es ihn gibt, da es ihn doch gibt, sich
bei all dem gedacht? Die Antwort dieses dritten Jesaja ist völlig
antithetisch. Wollt ihr wirklich wissen, was Gott sich dabei gedacht
hat? Gott war die ganze Zeit wie jemand, der rief, der mit offenen
Armen dastand, nur ihr habt's nicht gesehen, nicht gehört, wolltet's

gar nicht wissen. An Gott hat es für die Propheten Israels nie gelegen; alle Schuld ist die Schuld des Menschen. Und sagen wir's modern: Alles, was der Mensch in der Geschichte anrichtet, ist als erstes Teil seiner eigenen Verantwortung. Es ist nicht möglich, sich selber zu entkommen und die Frage nach dem Menschen zu verwandeln in eine schlechte Theologie. Viele unter den Theologen gibt es noch 50 Jahre danach, die so fragen: Wie war das Dritte Reich möglich? Wie war Auschwitz möglich? Ist Gott vereinbar mit derlei Tragödien? Vielleicht im Sinne dieses Prophetentextes, gleich schon in seinem Einsatz, sollte man so nicht fragen. Nicht was in Gott vor sich ging, ist die Antwort auf das Rätsel, das wir Menschen uns sind. Wir müssen's ergründen in uns selbst, in der Art, wie wir leben. Psychologie – nicht Theologie, Anthropologie – nicht Theodizee, das ist die Perspektive dieses dritten Jesaja. *Ich breite meine Hände aus den ganzen Tag*, ist das Wort Gottes, nur, ob die Menschen sich finden lassen, das ist es, ob sie ihre Widerspenstigkeit aufgeben. Da fällt dieser Prophet gewissermaßen aus der Vergangenheit in die Gegenwart, und es ist ein Stolpern über mehrere Treppen hinunter, fast ein Fallen eher als ein Gehen. 587 – die Katastrophe des babylonischen Exils; König Nebukadnezzar vernichtet die heilige Stadt und deportiert das Volk als Sklaven, ihm nützlich, dem Feind. Das ist gekommen, sagten Propheten wie Jeremia um 600 v. Chr. schon, weil das ganze Volk gotteslästerlich lebt; es will von Gott nichts wissen, es läuft anderen Göttern hinterdrein. Das sind Predigten, wie sie die Frommen immer wieder halten: die Menschen sind nicht treu, die Menschen halten sich nicht an Gott. Aber fände man in diesen Texten doch irgend einmal den Grund, warum sie's nicht tun! Selbst diese Worte hier lassen uns fast im Stich. Damals redete ein Mann wie Jeremia für ganz Israel; der dritte Jesaja redet sehr speziell für einzelne Volksgruppen. Es geht nicht mehr darum, gewissermaßen kollektiv mit der Keule dazwischenzuschlagen; es geht jetzt darum, daß sich im Volk selber, das gerettet zurückkommt aus Babylon, wieder Leute befinden, die in die alten Fehler zurückgleiten. Sie werden vorgenommen, sie stellt der Prophet sich vor, als einzelne für ihre Fehler. Aber was sind das für Fehler?

Da gibt es Leute, *die opfern in ihren Gärten und hocken in den Gräbern.* – Will man sich vorstellen, was sie da tun, müßte man sagen: Sie haben die offizielle, die priesterliche Religion verlassen. Es

gibt keinen Tempel – wie sollten sie glauben an Priester? Es gibt
keine geordnete Auslegung der Zeugnisse der Vergangenheit mehr –
wie sollten sie sich daran orientieren? Sie in ihrer Hilflosigkeit und
Angst schaffen sich buchstäblich so etwas wie eine Privatreligion,
einen Gartengott; dem werden sie Kräutlein zu Füßen legen, in der
Hoffnung, er würde segnen, die Aussaat dieses Jahres nur. Wie hilflos ist eigentlich eine Religion, in der die Menschen mit ihren Ängsten alleine stehen! Fruchtbarkeitsriten in wenigen Quadratmetern
dieser Erde – muß man da so fluchend hergehen, wie der dritte
Jesaja das tut?

Sie hocken in den Gräbern. Das ist soviel wie: Sie befragen die
Geister ihrer Verstorbenen. Wenn die offizielle Religion sie nicht
tröstet, möchten sie zumindest, daß es der verstorbene Vater, die verstorbene Mutter, der dahingegangene Bruder tut oder die Schwester.
Was wissen die, die vor ihnen waren? Totenorakel waren für die
Propheten aller Zeiten wie eine Konkurrenz zu Gott, etwas Verflu-
chenswertes. Aber kann man's nicht verstehen? Es ist fast ganz modern, wie in unseren Tagen. Die Vertreter der offiziellen Religion
werden nicht müde, lächerlich zu machen und darüber herzuzie-
hen, was die Leute an Aberglauben, an esoterischer Scharlatanerie
sich selber zurechtlegen. Freilich mag man Unverständiges, Unor-
thodoxes, Abweichendes in all diesen Praktiken finden; aber wem je
hätte es geholfen, daß man ihm seine Magie vorwirft, die nichts
weiter ist als ein Ausfluß seiner Angst? Wieviel weiser sind, gemessen an diesen Texten aus dem 6. vorchristlichen Jahrhundert, uralte
Lehren im fernen Indien schon, daß der Weg zur Gottheit ist wie ein
Schreiten über die verschiedenen Treppen, die hinunterführen zum
heiligen Strom aus dem Haupte Shivas, zur Ganga, und wo irgend
jemand stehe, habe er zunächst ein Recht, zu stehen. – Wer besänf-
tigt die Angst von Menschen, die so leben? Die kultischen Riten
sind wie zersplittert, sie ordnen nichts mehr, nicht einmal mehr die
Anstandsregeln, nicht einmal mehr die Speisegebote – man lebt wie
die anderen Menschen auch. Aber nun wird's zum Vorwurf. Solche
Leute fragen dann noch nach Gott, wo er bleibe! Sollte man dem
dritten Jesaja nicht sagen: Es ist umgekehrt: weil diesen Menschen
der Himmel wie verschlossen scheint, suchen sie wie Blinde mit
ausgestreckten Händen Gott zu finden hier auf Erden und stolpern
und stoßen überall an. Statt dessen fährt der dritte Jesaja fort, wie
Gott sie strafen wird, verfluchen wird, über sie herkommen wird.

Angst gegen Angst, das bleibt hier die Psychologie für einen Augenblick lang. – Dann plötzlich wendet sich's wieder. Es ist die Technik all derer, die Prophetenworte überliefern, daß sie sie komponieren wie ein Musikstück auf ein melancholisches, in Moll gesetztes folgt etwas in Dur, auf eine leise Rede folgt eine sehr laute. Mitten hinein in die Strafandrohung redet es plötzlich, daß man, wie in der Traube, in der noch Saft ist, nicht alles zerreißen kann. Da plötzlich legt derselbe Jahwe seinem Volk das alte Land wieder zu Füßen, im Westen den Scharon, im Osten bei Jericho Achor und dazwischen all die Triften. – Sollten wir's nehmen als Ausdehnung der Seele gegen die Angst? Alles, was sie kennt, würde ihr wieder zur Verfügung stehen, all das wie Weggenommene und Geraubte wieder ihr eigen sein? Dann sollte der sich selber Fremdgewordene neu heimisch werden dürfen. Alles, was er je besaß, sollte er wieder betreten dürfen. – Da atmet man beim Lesen dieses Textes gerade auf, da erfährt man: auch das ist nur halbiert, diese Zusage gilt nur den Getreuen und Guten und wendet sich gleich wieder gegen all die, die Jahwe verlassen haben. Die wird auch er verlassen, die dem Gad und dem Meni opfern. Das ist nun für hebräische Ohren wirklicher Götzendienst. Gad ist der Schicksalsgott der Syrer, Meni ist einer der Hauptgötter der vorislamischen Araber. – Die Menschen suchen in dieser Zeit offenbar nach einem Gott, wo irgend sie ihn finden; Synkretismus – ein Zeichen jeder zerbrechenden Religion, genau das, was wir auch erleben. Diejenigen, die die offizielle Religion verteidigen werden, haben die Worte des dritten Jesaja ganz so in den Ohren. Sie grenzen neu ab, schließen wieder aus, verdammen diejenigen, die jenseits der Grenzen suchen. Aber wie, noch einmal gefragt, antwortet man den Menschen, die schrittweise suchen und reifen möchten?

Das bleibt die Frage des dritten Jesaja hier selber. Es gibt in dieser Zeit eine Gruppe, die sehr konventionell denkt. Die weiß genau, daß Gott jetzt ein Heil setzt, so wie es vorher der zweite Jesaja gelehrt hat. Da steht sie, ganz in ihrer Orthodoxie, ganz gefestigt, und sie verurteilt die anderen, die nicht so genau wissen, was Gott tut, und die lediglich möchten, daß die Menschen wüßten, was sie jetzt tun sollten; sie sind gewissermaßen die Pragmatiker, die die Häuser wieder aufbauen und die Straßen begradigen möchten, die die Felder bestellen möchten, die den Armen helfen möchten, die nicht warten auf Gott, sondern die sich einrichten möchten in den jetzt bestehenden Zuständen. Grad die werden verdammt von den Frommen. – Auch so herum kann es sich drehen. Nach der Frage: wie geht es weiter jetzt?, gibt es gewissermaßen die Evangelikalen. Die sagen: Wir vertrauen auf Gott, wir beten zu Gott, wir richten uns nach seinen Weisungen. Und der dritte Jesaja findet, das ist nicht die Lösung. Er verhöhnt gradezu diese Selbstsicheren. Derselbe Prophet, der eben noch über die Gotteslästerer und Götzendiener herfiel, fällt jetzt über die Superfrommen und zu Selbstsicheren her. So immer wieder schwankt das vor unseren Augen.

Dann kommen Worte, die zu den kühnsten der ganzen Bibel gehören. Es sind Bilder einer Geburt, und in ihr sieht der Prophet sein ganzes Volk. Was wäre gewonnen, wir könnten auf Menschenleid einmal nicht so antworten, aber begleitend und tröstend eingehen! Alles, was schmerzt, vor allem wenn es so endgültig ausschaut wie eine Zerstörung, die keine Reparatur mehr erlaubt, ein Ende, das keinen Neuanfang duldet, läßt sich nur in einer langsamen Genesung überwinden. Dann aber wäre es schon viel, es würde der Getroffene und Betroffene sich selber so fühlen wie jemand, der beginnt zu seiner eigenen Überraschung etwas hervorzubringen, von dem er nicht geahnt hat, daß es in ihm liegen könnte; der Schmerz, den er unfreiwillig erlitten hat, wäre so etwas wie ein Reifen aus innen; da entstünde in ihm etwas, das neu zur Welt kommt. Es ist ganz sein eigenes Leben, aber es setzt sich fort in einer verjüngten Form. Da beginnt etwas, das so noch nie war, und zwar in einer überraschenden Abfolge. Natürlich meint der Prophet hier das kaum zu erwartende Schicksal seines Volkes, das aus der Gefangenschaft zurückkehren darf. Aber was ihm dann vorschwebt, ist gewissermaßen eine Geburt, die kaum angekündigt war. – So kann das sein in vielen Begegnungen. Man hat mit jemandem gesprochen, und am Ende eines solchen Dialogs stand kaum etwas anderes als Hoffnungslosigkeit. Man ließ den anderen zur Tür hinaus und dachte: Er wird kaum leben können; er wird jetzt all seinen Sorgen begegnen, von denen er sprach, und wir hatten dafür keine Antwort. Nach einer Weile, wenige Stunden, wenige Tage später sieht man denselben, dieselbe wieder, und ganz überraschend kam alles unerwartet völlig anders, als man befürchten mußte und vermuten konnte. Ist es nicht manchmal, daß Leid sich überwindet, indem der Prozeß einer Reifung unkalkulierbar, unplanbar etwas hervorbringt an neuer Haltung, tieferem Vertrauen, eine Zuversicht, die stärker, größer, umfassender ist? Es ist die Kühnheit dieser Stelle hier im 66. Kapitel des Jesaja, von Gott zu reden wie von einer Mutter, die Menschen tröstet. Nie zuvor hat es das gegeben in der Bibel, daß man den männlichen Gott, diesen ewig strafwütigen, ja auch in diesen Texten den ewig kriegerischen, den Feindezermalmer, den Gegnerzertrümmerer, mindestens im Umgang mit seinem eigenen Volk anredet als einen grundgütigen, mütterlichen, der die Leidenden wie eine Mutter ihr Kind tröstet. Das ist's, worauf wir die ganze Zeit gewartet haben, was mit den Texten vorher wie unvereinbar schien, was in ihnen überhaupt nicht anklang. Je mehr wir weiterlesen, weiterfragen, kommen wir gerade dazu. Warum wollten die Menschen soeben noch von Gott gar nichts wissen? Sie fühlten sich verzweifelt, allein gelassen, und gerade wenn sie diese Worte eines Gottesmannes hörten, hatten sie Angst vor Gott. Das war doch die Erklärung. Es ist, wie wenn die Bibel es an dieser Stelle selber finden würde. Gebraucht würde ein Gott, der nicht nur erklärt: ich stehe da und ihr kommt nicht, sondern der handelt wie eine Mutter. Die sucht ihr eigenes Kind, wenn sie's verloren hat; sie trägt's auf dem Arm, wenn's nicht mehr laufen kann; sie streichelt es, wenn seine Augen blind sind vor Tränen, und sie wird sehr leise sprechen, wenn es sich fürchtet. Solch ein Gott, *solch* ein Gott, das wär' die Lösung für alles! Das ist, man kann nicht anders sagen, der Gott, den Jesus im sogenannten Neuen Testament bringen wird, eine Entdeckung, die hier ganz neu wächst, ein halbes Jahrtausend zuvor in Israel. So wird Jesus reden von seinem und unserem Gott als einem Vater, als einer Mutter, die sucht und nachgeht und umfängt und nie verläßt. Alles, was Jesus wollte, gestützt auf solche Texte, die ihm Grundlage und Hilfe gewesen sein *müssen*, um das Leben zu bestehen, ist eben, daß Gott würde eine Kraft, ein Licht, ohne Wegstoß, ohne Schatten, rein umfangend, wärmend, ganz.

Es ist ein Text, den wir als Ganzes lesen könnten wie die schönste adventliche Zusammenfassung aus den Texten des Jesaja selber, 65. Kapitel, von Vers 16 an: Alles, was früher Angst gemacht hat, soll verschwunden sein, sagt Gott da, vor meinen Augen. Es ist, daß die Menschen sich in die Hände einer Macht geben können, die alles Ängstigende von ihnen entfernt. – Alles wird da aus Vertrauen gesprochen. Nicht daß die Menschen stark genug sind, selbst der Kraft ihrer eigenen Zerstörung zu widerstehen, bildet den Grund der Zuversicht, sondern daß sie erwarten dürfen, in Gott geborgen zu sein. Und der Gott nun sagt, er schaffe den Himmel neu und die Erde. Später werden diese Worte für die sogenannte Apokalyptik ein Bild, daß die ganze Schöpfung selber vernichtet und neugebildet werde (Apk 21,1). Hier aber müßten wir sagen, es geht darum, daß das gesamte Klima – so der Himmel, der Wind, wie er weht, und die Wolken, wie sie ziehen – und alles Konkrete vor unseren Händen – so die Erde – eine andere Färbung gewinnen. Alles Leid schaut in die Vergangenheit, aber eben das hört nach und nach auf, und es wandelt sich zur Freude in der Gegenwart.

Wenn irgend Sie wissen möchten, warum die Stimme der Propheten im Alten Testament, so schwierig übersetzbar, so widersprüchlich im einzelnen auch immer, notwendig ist für alle Zeiten, so haben Sie hier vielleicht eines der tiefsten Zeugnisse. Gott selber sagt, er hat Freude über sein Volk und über Jerusalem. Jeremia wird an dieser Stelle widerlegt; man hört nicht mehr Weinen und Geschrei (Jer 31,15). Und nun ins einzelne: Es gibt kein Kind mehr, das nur wenige Tage lebt, und keinen Menschen, der als ein Greis sein Leben nicht erfüllt hätte. Die Worte der Weisheit in den Büchern der Bibel lehren uns die einfache menschliche Erfahrung. Des Menschen Leben währt 70 Jahre, und wenn's hoch kommt, 80 Jahre, und all sein Wirken ist Mühsal und Plage (Ps 90,10). Das sozusagen ist der irdische Realismus. Aber hier hören Sie ein anderes: Es sollte und müßte eine Welt geben, in der kein Kind zur Welt kommt, dem nicht Zukunft ist; es würde keine Mutter mehr geben, die nur gebiert zum Schrecken. Übertragen Sie das auf die Welt, die Sie kennen aus den Zeitungen. Wie viele Mütter haben Kinder geboren, die wie eine Aussaat waren für neue Kriege und Formen neuen Entsetzens. Wie viele Frauen haben Kinder bekommen mitten in den Bombennächten und fragten sich, wofür. Wär's möglich, es entstünde eine neue Generation, mit jedem Kind beginnend, und sie schritte in eine Zeit des Friedens? Das wollten die Propheten. – Vielleicht war es ihr Fehler, daß sie's versprochen haben als ein Wort Gottes, statt daß sie's als Forderung an die Menschen sogleich weitergegeben hätten. Wir leben heute 2500 Jahre, nachdem diese Sätze geschrieben wurden. Es scheint uns immer noch selbstverständlich, daß ein Junge, der auf die Welt kommt, an jedem Ort der Erde den Krieg lernt wie selbstverständlich, daß er Schrecken verbreitet, um Sicherheit zu gründen. So definieren wir Verantwortung. Wir sind immer noch damit mehr oder minder einverstanden, daß es ganze Gebiete der Erde gibt, wo Kinder nur zur Welt kommen, um sehr bald danach an Hunger, Unterernährung und Entkräftung zu sterben. Und ist es ein Trost, daß wir an dieser Stelle hören: All das ist ja auch nur gesagt für Israel, nur für Jerusalem; es gilt ja nicht für die ganze Welt, sondern nur für das Volk Gottes selber, für den Kulturkreis, der sich ihm unterwirft? Begreift man nicht, daß das, was da leben will, an Hoffnung in jedem Menschen lebt?

Wer nicht 100 Jahre erreicht, der soll etwas getan haben, das auf ihn zurückfällt wie eine Strafe Gottes? Drücken wir's umgekehrt aus: Es soll kein Mensch leben, so daß der Tod mittendrin abbricht, worauf er wartet. – Vor einer Weile noch erlebte ich, wie eine Frau todkrank im Bett lag, noch nicht einmal 60 Jahre alt. Die Ärzte sagen ihr nicht, wo sie mit sich dran sei. Bei jeder Strahlenbehandlung, bei jedem Rückfall, wie sie sagt, ist sie so müde. Aber dann klammert sie sich an ihre Vorstellung von Hoffnung. Ich will doch nur nach Hause, um da zu arbeiten. Mehr hat sie nie gelernt. Sie würde ihr Haus putzen, den Garten instand halten, ihren Mann zufriedenstellen, versuchen, daß der Junge, der mit seinem Vater Ärger hat, nach Hause zurückkommt. Sie würde vielleicht wieder ihren alten Beruf aufnehmen; aber daran wagt sie kaum zu denken. – Was machen Sie mit dem dritten Jesaja für die Fragen einer solchen Frau, außer Sie lassen überhaupt die Erwartung, ob jemand 100 Jahre alt wird oder nur 60 wird oder vielleicht morgen schon stirbt, ganz beiseite; Sie sagen: alles, was überhaupt getan wurde, wird doch schon gut sein. Daß sich's erfüllt in seinem Sinn, ist viel mehr, als es zu vollenden in den Maßen der Zeit. Nur – was für eine Kühnheit, zu reden in solchen Worten über ein ganzes Volk, eine ganze Generation! Wie schwer ist eine solche Hoffnung, auch nur einem einzelnen zu sagen für ein paar Wochen, wenn's gut geht für ein paar Monate!

Aber dann mitten sogar ins Politische hinein: *Die Leute werden ihre Häuser bauen und darin wohnen und ihre Weingärten pflanzen und sie genießen.* – Was Sie da vor sich haben, ist in der Sprache der Gegenwart die Absage und Verweigerung jeglicher Entfremdung. Genau das ist es: Menschen arbeiten und sind die Sklaven von anderen; alles, was sie hervorbringen, gehört gar nicht ihnen; sie leben in ihrem eigenen Dasein wie in Miete, und alles, was die Frucht ihrer Hände wäre, liefern sie in die Arme derer, die sie erpressen und erdrücken. Entfremdung ist das marxistische Wort für das, was am schlimmsten über den Menschen liegt. Sie sind nicht frei, nicht Herr im eigenen Leben; sie gehorchen ständig den Gesetzen derer, die sie ausbeuten. Damit soll Schluß sein, erklärt dieser dritte Jesaja. Und dann weitet sich's aus. Es ist so kühn gehofft, daß es in diese Welt sich kaum noch hineinversprechen läßt. Da muß später hineingefügt worden sein, aus apokalyptischen Denkvorstellungen, es würde jeder Krieg, jedes Leid, jede Art von Grausamkeit in dieser Welt verschwinden, unter den Menschen und sogar in der Natur. Es ist die schönste Adventsweissagung, daß Wolf und Lamm einträchtig weiden würden. Man kann das phantastisch nehmen und auf eine Natur hoffen, die es nicht gibt. Aber wenn wir sagen sollten, selbst die Tiere gehörten mitten in die Hoffnung der Menschen, wär's eine wunderbare Erinnerung, zu spüren und zu fühlen, daß es keinen Frieden gibt, den die Menschen mit sich selber schließen auf dem Rücken und auf Kosten fühlender Wesen, die empfinden können gleich wie wir selber. Der Frieden der Tiere ist eine Projektion aus der Seele der Menschen. Ob es sich befriedet zwischen Wolf und Lamm in uns selbst, das ist die erste Frage. Aber wie wir umgehen mit den Tieren, so werden wir umgehen mit den Menschen, und wieder umgekehrt. Wenn das Menschenleben nichts gilt, wie wollen wir denn das Leben der Tiere schonen? Es ist keine Hoffnung in einer Welt, in der wie selbstverständlich die Tiere entfremdet bleiben. Und wo wären sie das nicht in unseren Tagen? Wer fragt sie nach der Art, wie sie glücklich sind? Artgerechte Tierhaltung hat der Gesetzgeber vorgeschrieben, aber wo fände sie statt, sobald die Gesetze des Marktes die Tierhalter auf die Kosten-Nutzen-Rechnung verpflichten?

Es endet im apokalyptischen Sinn das letzte Kapitel des dritten Jesaja erneut mit einem Widerspruch, einem äußersten, vielleicht dem größten, der im Alten Testament enthalten ist. Auf der einen Seite wird die Katastrophe für Israel in Aussicht gestellt. Das Strafgericht Gottes, wenn es denn komme, hinterlasse eine Menschheit, in der zwischen den Völkern und dem Volk der Erwählung die Grenzen sich öffneten. Diejenigen, die entronnen wären von den sogenannten Heiden, die würden gewissermaßen zu den Missionaren des Gottes Israels. Das ist gedacht aus der Perspektive des Alten Testaments, aber es geht immerhin dahin, daß es in alle Zukunft keine Zweiteilung der Menschheit mehr geben soll – der rechte

Glaube hier und der Abfall daneben –, sondern alle Völker seien eingeladen, und es wendete sich hinaus an sie. Es ist schwer vorstellbar, daß es einen Text gibt, der die spätere Bewegung dessen, was wir heute Christentum nennen, deutlicher vorwegnimmt als diese Worte. Israel in seinem tiefsten Zerbruch öffnet sich da für die Welt der Völker, und es lädt sie alle ein. Zum ersten Mal begreift man, daß der Gott Israels zu gering verstanden wird, sieht man in ihm nur einen Sachwalter des eigenen Stamms, der eigenen Nation. Der religiöse Nationalismus und Egozentrismus Israels dehnt sich hier zu einem Universalismus. Das ist eine große Weissagung. Es geht sogar dahin, daß man als ein Heide eingeladen sein kann, teilzuhaben am Tempelkult Jerusalems als Priester, als Levit. Niemand mehr ist da ausgeschlossen. Das sind Gedanken des Alten Testaments! Aber dann doch wieder nur zur Hälfte, denn gleich anschließend folgt, wie gegen diesen Universalismus gesagt, der alte Partikularismus. In apokalyptischer Weise, wie bisher zweigeteilt zwischen Gut und Böse, Rechtschaffen und Unrechtschaffen, Orthodox-Fromm und Heidnisch-Lästerlich, wird jetzt die Perspektive umgedreht. Die Völker sollen kommen und ihre Schätze bringen nach Israel, und dann wird unter einem neuen Himmel und einer neuen Erde alles Fleisch kommen, um niederzufallen vor Jahwe, Sabbat um Sabbat.

Es ist, folgt man diesem letzten Bild, vielleicht ein Angebot, zu denken, die Festordnung und der Kultkalender Israels seien eine Vorlage, überall auf Erden weise zu leben. Sabbat hieße dann, weniger nationalistisch und ritualistisch interpretiert, daß es Augenblicke gibt, wo Menschen sich aufrichten in Freiheit – Tage, Zeiten des Nichthandelns, des Nichtwirkens, des Nicht-belastet-Seins, des Stillwerdens, des Ruhens, der Einkehr, des Dankes. Solche Zeiten braucht jeder Mensch, da er sich erinnert an die Schönheit der Welt, die ihn umgibt, und daran, welch ein Reichtum in ihr liegt. Dies zurückzutragen zur Mitte des Lebens, heiße sie nun Jerusalem oder sonstwie – bis dahin noch kann man diesen Text gut verstehen. Was wir dann aber hören, ist schrecklich, und jeder Kommentar kann dies nur unterstreichen. Sie werden hinausgehen und sich die Leichen anschauen, den Wurmfraß. Da lodert die Macht Gottes in einem Feuer, das nicht verlöscht; da gibt's den Abscheu der Menschheit. Da haben wir den Zionberg und den Tempelplatz und das Tal Ge-Hinnom und die Hölle. Es gibt im Alten Testament keine andere Stelle als diese, in der ein Glaube, der im Alten Testament kaum vorkommt, im Neuen Testament breit ausgeführt und im Christentum dogmatisch durch die Jahrtausende sogar zur Vorschrift gemacht wird; doch es läßt sich nicht leugnen: die letzten Worte aus Tritojesaja beschreiben die Hölle; Worte sind das, die dann bei Markus Eingang nehmen – so soll Jesus selber gesagt haben. Da ist es möglich, daß Gott nicht mehr nur irdisch trennt, lohnend und strafend Gericht hält, Gericht hält!, und Menschen auseinanderreißt, sondern er tut's hier in alle Ewigkeit. Die Folgen sind unabsehbar, wenn man derartige Bibelworte unmittelbar als Gotteswort nimmt und sie nicht auf ihre Wirkung prüft, auf den Sinn, den sie womöglich einmal zu ihrer Zeit hatten, sondern wenn man sie für alle Zeit dogmatisch verabsolutiert. Aber so tut schon die Apokalyptik; sie will nicht mehr die Geschichte, sie will die endgültige Lösung, nicht das dauernde Auf und Ab von Versprechen und Enttäuschung, Lohn und Strafe; etwas Endgültiges will sie, etwas Eindeutiges, Ganzes, Grundsätzliches, das Finale. Man hält das nicht aus, die endlose, ewige Geschichte, man will die Ewigkeit als verewigtes Weltgericht anstelle der geschichtlichen Welt.

Und doch und gerade deshalb muß man gegen einen solchen Gottestriumphalismus einen einfachen Gedanken der Skepsis stellen: Wenn es schon schwerfällt zu sagen, welche Katastrophe nun ausgerechnet als Gottes Strafe zu betrachten ist, woher bezieht man dann die Gewißheit der Sünde? – Eine Frau, die im Sterben lag, gefragt, woran sie denn halte, was schön gewesen sei in ihrem Leben, erklärte, daß sie als Kind, achtjährig, von ihrer Mutter aus in der Adventszeit jeden Morgen ins Rorateamt geschickt worden war. Sie mußte um sechs Uhr aufstehen und mit kalten Füßen in eine kalte Kirche gehen. Aber die Kerzen ... So ist das oft, wenn wir in alten Erinnerungen blättern. Da gibt es Dinge, die damals vielleicht kaum etwas bedeuteten oder fast eine Qual waren, Nebensächlichkeiten, so scheint es. Irgendwann schien die Sonne oder irgendwann pflückten wir Blumen oder irgendwann saßen wir nur in der Sonne; Nebensächlichkeiten, doch die werden plötzlich in anderen Zusammenhängen wichtig. Die Worte dieser Frau zeigten, was für ein frommes Mädchen sie war und geblieben ist all die Jahre. Wir können das Entsetzen verstehen, das einen überkommt, wenn man nun hört, wie dieselbe Frau sagt: Ich weiß nicht, ob es ein Leben gibt nach dem Tod, ich grübele, und mich schnürt es zu. Ich sehe vor mir einen Gott und mich als kleines Kind, und er trampelt auf mir herum, er trampelt auf mir herum! – Man muß von Psychologie nicht viel verstehen, um zu wissen, daß dieses kleine Kind und sein Gott sie selber ist und ihre Mutter, dieselbe Frau, die sie in das »so schöne« Rorateamt schickte. Aber was ist mit einer religiösen Sprache los, mit 2500 Jahren Bibel los, wenn wir kleine Mädchen und alte Frauen, Lebende und Sterbende bis in alle Ewigkeit verschrecken mit solchen Bildern? Es hat Friedrich Nietzsche gesagt vor 120 Jahren: Es wird dem Christentum in alle Ewigkeit das nicht vergeben werden, daß es selbst das Sterbebett in eine Folterkammer verwandelt hat.

Menschen schließen sich ein vor Gott, damit fingen diese Texte an, und der Weltkatechismus der römischen Kirche aus dem Jahre 1992 wird 900 Millionen Menschen erklären: Die Hölle ist, daß Menschen sich einschließen vor Gott. Jeden Tag, wenn Sie sich Mühe geben um Menschen, werden Sie solche finden, die sich einschließen; ganz wörtlich, sie machen die Tür zu und besaufen sich dahinter, sie meiden den Kontakt mit anderen, sie fliehen genau diejenigen, von denen sie schon erwarten, die kämen mit den goldenen Lösungen. Sie fangen an, sie zu hassen, sie sind sich selber scheusälig; wie faulendes Fleisch, so kommen sie sich vor, und es kann sein, *sie* wissen nicht und *niemand* weiß irgendeine Lösung für das Durcheinander. Sie kommen da nicht ran, das ist die einfache Tatsache. – Es lassen sich im Handumdrehen Hunderte von Situationen, psychische oder soziale, denken, für die es von außen keine Lösung gibt. Aber soll es die letzte Wahrheit der Prophetie sein, von Gott zu sagen: er ist damit ganz einverstanden, er macht auch von sich her die Tür zu, und das war's dann? Glücklich die Seligen im Tempel von Jerusalem in alle Ewigkeit? Der Himmel, der erhobene Zionberg und darunter die Verfluchten? Woher bekommen Menschen eigentlich die Nerven, sich zu freuen, während andere leiden, und zu vergessen, wie sie zusammenhängen? Und wär's nicht denkbar, Gott vergäße nie, daß alle Menschen seine Kinder sind? Er wäre und bliebe die Mutter, von der dieser dritte Jesaja sprach, und ginge ihnen nach, auch den Verlorenen, durch das Ge-Hinnom-Tal? Vielleicht hat ja die Mythe recht, die sagt: Jesus, als er starb, tat's nur, um hinabzusteigen zu den Verlorenen in der Hölle und sie hinauszuführen. Das wäre die einzige Hoffnung, die Jesus sich erträumte, als er mit Sicherheit unter anderem auch diese Stelle des dritten Jesaja las. Auch in seinem Munde gibt es furchtbare Bilder, von dem Wurm, der nicht stirbt, und der Hölle, die da kommt (Mk 9,48), und es werden bestraft, die unmenschlich waren, im Unterschied zu denen, die belohnt werden für ihre Menschlichkeit. Aber sollte man nicht selbst dann sagen: Gehofft hat Jesus, geglaubt hat Jesus an den Gott, der sie alle umfängt, und selbst und gerade die, die es kaum hoffen konnten, bedürften seiner am meisten?

Wieviel von den Versuchen, Gott zu verstehen, liegt uns vor in dem, was wir die Bibel nennen! Es gibt keine Textstelle, die einfach da steht und sagt: so bist du, so ist Gott, und so machen wir die Rechnung. Es sind Versuche, etwas zu sehen, das hinter den Fenstern sich der Einsicht entzieht; aber jeder dieser Wege zeugt von einem Mut, nicht stehenzubleiben; und vielleicht ist dies das Schönste, mitten im Advent zu lernen: es geht mit uns weiter, und wir dürfen weitergehen trotz allem, mit allem, für alle und für alles.

7. Dezember 1996

Copyright © Pendo Verlag AG
Zürich 1999
Gesetzt aus der Sabon
Satz: Satz für Satz. Barbara Reischmann, Leutkirch
Druck und Bindung: Pustet, Regensburg
Printed in Germany
ISBN 3-85842-360-2